Die Familie und ihr Unternehmen

Prof. Dr. Brun-Hagen Hennerkes ist einer der führenden Experten für Familienunternehmen in Europa. Er ist Vorsitzender von bzw. Mitglied in zahlreichen Kontrollgremien bedeutender Familienunternehmen. An der Universität Stuttgart lehrt er Unternehmens-Steuerrecht.

Brun-Hagen Hennerkes

Die Familie und ihr Unternehmen

Strategie, Liquidität, Kontrolle

Campus Verlag
Frankfurt/New York

Bibliografische Information der Deutschen Bibliothek
Die Deutsche Bibliothek verzeichnet diese Publikation in der
Deutschen Nationalbibliografie. Detaillierte bibliografische Daten sind
im Internet über http://dnb.ddb.de abrufbar.
ISBN 3-593-37562-1

Copyright © 2004 Campus Verlag GmbH, Frankfurt am Main
Umschlaggestaltung: Init GmbH, Bielefeld
Grafiken: die webmakers, Erfurt
Satz: Fotosatz L. Huhn, Maintal-Bischofsheim
Druck und Bindung: Druckhaus »Thomas Müntzer«, Bad Langensalza
Gedruckt auf säurefreiem und chlorfrei gebleichtem Papier.
Printed in Germany

Besuchen Sie uns im Internet: www.campus.de

Inhalt

Die in diesem Buch geschilderten Praxisfälle sind (falls nicht pressebekannt) so verändert worden, dass Rückschlüsse auf konkrete Unternehmen oder Personen nicht möglich sind.

Vorwort

35 Jahre bin ich nun für Familienunternehmen tätig – Anlass genug, meine Erfahrungen niederzuschreiben. Das Familienunternehmen lebt von Erfahrung. Hieran fehlt es dem Unternehmer, sobald er den Bereich des Tagesgeschäfts verlässt. Denn Kernfragen der Existenz stellen sich ihm meistens nur einmal in seinem Leben.

Dieses Buch richtet sich in erster Linie an den Unternehmer und seine Mitarbeiter. Ihnen soll es in Form eines flüssig und spannend geschriebenen Erfahrungsberichts – zugleich aber auch als Nachschlagewerk – ganzheitliche Lösungsansätze vermitteln. Dabei geht es um Praxis, nicht um zweifelhafte Patentrezepte, wie sie die Managementliteratur heute in schier unüberschaubarer Fülle bietet. Und da jedes Unternehmen im Recht verankert ist, nehmen rechtliche Fragen ganz zwangsläufig einen breiten Raum ein. Es war mein Ehrgeiz, den Unternehmer so umfassend zu informieren, dass er nach der Lektüre dieses Buches mit allen wichtigen Problemen des Familienunternehmens vertraut ist.

Das Buch richtet sich aber auch an Politiker und die Medien. Sie tragen hohe Verantwortung für unser Gemeinwesen. Vielen von ihnen fehlt das Wissen und das Verständnis für die Belange des Familienunternehmens, obwohl es sich hierbei um den für unsere Volkswirtschaft wichtigsten Unternehmenstyp handelt. Nicht zuletzt wendet sich das Buch auch an junge Menschen, um sie für eine spätere Tätigkeit im Familienunternehmen zu begeistern.

Ich habe mich sehr um eine allgemein verständliche Sprache bemüht. Dieses Buch kann und will nicht wissenschaftlich exakt sein. Es beruht jedoch auf dem letzten Stand von Forschung und Lehre. Um die Lektüre zu erleichtern, folgt die Darstellung einem Fallbeispiel, das den Leser durch den gesamten Stoff begleitet.

Dort, wo der Lesefluss durch notwendige Sachinformationen allzu sehr beeinträchtigt würde, sind diese in Schaubildern zusammengefasst. Für den eiligen Leser wird der Nutzwert des Buches durch eine Vielzahl konkreter Handlungsempfehlungen gefördert.

Brun-Hagen Hennerkes
Stuttgart, im Juni 2004

Kapitel 1

Das Familienunternehmen im Wandel der Zeit

Dieses Buch ist eine Art Rechenschaftsbericht über mehr als drei Jahrzehnte Tätigkeit für Familienunternehmen. Erbe und Auftrag bilden die Klammer zwischen Familie und Unternehmen. Erbe ist das, was Pioniergeist und Wagemut in Jahrzehnten, manchmal sogar in Jahrhunderten geschaffen haben. Erbe ist aber auch Verpflichtung, ein Auftrag an die jetzige Generation, es zu wahren und, wenn möglich, zu mehren. Mag sein, dass Tradition nicht mehr großgeschrieben wird und dass die Familie längst nicht mehr »Schwer- und Angelpunkt unseres nationalen Lebens« ist, wie es der Kulturhistoriker Wilhelm Heinrich Riehl vor mehr als 150 Jahren noch mit Fug und Recht sagen konnte. Und doch haben sich gerade in unseren Familienunternehmen vielfältige Spuren dieser Tradition erhalten.

Denn viele Familienunternehmer wissen sich immer noch in der Pflicht – ein heute freilich gänzlich verpönter Begriff, weil er, völlig zu Unrecht, mit Obrigkeit, Reglementierung oder Unterdrückung jeglicher Spontaneität gleichgesetzt wird. Die Herkunftsgeschichte dieses Begriffs sagt etwas ganz anderes. Ob Pflicht nun in römisch-stoischer Tradition als officium verstanden wurde, in christlicher Überlieferung als Gehorsam gegenüber den Ge- und Verboten Gottes oder im Zuge der Aufklärung als Bindung an das Vernunftgesetz – stets wurde sie als Ordnung und Gesetz begriffen, die es dem Menschen erst ermöglichen, Freiheit zu verwirklichen. So besteht die Verantwortung des Familienunternehmers gerade darin, aus Pflichtgefühl heraus für die Folgen seines Tuns einzustehen. Dafür braucht er Autorität und natürlich auch die Macht, um seine Anordnungen durchzusetzen. Gewiss, manchmal wird Macht missbraucht. In der Regel wird sie aber nur dann wirksam, wenn sie auf Anerkennung, auf Zustimmung stößt. Ein Familienunternehmer mit Verantwortungsgefühl wird daher stets diese Zustimmung suchen.

Familienunternehmen sind wie Organismen – sie entstehen, sie wachsen und gedeihen, durchlaufen schwierige Zeiten, und manchmal vergehen sie auch wieder. Sie sind ein Kaleidoskop vergleichbar dem des menschlichen Lebens. Idealerweise bilden Familie und Betrieb eine Einheit, meist mit einer dominierenden Persönlichkeit an der Spitze. Doch schon während einer Generation können sich innerhalb von Betrieb und Familie höchst unterschiedliche Verhaltensweisen herausbilden, die sich oftmals gegenseitig befruchten und ergänzen, hin und wieder aber auch gegenläufige und damit kontraproduktive Kräfte entfalten. Nirgends sonst in unserer Gesellschaft lassen sich ähnlich intensive Wechselwirkungen beobachten wie zwischen der vielfach von Emotionen gesteuerten Familie und dem Zweckverband Unternehmen. So gesehen gibt die Geschichte der Familienunternehmen auch Aufschluss über den jeweiligen Zustand, in dem sich die Gesellschaft und ihre Volkswirtschaft insgesamt befinden.

Max Müller – ein Beispiel, das für viele steht

Unser Bericht beginnt nach dem Zweiten Weltkrieg. Max Müller stammte aus dem östlichen Westfalen und war blutjung gleich nach der Lehre zum Krieg eingezogen worden. Als er mehrere Jahre nach der Katastrophe zurückkehrte, stand er vor dem Nichts. Sein Vater und der ältere seiner zwei Brüder waren im Krieg gefallen. Die Mutter ernährte sich mehr schlecht als recht von der Verpachtung des großväterlichen Schreinerbetriebs.

Max Müller war nicht willens, sich mit dem Vorgefundenen abzufinden. Ganz aus der Intuition heraus handelte er schnell und konsequent. Er begann mit der Herstellung von Fenstern, die schon bald reißenden Absatz fanden. Alles wurde nach dem Krieg gebraucht. Die Mangel- und Tauschwirtschaft kannte ausschließlich zufriedene, höfliche Kunden, die nur eines wollten: noch mehr Fenster. Wie kaum ein anderer hatte Max sich darauf eingestellt, hatte Maschinen angeschafft und in die Erweiterung der Werkstatt investiert. Das Geld lieh ihm ein Schulfreund, der die Kreditabteilung der örtlichen Volksbank leitete. Es ging steil nach oben. Auch persönlich war Max erfolgreich. 1958 hatte er Gerda geheiratet, eine Frau, die richtig mit anpackte und bald die gute Seele im Geschäft und der Mittelpunkt der Familie wurde. Zwei Söhne gingen aus der Ehe hervor.

Max Müller hatte das Glück des Tüchtigen. Doch Anfang der neunziger Jahre – nach Jahrzehnten des Erfolgs – verließ es ihn. 1994 verunglückte seine Frau auf der Rückfahrt von einem Kundenbesuch tödlich. Für Max brach eine Welt zusammen. Der Gedanke, sie könnte vor ihm die Welt verlassen, war ihm nie gekommen. Neben dem Schmerz um den Verlust stellten sich bald Sorgen ein. Denn auf Anraten seines alten Schulfreundes und langjährigen Steuerberaters hatte Max gemeinsam mit Gerda ein so genanntes Berliner Testament errichtet. Max war damit zwar Erbe. Aber nun kam die Quittung: drei Millionen D-Mark Erbschaftsteuer wurden fällig.

Zudem bekümmerte ihn das Verhältnis zu den beiden Söhnen. Sie betätigten sich zwar nicht im Unternehmen, waren aber zu je 5 Prozent beteiligt. Ständig maulten sie und beschwerten sich darüber, dass der Vater sie nicht ausreichend informiere und durch allzu hohe Investitionen in Forschung und Entwicklung ihre am Gewinn ausgerichteten Entnahmen schmälere. Max Müller hatte sich bereits fest darauf eingestellt, dass die Söhne nicht für die Nachfolge in Frage kämen. Beiden fehlten die notwendigen unternehmerischen Fähigkeiten, aber auch der Wille, sich voll und ganz für das Unternehmen einzusetzen. Diese Erkenntnis wurde Gewissheit, als sie ihm kurz nach dem Tode der Mutter eröffneten, nicht die Absicht zu haben, ein Leben lang nur zu arbeiten. Sie wollten nicht wie ihr Vater die Familie und ihre privaten Steckenpferde auf Dauer vernachlässigen, sondern das Vermögen, das der Vater aufgebaut hatte, später einmal genießen.

Max Müller war verärgert und enttäuscht zugleich. Doch er hatte vorgesorgt: Über lange Jahre hinweg hatte er in seinem Betrieb in den Bereichen Produktion, Vertrieb und Finanzen jeweils einen qualifizierten Mitarbeiter aufgebaut. Und alle drei, die jetzt knapp 40 Jahre alt waren, besaßen sein volles Vertrauen. So bestellte er seine Söhne zu sich und erklärte ihnen, sein Lebenswerk und die Absicherung seiner verdienten Mitarbeiter stünden für ihn vor ihren Interessen. Er beabsichtige als Erstes, im Unternehmen einen Beirat zu gründen, sich dann selbst aus dem operativen Geschäft zurückzuziehen und den vorgenannten drei Mitarbeitern die Geschäftsführung zu überlassen. Doch auch den Vorstellungen seiner Söhne wolle er versuchen – soweit wie möglich – nachzukommen. Er biete jedem von ihnen daher sofort 2 Millionen D-Mark an und erwarte als Gegenleistung den Verzicht auf den Pflichtteil, da er völlige Handlungsfreiheit für die Nachfolge erlangen wolle.

Die Söhne reagierten anders, als der Vater es erwartet hatte. Sie lehnten sein Angebot rundweg ab, ja, sie erklärten, das Tischtuch zwischen ihnen und dem Vater sei endgültig zerschnitten. Für den Fall einer Enterbung kündigten sie Klage an. Max Müller hatte in seinem langen Berufsleben viele richtige Entscheidungen getroffen. Darauf gründeten sein Erfolg und die Bedeutung seines Unternehmens am Ort und für die Region. Jetzt wurden ihm die Knie weich. Wie sollte er jemals die Pflichtteilsansprüche seiner Söhne befriedigen, wie die Erbschaftsteuer aufbringen, die aufgrund des Todes seiner Frau zu zahlen war? Hatte er die falschen Weichen gestellt? War sein Lebenswerk damit zerstört?

Der vorstehende Fall wird uns im weiteren Verlauf immer wieder beschäftigen. Doch kommen wir nun zunächst nach einem kurzen Blick in die Geschichte zu einigen grundsätzlichen Überlegungen zum »Familienunternehmen«.

Ein kurzer Blick in die Geschichte

Max Müller hatte viele Vorfahren. Wie die Familie Kern der Gesellschaft ist – oder jedenfalls sein sollte (was nach dem Siegeszug der »Achtundsechziger« durch die deutschen Institutionen durchaus nicht gesichert scheint) – so bildet die Familiengesellschaft den Ausgangspunkt allen wirtschaftlichen Handelns. Familie, Arbeit und Wohnen waren eine Einheit – wie sie es übrigens in Teilen von Landwirtschaft, Handwerk oder Hotel- und Gaststättengewerbe immer noch sind. Familien waren und sind neben einer emotionalen eben auch eine Zweckgemeinschaft zur Produktion von Gütern und Dienstleistungen.

Erste Abweichungen von diesem überkommenen Muster des Zusammenlebens zeichnen sich bereits im Spätmittelalter ab. An den Brennpunkten des damaligen Geschehens werden aus vielen Händlern und Handwerkern Unternehmer, die bereit sind, größere Risiken zu tragen. Der »Verlag« als Organisationsform im Handwerk dringt vor und mit ihm die Arbeitsteilung. Gleichzeitig entsteht ein gut funktionierender Exporthandel, der sich beinahe überall in Europa vernetzt. Die ersten großen Familiengesellschaften arbeiten in Italien, die Alberti beispielsweise, die Medici oder die Datini, letztere haben eine umfangreiche Dokumentation hinterlassen, mit über 100 Geschäftsbüchern und mehr als 125 000 Geschäftsbriefen wohl das größte erhaltene Firmenarchiv des Mittelalters. In Deutschland beherrschen die großen oberdeutschen Handelsgeschlechter aus Augsburg und Nürnberg, die Fugger, Welser und Hochstätter, die Stromer und Tucher das Geschehen.

Der Aufschwung erlahmt in der Zeit des Dreißigjährigen Krieges. Handel und Handwerk erstarren, unternehmerische Initiative entfaltet sich kaum noch. Das anschließende Zeitalter des Merkantilismus schafft dann – trotz vieler staatlicher Eingriffe – wieder mehr Spielraum für unternehmerischen Wagemut. Neben dem traditionsbewusst handelnden Kaufmann können sich auch Neuerer und Pioniere durchsetzen, daneben viele Spekulanten, »Projektemacher« wurden sie in der Sprache der damaligen Zeit genannt. Die ersten großen gewerblichen Familienunternehmen entstehen mit dem Beginn der Industrialisierung im 19. Jahrhundert. Mit dem Siegeszug der modernen Technik, mit der Erschließung des Raums durch Eisenbahnen, beginnt sich die alte feudale Ordnung aufzulösen. Die Menschen werden mobiler. Die Bevölkerung wächst, neue Absatzmärkte entstehen. In Sachsen, Schlesien, in Bayern, vor allem aber am Niederrhein entwickelt sich eine blühende Textilindustrie. Die Namen van der Leyen und Mevissen erinnern daran. Stahlwaren, vornehmlich Werkzeuge, produzieren die Mannesmanns in Remscheid oder die Henckels in Solingen. Die Familie Stumm, ursprünglich Hüttenbetreiber aus dem Hunsrück, wird jetzt auch an der Saar tätig. Die Hoeschs, seit dem Dreißigjährigen Krieg Hüttenbesitzer in der Nordwesteifel, drängen an den Rhein. Kohlenhändler wie die Stinnes aus Mühlheim und die Haniels aus Ruhrort bestimmen maßgeblich die Entwicklung des Ruhrbergbaus. Um die Mitte des 19. Jahrhunderts werden die Krupps aus Essen zur mächtigsten Industriellenfamilie der Region. Namen wie Robert Bosch, August Borsig, Theodor Cramer-Klett, Friedrich Harkort, Joseph Maffei oder Friedrich Koenig, der Erfinder der Schnellpresse, mögen stellvertretend für Einfallsreichtum und Pioniersinn deutscher Unternehmer stehen. In den siebziger Jahren des 19. Jahrhunderts werden die ersten anonymen Aktiengesellschaften gegründet, Familiengesellschaften bleiben aber weiterhin die maßgeblichen Schrittmacher der wirtschaftlichen Entwicklung.

Nach der totalen Niederlage im Zweiten Weltkrieg sind gerade sie es, die entscheidende Anstöße zum Wiederaufbau geben. Buchstäblich auf

Schutt und Asche gründen sie neue Unternehmen. Werner Otto gelangt gleich nach dem Krieg als Flüchtling aus Westpreußen über Bad Segeberg nach Hamburg und legt dort den Grundstein für die mächtigste Versandhandelsgruppe der Welt. Adolf Würth, Gründer des Schraubenimperiums in Künzelsau, befördert seine ersten Pakete mit dem Bollerwagen zur Bahn, Ernst Xaver Fassin beginnt wenige Jahre nach der Katastrophe im völlig zerstörten Emmerich mit der Produktion von Süßwaren. Der traumhafte Aufstieg von Max Herz als Kaffeehändler fällt in das Jahr 1949. Auch die Unternehmerkarrieren von Axel Springer, Anton Schlecker, Berthold Leibinger oder der Brüder Theo und Karl Albrecht beginnen bald nach dem Krieg. Viele große Familienunternehmen sind aber bereits in der ersten Generation gescheitert. Namen wie Max Grundig, Josef Neckermann, Willy H. Schlieker, Carl Friedrich Wilhelm Borgward oder Heinz Nixdorf sind inzwischen fast wieder in Vergessenheit geraten. Aber allen gemeinsam war der unbändige Wille, sich aus Not und Elend herauszuarbeiten. Sie waren Optimisten, liebten die Unabhängigkeit und hatten ein untrügliches Gespür dafür, was Kunden und Märkte von ihnen verlangten.

Familienunternehmen – Bedeutung und Probleme

Was ist ein Familienunternehmen?

Der Begriff wird häufig unklar verwendet. Oft ist vom »Mittelstand« die Rede. Dies ist jedoch eine Bezeichnung aus dem ausgehenden neunzehnten Jahrhundert, die zudem ideologisch befrachtet ist. Politiker sprechen gern von »Mittelstandspolitik«, wenn sie signalisieren wollen, sich nicht nur für Arbeitnehmer, Angestellte, Beamte, Gewerkschaften oder Großbetriebe einsetzen zu wollen. Meistens bleibt es allerdings bei vollmundigen Bekundungen. Überwiegend ist »Mittelstand« eine durch Größenmerkmale definierte Klassifizierung.

Der Begriff des Familienunternehmens, so wie ich ihn definiere – und diese Definition hat sich weitgehend durchgesetzt –, umfasst eine objektive und eine subjektive Komponente. Die objektive besteht darin, dass am Unternehmen mehrheitlich eine oder mehrere Familien beteiligt sind oder dass die Unternehmensanteile Stiftungen gehören, die von einer oder mehreren Familien beherrscht werden. Die subjektive Komponente besagt, dass die Familienmitglieder die von ihnen und ihren Vorfahren geprägte Familientradition als Leitlinie ihrer unternehmerischen Betätigung betrachten. Dagegen sind objektive Größenmerkmale wie Umsatz, Beschäftigtenzahl oder Bilanzsumme ebenso ohne Bedeutung wie die spezifische Rechtsform, in der das Unternehmen auftritt. Auch Großunternehmen mit Milliardenumsätzen wie beispielsweise Brenninkmeyer, Henkel, Oetker, Miele oder die Dürr AG sind daher Familienunternehmen. Dasselbe gilt für börsennotierte Aktiengesellschaften, solange die Stimmenmehrheit, mindestens jedoch die übliche Hauptversammlungsmehrheit in den Händen einer oder mehrerer Familien liegt.

Familienunternehmen versus Publikumsgesellschaft

Die Größenmerkmale spielen lediglich für die Frage eine Rolle, ob ein gesetzlicher Aufsichtsrat gebildet werden muss, ob und wie dieser mit Arbeitnehmern zu besetzen ist, welche Rechte der Aufsichtsrat hat und welche Regeln für Bilanzierung und Publizität anzuwenden sind. Für die besonderen Erfolgsfaktoren des Familienunternehmens sind sie dagegen irrelevant. Und gerade weil die wirtschaftliche Stärke der Familienunternehmen Hand in Hand geht mit einer besonderen Unternehmenskultur, einem spezifischen Führungsstil und dem besonderen Verhältnis ihrer Eigentümer zu Risiko und Chance sowie zu Macht und Risiko, ist die von der Politik und den Verbänden vorgenommene Einteilung in Größenklassen im Hinblick auf Familienunternehmen völlig sachfremd.

Von zentraler Bedeutung hingegen sind die Unterschiede in der Eignerstruktur. Im Familienunternehmen setzen sich Eignerinteressen stets durch. Insofern besteht ein Gleichklang zwischen Eigner- und Managementzielen. Zwar gibt es selbstverständlich auch im Familienunternehmen häufig Fremdmanagement, so bei Stihl, Henkel, Würth oder Dürr. Die Familie kann allerdings jederzeit ihre Eignerinteressen durchsetzen. Konflikte zwischen Eignern und Management, die nicht per Eignermacht gelöst werden, treten nur im Falle des Gesellschafterstreits auf, also dann, wenn die Eigentümer sich gegenseitig Positionen streitig machen. Welche Bedeutung die Eignermacht haben kann, stellte die Familie Mohn mit der Trennung von Thomas Middelhoff im Jahr 2003 unter Beweis: Liz Mohn, zusammen mit ihrem Ehemann Reinhard Mohn in fünfter Generation in der Führung der Firma Bertelsmann tätig, unternahm einen Befreiungsschlag gegen ein übermächtig gewordenes Fremdmanagement. Es ist dem Unternehmen zu wünschen, dass diese Rückbesinnung auf die tragende Rolle der Eignerfamilie von Erfolg gekrönt ist.

Die Interessenlage der Eigentümer im Familienunternehmen ist durch Langfristigkeit und die »Familientradition« geprägt. Dies äußert sich in einem besonderen Verantwortungsbewusstsein, das häufig zu einem Verzicht auf materielle Werte, so z. B. auf die privaten Darlehenskonten oder auf Gehaltsbestandteile, führt.

Völlig anders ist die Situation bei Publikumsgesellschaften. Vorstand und Aufsichtsrat auf der einen Seite und die Eigentümer auf der anderen Seite vertreten hier jeweils ihre eigenen, oftmals gegenläufigen Interessen. Die Eigentümer sind aufgrund des Streubesitzes gar nicht in der Lage, ihre Interessen gegenüber dem Vorstand durchzusetzen, oder aber es lassen sich einheitliche Eignerinteressen erst gar nicht feststellen; stattdessen existiert eine Vielzahl von divergierenden Individualinteressen.

Aus der besonderen Eigentums- und Interessenlage im Familienunternehmen folgt, dass derjenige, der die Macht hat, auch das Risiko eines Verlusts des von ihm eingebrachten Kapitals trägt, während in der Publikums-AG der Vorstand – vorausgesetzt, er verhält sich rechtlich korrekt – »nur« fremdes Kapital und im ungünstigsten Fall seine Karriere, niemals aber sein privates Vermögen aufs Spiel setzt. Im Gegensatz zum anonymen börsennotierten Großunternehmen ist der Blick im Familienunternehmen mehr nach innen gerichtet. Die permanente Beobachtung der Entwicklung des Unternehmenswertes, die Akzeptanz bei den Investoren, eine Einstufung als Manager des Jahres – all dies tritt in Familienunternehmen an Bedeutung hinter die Bedürfnisse einer Steigerung der Anziehungskraft und Motivation für qualifizierte Mitarbeiter sowie der Gewinnung effizienter und loyaler Mitglieder für ihre Organe zurück. Die Förderung des Ansehens am Kapitalmarkt hat im Verhältnis zum anonymen Großunternehmen für die Zukunft des Familienunternehmens zwar keinesfalls eine geringe, aber doch eine anders gewichtete Bedeutung: Es geht im Familienunternehmen weniger um die Steigerung des Unternehmenswertes im Hinblick auf einen Wertzuwachs in den Händen der Gesellschafter. In aller Regel stehen Anteile am Unternehmen nicht zur Disposition. Die Eigentümer des Familienunternehmens wollen unter sich bleiben. Der Kapitalmarkt wird für das Familienunternehmen allerdings künftig – schon als Konsequenz aus den im Rahmen von Basel II verschärften Bedingungen der Kreditaufnahme – an Bedeutung gewinnen, sei es, dass die Kapitalmarktfähigkeit für die Fremdfinanzierung wichtig wird, sei es, dass Industrieanleihen, eine Verbriefung von Kundenforderungen (so genannte Asset Backed Securities) oder strukturierte Finanzierungen zur Diskussion stehen.

Die volkswirtschaftliche Dimension

Diejenigen Unternehmen, über die in der Öffentlichkeit berichtet wird, sind meistens anonyme Konzerne. Doch es sind nicht sie, sondern die Familienunternehmen, die die Basis unseres Wohlstands bilden. Weit mehr als 90 Prozent aller deutschen Unternehmen sind Familienunternehmen, sie stellen die meisten Arbeits- und Ausbildungsplätze, tätigen den überwiegenden Anteil der Investitionen und erarbeiten den Löwenanteil der Wertschöpfung aller deutschen Unternehmen. In anderen Teilen Europas, etwa in Italien, Spanien oder Portugal, ist die Bedeutung der Familienunternehmen eher noch größer. Auch die einst berühmte, leider jedoch stark abnehmende Innovationskraft der Deutschen geht maßgeblich von den Familienunternehmen aus. Von den wichtigsten Erfindungen der vergangenen zehn Jahre stammt die große Mehrzahl aus Familienunternehmen.

Die volkswirtschaftliche Bedeutung unserer Familienunternehmen lässt sich jedoch nicht in exakten Zahlen definieren. Das liegt daran, dass die allseits verwendeten Statistiken hierfür unbrauchbar sind. So arbeitet die Europäische Union mit dem Begriff »kleine und mittlere Unternehmen« (KMU). Sie versteht hierunter Betriebe, die weniger als 250 Personen beschäftigen und die entweder einen Jahresumsatz von höchstens 50 Millionen Euro erzielen oder deren Jahresbilanzsumme sich auf höchstens 43 Millionen Euro beläuft. Hier werden Äpfel mit Birnen vermischt. Es wird außer Acht gelassen, dass Handels-, Dienstleistungs- und Produktionsbetriebe bei gleicher Bedeutung völlig verschiedene Bilanzstrukturen aufweisen. Die in Familienunternehmen häufigen Betriebsaufspaltungen und Holdingstrukturen finden in der EU-Definition erst gar keinen Niederschlag.

Hierzu ein Beispiel: Ein Ingenieurbüro mit 250 Mitarbeitern nimmt in Deutschland sicherlich einen Spitzenplatz ein, während man einen Produktionsbetrieb mit derselben Mitarbeiterzahl als mittelgroß bezeichnen würde. Ein Handelsunternehmen mit 50 Millionen Euro Jahresumsatz ist klein, ein Dienstleistungsunternehmen mit einem ähnlichen Umsatz hat dagegen erhebliches Gewicht. Nach der EU-Statistik wird alles über einen Kamm geschoren. Dieselben Bedenken wie gegen die EU-Definition bestehen gegen die Definitionen des Instituts für Mittelstandsforschung in Bonn. Hier liegt die entscheidende Grenze beim Unternehmen mit weniger als 500 Mitarbeitern und einem Jahresumsatz unterhalb von 50 Millionen Euro.

Der Realität am nächsten kommen die neuesten Zahlen des BDI, die sich allerdings nur auf Industriebetriebe beziehen:

	Familien-unter-nehmen	Industrie-unter-nehmen insgesamt	Anteil der Familien-unternehmen in %
Zahl der Unternehmen	88.832	106.398	83,49
Beschäftigte	3.197.302	7.616.902	41,98
Umsatz (in Mrd. €)	450,6	1.525,5	29,54
Investitionen (in Mrd. €)	22,151	71,023	31,19

Abbildung 1: Schlüsselzahlen der industriellen Familienunternehmen im Jahr 2001

Bedenkt man, dass die Industrie sehr stark von einigen wenigen Großkonzernen geprägt wird, so ergeben sich über die gesamte deutsche Unternehmenslandschaft hinweg für die Familienunternehmen höhere Werte als in dem vorstehenden Schaubild ausgewiesen.

In den BDI-Zahlen sind viele Unternehmen enthalten, die ihrer Organisationsstruktur nach eher Handwerksbetriebe darstellen. Das vorliegende Buch klammert diese aus. Es wendet sich nur an solche Familienunternehmen, die sich mit typischen und identischen Problemlagen größerer Unternehmen auseinanderzusetzen haben. Dies sind die folgenden:

- Erbschaftsteuer: Kleinunternehmen zahlen keine Erbschaftsteuer, da sie unter die Freibetragsregelungen fallen;
- Globalisierung: Kleinunternehmen fehlen alle Voraussetzungen für eine umfassende Globalisierungstrategie;
- Nachfolge: Für Kleinunternehmen gibt es nur eine Nachfolge innerhalb der eigenen Familie;
- Finanzierung: Für Kleinunternehmen existiert nur der private oder öffentlich geförderte Bankkredit;
- Controlling: Kleinunternehmen benötigen kein umfassendes Controlling.

Will man die Zielgruppe dieses Buches beziffern, so kommt man in Deutschland auf schätzungsweise zwischen 12 000 und 15 000 Betriebe. Diese Zahl entspricht der Zuordnung, die die Deutsche Bank neuerdings im so genannten mittelständischen Firmenkundengeschäft vorgenommen hat.

Ein Vergleich der Familienunternehmen mit den Konzernen ist für letztere geradezu deprimierend. Obwohl die staatlichen Fördermittel für Großkonzerne nicht selten höher sind als die Steuern, die sie zahlen, ist deren Kreativität eher bescheiden. Umso stärker ist ihre Finanzkraft. Diese beruht jedoch nicht auf besonderer Leistung, sondern auf der ungehinderten Zugangsmöglichkeit zum Kapitalmarkt sowie auf ihrer Fähigkeit zur schnellen Produktionsverlagerung in steuer- oder lohngünstige Regionen. Anders als Familienunternehmen brauchen sie weder Erbschaftsteuer noch Abfindungen an ihre Gesellschafter zu zahlen. Die Folge ist eine wesentlich günstigere Eigenkapitalausstattung. Dennoch ist das Verhalten vieler Konzerne gegenüber ihren Kapitalgebern, also den Aktionären, häufig verantwortungslos. Es ist geradezu unfassbar, wie etwa hochbezahlte Vorstände bei Babcock, bei Philipp Holzmann oder beim Bremer Vulkan die Ersparnisse von Generationen in kürzester Zeit verschwendet haben. Das zunehmende Auftreten von Visionären ohne Bodenhaftung in den Vorstandsetagen ist besorgniserregend.

Ein Wort zur Nachfolgeproblematik vorab

Die Unternehmensnachfolge wird von den Medien und manchen Unternehmensberatern als einziges Zukunftsthema unserer Familienunternehmen überhaupt »gehandelt«. Es wird damit zur Kernproblematik der Zukunftsfähigkeit unserer Familienunternehmen »hochstilisiert«. Dabei ist die Unternehmensnachfolge nicht isoliert, sondern nur im Kontext mit den sonstigen notwendigem Veränderungsprozessen abzuhandeln. Für den ungeduldigen Leser trotzdem ein Wort zur Bedeutung der Nachfolge vorab:

Die Generation der Nachkriegsunternehmer kommt ins Rentenalter. In Deutschland wird nach Berechnungen des Instituts für Mittelstandsforschung bis 2010 ein gutes Viertel der größeren Familienunternehmen an den Nachfolger übergeben. Diese zunächst meist beiläufig zur Kenntnis genommene Zahl gewinnt an Schärfe durch die Feststellung, dass die zur Übertragung anstehenden Betriebe mehr als 4 Millionen Mitarbeiter beschäftigen. Die Folgen dieses gigantischen Strukturwandels für die Zukunft der Familienbetriebe sind ambivalent. Die Vererbung von Firmenvermögen bietet einerseits die große Chance, zugleich mit der Regelung der Führungsnachfolge die betrieblichen Strukturen auf die Herausforderungen der Zukunft auszurichten. Andererseits birgt sie ein hohes Risiko.

Zwei von Bankenseite vorgelegte Analysen signalisieren hier ein für unsere Volkswirtschaft betrübliches Ergebnis: Eine große Zahl von Firmenübertragungen bei kleineren Unternehmen misslingt. Familienbetriebe weisen zudem eine hohe Sterblichkeitsrate auf. Nach einer international angelegten Studie sollen nur zwei von dreien den Sprung in die zweite Generation, nur einer den in die dritte Generation schaffen. Und gar nur jedes siebte Unternehmen besteht noch in der vierten Generation. Die Nachfolge krankt nicht an mangelndem Problembewusstsein auf Unternehmerseite, wohl aber häufig an Schwächen der Beratung. In vielen Fällen fehlt ein ganzheitliches Konzept, welches Grundsätze der Psychologie, der Unternehmensführung, des Steuerrechts, des Gesellschaftsrechts und der Betriebswirtschaft in den erforderlichen Gleichklang bringt.

Das ist unverständlich. In aller Regel hat der Unternehmer sein Leben lang für den Betrieb gearbeitet. Die ständig steigenden Kosten, der Zwang zu Innovation und Globalisierung haben dazu geführt, dass das Unternehmen den wesentlichen Vermögenswert der Familie darstellt. Ein ins Gewicht fallendes Privatvermögen außerhalb des Betriebs wird nur in den seltensten Fällen erworben. Oft wird sogar außer den Gewinnen auch ein Großteil der Tätigkeitsvergütung im Unternehmen stehen gelassen. Bedenkt man, dass der Wert eines Unternehmens heute ein Vielfaches des durchschnittlichen Jahresgewinns ausmacht und dass bei einer Unternehmensveräußerung – die richtige Gestaltung vorausgesetzt – erhebliche Steuervorteile realisiert werden können, so wird deutlich, wie wichtig eine schlüssige Nachfolgekonzeption ist. Ohne diese verfällt der Wert des Unternehmens in Windeseile.

Die Lösung der Unternehmensnachfolge ist in Deutschland volkswirtschaftlich nur deshalb risikoreicher als in unseren europäischen Nachbarstaaten, weil bei uns eine gesamte Unternehmergeneration, die nach dem Zweiten Weltkrieg ihre Betriebe neu aufgebaut hat, im Begriff ist, in den nächsten Jahren geschlossen abzutreten. Wir haben damit insoweit ein »Klumpenrisiko«. Das ändert jedoch nichts daran, dass die Nachfolge nicht »die«, sondern nur eine von mehreren Herausforderungen innerhalb eines grundsätzlichen Veränderungsprozesses ist, dem das deutsche Familienunternehmen derzeit unterworfen ist. Dieser Veränderungsprozess soll nachfolgend beschrieben werden.

Vier existenzielle Herausforderungen für die Zukunft

Die Neuorientierung, die unsere Familienunternehmen mit ungeahnter Geschwindigkeit erfasst, bezieht sich vor allem auf vier Bereiche. Der erste ist jedem unter dem Stichwort *Globalisierung* geläufig. Weniger geläufig ist vielen, was Globalisierung tatsächlich bedeutet. Es geht dabei nicht um etwas »Philosophisch-Weltanschauliches«, sondern um sehr konkrete Fragestellungen. Welche Märkte sollen künftig bedient werden? Mit welchen Produkten? Zu welchen Preisen? Mit welcher Vertriebsmannschaft? Reicht hierzu die Finanzkraft des Unternehmens aus, oder müssen neue Finanzierungsformen erschlossen werden? Welche Konsequenzen ergeben sich hieraus für die Personalbeschaffung, für die Schulung der Mitarbeiter, für die Vergütung und Kontrolle der Auslandsbeschäftigten? Wie sehen die bilanziellen, die steuerlichen, die haftungsrechtlichen, die kartellrechtlichen Konsequenzen aus? Fragen über Fragen, die man nur bei wenigen Familienunternehmen in systematisch aufbereiteter Form beantwortet findet. Globalisierung bedeutet letzlich auch Standortwettbewerb, und wo wir Deutschen hier im Vergleich zur – ebenfalls hochpreisigen – Schweiz stehen, geht aus Abbildung 2 hervor.

Der zweite Veränderungsbereich betrifft das, was wir die *Revolution der Informationstechnologie* nennen. Die moderne Datentechnik ersetzt immer stärker das einst so gerühmte »Bauchgefühl« des Unternehmers. Nicht, dass dieses »Bauchgefühl« in Zukunft überflüssig würde – nein, es ist und bleibt eine wichtige Quelle des Erfolgs. Aber dieses »Bauchgefühl« muss in Zukunft mit Hilfe von Daten, Informationen und Wissen abgesichert und gestützt werden. Dies erfordert einen durchgängigen Einsatz der Datentechnik in allen betrieblichen Segmenten – beginnend beim Einkauf über die Produktion bis hin zu Vertrieb, Controlling und Versand. Doch die Datenqualität in den meisten Familienunternehmen ist schlecht. Man findet allenthalben nur Insellösungen, selten hingegen ein durchgängiges System. In vielen Beiratssitzungen erlebe ich tagtäglich, dass die Finanzdaten weder mit den Zahlen des Vertriebs noch mit denen der Produktion oder des Versands übereinstimmen, und dass mehrere Zahlenansätze im Unternehmen unkoordiniert nebeneinander existieren. Nach einer Studie des SAS Institute GmbH haben nur 18 Prozent der deutschen Betriebe Vertrauen in ihre eigenen Zahlen. Dabei geht durch mangelnde Datenqualität sehr viel Geld verloren. Nach einer Feststellung des Data Warehousing Institute (TDWI) verlieren in den Vereinigten Staaten Industrie und Verwaltung hierdurch jährlich die gewaltige Summe von 600 Milliarden Dollar. In Deutschland ist die Situation vom Grundsatz her sicherlich keinesfalls besser.

Der dritte Veränderungsbereich ist aus meiner Sicht der bedeutendste. Er betrifft die *Werte*, die Familie und Unternehmen seit mehr als 100 Jahren bestimmt haben. Unsere Familienunternehmen sind zwar nach wie vor durch tradierte Grundvorstellungen von Autorität, Fleiß, Sparsamkeit, Vertrauen und persönlicher Bescheidenheit geprägt. Doch diese Verhaltensweisen zeigen sich heute vielfach in einem neuem Gewand und treffen zugleich auf ein verändertes Umfeld. Der Wunsch nach Genuss und Freude hat das altruistische Element bei der jungen Eigentümergeneration in den Hintergrund gedrängt. Ein neues Selbstwertgefühl verhilft dem Streben nach Effizienz und Nutzwert zu einer höheren Priorität. Das hat für das Familienunternehmen

sehr viel tief greifendere Folgen als vielfach angenommen. Wer die Zukunftsfähigkeit seines Unternehmens sichern will, der braucht vom Werteverständnis her andere Gesellschaftsverträge, andere Führungsgrundsätze, eine andere Art der Kommunikation und nicht zuletzt andere Konzepte für die
Unternehmensnachfolge. Hierauf wird später noch ausführlich eingegangen.

Der vierte Veränderungsbereich betrifft das *soziale Umfeld*, in dem un-
sere Familienunternehmen agieren, und zwar in zweifacher Hinsicht. Die
Führungsrolle der großen Konzerne, die bisher von der gesamten deutschen
Unternehmerschaft uneingeschränkt akzeptiert wurde, gerät ins Wanken.
Die Vorstände der großen Konzerne haben in den letzten Jahren viel Vertrauen verspielt. Wer wie sie den Planungshorizont des Unternehmens aus
Eigeninteresse nur noch von Quartalsbericht zu Quartalsbericht definiert,
verstößt gegen das Prinzip der Kontinuität und damit gegen einen der wichtigsten Grundsätze von Familienunternehmen. Zugleich schaden die von der
Boulevardpresse zu Recht kritisierten Millionenbezüge einzelner Konzernmanager der sozialen Akzeptanz nicht nur der Wirtschaft allgemein, sondern
auch der der deutschen Familienunternehmen nachhaltig, sodass die Eigentümer-Unternehmer mit gutem Grund immer stärker von der ehemals gemeinsamen Interessenvertretung abrücken.

Das zweite Defizit liegt im mangelnden Einfluss der Familienunternehmer auf die Politik. Diese benachteiligt die Familienunternehmen auf
breiter Front, oft ohne es zu wissen. Ich möchte dies mit einem typischen
Beispiel unterlegen. Ich war Aufsichtsratsvorsitzender eines kleineren
Familienunternehmens, das vor einigen Jahren die Steckzigarette erfunden und auf den Markt gebracht hatte. Bei der Steckzigarette handelt es
sich um einen vorproportionierten Tabakstab, der in eine leere Zigaret-
tenhülse geschoben wird und sich beim Anzünden so ausbreitet, dass
kaum noch ein Unterschied zu einer Fabrikzigarette besteht. Der Vorteil
lag in einer wesentlich günstigeren Besteuerung des erforderlichen Fein-
schnitttabaks. Als diese Innovation sich am Markt durchzusetzen begann, lief die Zigarettenindustrie dagegen Sturm. Sie erreichte durch den
Einsatz ihrer Lobby denn auch alsbald, dass die Tabaksteuer speziell für
die Steckzigarette angehoben wurde. Damit verlor diese interessante
Neuerung mit einem Schlage ihre wirtschaftliche Bedeutung. Solche Vorgänge schaden unserer Volkswirtschaft, weil sie dazu beitragen, kreativen
Wettbewerb zu behindern.

	Deutschland	Schweiz
Arbeitstage pro Jahr	261	261
Ferien, Krankheiten, Fehlzeiten	53	36
= effektive Arbeitstage	208	225
Arbeitsstunden pro Tag	6,55	7,90
= effektive Arbeitsstunden pro Jahr	1.362	1.778
Stundenlohn in €	14,68	15,32
Zu bezahlende Stunden	1.827	2.192
= Jahreslohn in €	26.820	33.594
Lohnnebenkosten in Prozent	51,7 %	25,1 %
Lohnkosten inkl. Lohnnebenkosten	40.686	42.025
= effektive Arbeitskosten pro Std. in €	29,86	23,64

Abbildung 2: Standortvergleich zur Vorbereitung der Errichtung einer elektotechnischen Fabrik; Alternativen: Baden-Württenberg/Kanton St. Gallen (CH)

Eine neue Initiative

Um den weiteren Verlust der sozialen Akzeptanz unserer Familienunternehmen einzudämmen, habe ich mich entschlossen, in den nächsten Jahren eine eigene Interessenvertretung für sie aufzubauen. Hierzu habe ich im Jahr 2003 eine gemeinnützige Stiftung (www.familienunternehmen.de) gegründet, die drei Ziele verfolgt.

1. Das negative Bild, das von unseren Familienunternehmen und den hinter diesen stehenden Eigentümern in der Öffentlichkeit herrscht, von seiner heutigen Verzerrung zu befreien und der Realität anzupassen;
2. Die schützenswerten Interessen der deutschen Familienunternehmen durch direkten Dialog mit den maßgebenden Politikern zu fördern;
3. Die qualifizierte Ausbildung aller jungen Menschen, die sich für eine spätere Tätigkeit in unseren Familienunternehmen interessieren, also nicht nur der Nachfolger aus der Familie, zu fördern.

Dieses Konzept ist nicht ganz neu. Es ist in Spanien bereits in den späten achtziger Jahren verwirklicht worden. Dort haben sich die bedeutendsten spanischen Familienunternehmen zu einer gemeinsamen Interessenvertretung zusammengeschlossen und sprechen nun mit einer Stimme. Der Erfolg ist signifikant. Heute geht in der spanischen Politik nichts mehr ohne ihre Zustimmung. Eine besondere Leistung liegt darin, dass eine fast völlige Befreiung der Unternehmensnachfolge von der Erbschaftsteuer durchgesetzt worden ist.

Kapitel 2

Das Fundament ist die Familie

Die Persönlichkeit des Unternehmers

Die Persönlichkeit des Unternehmers ist die entscheidende Stärke des Familienunternehmens. Unternehmer und Unternehmen stehen in einem Verhältnis gegenseitiger Abhängigkeit. Das Wohl des Unternehmens liegt oft allein in einer Hand, sodass der Unternehmer – wie in einer guten Ehe – zu seinem Unternehmen in guten und schlechten Tagen stehen muss. Andererseits ist die berufliche und wirtschaftliche Existenz des Familienunternehmers ebenso wie seine gesellschaftliche und soziale Stellung aufs Engste mit dem Unternehmen verknüpft. Geht es dem Unternehmen gut, dann auch dem Unternehmer; gerät das Unternehmen unter Druck, geschieht dies gleichermaßen mit dem Unternehmer. Die Verbindung zwischen Unternehmer und Unternehmen geht so weit, dass der Unternehmer seine Produkte oder Dienstleistungen nicht nur anpreist, sondern für deren Qualität sogar seine persönliche Glaubwürdigkeit in die Waagschale wirft. Das führt in manchen Fällen dazu, dass die Eigner, wie beispielsweise bei Trigema, Idee-Kaffee oder Hipp, persönlich im Fernsehen für ihre Produkte werben.

Gewandeltes Unternehmerbild

Der Unternehmer steht im Blickpunkt der öffentlichen Meinung. Denn die Existenz vieler Menschen – der Mitarbeiter mit ihren Familien, der Geschäftspartner, der Stadtverwaltungen vor Ort – hängt häufig von seiner Person ab. Daher übt die Persönlichkeit des Unternehmers, die in der Regel für Erfolg, Leistung und materiellen Reichtum steht, auf die Allgemeinheit meist eine große Faszination aus. In den Jahren des Wirtschaftswunders, die den Deutschen immerwährendes Wachstum in Aussicht stellten, fanden unternehmerische Verantwortung und Fleiß große Anerkennung. Den Unternehmern wurde ein entscheidender Anteil am erfolgreichen Wiederaufbau Deutschlands zuerkannt. Auf der ganzen Welt sah man mit Bewunderung auf ihre Leistung, ihre Beharrlichkeit und ihre bis an Selbstaufopferung grenzende Einsatzbereitschaft für die daniederliegende Wirtschaft. Der Unternehmer galt als Leistungsträger schlechthin.

Im Lauf der sechziger Jahre änderte sich das Bild des Unternehmers in der Öffentlichkeit. Die Ideologisierung der politischen Diskussion führte zu einer erheblichen Verschlechterung seines Ansehens. Nicht mehr seine Leistung wurde anerkannt, vielmehr stand sein angeblich »repressiver Charakter« im Vordergrund des Interesses. Von einigen politischen Gruppierungen wurde er mit Termini wie »Ausbeuter« und »Menschenschinder« belegt, und seine Lebensweise wurde mit dem negativ besetzten Begriff »kapitalistisch« abqualifiziert. Auch wenn die Exzesse dieser Zeit verebbt sind, müssen Unternehmer seither beständig gegen Sozialneid und Leistungsfeindlichkeit kämpfen. Anders als in den angelsächsischen Ländern wird unternehmerischer Erfolg hierzulande nicht einhellig als das gewürdigt, was er tatsächlich ist: gerechter Lohn für harte Arbeit, für hohes persönliches Risiko sowie für Kreativität und Erfindergeist. Die Politik behandelt ihn nach wie vor zuweilen stiefmütterlich.

Merkmale der Unternehmerpersönlichkeit

Doch was macht eigentlich eine Unternehmerpersönlichkeit aus? Vergleicht man die Biografien bedeutender Unternehmer, so lassen sich immer wieder ähnliche Psychogramme feststellen. An erster Stelle stehen Führungsstärke und die Fähigkeit, Menschen zu motivieren. Unternehmer wie Heinz Nixdorf, Gustav Schickedanz, Berthold Leibinger, August Oetker oder Erwin Hymer haben ihre Mitarbeiter durch ihr Vorbild motiviert und begeistert. Sie haben sich jederzeit für das persönliche Schicksal ihrer Mitarbeiter interessiert und deren Probleme zu ihrem eigenen Anliegen gemacht, ohne die nötige Distanz aufzugeben. Führungsstärke bedeutet, gegenüber Mitarbeitern gerade in schwierigen Zeiten Zuversicht und Optimismus auszustrahlen. Vor allem durch das Vorbild des Chefs wird den Mitarbeitern Mut gemacht, anstehende Probleme und Aufgaben mit großem Einsatz zu bewältigen. Keiner dieser Unternehmer hätte sich – unabhängig davon, ob dies finanziell ins Gewicht fiel oder nicht – in Zeiten des Personalabbaus einen neuen Geschäftswagen der Luxusklasse geleistet, wie dies bei Konzernen immer noch gang und gäbe ist.

Hinzu kommt Fleiß. Ich habe keinen Familienunternehmer erlebt, der nicht durch höchsten persönlichen Einsatz den Erfolg seines Unternehmens erkämpft hätte. Anders als in der Öffentlichkeit oft kolportiert, kann ein Unternehmen nicht vom Golfplatz oder von der Yacht aus geleitet werden. Der Familienunternehmer stellt sich immer und voll in den Dienst des Unternehmens. Dies geht häufig auf Kosten der eigenen Gesundheit und der Familie. Ein Zielkonflikt, der immer wieder anzutreffen ist und für den es keine überzeugende, allgemeingültige Lösung gibt.

Wer Sicherheit über alles stellt, sollte nicht Unternehmer werden. In Zeiten wachsenden Konkurrenzdrucks ist das wirtschaftliche Risiko für Familienunternehmer stark gestiegen. Die Märkte wandeln sich geradezu dramatisch. Immer kürzere Produktzyklen bei geringer Eigenkapitalausstattung lassen Fehlschläge kaum noch zu, soll die wirtschaftliche Existenz nicht gefährdet werden. »Fortes fortuna adjuvat« (den Mutigen hilft das Glück), hat der karthagische Dichter Terenz einst gesagt. Dass es auch traurige Ausnahmen von dieser Regel gibt, haben Fälle wie Bauknecht, Kässbohrer und Kögel gezeigt. Verschärft wird das Risikopotenzial durch immer neue Bestimmungen des Gesetzgebers, beispielsweise bei der Produkt- und Umwelthaftung, beim Kartell- oder Steuerrecht – häufig handelt es sich um Bestimmungen, die jede Rücksichtnahme auf die Eigenarten der Familienunternehmen vermissen lassen. Hinzu kommt ein staatlich verordneter Hindernisparcours, in dessen Stricken sich gerade die kleineren Unternehmen sehr leicht verfangen können.

Bei allem Wagemut sollte der Familienunternehmer aber nicht vergessen, sich vor geschäftlichen Gefahren zu schützen. Dazu gehört die Absicherung seiner Familie und des Privatvermögens. Sonst wird sich der Unternehmer nur allzu leicht von der Furcht vor dem Risiko in seinem unternehmerischen Handeln bestimmen lassen, zumal sich risikoscheue Mitarbeiter und Berater stets und reichlich einstellen.

Auch Kreativität zeichnet die erfolgreichen Familienunternehmer aus.

Sie haben den Mut, Althergebrachtes in Frage zu stellen und neue Wege zu beschreiten. »Panta rei« hat Heraklit gesagt, »alles fließt«, und kein Unternehmer wird sich auf aktuellen Erfolgen ausruhen, sondern stets Verbesserungen von Produkten und Prozessen anstreben, beständig auf der Suche nach den Märkten von morgen sein, deren Eroberung schon heute vorbereitet werden muss. Die Kreativität muss dabei nicht in technischem Erfindungsgeist ihren Ausdruck finden. Deutschland ist nicht Silicon Valley und wird es auch niemals werden. Kreativität kann sich vielmehr in allen Unternehmensbereichen äußern, beispielsweise dann, wenn ein vorhandener Markenname nachhaltig gestärkt wird, wie von den Brüdern Jochen und Uwe Holy bei der Marke »Hugo Boss«, oder wenn neue Verpackungsmethoden durchgesetzt werden, wie die Einführung der Portionsflasche durch Emil Underberg. Entscheidend – aber sicherlich nicht immer einfach – ist dabei nur, durch originelle Ideen den Konkurrenten am Markt immer einen Schritt voraus zu sein. Um diese neuen Wege zu gehen und um anderen voranzuschreiten, braucht der Unternehmer Selbstbewusstsein und Selbstvertrauen.

Schließlich kennzeichnet den Familienunternehmer Verantwortungsbewusstsein gegenüber seinen Mitarbeitern, dem Unternehmen und seiner Familie. Ich erlebe es immer wieder, dass der Zwang, Mitarbeiter zu entlassen, Familienunternehmer in schwere persönliche Gewissenskonflikte stürzt. Das Schreckensbild des kalten Kapitalisten gilt für ihn ganz gewiss nicht. Starke Persönlichkeiten sind sich bei all ihren Handlungen ihrer sozialen Verantwortung stets bewusst gewesen. So läuft auch der Vorwurf, sie seien aus rein egoistischen Motiven allein an der Gewinnmaximierung interessiert und handelten damit »unethisch«, vollkommen ins Leere. In einer anonymisierten, arbeitsteiligen Gesellschaft äußert sich vielmehr die soziale Verantwortung des Familienunternehmers darin, dass er die ihm zugewiesene Aufgabe wahrnimmt. Diese besteht darin, sein Eigentum, seine Fähigkeiten und seine Kreativität einzusetzen, um die bestmöglichen Produkte und Dienstleistungen anzubieten. So schafft er Arbeitsplätze für Mitarbeiter und erzielt Gewinn.

Die Ethik des unternehmerischen Handelns lässt sich deshalb auch nicht mit dem Gegensatzpaar Egoismus und Altruismus beschreiben. Denn sein Eigeninteresse nützt auch anderen. Die unternehmerische Verantwortung kann aber in Krisenzeiten auch bedeuten, Mitarbeiter zu entlassen, um das

Unternehmen als Ganzes zu erhalten. Selbst beim Verkauf des Betriebs habe ich Unternehmer erlebt, die erhebliche wirtschaftliche Nachteile hingenommen haben, um ihre Mitarbeiter zu schützen und die bestehenden Betriebsstätten auch für die Zukunft an den Ort der Gründung zu binden.

Die unternehmerische Ethik steht auch nicht im Widerspruch zur christlichen Nächstenliebe, die ein Teilen von Besitz und Gut mit den Bedürftigen verlangt. Ein Unternehmer kann seinen Aufgaben nicht dadurch gerecht werden, dass er wie der Heilige Martin seinen Mantel zerschneidet und unter den Armen verteilt. Bevor Sankt Martin seinen Mantel verteilen kann, muss er hergestellt werden. Beispiele wie jenes von Photo Porst haben gezeigt, dass die Beteiligung von Mitarbeitern dem Erfolg des Unternehmens nicht unbedingt förderlich ist. Teilen kann und soll der Unternehmer jedoch als Privatmann. Unternehmer haben dies zu allen Zeiten reichlich getan, wie allein die wachsende Beliebtheit von Stiftungslösungen im Bereich der Familienunternehmen zeigt. So haben Unternehmer wie Robert Bosch und Carl Zeiss oder in jüngerer Zeit Kurt A. Körber und Theo Wormland die Erträge ihrer Unternehmen dem Gemeinwohl zur Verfügung gestellt. Aber auch schon während ihrer aktiven Phase haben sich viele Unternehmer einen Namen als bedeutende Mäzene gemacht.

Der Einfluss der Familie

Das Rückgrat eines jeden Familienunternehmers ist die Familie. Es steht außer Zweifel, dass sein Erfolg und der seines Unternehmens durch eine gute Partnerschaft und eine intakte Familie gefördert werden. Hierfür ein Zitat Fritz Henkels zum fünfzigjährigen Firmenjubiläum der Henkel-Gruppe: »Wenn man ein Haus baut, beginnt man nicht mit dem Schornstein oder dem Dach, sondern erst muss das Fundament da sein. Das Fundament des Unternehmens aber ist das Elternhaus, die Kinderstube, die Familie.« Dieser Satz verdient eine umso nachhaltigere Zustimmung, als die Unternehmerfamilie nicht nur die Basis für die Gegenwart, sondern auch für die Zukunft darstellt.

Kennzeichnend für die Unternehmerfamilie ist in erster Linie ihre Einbindung in das Unternehmen. Der Unternehmer neigt dazu, seine Familie zu funktionalisieren. In gewisser Weise ist die »Familie« selbst ein wirtschaftlicher Faktor im Unternehmen. Denn diese stellt sich meist ganz in den Dienst des Unternehmens und stellt die eigenen Bedürfnisse hintan. Häufig sind Unternehmen und Familie gar nicht mehr zu trennen. Der Unternehmer begeistert sich beispielsweise für die Unternehmensziele und erwartet mit Selbstverständlichkeit von seiner Familie, dass sie ihm darin folgt. Konkret kann dies bedeuten, dass unter anderem Entnahmebeschränkungen, Ausscheidungs- und Abfindungsvereinbarungen sowie Kontrollzugeständnisse nicht an der eigenen Interessenlage, sondern vorrangig am Unternehmensinteresse ausgerichtet werden. Die gemeinsame Verantwortung für das Unternehmen führt zu einer besonders ausgeprägten Bindung innerhalb der Familie, die auf Kontinuität und Bewahrung der Tradition angelegt ist. Das Zusammengehörigkeitsgefühl ist in Unternehmerfamilien daher ungleich größer. Auch heute noch sind Unternehmerfamilien eher vom traditionellen Verständnis der »Großfamilie« geprägt. Vielfach werden langjährige Angestellte im Unternehmen oder Haushalt ebenso wie stetige Weggefährten des Unternehmers gefühlsmäßig zum Familienverband hinzugezählt.

Die Ehefrau

In der klassischen Unternehmerfamilie spielt die Ehefrau eine wichtige Rolle. Ich hatte das Glück, viele Unternehmerehepaare kennen zu lernen, die sich auf einzigartige Weise ergänzt haben. Die Ehefrauen sind den Unternehmern oft eine unersetzliche Stütze. Sie zeichnen sich häufig durch überlegene Menschenkenntnis und ein untrügliches Gespür für herannahende Interessengegensätze aus. Andererseits müssen sie sich oft damit abfinden, dass eine Unternehmerehe nicht nur emotional, sondern gleichsam auch »geschäftlich« zu funktionieren hat. Von der Ehefrau wird erwartet, dass sie ihrem Mann den Rücken frei hält, die potenziellen Nachfolger erzieht, die Familie gesellschaftlich repräsentiert, aber gleichzeitig noch zusätzlich im Unternehmen selbst tätig ist. Es ist wie eine »Ehe zu dritt«. Diese Konstellation zwischen den Unternehmerehepartnern entspricht noch am ehesten dem traditionellen, jahrhundertealten Muster des Zusammenlebens: Eine Ehe wurde auch früher von der Tatsache dominiert, dass sie – wie bereits erwähnt – gleichzeitig eine Wirtschafts- und Produktionsgemeinschaft war, in der Pflichterfüllung einen wesentlichen Bestandteil darstellte. Dies gilt in der Unternehmerehe noch heute. Lebensglück heißt hier eben nicht nur Eheglück.

Von ihrer Umwelt wird die Ehefrau des Unternehmers vor allem an ihrer Fähigkeit zum »Zupacken« gemessen. Die Sorge um die gemeinsame Existenzgrundlage, das Unternehmen, bildet eine wichtige Klammer in der Beziehung. Dadurch, dass das Fortbestehen des Unternehmens permanent gesichert werden muss, ist ein Rückzug ins Private, die Reduzierung der Ehe auf die rein familiären Bande und Gefühle nicht realisierbar. Private, persönliche Spielräume existieren kaum. Dies ist aber aus der Sicht des Familienzusammenhalts nicht nur negativ zu sehen: Das gemeinsame Unternehmen, seine Erhaltung und sein Ausbau können den Zusammenhalt verstärken. Die Identifikation der Ehefrau mit dem Unternehmen ist normalerweise sehr stark. Nicht selten haben Ehefrauen auch das Erbe ihrer Ehemänner nach deren Tod erfolgreich fortgeführt und optimiert. Man denke nur an Renate Pilz, Irene Kärcher, Grete Schickedanz oder Maria-Elisabeth Schaeffler. Diese Frauen haben bewiesen, dass sie führen können. Freilich führen Frauen nicht besser als Männer, oft jedoch »anders«. Ihre Stärke liegt darin, dass sie – mehr als Männer es vielleicht können – das Gemeinsame, das ein Unternehmen ausmacht, hervorheben, dass sie mit dem ihnen eigenen Einfühlungsvermögen Stimmungen eher wahrnehmen und damit Dissonanzen eher wieder ins Lot zu bringen vermögen.

Bis zu Beginn der sechziger Jahre war es in Familienunternehmen die Regel, Töchter als Nachfolgegesellschafterinnen nur bis zur Erreichung eines bestimmten Lebensalters, meist bis zu ihrem 25. oder 27. Geburtstag, in das Familienunternehmen aufzunehmen. Ab diesem Zeitpunkt mussten sie dann zum Buchwert, in wenigen Fällen auch zum Vermögensteuerwert – also in aller Regel zu einem weit unter dem wirklichen Wert des Anteils liegenden Betrag – das Unternehmen verlassen. Der Sinn dieser Regelung lag auf der Hand. Die Ausbildung konnte hierdurch steuergünstig finanziert werden. Die Töchter zahlten aus dem ihnen zufließenden Gewinnanteil, der naturgemäß einer weit geringeren Steuerprogression als das Einkommen der Väter unterlag, ihr Studium und ihren Lebensunterhalt selbst. Die beim Ausscheiden aus der Gesellschaft fällige »Abschlusszahlung« – in aller Regel als Buchwertabfindung ebenfalls ertrag- und schenkungsteuerfrei –

stellte die Aussteuer dar. Diese entwürdigende Behandlung, die ich vor allem in ländlichen Gebieten festgestellt habe, hat sich grundlegend geändert. Beispielhaft weise ich nur auf Frauen vom Schlage einer Helene Metz in Nürnberg hin, die bei dem weltweit bekannten Fernsehgerätehersteller ihr unternehmerisches Können nachhaltig unter Beweis gestellt hat.

Kinder

In der Unternehmerfamilie beginnen viele Eltern bereits sehr früh damit, ihre Kinder mit »sanfter Gewalt« an das Unternehmen heranzuführen. Hiervon ist dringend abzuraten. Jedes Kind muss beruflich wie persönlich seinen Weg selbst finden. Eine zu frühe oder zu starke Beeinflussung beschränkt ihre individuelle Entscheidungsfreiheit in unangemessener Art und Weise. Vielen Eltern ist gar nicht bewusst, welch riesige Verantwortung sie damit auf sich laden und auf die Hilfe von Psychologen zu vertrauen, halte ich für mehr als fragwürdig. Ein einziger Fehlgriff kann großes Unheil anrichten. Ich habe erlebt, wie eine offensichtlich von Männern enttäuschte junge Ärztin eine Unternehmertochter, die sie zu betreuen hatte, regelrecht gegen den Vater aufhetzte. Psychiater und Psychologen sollten nur in wirklichen Krankheitsfällen oder zum Zwecke einer Potenzialanalyse bei der Berufswahl eingeschaltet werden. Die Kinder zum idealen Nachfolger heranzuziehen – dazu fehlt ihnen jegliche Voraussetzung.

Entscheidend für die Entwicklung der Kinder ist das Elternhaus. Eltern müssen Vorbild sein. Wie gehen sie selbst miteinander um? Wie stehen sie zu ihrer sozialen Verantwortung für das Unternehmen? Welche Charaktereigenschaften sind ihnen an ihren Mitarbeitern besonders wichtig? Wie diese Fragen von den Eltern im Alltag beantwortet werden, das prägt die Kinder am stärksten. Kinder aus Unternehmerfamilien werden oft schon sehr früh mit Streitigkeiten und deren Auswirkungen unter den Gesellschaftern konfrontiert. Sie erfahren schon in jungen Jahren, dass Zwietracht und Unfrieden den wirtschaftlichen Erfolg des elterlichen Unternehmens schnell zerstören können.

Der Wille, es selbst anders zu machen, wird auf eine erste harte Probe gestellt, sobald es um die Aufteilung des eigenen Familienvermögens und damit um die persönlichen Interessen geht. Der Unternehmer hat in aller

Regel den weitaus größten Teil seines Vermögens im Unternehmen gebunden und besitzt nur ein geringes Privatvermögen. Wie soll er, wenn er mehrere Kinder hat, Gerechtigkeit üben, ohne andererseits die Steuerungsfähigkeit seines Unternehmens durch eine zu starke Stückelung der Anteile zu gefährden? Die um Ausgleich bemühten Eltern sind nicht zu beneiden. Rationale und emotionale Erwägungen treffen ungehindert aufeinander, und nur allzu oft entstehen Wunden, die ein Leben lang nicht mehr verheilen.

Ich denke an ein Bruderpaar, das sich im Kampf um die Nachfolge heillos zerstritten hatte. Die Eltern bemühten sich um eine gerechte Lösung. Doch wie sollte diese aussehen? Beide Söhne waren gleichermaßen qualifiziert, und beide waren ehrgeizig und machtbewusst. Aber sie kamen einfach nicht miteinander aus, und für eine Vermögensteilung fehlten die materiellen Voraussetzungen. Die Familie besaß neben einem relativ geringen Privatvermögen nur ein unteilbares, jedoch sehr wertvolles Unternehmen. Der Vater entschied sich schließlich dafür, dem Älteren zusammen mit dem Recht zur alleinigen Geschäftsführung auch die Mehrheit der Gesellschaftsanteile zu überlassen. Das Privatvermögen wurde im Testament dennoch hälftig aufgeteilt, also ohne den Vorzug bei der Aufteilung der Anteile auszugleichen. Der Vater begründete dies damit, dass das Betriebsvermögen stets einer höheren Gefährdung ausgesetzt sei als das Privatvermögen. Meine Aufgabe bestand darin, neben der Gestaltung der Verträge auch die Harmonie in der Familie wieder herzustellen. Doch dies misslang gründlich. Das Leben ging wieder einmal einen seiner unvorhersehbaren Wege. Gerade zu dem Zeitpunkt, in dem meine Bemühungen erste Aussichten auf Erfolg zeigten, erschien in der örtlichen Tageszeitung eine Reportage über das Unternehmen. Dem Nachfolger wurde das allerbeste Zeugnis ausgestellt, der jüngere Sohn blieb jedoch völlig unerwähnt. Dieser vermutete eine Intrige seines Bruders, und damit waren alle weiteren Friedensbemühungen sinnlos.

Kinder müssen frühzeitig lernen, dass eine wirtschaftlich gerechte Aufteilung des Familienvermögens oft nicht möglich ist, ohne das Unternehmen nachhaltig zu schädigen. Der von vielen Familien beschrittene Ausweg, die Vornahme einer Realteilung, schwächt das Unternehmen und damit das Familienvermögen dauerhaft. Zwar gibt es – wie die Fälle Aldi, Festo, Bahlsen oder Quandt zeigen – auch gute Erfahrungen, doch die Negativbeispiele überwiegen. Statt einer Realteilung ist es meist besser, dem weichenden Erben aus der Liquidität des Unternehmens Kapital zukommen zu lassen, damit er sich eine eigene Existenz aufbauen kann. Ein solcher einmaliger Aderlass ist wirtschaftlich eher zu verkraften als die sich aus der Realteilung ergebende dauernde Schwäche der neu entstandenen Unternehmen.

Eine nicht selten gewählte Lösung des Verteilungskonflikts besteht darin, dass der zum Nachfolger bestimmte Abkömmling das Unternehmen in Gänze erhält, die übrigen Kinder dagegen das Privatvermögen übernehmen. Diese Art der Aufteilung besticht auf den ersten Blick durch ihre Eindeutigkeit und Klarheit. Dennoch ist bei näherem Hinsehen Skepsis angebracht. Eine solche Lösung vernachlässigt den bei vielen Kindern stark ausgeprägten Wunsch, auch weiterhin an der Leistung der Eltern teilzuhaben und deren Lebenswerk gemeinsam mit allen Familienmitgliedern fortzusetzen. Zudem wird die Chance vernichtet, die wirtschaftliche Benachteiligung der »weichenden« Kinder durch die Zuteilung von Minderheitsanteilen zumindest teilweise auszugleichen. Diese Lösung lässt auch außer Betracht, dass Privat- und Betriebsvermögen von Risikostruktur, Nachhaltigkeit und Veräußerungsmöglichkeit her so wenig miteinander vergleichbar sind, dass die der Aufteilung ursprünglich zugrunde liegenden Erwägungen sich schnell in ihr Gegenteil verkehren können.

Hierzu der Fall einer Tochter, die – um das elterliche Unternehmen zu stärken – zugunsten ihres Bruders großzügig auf jeglichen Gesellschaftsanteil verzichtet hatte. Sie ließ sich mit einem Mietshaus in der Schweiz – zum damaligen Zeitpunkt weit unter dem Wert ihres Pflichtteils – abfinden. Als das Unternehmen einige Jahre später in Schwierigkeiten geriet, war es allein dieses Mietshaus, das vom Familienvermögen noch übrig geblieben war. Der Unternehmensnachfolger geriet in völlige Vermögenslosigkeit, und da sich das Verhältnis der Geschwister untereinander inzwischen verschlechtert hatte, fand eine freiwillige Korrektur der von den Eltern vorgenommenen Vermögensaufteilung nicht mehr statt, obwohl dies sicherlich ihr Wunsch gewesen wäre, wenn sie die spätere Entwicklung vorausgesehen hätten.

Abschließend vier Empfehlungen:

1. Der Unternehmensnachfolger sollte stets die Mehrheit der Gesellschaftsanteile – auf jeden Fall jedoch die Mehrheit der Stimmrechte – er-

halten. Die restlichen Anteile sollten dann unter den nicht geschäftsführenden Kindern verteilt werden. Allerdings müssen die Minderheitsgesellschafter gegen jede Art wirtschaftlicher »Ausplünderung« seitens des Mehrheitsgesellschafters geschützt werden. Ein solcher Schutz setzt eine besonders qualifizierte Beratung voraus, denn eigensüchtige Mehrheitsgesellschafter sind oft sehr kreativ.

2. Bei der Vermögensaufteilung in der Familie ist stets auch das Änderungsrisiko zu berücksichtigen. Dieses gehört zu den größten Risiken im Familienunternehmen überhaupt. Das Änderungsrisiko besteht darin, dass ein konkreter Umstand, dessen Erwartung zu einer bestimmten Gestaltung innerhalb der Familie geführt hat, nicht eintritt oder kurze Zeit später wieder entfällt. Wird beispielsweise eines der Kinder anteilsmäßig bevorzugt, weil es die Geschäftsführung übernehmen soll, so muss geregelt werden, was zu geschehen hat, wenn es hierzu nicht kommt, weil beispielsweise der Nachfolger kurz nach seinem »Amtsantritt« dauerhaft erkrankt oder verstirbt. Für einen solchen Fall muss es nicht nur eine Ersatzlösung geben, vielmehr muss auch eine nachträgliche Korrektur der Vermögensaufteilung möglich sein. Diese muss allerdings zeitlich begrenzt werden. Nach einem gewissen Zeitraum – ich halte etwa fünf Jahre für angemessen – haben sich die Verhältnisse soweit verfestigt, dass man in sie nicht mehr eingreifen sollte, auch wenn sich die Voraussetzungen geändert haben.

In der Praxis wird das Änderungsrisiko meist völlig vernachlässigt. Das gilt insbesondere für die Schaffung einer ganzheitlichen Ersatzlösung. Geht die Ehe des geschäftsführenden Schwiegersohns in die Brüche, so muss bestimmt sein, was daraus für seinen Anstellungsvertrag, für einen von ihm berufenen Beirat oder für das gemeinsame Testament folgen soll. Verstirbt seine Ehefrau, muss geklärt sein, ob er die Geschäftsanteile der gemeinsamen Kinder auch dann noch vertreten darf, wenn er wieder eine Ehe eingeht oder wenn er eine neue Lebensgefährtin – möglicherweise mit eigenen oder später gemeinsamen Kindern – gefunden hat.

3. Die Eltern müssen den Mut aufbringen, die Aufteilung des Familienvermögens frühzeitig mit den Kindern zu besprechen. Wenn die Kinder erst nach dem Tod der Eltern bei der Eröffnung des Testaments er-

fahren sollen, was jedem von ihnen zugedacht ist, werden sie dies zu Recht als Feigheit empfinden. Diese Verhaltensweise macht zudem eine spätere Änderung der von den Eltern vorgesehenen Vermögensverteilung in der Regel auch dann unmöglich, wenn die Mehrheit der Kinder sie wünscht.

4. In manchen Unternehmerfamilien stammen die Kinder aus verschiedenen Ehen. Hierzu vertrete ich den Standpunkt, dass bei der Finanzierung der Ausbildung und bei der persönlichen Ausstattung der in einer Familie zusammen lebenden Kinder, gleichgültig aus welcher Ehe sie stammen, kein Unterschied gemacht werden darf. Die Aufteilung des Vermögens dagegen sollte so vorgenommen werden, dass die Vermögenswerte jedes einzelnen Elternteils den jeweiligen eigenen Kindern vorbehalten bleiben. Anders kann die Sachlage zu beurteilen sein, wenn sich ein Elternteil entschließt, die Kinder seines Ehepartners zu adoptieren.

Schwiegerkinder

Im Familienunternehmen gilt im Prinzip die Regel, dass angeheiratete Partner weder am Privatvermögen noch am Betrieb beteiligt werden. Diesen Grundsatz müssen die Eltern ihren Kindern frühzeitig und deutlich vermitteln, damit sie es ihren Freundinnen und Freunden rechtzeitig weitersagen. Auf diese Weise wird bei der Auswahl des Lebenspartners nicht selten die Spreu vom Weizen getrennt.

Allerdings wird das Prinzip der Vermögenstrennung – anders als früher – heute nicht mehr in jedem Fall widerspruchslos akzeptiert. Deshalb muss die ehevertragliche Vereinbarung des passenden Güterstandes unbedingt getroffen werden, bevor die Ehe geschlossen wird. Einen Tag nach der Trauung kann es bereits zu spät sein. Ich erinnere mich an den Fall eines jungen Ehekandidaten, der nach Abbruch des Studiums sein Leben als Reiseleiter auf den Bahamas fristete. Bei dieser Gelegenheit hatte er eine attraktive und wohlhabende Unternehmertochter kennen gelernt, die er durch seine herausragenden Fähigkeiten im Windsurfen für sich begeistert hatte. Als ich dem jungen Mann im Auftrag der Eltern die oben bezeichneten Grundsätze näher darlegte, wurde er sehr unwirsch und erklärte mir mit dem Unterton moralischer Entrüstung, für ihn bedeute die Ehe absolute Gemeinsamkeit, und zwar in jeder Beziehung, also auch hinsichtlich des Vermögens. Mein Gegenargument, dass eine gute Ehe doch stets auf Liebe gründe und die Liebe – wie man bereits aus der Bibel lernen könne – selbstlos sei, ließ er nicht gelten. Gottlob wurde aus diesen beiden niemals ein Ehepaar.

Es wäre ein Irrtum, zu glauben, dass das Grundprinzip der Vermögenstrennung heiratswilligen jungen Frauen heutzutage einfacher zu vermitteln sei als männlichen Bewerbern. Das Gegenteil ist häufig der Fall. Unter Hinweis auf die während einer Ehe eintretende Beschränkung ihrer Berufsausübung werden von den künftigen Ehefrauen zum Teil erhebliche materielle Forderungen gestellt. Ich empfehle, solche Forderungen strikt abzulehnen. Hiervon gibt es allerdings Ausnahmen: Der angemessene Lebensunterhalt einer jungen Ehefrau muss für den Fall einer Scheidung für eine gewisse Zeit gesichert sein. Der Ehemann muss ihr im Anschluss an die Scheidung die Wiederaufnahme einer Berufstätigkeit finanziell ermöglichen. Falls das Ehepaar Kinder hat, muss die Versorgung der Ehefrau während der Ausbildungszeit der Kinder sichergestellt sein.

Völlig anders ist die Situation, wenn eine Ehe lange Jahre bestanden hat. Hier ist die dauerhafte finanzielle Absicherung der Ehefrau moralische Pflicht des Ehemannes. Kein Unternehmer darf erwarten, dass seine Frau ihm jahrelang den Rücken frei hält, ohne dass er ihr eine angemessene Sicherstellung für die üblichen Wechselfälle des Lebens bietet. Mehrfach habe ich traurigerweise erlebt, dass nach der Scheidung einer langjährigen Ehe die neue, junge Lebensgefährtin plötzlich in den ungeschmälerten Genuss eines Luxuslebens kam, welches der bisherigen Ehefrau niemals zugebilligt worden war. Mehrfach habe ich auch erlebt, dass nach dem Tod des Ehemannes die Ehefrau wirtschaftlich in eine starke Abhängigkeit von den erbenden Kindern geriet. Es bedarf sicherlich keines besonderen Hinweises darauf, dass dies ungerecht und unwürdig ist.

»Das Gut rinnt wie das Blut.« Dieser Grundsatz des germanischen Rechts gilt auch für den Schwiegersohn. Und blutsverwandt ist ein Schwiegersohn nun einmal nicht. So bleibt die Eigentümerstellung im elterlichen Betrieb grundsätzlich den Kindern und Enkeln des Unternehmers vorbehalten. Eine gesellschaftsrechtliche Beteiligung des Schwiegersohns ist eher die Ausnahme. Sie kann jedoch bei besonderen Verdiensten im Einzelfall

durchaus im Interesse der Familie liegen. Ein Schwiegersohn, der ohne Anspruch auf eine Beteiligung zu erheben zur Übernahme einer Führungsposition im Unternehmen fähig und bereit ist, wird dagegen dem Familienunternehmer in jedem Fall willkommen sein. Er muss jedoch akzeptieren,
dass an seine Qualifikation und seine Bezahlung derselbe Maßstab angelegt
wird wie an einen Fremdgeschäftsführer.

Es gibt viele Beispiele für die äußerst erfolgreiche Führung von Familienunternehmen durch Schwiegersöhne. Ich nenne nur Namen wie
Mathias Kammüller (Trumpf), Günter Baumann (Eberspächer), Jürgen
Behrend (Hella) oder Ralph Mühleck (Weber-Haus). Es gibt aber auch
manches Negativbeispiel. So war ich vor Jahren mit einem Unternehmen
befasst, in dem ein fachlich wie charakterlich völlig ungeeigneter Schwiegersohn unter Ausnutzung der Stimmrechte seiner geschäftlich unerfahrenen Ehefrau die eigene Berufung zum Vorsitzenden der Geschäftsführung durchsetzte. Der hiergegen ankämpfende Beirat trat deshalb
geschlossen zurück. Einige Jahre später gab es dann in der Boulevardpresse unrühmliche Schlagzeilen. »Bett weg – Job weg«, so überschrieb
Bild ihren Bericht über die fristlose Entlassung des Schwiegersohnes im
Zuge der anstehenden Scheidung. Wie schwerwiegend dieser während seiner »Regierungszeit« das Unternehmen geschädigt hatte, trat erst anschließend zu Tage.

Die künftige güterrechtliche Stellung eines Schwiegersohnes muss vor
der Eheschließung unter den Beteiligten klar besprochen werden. Solche
Gespräche sind wenig angenehm. Sie lassen sich jedoch häufig durch die
Einschaltung des Familienanwalts als loyalen »Sprecher« der Familie wesentlich entschärfen. Dennoch darf sich der Senior nicht vor einer klaren
Aussage drücken. Es zeugt nicht von besonderem Mut, wenn er – wie ich
dies leider oft beobachtet habe – seine Tochter in einer solch delikaten Situation allein lässt. Eine junge Frau ist zwangsläufig in einer besonders
schwierigen Lage, wenn sie ihrem künftigen Ehemann güterrechtliche
Grundsätze erklären soll, die in Unternehmerkreisen üblich sind, unter Pri-
vatleuten dagegen als Ausdruck von Misstrauen und Geiz empfunden werden.

Zum Thema *Schwiegerkinder* abschließend die folgenden Empfehlungen:

- Ehe- und Erbvertrag müssen unbedingt vor der standesamtlichen Trauung abgeschlossen werden. Mit Vollzug der Trauung entstehen bereits feste, für das Unternehmerkind unter Umständen nachteilige Rechtsansprüche des Partners.
- Der Gesellschaftsvertrag muss eine »Güterstandsklausel« enthalten. Eine solche Klausel erleichtert dem Unternehmerkind die Diskussion mit dem angehenden Ehepartner. Denn es kann darauf verweisen, dass es wirtschaftliche Nachteile erleidet, falls nicht der gesellschaftsvertraglich geforderte Güterstand vereinbart wird.
- Der Gesellschaftsvertrag sollte genau regeln, ob und unter welchen Bedingungen ein Schwiegerkind unter Lebenden oder von Todes wegen einen Gesellschaftsanteil erwerben kann.
- Der Gesellschaftsvertrag muss die Rechtsstellung unmündiger oder kranker Kinder regeln. Interessenkonflikte können auftreten, wenn der nicht am Unternehmen beteiligte Elternteil die Gesellschaftsrechte der Kinder ausübt.
- Die Frage der Zulässigkeit, der Dauer und der Befugnisse einer Testamentsvollstreckung durch ein Schwiegerkind allein oder gemeinsam mit Dritten muss genauestens durchdacht und geregelt werden.
- Die Eignungsvoraussetzungen und die materiellen Bedingungen eines Anstellungsvertrages für das Schwiegerkind müssen denen eines Fremdgeschäftsführers entsprechen.
- Für den Fall der Scheidung, des dauernden Getrenntlebens oder (falls der Gesellschafterehegatte vorverstorben ist) für den Fall des Eingehens einer neuen Ehe ist eine automatische Beendigung des Anstellungsverhältnisses vorzusehen, die nur durch einen Beschluss des Beirats beseitigt werden kann.

Die Familie in der Entwicklung

Alles ist im Fluss. So auch die Entwicklung der Familie, ihre Stellung innerhalb der Gesellschaft und der einzelnen Familienmitglieder zueinander. Den Wandel kurz nach Ende des Zweiten Weltkriegs haben wir bereits beleuchtet. Ein weiterer Wandel setzte Ende der sechziger Jahre ein. Waren bis zu diesem Zeitpunkt die deutschen Familienunternehmen dadurch geprägt, dass stets einer der Gesellschafter auch als Chef das Unternehmen führte, setzte sich jetzt langsam die Erkenntnis durch, dass die Wahrnehmung der Eigentümerrechte und die Führung des Unternehmens keinesfalls immer in einer Hand liegen müssen. Die Anforderungen, die sich aus diesen Funktionen ergeben, sind so verschieden, dass viele Familien auch heute noch gut beraten sind, beide Aufgabenbereiche voneinander zu trennen. Es geht längst nicht nur um das Unternehmerpotenzial der Nachfolger. Selbst wenn dieses vorhanden ist, kann es – insbesondere bei größeren Familienunternehmen – schon aus Gründen möglicher Interessenkollisionen und optimaler Ausnutzung des unternehmerischen Gestaltungsspielraums besser sein, wenn sich Eignerkontrolle und operative Verantwortung in getrennten Händen befinden.

Aus dieser Entwicklung folgte ganz zwangsläufig die Forderung, die Kontrolle des ganz oder teilweise aus Fremden bestehenden Managements bis ins letzte Detail im Gesellschaftsvertrag zu verankern. In einem weiteren Schritt entstand die dreistufige Unternehmensverfassung, die man heute bei den meisten größeren Familienunternehmen vorfindet. Die Macht wird zwischen Gesellschafterversammlung, Kontrollorgan und Geschäftsführung aufgeteilt. Diese Unternehmensverfassung ist dem deutschen Aktienrecht entlehnt, das verschiedene Zuständigkeiten für Hauptversammlung, Aufsichtsrat und Vorstand regelt. Über die Stärken und Schwächen einer solchen Organisation wird noch zu sprechen sein. Eines jedoch steht fest: Die dreistufige Verfassung hat sich für unsere Familienunternehmen als bestes Mittel der Zukunftssicherung bewährt; Unternehmenskrisen, ausgelöst durch Generationenstreitigkeiten wie bei Bahlsen und Pott Racke, durch Halsstarrigkeit des Seniors wie beim Gelddrucker Giesecke & Devrient oder durch Orientierungslosigkeit, wären ohne eine solche Unternehmensverfassung nicht gemeistert worden. Heute ist das gesicherter Stand einer auf Erfahrung beruhenden Erkenntnis. Seinerzeit jedoch war die Durchsetzung oft äußerst schwierig. Ich erinnere mich noch sehr genau daran, wie ich als junger Berater vor den Thron eines der mächtigsten deutschen Familienfürsten zitiert wurde und dieser meinen Vorschlag eines dreistufigen Unternehmensaufbaus als Kastration der Eigentümerfamilie abqualifizierte. Erst mein Hinweis, dass es ein Zeichen der Schwäche sei, wenn sich ein erfolgreicher und mächtiger Unternehmer vor einem Kontrollorgan fürchte, verfehlte seine psychologische Wirkung nicht.

Die weitere Entwicklung wurde dann maßgeblich vom Denken der angloamerikanischen Geschäftswelt geprägt und wird – wie ich glaube – wohl die umfassendsten Konsequenzen für unsere Eignerfamilien nach sich ziehen. Bisher galt bei allen deutschen Familienunternehmen, die etwas auf sich hielten, das Prinzip: »Unternehmen geht vor Familie«. Damit war insbesondere der Verzicht auf persönliche Vorteile und eine klare Rangfolge bei Interessenkollisionen zwischen privaten und Firmeninteressen gefordert. Dies ist meistens, muss aber nicht immer richtig sein. Hierzu ein Beispiel: Die Familien Kienzle und Furtwängler, ehemals Eigentümer der Firma Kienzle Apparatebau in Villingen-Schwenningen, hatten sich Anfang der sechziger Jahre auf der Grundlage ihres äußerst ertragsstarken Kraftfahrzeug-Zuliefergeschäfts entschlossen, in die Computerbranche zu diversifizieren. An diesem Entschluss hielten sie über zweieinhalb Jahrzehnte eisern fest, und zwar auch noch dann, als längst feststand, dass eine solche Aktivität die Kapitalkraft der Familien weit überstieg. Der Gedanke einer Desinvestition oder schon zuvor die Frage, ob es im Sinne einer Optimierung des Gesamtvermögens der Familie nicht richtiger sei, die überschüssigen Erträge im Bereich des Privatvermögens zu investieren, kam von der Einstellung der Familie her nicht in Betracht. Die Treue zu den neu aufgebauten Unternehmenseinheiten, die Verpflichtungen gegenüber den Mitarbeitern und gegenüber den Bedürfnissen der Region standen im Vordergrund. So löblich diese Haltung auch generell war – das traurige Ende im Falle Kienzle ist bekannt: Anfang der achtziger Jahre war die finanzielle Kraft der Familie erschöpft. Das einst so stolze Imperium musste zu relativ ungünstigen Bedingungen an Mannesmann (inzwischen selbst vom Markt verschwunden) verkauft werden.

Das Prinzip der deutschen Familienunternehmen, ihr betriebliches Vermögen isoliert zu betrachten und an dessen Bedürfnissen alles andere auszurichten, gilt zwar auch heute noch. Unter dem Einfluss des anglo-amerikanischen »shareholder value«-Denkens beginnt sich jedoch die Rangfolge zu verschieben: An die Stelle des bloßen Firmeninteresses ist der Aspekt einer Optimierung des Gesamtvermögens der Familie getreten. Zwar bildet in aller Regel das im Unternehmen gebundene Vermögen den Löwenanteil des Familienvermögens, aber es ist eben nur ein Teil, wenn auch der größere hiervon. Und beide Teile unterliegen verschiedenen Zielsetzungen. Typische Unternehmensziele sind Wachstum, Marktanteil, Innovation. Konzentration auf die jeweiligen Stärken und die Übernahme von Risiken stehen im Vordergrund. Die optimalen Ziele aus der Sicht des Gesamtvermögens der Familie sind jedoch andere: Realer Vermögenserhalt, angemessene Rendite, Liquidität und Diversifikation zur Risikovermeidung heißt hier die Devise. Bei der Gesamtvermögensbetrachtung ist somit Ausgewogenheit der einzelnen Anlage oberstes Gebot. Vermögenserhalt geht vor riskanter Renditemaximierung. Es ist ein Verdienst dieser neuen Entwicklung, dass auch in der Denkweise der Eignerfamilien mehr Flexibilität eingekehrt ist. Hierdurch hat sich die unternehmerische Bewegungsfreiheit bei gleichzeitiger Optimierung der Vermögenssicherung eher erhöht, als dass sie darunter gelitten hätte.

Generationenkonflikt und Wertewandel

Im Laufe der Generationen hat sich auch die Einstellung zu Familie, Arbeit und Beruf, kurz, zum Leben schlechthin verändert. Man spricht vom »Wertewandel«, und die Literatur darüber ist gerade in letzter Zeit stark gewachsen. Nun lässt sich dieser Wandel ganz einfach damit erklären, dass die Menschen Kinder ihrer Zeit sind, die sich ständig ändert und verändert. Dementsprechend wurden auch die Verhaltensweisen der Menschen, ihre Einstellungen und ebenso die Werte beeinflusst, denen sie sich verpflichtet fühlen, nach denen sie sich richten, nach denen sie leben wollen. Selbstverständlich sind diese Werte von politischen Verhältnissen, vom »Zeitgeist« geprägt, aber genauso vom Grad des Wohlstands, von der Lebenserwartung, vom Umfang der Freizeit.

So hat sich auch das Verhältnis der Familienmitglieder untereinander und zu ihrem Unternehmen verändert. Bei den Firmengründungen nach dem Zweiten Weltkrieg hat jetzt manchmal schon die dritte, wenn nicht gar vierte Generation das Sagen. Max Müller ist ein typischer Vertreter der ersten Unternehmergeneration. Er gehörte zu den Rastlosen, die sich nie Ruhe gönnen wollten. Unabhängigkeit war für diese Unternehmer das höchste Gut. Möglichst keinem wollten sie Rechenschaft schuldig sein. Für ihre Sache kämpften sie mit hohem Einsatz. Andererseits waren sie bereit, soziale Verantwortung zu übernehmen, vorausgesetzt, sie behielten das Heft dabei in der Hand. Ein wenig schimmert immer noch der »Herr-im-Haus«-Standpunkt früherer Unternehmergenerationen durch. Die Frauen an ihrer Seite waren oft im Geschäft mit tätig, die Kinder wuchsen »im Dunstkreis der Firma« auf. Das ist wörtlich zu nehmen. So berichtete mir einmal ein Junior, sein Sonntagsvergnügen habe darin bestanden, mit seinem Bruder Gabelstaplerrennen auf dem Fabrikhof zu inszenieren. Nur zu oft plagte die Eltern das Gefühl, ihren Kindern nicht gerecht zu werden. Sie entwickelten Schuldgefühle, und wie wir aus Untersuchungen über solche Familien wissen, werden Eltern dadurch emotional erpressbar. Fehlende Liebe und Zuneigung versuchen sie durch materielle Zuwendungen auszugleichen.

So gesehen kann auch das Verhältnis des Gründers zu seinem Nachfolger – bis weit in die sechziger Jahre hinein sind es vor allem die Söhne – problematisch werden. Ist der Vater zu dominant, lässt er keine andere Meinung neben sich gelten, dann muss sich der Nachfolger zwischen Gehorsam oder offenem, manchmal auch verstecktem Widerstand entscheiden – beide Einstellungen sind dem Familienleben wie der Unternehmenskultur gleichermaßen abträglich. Der Glaube daran, dass die Familie schon alles richten werde, geriet ins Wanken. Viele Beispiele zeigen, wie sich angehäuftes Unverständnis und jahrelanges Verdrängen der Probleme urplötzlich zu einer Krise entladen und Familie wie Unternehmen gleichermaßen schädigen können.

In der zweiten Generation sind diese Konflikte zumindest dadurch abgemildert, dass die Eltern – oder zumindest ein Elternteil – über eigene Erfahrungen als Nachfolger verfügen. Das Verständnis für die Nachfolger ist größer. Entscheidungen werden emotionsloser getroffen. Die Kinder haben auch mehr Wahlmöglichkeiten. Sie sind weniger eingeengt in ihrer Berufswahl. Den Zwang, das Lebenswerk ihrer Eltern fortsetzen zu müssen, gibt es nicht mehr. Die Familie verliert als Wertegemeinschaft an Einfluss. Stattdessen bringen Kinder immer häufiger Erfahrungen und Vorstellungen von außen in die Familie ein, die sie dann als Nachfolger auch im Unternehmen durchsetzen wollen.

Wie weit die erste von der dritten oder vierten Generation bereits entfernt ist, verdeutlichen die Präambeln zweier verschiedener Gesellschaftsverträge. Die erste stammt aus den fünfziger Jahren, die zweite aus der Jetztzeit. »Es ist unser Wille, dass unser Unternehmen von den Kindern und Enkeln auf alle Zeit fortgeführt wird«, beginnt die Präambel aus dem Jahr 1956 und knüpft daran die Ermahnung, dass »die von uns verfolgten Richtlinien streng beachtet werden«. Damit ist sicherlich das damalige Werteverständnis gemeint. Denn weiter heißt es: »Sich mit allen Kräften unter Zurückstellung persönlicher Interessen für das Wohl des Unternehmens einzusetzen, sein erster Diener und Arbeiter zu sein, mit Fleiß, Bescheidenheit und Verantwortungsbewußtsein den Mitarbeitern ein Vorbild zu sein, geschäftliche Aussichten und Risiken sorgsam abzuwägen und niemals um einer flüchtigen Chance willen das Ganze aufs Spiel zu setzen – das war und ist das Gebot, das sich unsere Familie gegeben hat.«

Die Präambel aus dem Jahr 2001 klingt weniger programmatisch, dafür umso mehr sachbezogen: »Unser Ziel ist es, das in unserem Unternehmen investierte Familienvermögen zu unserem eigenen Nutzen und zum Nutzen unserer Nachkommen zu steigern. Hierzu wollen wir

- in neue Märkte investieren und unseren Marktanteil weltweit steigern
- unsere Finanzkraft stärken und unsere Eigenkapitalquote erhöhen
- uns um den Schutz der Umwelt bemühen
- Fairness und Integrität im Verhältnis zu unseren Kunden praktizieren
- Kreativität und Initiative jedes einzelnen Mitarbeiters belohnen.

In diesem Geist und mit dieser Zielsetzung vereinbaren wir den nachfolgenden Gesellschaftsvertrag.«

Zwischen beiden Präambeln liegt fast ein halbes Jahrhundert, und der Vergleich zeigt, wie sehr sich inzwischen auch in Familienunternehmen das Miteinander versachlicht hat, wie prägend ganz andere Werte geworden sind. Tugenden wie »Dienen«, »Fleiß«, »Bescheidenheit« – man könnte noch hinzufügen: »Treue«, »Gehorsam«, »Disziplin«, »Pflichterfüllung« – fehlen in der Präambel aus dem Jahr 2001. Neben den Erfordernissen der Betriebswirtschaft, der Absatz- und Beschaffungsmärkte wird auf die Verwirklichung humaner und sozialer Grundwerte wie Selbstbestimmung und Selbstentfaltung des Einzelnen in einer als sozial, gerecht und ökologisch begründeten Gesellschaft Bezug genommen. Zum Werk der Vorfahren besteht nicht nur eine zeitliche, sondern auch eine emotionale Distanz. Die potenziellen Nachfolger oder Nachfolgerinnen fühlen sich nicht mehr nur als Glied einer Kette. Sie fragen nach Sinn und Zweck ihrer Beteiligung. Sie wollen informiert sein und, wenn sie im elterlichen Betrieb tätig werden, auch über genügend Mitspracherechte verfügen. Sie fragen auch nach dem Wert ihrer Beteiligung, verlangen eine angemessene Ausschüttung und wägen die Chancen ab, wirtschaftlich sinnvoll aus dem Familienunternehmen auszuscheiden – Gedankengänge, die für die Gründergeneration unvorstellbar gewesen wären.

Denn mehr als in der Wahrung des Familienerbes sehen die Nachgeborenen ihr Lebensglück in der Verwirklichung ihrer eigenen Vorstellungen, in Freundschaften und Liebe, in der Hingabe an eine Aufgabe. Dass die wirtschaftliche Grundlage wichtig ist, wird damit nicht in Abrede gestellt. Nur gibt es eben noch Wichtigeres im Leben. Andererseits lässt sich gerade bei der Jugend in letzter Zeit wieder eine Hinwendung zu Werten der Vergangenheit beobachten. Sie reagiert auf neue gesellschaftliche Entwicklungen nicht mit »Protest« oder »Nullbock«-Einstellung wie früher. Sie zeigt vielmehr »in erhöhtem Maße Leistungsbereitschaft«, wie es in der jüngst veröffentlichen »Shell-Studie« heißt. Mit der neuen pragmatischen Haltung einher gehe auch ein »ausgeprägt positives« Denken. »Karrieremachen« oder »persönliche Treue« werden nicht mehr als Widerspruch empfunden. Als ausgesprochen positiv wird die Einstellung zur Familie geschildert, ihre sinnstiftende Funktion erfährt höchste Akzeptanz.

Vom »Generationenkonflikt«, in den siebziger und achtziger Jahren ein Dauerthema, ist immer weniger die Rede. Die Ansichten der Achtundsechziger-Pädagogik, die uns weißmachen wollte, die Familie sei eine Institution, die es zu überwinden gelte, scheinen endgültig bezwungen. Junge Schriftstellerinnen wie Anna Gavalda, Judith Hermann oder Jana Hensel entdecken wieder das Verbindende zu den Eltern, eben weil die Älteren Erfahrungen gemacht haben, die dem Leben der Jüngeren gar nicht so fern sind. »Die Kette der Generationen fesselt nicht nur, sie kann auch tragen«, schreibt der »Spiegel« über diese Frauen in einer Rezension. Generationenkonflikte hat es immer gegeben und wird es immer geben. Dass sich Alte und Junge aneinander reiben, ist sogar notwendig für die Fortentwicklung und Kreativität einer Gesellschaft. Doch was, wenn unsere Gesellschaft immer älter wird, weil zu wenig Junge nachwachsen? Schon fürchtet der

Frankfurter Soziologe Karl Otto Hondrich, dass eines Tages diese kreative Auseinandersetzung zwischen Jung und Alt völlig ausbleiben könnte.

Ganzheitliche Familienstrategie

Wir wissen heute sehr viel mehr über das Familienunternehmen als noch vor wenigen Jahren. Forschung und Lehre haben sich mit den von der Praxis aufgeworfenen unternehmerischen Fragen intensiv beschäftigt. Im Familienrecht, im Erbrecht, im Gesellschaftsrecht, im Steuerrecht, im Kapitalmarktrecht, aber auch in der Finanzierung, im Controlling, in der Logistik und im Marketing sind neue Ansätze zur Bewältigung betrieblicher Probleme entwickelt worden. Doch stets geht es dabei nur um das Unternehmen und das in ihm gebundene betriebliche Vermögen. Das Gesamtvermögen der Familie – also die unternehmerischen und privaten Vermögensbestandteile gemeinsam – hatte man dabei kaum im Blick. Das ist umso erstaunlicher, als eine solche Trennung eigentlich lebensfremd ist. Denn die für die Familien so wichtigen Fragen wie die nach Liquidität, nach Risiko und Kontrolle müssen naturgemäß ganzheitlich aus der Sicht des Gesamtvermögens der Familie gelöst werden. Es bedarf also einer übergeordneten Gesamtstrategie, der sich die Teilstrategien für das betriebliche und das private Vermögen der Familie unterordnen müssen. Wie sich ein guter Arzt niemals auf einzelne Körperfunktionen beschränkt, so muss auch der Eigentümerunternehmer ganzheitlich vorgehen.

Wie verhängnisvoll sich diese in der Praxis häufige Vernachlässigung der Gesamtperspektive auswirken kann, macht ein Ereignis deutlich, das mich sehr nachdenklich gestimmt hat: Ein mir persönlich gut bekannter Ingenieur hatte das von ihm aufgebaute EDV-Unternehmen am Neuen Markt platziert. Er hatte zur Finanzierung der Zukunftsinvestitionen eine Kapitalerhöhung vorgenommen und zugleich mit der Abgabe von 49 Prozent seiner Aktien im Wege der so genannten Umverteilung viel Geld in seine Privatschatulle bekommen. Diese Mittel überließ er zu je einem Drittel seiner Ehefrau und seinen beiden Söhnen, ohne ihnen für die Anlage irgendwelche Anweisungen zu erteilen. Letzteres sollte sich bitter rächen. Als der Unternehmensgründer mit einer Privatmaschine tödlich verunglückte – der Neue Markt war soeben dabei, seinen Zenit zu überschreiten – meldete sich nach geraumer Zeit der Fiskus mit einem für die Familie katastrophalen

Erbschaftsteuerbescheid. Das Finanzamt hatte die Aktien des verstorbenen Unternehmers korrekterweise mit dem Börsenkurs auf den Todesstichtag bewertet. Seit dem Todestag hatten diese jedoch um mehr als zwei Drittel an Wert eingebüßt. Die geforderte Erbschaftsteuer überstieg den aktuellen Wert der noch in den Händen der Familie verbliebenen Aktien bei weitem. Das beim Börsengang zugeflossene Barvermögen stand auch nicht mehr zur Verfügung. Es war risikoreich und in weitgehend illiquiden Werten fest angelegt. Die Mutter hatte ihren Anteil dem Unternehmen als langfristiges Darlehen überlassen, die Söhne hatten vorwiegend in Ostimmobilien und in amerikanische Technologiewerte investiert. Wovon sollte die Familie die Erbschaftsteuer zahlen? Das Finanzamt war zwar bereit zu helfen, aber ihm waren durch das Gesetz die Hände gebunden.

Das deutsche Steuerrecht sieht für Fälle wie den vorstehenden unter ganz besonders engen Voraussetzungen die Möglichkeit der Stundung oder des vollständigen oder teilweisen Erlasses der Erbschaftsteuer vor. Beim Erwerb von Betriebsvermögen oder land- und forstwirtschaftlichem Vermögen ist eine Stundung vorgesehen, soweit dies zur Erhaltung des Betriebes notwendig ist. Nicht unter die Stundungsvorschriften fällt jedoch der Erwerb von Anteilen an einer Kapitalgesellschaft. Daher gab es für die Finanzbehörde in unserem Fall keine gesetzliche Grundlage, um helfen zu können. Hätte der Verstorbene statt der Aktien eine Beteiligung an einer Personengesellschaft oder einem Einzelunternehmen besessen, hätte die Erbschaftsteuer über einen Zeitraum von bis zu zehn Jahren zinslos gestundet werden können.

Neben der Stundungsregelung für die Schenkung- und Erbschaftsteuer beim Erwerb von Betriebsvermögen stehen den Finanzbehörden noch die allgemeinen Vorschriften über die Stundung sowie den Erlass der Erbschaftsteuer aus Billigkeitsgründen zur Verfügung. Deren Anwendung ist jedoch nur unter sehr engen Voraussetzungen möglich. Ein Erlass der Schenkung- und Erbschaftsteuer aus Billigkeitsgründen kommt nur ganz selten in Betracht. Das gilt vor allem dann, wenn der Erwerber die Erbschaftsteuer zwar nicht aus dem erworbenen Vermögen, aber aus seinem eigenen Vermögen aufbringen kann. Dies war wohl auch der Grund, weshalb die Finanzbehörden in dem geschilderten Fall keine Eingriffsmöglichkeiten sahen, denn den Erben waren bereits zu einem früheren Zeitpunkt erhebliche finanzielle Mittel zugeflossen.

In unseren Eignerfamilien sind häufig mehr als 90 Prozent des Gesamtvermögens im Unternehmen gebunden, also voll dem betrieblichen Risiko ausgesetzt. Sinnvollerweise müsste dem Betriebsvermögen eine risikoarme Anlage des Privatvermögens, zum Beispiel festverzinsliche Wertpapiere, Wandelanleihen oder erstklassige Immobilien, entgegengestellt werden. Es mangelt jedoch an einer übergreifenden Risikostrategie für das Gesamtvermögen. Doch es geht nicht nur um Risiko.

Die Familie muss sich als Erstes darüber klar werden, ob das Familienvermögen zusammengehalten und einheitlich verwaltet werden soll (»Einheitslösung«), oder ob es auf die einzelnen Familienmitglieder aufgeteilt wird, sodass jeder mit dem auf ihn entfallenden Anteil tun und lassen kann, was er will. Es liegt auf der Hand, dass der Zusammenhalt und die gemeinschaftliche Verwaltung eines Vermögens wirtschaftlich erhebliche Vorteile mit sich bringt. Dennoch gibt es häufig wichtige Gründe, die für eine Aufteilung sprechen, beispielsweise dann, wenn ein Familienmitglied größere Mittel zum Aufbau einer eigenen Existenz benötigt, oder wenn unter den Beteiligten schwerwiegende Spannungen bestehen, die eine einheitliche Vermögensverwaltung von vorneherein als nicht sinnvoll erscheinen lassen.

Unabhängig davon, ob sich die Familie für die »Einheitslösung« entscheidet oder nicht – zunächst muss die Strategie für das Familienunternehmen festgelegt werden. Hier gibt es zwei sehr gegensätzliche Standpunkte. Die meisten Familien betrachten ihr Unternehmen nach wie vor als unantastbaren Bestandteil des Generationenvermögens. Für sie bedeutet die Kontinuität so viel, dass man selbst wirtschaftliche Nachteile in Kauf nimmt, um das Unternehmen dauerhaft in der Familie zu halten. Die gegensätzliche Ansicht – und diese vertritt vor allem die jüngere Generation – betrachtet das Familienunternehmen als disponiblen Teil des Gesamtvermögens. Jeder der beiden Standpunkte verlangt nach einer anderen Strategie. Wer auf die Kontinuität des Unternehmens setzt, muss darauf achten, dass der Gesellschafterkreis klein bleibt, dass die Ausschüttungen niedrig sind und dass Vorsorge für die Zahlung der Erbschaftsteuer getroffen wird.

Wer das Familienunternehmen als disponibel betrachtet, setzt andere Prioritäten. Er will vor allem den Wert des Unternehmens erhöhen, damit eine etwaige Veräußerung oder Teilveräußerung möglichst viel Geld in die Familienkasse bringt. Er muss den Gesellschaftsvertrag so gestalten, dass

Veräußerungen, Kooperationen, Ausgliederungen und Umwandlungen erleichtert werden und nicht am Widerspruch einer Minderheit scheitern. Steuerlich muss er Vorsorge dafür treffen, dass eine Veräußerung möglichst steuergünstig durchgeführt werden kann.

Eine solche vorbeugende Gestaltung existierte bei einem Textilunternehmer, der mich vor einigen Jahren aufsuchte, leider nicht. Auf Empfehlung seines Steuerberaters hatte er die Geschäftsanteile an seiner deutschen GmbH kurz vor dem Verkauf in eine liechtensteinische Holding eingebracht, weil er nach Aussage des Beraters die Holdinganteile steuerfrei veräußern könne. Doch das Gegenteil war der Fall. Statt des halben Steuersatzes, der ohne die empfohlene Einbringung Anwendung gefunden hätte, musste er die stillen Reserven in den Geschäftsanteilen nach den Regeln des deutschen Außensteuergesetzes voll versteuern. Für diesen schwerwiegenden Beratungsfehler trat später die Versicherung des Steuerberaters ein.

Kehren wir nunmehr zur Strategie für das Gesamtvermögen zurück. Will die Familie eine nur »lockere« Bindung der Familienmitglieder untereinander, so wird jedes einzelne Familienmitglied individueller Träger eines von ihm selbst zu verwaltenden Vermögens. Ohne jegliche Vorbehalte seitens des Übertragenden geht es freilich auch in diesen Fällen meist nicht ab. Einmal werden Rückforderungsrechte für den Fall des Eintritts bestimmter Sachverhalte (Vorversterben, dauernde Krankheit, Widerruf wegen groben Undanks etc.) vereinbart, ein ander mal behält der Übergebende sich den Nießbrauch an dem übergebenen Vermögen oder auch einen generellen Widerruf der Schenkung vor. Letzteres ist allerdings steuerlich problematisch. Ein genereller Widerrufsvorbehalt beeinträchtigt zwar nicht die zivilrechtliche Wirksamkeit der Schenkung, führt aber dazu, dass sie von den Finanzbehörden ertragsteuerlich als nicht existent betrachtet wird.

Falls die Familie sich für eine lockere Bindung entscheidet, falls sie also auf den dauerhaften Zusammenhalt ihres Familienvermögens privat wie betrieblich keinen Wert legt, wird sie den Austritt einzelner Familienmitglieder aus dem Unternehmen folgerichtig erleichtern. Jeder Gesellschafter soll dann in Freiheit über seine Beteiligung verfügen und diese in Privatvermögen umschichten können. Der Einwand, dies scheitere an mangelnder Liquidität, ist meist nur der Beweis für mangelnde Kreativität des Beraters. Es gibt eine Vielzahl liquiditätsschonender Gestaltungsmöglichkeiten. So kann die Abfindung eines ausscheidungswilligen Gesellschafters beispielsweise am Zukunftserfolg des Unternehmens orientiert werden und über eine gewisse Anzahl von Jahren ganz oder teilweise als überhöhter Gewinnanteil ausgezahlt werden. Daneben bieten sich am Markt externe Kapitalgeber (mezzanine- oder private equity) zur Überbrückung von Liquiditätsengpässen an.

Befürwortet die Familie dagegen – wie in der Mehrheit der Fälle – eine straffe Bindung ihrer Mitglieder, entscheidet sie sich also für das Prinzip »Gemeinsamkeit vor Individualität« – bietet sich zur Erreichung dieses Zieles die Gründung einer Familienvermögensgesellschaft an. In diesem Fall wird das Familienvermögen ganz oder teilweise in eine Familiengesellschaft eingebracht, die entweder als Gesellschaft bürgerlichen Rechts, als (gewerbliche) GmbH & Co. KG oder als GmbH – seltener als AG – gegründet wird. Es entsteht dann als Beispiel etwa folgende Struktur:

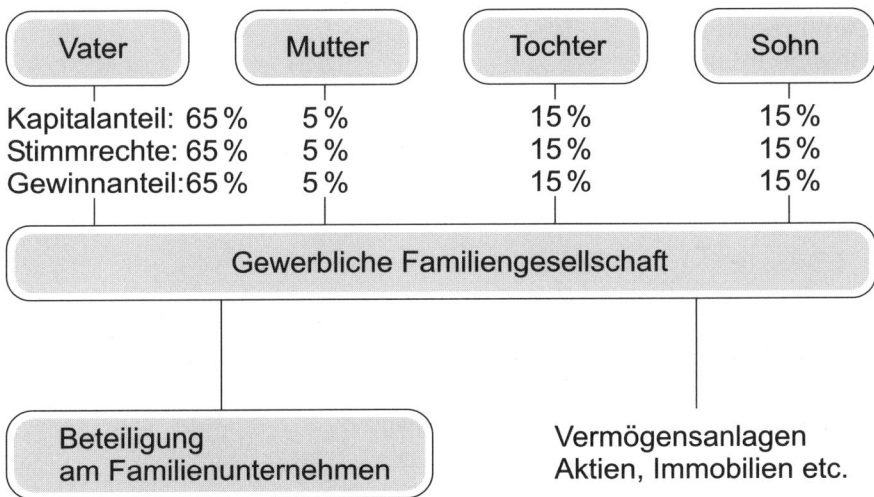

Abbildung 3: Struktur vor Beteiligungsübertragung

Über das »Instrument« einer Familiengesellschaft kann eine Vielzahl von Gestaltungselementen, die für den dauerhaften Zusammenhalt des Familienvermögens notwendig sind, am besten durchgesetzt werden. So sind zum Beispiel die erforderlichen Beschränkungen bei der Wahl des Güterstandes, bei der Ausgestaltung letztwilliger Verfügungen, bei den Entnahmen und bei etwaigen Vermögensumschichtungen am ehesten und sichersten durch eine entsprechende Ausgestaltung des Gesellschaftsvertrags erreichbar. Der wirklich entscheidende Vorteil dieses Organisationsmodells liegt jedoch darin, dass der übertragende Unternehmer die Kapitalanteile, die Stimmrechte und die Gewinnanteile seiner Nachfolger voneinander abweichend regeln kann. Auf diese Weise kann der Wunsch nach frühzeitiger Übertragung der Substanz mit dem Anliegen einer zeitlich gestaffelten Veränderung der Gewinnverteilung zugunsten der Nachfolger gekoppelt werden. Ebenso kann der Einfluss auf das übertragene Vermögen auch noch nach erfolgter eigentumsrechtlicher Übertragung aufrecht erhalten werden. Hierzu das nachfolgende Schaubild:

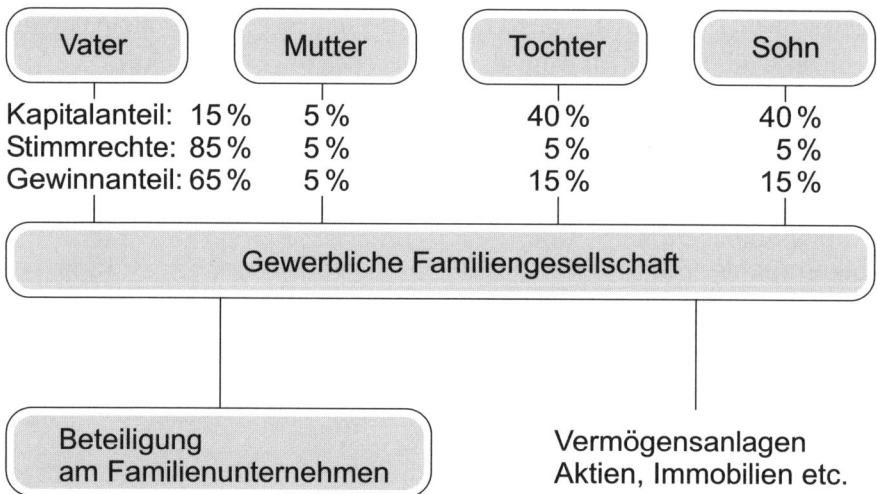

Abbildung 4: Struktur nach Beteiligungsübertragung

In zeitlicher Abstufung können dann die übergebenden Senioren ihre Stimmrechte, sobald sie ihren Kinder genügend vertrauen, oder die Gewinnanteile, wenn sie selbst sich mit geringeren Ausschüttungen zufrieden geben wollen, laufend zugunsten der Kinder anpassen. Bei Familiengesellschaften in der Rechtsform der Personengesellschaft ist dies ohne jeden Formzwang sogar handschriftlich möglich. Bei einer GmbH bedarf es hierzu jeweils einer notariellen Beurkundung.

Die Einbringung des Familienvermögens in eine eigene Gesellschaft ist die wichtigste Vorraussetzung für einen dauerhaften Verbleib in der Hand der Familie über mehrere Generationen hinweg. Sie ist damit der entscheidende Eckpunkt zum Aufbau einer eigenen Familiendynastie. Dass ein solches Ziel erreichbar ist, beweisen Familien wie Brenninkmeyer, Haniel, Freudenberg oder Oetker, die alle diesen oder einen ähnlichen Weg gegangen sind.

Zusammenfassung: Vorteile der Familiengesellschaft

- Das Modell einer Familiengesellschaft erleichtert die Vermögensübertragung – zu Lebzeiten wie von Todes wegen – in technischer Hinsicht. Gegenstand der Übertragung ist nicht mehr jeder einzelne Vermögenswert mit den hierfür geltenden verschiedenen rechtlichen Erfordernissen (Beurkundung, Beglaubigung, Grundbucheintrag). Übertragen wird lediglich die auf das einzelne Familienmitglied entfallende Beteiligung an der Familiengesellschaft.
- Die im Zuge der Übertragung gewünschten Beschränkungen und Vorbehalte können im Gesellschaftsvertrag der Familiengesellschaft flexibel und rechtssicher gestaltet werden. Es bedarf nicht der sehr viel komplizierteren und leichter angreifbaren Regelung in einem Schenkungsvertrag oder in einer letztwilligen Verfügung.
- Häufig will sich der Übertragende die Geschäftsführungsbefugnis über das Familienvermögen insgesamt oder über einzelne Vermögensgegenstände auf Zeit vorbehalten. Der Versuch, diesen Wunsch vertraglich umzusetzen, stößt rasch an die Grenzen juristischer und steuerlicher Gestaltungskunst. In einer Familiengesellschaft ist dies über die Zuteilung von Stimmrechten, unabhängig von der Höhe der Beteiligung, leicht möglich. So kann beispielsweise dem übertragenden Senior ein Sonderrecht auf die Geschäftsführung eingeräumt werden, selbst wenn er nur noch mit einem Zwerganteil an der Familiengesellschaft beteiligt ist.
- Die bei der Schenkung oder Vererbung einzelner Vermögenswerte stets vorhandene Gefahr, dass diese im Laufe der Zeit an familienfremde Personen, beispielsweise an Schwiegerkinder und deren Familienstämme

gelangen, kann über den Gesellschaftsvertrag der Familiengesellschaft (Güterstandsklauseln, gesellschaftsrechtliche Nachfolgeklauseln) sehr viel sicherer verhindert werden, als bei der Übertragung einzelner Vermögensgegenstände.

- In einer Familiengesellschaft lassen sich Nachfolger schrittweise an die Vermögensverwaltung des Gesamtvermögens heranführen. Sie können in einem ersten Schritt zu Prokuristen und bei Bewährung dann später zu gesamt- oder alleinvertretungsbefugten Geschäftsführern ernannt werden.
- Die erbschaftsteuerlichen Vorteile einer Familiengesellschaft können erheblich sein. Diesen Vorteilen stehen allerdings von Fall zu Fall ertragsteuerliche Nachteile gegenüber. Über die steuerliche Vorteilhaftigkeit insgesamt entscheiden die konkreten Verhältnisse des Einzelfalls.

Erbschaftsteuerliche Überlegungen

Aus erbschaftsteuerlicher Sicht ist es für jede vermögende Familie ein dringendes Gebot, die Vorteile der vorweggenommenen Erbfolge zu nutzen. Denn die Erbschaftsteuer als die wohl größte Gefahr für das Familienvermögen überhaupt, kann hierdurch erheblich gesenkt werden. Die vorweggenommene Erbfolge bringt folgende Vorteile:

- Mehrfache Ausnutzung der gesetzlichen Freibeträge für nahe Angehörige und Ehegatten,
- Nutzung der erbschaft- und ertragsteuerlichen Tarifdegression,
- erbschaftsteuerfreies Anwachsen des Vermögens unmittelbar beim Erben,
- Umwandlung erbschaftsteuerlich ungünstig bewerteter Wirtschaftsgüter in steuerlich begünstigte Vermögensanlagen und anschließende Übertragung.

Hier soll nur der letzte Aspekt näher behandelt werden, weil er erfahrungsgemäß häufig vernachlässigt wird: Da die Vererbung von Betriebsvermögen begünstigt wird, bietet sich an, Vermögensgegenstände in eine gewerbliche Familiengesellschaft einzubringen und damit hoch besteuertes Privatvermögen in erbschaftsteuerlich privilegiertes Betriebsvermögen umzuwandeln.

Unabhängig hiervon können mit Hilfe einer gewerblichen Familiengesellschaft Vermögenswerte auch an nicht verwandte Personen weitgehend nach der günstigsten Erbschaftsteuerklasse I übertragen werden. Denn die Empfänger von Betriebsvermögen werden losgelöst vom Verwandtschaftsgrad (weitgehend) der günstigsten Steuerklasse zugeordnet.

Durch die Einbringung von Familienvermögen in eine (gewerbliche) Familiengesellschaft können aber auch die Nachteile behoben werden, die sich bei der Übertragung eines mit Verbindlichkeiten belasteten Vermögensgegenstandes ergeben. So mindert beispielsweise die auf einem übertragenen Grundstück lastende Hypothek die steuerliche Bemessungsgrundlage in vollem Umfang nur bei einem Übergang von Todes wegen. Bei einer Schenkung unter Lebenden ist dies nicht der Fall. Hier finden die erbschaftsteuerlich ungünstigen Regeln der gemischten Schenkung Anwendung, die lediglich einen teilweisen Schuldenabzug zulassen.

Ertragsteuerliche Gesichtspunkte

Wo Licht ist, ist auch Schatten. Leider können mit der erbschaftsteuerlich vorteilhaften Familiengesellschaft auch ertragsteuerliche Nachteile verbunden sein. Ob die Vorteile die Nachteile in Summe überwiegen, lässt sich nur für den Einzelfall feststellen. Wird Privatvermögen in eine gewerbliche Gesellschaft eingebracht, so entsteht steuerliches Betriebsvermögen, mit der Folge, dass alle Wertsteigerungen, die sich im Zeitraum zwischen der Einbringung und einer etwaigen Veräußerung ergeben – je nach Rechtsform der Familienvermögensgesellschaft – der Einkommensteuer oder der Körperschaftsteuer unterliegen.

Einer meiner Mandanten hatte hierzu eine »besonders« kreative Idee: Er schlug vor, sein wertvolles privat gehaltenes Geschäftshaus zunächst in eine Familiengesellschaft einzubringen, die Gesellschaftsanteile dann sofort schenkweise auf seinen Sohn zu übertragen und das Geschäftshaus kurze Zeit später wieder aus der Gesellschaft zu entnehmen. Bei dieser Vorgehensweise würde – wie er zu Recht folgerte – wegen des engen Zeitraums zwischen Einbringung und Entnahme eine steuerpflichtige Wertsteigerung erst gar nicht eintreten, sodass die erbschaftsteuerlichen Vorteile ohne ertragsteuerliche Nachteile realisiert werden könnten. Leider musste ich ihm diese Hoffnung nehmen. Denn nach der im Gesetz vorgesehenen »Missbrauchsregelung« entfallen alle erbschaftsteuerlichen Vergünstigungen mit Wirkung für die Vergangenheit, sobald und soweit die Einbringung innerhalb von fünf Jahren rückabgewickelt wird.

Fazit

Betrachtet man die steuerlichen Folgen der Einbringung von privatem Familienvermögen in eine gewerbliche Familienvermögensgesellschaft, so ergeben sich in der Regel erhebliche Vorteile bei der Schenkung- und Erbschaftsteuer. Ob die Auswirkungen auf die Einkommen- bzw. Körperschaftsteuer positiv, negativ oder neutral sind, hängt vom Einzelfall ab. Nachteilig ist naturgemäß die Versteuerung eines etwaigen Wertzuwachses, wenn denn überhaupt an eine spätere Veräußerung gedacht ist. Nicht zu vergessen ist jedoch hierbei die positive Kehrseite derselben Medaille. Tritt nämlich bei einer späteren Veräußerung des zuvor privat gehaltenen Vermögensgegenstandes ein Verlust ein, ist dieser im Rahmen der gesetzlich vorgesehenen Verlustverrechnung abzugsfähig. Im Privatbereich wäre ein solcher Verlustabzug dagegen nicht zulässig. Im Übrigen scheinen die Zeiten großer Wertsteigerungen im Immobilienbereich wohl endgültig der Vergangenheit anzugehören.

Das entscheidende Motiv für die Zusammenfassung des Familienvermögens in einer Familiengesellschaft liegt indes nicht im steuerlichen Bereich. Ausschlaggebend ist viel mehr die Tatsache, dass hierdurch ein dauerhafter Vermögenszusammenhalt gefördert und durch die gemeinsame Verwaltung eine höhere Vermögensrendite erreicht werden kann. Die Zusammenfassung senkt die Verwaltungskosten und ermöglicht gemeinsame Investitionen in renditeträchtige Großobjekte, die das einzelne Familienmitglied für sich allein gar nicht bewältigen könnte. Die Familiengesellschaft ist zugleich die Keimzelle für die Entstehung einer eigenen Familiendynastie.

Streit als der größte Wertvernichter

»Der größte Wertvernichter im Familienunternehmen ist der Streit«. Es wäre unvollkommen, diese Aussage auf die Vernichtung von Vermögenswerten zu verengen. Die Beschädigung immaterieller Werte ist oft viel schlimmer. Ich erinnere mich an ein Geschwisterpaar, das in jahrzehntelanger gemeinsamer Arbeit ein sehr erfolgreiches Dienstleistungsunternehmen aufgebaut hatte. Beide hatten bereits das Pensionsalter erreicht, als einer von ihnen nach dem Tode seines Ehepartners eine neue Verbindung einging. Die Folge war, dass die Geschwister sich von Tag zu Tag einander mehr entfremdeten. Schon bald setzte ein Kleinkrieg ein, dessen zerstörerische Wirkung naturgemäß im Unternehmen auf Dauer niemandem verborgen blieb. Schließlich verkehrte man nur noch schriftlich miteinander, wobei ein selbst für mich niemals zuvor erlebter Höhepunkt eintrat, als die Geschwister in ihren im Betrieb kursierenden Mitteilungen dazu übergingen, sich mit ihren jeweiligen Hausnamen und mit »Sie« anzureden. So sehr sich auch renommierte Konfliktforscher wie der Soziologe Fritz Simon, Anna Meyer oder Kirsten Baus, die hierüber ein sehr lesenswertes Buch geschrieben hat, um wissenschaftliche Lösungsansätze bemühen, die Sache ist nur schwer in den Griff zu bekommen.

Dass solche Streitigkeiten bis zur Existenzgefährdung reichen können, mag ein besonders erschütternder Fall beweisen, der mich und meine Frau in vielen abendlichen Diskussionen zutiefst bewegt hat. Zwei Brüder, die sich seit Jahren auseinander gelebt hatten, führten gemeinsam einen Betrieb, in dem wertvoller Metallschrott anfiel. Beide – der eine Techniker, der andere Kaufmann – kamen überein, diesen am Fiskus vorbei auf dem grauen Markt gegen Bargeld zu verkaufen. Der Verkauf wurde in einer Kladde, die im Büroschreibtisch des Kaufmanns verschlossen war, von den Brüdern gemeinsam abgezeichnet. Beide Familien kannten den Vorgang, da ihnen laufend der erzielte Barerlös zufloss. Als der Kaufmann plötzlich an einem Herzinfarkt verstarb, fand seine Familie am nächsten Tage den Schreibtisch aufgebrochen. Die Kladde war verschwunden. Einige Wochen später traf der Brief eines Anwalts ein, in dem der Überlebende die Machenschaften seines verstorbenen Bruders verurteilte und hohe Geldforderungen an die Erben stellte. Die unverzüglich einsetzende Prozesslawine vernichtete das einst blühende Unternehmen und damit die Existenz beider Familien. Der finanzielle Aderlass durch Steuernachzahlungen, der Imageverlust durch Strafverfahren gegen die Schrottkäufer und der Vertrauensverlust bei den Kunden erwiesen sich als irreparabel.

Der Streit im Familienunternehmen ist deshalb so gefährlich, weil es –

anders als im börsennotierten Konzern, bei dem der Druck der öffentlichen Hauptversammlung und die Medien für eine schnelle Bereinigung sorgen – im Familienunternehmen keine Mechanismen einer automatischen Streitbeseitigung gibt. Einmal ausgebrochen, währt ein solcher Streit manchmal über Generationen. Wenn man sich als unbeteiligter Dritter mit den einzelnen »Streithähnen« auseinandersetzt, ist man immer wieder erstaunt: Es handelt sich in der Regel um Menschen, die sich im Gespräch mit Dritten als einsichtig, klug und keineswegs als bösartig oder aggressiv erweisen. Jedoch: Innerhalb der eigenen Familie hat der Streit in aller Regel Eigendynamik entwickelt, die ohne Hilfe von außen nicht mehr beseitigt werden kann. Dies unterscheidet das deutsche Familienunternehmen ganz wesentlich von den angelsächsischen Eignerfamilien, bei denen das Shareholder-Value-Prinzip schnell in eine rational bestimmte Handlungsweise einmündet.

Wer Streit vom Familienunternehmen fernhalten will, muss zwischen Maßnahmen der Streitvermeidung und Maßnahmen der Streitbeseitigung unterscheiden. Streitvermeidung setzt langfristig angelegte Verhaltensweisen voraus, die letztlich im Aufbau einer eigenen konsensorientierten Familienkultur ihren Ausdruck finden. Streitbeseitigung ist demgegenüber ein einmaliger Akt zur Beilegung einer einzelnen Friedensstörung.

Streitvermeidung

Wer Streit dauerhaft vermeiden will, muss dessen Ursachen kennen. Jahrzehntelange Erfahrung hat mir gezeigt, dass Streit immer und ausnahmslos auf eine oder mehrere der drei folgenden Ursachen zurückzuführen ist: Entweder die Familienmitglieder haben verschiedene Prioritäten, dem Grunde oder der Rangfolge nach, oder aber eines oder mehrere Familienmitglieder fühlen sich in Gegenwart oder Vergangenheit ungerecht behandelt oder drittens, es gibt Missverständnisse infolge mangelnder, verspäteter oder falscher Informationen. Letztere können ihre zerstörerische Wirkung besonders dann entfalten, wenn man nicht (mehr) miteinander spricht.

Man braucht kein Psychologe zu sein, um dies zu erkennen. Die Bekämpfung der Ursachen setzt jedoch rechtliche Kenntnisse voraus. Ein »Rezept«, das sich bisher in der Praxis bewährt hat, sieht drei Schritte vor: Als Erstes wird durch den Abschluss einer von allen Familienmitgliedern akzeptierten Familienverfassung ein grundlegender Wertekonsens unter den Beteiligten hergestellt. Sodann werden die einzelnen – jedem erfahrenen Berater bekannten – Streitpotenziale »entschärft«. Streit entsteht in der Praxis häufig im Zusammenhang mit Leistungen, die die private Sphäre eines Gesellschafters betreffen. Einmal geht es um die Vergütung eines Gesellschaftergeschäftsführers, ein andermal um Nebenleistungen, so die Mitreise der Ehefrau auf Auslandsreisen, die Benutzung von Firmenwagen durch Angehörige, die Beschäftigung von Betriebshandwerkern im Haushalt etc.. Es ist dringend zu empfehlen, solche Störquellen generell abzustellen. Es lohnt sich nicht, hierfür den Gesellschafterfrieden aufs Spiel zu setzen. Als dritter und letzter Schritt der Streitvermeidung muss eine qualifizierte und gleichmäßige Information aller Familienmitgesellschafter sichergestellt werden. Es bedarf allerdings eines gewissen Fingerspitzengefühls, um treffsicher zu bestimmen, »worüber« denn, »durch wen« und »wie« informiert werden soll. Im Folgenden möchte ich den Blick des Lesers allein auf die Familienverfassung als ein noch weitgehend unbekanntes Instrument lenken.

Die Familienverfassung

Bereits vor Jahren habe ich die Familienverfassung als Mittel der Streitvermeidung ins Gespräch gebracht und sie dabei mit dem Hausgesetz des Adels verglichen. Doch bei weiterem Nachdenken möchte ich diesen Vergleich nicht mehr uneingeschränkt aufrechterhalten. Das Hausgesetz des Adels regelte zwar vorbeugend familienrechtliche, erbrechtliche und vermögensrechtliche Fragen, aber es tat dies auf der Grundlage einer bis zum Ende des Ersten Weltkrieges einzelnen Adelsfamilien vom Gesetzgeber zugestandenen rechtlichen Autonomie. Die Familienverfassung ist demgegenüber eine Absichtserklärung ohne unmittelbare rechtliche Wirkung. Sie beeinflusst über den vereinbarten Werte- und Verhaltenskodex den Gesellschaftsvertrag, unterscheidet sich jedoch von diesem in vielerlei Hinsicht.

Die Familienverfassung wird durch den Gesellschaftsvertrag überlagert, der rechtlichen Vorrang besitzt. Die Familienverfassung stellt das Gerüst dar, auf dem der Gesellschaftsvertrag beruht. Abbildung 5 stellt die wesentlichen Unterschiede zwischen Familienverfassung und Gesellschaftsvertrag gegenüber:

Abbildung 5: Unterscheidungsmerkmale zwischen Familienverfassung und
Gesellschaftsvertrag

Durch nichts kann dem Leser Sinn und Zweck einer Familienverfassung
besser verdeutlicht werden als durch nachstehendes Zitat:

»In der nachfolgenden Familienverfassung haben wir unsere Überlegungen
niedergelegt, die wir der Entwicklung unserer Familienbetriebe und unseres sonstigen Familienvermögens zugrunde legen wollen. Dabei verstehen wir unser Familienvermögen nicht als persönliches Eigentum. Es soll vielmehr – gleichsam
über Generationen hinweg – zusammengehalten, pfleglich betreut und mit ge-
sundem unternehmerischen Wagemut fortentwickelt werden. Wir wünschen,
dass die Grundsätze, von denen wir selbst uns stets leiten ließen, über Generationen hinweg Geltung behalten sollen. Unsere Kinder und Kindeskinder sollen
sich daher mit allen Kräften und unter Zurückstellung persönlicher Interessen
für das Familienvermögen einsetzen und sein erster Diener sein.

Trotz der Vielfalt der Charaktere sollen sie nicht auseinanderstreben, sondern sich in gesunder Selbstbescheidung dem unterordnen, was in kluger Weitsicht und verständiger Würdigung dem Familienvermögen zum Besten dient.«

Welche konkreten Regelungen sollen in einer Familienverfassung erfolgen?
So gerne ich dem Leser hierzu etwas an die Hand geben möchte, die mög-

lichen Zielvorstellungen der einzelnen Familien sind zu unterschiedlich, um eine verbindliche Aussage machen zu können. Folgende Komplexe werden häufig angesprochen: Die Zielsetzung des Familienunternehmens nach Rendite und Eigenkapital, die rechtliche und organisatorische Struktur des Unternehmens, grundsätzliche Aussagen über den Kauf und Verkauf von Betrieben sowie über den Verkauf des Familienunternehmens im Ganzen, Rechte und Pflichten der Familienmitglieder untereinander, finanzielle Ausstattung der im Unternehmen tätigen Gesellschafter, Rechtsstellung der angeheirateten Ehepartner, Informationsrechte der Familie sowie eine verfahrensmäßige Regelung zur Ausräumung von Streitigkeiten.

Um dem Leser die Orientierung zu erleichtern, ist in dem folgenden Schaubild die »Entscheidungspyramide« der Familie dargestellt. Sie besteht aus drei Ebenen mit unterschiedlicher Rechtsqualität. An der Spitze der Pyramide steht der in der Familienverfassung niedergelegte Wertekonsens. Die zweite Ebene ist die Familiengesellschaft, in der alle Vermögenswerte der Familie gepoolt sind. Die dritte Ebene stellt die einzelnen Vermögensgegenstände der Familie dar – Beteiligungen am Familienunternehmen, sonstige Finanzanlagen, Immobilien und Wertpapiere.

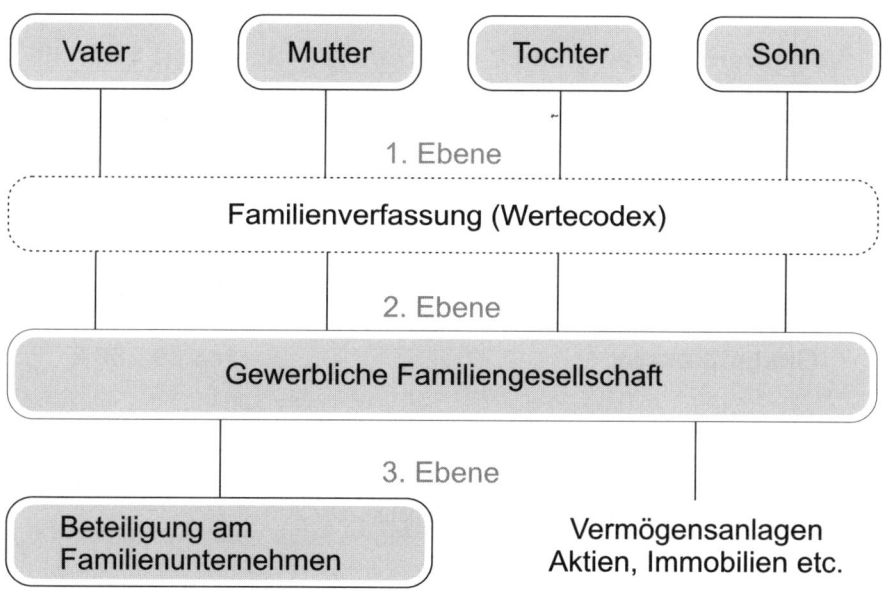

Abbildung 6: Entscheidungsfindung innerhalb der Familie

Streitbeseitigung

Ist der Streit bereits ausgebrochen, sollte zunächst die Einigung der »Streithähne« aus eigener Kraft oder durch die Vermittlung etwa des Beiratsvorsitzenden oder eines gemeinsamen Unternehmerfreundes angestrebt werden. In den Vereinigten Staaten hat man hierzu das Mediationsverfahren entwickelt. Bei diesem Verfahren wird ein neutraler Dritter, der sich als Mediator berufsmäßig mit Streitbeseitigung befasst, jedoch keine Entscheidungsmacht besitzt, hinzugezogen.

Hierzulande hat sich das Mediationsverfahren bisher noch nicht durchgesetzt, sodass es bei den traditionellen Lösungswegen, nämlich erstens der Beschreitung des Rechtsweges, zweitens der Einschaltung eines Schiedsgerichtes und drittens der Anrufung eines Schiedsgutachters verbleibt.

Hier sollen einmal die Kosten dieser Wege anhand eines Streitwertes in Höhe von einer Million Euro miteinander verglichen werden.

Nachstehend die Kosten eines Zivilprozesses durch alle Instanzen (Landgericht, Oberlandesgericht, Bundesgerichtshof) – wenn in jeder Instanz eine Beweisaufnahme erfolgt:

Verfahrenskosten eines Zivilprozesses (Streitwert 1 Mio.€) durch drei Instanzen mit Beweisaufnahme

1. Instanz:	Landgericht	39.444,80 €
2. Instanz:	Oberlandesgericht	47.030,02 €
3. Instanz:	Bundesgerichtshof	61.916,74 €
Gesamtkosten:		**148.391,56 €**

Abbildung 7: Verfahrenskosten eines Zivilprozesses nach neuem Gerichtskosten- und neuem Rechtsanwaltsvergütungsgesetz.

Die Zeitdauer eines Zivilprozesses lässt sich nicht genau schätzen. Erfahrungsgemäß dauert ein dreistufiges Verfahren drei bis fünf Jahre, das zweistufige zwei bis drei Jahre.

Wird ein Schiedsgericht angerufen, entscheidet dieses anstelle des staatlichen Gerichts endgültig, spricht also eine Rechtsfolge aus. Dagegen vereinbaren die Parteien in einem Schiedsgutachtervertrag, dass der Gutachter lediglich bestimmte Tatsachen verbindlich für die Parteien feststellt. Schiedsgutachterverträge haben ihren Schwerpunkt bei Wert-, Preis- und Schadensfeststellungen (Höhe eines Abfindungsanspruches, Verzinsung eines Darlehenskontos, Höhe von Entnahmen etc.). Die Feststellungen des Schiedsgutachters sind endgültig. Sie können durch ein staatliches Gericht lediglich auf offenbare Unrichtigkeit oder grobe Unbilligkeit hin überprüft werden. Ob die Parteien eine Schieds(gerichts)vereinbarung oder einen Schiedsgutachtervertrag gewollt haben, ist bei Fehlen einer eindeutigen Regelung durch Auslegung zu ermitteln. Dabei ist in erster Linie darauf abzustellen, welche Wirkung die Parteien dem Spruch des Schiedsorgans zumessen wollen: Soll die Entscheidung des Schiedsorgans durch ein staatliches Gericht auf offenbare Unrichtigkeit oder Unbilligkeit überprüft werden können, liegt ein Schiedsgutachtervertrag vor. Soll eine derartige Überprüfung ausgeschlossen sein, stellt die Vereinbarung eine Schieds(gerichts)vereinbarung dar. Im Zweifelsfall ist von einem Schiedsgutachtervertrag als der weniger einschneidenden Regelung auszugehen.

Wer eine Schiedsgerichtsvereinbarung treffen will, sollte den Schiedsgerichtshof Deutscher Notare in Berlin in seine Überlegungen mit einbeziehen. Diese Einrichtung arbeitet besonders qualifiziert, schnell und kostengünstig. In dem hier zugrunde gelegten Fall würde lediglich eine Gebühr in Höhe von 17 450 Euro anfallen, falls der Vorsitzende allein entscheidet. Entscheidet das volle Schiedsgericht, so beträgt die Gebühr das Dreifache des vorgenannten Betrages, also immer noch weit unter den normalen Gerichtsgebühren.

Die Vorteile der Schiedsgerichtsbarkeit im Vergleich zum Zivilprozess fallen insbesondere bei Streitigkeiten mit internationalem Bezug ins Gewicht. Hier können die Parteien das Schiedsgericht so zusammensetzen, dass es die Herkunft der Streitparteien abbildet, was erfahrungsgemäß die erhoffte Befriedungsfunktion maßgeblich erhöht.

Zudem ermöglicht die Einigung auf ein Schiedsgericht bei grenzüber-

---

Grundprinzipien im Schiedsverfahren

- Keine Ladungsfristen
- Rascheres Verfahren
- Abschließende Entscheidung in einer Instanz
- Geringere Verfahrenskosten
- Sachnähe des Schiedsgerichts
- Nichtöffentlichkeit des Verfahrens
- Einfluss auf die Besetzung des Schiedsgerichts
- Kein fester Gerichtssitz
- Internationale Besetzung des Gerichts möglich
- Keine vorgeschriebene Gerichtssprache
- Vollstreckbarerklärung möglich, auch international
- Keine Belastung des Schiedsgerichts mit sonstigen Prozessen

Abbildung 8: Schiedsverfahren

schreitenden Streitigkeiten eine deutlich flexiblere Verfahrensgestaltung. So muss beispielsweise das Verfahren nicht zwingend in nur einer Sprache durchgeführt werden, sodass die Parteien in ihrer Muttersprache gehört werden können. Dokumente brauchen nicht zwangsläufig übersetzt zu werden. Die Zustellung von Schreiben hat nicht über den beschwerlichen Gerichtsweg, sondern kann per Kurier erfolgen. Verhandlungen des Schiedsgerichts können unabhängig von dem gewählten Schiedsort überall auf der Welt stattfinden.

Im Gegensatz zu staatlichen Urteilen können Schiedssprüche weltweit vollstreckt werden. Über 130 Staaten, darunter alle wichtigen Wirtschaftsnationen, haben sich in der New Yorker Konvention verpflichtet, ausländische Schiedssprüche grundsätzlich anzuerkennen und in ihrem Lande durchzusetzen.

Kapitel 3

Die Verankerung von Familie und Unternehmen im Recht

Die Bedeutung der Rechtsform

Der typische Familienunternehmer ist – oft angestiftet durch seine Berater – sein Leben lang auf der Jagd nach der »richtigen« Rechtsform. Doch er verfolgt ein Phantom. Es gibt nämlich weder die »richtige« noch die »falsche« Rechtsform, und selbst wenn es sie gäbe, so wäre ihr Bestand niemals von Dauer. Jedes Unternehmen ist ein lebendiger Organismus, der im Laufe der Zeit seine »Figur« verändert. Und wenn sich die Figur ändert, bedarf es eines neuen Anzuges.

Viele Unternehmer glauben, der sicherste Weg, eine Fehlentscheidung zu vermeiden, bestünde darin, sich an anderen, besonders erfolgreichen Unternehmen zu orientieren. Dies ist ein folgenschwerer Irrtum. Niemals erschließen sich dem Außenstehenden die wahren Motive fremder Eigentümerfamilien voll und ganz. Wer beispielsweise bei der Rechtsformwahl einen künftigen Verkauf seines Unternehmens plant, wer die GmbH wählt, um seine Mitgesellschafter besser zu kontrollieren oder die Aktiengesellschaft, um später an die Börse zu gehen, der wird all dies sicherlich keinem Dritten auf die Nase binden. Und schließlich: Die Kopie erreicht selten den Erfolg des Originals. Die »optimale« Rechtsform des Unternehmens richtet sich im Übrigen nach subjektiven Werturteilen. Jedes von ihnen besitzt in den Augen der jeweiligen Eigentümer eine andere Priorität.

Die einzelnen Rechtsformen im Überblick

Das deutsche Gesellschaftsrecht geht von einem »Numerus clausus« der Rechtsformen aus. Selbstgeschaffene Fantasiegebilde lässt unsere Rechtsordnung nicht zu (Typenzwang). Nach dem Willen des Gesetzgebers muss jeder Kaufmann wissen, mit wem er es zu tun hat. Allerdings relativiert sich die Strenge dieses »Typenzwangs«, weil innerhalb der vorgegebenen Rechtsformen eine beträchtliche Flexibilität besteht und weil sich zulässige Rechtsformen kombinieren lassen.

Abgesehen vom Einzelkaufmann unterscheidet unsere Rechtsordnung zwischen Personen- und Kapitalgesellschaften. Die Personengesellschaften (Offene Handelsgesellschaft, Kommanditgesellschaft) sind für solche Zusammenschlüsse vorgesehen, bei denen der persönliche Bezug der Beteiligten zueinander besonders eng ist. Dieser persönlichen Verbundenheit entsprechen das Recht aller Gesellschafter zur Geschäftsführung und zur Vertretung des Unternehmens sowie die Pflicht jedes Einzelnen, für alle im Geschäft entstandenen Verbindlichkeiten einzustehen. Lediglich bei der Kommanditgesellschaft wird ein Teil der Gesellschafter (die Kommanditisten) von Geschäftsführung, Vertretung und unbeschränkter Haftung befreit, sodass im Gegenzug den voll haftenden Komplementären eine besonders starke Stellung zukommt.

Bei den Kapitalgesellschaften (die wichtigsten: GmbH und Aktiengesellschaft) steht dagegen der von den Gesellschaftern zu erbringende Kapitaleinsatz im Vordergrund. Daher richtet der Gesetzgeber hier ein besonderes Augenmerk darauf, dass das gezeichnete Kapital auch tatsächlich erbracht wird und dass es dauerhaft im Unternehmen bleibt.

Die besondere Wertschätzung des Gesetzgebers gehört denen, die das volle unternehmerische Risiko tragen. Wer – wie die Gesellschafter einer OHG oder die Komplementäre einer KG – das Joch der persönlichen Haftung auf sich nimmt, genießt besondere Privilegien. Er braucht sich weder der Kontrolle durch einen Aufsichtsrat noch der gesetzlichen Publizität zu unterziehen (Ausnahmefall: Großunternehmen). Er bleibt auch von der Mitbestimmung auf Unternehmensebene verschont. Diese Entscheidung des Gesetzgebers ist konsequent: Beschränkungen in der Ausübung der unternehmerischen Macht passen nicht für den, der für von ihm eingegangene Geschäfte mit dem Einsatz seines gesamten Vermögens haftet. Allerdings bedient sich der Gesetzgeber zu Recht einer formalisierten Betrachtungsweise. »Persönliche Haftung« im vorbezeichneten Sinne bedeutet für ihn nur die Haftung einer natürlichen Person. Zwar haftet auch eine GmbH oder AG voll, aber sie haftet eben nur mit dem ihr von den Gesellschaftern zugeordneten Vermögen und damit wirtschaftlich beschränkt; die Gesellschafter selbst werden vom geschäftlichen Risiko ihrer GmbH oder AG nicht berührt. Die wirtschaftliche Beschränkung der Haftung veranlasst den Gesetzgeber, solche Unternehmen einer besonderen Aufsichtsratskontrolle, Publizität und Mitbestimmung zu unterwerfen.

Die am häufigsten vertretenen Rechtsformen

Die im Kreis der deutschen Familienunternehmen am häufigsten verwendeten Rechtsformen sind die GmbH und die GmbH & Co. KG. Weniger häufig trifft man auf die OHG und die »reine« Kommanditgesellschaft, also auf eine Kommanditgesellschaft mit natürlichen Personen als Komplementären. Das Risiko der persönlichen Haftung erscheint den meisten nicht akzeptabel. Selten sind Familienunternehmen auch in der Rechtsform der Aktiengesellschaft zu finden. Diese als Prototyp einer Massengesellschaft auf einen ständigen Wechsel der Gesellschafter hin angelegte Rechtsform passt vielfach nicht zum Typus »Familienunternehmen«. Denn im Familienunternehmen soll ja gerade durch den geschlossenen Kreis der Mitglieder eine besondere Unternehmenskultur begründet werden. Dies gilt auch für die vom Gesetzgeber geschaffene so genannte kleine Aktiengesellschaft. Auch die kleine AG ist und bleibt eben eine Aktiengesellschaft.

Die GmbH als beliebteste Rechtsform für Familienunternehmen weist fast 740 000 Eintragungen im Handelsregister auf, die GmbH & Co. KG dagegen nur 110 000. Jedoch hat letztere seit der ersten Hälfte der neunziger Jahre kräftig zugelegt, weil sie als einzige Rechtsform viele zivilrechtliche Gestaltungsmöglichkeiten der GmbH mit der Möglichkeit einer Besteuerung als Personengesellschaft verbindet. Es ist ein besonderer Vorteil, dass in der GmbH & Co. KG keine natürliche Person die unbeschränkte persönliche Haftung zu übernehmen braucht. Persönlich haftender Gesellschafter ist vielmehr eine GmbH, die wirtschaftlich nur beschränkt, nämlich ausschließlich mit ihrem Gesellschaftsvermögen haftet.

Motive

Es ist nicht nur das Recht, sondern sogar die moralische Pflicht des Unternehmers, sich und seine Familie vor den zunehmenden betrieblichen Risiken zu schützen. Während die Vorstände der Großunternehmen bei Versagen noch mit hohen Abfindungen am »goldenen Fallschirm« in den Ruhestand segeln, kann der Familienunternehmer im Notfall von keiner Seite mit Unterstützung rechnen. Die Banken kennen in der Krise keine Gnade, und die Politik schaltet sich nur dann ein, wenn es von der Öffentlichkeitswirkung her opportun erscheint.

Doch die Haftungsrisiken wachsen. Vorgänge wie diejenigen bei Birkel oder Coppenrath & Wiese mahnen zur Vorsicht. Beide Fälle zeigen, dass selbst bei völlig einwandfreier Produktbeschaffenheit urplötzlich existenzgefährdende Risiken auftreten können. Es ist deshalb ebenso erstaunlich wie bewundernswert, wenn eine Unternehmerpersönlichkeit wie Wolfgang Grupp, der Inhaber von Trigema, bis vor kurzem sein Unternehmen als voll haftender Einzelkaufmann geführt hat.

Haftung

Unter dem Aspekt der Haftungsbeschränkung scheiden die OHG und die Kommanditgesellschaft mit einer oder mehreren natürlichen Personen als Komplementäre bei der Rechtsformwahl von vornherein aus. Hier sind dann die GmbH & Co. KG, die GmbH und die Aktiengesellschaft die richtige Rechtsform; die Kommanditgesellschaft auf Aktien nur dann, wenn bei ihr keine natürliche Person als Komplementär auftritt.

Der Unternehmer sollte sich durch die Rechtsform jedoch in puncto Haftung niemals täuschen lassen. Er darf aus der bloßen Tatsache, dass ihm im Geschäftsverkehr beispielsweise eine Offene Handelsgesellschaft gegenübertritt, keine falschen Schlüsse ziehen. Da nach deutschem Recht nicht nur natürliche Personen, sondern auch Personen- und Kapitalgesellschaften Gesellschafter einer OHG sein können, gibt es durchaus Offene Handelsgesellschaften, bei denen die persönliche Haftung wirtschaftlich ausgeschlossen ist. Das gilt dann, wenn alle ihre Gesellschafter entweder Kapitalgesellschaften oder aber GmbH & Co. KGs sind. Allerdings verlangt der Gesetzgeber in diesen Fällen die Aufnahme eines Zusatzes in die Firma, der auf die Haftungsbeschränkung hinweist. Wirtschaftlich kann eine unbeschränkte persönliche Haftung aber auch dann ausgeschlossen sein, und zwar ohne dass der genannte Zusatz darauf inweist, wenn die OHG beispielsweise lediglich Geschäftsanteile an GmbHs oder ein Aktienvermögen verwaltet.

Andererseits ist davor zu warnen, sich von der durch die Rechtsform bedingten Haftungsbeschränkung zu viel zu versprechen. Die Praxis schreibt – wie die Erfahrung zeigt – ihre eigenen Gesetze. Kommt das Unternehmen nämlich in ernsthafte Schwierigkeiten, verlangen die Banken von den Eigentümern regelmäßig persönliche Sicherheiten oder eine Beteiligung an der Aufbringung der benötigten frischen Mittel. Und welcher Eigentümer kann sich einer solchen Aufforderung schon verweigern, wenn das Unternehmen noch sanierungswürdig erscheint und er die Banken nur durch eigenen Kapitalzuschuss davon überzeugen kann, »an Bord« zu bleiben? Von den Unternehmern wird eine Forderung der Banken auf Kapitaleinschuss zu Recht als unfair empfunden, denn sie haben in aller Regel bereits den größten Teil ihres Vermögens im Unternehmen gebunden und haben somit nach meinem Dafürhalten einen Anspruch darauf, dass ihr Privatvermögen – soweit sich dieses in einem angemessenen Rahmen hält – der Sicherung des Lebensunterhalts der Familie vorbehalten bleibt. Doch über diese Bedenken geht die Praxis hinweg.

Eine rechtliche Erweiterung der persönlichen Haftung ergibt sich aus der Regelung des Kapitalersatzes: Unterstützt ein Unternehmer sein in Not befindliches Unternehmen durch einen Kredit oder lässt er einen zu besseren Zeiten gewährten Kredit in der Krise im Unternehmen stehen, kann er seine Forderung in der Krise, z. B. im Insolvenzfall nur noch als nachrangiger Insolvenzgläubiger geltend machen. Die Regelung des Kapitalersatzes halte ich für volkswirtschaftlich problematisch und für familienunternehmerfeindlich.

Gestaltungsspielräume

Große Bedeutung für die Rechtsformwahl hat die Frage, in welchem Umfang die einzelnen Rechtsformen Sonderwünschen der Familie Rechnung tragen können. Ein häufig geäußerter Wunsch ist das lebenslange Recht einzelner Familienmitglieder auf die Geschäftsführung. Ich bin ein strikter Gegner eines solchen Vorrechts. Es hat vielen Familienunternehmen ein vorschnelles Ende bereitet. Eine Geschäftsführerstellung sollte niemals von der Familienzugehörigkeit, sondern allein von der Qualifikation abhängig sein, und sie sollte auch niemals auf Dauer verliehen werden. Mir ist in diesem Zusammenhang stets ein Fall vor Augen, in dem eine Familie für ihren zweifellos hoch begabten Sohn ein solches Sonderrecht durchsetzte, das später – als der Junior einer amerikanischen Sekte in die Hände fiel – nur durch eine millionenschwere Abfindung aufgehoben werden konnte. Rechtlich allerdings ist die Begründung einer solchen Position sowohl bei der GmbH & Co. KG als auch bei der GmbH und der GmbH & Co. KGaA ohne weiteres möglich, im Gegensatz zur Aktiengesellschaft. Hier werden die Mitglieder der Geschäftsführung (rechtstechnisch als »Vorstand« bezeichnet) stets allein vom Aufsichtsrat und auch nur auf eine Höchstdauer von fünf Jahren bestellt.

Ein weiterer Gestaltungswunsch geht dahin, die Gesellschaftsanteile unter mehreren Kindern so aufzuteilen, dass bei gleichmäßiger Beteiligung aller dem operativen Nachfolger im Hinblick auf die Herrschaftsmöglichkeit eine Vorrangstellung eingeräumt wird. Auch dies ist bei allen genannten Rechtsformen mit Ausnahme der Aktiengesellschaft möglich. Bei der GmbH & Co. KG und der Kommanditgesellschaft auf Aktien geschieht dies, indem der Nachfolger vorweg die Mehrheit der Geschäftsanteile an der als Komplementärin fungierenden GmbH erhält. Bei der GmbH lässt sich dasselbe Ziel mit der rechtlich jederzeit möglichen Einräumung von Mehrstimmrechten für den Nachfolger erreichen. Bei der Aktiengesellschaft dagegen gibt es Mehrstimmrechte nicht. Dafür ist eine Gestaltung über stimmrechtslose Vorzugsaktien möglich. Deren Wirksamkeit ist allerdings begrenzt. Zum einen können sie insgesamt nur bis zu einer Höhe von 50 Prozent des Gesamtkapitals ausgegeben werden. Zum anderen leben die Stimmrechte wieder auf, wenn zwei Jahre lang keine Dividende ausgeschüttet wurde. Letzterer Tatbestand wird allerdings in seiner Auswirkung meist überschätzt. Wenn es nämlich erst einmal so weit gekommen ist, befindet sich das Unternehmen ohnehin in den Händen der Banker, sodass sich die Machtfrage in der Familie meist nicht mehr stellt.

Trennung von Eigentum und Management

Eine unverzichtbare Anforderung an die Rechtsform ist die Möglichkeit, ein Fremdmanagement einzusetzen und dieses zu kontrollieren. Die Bestellung Fremder als echte Geschäftsführer ist bei allen Rechtsformen mit Ausnahme der OHG und der reinen Kommanditgesellschaft möglich. Die Kontrolle erfolgt bei der KG über ein allen Kommanditisten eingeräumtes gesetzliches Kontrollrecht sowie über das ebenfalls im Handelsgesetzbuch verankerte Recht, alle über den gewöhnlichen Geschäftsbetrieb hinausgehenden Handlungen von der Zustimmung der Kommanditisten abhängig zu machen. Da diese Rechte jedoch bei missbräuchlicher Ausnutzung die Geschäftsführung lahm legen, sind sowohl das Kontroll- als auch das Zustimmungsrecht in den meisten Gesellschaftsverträgen abbedungen. Nicht abdingbar ist dagegen das umfassende Auskunftsrecht der Gesellschafter, das im GmbH-Recht vorgesehen ist. Dieses verpflichtet die Geschäftsführer auf Anfrage zu einer lückenlosen Information über alle Geschäftsvorgänge. Dieses Informationsrecht greift über die Komplementär-GmbH mittelbar auch für alle Angelegenheiten der GmbH & Co. KG. Im Falle von Gesellschafterstreitigkeiten wird das Auskunftsrecht bisweilen als erpresserischer Hebel zur Durchsetzung eigensüchtiger Interessen (Erhöhung von Abfindungsguthaben, Ausschüttungen) genutzt. Eine weitere Kontrolle der Geschäftsführung kann über freiwillige oder gesetzliche Kontrollgremien (Beirat, Gesellschafterausschuss) ausgeübt werden.

Publizitätspflichten

Die Familienunternehmen sind traditionell publizitätsscheu. Prüfungs- und Offenlegungspflicht der Jahresabschlüsse gefährden ihrer Meinung nach die Wettbewerbsfähigkeit und erhöhen die steuerliche Begehrlichkeit der Politiker. Die Erfahrung hat ihnen leider Recht gegeben.

Der Gesetzgeber ist allerdings publizitätsfreundlich. Alle bedeutenden Unternehmen müssen sich – nach Größenmerkmalen abgestuft – gewissen Publizitätspflichten unterziehen. Das gilt nach dem Publizitätsgesetz sogar für solche Unternehmen, bei denen eine oder mehrere natürliche Personen als persönlich haftende Gesellschafter auftreten (Einzelkaufleute und Personengesellschaften), wenn diese regelmäßig zwei der drei folgenden Grenzwerte überschreiten:

- Bilanzsumme – über 65 Millionen Euro
- Umsatzerlöse – höher als 130 Millionen Euro
- Zahl der Arbeitnehmer – größer als 5 000.

Weiter gehende und schärfere Publizitätspflichten ergeben sich aus dem EU-Recht für alle Kapitalgesellschaften (GmbH, Aktiengesellschaft und KGaA) und seit Mitte der neunziger Jahre auch für die Kapitalgesellschaft & Co.. KG, also insbesondere für die GmbH & Co. KG. Diese sind nunmehr mit Ausnahme der kleineren Gesellschaften verpflichtet, sich durch einen Abschlussprüfer prüfen zu lassen und ihre Jahresabschlüsse beim Handelsregister zu hinterlegen. Große Gesellschaften müssen den Jahresabschluss darüber hinaus im Bundesanzeiger veröffentlichen. Der Gesetzgeber hat die Gelegenheit zugleich genutzt, um die Sanktionen zu verschärfen. Wer gegen die Offenlegungspflicht verstößt, muss mit einer Geldbuße bis zu 25 000 Euro rechnen; allerdings wird das Gericht nur auf Antrag Dritter tätig.

Manche Unternehmer versuchen, der Offenlegungspflicht auszuweichen. Die einen, indem sie eine vermögenslose Person – etwa einen armen Rentner – als Strohmann zum Komplementär einsetzen, die anderen, indem sie bestimmte Ertragspotenziale auf nicht publizitätspflichtige Gesellschaften verlagern, und wieder andere, indem sie das Zahlenwerk ihrer Unternehmensgruppe in einen so genannten befreienden Konzernabschluss integrieren und dabei Vernebelungstaktik betreiben.

Jede der drei Möglichkeiten hat einen Pferdefuß: Die Einschaltung eines vermögenslosen Komplementärs birgt die Gefahr der Durchgriffshaftung auf den Unternehmer und des Machtmissbrauchs durch den Strohmann. Die Auslagerung einzelner Ertragskomponenten beispielsweise auf Tochtergesellschaften kann zwar zur erwünschten »Vernebelung« einzelner Deckungsbeitragsgruppen dienlich sein, bringt aber für den Betrieb einen hohen zusätzlichen Organisationsaufwand mit sich. Die Aufstellung eines befreienden Konzernabschlusses schließlich bewahrt das operative Unternehmen zwar vor der Offenlegungspflicht, bringt aber den Unternehmer häufig »vom Regen in die Traufe«. Denn jetzt muss er der Konkurrenz Einblick in seinen gesamten Konzern bieten. Wer wirklich sinnvolle Lösungen zur Reduktion der Publizität – und nur darum kann es gehen – sucht, der muss komplexe Strukturen akzeptieren, die nur unter Zuhilfenahme von qualifizierten Beratern geschaffen werden können.

Mitbestimmung

Die unternehmerische Mitbestimmung auf der Ebene der unternehmerisch-strategischen Entscheidungen ist von der Mitbestimmung auf der operativen betrieblichen Ebene zu unterscheiden. Während erstere durch die Aufnahme von Arbeitnehmern in den gesetzlich zu bildenden Aufsichtsrat erfolgt, ist die betriebliche Mitbestimmung Sache des Betriebsrates.

Bei der unternehmerischen Mitbestimmung ist zwischen der drittelparitätischen und der vollparitätischen Mitbestimmung zu trennen. Bei der ersteren ist der Aufsichtsrat zum Drittel, bei letzterer zur Hälfte mit Vertretern der Arbeitnehmerseite besetzt. Unternehmerische Mitbestimmung findet nur in den gesetzlichen Aufsichtsräten statt. Ein gesetzlicher (obligatorischer) Aufsichtsrat (im Gegensatz zum fakultativen) ist bei der Aktiengesellschaft und der KGaA stets – also unabhängig von ihrer Größe –, bei der GmbH erst bei über 500 und bei der GmbH & Co. KG bei über 2 000 Inlandsbeschäftigten zu bilden.

Auch die Frage, ob Drittelparität oder Vollparität gilt, richtet sich nach der Beschäftigtenzahl. Bis zur Grenze von 500 Arbeitnehmern gibt es keine zwingende Beteiligung der Arbeitnehmer im Aufsichtsrat, zwischen 501 und 2 000 Arbeitnehmern herrscht Drittelparität und ab 2 001 Arbeitnehmern volle Parität. Ist volle Parität gegeben, kann die Arbeitgeberseite sich bei Stimmengleichheit im Aufsichtsrat letztendlich über das doppelte Stimmrecht des von ihr gestellten Aufsichtsratsvorsitzenden durchsetzen. Bei einem voll paritätischen Aufsichtsrat sind nicht nur die Arbeitnehmer des Unternehmens, sondern auch die Gewerkschaften über eigene Vertreter im Aufsichtsrat beteiligt. Während im anonymen Konzern die Vertreter der Arbeitgeberseite im Aufsichtsrat stets einheitlich stimmen, kann die Situation im Familienunternehmen eine völlig andere sein. Treffen hier im Aufsichtsrat zwei verfeindete Gesellschafterstämme aufeinander – und das geschieht häufiger, als man denkt –, so setzt sich trotz Doppelstimmrecht des

Aufsichtsratsvorsitzenden die Arbeitnehmerseite durch. Damit ist die unternehmerische Mitbestimmung für das Familienunternehmen viel gefährlicher als für den anonymen Konzern.

Es ist deshalb nicht verwunderlich, dass besonders Familienunternehmen danach trachten, die Mitbestimmung auszuhebeln. Bei der GmbH & Co. KG kann sie dadurch vermieden werden, dass die Komplementär-GmbH mehrheitlich von Gesellschaftern beherrscht wird, die nicht zugleich Kommanditisten sind, oder dass an Stelle der GmbH eine Familienstiftung als Komplementärin eingesetzt wird, sodass aus der GmbH & Co. KG eine Stiftung & Co. KG wird. Bei der KGaA ist die Situation für das Familienunternehmen günstiger. Hier ist die Einflussmöglichkeit der Arbeitnehmer dadurch eingeschränkt, dass der Aufsichtsrat nur sehr geringe Rechte hat (vgl. hierzu S. 78).

Die betriebliche Mitbestimmung über den Betriebsrat sehe ich positiv. Sie kann Leistung und Kultur der Betriebsgemeinschaft fördern. Die unternehmerische Mitbestimmung ist dagegen eine von Grund auf lebensfremde Sozialutopie ohne jede ethische Berechtigung. Dem Eigentümer, der sein Kapital in ein Unternehmen investiert hat, muss doch das Recht vorbehalten sein, das weitere Schicksal des von ihm zur Verfügung gestellten Geldes uneingeschränkt, das heißt ohne Einflussnahme Dritter, bestimmen und kontrollieren zu können. Dies geschieht ganz wesentlich über den Aufsichtsrat, der damit nach meinem Verständnis einer Mitwirkung durch Arbeitnehmer und Gewerkschaften verschlossen bleiben muss.

Die Rechtsform – keine Einbahnstraße mehr

Eine einmal getroffene Rechtsformentscheidung muss korrigierbar sein, denn die zugrunde liegenden persönlichen und wirtschaftlichen Verhältnisse können sich ändern. Das bis 1995 geltende Umwandlungsrecht stellte für die Rechtsformwahl in vielen Fällen eine Einbahnstraße dar. Zwar war der Weg in die Kapitalgesellschaft hinein jederzeit möglich. Den Weg aus der Kapitalgesellschaft heraus, hinein in die Personengesellschaft, hatte jedoch das Gesetz durch steuerliche Hürden praktisch ausgeschlossen.

Mit Beginn des Jahres 1995 hat der Gesetzgeber ein völlig neues Umwandlungsrecht in Kraft gesetzt, das zahlreiche neue interessante Umformungsmöglichkeiten eröffnet. Die bis dato weit verbreiteten zivilrechtlichen Vorschriften zur Umwandlung von Unternehmen sind in einem einheitlichen Umwandlungsgesetz zusammengefasst worden. Parallel dazu ist ein neues Umwandlungssteuergesetz erlassen worden, welches die steuerlichen Implikationen einer Umwandlung von Rechtsformen zusammenfasst. Eine Neuregelung hat z. B. auch die Umwandlung der Kapitalgesellschaft in die Personengesellschaft erfahren. Damit ist die beschriebene »Einbahnstraße« gottlob beseitigt worden, sodass jeder Unternehmer eine einmal getroffene Entscheidung für die Kapitalgesellschaft heute wieder in Richtung Personengesellschaft korrigieren kann.

Auch die »Verschmelzung« ist neu geregelt. Im Wege der Verschmelzung können ein oder mehrere Unternehmen – gleich welcher Rechtsform – in einem Zuge zu einer einzigen Unternehmung zusammengeführt werden. Diese Möglichkeit kommt dem Bedürfnis nach Allianzen und Kooperationen entgegen und dient damit einem wichtigen Bedürfnis unserer Wirtschaft.

Eine grundsätzlich neue Möglichkeit hat der Gesetzgeber mit der Einführung des Rechtsinstituts der »Spaltung«, dem Gegenstück zur Verschmelzung, eröffnet. Demnach kann ein Unternehmen, das z. B. mehrere operative Betriebe besitzt, diese Betriebe je einzeln auf neu gebildete oder bestehende Gesellschaften übertragen (»Aufspaltung«) oder aber bei Fortführung der eigenen Gesellschaft einen oder mehrere Betriebe einem dritten, ebenfalls neu gegründeten oder bereits bestehenden Unternehmen überlassen (»Abspaltung«). Aufspaltung und Abspaltung sind wichtige Instrumente der Unternehmensnachfolge, so wenn die Herrschaftsbereiche mehrerer Kinder getrennt werden sollen, um Streit zu vermeiden. In unseren Familienunternehmen gibt es hierfür zahlreiche Beispiele, etwa die Firma Bahlsen in Hannover, bei der ein Onkel und seine beiden Neffen das Unternehmen unter sich geteilt haben oder, weiter zurückliegend – die Firma Wolf Gartentechnik, die erfolgreich in drei Ländergesellschaften (Deutschland, England und Frankreich) aufgeteilt wurde. Für das Familienunternehmen von geringerer Bedeutung ist die »Ausgliederung«. Hierbei geht es um die Möglichkeit, seitens des »Mutterunternehmens« Betriebe auf Tochtergesellschaften auszugliedern. Für eine solche Ausgliederung mögen im Einzelfall durchaus berechtigte Gründe bestehen, beispielsweise die Abschottung vor einem operativen Risiko. Generell besteht jedoch eher die Gefahr, dass sich das Familienunternehmen über die Gründung vieler Tochtergesellschaften künstlich aufbläht und damit unnötige Fixkosten generiert.

Sonderform KGaA

Die einzelnen Rechtsformen sind den meisten Unternehmern in ihren Grundzügen bekannt. Dies gilt jedoch nicht für die Kommanditgesellschaft auf Aktien (KGaA). Obwohl die KGaA für das Familienunternehmen durchaus interessant ist, führte sie bis vor kurzem einen Dornröschenschlaf. Um 1990 existierten von ihr kaum 30 Exemplare, darunter allerdings sehr bekannte Namen wie Henkel, Merck und ehemals Neckermann.

Gesellschaftsrechtlich und steuerlich ist die KGaA ein »Zwitter«; sie bewegt sich – auch wenn sie von den Juristen den Kapitalgesellschaften zugeordnet wird – ebenso wie die GmbH & Co. KG janusköpfig in der Mitte zwischen der Personen- und der Kapitalgesellschaft. Ihre Gesellschafter unterscheiden sich in Komplementäre und Kommanditaktionäre. Die Komplementäre teilen gesellschaftsrechtlich wie steuerrechtlich das Schicksal des Komplementärs einer Kommanditgesellschaft. Sie haben damit eine besonders starke Stellung. Die Kommanditaktionäre werden so behandelt wie jeder Aktionär einer normalen Aktiengesellschaft. Ein Gesellschafter kann auch zugleich Komplementär und Kommanditaktionär sein. Für die Familie ergibt sich die interessante Möglichkeit, das Unternehmen über die Komplementärstellung zu regieren, ohne selbst zwingend den wesentlichen Teil des Kapitals stellen zu müssen. Selbst wenn die Kommanditaktionäre mehr als 90 Prozent des Kapitals stellen, bleibt der Komplementär in seiner Machtbefugnis weitgehend unangefochten. Es gibt zwar in der KGaA einen gesetzlichen Aufsichtsrat, dieser kann den Komplementär jedoch weder bestellen oder abberufen, noch kann er, wie bei der Aktiengesellschaft, einen bestimmten Katalog von Geschäften erlassen, die seiner Zustimmung bedürfen. Da die KGaA darüber hinaus als einzige Rechtsform neben der Aktiengesellschaft generell börsenfähig ist, kann die Familie Eigenkapital von fremden Dritten über die Börse akquirieren. Dass diese Konstruktion verständlicherweise von den internationalen Anlegern überhaupt nicht und von deutschen Aktionären immer weniger akzeptiert wird, steht freilich auf einem anderen Blatt.

Ein weiterer wesentlicher Vorteil der KGaA ergibt sich aus dem Erbschaftsteuerrecht. Die Beteiligung des Komplementärs wird nämlich wie die Beteiligung an einer Personengesellschaft behandelt, sodass steuerlich der günstige Erbschaftsteuerwert für Personengesellschaften zugrunde gelegt wird. Die Familie hat damit die Chance, ihr Kapital als erbschaftsteuerlich privilegiertes Komplementärkapital zur Verfügung zu stellen. Demgegenüber werden die Kommanditaktionäre – je nachdem, ob das Unternehmen börsennotiert ist oder nicht – erbschaftsteuerlich an der gnadenlosen Elle des Aktienkurses oder des als Stuttgarter Verfahren bezeichneten Schemas zur Wertermittlung gemessen.

Die Vorteile der KGaA waren in der Vergangenheit aus der Sicht der Gesellschafter mit dem Makel der persönlichen Haftung einer natürlichen Person verbunden, sodass nur besonders finanzstarke Gesellschafter sich den Luxus dieser Rechtsform geleistet haben. Der Bundesgerichtshof hat dem mit einem Urteil aus dem Jahre 1997 ein Ende bereitet und damit die kreative Idee des Hamburger Unternehmers Eckelmann gewürdigt, der mit seiner Firma »Eurokai« bereits um 1960 die persönliche Haftung des Komplementärs wirtschaftlich beseitigt hatte. Dem Grundkonzept der GmbH & Co. KG folgend, setzte er anstelle einer natürlichen Person eine GmbH als voll haftende juristische Person ein, wobei er selbst alle Geschäftsanteile an der GmbH hielt, sodass er wirtschaftlich betrachtet eben doch die alleinige Komplementärstellung inne hatte. Diese geniale Idee traf zunächst auf große Skepsis, die ich am eigenen Leibe verspüren musste. Als ich anlässlich des Deutschen Steuerberaterkongresses 1988 im Gürzenich in Köln diese Gestaltung zum ersten Mal einer breiten Öffentlichkeit vorstellte, wurde ich auf das Schärfste angegriffen. Daher war die positive Entscheidung des BGH für mich eine späte Genugtuung. Dass die GmbH & Co. KGaA den Traum vieler Unternehmer von einer uneingeschränkten Machtausübung selbst bei geringstem Kapitaleinsatz und ohne persönliche Haftung erfüllt hat, zeigt die sprunghafte Zunahme dieser Rechtsform in den letzten Jahren.

Inzwischen ist die KGaA noch um eine weitere Facette bereichert worden. An Stelle einer GmbH wird neuerdings immer häufiger eine GmbH & Co. KG als Komplementärin eingesetzt. Diese Gestaltung vermeidet nicht nur wie bei einer GmbH die unbeschränkte persönliche Haftung, denn auch eine GmbH & Co. haftet ausschließlich mit ihrem Gesellschaftsvermögen. Vielmehr erreicht man auf diese Weise auch einen sehr erheblichen Vorteil in erbschaftsteuerlicher Hinsicht. Die Kommanditisten der Komplementär-GmbH & Co. KG werden nämlich erbschaftsteuerlich nach dem günstigen für Personengesellschaften geltenden Wert besteuert. Die für den Laien sehr kompliziert anmutende Struktur einer GmbH & Co. KGaA ist in Abbildung 9 dargestellt.

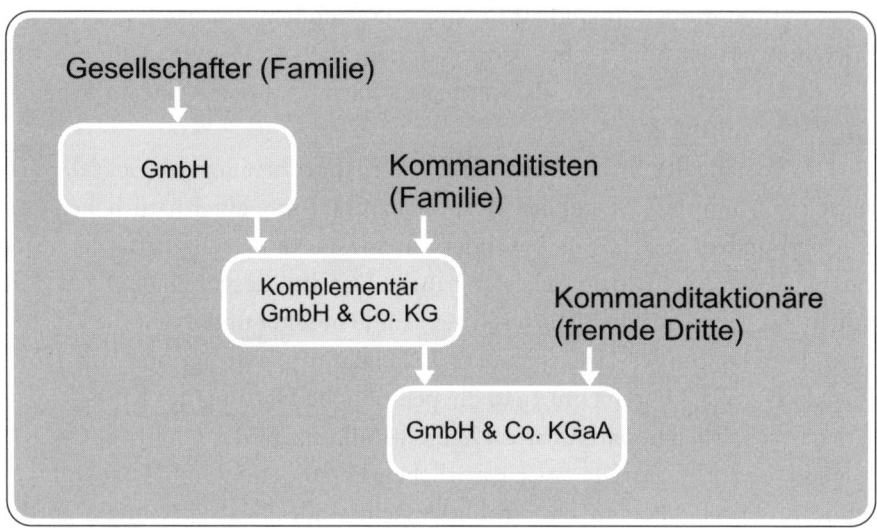

Abbildung 9: Aufbauschema einer GmbH & Co. KGaA

Nochmals zusammengefasst sind die Vorteile dieser Rechtsform die folgenden:

- keine persönliche Haftung einer natürlichen Person,
- Eigenkapitalbeschaffung über die Börse möglich,
- reduzierte Mitbestimmung,
- geringe Einflussmöglichkeiten seitens der Eigenkapitalgeber.

Der KGaA, insbesondere derjenigen mit einer GmbH oder einer GmbH & Co. KG als Komplementärin, haftet derzeit noch immer etwas vom Charakter eines Paradiesvogels an. Sie hat jedoch dem Familienunternehmen durchaus viel zu bieten. Dass sie inzwischen salonfähig geworden ist, beweist das Beispiel von Hella. Dieses weltweit zu den bedeutendsten Automobilzulieferern gehörende Familienunternehmen hat sich auf Initiative des als äußerst tatkräftig und erfolgreich bekannten Schwiegersohnes Jürgen Behrend für diese Rechtsform entschieden.

Die Betriebsaufspaltung

Die Betriebsaufspaltung ist keine eigene Rechtsform. Da sie jedoch im Familienunternehmen weit verbreitet ist, soll auch sie hier kurz angesprochen werden. Die Betriebsaufspaltung in ihrer klassischen Form beruht auf einer Aufspaltung des Unternehmens in eine Personalgesellschaft (Besitzgesellschaft), die das Anlagevermögen besitzt, und eine GmbH (Betriebsgesellschaft), die das operative Geschäft betreibt. Das Anlagevermögen wird der GmbH von der Besitzgesellschaft pachtweise überlassen.

Ich bin kein Freund der Betriebsaufspaltung. Sie entspricht nicht dem wirklichen Lebenssachverhalt, sondern ist eine vor allem von den Steuerberatern propagierte Kunstschöpfung. Mein negatives Urteil geht auf ein frühes persönliches Erlebnis zurück: Der Seniorchef eines ertragsstarken Unternehmens der Nahrungsmittelbranche tat sich schwer mit seinen Nachfolgern, die demonstrativ die baldige Übergabe der Macht verlangten. Der Senior schlug ihnen als Kompromiss eine Betriebsaufspaltung vor. Er selbst blieb Inhaber der Grundstücksgesellschaft, die Söhne führten über die Betriebsgesellschaft das laufende Geschäft. Sie wiegten sich in der Illusion, nun ohne den »Alten« im Betrieb frei schalten und walten zu können. Doch bei der ersten ernsthaften Auseinandersetzung zeigte sich, wer bei dem Familienpoker der Cleverere gewesen war. Der Senior kündigte blitzschnell den Grundstücksüberlassungsvertrag aus wichtigem Grund, und damit saßen seine Söhne auf dem operativen Geschäft, hatten aber keine Fabrik mehr, um ihre Produkte herzustellen.

Die Betriebsaufspaltung beruht auf der lebensfremden Annahme, Gesetzgeber und Rechtsprechung würden es auf Dauer tolerieren, dass ein einheitliches Unternehmen, nur um wirtschaftlicher und steuerlicher Vorteile willen, künstlich in zwei für sich allein betrachtete Lebensunfähige Teile aufgespalten wird.

Die Zeit ist jedoch über die Betriebsaufspaltung längst hinweggegangen. Heute überwiegen die Nachteile: Die Haftungsfreiheit des Grundvermögens ist gegenüber den Banken als den wichtigsten Gläubigern nur mehr eine Illusion. Die Banken haben die Grundstücke, bevor eine Krise ausbricht, längst in Beschlag genommen. Anders als früher lassen sich Betriebsgrundstücke zudem heutzutage kaum noch gesondert (ohne Betrieb) verwerten, wie die aktuelle Situation auf dem Markt für gewerbliche

Grundstücke zeigt. Die Streitanfälligkeit der Betriebsaufspaltung ist zudem sehr hoch. Wenn sich Grundstücksbesitzer und Unternehmensbetreiber in die Haare geraten, gefährdet dies das gesamte Unternehmen. Die steuerlichen Risiken sind ebenfalls gewichtig: Verlieren im Erbfall die Inhaber der Betriebsgesellschaft die Mehrheit an der Besitzgesellschaft, droht steuerlich die vollständige Auflösung aller im Grundvermögen und den Geschäftsanteilen an der GmbH enthaltenen stillen Reserven. Ein weiterer Nachteil liegt auf der Kostenseite. Statt mit einem hat der Unternehmer es mit zwei Unternehmen zu tun. Die damit einhergehende Erhöhung der Verwaltungskosten – z.B. die gesonderte Bilanzierung und Buchhaltung für Besitz- und Betriebsgesellschaft – fressen die Vorteile auf. Die neueste Rechtsprechung tut ein Übriges: Im Insolvenzfall kann der Insolvenzverwalter in aller Regel die Überlassung der Grundstücke wie bisher verlangen, sodass eine sofortige Verwertung der Grundstücke durch die Inhaber der Besitzgesellschaft ausgeschlossen ist. Diese Entwicklung bestätigt wieder einmal die alte Erfahrung, dass auf Dauer die einfachste Lösung stets die beste ist und dass steuerliche Erwägungen allein niemals den Anlass für eine betriebliche Umgestaltung geben sollten.

Die Familiengesellschaft als Unternehmensgruppe

Im Laufe der Jahre sind viele Familienunternehmen zu kleinen oder mittleren Unternehmensgruppen herangewachsen. Aus der ursprünglichen Keimzelle, einer GmbH & Co. KG oder einer GmbH, sind mit der Zeit viele miteinander verflochtene Gesellschaften entstanden. Dieser langjährige Entwicklungsprozess teilt häufig das Schicksal eines Produktionsbetriebes, dessen Kapazität fortlaufend erweitert worden ist: Mit jedem An- und Umbau werden notwendigerweise Kompromisse gemacht, die am Schluss den Fertigungsdurchlauf im Unternehmen aufs Stärkste behindern.

Beim langsamen Heranwachsen eines Familienkonzerns ist es nicht anders. Im Laufe der Jahre ist ein unübersichtliches Geflecht von Tochter- und Enkelgesellschaften entstanden, die weder steuerlich noch haftungsrechtlich noch finanzierungstechnisch aufeinander abgestimmt sind. Getrieben durch die Hektik des Tagesgeschäfts wurden in aller Eile Gesellschaftsverträge, Ergebnisabführungsverträge und Kooperationsvereinbarungen abgeschlossen, ohne lange zu überlegen, ob die für die Gründungsgesellschaft maßgeblichen Prinzipien nahtlos auf die neu entstandenen Gebilde übertragbar waren. Es ist deshalb jedem Familienunternehmer dringend zu empfehlen, seine Unternehmensgruppe von Zeit zu Zeit zu durchleuchten und jeden Wildwuchs konsequent zu beschneiden. Oberstes Gebot ist hierbei: So wenige Tochtergesellschaften und so einfache Strukturen wie nur eben möglich.

Beim Familiengesellschaftskonzern geht es um dieselben Fragestellungen, die bereits bei der Gründung der Ursprungsgesellschaft auf der Agenda standen: Haftung, Publizität, Mitbestimmung, Finanzierung, Steuern und Kontrolle. All dies muss im Bereich der Tochter- und Enkelgesellschaften nach denselben Grundsätzen wie bei der Muttergesellschaft geregelt sein.

Die Umsetzung dieses Prinzips erfolgt allerdings für Mutter- und Tochter- beziehungsweise Enkelgesellschaft grundlegend auf verschiedenen Wegen. Der Familienunternehmer, der den Umgang mit einer komplexen Unternehmensgruppe nicht gewohnt ist, ist hier schnell überfordert. Er behandelt seine Unternehmensgruppe wie ein Einzelunternehmen. Dies kann im Zeitablauf verheerende Wirkungen haben und rächt sich irgendwann bitter. Die Einzelheiten sind kompliziert. Anhand eines Beispiels seien sie angedeutet.

Aus der ursprünglichen elektrotechnischen Fabrik einer kurz nach dem Zweiten Weltkrieg gegründeten GmbH & Co. KG ist im Laufe der Zeit eine Besitzgesellschaft geworden, der alle Gebäude und Anlagen der Gruppe gehören. Der Produktionsbetrieb wurde auf eine Tochtergesellschaft in der Rechtsform einer GmbH ausgegliedert. Danach entstand eine weitere Vertriebsgesellschaft – ebenfalls in der Rechtsform einer GmbH; diese wiederum gründete einige Jahre später in Frankreich eine französische Tochtergesellschaft, die ihrerseits in Österreich eine eigene Vertriebsgesellschaft ins Leben rief. In Abbildung 10 ist die Struktur des in den letzten 25 Jahren entstandenen kleinen Familienkonzerns skizziert.

Der Unternehmensgründer wurde von seinem Sohn und seinen beiden Töchtern beerbt. Dabei erhielt der Sohn die Mehrheit des Kapitals und die Mehrheit der Stimmen an der Obergesellschaft und an ihrer Komplementät-GmbH, die restlichen Anteile gingen hälftig an die beiden Töchter.

Das geschilderte Beispiel – mit einer eher noch einfachen Struktur –

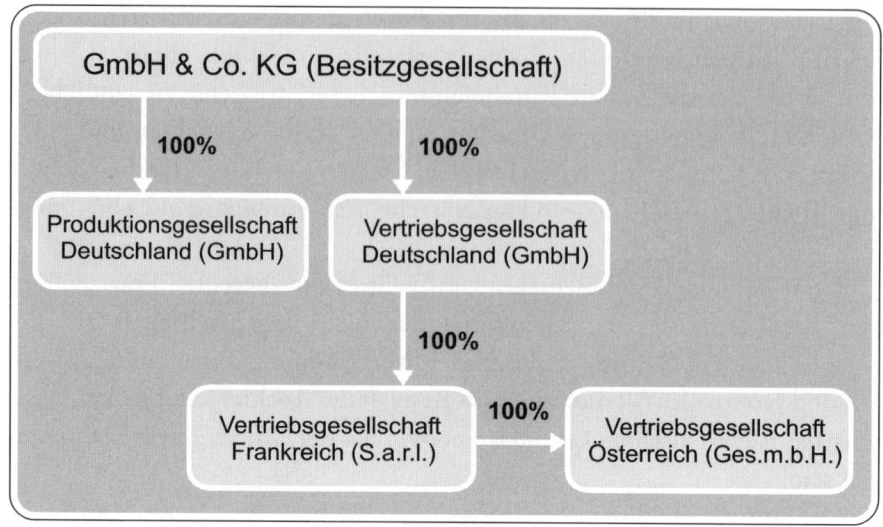

Abbildung 10: Struktur eines Familienkonzerns

weist bereits auf die Vielzahl der Fragestellungen hin, die sich im Familiengesellschaftskonzern ergeben.

Konzernhaftung

Als Erstes beleuchten wir kurz die Probleme der Konzernhaftung. Verur-
sacht beispielsweise in unserem Beispielsfall ein von der Produktions-
GmbH hergestellter elektrischer Schalter, der über die deutsche an die fran-
zösische Vertriebstochter ausgeliefert wurde, bei Dritten gesundheitliche
Schäden, so stellt sich die Frage, ob hierfür sämtliche mit Herstellung und
Lieferung befassten Gesellschaften haften. Muss etwa auch die Mutter-
GmbH & Co., welche die wertvollen Betriebsgrundstücke hält, hierfür ge-
radestehen? Können letztendlich vielleicht sogar die Gesellschafter der
Muttergesellschaft persönlich in Anspruch genommen werden? Haben die
beteiligten Gesellschaften, wenn nur eine von ihnen durch die geschädigten
Dritten in Anspruch genommen wird, Ausgleichsansprüche untereinander?
Wie ist mit diesen Ansprüchen zu verfahren, wenn ihre Durchsetzung zur
Insolvenz einer Konzerngesellschaft führen würde? Fragen über Fragen,

die nicht erst dann gestellt werden dürfen, wenn der Schadensfall bereits eingetreten ist.

Fragen ergeben sich jedoch nicht nur aus der Perspektive einer bestehenden Konzernstruktur, sondern auch in umgekehrter Richtung: Ist es sinnvoll, einen Konzern zu bilden? So muss sich der Inhaber einer Einzelgesellschaft sicherlich Gedanken darüber machen, ob er die Haftungssituation seines Unternehmens dadurch verbessern kann, dass er aus seinem Einheitsunternehmen kleinere Tochter- und Enkelgesellschaften ausgliedert und einzelne Vertriebs- oder Produktionsaktivitäten auf diese ausgegliederten Gesellschaften verlagert, damit sein Gesamthaftungsrisiko gleichsam »atomisiert wird«.

Bilanzierung und Publizitätssituation

Kapitalgesellschaften und Kapitalgesellschaften & Co. sind bekanntlich verpflichtet, einen Konzernabschluss und einen Konzernlagebericht aufzustellen, wenn die Unternehmen unter der einheitlichen Leitung einer Muttergesellschaft stehen. Nur kleinere Unternehmen sind von dieser Pflicht befreit, wenn

- die Bilanzsummen von Mutter- und Tochterunternehmen geringer sind als 16,5 Millionen Euro,
- die Umsatzerlöse von Mutter- und Tochterunternehmen geringer sind als 33 Millionen Euro,
- die Mitarbeiterzahl von Mutter und Töchtern sich zusammen genommen auf weniger als 250 Personen beläuft.

An die Pflicht zur Aufstellung eines Konzernabschlusses knüpfen sich sodann die je nach Größe der Gesellschaft abgestuften Erfordernisse der Publizität.

Gerade für Familienunternehmen mittlerer Größe, die einen Konzernabschluss publizieren müssen, hat dies häufig weit reichende Konsequenzen. Ist das Familienunternehmen in einem Markt tätig, in welchem große Abnehmer dominieren, wie beispielsweise bei den Automobilzulieferern oder den Lieferanten des Lebensmitteleinzelhandels, so werden sie nach der Bekanntgabe positiver Ertragszahlen in Preisgesprächen deutlich härter angefasst als zuvor. Daher fragt sich der Familienunternehmer häufig, wie er Aufstellung und Publizierung eines Konzernabschlusses vermeiden kann.

Um dieses Ziel zu erreichen, gibt es zwei verschiedene Gestaltungsansätze. Der erste schaltet die Konzernpublizität dadurch aus, dass er die Herausbildung eines Konzerns verhindert. Anstatt unterhalb der Muttergesellschaft eine oder mehrere Tochtergesellschaften anzusiedeln, werden rechtlich unabhängige Schwestergesellschaften neben der »Muttergesellschaft« gebildet. Dies bringt allerdings den Nachteil mit sich, dass nunmehr die Gesellschafter der »Muttergesellschaft« parallel an mehreren gleich geordneten Schwestergesellschaften unmittelbar beteiligt sind, was die Koordination unter den Gesellschaftern erschwert und naturgemäß ein sehr »störanfälliges« Gebilde entstehen lässt.

Der zweite Gestaltungsansatz unterläuft die rechtlichen Vorraussetzungen der Konzernpublizität. Dies geschieht dadurch, dass ein Gesellschafter in einer oder mehreren Gesellschaften die persönliche Haftung übernimmt. Damit entfällt für die betreffende(n) Gesellschaft(en) die gesetzliche Veröffentlichungspflicht. Für Neugierige kann durch eine solche Unterbrechung der Publizitätskette der Blick auf die Ertragskraft der Gruppe insgesamt, sowie auf einzelne Segmente und Produktgruppen weitgehend vernebelt werden. Die »Kröte« der persönlichen Haftung, die hierbei geschluckt werden muss, wiegt bei richtiger Gestaltung nicht sonderlich schwer. So kann der Konzerngewinn beispielsweise durch eine Vermietungs- und Verpachtungsgesellschaft, in der die Übernahme der Haftung wirtschaftlich kein echtes Risiko darstellt, »abgesaugt« werden.

Mitbestimmung

Auch die Rechte der Arbeitnehmer reichen im Familienunternehmenskonzern weiter als in einer Einzelgesellschaft. Dabei geht es einmal um die unternehmerische Mitbestimmung der Arbeitnehmer auf der Ebene des Aufsichtsrats und zum anderen um die betriebliche Mitbestimmung auf der Ebene des Betriebsrats. So gerät ein Familienunternehmen, das als Einzelgesellschaft in der Rechtsform einer GmbH mehr als 500 Arbeitnehmer beschäftigt, in den Bereich der drittelparitätischen Mitbestimmung auf der Ebene des Aufsichtsrats. Ein solches Familienunternehmen muss also in jedem Fall einen Aufsichtsrat bilden und diesen zu einem Drittel mit Arbeitnehmervertretern besetzen.

Dies lässt sich dadurch vermeiden, dass die GmbH ihre Aktivitäten auf mehrere Tochtergesellschaften aufspaltet. Bei der Frage, ob die Muttergesellschaft mehr als 500 Arbeitnehmer beschäftigt, werden nämlich – solange ein Beherrschungsvertrag nicht abgeschlossen ist – die Arbeitnehmer der einzelnen Tochtergesellschaften grundsätzlich nicht mitgezählt. So ist im Konzern nur dann ein mitbestimmter Aufsichtsrat zu bilden, wenn bei der Konzernmutter oder in den einzelnen Konzerngesellschaften mehr als 500 Arbeitnehmer beschäftigt sind. Diese Regel gilt jedoch nicht mehr, sobald der Konzern von der drittelparitätischen in die vollparitätische Mitbestimmung »überwechselt«. Hier werden die Arbeitnehmer der einzelnen Konzerntöchter der Konzernmutter zugerechnet, sodass ein paritätisch besetzter Aufsichtsrat bereits dann zu bilden ist, wenn in der Unternehmensgruppe insgesamt mehr als 2 000 Arbeitnehmer beschäftigt werden. Es ist unerfindlich, warum der Gesetzgeber die Frage der Zurechnung der Arbeitnehmer bei der Drittelparität anders geregelt hat als bei der Vollparität – aber es ist nun einmal so.

Neben der unternehmerischen Mitbestimmung existiert im Familiengesellschaftskonzern eine selbstständige betriebliche Mitbestimmungsebene. Nach den Regeln des Betriebsverfassungsgesetzes können die einzelnen Gesamtbetriebsräte die Bildung eines Konzernbetriebsrats erzwingen, der für alle Vorgänge auf der Konzernebene verantwortlich ist, die grundsätzlich in den Bereich des Betriebsrats fallen.

Finanzierung in der Unternehmensgruppe

Eine dem Familienunternehmer unbekannte Situation entsteht bei der Finanzierung im Familienkonzern. So leuchtet es ihm in der Regel nicht ein, dass und warum jede einzelne Gesellschaft seiner Unternehmensgruppe ein selbstständiges juristisches wie finanzierungstechnisches Gebilde darstellen soll. Wenn ein Unternehmen einem anderen Gruppenunternehmen Finanzmittel – und sei es auch nur kurzfristig – zur Verfügung stellt, müssen diese nicht nur korrekt als Fremdmittel verbucht werden, es müssen darüber hinaus auch eindeutige vertragliche Beziehungen, beispielsweise

anhand von Darlehensverträgen, begründet werden. Der Familienunternehmer, der über viele Jahre gewohnt war, die Finanzen und die Liquidität
seines Unternehmens als Einheit zu sehen, tut sich schwer, wenn er nun
in getrennten Finanzierungskreisen denken und handeln muss.

Die Vermischung von Finanzströmen ohne eine korrekte Verbuchung
innerhalb eines Konzerns ist jedoch sehr gefährlich. Sie führt schnell zur
Konzern- und Durchgriffshaftung, die das Privatvermögen des Familienunternehmers gefährden können. Vor allem dann, wenn die Gruppe nach
langem Wohlergehen plötzlich in eine Krise gerät, rächt es sich, wenn die genannten Grundsätze einer getrennten Finanzierung nicht beachtet wurden.
Aber nicht nur das Privatvermögen ist hierdurch tangiert. Wie die Vorgänge
um den Bremer Vulkan zeigen, bringt eine Vermischung der Finanzströme
einzelner Konzerngeselllschaften strafrechtliche Probleme mit sich, die
selbst für erfahrene Praktiker nicht leicht zu erkennen sind. Beim Bremer
Vulkan hatte der Vorstand ein gruppenweites Cashmanagement eingeführt.
Nach Auffassung der Staatsanwälte war hierbei versäumt worden, die För-
dergelder für die im Konzern befindlichen Ostfirmen aus dem Cashmanagement herauszuhalten. Als diese Gelder infolge wirtschaftlicher Turbulenzen
um die Muttergesellschaft plötzlich nicht mehr für die ursprünglichen För-
derzwecke zur Verfügung standen, trat die Strafjustiz auf den Plan.

Große Schwierigkeiten gibt es regelmäßig, wenn eine Sanierung ansteht.
Muss beispielsweise ein Bankenpool gebildet werden, und bestehen zu diesem Zeitpunkt keine getrennten Finanzierungskreise, so greifen die Banken
ausnahmslos auf alle Sicherheiten der gesamten Unternehmensgruppe zu.
Der Familienunternehmer und die Geschäftsführer der Tochtergesellschaften müssen jedoch schon aus der gesellschaftsrechtlichen Pflicht zur Kapitalerhaltung heraus, aber auch aus insolvenzrechtlichen Gründen, derartigen Forderungen des Pools eine eindeutige Absage erteilen. Nicht selten
wird der Familienunternehmer von dem übermächtigen Bankenpool in die
Knie gezwungen und gerät damit in eine persönliche Haftungssituation mit
– im schlimmsten Fall – auch strafrechtlichen Folgen.

Auf eine häufig vernachlässigte Konzernproblematik sei noch kurz hingewiesen: In vielen Familienkonzernen gibt es ein Nebeneinander der
verschiedensten Gesellschaftsformen. GmbHs und GmbH & Co. KGs,
Aktiengesellschaften und OHGs wurden im Laufe der Jahre wahllos aneinander gereiht. Da Verluste einer GmbH steuerlich nicht mit etwaigen Ge-

winnen einer GmbH & Co. verrechnet werden dürfen, hat man innerhalb der Gruppe Ergebnisabführungsverträge geschlossen. Diese besitzen zwar steuerlich eine heilende Wirkung, zeitigen jedoch – was von vielen Unternehmern übersehen wird – gleichzeitig wirtschaftliche Folgen, die sich als fatal erweisen können. Durch einen Ergebnisabführungsvertrag werden nämlich zivilrechtlich die Verluste »nach oben« transportiert. Gerät dann eine solche Tochter-GmbH in unüberwindbare Schwierigkeiten, so ist dem Unternehmer die Möglichkeit genommen, sie isoliert in die Insolvenz »zu schicken«. Eine Möglichkeit, die – wie das Beispiel Daimler/Fokker beweist – heute selbst von ersten Adressen ausgenutzt wird. Die verlustreiche Tochter infiziert vielmehr die gesunden Gesellschaften des Konzerns, was nicht selten zu einer tödlichen Kettenreaktion innerhalb des gesamten Gebildes führen kann.

Steuerrechtliche Aspekte

Aus einem einzigen Steuersubjekt entsteht durch die Konzernbildung eine Vielzahl zu besteuernder Gesellschaften. In dem einleitenden Beispielsfall existieren bereits fünf und – wenn man die Komplementär-GmbH der Muttergesellschaft hinzurechnet – sechs gesonderte Besteuerungskreise. Dabei sind die Gesellschafter der Muttergesellschaft, die ja ebenfalls als Steuersubjekte zur Einkommensteuer veranlagt werden, noch gar nicht mitgerechnet. Diese Vielfalt führt zu komplizierten steuerlichen Verhältnissen.

Betrachtet man im vorliegenden Beispiel etwa den Weg einer Dividendenausschüttung seitens der österreichischen Vertriebs Ges.m.b.H. bis hin auf die Ebene der natürlichen Gesellschafter der Muttergesellschaft, so stellt sich die Frage der Besteuerung wie folgt:

- Der österreichische Fiskus besteuert den Gewinn und grundsätzlich in Form einer Quellensteuer auch die Dividendenausschüttung der österreichischen Gesellschaft.
- Die bei der französischen Vertriebsgesellschaft ankommende Dividende steht grundsätzlich dem Zugriff des französischen Fiskus offen.
- Eine Weiterausschüttung der Dividende von Frankreich an die deutsche Vertriebs-GmbH ruft die deutsche Finanzverwaltung auf den Plan.

- Die Ausschüttung der deutschen Vertriebs-GmbH an die Muttergesellschaft ist dort auf Steuern zu prüfen.
- Die Gesellschafter der deutschen Muttergesellschaft unterliegen der Einkommensteuer.

All diese Ebenen steuerlich unter Einbeziehung der Regelungen des Außensteuerrechts und der maßgeblichen Doppelbesteuerungsabkommen sowie auch liquiditätsmäßig aufeinander abzustimmen, setzt tief greifende Kenntnisse des deutschen und internationalen Steuerrechts voraus, die häufig dem mittelgroßen Familienunternehmen nicht zur Verfügung stehen.

Minderheitenschutz und Kompetenzverlagerung

Aber auch Fragen des Minderheitenschutzes und der Kompetenzen der Unternehmensorgane stellen sich in einer Unternehmensgruppe völlig anders als in einer Einzelgesellschaft. Will etwa der verstorbene Unternehmensgründer sicherstellen, dass seine beiden nicht an der Geschäftsführung beteiligten Töchter jedes Jahr eine Ausschüttung in Höhe von 50 Prozent des Gewinns der Muttergesellschaft erhalten, dann hat er ihnen mit einer entsprechenden Regelung im Gesellschaftsvertrag der Muttergesellschaft keinen großen Gefallen getan. In das Ergebnis der Muttergesellschaft fließen nämlich neben dem von ihr selbst erzielten Gewinn nur diejenigen Gewinne der Gruppe ein, die von den Tochter- und Enkelgesellschaften auch tatsächlich ausgeschüttet werden.

Schon aus steuerlichen Gründen wird jedoch der geschäftsführende Gesellschafter ein Interesse daran haben, die Gewinne erst gar nicht bei der Muttergesellschaft ankommen zu lassen, sondern sie auf der Ebene der Tochtergesellschaften zu thesaurieren. Seine Geschwister haben als Minderheitsgesellschafter keine Möglichkeit, sich dagegen zur Wehr zu setzen. Über die Gewinnausschüttung aus der Tochtergesellschaft entscheidet nämlich allein der Geschäftsführer der Muttergesellschaft, weil er die Gesellschafterrechte an der Tochtergesellschaft ausübt! Verbleiben die Gewinne bei den Tochter- und Enkelgesellschaften, so läuft der Minderheitenschutz, den der Vater im wohlgemeinten Interesse seiner beiden Töchter im Gesellschaftsvertrag der Muttergesellschaft angeordnet hatte, völlig ins Leere.

Was soeben am Beispiel der Gewinnausschüttung dargestellt wurde, lässt sich beliebig auf die Kompetenzen aller Organe der Muttergesellschaft ausdehnen. Deshalb muss im Gesellschaftsvertrag der Muttergesellschaft die Kompetenz der Gesellschafterversammlung und/oder eines Beirats stets auf Geschäftsvorfälle der Tochtergesellschaften ausgedehnt werden. Ein allgemeines Vetorecht der Gesellschafter der Muttergesellschaft beim Abschluss wichtiger Verträge reicht nicht aus, denn diese Verträge können, ohne dass das Vetorecht greift, von den Tochtergesellschaften oder den Enkelgesellschaften in eigener Zuständigkeit abgeschlossen werden. Das Recht der Gesellschafterversammlung der Muttergesellschaft, die Geschäftsführung zu berufen und abzuberufen, hilft ebenfalls nicht, wenn es um die Geschäftsführer einer Tochter- oder einer Enkelgesellschaft geht.

Sobald es der Familienunternehmer also mit einem tiefer gestaffelten Konzern zu tun hat, muss er stets bedenken, dass alle bedeutsamen Entscheidungen auf jeder der untergeordneten Ebenen getroffen werden können. Wer es mit dem Schutz minderheitsbeteiligter Gesellschafter ernst meint, muss daher alle Fälle möglicher Einflussnahme auf jeder der verschiedenen Konzernebenen sorgfältig »durchdeklinieren«.

Der europäische Einfluss

Internationales Gesellschaftsrecht

Im deutschen internationalen Gesellschaftsrecht galt bislang die »Sitztheorie«. Alle Rechtsverhältnisse einer Gesellschaft richteten sich nach dem Recht desjenigen Staates, in dem der tatsächliche Sitz der Hauptverwaltung der Gesellschaft begründet war. Partei- und Prozessfähigkeit im Verfahren, Rechts- und Geschäftsfähigkeit, Satzung und Rechtsstellung der Organe sowie Zulässigkeit der Übertragung von Anteilen folgten notwendig dem deutschen Recht, wenn die Gesellschaft ihre Hauptverwaltung in Deutschland hatte.

Im anglo-amerikanischen Rechtskreis und in der Schweiz gilt dagegen schon seit längerem die Gründungstheorie. Maßgeblich ist danach das Recht, nach dem die Gründer die Gesellschaft errichtet haben – egal wo sich diese Verwaltung befindet. Die Gründungstheorie verschafft dem

Unternehmer einen erheblich größeren Gestaltungsspielraum. Kann er sich doch den Ort der Gründung und der Eintragung in öffentliche Register nach eigenem Gutdünken aussuchen. Ihm stehen damit eine Vielzahl von verschiedenen Gesellschaftsformen je nach den jeweiligen Rechtsordnungen der unterschiedlichen Gründungsorte zur Verfügung.

Für die Gründungstheorie spricht die Rechtssicherheit: Der Gründungsort und der Ort der Eintragung in das Register lassen sich zweifelsfrei feststellen. Demgegenüber ist der Verwaltungssitz bei multinationalen Unternehmen oft schwer zu ermitteln, wenn die Verwaltung von mehreren Orten aus geführt wird. Die Gründungstheorie trägt ferner den Interessen der Gesellschafter Rechnung, die die Rechtsordnung, welcher die Gesellschaft unterliegen soll, frei wählen können. Wird der Verwaltungssitz ins Ausland verlegt, oder wechselt eine ausländische Gesellschaft mit ihrem Verwaltungssitz ins Inland, bleibt nach der Gründungstheorie die Rechtspersönlichkeit der Gesellschaft voll gewahrt. Maßgeblich ist allein, ob die Gesellschaft nach dem Recht des Gründungsortes wirksam errichtet wurde. Ist dies der Fall, so untersteht sie während ihrer gesamten Lebensdauer dem Recht des Gründungsortes ohne Rücksicht darauf, ob und wohin der Sitz der Hauptverwaltung verlegt wird.

Ganz anders verhält es sich, wenn die Sitztheorie gilt: Will eine ausländische Gesellschaft ihren Sitz ins Inland oder eine inländische Gesellschaft ihren Sitz ins Ausland verlegen, dann ist eine Neugründung erforderlich. So kann eine englische »Limited« nach englischem Recht wirksam gegründet und in London ins Register eingetragen worden sein. Verlegt sie ihren Verwaltungssitz nach Deutschland, kann sie nicht einfach in eine GmbH umgedeutet werden. Denn aus Sicht des deutschen Rechts fehlt es an einer vor einem deutschen Notar oder einer gleichwertigen ausländischen Beurkundungsperson abgeschlossenen GmbH-Satzung und an der Eintragung ins deutsche Handelsregister. Bei Zugrundelegung der Sitztheorie musste die Limited deshalb bislang bei der Verlegung des Verwaltungssitzes von England nach Deutschland als GmbH unter Beachtung der Formvorschriften des deutschen Rechtes neu gegründet werden. Die Anwendung der Sitztheorie wurde von der Rechtsprechung und der herrschenden Lehre in Deutschland bislang überwiegend mit dem Schutz des Rechtsverkehrs begründet. Zugegebenermaßen lädt die Gründungstheorie zum Rechtsmissbrauch ein. Inländische Gesellschafter können nämlich beispielsweise in solche Länder ausweichen, die besonders schwache Gläubigerschutzvorschriften haben. So kann bei Anwendung der Gründungstheorie ein deutscher Unternehmer, dem die Vorschriften über die Kapitalaufbringung und die Kapitalerhaltung bei der deutschen GmbH zu streng sind, nach Großbritannien gehen und dort mit einem geringen Kapital eine Limited gründen. Zur Abwicklung des notwendigen Schriftverkehrs mit dem englischen Register genügt es, wenn die Gesellschaft in London einen Briefkasten unterhält. Deutsche Geschäftspartner, die bei Geschäften mit einem hier ansässigen Unternehmen darauf vertrauen, dass der Unternehmer entweder selbst persönlich haftet oder das für deutsche Kapitalgesellschaften erforderliche Mindestkapital in das Gesellschaftsvermögen eingezahlt worden ist, haben dann das Nachsehen. Erfüllt die Gesellschaft ihre Verbindlichkeiten nicht und kommt es deshalb zu einer Zwangsvollstreckung, müssen die Gläubiger unter Umständen feststellen, dass die Limited nur eine wesentlich geringere Haftungsmasse aufweist als eine deutsche GmbH.

Für die Sitztheorie sprechen also gute Gründe. Dennoch hat der Europäische Gerichtshof sie für Gesellschaften, die in einem anderen Mitgliedstaat der Europäischen Union gegründet worden sind, als Verstoß gegen die im EG-Vertrag garantierte Niederlassungsfreiheit verworfen. Der Europäische Gerichtshof hat die Niederlassungsfreiheit schrittweise ausgebaut. Verboten sind danach nicht nur solche Maßnahmen, die EU-Ausländer aufgrund ihrer Staatsangehörigkeit gegenüber Inländern benachteiligen. Vielmehr können auch Regelungen, die unterschiedslos sowohl für Inländer wie für Ausländer gelten, gegen den EG-Vertrag verstoßen, wenn sie geeignet sind, die Niederlassungsfreiheit objektiv zu beeinträchtigen. Im Prinzip gilt danach: Wer in seinem Heimatland rechtmäßig bestimmte Leistungen in einer bestimmten Rechtsform erbringt, der muss auch in anderen EU-Mitgliedstaaten zur Erbringung vergleichbarer Leistungen in derselben Rechtsform befugt sein und sich zu diesem Zwecke auch dort niederlassen dürfen. Beschränkungen der Niederlassungsfreiheit durch einzelne Mitgliedstaaten sind nur dann erlaubt, wenn sie durch zwingende Gründe des allgemeinen Wohls gerechtfertigt sind, dem Verhältnismäßigkeitsgrundsatz Rechnung tragen und gleichermaßen für In- und Ausländer gelten.

Der Europäische Gerichtshof hat in seinem *Überseering*-Urteil im November 2002 entschieden, dass der Gläubigerschutz die nach der Sitztheorie erforderliche Neugründung einer Gesellschaft bei Verlegung des Verwaltungssitzes ins Inland nicht zu rechtfertigen vermag. Im *Inspire Art*-Urteil vom September 2003 hat er entschieden, dass innerstaatliche Mindeststandards hinsichtlich Grundkapital und Haftung der Geschäftsführer nicht auf im Ausland gegründete Gesellschaften erstreckt werden dürfen, sofern diese Gesellschaften nach dem Recht eines anderen EU-Mitgliedstaates errichtet worden sind. Zum Schutz der inländischen Geschäftspartner solcher Gesellschaften reiche es aus, dass die Gesellschaften die ausländische Rechtsformbezeichnung, beispielsweise »*Ltd.*« führen müssen. Jeder Geschäftspartner könne dann entscheiden, ob er mit einer solchen Gesellschaft trotz des geringeren Gläubigerschutzes Geschäfte machen wolle.

Das *Überseering*-Urteil und das *Inspire Art*-Urteil haben zur Konsequenz, dass künftig jeder deutsche Unternehmer grundsätzlich die freie Auswahl zwischen den Gesellschaftsformen aller 15 EU-Länder hat, und zwar ohne Rücksicht darauf, ob sich die Hauptverwaltung des Unternehmens im Inland oder in einem anderen EU-Mitgliedstaat befindet. Der Europäische Gerichtshof hat damit den freien Wettbewerb zwischen den Gesellschaftsformen innerhalb der EU eröffnet. Angesichts der Erfahrungen in den Vereinigten Staaten, wo die meisten Gesellschaften in dem Bundesstaat mit dem geringsten Gläubigerschutzniveau, nämlich in *Delaware* gegründet werden, ist davon auszugehen, dass es künftig auch innerhalb der Europäischen Union zu einer vergleichbaren Entwicklung kommen wird. Die ist allerdings äußert zweischneidig. Einerseits wird es dem deutschen Unternehmer ermöglicht, mit geringerem Aufwand als bisher Kapitalgesellschaften, beispielsweise eine englische *Limited* zu gründen, und dadurch das wirtschaftliche Haftungsvolumen zu verringern. Andererseits sind die Konsequenzen der Verwendung ausländischer Gesellschaftsformen im inländischen Geschäftsverkehr für kleinere Familienunternehmen ohne eigene Rechtsabteilung nur schwer abzuschätzen. Es geht damit ein gutes Stück Vertrauen im Rechtsverkehr verloren. Die Geschäftspartner eines jeden Unternehmens werden künftig verstärkt nach der jeweiligen Rechtsform fragen müssen und Erkundungen zu Mindestkapital und Haftung bei Verwendung ausländischer Gesellschaftsformen einholen müssen.

Europäische Aktiengesellschaft

Verglichen mit der vorgenannten Revolution des internationalen Gesellschaftsrechts durch den Europäischen Gerichtshof dürfte die durch eine Verordnung und eine ergänzende Richtlinie des Rates der Europäischen Union vom 8. Oktober 2001 vorbereitete Einführung einer Europäischen Aktiengesellschaft weitaus geringere Bedeutung haben. Die Initiativen zur Europäischen Aktiengesellschaft schaffen für diese Rechtsform ein materielles Einheitsrecht, das in allen Mitgliedsstaaten der Europäischen Union in gleicher Weise gültig sein wird. Die Ausgestaltung zahlreicher Details bleibt allerdings den Mitgliedsstaaten überlassen. Dies ermöglicht es ihnen, die Europäische Aktiengesellschaft in der Ausprägung des jeweiligen nationalen Rechts dem Gesellschaftsrechtssystem der eigenen Rechtsordnung anzupassen. Im Ergebnis wird deshalb eine Europäische Aktiengesellschaft deutschen Rechts erheblich von einer Europäischen Aktiengesellschaft französischen Rechts oder italienischen Rechts abweichen. Wichtigste Neuerung für das deutsche Gesellschaftsrecht dürfte sein, dass durch die Europäische Aktiengesellschaft erstmals die Möglichkeit zur Schaffung einer monistischen Unternehmensspitze eröffnet wird. Bislang ist das deutsche System durch den Dualismus zwischen Vorstand und Aufsichtsrat geprägt. Im Rahmen der Europäischen Aktiengesellschaft wird es dagegen nur ein einheitliches Leitungsorgan geben. Wie die Praxis das Modell der monistischen Unternehmensspitze bei Europäischen Aktiengesellschaften im deutschen Recht verwirklichen wird, ist offen. Denkbar sind folgende Alternativen:

* Vereinigung der Positionen des Vorsitzenden des Leitungsorgans und des allein vertretungsbefugten geschäftsführenden Direktors in einer Person;
* nebeneinander zwischen dem Vorsitzenden des Leitungsorgans und einem oder mehreren Direktoren, die dem Leitungsorgan angehören können aber nicht müssen;
* Leitungsorgan aus *executive directors* und *non-executive directors* mit Dritten als weiteren geschäftsführenden Direktoren, vergleichbar dem amerikanischen Dualismus von *board* und *officers*;
* einzelne Person als Leitungsorgan und als geschäftsführender Direktor;

- Einbeziehung von Prüfungsausschüssen als selbstständige Überwachungsorgane mit eigenen Zuständigkeiten bei der Prüfung des Jahresabschlusses und der Vergabe des Prüfungsauftrages an den Abschlussprüfer.

Durch die Einbeziehung der Unternehmensmitbestimmung in das monistische System werden dessen Varianten noch zahlreicher. Denkbar ist ein Anteil der Arbeitnehmervertreter an den Stimmrechten im Leitungsorgan von bis zu 50 Prozent. Doch wie das Leitungsorgan einer Europäischen Aktiengesellschaft deutschen Rechts endgültig aussehen wird, und ob es mitbestimmt sein wird oder nicht, darf derzeit als offen bezeichnet werden.

Der Gesellschaftsvertrag als Magna Charta des Familienunternehmens

Die folgenden Ausführungen unterscheiden nicht nach verschiedenen Rechtsformen. Das mag dem Leser zunächst als Mangel erscheinen. Und doch ist dies gewollt. Es soll den Blick dafür schärfen, dass es im Familienunternehmen Kernfragen gibt, die für jede Rechtsform beantwortet werden müssen. Es bleibt der Kreativität des Beraters überlassen, diese Antworten formalrechtlich so umzusetzen, dass sie für die jeweilige Rechtsform Gültigkeit erlangen. Das ist – abgesehen von wenigen Ausnahmen – selbst bei der formstrengen Aktiengesellschaft dadurch möglich, dass ihrer Satzung ein entsprechender Poolvertrag vorgeschaltet wird.

Die weit überwiegende Zahl der Gesellschaftsverträge unserer Familienunternehmen wird den an sie zu stellenden Anforderungen nicht gerecht. Ihnen liegt immer noch ein Unternehmensverständnis zugrunde, das heute vollständig überholt ist. Dieses stammt aus dem Ende des neunzehnten Jahrhunderts und hatte sich Anfang des zwanzigsten Jahrhunderts verfestigt. Es ist durch zwei Merkmale geprägt: Durch eine den damaligen Verhältnissen entsprechende Substanzwertorientierung und durch ein seinerzeit von allen akzeptiertes Werteverständnis innerhalb der Eigentümerfamilie, wonach das Unternehmenswohl stets den individuellen Interessen des Einzelnen vorzugehen habe. Dies führte dazu, dass »überzählige« Erben mit niedrigen Abfindungszahlungen aus der

Gesellschaft ausgeschlossen wurden. Eine der heutigen Situation vergleichbare Nachfolgeproblematik existierte damals noch nicht. Der älteste Sohn war stets der geborene Nachfolger, der allein bestimmen durfte, was seine Mitgesellschafter zu tun und zu lassen hatten. Diese Ausgangslage führte dazu, dass sich ein Einheitstypus für alle Gesellschaftsverträge herausbildete, der ohne größere Änderungen jedem Unternehmen »übergestülpt« werden konnte.

Diese für die Sicherheit des allgemeinen Geschäftsverkehrs durchaus nicht unvorteilhafte Situation erweist sich heute als überholt, und zwar aus zwei Gründen: Die Substanzwertausrichtung ist durch eine ertragsorientierte Betrachtung ersetzt worden (Grundsatz: »Wir investieren nicht in Steine«). Zudem existiert ein Wertekodex mit der früheren Geschlossenheit in den heutigen Unternehmerfamilien nicht mehr. Damit tritt an die Stelle des Einheitstyps der individualisierte Gesellschaftsvertrag.

Jeder Unternehmer, der die Zukunftsfähigkeit seines Unternehmens sichern will, muss heute vier Komplexe vordringlich regeln: den Bereich der Eignerkontrolle, Maßnahmen zur Liquiditätssicherung, Regelungen zur Aufrechterhaltung des Familiencharakters und Mechanismen zur Beseitigung von Streitigkeiten unter den Gesellschaftern.

Zunächst zur Eignerkontrolle: Die Kontrolle seitens des Eigentümers ist ein unverzichtbarer Erfolgsgarant im Unternehmen. Nicht umsonst heißt es schon in der Bibel: »Nur unter den Augen des Herrn werden die Schafe fett.« In unseren traditionellen Gesellschaftsverträgen basiert die Eignerkontrolle auf drei Säulen: Auf einer Analyse des Jahresabschlusses, auf einem ergänzenden Katalog zustimmungspflichtiger Geschäfte sowie auf der operativen jährlichen Unternehmensplanung. Alle drei Säulen sind heute brüchig geworden.

Der Jahresabschluss ist stets nur eine Rückschau auf die Vergangenheit, der in Zeiten hoher Veränderungsgeschwindigkeit, wie wir sie derzeit durchlaufen, nur noch sehr eingeschränkt Maßstäbe für die Zukunft setzen kann. Ein Unternehmer, der überwiegend auf Vergangenheitszahlen aufbaut, gleicht einem Autofahrer, der sein Gefährt per Rückspiegel über die Alpen steuert.

Auch die Zustimmungskataloge sind in ihrer Wirksamkeit als Kontrollinstrument für den Eigentümer heute limitiert. Sie werden der Dynamik unseres Wirtschaftsgeschehens nicht mehr gerecht. Zudem strotzen sie vor

Wertungswidersprüchen. Was sollen diese Kataloge an Kontrolleffizienz bringen, wenn beispielsweise die Bestellung eines Prokuristen, der Erwerb eines Grundstücks oder die Schließung einer Zweigniederlassung der Zustimmung der Gesellschafterversammlung unterworfen sind, dagegen sehr viel bedeutsamere Vorgänge wie der Aufbau einer Zweitmarke, der Übergang von der Kredit- auf die Leasingfinanzierung oder der Wechsel von der HGB-Bilanz auf eine solche nach IAS in dem Katalog erst gar nicht enthalten sind? Bei der Problematik der Zustimmungskataloge geht es nicht um Details, sondern um etwas Grundsätzliches. So irrt, wer glaubt, man könne die Komplexität unternehmerischer Entscheidungen heute wie früher in Katalogen erfassen. Doch noch bedeutsamer ist freilich: Vieles von dem, was gestern vorzugsweise in die Grundlagenkompetenz des Eigentümers und damit in den Zustimmungskatalog gehörte, ist heute bereits ausschließlich Sache des Managements. Wer erst abwarten muss, bis eine ad hoc einberufene Gesellschafterversammlung dem Wechsel von der Bank A zur Bank B zustimmt, der hat die Entscheidungsgeschwindigkeit und damit einen der wichtigsten Vorteile des Familienunternehmens bereits aufs Spiel gesetzt.

Die dritte Säule der traditionellen Eignerkontrolle ist die auf das kommende Geschäftsjahr ausgerichtete Unternehmensplanung. Sie reicht ebenfalls nicht mehr aus. Da die Produktlebenszyklen sich ständig verkürzen, muss künftig nicht in Geschäftsjahren, sondern in Produktgenerationen gedacht werden. Denn schnellere Produktwechsel bedeuten höhere Kosten – nicht nur absolut, sondern auch in Prozent vom Umsatz. Höhere Kosten wird es nicht nur in der Entwicklung, sondern auch in der Fertigung und im Vertrieb geben. Daher muss die Finanzierbarkeit der Unternehmensstrategie über mehrere Produktgenerationen hinweg erfolgen und jährlich dem Innovationszyklus angepasst werden.

Sachgerechte Eigentümerkontrolle verlangt den Aufbau eines Erfolgssystems, welches aus Visionen Ziele, aus Zielen Steuerungsgrößen und aus Steuerungsgrößen wiederum konkrete Maßnahmen ableitet. Das Ergebnis dieser Maßnahmen muss anhand von finanziellen und leistungswirtschaftlichen Daten permanent vom Eigentümer kontrolliert werden. Ob man diesem System den bei Familienunternehmern ungeliebten Namen »balanced scorecard« oder aber eine andere Bezeichnung gibt, darauf kommt es nicht an.

Zwei konkrete Empfehlungen möchte ich meinen bisherigen Ausführungen noch hinzufügen: Die Mehrzahl der Gesellschaftsverträge hat die Informationsbeschaffung für die Eigentümer als Holschuld der Gesellschafter ausgebildet. Das ist falsch. Richtigerweise muss sie der Geschäftsführung als verpflichtende Bringschuld auferlegt werden, denn ein Gesellschafter, der gar nicht weiß, »wo« »was« »wann« im Unternehmen geschieht, kann auch nicht die richtigen Fragen stellen. Eine zweite Empfehlung geht dahin, die Geschäftsführung jährlich zur Vorlage eines schriftlichen Risikoberichts zu verpflichten. Ein solcher hat eine höhere Qualität als mündliche Darlegungen, die schnell in Vergessenheit geraten und später bei Eintritt eines Risikos nicht mehr nachvollziehbar sind. Empfehlenswert ist daher eine schriftliche Verpflichtung der Geschäftsführung, zu allen strategischen und operativen Einzelrisiken ausführlich schriftlich Stellung zu beziehen. Das dient nicht nur der Information, sondern ist zugleich eine wichtige Messlatte für die Qualität des Managements.

Liquiditätssicherung

Das »betriebswirtschaftliche Bermudadreieck« des Familienunternehmens besteht aus den Begriffen Eigenkapital, Gewinn und Liquidität. Was über diese Begriffe geschrieben worden ist, füllt ganze Bibliotheken. Doch es ist für den Praktiker meist wenig griffig. Schwierige Sachverhalte lassen sich jedoch auch einfach erklären: Hier am besten durch einen Vergleich mit dem Körper des Menschen:

Das Kapital entspricht der generellen Konstitution des menschlichen Körpers. Wer eine starke Widerstandskraft besitzt, der ist gegen Krankheiten aller Art am ehesten gefeit. Der Gewinn entspricht der menschlichen Nahrung. Auf die Nahrung kann man zwar nicht auf Dauer, wohl aber vorübergehend ohne gesundheitlichen Schaden auch einmal verzichten. Die Liquidität dagegen gleicht der menschlichen Atmung: Wenn sie aussetzt, tritt in Sekundenschnelle der Tod ein.

Liquiditätssicherung im Unternehmen umfasst unter anderem auch bilanzpolitische Maßnahmen bei der Erstellung des Jahresabschlusses. Deren Variationsbreite wird meist unterschätzt. Zum Jahresabschluss muss der Gesellschaftsvertrag folgende Fragen beantworten:

- Wer stellt den Jahresabschluss mit welchen Mehrheiten fest: Der unbeschränkt haftende Gesellschafter, die Gesellschafterversammlung, der Beirat oder die Geschäftsführung?
- Was hat zu geschehen, wenn die Steuerbilanz im Rahmen einer steuerlichen Außenprüfung geändert wird? Folgt hieraus eine nachträgliche Änderung der Handelsbilanz und damit der Gewinnverteilung?
- Ist eine Frist für eine eventuelle Klage gegen den Feststellungsbeschluss vorgesehen? Wer darf eine solche Klage erheben?
- Welche Regelungen zur Ausübung des »Bilanzierungsermessens« gibt es? Hier empfiehlt sich zumindest eine Berichtspflicht des Abschlussprüfers zu einem im Gesellschaftsvertrag festgelegten Fragenkatalog.
- Ist der Gesellschafter zur Teilnahme an Kapitalerhöhungen verpflichtet? Wenn ja, nur an solchen aus Eigenmitteln der Gesellschaft oder auch an solchen, die zu einer Einlageverpflichtung führen?

Die Liquidität im Unternehmen sichern bedeutet für die Gesellschafter, die Entnahmen, aber auch die Abfindungsregelungen im Gesellschaftsvertrag liquiditätsschonend zu gestalten. Die Entnahmepolitik der Gesellschafter darf einerseits die Unternehmensentwicklung nicht blockieren, sie muss andererseits den berechtigten Interessen der Gesellschafter an planbaren Geldzuflüssen gerecht werden.

In einer Zeit, in der im Maschinenbau der durchschnittliche jährliche Aufwand für Forschung und Entwicklung zwischen 5 und 8 Prozent des Umsatzes liegt, ist der Gewinn als der traditionelle Ansatz der Entnahmeregelung allenfalls noch die limitierende, nicht aber die richtige Bezugsgröße. Der für das Unternehmen bessere Ansatz ist vielmehr der freie Cash-Flow, also der Mittelzufluss, der nicht zwingend zur Finanzierung der Unternehmensentwicklung benötigt wird. Dabei kann die notwendige Planbarkeit eines bestimmten jährlichen Geldzuflusses in der Hand der Gesellschafter über das Instrument der Rücklage gesteuert werden.

Bei den Entnahmen tauchen erfahrungsgemäß immer wieder Meinungsverschiedenheiten auf, die vorbeugend geregelt werden müssen:

- Soll das Steuerentnahmerecht pauschal geregelt oder konkret an den individuellen Verhältnissen des Einzelnen (Zusammenveranlagung mit dem Ehegatten, negative Einkünfte außerhalb des Unternehmens, Wohnsitzverlegung ins Ausland, Gewerbesteueranrechnung auf Gesellschafterebene) gemessen werden?

- Was gilt bei Steuerrückzahlungen? Müssen sie wieder in das Unternehmen eingelegt werden? Wenn ja, auf welches Konto (Privat-, Darlehens- oder Rücklagekonto)?
- Was gilt für die Erbschaftsteuer? Wenn es hier ein Entnahmerecht geben soll, entsteht ein Regelungsbedarf, den nur erfahrene Berater befriedigen können. Aus Gründen der Gleichbehandlung können regelmäßig nur feste Beträge für vorbestimmte Zeiträume entnahmefähig sein. Die Höhe der Erbschaftsteuerbelastung hängt – abgesehen von dem nicht planbaren Zeitpunkt des Steueranfalls – zu sehr von den individuellen Verhältnissen und von der Gestaltung eines einzelnen Gesellschafters ab, die jene Mitgesellschafter oft weder kennen noch beeinflussen können.

Buchwertabfindung

Plötzlich entstehende Abfindungverpflichtungen gegenüber ausscheidenden Gesellschaftern sind für jede Liquiditätsplanung ein Horror. Substanzwertorientierte Abfindungsregelungen wie etwa die weit verbreitete Buchwertabfindung sind heute schon aus Liquiditätsgründen nicht mehr akzeptabel.

Zunächst ein Wort zur Klärung des Begriffes »Buchwertabfindung«. Der Begriff Buchwert bezieht sich niemals auf GmbH-Geschäftsanteile, sondern ausschließlich auf Anteile an Personengesellschaften. Bei der Buchwertabfindung erhält der Gesellschafter seinen quotenmäßigen Anteil an den Kapitalkonten sowie an allen sonstigen Positionen mit Rücklagencharakter. Die Ansprüche aus den persönlichen Konten (Privatkonto, Darlehenskonto, Entnahmekonto) gehören dagegen, sofern der Gesellschaftsvertrag nicht ausdrücklich etwas anderes bestimmt, nicht zum Abfindungsguthaben. Mit diesen Ansprüchen tritt der ausscheidende Gesellschafter dem Unternehmen als normaler Darlehensgläubiger gegenüber. In der Regel ist die Entnahmefähigkeit dieser Konten für den Fall des Ausscheidens im Gesellschaftsvertrag gesondert geregelt. Diese Beträge und die Buchwertabfindung vereinnahmt der ausscheidende Gesellschafter steuerfrei, denn die Buchwerte sind in der Vergangenheit aus versteuerten Gewinnen gebildet worden. Etwas anderes gilt für den (anteiligen) Jahresgewinn des Ausscheidenden. Dieser ist als normaler Gewinn zu versteuern.

Geht es um Geschäftsanteile an einer GmbH, so passt der Begriff »Buchwert« nicht, da der einem Gesellschafter gehörende Anteil nirgendwo bilanziert wird. Von einem Buchwert könnte man lediglich sprechen, wenn der Geschäftsanteil, beispielsweise einer Tochter-GmbH in der Bilanz der Muttergesellschaft, bilanziert wird. Soll ein ausscheidender GmbH-Gesellschafter analog der Buchwertabfindung bei der Personengesellschaft behandelt werden, so erhält er beim Ausscheiden aus einer GmbH seinen Anteil am buchmäßigen Eigenkapital der Gesellschaft (Stammkapital plus Rücklagen). Der Ausscheidende muss hier jedoch, anders als bei der Buchwertabfindung, die Differenz zwischen den Anschaffungskosten der Beteiligung und dem Abfindungsbetrag versteuern. Liegt der Abfindungsbetrag in diesem Fall unterhalb der Anschaffungskosten, so kann er gegebenenfalls den eingetretenen Vermögensverlust steuerlich geltend machen.

Die Buchwertabfindung führt zu willkürlichen Ergebnissen, wie der folgende Fall zeigt: Ein kleineres Kaufhausunternehmen besaß ein Geschäftsgrundstück in der Innenstadt. Weil man auf der grünen Wiese neu bauen wollte, wurde dieses Grundstück, das mit einem sehr geringen Wert zu Buche stand, mit hohem Gewinn verkauft. Ein Gesellschafter, der zeitlich kurz vor dem Grundstücksverkauf ausgeschieden war, erhielt vertragsgemäß den Buchwert seines Anteils. Das war nur ein Bruchteil dessen, was sein Mitgesellschafter, der das Unternehmen kurz später, jedoch zeitlich nach dem Verkauf des Geschäftsgrundstücks verließ, an Abfindung erhielt. Der benachteiligte Gesellschafter ging vor Gericht und bekam Recht. Die Gründe werden uns noch beschäftigen.

Ein weiterer schwerer Mangel der Buchwertabfindung besteht darin, dass ihr jeder Bezug zur Liquidität fehlt. Ohne Liquidität ist jedoch die Zahlung eines Abfindungsguthabens gar nicht möglich. So manches Unternehmen wäre heute froh, wenn es bei einer Liquidation überhaupt noch seine Buchwerte realisieren könnte.

Der richtige Ansatzpunkt einer Abfindung kann heutzutage nur eine an den Zukunftserträgen des Unternehmens orientierte Bewertung sein. Wer auf diese Weise ertragsorientiert bewertet, der hat auch die Liquidität zum Zahlen.

Die Zulässigkeit der Buchwertklausel begegnet zudem erheblichen rechtlichen Bedenken. Wenn zwischen der Buchwertabfindung und dem wirklichen Anteilswert ein grobes Missverhältnis besteht, ist von ihrer Unzulässigkeit auszugehen. Ein solches Missverhältnis hat der Bundesgerichtshof dann angenommen, wenn die Buchwerte nur etwa ein Drittel des wirklichen wirtschaftlichen Anteilswerts ausmachen. Die Rechtsfolgen einer solchen Unzulässigkeit sind dann besonders verhängnisvoll, wenn das Missverhältnis bereits bei Vertragsunterzeichnung vorgelegen hat. Dann verliert nämlich die so genannte salvatorische Klausel (auch Teilnichtigkeitsklausel genannt) ihre Wirkung. In dieser Klausel – die in jedem Gesellschaftsvertrag enthalten ist – wird bestimmt, dass anstelle einer rechtlich unzulässigen Abfindung eine andere (rechtlich zulässige) treten soll, nämlich eine solche, die der von den Gesellschaftern ursprünglich gewollten Abfindung am nächsten kommt. Im Klartext heißt das: Es soll die geringst mögliche, gerade noch zulässige Abfindung gezahlt werden. Ist nun aber die Abfindungsregelung schon bei Abschluss des Gesellschaftsvertrages ungültig, so gibt es keinen Raum mehr für die heilende Anpassungswirkung der salvatorischen Klausel, da auch diese ungültig ist. Anstelle der vereinbarten, ungültigen Regelung tritt dann der wirkliche Wert der Beteiligung – was für das Unternehmen eine wahre Katastrophe bedeuten kann. Entsteht das Missverhältnis erst nach Vertragsabschluss, so bleibt zumindest die heilende Kraft der salvatorischen Klausel erhalten.

Aufrechterhaltung des Familiencharakters

Eines der wichtigsten Ziele der meisten Eigentümerfamilien ist die dauerhafte Bewahrung des Familiencharakters ihres Unternehmens. Doch das ist einfacher gesagt als getan. Von Generation zu Generation nimmt die Zahl der Gesellschafter zu, und dies bedroht naturgemäß den Konsens im Familienunternehmen. Jeder zusätzliche Gesellschafter hat individuelle Vorstellungen und Wünsche und jeder Unternehmer, der auf zu viele Vorstellungen einzelner Gesellschafter Rücksicht nehmen muss, verliert entscheidend an Steuerungsmöglichkeit.

Erst dann, wenn das Familienunternehmen von der Zahl seiner Gesellschafter eine erhebliche (etwa dreistellige) Größenordnung erreicht hat, ist diese Gefahr in aller Regel gebannt. Dann nämlich hat sich die Familie längst einen Gesellschaftsvertrag gegeben, der – wie die klösterliche Regel des heiligen Benedikt – die individuellen Wünsche und Vorstellungen einzelner Mitglieder der Gemeinschaft erst gar nicht zur Kenntnis nimmt. Diese Schwelle erreichen indes nur wenige. Unternehmen wie Freudenberg, Henkel, Haniel oder Heraeus sind und bleiben Ausnahmen. Ihnen nacheifern zu wollen ist ehrenhaft. Das setzt jedoch Disziplin, Weitsicht und Corpsgeist aller Beteiligten voraus. Kein rechtliches Rahmengerüst kann diese Einstellung ersetzen. Meist bleibt es bei vollmundigen Absichtserklärungen. Ich erinnere mich an ein Familienunternehmen, dessen Gesellschafter sich ein solches Ziel gesetzt hatten. Als es dann aber galt, Verzicht bei den Entnahmen und den Geschäftsführerbezügen zu leisten und die wenig qualifizierte Juniorgeneration aus dem Unternehmen herauszuhalten, schlug diese hehre Zielsetzung sehr schnell in kleinliche Streitigkeiten um, weil jeder Gesellschafter seine persönliche Familiensituation berücksichtigt wissen wollte.

Nach wie vor herrscht in der überwiegenden Zahl unserer Familienunternehmen das »Mausefallenprinzip«: Die nicht im Unternehmen tätige Nachfolgegeneration wird zu Gesellschaftern zweiter Klasse degradiert. Sie erhält weder umfassende Informationen, noch ausreichende Mitspracherechte, noch angemessene, dem Wert ihrer Beteiligung entsprechende Ausschüttungen, ganz abgesehen von der fehlenden Möglichkeit, irgendwann einmal das Unternehmen mit einer gerechten Abfindung verlassen zu können. Das ist gefährlich: Denn: Die jungen Gesellschafter fühlen sich heute – wie dargelegt – nicht mehr als bloßes Glied in einer Kette. Sie fragen vermehrt nach dem Sinn und Zweck ihrer Beteiligung für ihre persönliche Zukunft. Und wenn diese Antwort unbefriedigend ausfällt, dann ist für die Aufrechterhaltung des Familiencharakters höchste Gefahr im Anzug. Mit unzufriedenen Gesellschaftern ist es wie in der Physik: Wird der Druck, der auf dem Kessel lastet, zu groß, platzt er eines Tages in tausend Stücke, ohne je wieder repariert werden zu können.

Eine der notwendigen und sinnvollen Maßnahmen zur Aufrechterhaltung des Familiencharakters ist die Vereinbarung einer Güterstandsklausel. Sie bestimmt, dass nur derjenige im Familienunternehmen verbleiben darf, der im Güterstand der Gütertrennung oder besser: der modifizierten Zugewinngemeinschaft (siehe hierzu S. 112 f.) lebt, um so etwaige Ausgleichsansprüche zu vermeiden. Solche Klauseln stellen zugleich die beste Argumentationshilfe beispielsweise für eine Tochter dar, die ihren angehenden Ehepartner davon überzeugen muss, dass er am unternehmerischen Vermögen ihrer Familie nicht teilhaben kann, weil sie sonst das Unternehmen sofort verlassen muss.

Güterstandsvereinbarungen werden in Eheverträgen getroffen, die stets beurkundungspflichtig sind. Es ist immer noch nicht abschließend geklärt, ob diese Beurkundungspflicht auch den gesamten Gesellschaftsvertrag ergreift, falls dieser eine Güterstandsklausel enthält. Wer hier jedes Risiko vermeiden will, der muss die Kosten für den Notar aufwenden. Während die übliche Güterstandsklausel dem Gesellschafter die Entscheidungsfreiheit belässt und lediglich an die Wahl eines ungewollten Güterstandes die Konsequenz des zwangsweisen Ausscheidens aus der Gesellschaft knüpft, gibt es auch weitergehende Klauseln. Sie verpflichten den Gesellschafter expressis verbis zur Annahme eines bestimmten Güterstandes. Hiervon ist dringend abzuraten. Solche Klauseln gelten nach herrschender Meinung als unzulässig. Neuerdings ist auch darauf zu achten, dass der Gesellschaftsvertrag eine der Güterstandsklausel entsprechende Regelung für Lebenspartnerschaften enthalten muss (vgl. hierzu S. 122)

Weitere Regelungen, die der Aufrechterhaltung des Familiencharakters dienen, sind die Vinkulierungsklauseln, die Zwerganteilsklauseln und die Vertreterklauseln. Die Vinkulierungsklauseln stellen sicher, dass ein Übergang des Gesellschaftsanteils nur auf Familienangehörige möglich ist. Bei einer GmbH muss dies in der Satzung festgelegt werden, da nach dem Gesetz GmbH-Geschäftsanteile sonst frei übertragbar sind. Bei der Aktiengesellschaft wird dasselbe Ziel durch die Ausgabe vinkulierter Namensaktien oder über einen Gesellschafterpoolvertrag erreicht. Die Gesellschaftsanteile einer Personengesellschaft bedürfen zu einer Übertragung schon von Gesetzes wegen der Zustimmung aller Gesellschafter. Will man – wie im Familienunternehmen üblich – bestimmte Übertragungen generell ermöglichen, so müssen im Gesellschaftsvertrag diese Übertragungen z. B. auf Kinder und/oder Ehegatten ausdrücklich von der generellen Zustimmungspflicht ausgenommen werden. Eine nachträgliche Regelung dieser Art bedarf der Zustimmung aller Gesellschafter, auch wenn der Gesellschaftsvertrag selbst mit geringerer Mehrheit geändert werden kann.

Auch Zwerganteilsklauseln haben sich für viele Familienunternehmen als zweckmäßig erwiesen. Sie stellen sicher, dass der Gesellschafterkreis nicht zu groß wird, indem sie den Verbleib in der Gesellschaft vom Erreichen einer bestimmten Mindestbeteiligungsquote abhängig machen. Einem ähnlichen

Zweck dient die Vertreterklausel. Sie sieht vor, dass mehrere Gesellschafter ihre Mitwirkungsrechte nur durch einen gemeinsamen Vertreter ausüben dürfen. Hierzu muss man jedoch wissen, dass trotz Vertreterklausel den vertretenen Gesellschaftern noch ein unentziehbarer Kernbereich von Gesellschafterrechten zur persönlichen Ausübung verbleibt, sodass gerade in den besonders wichtigen Fällen (Kapitalerhöhung, Entnahmebeschränkungen, Veränderungen des Abfindungsguthabens) die Vertreterklausel ihre Wirkung verfehlt.

So sehr die vorgenannten Regelungen die Aufrechterhaltung des Familiencharakters zu unterstützen vermögen – Kontinuität lässt sich heutzutage dauerhaft nur über eine objektive und subjektive Eignerzufriedenheit herstellen. Oft ist es besser, einen unberechenbaren Gesellschafter gegen einen berechenbaren Dritten auszutauschen. Für den Gesellschaftsvertrag heißt dies, dass er angemessene Klauseln enthalten muss, um sich notfalls auch gegenüber fremden Dritten öffnen zu können. Für jeden Familienunternehmer ist dies in der Regel ein besonders schmerzlicher Schritt. Er sieht hierin – nicht immer zu Unrecht – den Beginn eines Weges, an dessen Ende der Verlust des Unternehmens für die Familie stehen kann. Gleichwohl gibt es Sachverhalte, bei denen die Erhaltung des Unternehmens nur möglich ist, wenn Dritte beteiligt werden. Neben einer notwendigen Stärkung des Eigenkapitals können es Gründe des Marktes, der Globalisierung, der technischen Innovation oder Nachfolgeprobleme sein.

Es gibt auch andere Gründe: Zu mir kam kürzlich ein Senior, der durch zwei seiner Kinder, die aus der Gesellschaft ausscheiden wollten, regelrecht so erpresst wurde, dass sein ehemals florierendes Unternehmen ernsthaft gefährdet war. Von einem fachlich äußerst versierten, menschlich jedoch fragwürdigen Anwalt beraten, nutzten sie jede Möglichkeit, über Informationsbegehren, Widerspruchsrechte und Geltendmachung von Formalien die Gesellschaft zu blockieren und alle irgendwie greifbaren Früchte aus ihrer Beteiligung auf Kosten ihrer Mitgesellschafter zu ziehen. Der Gesellschaftsvertrag enthielt jedoch nicht eine einzige der vielfältigen Möglichkeiten, die in solchen Fällen Abhilfe schaffen können. Dabei hätte man das Erpressungspotenzial sehr einfach durch eine Umwandlung in eine Aktiengesellschaft auf ein erträgliches Maß reduzieren können, wenn eine solche nur im Gesellschaftsvertrag mit dreiviertel Mehrheit vorgesehen gewesen wäre. Denn das Störpotenzial eines Aktionärs ist sehr viel geringer als das eines GmbH-Gesellschafters.

Der Gesellschaftsvertrag der GmbH & Co. KG –

Fünf schwerwiegende Irrtümer

- Viele glauben, eine generelle Bestimmung im Gesellschaftsvertrag, wonach dieser mit einer bestimmten Mehrheit von – beispielsweise – 75 Prozent geändert werden kann, reiche aus, um sämtliche Vertragsänderungen vorzunehmen. Dies ist ein Irrtum. Vertragsänderungen, die über formale Positionen hinausgehen und in die Rechte des Gesellschafters eingreifen, z. B. Änderungen der Entnahmebestimmungen, der Abfindungsregelung etc. müssen enumerativ in der Änderungsklausel aufgeführt sein (so genannte Warnfunktion).
- Der Bundesgerichtshof hat jedem Gesellschafter einen unentziehbaren Kernbereich von Mitgliedschaftsrechten eingeräumt (Abfindungsregelung, Entnahmerechte, Gewinnverteilung). In diesen Kernbereich kann weder durch einen Mehrheitsbeschluss noch durch einen gemeinsamen Vertreter, sondern nur mit Zustimmung des Betroffenen eingegriffen werden.
- Kein Gesellschafter kann ohne einen wichtigen Grund aus der Gesellschaft hinausgekündigt werden. Dies gilt auch dann, wenn der Gesellschaftsvertrag eine Hinauskündigung ausdrücklich vorsieht und hierfür eine Abfindung bestimmt, die dem wirklichen Wert des Gesellschaftsanteils entspricht.
- Die Buchwertabfindung ist auf jeden Fall unzulässig, wenn sie weniger als ein Drittel des wirklichen Wertes des Gesellschaftsanteils ausmacht. Bei allen Abfindungsregelungen unterhalb des wirklichen Anteilswertes verbleibt jedoch stets eine Unsicherheit, die durch Alternativregelungen begrenzt werden muss.
- Besteht zwischen dem wirklichen Wert des Gesellschaftsanteils und dem im Gesellschaftsvertrag geregelten Abfindungsguthaben bereits schon zum Zeitpunkt des Vertragsabschlusses ein grobes Missverhältnis, so ist der volle Verkehrswert des Gesellschaftsanteils zu zahlen. Entsteht das Missverhältnis erst nach Vertragsabschluss, so wird – falls der Gesellschaftsvertrag eine salvatorische Klausel enthält – der geringste rechtlich eben noch vertretbare Wert dem Abfindungsanspruch zugrunde gelegt.

Poolverträge

Poolverträge spielen im Familienunternehmen eine bedeutende Rolle. Dazu ein Beispiel: Nach dem Gesellschaftsvertrag eines großen Maschinenbaubetriebs mit zwei gleich starken Gesellschafterstämmen, die sich zwar friedlich, aber mit konträren strategischen Vorstellungen gegenüber standen, war für alle wichtigen Entscheidungen die einfache Mehrheit ausschlaggebend. Dem einen der beiden Stammesführer war es mit dem Versprechen, höhere Entnahmen zu gestatten, gelungen, ein Mitglied des anderen Stammes auf seine Seite zu ziehen. Damit war das langjährige Gleichgewicht zwischen den Stämmen aufgehoben: Ein nicht seltener Vorgang, der durch einen Poolvertrag hätte verhindert werden müssen. Ausgeprägte Stammesrechte (Vererbung und Übertragung, Verkaufs- und Erwerbsrechte nur innerhalb eines Stammes, stammesmäßig zugeordnete Entsenderechte in Geschäftsführung und / oder Beirat, Entnahmerechte pro Stamm) bringen meines Erachtens dem modernen Familienunternehmen mehr Risiken als Chancen. Sie passen nicht mehr in eine Zeit, in der in erster Linie nicht das Kapital, sondern die Qualität der Geschäftsführung für den Unternehmenserfolg ausschlaggebend ist. Leider lassen sie sich – wenn sie erst einmal in den Gesellschaftsvertrag Eingang gefunden haben – nur schwer auflösen. Ein wichtiger Schritt zur Sicherung der Zukunftsfähigkeit des Unternehmens ist daher ein Verzicht auf eine enge Stammesverfassung. Den einzelnen Familien steht es dann frei, durch interne Poolverträge eine »Stammesverfassung« außerhalb des Gesellschaftsvertrages zu schaffen und hierdurch eine einheitliche Stimmabgabe in der Gesellschafterversammlung sicherzustellen. Eine solche Vorverlegung der Meinungsbildung einer Familie in »ihre« Poolversammlung kann auch deshalb sinnvoll sein, weil auf diesem Wege peinliche Auseinandersetzungen sich nicht vor den Augen Dritter abspielen.

Die Ehe als Grundlage für unternehmerischen Erfolg

Ehen werden bekanntlich im Himmel geschlossen, aber auf Erden vollzogen. Schon wegen der starken Zunahme der Scheidungen wäre es für den Unternehmer geradezu eine Todsünde, wenn er sich mit den Rechtsgrundlagen der Ehe nicht auf das Genaueste befassen würde. Dies gilt für ihn selbst wie für seine Kinder. So manches Familienunternehmen ist durch mangelnde Vorsorge in ernsthafte Gefahr geraten. Vieles lässt sich regeln, wenn man es frühzeitig tut. Ist die Krise erst einmal ausgebrochen, wird es schwierig. Deshalb werden die rechtlichen Grundlagen der Ehe nachstehend besonders ausführlich dargestellt. Ich hoffe, dass die notwendigerweise stark juristisch gehaltenen Ausführungen den Leser nicht all zu sehr ermüden und dass sie nicht den Blick dafür verstellen, dass der Jurist von seiner Aufgabenstellung her Absicherung für den Krisenfall betreiben muss. Das bedeutet nicht, den Wert einer gut funktionierenden Unternehmerehe zu verkennen.

Vor geraumer Zeit erhielt ich den Brief einer Dame, die ich viele Jahre zuvor auf Wunsch ihres Vaters bei der Abfassung ihres Ehevertrags beraten hatte. Sie hatte sich zum Entsetzen ihrer Familie in einen vermögenslosen Reitlehrer verliebt und war fest entschlossen, in Zukunft alles mit ihm zu teilen: ihr Leben und ihr Vermögen. Nach langen, wenig erfreulichen Diskussionen mit den beiden Ehekandidaten gelang es mir, zumindest eine in der Schweiz gelegene wertvolle Wohnanlage aus der gewünschten Gütergemeinschaft herauszuhalten, indem ich beide auf die Vorteile einer gegenseitigen Haftungsabschottung verwies. In ihrem Brief teilte mir die Dame nun mit, dass sie inzwischen geschieden sei und von ihrem ehemals großen Vermögen nur noch die Schweizer Immobilie übrig geblieben sei. Alles andere habe ihr früherer Ehemann durchgebracht. Sie sei mir im Nachhinein für meine einstige Empfehlung sehr dankbar. Denn: Von den verbliebenen Mieterträgen könne sie einigermaßen leben, sodass ihr einstiger Fehler sie nicht völlig jeglicher Existenzgrundlage beraubt habe.

Mir hat dieser Brief erneut vor Augen geführt, dass in der Unternehmerfamilie keiner der drei nachstehenden Grundsätze ungestraft durchbrochen werden sollte:

1. Das zum Zeitpunkt der Eheschließung bei jedem Partner vorhandene Vermögen ist stets und dauerhaft getrennt zu halten. Damit scheidet die Gütergemeinschaft für die Unternehmerehe aus.

2. Das unternehmerische Vermögen muss auch nach einer Scheidung vollständig dem Partner verbleiben, der es in die Ehe eingebracht hat.

3. Im Laufe der Ehe ist eine wirtschaftliche Unabhängigkeit des vermögenslosen Partners (meist der nicht berufstätigen Ehefrau) insbeson-

dere für den Fall der Scheidung, des dauernden Getrenntlebens oder des Vorversterbens des vermögenden Partners in einzelnen Schritten aufzubauen. Je länger die Ehe andauert, umso mehr besteht ein moralischer Anspruch hierauf. Eine Absicherung geschieht am besten durch steuerlich optimierte Vermögensübertragungen in angemessener zeitlicher Abfolge, also etwa alle fünf bis zehn Jahre. Eine entsprechende Regelung kann durchaus von vorneherein im Ehevertrag vorgesehen werden.

Getrennte Vermögensmassen

Zwei Ehegatten, die keinen Ehevertrag miteinander abgeschlossen haben, leben von Gesetzes wegen im Güterstand der Zugewinngemeinschaft. Die Bezeichnung Zugewinngemeinschaft ist für den Laien irreführend. In Wahrheit handelt es sich um eine Gütertrennung mit Ausgleich des während der Ehe erzielten Zugewinns. Dies bedeutet im Einzelnen:

Die Vermögensmassen der Ehegatten bleiben im gesetzlichen Güterstand der Zugewinngemeinschaft auch nach der Heirat getrennt. Jeder Ehegatte haftet mit seinem Vermögen nur für die eigenen Verbindlichkeiten. Fällt ein Ehegatte in die Insolvenz, hat dies auf das Vermögen des anderen Ehegatten grundsätzlich keine Auswirkung. Entsprechendes gilt auch für Zwangsvollstreckungsmaßnahmen. Hat ein Ehegatte Schulden, so dürfen dessen Gläubiger grundsätzlich nur in das Vermögen dieses Ehegatten vollstrecken, nicht aber in das Vermögen des anderen Ehegatten. Von diesem Grundsatz gibt es Ausnahmen. Diese beschränken sich jedoch auf wirtschaftlich weniger bedeutsame Sachverhalte.

Damit bringt die Vereinbarung einer Gütertrennung, anders als viele Unternehmer glauben, keinerlei zusätzlichen Schutz bei Insolvenz oder bei Vollstreckungsmaßnahmen von Gläubigern des anderen Ehegatten. Denn die Vermögensmassen beider Ehegatten sind bei der Zugewinngemeinschaft ebenso vollständig separiert wie bei der Gütertrennung. Eigenständige Bedeutung hat die Gütertrennung nur insofern, als durch sie ein Ausgleich des während der Ehe von beiden Ehegatten erzielten Zugewinns nicht stattfindet.

Zugewinnausgleich

Was ist unter »Ausgleich des Zugewinns« zu verstehen? Zugewinnausgleich bedeutet, dass der Ehegatte, der während der Ehezeit einen höheren Vermögenszuwachs erzielt hat als sein Partner, diesen höheren Vermögenszuwachs auszugleichen hat. Die Zugewinngemeinschaft ist vom Gesetzgeber auf den Typ der Hausfrauenehe zugeschnitten. Sie passt daher eigentlich nicht für den Unternehmer. Ihr liegt der für die Hausfrauenehe richtige Gedanke zugrunde, dass in einer arbeitsteiligen Ehe der Ehegatte, der durch die Führung des Haushalts und die Betreuung der Kinder gehindert war, beruflich tätig zu sein, am Gewinn des anderen zu beteiligen ist. Gerade durch den Verzicht auf eigene Berufstätigkeit hat die Frau dem Ehemann oft erst ermöglicht, voll ins Berufsleben einzusteigen und entsprechende Vermögenswerte zu schaffen.

Werfen wir zunächst einen Blick auf den Zugewinnausgleich bei der Scheidung. Die Berechnung des Zugewinns bei Scheidung erfolgt anhand einer simplen Subtraktion. Zugewinn ist nach dem Gesetz der Betrag, um den das Endvermögen eines Ehegatten dessen Anfangsvermögen übersteigt. Endvermögen ist das Vermögen, das einem Ehegatten nach Abzug der Verbindlichkeiten bei Zustellung des Scheidungsantrages gehört. Anfangsvermögen ist das Vermögen, das einem Ehegatten nach Abzug der Verbindlichkeiten bei der Eheschließung gehört. Übersteigt der Zugewinn des einen Ehegatten den Zugewinn des anderen Ehegatten, steht die Hälfte des Überschusses dem anderen Ehegatten zu.

Zur Verdeutlichung folgendes Beispiel: Nehmen wir an, der Ehemann sei ohne Vermögen in die Ehe gestartet. Bei der Scheidung nach 20 Jahren hat er ein Vermögen von 1 Million Euro. Nehmen wir ferner an, die Ehefrau sei mit einem Vermögen von 250 000 Euro in die Ehe gestartet. Bei Scheidung habe sie ein Vermögen von 750 000 Euro. Der Ehemann hat in diesem Beispiel einen Zugewinn von 1 Million Euro gemacht, die Ehefrau einen solchen von 500 000 Euro. Somit hat der Ehemann einen um 500 000 Euro höheren Zugewinn erzielt. Folglich hat er eine Ausgleichszahlung in Höhe von 250 000 Euro zu erbringen. Vermögenswerte, die ein Ehegatte während der Ehe durch Schenkung oder als Erbschaft erhält, werden allerdings nicht in den Zugewinnausgleich mit einbezogen.

Aktiva und Passiva sind bei der Berechnung des Zugewinnausgleichs mit ihrem wirklichen Wert anzusetzen, nicht etwa mit ihrem (gegebenenfalls wesentlich geringeren) Steuerwert. Grundstücke sind also mit dem Verkehrswert, Wertpapiere mit dem Tageskurs anzusetzen. Dingliche Nutzungsrechte, wie z. B. ein Nießbrauch oder ein Wohnrecht sind zu kapitalisieren.

Nicht nur wegen des damit verbundenen Streitpotenzials im Hinblick auf die schwierige Bewertung muss das Unternehmen vom Zugewinnausgleich ausgenommen werden. Der Zugewinnausgleich kann dem Unternehmen derart viel Liquidität entziehen, dass dem Unternehmer nichts anderes übrig bleibt, als das Unternehmen zu veräußern.

Auch hier zur Illustration ein Beispiel aus meiner Praxis: Der Ehemann hatte im Verlauf der Ehe die väterliche Zementfabrik geerbt. Diese hatte zum Zeitpunkt des Erbfalls einen Wert von 10 Millionen Euro. Da der Anfangswert von Vermögensgegenständen, die ein Ehegatte durch Erbfall erwirbt, nicht in den Zugewinnausgleich einbezogen wird, waren diese 10 Millionen Euro ausgleichsfrei. Der Unternehmer hatte den Wert des Unternehmens durch eine geschickte Geschäftspolitik bis zu seiner Scheidung 20 Jahre später auf 50 Millionen Euro erhöht. Da seine Ehefrau vermögenslos in die Ehe gekommen war und als Hausfrau kein eigenes Vermögen aufgebaut hatte, hätte sie von Gesetz wegen gegen ihren Ehemann einen Zugewinnausgleichsanspruch in Höhe von 20 Millionen Euro gehabt. Diesen konnte der Ehemann nicht leisten. Gottlob spielte sich die Scheidung im vorliegenden Fall nicht in Form eines Rosenkrieges ab. Im Interesse beider Partner einigte man sich auf eine lebenslängliche Rente für die Ehefrau, die aus dem laufenden Gewinn des Unternehmens finanziert werden konnte, ohne dieses in seiner Existenz zu gefährden

Jeder verantwortungsbewusste Unternehmer muss eine ehevertragliche Vereinbarung treffen, die nicht nur sein Unternehmen aus dem Zugewinnausgleich herausnimmt, sondern den Zugewinn generell in wirtschaftlich vernünftiger Weise begrenzt. Hierzu bedarf es jedoch keiner Gütertrennung. Ein vollständiger Ausschluss jeglichen Zugewinnausgleichs nämlich, wie er mit der Gütertrennung theoretisch erreicht werden kann, wird heutzutage von den Gerichten in der Regel nicht mehr als interessengerecht anerkannt. Der bessere Weg ist daher von vornherein die sogenannte modifizierte Zugewinngemeinschaft. Bei einer modifizierten Zugewinngemeinschaft bleiben die gesetzlichen Vorschriften über den Zugewinn grundsätzlich anwendbar. Die Berechnungsgrundlage wird jedoch insofern geändert, als einzelne Vermögensgegenstände bei der Berechnung des Zugewinnausgleichs vereinbarungsgemäß außen vor bleiben.

Die modifizierte Zugewinngemeinschaft weist gegenüber der Gütertrennung einige wichtige Vorteile auf:

- Bei einer wirtschaftlich vernünftigen und angemessenen Beschränkung des Zugewinnausgleichs ist die rechtliche Anerkennung der getroffenen Vereinbarung – anders als bei dem mit der Gütertrennung einhergehenden völligen Ausschluss jeglichen Zugewinns – rechtlich gesichert.
- Endet die Ehe durch Tod eines Partners, so wird anders als bei einer Scheidung auf die Ermittlung des konkreten Zugewinns verzichtet. Vielmehr findet ein pauschaler Zugewinnausgleich in dem Sinne statt, dass sich der gesetzliche Erbteil des überlebenden Ehegatten automatisch um ein Viertel erhöht. Damit vermindert sich zugleich der gesetzliche Erbteil der Kinder. Weil sich der Pflichtteil stets auf die Hälfte des gesetzlichen Erbteils beläuft, verringert sich hierdurch auch der Pflichtteil. Wünscht der Unternehmer beispielsweise, dass sein Unternehmen im Ganzen auf die Ehefrau übergeht und setzt er sie deshalb zur Alleinerbin ein, so wird die Pflichtteilsproblematik akuell. Es macht deshalb in einem solchen Fall durchaus Sinn, die Pflichtteilsansprüche der Kinder von vornherein so gering wie möglich zu halten, um die Ehefrau und damit zugleich das Unternehmen zu schützen.
- Schließlich ist eine modifizierte Zugewinngemeinschaft regelmäßig auch erbschaftsteuerlich günstiger als eine Gütertrennung. Bei der modifizierten Zugewinngemeinschaft bleibt nämlich der Betrag erbschaftsteuerfrei, den beispielsweise die Ehefrau von dem Unternehmer als Zugewinnausgleichszahlung hätte verlangen können, wenn die Ehe nicht durch Tod, sondern durch Scheidung beendet worden wäre. Bei der Berechnung dieses »Freibetrages« bleibt eine von den Beteiligten vereinbarte Ausklammerung des Betriebsvermögens unberücksichtigt. Der Betrag, der erbschaftsteuerfrei ist, richtet sich also nach der Summe, die in unserem Beispiel der Ehefrau bei Anwendung der gesetzlichen Vorschriften im Falle der Beendigung der Ehe durch Scheidung als Zugewinnausgleich zugestanden hätte.

Namentlich ältere Ehepaare haben häufig Gütertrennung vereinbart. Wegen der günstigen erbschaftsteuerlichen Wirkungen überlegen sie in vielen Fällen, die Gütertrennung rückwirkend durch eine modifizierte Zugewinngemeinschaft zu ersetzen. Zivilrechtlich ist eine derartige Rückwirkung unproblematisch möglich. Erbschaftsteuerlich wird sie jedoch nicht anerkannt. Auch hierzu ein Beispiel aus meiner Praxis:

Ein von mir betreuter Unternehmer hatte 1970 geheiratet und hierbei Gütertrennung vereinbart. Im Februar 1996 vereinbarten die Ehegatten die Zugewinngemeinschaft mit der Maßgabe, dass für die Berechnung des Anfangsvermögens der Zeitpunkt der Eheschließung im Jahr 1970 zugrunde gelegt werden sollte. Der Unternehmer verstarb 2003. Er hinterließ ein Vermögen im Wert von 10 Millionen Euro. Seine Ehefrau, die bis dahin vermögenslos war, wurde seine alleinige Erbin. Sie verlangte in Höhe von 5 Millionen Euro Freistellung von der Erbschaftsteuer, weil sie bei Scheidung der Ehe einen Ausgleichsanspruch in dieser Höhe gehabt hätte. Hiervon entfielen allerdings 4 Millionen Euro auf den Zeitraum zwischen der Eheschließung im Jahr 1970 und der Änderung des Güterstandes vom Februar 1996 und lediglich eine Million Euro auf den Zeitraum vom Februar 1996 bis zum Tod des Ehemannes im Jahr 2003. Weil die Rückwirkung der ehevertraglichen Vereinbarung erbschaftsteuerlich grundsätzlich nicht anerkannt wird, konnte die Ehefrau Freistellung von der Erbschaftsteuer unter dem Gesichtspunkt des Zugewinnausgleichs nur in Höhe von einer Million Euro verlangen.

Unter Umständen lassen sich in einem Fall wie dem geschilderten jedoch dadurch Steuern sparen, dass die Ehefrau die Erbschaft ausschlägt und stattdessen von den an ihre Stelle tretenden Ersatzerben Zugewinnausgleich nach den für den Fall der Scheidung geltenden Regeln verlangt und zusätzlich einen Pflichtteil geltend macht. Der Zugewinnausgleich bleibt dann in voller Höhe erbschaftsteuerfrei, und zwar auch für den Zeitraum, für den er rückwirkend vereinbart wurde. Der Pflichtteil unterliegt der Erbschaftsteuer. Er kann jedoch ebenso wie der Zugewinnausgleichsanspruch von den eintretenden Ersatzerben als Nachlassverbindlichkeit erbschaftsteuermindernd geltend gemacht werden. Namentlich dann, wenn der Unternehmer neben seiner Ehefrau auch gemeinsame Kinder hinterlässt und zwischen Mutter und Kindern ein gutes Verhältnis herrscht, kann eine derartige Verbundlösung aus steuerlichen Gründen angezeigt sein.

Wegen der Komplexität der Materie muss aber in jedem Fall ein qualifizierter Berater hinzugezogen werden.

Eherechtliche Verfügungsbeschränkungen

In vielen Eheverträgen wird jedoch nicht allein eine Modifizierung des Zugewinnausgleichs vereinbart. Vielmehr können gerade bei Unternehmern noch weitere Regelungen notwendig sein. So unterliegen die Ehegatten kraft Gesetzes einem Verbot, Verfügungen über ihr Vermögen im Ganzen ohne Zustimmung des jeweils anderen Ehepartners zu treffen. Verfügungen, die ohne Zustimmung des anderen Ehegatten getroffen werden, sind bis zu einer Genehmigung durch den anderen Ehegatten schwebend unwirksam. Wird die Genehmigung verweigert, sind sie endgültig unwirksam. Nun wird eine Verfügung über das gesamte Vermögen nur in den seltensten Fällen vorkommen. Problematisch werden die Dinge jedoch dadurch, dass nach Rechtsprechung und herrschender Lehre eine Verfügung über das Vermögen im Ganzen bereits dann vorliegt, wenn ein Ehegatte über einzelne Vermögensgegenstände verfügt und der einzelne Vermögensgegenstand 90 % oder mehr des Wertes des Vermögens des betreffenden Ehegatten ausmacht. Gerade bei Unternehmern kann deshalb bereits die Verfügung über seinen Gesellschaftsanteil zustimmungspflichtig sein. Damit hier die notwendige wirtschaftliche Freiheit erhalten bleibt, sollte die vorgenannte gesetzliche Verfügungsbeschränkung durch Ehevertrag ausgeschlossen werden, was rechtlich ohne weiteres möglich ist.

Unterhalt

Solange die Ehegatten miteinander verheiratet sind, sind sie verpflichtet, sich gegenseitig Unterhalt zu gewähren. Auch dann, wenn sich der Unternehmer von seiner Frau trennt, muss er also für die Zeit bis zur Scheidung zwingend weiterhin Unterhalt zahlen. Frühzeitige ehevertragliche Vereinbarungen sind jedoch auch für die Zeit nach der Scheidung, also für den nachehelichen Unterhalt möglich. Vom Wortlaut des Gesetzes her können die Ehegatten den nachehelichen Unterhalt durch Ehevertrag vollständig ausschließen. Nach der Rechtsprechung des Bundesverfassungsgerichts und des Bundesgerichtshofs haben die Familiengerichte ehevertragliche Vereinbarungen über den Ausschluss des Unterhalts jedoch einer Inhaltskontrolle zu unterwerfen. Führt der Ausschluss des Unterhalts nach der Auffassung des Gerichts im Einzelfall zu einem unbilligen oder unangemessenen Ergebnis, so kann dem unterhaltspflichtigen Ehegatten die Berufung auf den Unterhaltsverzicht nach Treu und Glauben versagt sein. Besondere Vorsicht ist bei dem Unterhaltsverzicht einer schwangeren Braut oder seitens einer Ehefrau mit Kindern geboten. Hier sollte auf jeden Fall festgelegt werden, dass die Ehefrau auch im Fall der Scheidung während der Zeit der Kinderbetreuung einen fortdauernden Unterhaltsanspruch gegen den Ehemann hat. Außerdem sollte der Ehefrau ein Unterhaltsanspruch auch noch für eine Übergangszeit von ein bis zwei Jahren nach Volljährigkeit des jüngsten gemeinsamen Kindes zugebilligt werden, damit sie sich in Ruhe wieder einen angemessenen Arbeitsplatz suchen kann. Wird ein Unterhaltsverzicht ohne derartige Einschränkungen abgegeben, besteht eine erhebliche Gefahr, dass er viele Jahre später im Streitfall vom Familiengericht vollständig »gekippt« wird. Der Unternehmer muss dann Unterhalt in voller Höhe zahlen und hat sich damit der Möglichkeit begeben, hierüber eine individuelle Vereinbarung zu treffen.

Versorgungsausgleich

Ähnlich liegen die Dinge beim Versorgungsausgleich. Sind beide Ehegatten in der gesetzlichen Rentenversicherung versichert und haben sie aufgrund unterschiedlicher Einkommen oder einer zeitweisen Unterbrechung der Erwerbstätigkeit zur Kindererziehung verschieden hohe Anwartschaften in der gesetzlichen Rentenversicherung erworben, so nimmt das Familiengericht bei der Scheidung einen Ausgleich dieser Rentenanwartschaften vor. Dies läuft dergestalt ab, dass Anwartschaften des einen Ehegatten auf das Konto des anderen Ehegatten beim gesetzlichen Rentenversicherungsträger überwiesen werden. Unternehmer sind jedoch nicht sozialversicherungspflichtig. Insofern funktioniert dieses Modell hier nicht.

Unternehmer bauen sich in der Regel eine private Vorsorge mit Lebensversicherungen auf. An dieser Altersvorsorge wird die Ehefrau im Fall der

Scheidung durch das Familiengericht im Wege des Versorgungsausgleiches beteiligt. Regelmäßig kommt es zur Durchführung eines sog. schuldrechtlichen Versorgungsausgleichs. Anders als bei sozialversicherungspflichtigen Ehegatten erwirbt die Ehefrau hier keinen unmittelbaren Anspruch gegen den Lebensversicherer. Vielmehr kann sie im Fall der Scheidung lediglich verlangen, dass ihr Mann sie an den Auszahlungen des Versicherers beteiligt.

Häufig wollen die Ehegatten den Versorgungsausgleich vollständig ausschließen. Auch hier führen die Gerichte im Streitfall eine strenge Inhaltskontrolle durch. Um den Ausschluss des Versorgungsausgleichs gerichtsfest zu machen, sollten auf jeden Fall Ausnahmeklauseln für die Zeiten der Kindererziehung vorgesehen werden. Anders als beim Unterhalt, der ggf. auch nach Beendigung der Ehe zu zahlen ist, geht es hier nur um die Erziehungszeiten während der Ehe. Denn der Versorgungsausgleich wird immer nur für die während der gemeinsamen Ehezeit erworbenen Anwartschaften durchgeführt.

Form des Ehevertrages

Die vorgenannten Vereinbarungen im Rahmen eines Ehevertrages bedürfen sämtlich der notariellen Beurkundung. Der Notar als unparteiischer Berater soll den schwächeren der beiden Ehegatten davor bewahren, dass er überstürzt oder unüberlegt auf ihm zustehende gesetzliche Rechte verzichtet. Der Notar wird den Sachverhalt mit beiden Ehegatten eingehend erörtern und die rechtlichen Grenzen dessen, was frei vereinbart werden kann, aufzeigen. Vereinbarungen zur Modifizierung des Zugewinnausgleichs sollten gegebenenfalls darüber hinaus wegen ihrer erbschaftsteuerlichen Relevanz auch mit einem Steuerberater oder einem steuerlich erfahrenen Anwalt abgesprochen werden.

Zusammenleben ohne Eheschließung

Immer mehr Unternehmerkinder leben in einer Partnerschaft, ohne verheiratet zu sein, manche sogar, weil sie erklärter Weise gar nicht heiraten wollen. Hier besteht neuerdings ein besonderer Regelungsbedarf, den Unter-

nehmereltern als Ratgeber ihrer Kinder auf keinen Fall außer Acht lassen
dürfen.

Das Grundgesetz stellt Ehe und Familie unter den besonderen Schutz des
Staates. Die Einbeziehung nichtehelicher Lebensgemeinschaften in diesen
verfassungsrechtlich garantierten Schutzbereich ist nicht möglich. Wegen des
besonderen verfassungsrechtlichen Schutzes der Ehe darf der Gesetzgeber
die nichteheliche Lebensgemeinschaft nicht der Ehe gleichstellen. Andererseits lehnt die deutsche Rechts- und Verfassungsordnung die nichteheliche
Lebensgemeinschaft auch nicht ab. Im Rahmen ihrer verfassungsrechtlich
garantierten allgemeinen Handlungsfreiheit können sich Personen verschiedenen oder gleichen Geschlechts deshalb zu einer nichtehelichen Lebensgemeinschaft zusammenfinden. Langfristig könnte es auf europäischer Ebene
zu einer weiteren Aufwertung der nichtehelichen Lebensgemeinschaft kommen. So ist es überwiegende Meinung, dass die heterosexuelle eheähnliche
Lebensgemeinschaft unter den Schutz des Familienlebens nach Art. 8 der
Europäischen Menschenrechtskonvention fällt. Die nationalen Rechtsordnungen der Mitgliedsländer des Europarates dürfen nichteheliche Lebensgemeinschaften also nicht unterbinden, sondern müssen sie respektieren.

Für die Rechtsbeziehungen der Partner einer nichtehelichen Lebensgemeinschaft untereinander gibt es keine besonderen gesetzlichen Regelungen. Die Partner einer nichtehelichen Lebensgemeinschaft können ihr Zusammenleben jedoch im Rahmen der allgemeinen Vertragsfreiheit durch
einen Partnerschaftsvertrag regeln. Die notarielle Praxis hat hierzu Muster-
verträge entwickelt. Eine vertragliche Regelung ist empfehlenswert, wenn
gemeinsam Vermögensgegenstände größeren Umfangs, wie z. B. Unternehmensbeteiligungen oder Immobilien erworben werden. Bei gemeinsamen
Kindern kann es außerdem sinnvoll sein, Unterhaltspflichten der beiden
nichtehelichen Partner untereinander vertraglich zu fixieren. Gegenüber
den Kindern ist zwar jeder Partner einer nichtehelichen Lebensgemeinschaft als Elternteil zum Unterhalt verpflichtet. Zwischen den Partnern
selbst bestehen jedoch keine Unterhaltsansprüche, wenn man von den zeitlich begrenzten Sonderregeln aus Anlass der Geburt eines Kindes absieht.

Aus Sicht des Unternehmervaters ist zu einer nichtehelichen Lebensgemeinschaft insbesondere Folgendes zu bemerken: Wenn der Lebenspartner
des eigenen Kindes dem Unternehmer keine Gewähr für eine gedeihliche
Fortführung des Unternehmens zu bieten scheint und auch privat eine

Messalliance vorliegt, sollte der Unternehmer seinem Sohn oder seiner Tochter von einer Heirat abraten. Dies gilt insbesondere dann, wenn es sich bei dem Kind des Unternehmers um einen Sohn handelt und jener von seiner schwangeren Freundin zur Heirat gedrängt wird. Hier erlaubt ein Partnerschaftsvertrag eine flexiblere Regelung. Insbesondere werden die zwingenden gesetzlichen Vorschriften über Unterhalt und Versorgungsausgleich umgangen. Problematisch bei nichtehelichen Lebensgemeinschaften ist allerdings, dass Schenkungen oder sonstige unentgeltliche Zuwendungen des einen Partners an den anderen Partner bei Scheitern der Beziehung grundsätzlich nicht zurückgefordert werden können. Falls die Eltern dem in einer nichtehelichen Lebensgemeinschaft lebenden Kind im Wege der vorweggenommenen Erbfolge bedeutende Vermögenswerte übertragen, sollte deshalb vereinbart werden, dass die betreffenden Gegenstände nicht ohne Zustimmung der Eltern veräußert oder belastet werden können. Wenn z. B. die Eltern ihrem Sohn vorab eine Immobilie übertragen, besteht die Gefahr, dass der Sohn gegebenenfalls von seiner Lebensgefährtin unter Druck gesetzt wird, das Haus hälftig weiter zu übertragen. Dieser psychologische Druck wird von vornherein vermieden, wenn die Weiterübertragung an die Zustimmung der Eltern gebunden ist. Entsprechendes gilt auch für Beteiligungen an einem Familienunternehmen. Je nach Lage des Einzelfalls empfiehlt sich unter Umständen eine Absicherung des Veräußerungs- und Belastungsverbotes durch einen Rückforderungsanspruch, der gegebenenfalls bei Beteiligungen durch automatische Rückfallklauseln und bei Immobilien durch eine Vormerkung im Grundbuch zu sichern ist. Regelungen sollten im gegenseitigen Einverständnis getroffen werden. Auch hier kann der Notar, der von Gesetzes wegen zur strikten Neutralität verpflichtet ist, helfen und mit den Beteiligten eine faire Lösung erarbeiten.

Eingetragene Lebenspartnerschaft

Vielleicht ist es ein Zufall, dass ich in meinem Berufsleben besonders häufig mit Unternehmen zu tun hatte, in denen Mode, Design und auch Kunst eine wichtige Rolle spielten. Ich habe solche Unternehmen immer besonders gern beraten, weil Kreativität mich ein Leben lang fasziniert hat. Dabei bin ich häufig auf Menschen gestoßen, die gleichgeschlechtlich veranlagt waren. Von den älteren unter ihnen habe ich erfahren, wie sie während der Zeit des Nationalsozialismus ständig das Konzentrationslager vor Augen hatten und in Angst und Schrecken leben mussten. Daher lehne ich jede Diskriminierung gleichgeschlechtlicher Lebensgemeinschaften ab. Sie jedoch Ehe und Familie rechtlich gleichzustellen, wie dies der bundesdeutsche Gesetzgeber getan hat, halte ich nicht für richtig. Der Familienunternehmer muss die neue Rechtslage allerdings im Hinblick auf die Sicherung der Liquidität seines Betriebes zwingend in Betracht ziehen.

Gleichgeschlechtliche Beziehungen gibt es, wie überall, auch in unseren Eigentümerfamilien. Sie müssen nach Inkrafttreten des neuen Rechts wie der ehevertragliche Güterstand unbedingt gesellschaftsrechtlich geregelt werden (vgl. hierzu das am Schluss des Kapitels wiedergegebene Muster einer »Güterstandsklausel«). Dies hat mir recht deutlich eine Begebenheit vor Augen geführt, mit der ich kürzlich konfrontiert wurde. Ein junger Mann, der nach Meinung aller Außenstehenden gemeinsam mit seiner attraktiven Ehefrau und drei wohl erzogenen Kindern ein glückliches Familienleben führte, zog wenige Monate nach dem Unfalltod seiner Frau mit einem Freund zusammen. Die Familie war ebenso empört wie ratlos. Die Kinder hatten die Unternehmensbeteiligung der Mutter geerbt. Der Vater – mit dem man jetzt nichts mehr zu tun haben wollte – war jedoch ebenfalls Gesellschafter geworden und übte jetzt als gesetzlicher Vertreter seiner Kinder deren Gesellschaftsrechte aus. Eine schwierige Problematik, die man vorbeugend hätte regeln können müssen.

Die rot-grüne Bundesregierung hat in der vergangenen Legislaturperiode die Einführung einer gesetzlich geregelten Lebenspartnerschaft für gleichgeschlechtliche Paare betrieben, denen ein Zusammenleben in einem rechtlich geordneten Rahmen wie bei Eheleuten ermöglicht werden soll.

Es gibt wenig Gebiete, auf denen sich eine Änderung der gesellschaftlichen und rechtlichen Bewertung deutlicher zeigt als bei der Homosexualität. Gleichgeschlechtliche Akte waren traditionell nach § 175 des Strafgesetzbuches als Unzucht strafbar. Seit 1975 wurde nur noch der gleichgeschlechtliche Verkehr mit Minderjährigen bestraft. 1994 wurden die entsprechenden Strafvorschriften ganz gestrichen. Seitdem sind Jugendliche unter 16 Jahren nur noch ganz allgemein gegen sexuellen Missbrauch geschützt.

Im Zusammenhang mit der Aufhebung der allgemeinen Strafbarkeit der Homosexualität gab es eine lustige Begebenheit, die ich dem Leser nicht vorenthalten möchte. Der für seinen Humor bekannte frühere Stuttgarter Oberbürgermeister Manfred Rommel erwiderte auf die Frage eines Journalisten, wie er denn zur Aufhebung des § 175 stehe. Seine Antwort: »Solange es nicht zur Pflicht wird, bin ich einverstanden«.

Mit der Straflosigkeit der Erwachsenenhomosexualität war freilich noch keine gesellschaftliche und rechtliche Anerkennung homosexueller Partnerschaften verbunden. Diese erfolgte erst durch das »Gesetz zur Beendigung der Diskriminierung gleichgeschlechtlicher Gemeinschaften – Lebenspartnerschaftsgesetz« vom 16.02.2001, das mit Wirkung zum 01.08.2001 in Kraft trat. Normenkontrollklagen der sächsischen und bayerischen Staatsregierung vor dem Bundesverfassungsgericht hatten keinen Erfolg. Das Gericht erklärte das Lebenspartnerschaftsgesetz mit Urteil vom 17.07.2002 für verfassungsgemäß.

Nach dem Lebenspartnerschaftsgesetz können homosexuelle Paare eine gleichgeschlechtliche Lebenspartnerschaft mit eheähnlichen Wirkungen eingehen. Die Eingehung der Lebenspartnerschaft erfolgt grundsätzlich vor dem Standesbeamten, nur in Bayern, wo man den Unterschied zur Ehe besonders herausstellen wollte, vor dem Notar. Eingetragene Lebenspartner leben im gesetzlichen Vermögensstand der Ausgleichsgemeinschaft, der dem Güterstand der Zugewinngemeinschaft bei Ehegatten entspricht. Eine Gütertrennung oder eine Modifizierung der Ausgleichsgemeinschaft können im Rahmen eines notariell zu beurkundenden Lebenspartnerschaftsvertrages vereinbart werden, der von seinen Wirkungen her einem Ehevertrag entspricht. Die Lebenspartner sind ähnlich wie Ehegatten während der Dauer der Lebenspartnerschaft einander zu angemessenem Unterhalt verpflichtet. Auch nach Beendigung der Lebenspartnerschaft müssen sie ähnlich wie Ehegatten gegebenenfalls weiterhin Unterhalt leisten. Auch hier sind wie bei Eheleuten Abweichungen von den gesetzlichen Regelungen durch einen Lebenspartnerschaftsvertrag möglich. Ein Versorgungsausgleich findet im Unterschied zu Eheleuten nicht statt. Die Aufhebung der Lebenspartnerschaft erfolgt wie die Ehescheidung durch gerichtliches Urteil. Hinsichtlich des Erbrechts sind die Lebenspartner den Ehegatten im Wesentlichen gleichgestellt. Dies gilt jedoch nicht für die Erbschaftsteuer. Entsprechende steuerliche Regelungen hätten der Zustimmung des Bundesrats bedurft. Diese wurde jedoch von den CDU/CSU-geführten Ländern verweigert. Steuerlich werden nichteheliche Lebenspartner deshalb wie Fremde behandelt. Ob die eingetragene Lebenspartnerschaft gleichgeschlechtlicher Paare auf breite Akzeptanz stoßen wird, muss die Zukunft zeigen. Auf jeden Fall muss in der Unternehmerfamilie rechtzeitige Vorsorge getroffen werden. Wenn die Lebenspartnerschaft erst einmal rechtsgültig eingegangen ist, ist es hierfür zu spät.

Güterstandsklausel für Lebenspartnerschaften

(1) Jeder Gesellschafter ist verpflichtet, mit seinem Lebenspartner i. S. d. LPartG den Vermögensstand der Vermögenstrennung zu vereinbaren und diesen Vermögensstand aufrecht zu erhalten, solange er Gesellschafter ist.

(2) Ein Gesellschafter kann seiner Verpflichtung aus Absatz 1 auch dadurch nachkommen, dass er mit seinem Lebenspartner den Vermögensstand der Ausgleichsgemeinschaft vereinbart, sofern in einem Lebenspartnerschaftsvertrag i. S. d. § 7 LPartG zum einen die Verfügungsbeschränkung des § 1365 BGB zumindest im Hinblick auf die Gesellschaftsbeteiligung sowie zum anderen der Anspruch auf Ausgleich i. S. d. § 6 Abs. 2 S. 3 LPartG für den Fall der Aufhebung entweder generell oder wenigstens in Bezug auf die Beteiligung an der Gesellschaft ausgeschlossen worden ist (modifizierte Ausgleichsgemeinschaft).

(3) Jeder Gesellschafter ist weiterhin verpflichtet, mit seinem Lebenspartner i. S. d. LPartG eine Vereinbarung zu treffen, die im Falle des Ablebens des Gesellschafters gewährleistet, dass bei der Berechnung von Pflichtteils- und Pflichtteilsergänzungsansprüchen der Wert der gesellschaftsrechtlichen Beteiligung und die in der Gesellschaft vorhandenen Guthaben keine Berücksichtigung finden (modifizierter Pflichtteilsverzicht).

(4) Weist ein Gesellschafter den vorstehend vorgegebenen Vermögensstand nach Aufforderung durch die Gesellschafterversammlung nicht innerhalb einer Frist von drei Monaten nach, können die übrigen Gesellschafter die Einziehung seines Geschäftsanteils beschließen.

Kapitel 4

Die interne Nachfolge – der wichtigste Garant für Kontinuität

Die heutige Situation

Manche Entscheidungen sind unwiderruflich. Am Schicksal Max Müllers ist dies deutlich ablesbar. Seine Frau und Geschäftspartnerin war vor ihm gestorben, die Söhne hatten ihn mit ihrem Verhalten maßlos enttäuscht. Fälle wie dieser sind in Deutschland an der Tagesordnung. Sie verdeutlichen, dass Unternehmensnachfolge Chance und Risiko zugleich bedeutet. Es ist wie beim Sport – ein verpatzter Stabwechsel kann zum Rückfall auf einen der hinteren Plätze führen und ist kaum wieder wettzumachen.

Ohne Übertreibung lässt sich feststellen: Die Lage der deutschen Familienunternehmen hat sich zugespitzt. In vielen Unternehmen ist der Nachfolgeprozess nicht umfassend genug geplant. Fast ein Drittel aller Unternehmensübergänge erfolgt unfreiwillig, durch Tod, Unfall oder Handlungsunfähigkeit des Unternehmers. Mehr als die Hälfte der kleineren Betriebe musste nach »erzwungener« Nachfolge Umsatz- und Ertragseinbußen verkraften – oft in beträchtlichem Ausmaß.

Wer die negativen Folgen einer ungeregelten Übernahme bedenkt, muss sich eigentlich wundern, wie sträflich nachlässig viele Unternehmer immer noch mit der Frage ihrer Nachfolge umgehen, obwohl es sich doch schließlich um ihr Lebenswerk handelt. Und da der Wert eines Unternehmens heutzutage ausschließlich unter dem Gesichtspunkt der künftigen Erträge festgelegt wird, führt ein durch eine falsche Nachfolgekonzeption ausgelöster Gewinnrückgang zu einem bedenklichen Vermögensverfall. Die ungeklärte Nachfolge schädigt daher nicht nur den Zusammenhalt der Familie und gefährdet das Unternehmen – auch Mitarbeiter, Lieferanten, Banken, kurz, die gesamte Region ist davon betroffen. Statt im Tagesgeschäft hinter jedem Euro herzujagen, sollte der Unternehmer lieber die richtigen Prioritäten setzen. Was bei der Nachfolge verloren geht, kann im laufenden Geschäft oft in Jahrzehnten nicht mehr aufgeholt werden.

Die Liste der Betriebe, die den Generationswechsel nicht geschafft haben und dann auf die eine oder andere Art gescheitert sind, ist lang und weist so bekannte Namen wie Adidas, Otto Wolf, Grundig, Nixdorf oder Bleyle auf. Diese Einzelfälle ragen aus der breiten Masse missglückter Nachfolgekonstruktionen aufgrund ihrer bekannten Namen hervor. Doch die Liste derer, bei denen an die Stelle einer langfristigen Existenzsicherung des unternehmerischen Lebenswerks ein juristischer Scherbenhaufen aus zerstrittenen Familien, führungslosen Unternehmen und überflüssigen Steuerlasten getreten ist, ist lang. Reinhard Mohn hat vor wenigen Jahren einmal die Sicherung der Unternehmensnachfolge als große unternehmerische Herausforderung bezeichnet – eine Aussage, die heute für sein eigenes Unternehmen wieder aktuell geworden ist und die seine Ehefrau Liz Mohn – wie ich glaube – durch eine richtige Kurskorrektur in seinem Sinne neu geordnet hat.

Die Erkenntnis, dass die Planung der Nachfolge zunächst gleichberechtigt neben die klassischen die Planungspflichten eines Unternehmers, wie die Investitions-, Personal- und Finanzplanung treten muss, beginnt sich auch bei Familienunternehmen durchzusetzen, freilich viel zu zögerlich – und dann kann es manchmal zu spät sein, wie der Fall eines Automobilzulieferers zeigt: Bis in die achtziger Jahre hinein hatte man gut verdient, doch dann versäumt, sich rechtzeitig durch Übernahme zweier kleinerer Konkurrenten auf die veränderte Wettbewerbslage einzustellen. Vielmehr verzehrte die Familie ihre Kraft damit, zu diskutieren, wer von den drei Kindern die Nachfolge antreten sollte. Als sich die Eltern schließlich für die hochbegabte Tochter und gegen die mäßig intelligenten Söhne entschieden hatten, war es zu spät. Das Unternehmen war – von der Globalisierungswelle überrollt – nicht mehr lebensfähig und wurde von einem amerikanischen Großkonzern praktisch zum Nulltarif übernommen.

Doch selbst bei dem Bemühen um eine perfekte Regelung der Nachfolge kann es zur Katastrophe kommen. Was ist, wenn die Eltern die Nachfolge ganz auf ihren nachgeborenen Sohn ausrichten, dann aber viel zu früh sterben, sodass ein in Unternehmensfragen völlig unerfahrener Vormundschaftsrichter des örtlichen Amtsgerichts die Geschäfte übernehmen muss? Dieser Fall ist nicht aus der Luft gegriffen. Das Unternehmer-Ehepaar, von dem hier die Rede ist, war stets auf getrennten Wegen in den gemeinsam

Urlaub gefahren, aus panischer Angst, ihnen beiden könnte unterwegs etwas zustoßen – und das, bevor der Sohn die Ausbildung beendet hätte und als Nachfolger zur Verfügung stünde. Als sie sich dann einmal nach getrennter Anreise in den Urlaub zum Frühstück auf dem Balkon ihres Hotels niederließen, stürzte der Balkon mit ihnen in die Tiefe.

Und was ist, wenn sich ein allseits als kompetent geltender Erbe nach Antritt der Nachfolge ganz anders entwickelt, beispielsweise – wie ich das einmal erlebt habe – einer Sekte beitritt, die ihn seelisch und materiell unter Druck setzt? Für das Unternehmen war er nicht mehr tragbar, das stand außer Frage. Doch eisern hielt der Junior auf Geheiß des Sektenführers an seiner Führungsposition fest. Jetzt zeigte sich auf fatale Weise die Kehrseite des als perfekt angesehenen Nachfolgekonzepts: Der in dieser Situation dringend als Regulativ benötigte Einfluss der Gesellschafterversammlung war im Zuge der Nachfolgeregelung auf ein Minimum begrenzt worden. Es gab keine Möglichkeit, den Gesellschafter aus der Geschäftsführung zu entfernen.

Viele der in der Praxis vorzufindenden Nachfolgekonzepte bieten keine Erfolgsgewähr. Aus meiner Sicht ist dies darauf zurückzuführen, dass den steuerlichen Fragestellungen eine viel zu hohe Priorität eingeräumt wird. Diskutiert werden steuerlich ausgeklügelte Anteilsübertragungen, ausgefeilte Stiftungskonzepte und Wohnsitzwechsel zur Senkung der Erbschaftsteuerbelastung, neuerdings sogar die Einschaltung ausländischer Rechtsinstitute. Eine Nachfolgeplanung ist jedoch viel zu komplex, als dass sie sich allein auf rechtliche oder steuerliche Fragen reduzieren ließe. Völlig unterschätzt werden vor allem die menschlichen, psychologischen, aber auch die betriebswirtschaftlichen Fragen.

Nach meiner Überzeugung muss die Nachfolgeplanung elementarer Bestandteil der strategischen Unternehmensplanung sein, muss unabhängig vom Alter des Firmeninhabers jederzeit verfügbar sein und als dynamischer Prozess ständig der sich wandelnden konkreten Familien- und Unternehmenssituation angepasst werden. Rechtliche und steuerliche Regelungen haben dabei lediglich eine Hilfsfunktion. Sie sind zudem an den Bedürfnissen des Unternehmens auszurichten und nicht umgekehrt. So darf die Nachfolgeplanung heutzutage auch weder vom Unternehmer, noch von seinen rechtlichen und steuerlichen Beratern allein geprägt sein. Vielmehr sind alle Leistungsträger des Unternehmens daran zu beteiligen. Wenn der Senior über 40 Jahre hinweg das Unternehmen auf seine Person zugeschnitten hat, die wichtigsten Entscheidungsträger nur auf ihn eingeschworen sind und sein Rückzug darin besteht, dass er sich jeden Tag den letzten Kontostand mitteilen lässt, dann ist auch der geeignetste Nachfolger von vornherein zum Scheitern verurteilt. Übergabe bedeutet eben viel mehr als nur die formale Übergabe der Führung. In vielen Fällen muss sie mit einer zwar vorsichtig, aber zielstrebig durchzusetzenden organisatorischen Veränderung des Unternehmens einhergehen.

Eine erfolgreiche Nachfolgeplanung muss sämtliche möglichen Szenarien ernsthaft prüfen: die Einstellung fremder Geschäftsführer, den Verkauf an Investoren oder an leitende Mitarbeiter, die Fusion mit anderen Unternehmen – aber eben auch die Abgabe der Macht, zeitweise oder auf Dauer. Jeder Senior muss zudem wissen, dass Ziele wie der Erhalt des Unternehmens und die Mehrung des Familienvermögens oft nicht deckungsgleich sind und dass das Bestreben, die Kinder bei der Nachfolge gleichzubehandeln, meistens nicht im Interesse des Unternehmens liegt. Der Betrieb ist kein Erbhof, und die Kinder des Unternehmers mögen gut geraten, hochbegabt und intelligent sein und doch nicht das Zeug zu einem Unternehmer haben. Zwar gibt die überwältigende Mehrheit der Unternehmer immer noch einem aus der Familie stammenden Nachfolger den Vorzug vor einem Fremden. Doch die strikte Ausrichtung allein auf eine lebzeitige oder letztwillige Übertragung auf ein Familienmitglied verringert die Chancen einer erfolgreichen Nachfolgegestaltung bereits beim Start. Das gilt umso mehr, als Fähigkeit und Bereitschaft der nachfolgenden Generation, Verantwortung im Unternehmen zu tragen, deutlich sinkt.

Die richtige Nachfolgeplanung muss – wie gesagt – alle Möglichkeiten ausloten. Hat man sich jedoch dazu entschlossen, die Führung des Unternehmens in der Familie zu belassen, dann ist es unabdingbar, den Übergang vom Senior zum Junior mit allen Leistungsträgern im Betrieb abzustimmen. Eine einsame Entscheidung des Seniors könnte fatale Folgen haben und das Betriebsklima nachhaltig schädigen. Der Eintritt des Juniors sollte von langer Hand sorgfältig vorbereitet sein. Zudem hat sich der Junior seine Sporen in einem fremden Unternehmen zu erwerben und sollte im eigenen Unternehmen nach der richtigen Vorbereitung dann aber auch gleich in die oberste Führungsebene gelangen. Eine Tätigkeit in der zweiten Ebene würde das Betriebsklima empfindlich belasten. Die Mitarbeiter wissen schließlich um die besondere Stellung des Juniors. Nachfolgeplanung heißt aber auch, das gesamte Unternehmen auf den Prüfstand zu stellen. Der Junior muss seine eigenen Ideen durchsetzen und neue Konzepte verwirklichen können. Mit dem Generationswechsel verändert sich daher nicht nur der Führungsstil – auch die Inhalte unterliegen einem Wandel.

Die Diskussion um die Nachfolge deckt in vielen Familienunternehmen ohnehin Mängel auf, die bisher so nicht wahrgenommen wurden. Beispielsweise die Führungsproblematik: Die Ausrichtung des Unternehmens auf einen Patriarchen hat vielfach dazu geführt, dass sich eine leistungsfähige Führungsstruktur nicht herausgebildet hat. Aus diesem Grund fällt es Familienunternehmen häufig schwer, geeignete Führungskräfte an sich zu binden. Die Vorstellung, zwischen die unterschiedlichen Interessen verschiedener Familienstämme zu geraten oder dem fortwährenden Einfluss von Familienmitgliedern ausgesetzt zu sein, die sich nur pro forma in Aufsichtsgremien zurückgezogen haben, schreckt fähige Kandidaten für Führungspositionen ab. Häufig hat es der Inhaber auch versäumt, starke Führungspersönlichkeiten aufzubauen und diese neben sich oder unter sich zu dulden. Vielmehr verdrängt er die Nachfolgeproblematik, und weil er sich damit nicht beschäftigen will oder kann, hat er auch keinen passenden Nachfolger in Sicht. So wird der Rückzug ins Privatleben weiter hinausgezögert, wobei das Argument, noch keinen geeigneten Nachfolger gefunden zu haben, oft vorgeschoben ist. Der Senior ist untätig geblieben, weil er sich vor dem Verlust an Macht und Autorität fürchtet – eine sehr menschliche, aber gefährliche Einstellung. Er hält andere nicht für fähig, seinen Platz auszufüllen, weil er letztlich Angst hat, in ein ganz »tiefes Loch« zu fallen. »Kein Mensch wird je die eigenen Winkelzüge ergründen, die ersonnen werden, um dem bitteren Schatten der Selbsterkenntnis zu entrinnen.« Wohl nirgends passt dieses Wort des englischen Romanciers Joseph Conrad besser als auf das Verhalten vieler Familienunternehmer beim Gedanken an ihren Abtritt. Nur nicht daran denken, nur nichts im Voraus planen, scheint ihre Devise zu sein. Der tägliche Stress lässt angeblich keine Zeit, sich Gedanken über das »Leben danach« zu machen.

Doch dieser Zeitpunkt kommt. Wer das verdrängt, sich nicht darauf einstellt, den trifft es eines Tages unvorbereitet mit allen negativen Folgen. Wohl lässt er sich hin und wieder hinausschieben, durch Beratung des Juniors, durch Mandate in Bei- und Aufsichtsräten. Doch das ist meist nur eine kurze Frist, gleichsam eine Galgenfrist. Der Unternehmer weiß: Unaufhaltsam zerrinnt der im Berufsleben angesammelte Erfahrungsschatz. Immer weniger ist der Ältere gefragt, immer häufiger fühlt er sich übergangen. Andere, Jüngere üben jetzt Macht und Einfluss aus und genießen jene Vorrechte und Privilegien, die der Ältere einst erworben, sich mühsam erstritten hatte.

Das ist bitter, weil im Leben des Seniors der Beruf eine besonders wichtige Rolle spielt. Hier verbringt er die meiste aktive Zeit, hier knüpft er Kontakte, die oft auch über das rein Geschäftliche hinausgehen, hier sucht und findet er Anerkennung. Die Berufswelt hat sein Leben von morgens bis abends und oft auch an Sonn- und Feiertagen bestimmt. Viele Familienunternehmer klammern sich schon deshalb an den Betrieb, weil ihnen das Privatleben inzwischen weitgehend entglitten ist.

Nun soll diese Ordnung plötzlich nicht mehr gelten. Jetzt rächen sich die Versäumnisse vergangener Jahre. Auf jeden Lebensabschnitt war man vorbereitet – nur nicht auf das Ende der Berufsausübung. Stets waren die Gedanken daran auf später verschoben worden. Wenn der Stress des Arbeitsalltags erst einmal vorbei wäre, bliebe dann nicht genug Zeit für die Vorbereitung auf ein neues Leben? Dann würde man Bücher schreiben, Gärten anlegen, alte Sprachen lernen. Pläne gibt es immer. Doch sie müssen sofort in die Tat umgesetzt werden, wenn sie nicht bloße Gedankenspiele bleiben sollen. Der Beruf hat manche Familienunternehmer jedoch nie zur Ruhe, niemals zu sich selbst kommen lassen. Wie sollen sie jetzt ihr Leben einteilen, wonach sich ausrichten? Vielleicht zum ersten Mal werden sie nach dem Sinn des Lebens und damit auch nach dem Sinn ihres bisherigen Tuns fragen. Statt einen beschaulichen Lebensabend zu genießen, stürzt sie der Ruhestand vorerst in eine geistige Krise, die sie manchmal verunsichert, manchmal resignieren oder psychisch krank werden lässt.

Der Abschied vom Erwerbsleben muss nicht so enden. Stattdessen sollte man sich auf den neuen Lebensabschnitt richtig einstellen, und dieses Selbstbehaupten im Alter fällt natürlich leichter, wenn die Voraussetzungen dafür schon in jüngeren Jahren gelegt worden sind. Nie sollte der Beruf daher der alleinige Mittelpunkt des Lebens sein. Private Interessen und Kontakte erweitern das Gesichtsfeld, bilden ein gesundes Gegengewicht zum Beruf und lassen sich auch nach dem Ausscheiden weiter pflegen und verfolgen. In der Freizeit geknüpfte Freundschaften erweisen sich oft auch als dauerhafter als die geschäftlichen, bei denen immer zu fragen bleibt, was wirklich währt, wenn der berufliche Zweck entfällt.

Doch zu viele Familienunternehmer nehmen sich für diese Art von Altersvorsorge zu wenig oder gar keine Zeit. Man bedauert dies zwar, und die Nachdenklichen peinigt das Gewissen, weil sie erkennen, dass der Hinweis auf den Stress und die fehlende Zeit nur eine Ausrede ist, mehr noch, eine Flucht vor der eigenen Wirklichkeit, die unweigerlich in die Krise führt. Ehrlichkeit währt am längsten, heißt es. Dies gilt auch für uns selbst. Die Schreckensvision eines Jean Améry, Autor eines zutiefst pessimistischen Buches über das Altern, der die Alternden schon bald in Müdigkeit und Resignation »vor den Forderungen jedes neuen Tages« verfallen sieht, braucht nicht wahr zu werden. Doch dazu bedarf es der Einsicht zum Handeln, wie sie uns das sehr bemerkenswerte Buch von Frank Schirrmacher »Das Methusalem-Komplott« vermittelt.

Aber auch der Junior muss sich auf seine Aufgabe an der Spitze des Unternehmens vorbereiten. Zahlreiche Hindernisse gilt es zu überwinden. Da sind einmal die Ängste des Nachfolgers, der Aufgabe nicht gewachsen zu sein, Fehler zu machen, vom Vater oder den Mitarbeitern nicht akzeptiert zu werden. Nicht unberechtigt ist die Sorge, mit dem Vater vielleicht doch nicht so reibungslos zusammen arbeiten zu können, obwohl doch vorher alles genau abgesprochen war. Oft leidet das Selbstbewusstsein und damit auch die Risikobereitschaft des Nachfolgers unter der tatsächlichen oder vermeintlichen Dominanz des Vaters. Dieser wiederum ist zwar erfreut, dass sein Kind die Nachfolge antritt, gleichzeitig hat er – wie bereits geschildert – Angst, loszulassen. »Wird der Junior es auch tatsächlich packen?« wird er sich manchmal besorgt fragen. Denn er weiß: Nachfolgeregelungen sind fast immer unumkehrbare Entscheidungen.

Der Junior demgegenüber schwankt zwischen lähmendem Erwartungsdruck und Gestaltungsdrang. In dieser Situation sind beide oft nicht in der Lage, auftretende Konflikte rational zu lösen. Im Kampf der Generationen spielt dabei jeder seine Stärke aus: der Senior seine Erfahrung, der Junior seine Kenntnisse über neue Managementmethoden und -techniken. Hier ist es notwendig, einen Moderator einzuschalten. Denn wo »ratio« und »emotio« ungehindert aufeinanderprallen, entsteht Chaos. Beiratsmitglieder können wertvolle Hilfestellung leisten. Ohnehin gibt es für den Ablauf der Unternehmensübergabe kein Modell. Gebräuchlich sind vor allem zwei Ansätze: Der erste geht von einer punktgenauen Übergabe aus, einem Zeitpunkt, in dem der Junior die Geschäftsführung übernimmt und der Senior sich vollständig aus der Unternehmensleitung zurückzieht. Ein anderer Ansatz sieht eine schrittweise Übergabe über einen Zeitraum von mehreren Jahren vor.

Keinesfalls in allen Familienunternehmen ist es feststehende Tradition, dass die nachfolgende Generation eine Rolle im Unternehmen spielt. Bei der Familie Haniel beispielsweise ist es gar nicht erwünscht, dass Familienmitglieder im eigenen Unternehmen beruflich tätig werden. Eine vollständige Trennung zwischen Management und Familie ist hier vertraglich festgeschrieben. In anderen Unternehmen wiederum bekleidet die nachfolgende Generation nur Positionen in den Aufsichtsgremien und nimmt ihre Rechte in der Gesellschafterversammlung wahr. In den meisten Familienunternehmen erwarten Eltern jedoch ein unternehmerisches Engagement der Kinder. Doch sollte immer der Grundsatz gelten, dass allein Qualifikation und Motivation der Kinder maßgeblich sind. Engagement kann nicht erzwungen werden. Alles andere wäre für das Unternehmen oder die Familie schädlich. Manche Eltern wollen immer noch nicht begreifen, dass Kinder, die andere berufliche Ziele verfolgen, nicht etwa »missraten« sind. Doch auch Kinder, die nicht geeignet oder interessiert sind, können durchaus kompetent sein, um das von einem Fremdmanagement geführte Unternehmen zu begleiten, beispielsweise von einem kontrollierenden Gremium aus.

Dass die Kinder von Unternehmern nicht immer bereit sind, Verantwortung innerhalb des Betriebs zu übernehmen, liegt auch am Wandel innerhalb der Gesellschaft und der in ihr herrschenden Wertvorstellungen. Eine moralische Verpflichtung, das unternehmerische Erbe fortzuführen und über die eigenen beruflichen Ziele und Neigungen zu stellen, empfinden immer weniger Kinder. Auch die Verdienstmöglichkeiten im elterlichen Betrieb bilden kaum den nötigen Anreiz, sich von eigenen, von der Familie unabhängigen Plänen abbringen zu lassen. Andererseits zeigen Untersuchungen wie die schon erwähnte Shell-Studie, womit Kindern auch heute noch am ehesten die Nachfolge schmackhaft gemacht werden kann, nämlich mit der Aussicht darauf, sich in ein abwechslungsreiches Betätigungsfeld selbst gestaltend einbringen zu können.

Um dem Leser die Komplexität der vorhergegangenen Überlegungen nochmals geschlossen vor Augen zu führen, habe ich diese in zehn »goldenen Regeln« zusammengefasst:

10 goldene Regeln zur Nachfolge

- Nachfolgeplanung ist Bestandteil der Unternehmensstrategie.
- Steuerrecht und Gesellschaftsrecht haben bei der Festlegung der Nachfolgekonzeption lediglich eine Hilfsfunktion.
- Ein adäquates Nachfolgekonzept muss zu jedem Zeitpunkt verfügbar sein, denn der Ausfall des Seniors ist nicht planbar.
- Nachfolgeplanung heißt, das gesamte Unternehmen auf den Prüfstand zu stellen.
- Nachfolgeplanung muss von den Führungskräften des Unternehmens mitgetragen werden.
- Der Junior muss fachlich und persönlich mindestens ebenso qualifiziert sein wie Dritte.
- Frieden und Wohlstand innerhalb der Familie sind wichtiger als Unternehmenskontinuität.
- Tief gehende Konflikte in der Unternehmerfamilie sind stets emotional und niemals ausschließlich rational bedingt. Sie lassen sich deshalb auch nicht intern bewältigen. Man darf sich nicht scheuen, hier Dritte einzuschalten.
- Der Übergang der Macht vom Senior auf den Junior muss konsequent sein. Die Belegschaft darf keinen Anlass haben, ihn in Frage zu stellen.
- Nachfolgeplanung heißt für den Senior: Rechtzeitig private Lebensplanung für die Zeit »danach« betreiben. Ansonsten droht der Verlust des Lebensglücks.

Das Erbecht – ein Grundpfeiler unserer Eigentumsordnung

Eigentlich ist in den vorangegangenen Abschnitten bereits alles gesagt, was sich ein gewiefter Unternehmer, der seine Nachfolge regeln will, vor Augen halten muss. Aber nicht jeder Unternehmer findet sich im Gestrüpp des deutschen Erbrechts zurecht. Was ist ein Erbe und wie verläuft ein Erb-

gang? Wenn ein Mensch stirbt, geht sein Vermögen als Ganzes auf seine Erben über. Den Verstorbenen nennen die Juristen »Erblasser«, das von ihm
hinterlassene Vermögen bezeichnen sie als »Nachlass«.

Der Erbe wird Gesamtrechtsnachfolger: Mit dem Tod des Erblassers gehen alle Rechte und Pflichten des Erblassers auf den Erben über: Der Erbe
wird Eigentümer der dem Erblasser gehörenden Grundstücke und beweg-
lichen Sachen. Außerdem wird er Gläubiger aller bisher dem Erblasser zustehenden Forderungen, es sei denn, jene sind unvererblich. Gleichzeitig haftet
der Erbe für alle Verbindlichkeiten des Nachlasses, und zwar grundsätzlich
mit seinem gesamten Vermögen. Jedoch kann der Erbe unter bestimmten
Voraussetzungen seine Haftung auf den Nachlass, also auf das ererbte Vermögen, beschränken: Ist der Nachlass überschuldet, kann der Erbe ein
Nachlassinsolvenzverfahren beantragen, mittels dessen die Gläubiger des Erblassers aus dem Nachlass gleichmäßig zu einer bestimmten Quote befriedigt
werden. Das sonstige Vermögen des Erben haftet in diesem Falle nicht.

Mehrere Miterben bilden gemeinsam eine Erbengemeinschaft. Bis zu einer Auseinandersetzung des Nachlasses können sie über einzelne Nachlassgegenstände lediglich zusammen verfügen. Auch die Verwaltung des
Nachlasses steht grundsätzlich nur allen gemeinsam zu, es sei denn, es handelt sich um notwendige, besonders eilbedürftige Erhaltungsmaßnahmen.

Die Erbfolge bei grenzüberschreitenden Fällen richtet sich aus deutscher Sicht nach dem Recht des Staates, dem der Erblasser zum Zeitpunkt
seines Todes angehörte. Auf seinen Wohnsitz oder Aufenthalt kommt es
nicht an. Die Nationalität der Erben ist ebenfalls unerheblich. Die nachfolgenden Ausführungen beschränken sich auf das deutsche Recht. Der Erbe
muss den Erblasser – wenn auch nur um einige Sekunden – überleben.
Kann nicht festgestellt werden, wer von mehreren Personen zuerst verstorben ist – etwa bei einem Verkehrsunfall –, so wird vermutet, dass beide
gleichzeitig verstorben sind. Das kann in der Praxis große Bedeutung erlangen. Eine Erbfolge zwischen den gemeinsam verunglückten Personen, beispielsweise zwischen Vater und Sohn, ist dann ausgeschlossen.

Wer Erbe wird, kann der Erblasser durch eine Verfügung von Todes
wegen, das heißt durch ein Testament oder einen Erbvertrag, selbst bestimmen (gewillkürte Erbfolge). Die gesetzliche Erbfolge tritt ein, wenn der
Erblasser keine anderweitige Erbeinsetzung durch Testament oder Erbvertrag vorgenommen hat. Da nach Umfragen nur etwa jeder dritte Deutsche

ein Testament errichtet oder einen Erbvertrag abschließt, kommen die Regeln über die gesetzliche Erbfolge in zwei von drei Erbfällen zur Anwendung, allerdings – gottlob – selten im Bereich unserer Unternehmerfamilien.

Gesetzliche Erbfolge

Die gesetzliche Erbfolge sieht ein Verwandten- und ein Ehegattenerbrecht vor. Miteinander verwandt sind alle Personen, bei denen die eine von der anderen abstammt oder die beide von derselben dritten Person abstammen. Nichteheliche Kinder haben erbrechtlich die gleiche Stellung wie eheliche Kinder. Eine Differenzierung findet nicht mehr statt. Das gilt auch für den Übergang von Beteiligungen, wenn der Gesellschaftervertrag nichts anderes vorsieht.

Das Gesetz hat die Verwandten des Erblassers in Ordnungen eingeteilt. Zur ersten Ordnung gehören alle Nachkommen des Erblassers, also Kinder, Enkel und Urenkel. Zur zweiten Ordnung gehören die Eltern des Erblassers und deren Abkömmlinge. Zur dritten Ordnung gehören die Großeltern des Erblassers und deren Abkömmlinge. Die vierte Ordnung bilden die Urgroßeltern des Erblassers und deren Abkömmlinge. Erben der zweiten Ordnung kommen nur zum Zug, wenn zum Zeitpunkt des Erbfalls keine Erben erster Ordnung mehr vorhanden sind.

Das Verwandtenerbrecht wird durch das Erbrecht des Ehegatten teilweise verdrängt. Der Ehegatte erbt allerdings nur, wenn die Ehe zum Zeitpunkt des Todes noch besteht. Ein Erbrecht des Ehegatten ist daher ausgeschlossen, wenn die Ehe vor dem Tod des Erblassers durch gerichtliches Urteil aufgehoben oder rechtskräftig geschieden wurde. Trotz noch bestehender Ehe erbt der Ehegatte auch dann nichts, wenn zum Zeitpunkt des Erbfalls die rechtlichen Voraussetzungen für eine Scheidung vorlagen und der Erblasser die Scheidung beantragt oder ihr zugestimmt hatte.

Der Umfang des gesetzlichen Erbrechts des Ehegatten richtet sich nach dem ehelichen Güterstand. Grundsätzlich erbt der Ehegatte neben Verwandten der ersten Ordnung zu einem Viertel, neben Verwandten der zweiten Ordnung und neben Großeltern zur Hälfte. Sind weder Verwandte der ersten oder der zweiten Ordnung noch Großeltern vorhanden, erbt der Ehegatte allein.

Mangels einer abweichenden ehevertraglichen Regelung leben die Ehegatten im gesetzlichen Güterstand der Zugewinngemeinschaft. Bei Beendigung der Ehe durch den Tod des Erblassers hat deshalb ein Ausgleich des während der Ehe erzielten Zugewinns stattzufinden. Dieser Zugewinnausgleich erfolgt – wie bereits dargestellt – grundsätzlich durch eine pauschale Erhöhung des gesetzlichen Erbteils des überlebenden Ehegatten um ein Viertel. Haben die Ehegatten Gütertrennung vereinbart, findet eine Erhöhung des Erbteils nicht statt. Der Gesetzgeber hat jedoch insofern eine Sonderregelung getroffen, als der Erbteil des Ehegatten mindestens (!) gleich hoch ist wie derjenige eines jeden Kindes.

Gewillkürte Erbfolge

Der Erblasser ist an die Regeln der gesetzlichen Erbfolge nicht gebunden. Vielmehr kann er – und hiervon macht die große Mehrzahl der Unternehmer naturgemäß Gebrauch – nach freiem Belieben durch ein Testament oder einen Erbvertrag von der gesetzlichen Erbfolge abweichen. Die Testierfreiheit ist durch das Grundgesetz verfassungsrechtlich geschützt.

Hierzu ein Beispiel aus meiner Praxis: Ein Unternehmer, den ich jahrelang betreut hatte, war schwer krank und wurde seit Jahren aufopferungsvoll von seiner Ehefrau gepflegt. Seine Eltern waren bereits tot. Weitere Verwandte hatte er nicht. Wenige Monate vor seinem Tod lernte er eine attraktive Sekretärin kennen und setzte diese durch Testament zur Alleinerbin ein. Seine Frau sollte vom Erbe ausgeschlossen sein. Ihre Grenzen findet die Testierfreiheit im gesetzlichen Pflichtteilsrecht und in den guten Sitten. Somit stand der Ehefrau im obigen Fall immerhin ein Pflichtteil in Höhe der Hälfte ihres gesetzlichen Erbteils zu. Da sie nach der gesetzlichen Regelung Alleinerbin geworden wäre, konnte sie von der Sekretärin eine Ausgleichszahlung in Höhe von 50 Prozent des Wertes des Nachlasses verlangen. Sie erhielt im vorliegenden Fall jedoch den gesamten Nachlass, denn sie konnte anhand von Briefen ihres verstorbenen Ehemannes nachweisen, dass dieser die Sekretärin nur deshalb als Erbin eingesetzt hatte, um sie zur Fortsetzung einer sexuellen Beziehung zu veranlassen. Damit waren das Testament und die Erbeinsetzung sittenwidrig und nichtig.

Für eine von den gesetzlichen Regelungen abweichende Erbeinsetzung stehen dem Erblasser zwei verschiedene Rechtsinstrumente zur Verfügung: das Testament und der Erbvertrag. Während das Testament eine einseitige Erklärung des Erblassers darstellt, die jederzeit geändert werden kann, ist der Erbvertrag ein zweiseitiges Rechtsgeschäft mit dem Erben oder einem anderen Dritten.

Für das Testament sieht das deutsche Recht grundsätzlich zwei verschiedene Formen vor, das handschriftliche (oder in der Juristensprache »eigenhändige«) Testament und das notarielle Testament. Beim handschriftlichen Testament muss der gesamte Wortlaut vom Erblasser eigenhändig geschrieben und der Text sodann von ihm unterschrieben werden. Schreibmaschinentexte und Computerausdrucke reichen nicht aus. Auch eine handschriftliche Verweisung auf solche Texte ist unzulässig. Die Unterschrift muss am Ende des Textes stehen, um diesen räumlich abzudecken. Ort und Zeitpunkt müssen im Testament zwar nicht angegeben werden. Ihre Angabe ist jedoch zweckmäßig. Denn bei mehreren Testamenten ist das zeitlich letzte Testament maßgeblich. Das gilt jedoch nur, soweit sich die Verfügungen inhaltlich widersprechen.

Hierzu eine Begebenheit, wie sie nur das Leben schreiben kann. Von einem im Süden Deutschlands lebenden Unternehmer, der eine weltweit eingeführte Bekleidungsmarke aufgebaut hatte, war bekannt, dass er in mühsamer Ehe lebte. Und wer seine grämlich dreinblickende Ehefrau und die beiden wenig anziehenden Töchter kannte, der hatte Verständnis dafür, dass er – obwohl inzwischen schon über 80 Jahre alt – des Öfteren über das Wochenende das Weite suchte. Eine solche Kurzreise wurde der Familie zum Verhängnis. In Wien fiel der alte Herr einer keinesfalls gut beleumundeten Dame in die Hände, welche die Situation sofort richtig einschätzte und ihn mit alledem versorgte, was er zu Hause vermisst hatte: Liebe, Verständnis und Bewunderung. Man blieb zusammen und auf Bitten der Dame, die ihn wohl auch hierzu gedrängt hatte, errichtete er ein Testament, in dem er ihr seinen wertvollen privaten Grundbesitz vermachte. Als der alte Herr nach einigen Jahren bemerkte, dass ihm in Wien weniger Zuneigung als Berechnung entgegengebracht worden war, errichtete er ein neues Testament. Im Nachhinein erschien ihm das ausgesetzte Vermächtnis – der Verkehrswert des Grundbesitzes lag bei 30 Millionen D-Mark – einerseits als Gegenleistung für die erhaltenen Dienste doch zu generös, andererseits wollte er sich als Gentleman der alten Schule durchaus als großzügig erweisen und für das Alter seiner zeitweiligen Bekanntschaft vorsorgen. In dem neuen Testament verschrieb er – ohne das alte Testament auch nur zu erwähnen – der Wiener Dame lediglich seine nicht unerhebliche Firmenrente. Sodann kehrte er nach Hause zurück, wo er nach Ableistung einer Generalbeichte wieder gnädig in den Kreis der Familie aufgenommen wurde.

Kurze Zeit nach seinem Tod – die Familie hatte sich mit dem Verlust der Firmenrente abgefunden – traf der Brief eines Wiener Anwalts ein: Seine Mandantin habe beides – Firmenrente und Privatgrundbesitz – zu beanspruchen. Der Verstorbene habe die seelischen Schmerzen, die er der Mandantin durch seinen Wegzug aus Wien zugefügt habe, damit ausgleichen wollen, dass er ihr auf die bereits ausgesetzten Grundstücke sozusagen als Draufgabe noch die Firmenrente eingeräumt habe. Man zog vor Gericht. Der Prozess dauerte acht lange Jahre und endete für die Familie mit einem Desaster. Die Neffen der Wiener Dame – sie selbst war inzwischen ebenfalls tot – erhielten beides: Grundstücke und Nachzahlung der Witwenrente bis zum Tod der Tante. Nach Auffassung des Gerichts hätte der Unternehmer, wenn dies seine Absicht gewesen wäre, in seinem zweiten Testament die vorhergehende letztwillige Verfügung ausdrücklich aufheben müssen. Beide widersprächen sich nicht, sondern seien ergänzend zu verstehen. Auch sonst ging die Angelegenheit für die Familie sehr unglücklich aus: Das Unternehmen wurde wenige Jahre später nicht zuletzt durch die Uneinsichtigkeit prominenter, aber wirtschaftlich unerfahrener Berater insolvent. Für die beiden Töchter – als Alleinerben der Mutter – war kaum noch genug zum Leben übrig geblieben. Ein Fall mitten aus dem Leben, wie er schlimmer für eine Familie eigentlich nicht hätte ausgehen können – und das nur aufgrund einer gravierenden Unkenntnis der Grundprinzipien unseres Erbrechts.

Der beste Weg, eine sachgerechte Regelung zu gewährleisten, die den Willen des Erblassers korrekt zum Ausdruck bringt, ist sicherlich ein notarielles Testament. Dieses hat erhebliche Vorteile. Oft wird ein Testament erst im hohen Alter errichtet oder geändert. Ein Testament ist aber in jedem Falle nur dann gültig, wenn der Erblasser zum Zeitpunkt der Errichtung testierfähig war. Der Notar ist von Gesetzes wegen verpflichtet, die Testierfähigkeit des Erblassers vor der Beurkundung eines Testaments zu überprüfen. Damit werden Zweifel hinsichtlich der Testierfähigkeit ausgeschlossen und spätere Streitigkeiten über die Gültigkeit des Testaments vermieden.

Außerdem bringt der Notar das notarielle Testament unverzüglich in die besondere amtliche Verwahrung bei der Nachlassabteilung des zuständigen Amtsgerichts. Dadurch wird sichergestellt, dass das Testament später gefunden wird. Außerdem wird verhindert, dass es beispielsweise von einem enterbten Kind oder sonstigen Verwandten vernichtet oder verfälscht wird.

Das notarielle Testament kostet den Erblasser zwar Geld. Namentlich bei einem größeren Vermögen können hier durchaus hohe Notargebühren anfallen. So betragen die Kosten für ein notarielles Testament bei einem Nettovermögen von 20 Millionen Euro immerhin 17 157 Euro (jeweils zuzüglich Mehrwertsteuer und Auslagen). Gleichzeitig hilft das notarielle Testament jedoch, den Erben Kosten zu sparen. Dem Grundbuchamt genügt zur Eigentumsumschreibung von Grundstücken auf die Erben als Erbnachweis ein notarielles Testament in Verbindung mit dem Eröffnungsprotokoll des Amtsgerichts. Ähnlich verhält es sich hinsichtlich der Verfügungsgewalt über Guthaben mit den meisten Banken. Dadurch wird die Beantragung eines gebührenpflichtigen Erbscheins im Regelfall entbehrlich. Beim Erbschein wird aber das Doppelte der Gebühren für ein Testament fällig: Eine Gebühr fällt für den Erbscheinsantrag an, eine weitere für die Erbscheinserteilung.

Sowohl handschriftliche als auch notarielle Testamente können – wie oben dargelegt – jederzeit widerrufen werden. Der Widerruf hat ebenfalls durch Testament zu erfolgen. Es müssen also die für ein handschriftliches oder ein notarielles Testament geltenden Formvorschriften eingehalten werden. Dabei kann ein notarielles Testament auch durch ein handschriftliches Testament widerrufen werden und umgekehrt.

Die Testierfreiheit schließt nicht aus, dass sich der Erblasser durch eine bestimmte Verfügung von Todes wegen selbst in seiner Testierfreiheit beschränkt. Dies kann entweder durch ein gemeinschaftliches Testament oder durch Erbvertrag erfolgen.

Das gemeinschaftliche Testament

Das gemeinschaftliche Testament kann nur von Ehegatten oder eingetragenen Lebenspartnern einer gleichgeschlechtlichen Lebenspartnerschaft nach dem Lebenspartnerschaftsgesetz errichtet werden. Beim handschriftlichen gemeinschaftlichen Testament legt einer der Eheleute den gemeinschaftlichen letzten Willen handschriftlich nieder. Sodann ist die Erklärung von beiden Ehegatten eigenhändig zu unterschreiben.

Gemeinschaftliche Testamente sind nur eingeschränkt widerruflich. Wenn die Ehegatten »wechselbezügliche Verfügungen« treffen, können diese nur bis zum Tod des anderen Ehegatten widerrufen werden. »Wechselbezügliche Verfügungen« liegen immer dann vor, wenn die Verfügung des einen Ehegatten nur im Hinblick auf die Verfügung des anderen Ehegatten getroffen worden ist. Das prominenteste Beispiel für wechselbezügliche Verfügungen ist das so genannte Berliner Testament: Hier setzen sich die beiden Ehegatten gegenseitig zum alleinigen Erben ein. Außerdem bestimmen sie, dass Erben des länger lebenden Ehegatten die gemeinsamen Kinder sein sollen. Die gegenseitige Einsetzung zum Alleinerben erfolgt nur deshalb, weil die Kinder am Schluss alles erhalten sollen. Aus der Sicht der Ehefrau wäre es beispielsweise nicht in Ordnung, wenn der Ehemann nach ihrem Tod bei erneuter Heirat seine zweite Frau als Alleinerbin einsetzen und die Kinder aus erster Ehe enterben könnte. Deshalb entfaltet das Berliner Testament für den Ehemann Bindungswirkung. Er kann die Einsetzung der Kinder aus erster Ehe als Schlusserben nach dem Tod der ersten Ehefrau grundsätzlich nicht mehr rückgängig machen. Wegen der weit reichenden Folgen einer Bindungswirkung sollte im gemeinschaftlichen Testament stets ausdrücklich festgelegt werden, ob und welche Verfügungen wechselbezüglichen Charakter haben. Dass das Berliner Testament erbschaftsteuerlich ungünstig ist, ist den meisten Unternehmern bekannt. Dennoch ist es immer noch sehr verbreitet.

Der Erbvertrag

Die andere Möglichkeit, eine Selbstbindung des Erblassers herbeizuführen, besteht in der Errichtung eines Erbvertrages. Im Unterschied zum gemeinschaftlichen Testament kann ein Erbvertrag nicht nur von Ehegatten oder eingetragenen Lebenspartnern, sondern auch von allen sonstigen Personen geschlossen werden. So ist er etwa auch für Partner einer nichtehelichen Lebensgemeinschaft geeignet. Im Übrigen entfaltet ein Erbvertrag bindende Wirkung im Gegensatz zum gemeinschaftlichen Testament nicht erst mit dem Tode des anderen Teils, sondern bereits mit Vertragsschluss. Ein Erbvertrag bedarf zwingend der notariellen Beurkundung.

Beim Erbvertrag unterscheidet man zwischen »vertragsmäßigen« und sonstigen Verfügungen. Bei beiden handelt es sich um erbrechtliche Regelungen. Genau wie beim gemeinschaftlichen Testament ist die Bindungswirkung auf »wechselbezügliche Verfügungen« beschränkt. Daher erfasst die Bindungswirkung beim Erbvertrag nur die »vertragsmäßigen Verfügungen«. Die Parteien können auch einseitigen Verfügungen wie einer isolierten Erbeinsetzung Bindungswirkung zuerkennen, indem sie sie im Erbvertrag als »vertragsmäßig« bezeichnen. Zur einseitigen Änderung vertragsmäßiger Verfügungen ist der Erblasser grundsätzlich nur befugt, wenn er sich ein entsprechendes Recht (Änderungsvorbehalt) im Erbvertrag vorbehalten hat.

Unberührt bleibt freilich die Möglichkeit des Erblassers, vor seinem Tod durch Schenkung oder Verkauf frei über sein Vermögen zu verfügen. Der Abschluss eines Erbvertrages gewährleistet dem Begünstigten also keineswegs, dass er auch tatsächlich einmal die dem Erblasser derzeit gehörenden Vermögenswerte erhalten wird. Soll sich etwa die junge Generation einer Unternehmerfamilie dauerhaft in einem Familienunternehmen engagieren, so reicht es zur Absicherung der Kinder regelmäßig nicht aus, dass der Unternehmer sie in einem Erbvertrag zu seinen Erben einsetzt. Die Kinder können dann zwar mit Gewissheit davon ausgehen, dass sie den Senior eines Tages beerben werden. Knüpft der Senior jedoch in der Zwischenzeit, zum Beispiel während eines Urlaubs, zarte Bande, so kann er grundsätzlich sein gesamtes Vermögen einschließlich des Unternehmens verschenken. Wenn sich also die Nachfolger durch Ausrichtung der Berufsausbildung oder Berufswahl eindeutig auf eine Zukunft im elterlichen Familienunternehmen festlegen, sollten sie sich nicht mit einer bindenden Erbeinsetzung durch den Senior in einem Erbvertrag begnügen, sondern die sofortige Übertragung eines Teils der Geschäftsanteile im Wege der vorweggenommenen Erbfolge verlangen.

Besondere Gestaltungsoptionen bei Testament und Erbvertrag

In einem Testament oder Erbvertrag sollte sich der Erblasser regelmäßig nicht mit der bloßen Einsetzung eines bestimmten Erben begnügen. Es kann durchaus sein, dass der Erbe vor dem Erblasser verstirbt und den Erb-

fall nicht mehr erlebt. Zwar gibt es für diesen Fall bestimmte gesetzliche
Auslegungsregeln. So gelten etwa, wenn der Erblasser seine Kinder zu Erben eingesetzt hat, im Fall des Vorversterbens eines Kindes dessen Abkömmlinge – also die Enkel des Erblassers – als eingesetzt. Um spätere Erb-
schaftsstreitigkeiten zu vermeiden, sollte der Erblasser im Testament jedoch
regelmäßig Ersatzerben bestimmen. Außerdem empfiehlt es sich, eine eindeutige Reihenfolge festzulegen, nach der die Ersatzerben zum Zuge kommen.

Testament und Erbvertrag haben aber nicht nur deshalb eine wichtige
Bedeutung, weil der Erblasser mit ihnen von den Regeln der gesetzlichen
Erbfolge abweichen kann. Vielmehr kann der Erblasser durch sie neben der
Erbeinsetzung noch eine Reihe weiterer erbrechtlicher Anordnungen treffen, die eine maßgeschneiderte Lösung für den Einzelfall ermöglichen.
Wichtigste Anordnung neben der Erbeinsetzung dürfte das Vermächtnis
sein. Ein Vermächtnis verpflichtet den Erben, bestimmte Gegenstände aus
dem Nachlass einem Dritten zuzuwenden. Diese Konstruktion ermöglicht
es dem Erblasser, jemandem etwas zukommen zu lassen, ohne ihn wie bei
der Erbeinsetzung als Erben im Wege der Gesamtrechtsnachfolge am ganzen Nachlass zu beteiligen. Im Gegensatz zum Erben wird der Vermächtnisnehmer im Erbfall nicht automatisch Inhaber der Rechte, die dem Erblasser zugestanden haben. Vielmehr hat er lediglich einen schuldrechtlichen
Anspruch gegen den oder die Erben auf Übereignung des ihm vom Erblasser zugewendeten Gegenstandes oder auf Abtretung der ihm zugewendeten Forderung oder der ihm zugewendeten Beteiligung.

Bedeutung hat das Vermächtnis nicht nur dann, wenn es anderen Personen als den Erben zugewendet werden soll. Vielmehr kann es unter Umständen auch Sinn machen, Vermächtnisse zugunsten der Erben selbst aus-
zusetzen. Setzt der Erblasser mehrere Personen als Erben ein, so erben jene
nicht einzelne Gegenstände, sondern werden zu einer bestimmten Quote
(Erbteil) Miterben. Der Erblasser kann zwar eine Teilungsanordnung treffen, mit der er die Verteilung des Nachlasses regelt und einzelne Gegenstände bestimmten Miterben zuweist. Übersteigt der Wert der dem einzelnen Miterben zugewiesenen Gegenstände jedoch dessen Erbquote, so ist
dieser Miterbe den anderen Miterben gegenüber ausgleichspflichtig. Bei
Teilungsanordnungen sind deshalb Streitigkeiten über die Bewertung der
einzelnen Nachlassgegenstände vorprogrammiert. Dies kann dadurch ver-

mieden werden, dass der Erblasser anstelle einer Teilungsanordnung Vorausvermächtnisse zugunsten der einzelnen Miterben aussetzt. Beim Vorausvermächtnis erhält der begünstigte Miterbe einen Gegenstand aus dem Nachlass unabhängig von seiner Miterbenstellung ohne Anrechnung auf den Erbteil.

Eine weitere interessante Gestaltungsmöglichkeit im Rahmen eines Testaments oder Erbvertrags ist die Anordnung einer Vor- und Nacherbschaft. Beim Tod des Erblassers geht dessen Nachlass dann zunächst auf den Vorerben über. Mit Eintritt des Nacherbfalles, den der Erblasser definiert, z. B. durch den Tod des Vorerben, fällt die Erbschaft an den Nacherben. Der Vorerbe hat gegenüber dem Nacherben gewisse Rechenschaftspflichten. Außerdem unterliegt er bestimmten Verfügungsbeschränkungen. So darf er beispielsweise keine unentgeltlichen Verfügungen treffen, also keine zur Erbschaft gehörenden Gegenstände verschenken oder sonst ohne Gegenleistung weggeben. Außerdem bedarf er zu jeder Verfügung über Grundstücke der Zustimmung des Nacherben. Der Gedanke, der hinter einer Vor- und Nacherbschaft steckt, ist, dass dem Vorerben lediglich die Nutzungen (wie etwa Zinseinkünfte, Mieteinnahmen, Dividenden) des Nachlasses zustehen sollen, die Substanz jedoch dem Nacherben zukommen soll. Die Verfügungsbeschränkungen, denen der Vorerbe unterliegt, können durch entsprechende Anordnung im Testament oder im Erbvertrag teilweise gelockert werden. In diesem Fall spricht man von einem »befreiten Vorerben«. Die Anordnung einer Vor- und Nacherbschaft ist vor allem dann sinnvoll, wenn der Erblasser sein Unternehmen auf Dauer in der Familie halten will.

Ein ähnliches Ergebnis wie mit einer Vor- und Nacherbschaft lässt sich durch ein Nießbrauchsvermächtnis am Gesamtnachlass erreichen. Beim Nießbrauchsvermächtnis vermacht der Erblasser einer anderen Person das lebenslängliche Recht zur Nutzung sämtlicher Nachlassgegenstände. Ähnlich wie ein Vorerbe kann der Nießbrauchsberechtigte alle Nutzungen (Zinsen, Mieteinnahmen, Dividenden, Gewinnentnahmen) für sich behalten, ein mit dem Nießbrauch belastetes Unternehmen in Gemeinschaft mit dem Erben fortführen und zum Nachlass gehörende Immobilien weiterhin selbst bewohnen. Genau wie beim Vorerben kommen also beim Nießbrauchsvermächtnis die laufenden Erträge des Nachlasses dem Nießbrauchsberechtigten zugute, während die Substanz des Nachlasses für den endgültigen Erben erhalten wird.

Das Nießbrauchsvermächtnis am gesamten Nachlass bietet gegenüber der Anordnung einer Vor- und Nacherbschaft regelmäßig erbschaftsteuerliche Vorteile. Während Vor- und Nacherbschaft zivilrechtlich als Teile ein und desselben Erbfalls nach dem ursprünglichen Erblasser behandelt werden, gelten sie steuerlich als zwei gesonderte Erbfälle. Es fällt also zweimal die volle Erbschaftsteuer auf die Substanz des Nachlasses an. Eine Steuerermäßigung scheidet aus, sofern zwischen Vor- und Nacherbfall mehr als zehn Jahre liegen. Beim Nießbrauchsvermächtnis hat dagegen nur der endgültige Erbe den Wert der Substanz des Nachlasses zu versteuern. Für die Berechnung der Erbschaftsteuer des Nießbrauchsberechtigten wird der Jahreswert des Nießbrauches zugrunde gelegt, der mit einem vom Lebensalter abhängigen Kapitalisierungsfaktor multipliziert wird. Der so errechnete Steuerwert des Nießbrauchsvermächtnisses ist regelmäßig wesentlich niedriger als der Steuerwert der Substanz des Nachlasses.

Das Pflichtteilsrecht

Wie oben ausgeführt, ist die Testierfreiheit durch das gesetzliche Pflichtteilsrecht beschränkt. Das Pflichtteilsrecht stellt einen Kompromiss zwischen dem gesetzlichen Familienerbrecht einerseits und der Testierfreiheit andererseits dar. Der Erblasser kann zwar in einem Testament oder in einem Erbvertrag seine gesetzlichen Erben von der Erbfolge ausschließen. Das Pflichtteilsrecht garantiert bestimmten nahen Angehörigen jedoch eine Mindestteilhabe am Nachlass.

Zum Kreis der pflichtteilsberechtigten Personen gehören die Abkömmlinge des Erblassers (Kinder, Kindeskinder und entferntere Abkömmlinge) sowie die Eltern und der Ehegatte des Erblassers. Ein Pflichtteil steht den genannten Personen allerdings nur dann zu, wenn sie durch Testament oder Erbvertrag von der Erbfolge ausgeschlossen worden sind, der Erblasser sie also enterbt hat. Personen, die die Erbschaft ausgeschlagen haben, sind dagegen grundsätzlich nicht pflichtteilsberechtigt. Abweichendes gilt lediglich für den im Güterstand der Zugewinngemeinschaft lebenden Ehegatten: Ihm soll der Rückgriff auf die ehegüterrechtliche Auseinandersetzung ermöglicht werden, ohne dass er den Pflichtteil verliert.

Der Pflichtteilsberechtigte wird nicht selbst Erbe, sondern hat lediglich einen Geldanspruch gegen den Alleinerben oder gegen die Miterbengemeinschaft. Die Höhe des Pflichtteilsanspruchs beläuft sich auf die Hälfte des Wertes des gesetzlichen Erbteils. Hat der Pflichtteilsberechtigte keine Kenntnis vom Wert des Nachlasses, kann er von den Erben entsprechende Auskunft verlangen. Dieser Auskunftsanspruch kann notfalls gerichtlich durchgesetzt werden. Bestehen Zweifel an der Richtigkeit der Auskunft, kann der Pflichtteilsberechtigte verlangen, dass der oder die Erben die Wahrheit der Angaben eidesstattlich versichern. Die Abgabe falscher eidesstattlicher Versicherungen wird mit Geldstrafe oder mit Gefängnis bis zu drei Jahren bestraft.

Sobald der Pflichtteilsberechtigte die Informationen über den Wert des Nachlasses erhalten hat, kann er seinen Pflichtteilsanspruch berechnen und, falls die Erben nicht freiwillig zahlen, gerichtlich einklagen. Schuldner des Pflichtteilsanspruchs sind die Erben. Im Innenverhältnis können auch die Vermächtnisnehmer verhältnismäßig herangezogen werden, indem ihre Vermächtnisse anteilig gekürzt werden.

Stichtag für die Berechnung des Nachlasswertes ist der Tag des Todes des Erblassers. Ein findiger Erblasser könnte auf die Idee kommen, sein Vermögen noch schnell vor seinem Tod zu verschenken, um die Pflichtteilsansprüche seiner enterbten Kinder oder seines enterbten Ehegatten leerlaufen zu lassen. Der Gesetzgeber hat diese Gefahr jedoch erkannt und der Umgehung des Pflichtteilsrechts mit dem Institut des sog. Pflichtteilsergänzungsanspruchs einen Riegel vorgeschoben. Sämtliche Schenkungen und sonstigen unentgeltlichen Verfügungen, die der Erblasser in einem Zeitraum von 10 Jahren vor seinem Tod vorgenommen hat, werden dem Nachlass für die Berechnung des Pflichtteilsergänzungsanspruchs hinzugerechnet. Der Pflichtteilsergänzungsanspruch geht wie der Pflichtteilsanspruch auf Geld und richtet sich ebenfalls grundsätzlich gegen die Erben. Etwas anderes gilt jedoch dann, wenn den Erben bei Befriedigung des Pflichtteilsergänzungsanspruches selbst weniger als ihr eigener (aus dem erhöhten Nachlass errechneter) Pflichtteil verbleiben würde. In diesem Fall richtet sich der Pflichtteilsergänzungsanspruch direkt gegen den Beschenkten.

Über den Pflichtteil kommt der Erblasser grundsätzlich nicht hinweg. Er lässt sich ohne Zustimmung des Pflichtteilsberechtigten nicht beseitigen.

Möglich ist lediglich ein Pflichtteilsverzicht, der durch Vertrag zwischen dem Erblasser und dem Pflichtteilsberechtigten vor dem Notar abgeschlossen wird. Meistens werden sich Kinder oder Ehegatten jedoch nicht ohne Gegenleistung zu einem Pflichtteilsverzicht bereit erklären. Wenn der Erblasser den Kindern im Wege der vorweggenommenen Erbfolge bedeutende Vermögenswerte wie Geschäftsanteile oder Immobilien bereits vor seinem Tode überträgt, sollte er deshalb stets darüber nachdenken, ob er im Gegenzug einen Pflichtteilsverzicht verlangt. Als »milderes Mittel« bietet sich an, dass der Erblasser bei der Zuwendung eine Anrechnung auf den Pflichtteil bestimmt. Der Beschenkte muss sich dann später den Wert des im Weg der vorweggenommenen Erbfolge erworbenen Gegenstandes von seinem Pflichtteilsanspruch abziehen lassen.

Möchte der Erbe mit dem Nachlass nichts zu tun haben, so kann er die Erbschaft ausschlagen. Die Ausschlagung hat zur Folge, dass der Ausschlagende nicht Erbe wird. An seine Stelle treten die gesetzlich vorgesehenen oder durch Testament oder Erbvertrag bestimmten Ersatzerben. Die Ausschlagung ist erst nach dem Erbfall möglich. Sie hat durch eine entsprechende Erklärung gegenüber dem zuständigen Nachlassgericht (im Regelfall dem Amtsgericht des letzten Wohnsitzes des Erblassers) zu erfolgen.

Wer die Erbschaft ausgeschlagen hat, kann grundsätzlich keinen Pflichtteil mehr verlangen. Namentlich bei Unternehmen ist häufig unklar, ob eine Überschuldung vorliegt oder ein Liquiditätsengpass besteht. Wegen der weitreichenden Wirkung sollte eine Ausschlagung hier nur nach qualifizierter Beratung erfolgen. Die Ausschlagung der Erbschaft ist ausgeschlossen, wenn der Erbe die Erbschaft angenommen hat. Für die Annahme genügt jede formlose, mündliche Erklärung gegenüber dem Nachlassgericht, einem Gläubiger des Erblassers oder einem Miterben. Unter Umständen reicht sogar schlüssiges Verhalten (Weiterführung eines zum Nachlass gehörenden Unternehmens, Geltendmachung von zum Nachlass gehörenden Forderungen, Verkauf von zum Nachlass gehörenden Gegenständen) aus. Ein Geschäft des Erblassers darf deshalb nicht einfach weitergeführt werden, bevor der Erbe sich bewusst für die Übernahme der Erbschaft entschieden hat. Jedenfalls sollte die Möglichkeit zur Ausschlagung der Erbschaft in kritischen Fällen nicht leichtfertig durch eine schlüssige Annahme aufs Spiel gesetzt werden.

Der Erbschein

Erben ist schön. Nur – wie weist man nach, tatsächlich der Erbe zu sein? Der Gesetzgeber hat deshalb das Institut des Erbscheins geschaffen. Der Erbschein ist ein amtliches Zeugnis des Nachlassgerichts über die Erbfolge. Er führt als solcher allerdings noch keine inhaltliche Änderung der Rechtslage herbei. Wer aufgrund eines gefälschten Testaments einen Erbschein erschleicht, wird dadurch nicht etwa zum Erben. Die eigentliche Bedeutung des Erbscheins liegt vielmehr darin, dass Dritte auf seine Richtigkeit vertrauen dürfen: So kann eine Bank, der ein Erbschein vorgelegt wird, ein Guthaben des Erblassers mit befreiender Wirkung an die im Erbschein genannte Person auszahlen. Und ein Käufer kann ein Grundstück, als dessen Eigentümer der Erblasser im Grundbuch eingetragen ist, von der im Erbschein genannten Person wirksam erwerben. Selbst wenn sich hinterher herausstellt, dass der Erbschein unrichtig war, behalten die gegenüber gutgläubigen Dritten unter Vorlage eines Erbscheins getätigten Verfügungen des Scheinerben ihre Wirksamkeit.

Praktisch ersetzt wird der Erbschein in vielen Fällen durch eine notarielle Generalvollmacht, die über den Tod hinaus erteilt wird. Sind die Antragsvoraussetzungen erfüllt, ist je nach Geschäftsbelastung und Organisation des Nachlassgerichts nach zwei bis acht Wochen mit einer Erteilung des Erbscheins zu rechnen. Hierfür wird erneut eine Gebühr (ohne Mehrwertsteuer) fällig. Der Erbschein ist also eine teure Angelegenheit. Bei einem Nettowert des Nachlasses (Aktivvermögen abzüglich Verbindlichkeiten) von 5 Millionen Euro fallen derzeit (2004) 15 114 Euro Gebühren, bei einem Nettowert des Nachlasses von 20 Millionen Euro 34 314 Euro Gebühren an. Lassen sich die Dinge mit einer notariellen Generalvollmacht regeln, kommt man aufgrund der Deckelung der Höchstgebühr bei Vermögen über 500 000 Euro auf 403,50 Euro (zuzüglich Mehrwertsteuer und Auslagen) und damit unter Umständen erheblich billiger weg. Auch ein notarielles Testament kostet (wenn man von der Mehrwertsteuer absieht) nur halb soviel wie ein Erbschein und macht jenen in vielen Fällen entbehrlich. Freilich kann man sich darauf nicht immer verlassen. So können Banken, Versicherungen oder auch das Handelsregister für eine Auszahlung von Guthaben, Versicherungsleistungen oder für die Eintragung des Erben als Gesellschafter trotz notariellen Testaments auf der Vorlage eines Erbscheins bestehen.

Die Verzahnung zwischen Gesellschaftsvertrag und Testament

Wohl jeder Unternehmer weiß inzwischen, welch verheerende wirtschaftliche Folgen sich ergeben können, wenn Gesellschaftsvertrag und letztwillige Verfügung nicht exakt miteinander verzahnt sind. Dennoch wird gegen diesen elementaren Grundsatz immer wieder verstoßen. Bei Korrekturen und Ergänzungen des Gesellschaftsvertrages wird das Testament nicht geändert, oder umgekehrt, der Unternehmer glaubt leichtsinnigerweise, selbst die rechtlichen Folgen einer Änderung von Testament und/oder Gesellschaftsvertrag beurteilen zu können. Zudem ändert sich die Rechtsprechung ständig. Der Unternehmer kann beim besten Willen nicht immer die laufende Entwicklung verfolgen. Dagegen hilft nur ein einziges Mittel: Gesellschaftsvertrag und letztwillige Verfügung müssen regelmäßig (etwa alle drei Jahre) einem vollständigen »TÜV« unterzogen werden. Es wird allerdings vom Laien oft unterschätzt, welche tief greifenden Kenntnisse des Gesellschaftsrechts, des Familienrechts, des Steuerrechts und des Erbrechts hierzu erforderlich sind.

Ich wurde von der Ehefrau eines gerade verstorbenen Unternehmers um Rat gebeten. Dieser hatte sie als seine Alleinerbin eingesetzt. Dem einzigen Sohn sollte im Wege des Vermächtnisses der 40-prozentige Kommanditanteil des Vaters an der mit einem Kompagnon betriebenen Großhandelsfirma übertragen werden. Der Gesellschaftsvertrag sah vor, dass die Gesellschaft nur mit den Erben eines verstorbenen Gesellschafters fortgesetzt werden konnte. Der Sohn, der nach dem Willen des Vaters die Beteiligung erhalten sollte, war jedoch nicht Erbe geworden. Allein die Mutter war Erbin, allerdings mit der Verpflichtung, den ererbten Anteil an ihren Sohn herauszugeben, wozu sie auch bereit und willens war. Der Kompagnon jedoch berief sich auf den Wortlaut des Gesellschaftsvertrages und weigerte sich, die erforderliche Zustimmung zur Abtretung von der Mutter auf den Sohn zu erteilen. Ein schwieriger Fall, der von einem »gnädigen« Schiedsgericht zugunsten des Sohnes so gelöst wurde, dass die offensichtlich verunglückte Nachfolgeklausel im Gesellschaftsvertrag im Wege der Vertragsauslegung in ein Eintrittsrecht des Sohnes umgedeutet wurde. Dieser Streit hätte jedoch durchaus auch anders ausgehen können, womit der Familie ein schwerer wirtschaftlicher Schaden entstanden wäre; denn das für einen ausscheidenden Gesellschafter vertraglich vorgesehene Abfindungsguthaben lag weit unter dem wirklichen Wert des Anteils.

Der Versuch, die zuweilen verzwickte Rechtslage bei der Nachfolgeproblematik lückenlos darzulegen, würde den Rahmen dieses Buches sprengen. Lediglich zwei Hinweise möchte ich dem Leser noch geben. Als Erstes: Die vorstehende Schilderung bezieht sich ausschließlich auf die Beteiligung an Personengesellschaften. Die Rechtslage bei Kapitalgesellschaften ist eine völlig andere. Anteile an Kapitalgesellschaften sind ganz im Gegensatz zu Anteilen an Personengesellschaften von Gesetzes wegen stets frei vererblich. Diese freie Vererblichkeit kann durch die Satzung nicht ausgeschlossen werden. Soll bei einer GmbH der Kreis der möglichen Nachfolger von Todes wegen auf bestimmte Personen beschränkt werden, so ist dies nur durch flankierende Bestimmungen möglich, z. B. durch eine Regelung wonach die Gesellschaft die Anteile der nicht als Nachfolger vorgesehenen Erben einziehen darf oder muss. Die GmbH-Satzung kann also nicht – wie der Gesellschaftsvertrag einer Personengesellschaft – den Anteil von vornherein erbrechtlich »kastrieren«.

Als Zweites: Äußerster Sorgfalt bedarf die Nachlassgestaltung, wenn beim Erblasser steuerliches Sonderbetriebsvermögen vorhanden ist, beispielsweise der Erblasser das ihm privat gehörende Bürogebäude »seiner« GmbH & Co. KG mietweise überlässt. Sieht in diesem Fall der Gesellschaftsvertrag etwa vor, dass nur ein Abkömmling unter mehreren in die Gesellschafterstellung des Erblassers einrücken darf, so findet unausweichlich eine anteilige Gewinnrealisierung der im Bürogebäude befindlichen stillen Reserven statt, wenn dieses laut Testament allen Kindern gemeinsam zufällt. Welch drastische Folgen sich hieraus für die Familie ergeben können – bis hin zu einer weitgehenden Vermögensvernichtung – bedarf keiner weiteren Ausführungen.

Die Erbschaftsbesteuerung – eine schwierige Hürde

Die größte Gefahr für die Liquidität im Familienunternehmen ist die Erbschaftsteuer, und zwar in doppelter Hinsicht: Sie ist unvermeidbar und sie kommt unangekündigt. Der aus ihrer Zahlung resultierende Liquiditätsabfluss kann die Wettbewerbsfähigkeit eines Familienunternehmens entscheidend und dauerhaft beeinträchtigen.

Die Erbschaftsteuer ist aus versteuertem Einkommen zu zahlen. Nur wenige machen sich klar, dass dies bei einer Ertragsteuerbelastung von 45 Prozent bedeutet, dass zunächst einmal 180 Prozent des Steuerbetrages als zu versteuerndes Einkommen fließen müssen, um die Erbschaftsteuer überhaupt zahlen zu können. Diese wirtschaftliche Doppelbelastung des Nachlasses mit der Einkommensteuer des Erblassers einerseits und der Erbschaftsteuer der Erben andererseits ist rechtspolitisch untragbar. Deshalb läge es in unser aller Interesse, die Familienunternehmen von der Erbschaftsteuer zu befreien, wie dies in England und Spanien längst geschehen ist.

In der jetzigen politischen Situation ist an eine solche grundsätzliche Befreiung nicht zu denken. Zu stark ist noch immer die ideologische Vorstellung, wonach in der steuerfreien Erlangung von Vermögen im Erbfall ein Überbleibsel der Feudalgesellschaft gesehen wird. Zwar sind generelle inhaltliche Beschränkungen des Erbrechts, wie sie der liberale Nationalökonom John Stuart Mill und der französische Soziologe Émile Durkheim nachhaltig forderten, heute vom Tisch. Demgegenüber hat sich die Auffassung durchgesetzt, dass »das Erben« innerhalb der Familie die sozialen Strukturen festigt und ein volkswirtschaftlich begrüßenswertes Erwerbsmotiv darstellt. Doch schon wird von führenden Sozialdemokraten wieder gefordert, die Erbschaftsteuer weiter zu erhöhen. Hinzu kommt, dass das Bundesverfassungsgericht – voraussichtlich im Jahre 2005 – über die Verfassungsmäßigkeit der Grundstücksbewertung und der Privilegierung des Betriebsvermögens (Betriebsvermögensabschlag) zu entscheiden hat. Im Vorfeld dieser Entscheidung ergehen derzeit alle Erbschaftsteuerbescheide insoweit nur vorläufig. Trotzdem möchte ich meinen Lesern empfehlen, die Umsetzung sinnvoller Nachfolgegestaltungen nicht vom Ausgang des Verfahrens beim Bundesverfassungsgericht abhängig zu machen. Zu groß ist die Unsicherheit, dass nach Abschluss dieser Prozesse weitere Rechtsstreitigkeiten folgen werden.

Für die Übertragung unternehmerischen Vermögens gelten nach derzeitigem Erbschaftsteuerrecht (Stand 2004) die folgenden Bestimmungen:

- Der Erbschaftsteuertarif sieht nur noch drei Steuerklassen vor. Die Steuersätze steigen in der Steuerklasse I von 7 Prozent (bei einem Erwerb bis einschließlich 52 000 Euro) auf 30 Prozent (bei einem Erwerb über 50 Millionen Euro). In der Steuerklasse II variieren die Belastungssätze zwischen 12 und 40 Prozent, in der Steuerklasse III zwischen 17 und 50 Prozent.

- Die Freibeträge sind deutlich angehoben worden. Sie betragen nunmehr 307 000 Euro für den Ehegatten, 205 000 Euro für jedes Kind und 51 200 Euro für jede sonstige Person der Steuerklasse I. Der jedem Ehegatten zustehende Versorgungsfreibetrag ist auf 256 000 Euro erhöht worden.

- Bei der Vererbung von Anteilen an Personengesellschaften und Beteiligungen an Kapitalgesellschaften (bei letzteren nur, sofern der Anteilsbesitz 25 Prozent überschreitet) wird ein Freibetrag in Höhe von 225 000 Euro (so genannter Betriebsvermögensfreibetrag) gewährt. Der über den Freibetrag hinausgehende Betrag wird nur mit 65 Prozent angesetzt (Betriebsvermögensabschlag). Beide Vorteile entfallen rückwirkend, wenn die Anteile innerhalb von fünf Jahren veräußert werden.

- Betriebsvermögensfreibetrag sowie Betriebsvermögensabschlag werden unabhängig vom Verwandtschaftsgrad gewährt. Darüber hinaus genießen Personen der Steuerklassen I und II ein besonderes Steuerklassenprivileg. Danach fallen 88 Prozent des begünstigten Vermögens, unabhängig vom Verwandtschaftsgrad, stets in die günstige Steuerklasse I und lediglich 12 Prozent sind in der konkret anwendbaren Steuerklasse zu versteuern.

- Negativ schlägt die hohe Bewertung von Grundstücken zu Buche. Bei Grundstücken wird neuerdings ein Mietertragswertverfahren zugrunde gelegt, das in der Regel zu einem Ansatz von etwa 50 Prozent des Verkehrswertes führt. Eine weitere Anhebung der Grundstückswerte durch die für das Jahr 2005 erwartete Entscheidung des Bundesverfassungsgerichtes ist wahrscheinlich.

- Gesellschaftsanteile an Personengesellschaften werden mit einem besonders günstigen erbschaftsteuerlichen Wert angesetzt. Dieser entspricht im Wesentlichen den bilanzierten Buchwerten. Lediglich soweit Grundstücke oder Anteile an Kapitalgesellschaften im Betriebsvermögen der Personengesellschaft vorhanden sind, kommt ein spezieller Wertansatz zur Geltung. Grundstücke werden nach Mietertrag, Anteile an Kapitalgesellschaften nach dem so genannten Stuttgarter Verfahren bewertet, sofern nicht aus zeitnahen Verkäufen ein Marktpreis abgeleitet werden kann. Für börsennotierte Werte gilt der Börsenkurs. Der Wert nach dem Stuttgarter Verfahren liegt regelmäßig erheblich über dem steuerlichen Wert von Personengesellschaften, jedoch signifikant unter dem Börsenkurs. Zwingend ist dies jedoch nicht. Bei substanzstarken und ertragsschwachen Unternehmen kann das Stuttgarter Verfahren durchaus zu einem Wert unter dem vergleichbaren steuerlichen Ansatz eines Anteils an einer Personengesellschaft führen.

Ist die Erbschaftsteuer als größte Gefahr für die Liquidität des Familienunternehmens identifiziert, dann ist der Unternehmer geradezu verpflichtet, nach Mitteln und Wegen zu suchen, diese zu senken. Hierzu gibt es drei Ansatzpunkte. Der erste besteht darin, die Zusammensetzung des Nachlasses zu ändern. So ist beispielsweise die Vererbung von belasteten Grundstücken, solange diese noch geringer als mit dem Verkehrswert anzusetzen sind, immer günstiger als die Vererbung von Geld. Sind die Grundstücke belastet, so sind zudem die auf dem Grundstück ruhenden Belastungen mit ihrem Nominalwert voll abzugsfähig. Damit kann der Erblasser ein Grundstück mit einem Verkehrswert von einer Million Euro und einem steuerlichen Wert von einer halben Million Euro steuerfrei vererben, sofern er dieses zuvor hypothekarisch mit einer halben Million Euro belastet hat. Unlogischerweise gilt dies allerdings nur beim Erwerb von Todes wegen, nicht bei einer Schenkung, bei der eine auf dem Grundstück ruhende Belastung nach den Grundsätzen über die gemischte Schenkung nur teilweise abgezogen werden kann.

Die zweite Möglichkeit der Erbschaftsteuerreduzierung besteht in der bereits besprochenen Einbringung von Privatvermögen in eine gewerbliche Familiengesellschaft mit dem Ergebnis, dass die vom Gesetzgeber für die Vererbung von Betriebsvermögen vorgesehenen Vergünstigungen (Betriebsvermögensfreibetrag und -abschlag) voll in Anspruch genommen werden können.

Die dritte und wichtigste Möglichkeit, die Erbschaftsteuerlast zu mindern, besteht in der vorweggenommenen Erbfolge, die mit den beiden zuvor genannten Gestaltungsmöglichkeiten kombiniert werden kann.

Die vorweggenommene Erbfolge als Ausweg aus der Steuerfalle

Die vorweggenommene Erbfolge als wichtigste Gestaltungsmöglichkeit einer Reduzierung der Erbschaftsteuer soll im folgenden kurz dargestellt werden. Zusammengefasst geht es um die mehrfache Ausnutzung der Freibeträge, um eine Minderung der erbschaftsteuerlichen Progression und um die Verlagerung von Einkommen und künftiger Wertsteigerung auf die Erben, durch die der später zu versteuernde Nachlass bereits zu Lebzeiten des Erblassers »entlastet« wird.

Für eine vorweggenommene Erbfolge sprechen aber auch andere Gesichtspunkte. An erster Stelle steht das oft von den Kindern so dringlich erwartete Signal des Seniors. Die frühzeitige Übertragung ist für sie ein deutliches Zeichen des Vertrauens in ihre Fähigkeit und Verantwortungsbereitschaft. Die vorweggenommene Übertragung wird häufig mit einem Pflichtteilsverzicht der Begünstigten verbunden. Durch den Pflichtteilsverzicht erlangt der Unternehmer Gestaltungsfreiheit bei der Nachfolgeplanung. Ein Pflichtteilsverzichtsvertrag kann zwar mit volljährigen Kindern auch ohne Gegenleistung abgeschlossen werden. Es entspricht jedoch einer fairen und ausgewogenen Einstellung des Unternehmers, für den Pflichtteilsverzicht eine adäquate Gegenleistung zu erbringen. Umgekehrt ist es für die Nachfolgegeneration von Vorteil, eine solche Vereinbarung auch dann abzuschließen, wenn der volle Wert etwaiger Pflichtteilsansprüche nicht erreicht wird. Denn die Nachfolger erhalten hierdurch frühzeitig die Verfügungsmöglichkeit über Einkunfts- und Vermögensquellen, auf die sie sonst lange warten müssten. So kann es ein Gebot der Fairness sein, einen Abkömmling, der seine berufliche Karriere außerhalb des elterlichen Unternehmens sucht, hierbei finanziell zu unterstützen.

Ein weiterer Vorteil der vorweggenommenen Erbfolge liegt darin, dass Pflichtteilsergänzungsansprüche von Personen, die der Unternehmer aus bestimmten Gründen nicht bedenken möchte – beispielsweise Kinder, die sich als undankbar erwiesen haben – nach Ablauf einer Zehnjahresperiode für das vorweg übertragene Vermögen im Erbfall nicht mehr berücksichtigt werden.

Oft stehen der vorweggenommenen Erbfolge große emotionale Vorbehalte entgegen. So war es mir einmal nach jahrelangen Gesprächen gelungen, die Seniorchefin eines bedeutenden Handelsunternehmens, welcher von ihrem verstorbenen Mann der Grundsatz »Schenke nie mit warmer Hand, dabei hat man sich oft verbrannt« ans Herz gelegt worden war, zur Vermögensübertragung auf ihren mittlerweile über fünfzigjährigen Sohn zu bewegen. Durch die vorweggenommene Erbfolge wäre Erbschaftsteuer in zweistelliger Millionenhöhe gespart worden. Als wir nun alle beim Notar versammelt waren und dieser soeben die Schenkungsurkunde verlesen hatte, griff die alte Dame zu ihrem Füllhalter, um den Vertrag »abzusegnen«. Doch dazu kam es nicht. Ein unbedachtes Wort des Notars machte jahrelange Bemühungen mit einem Schlag zunichte. »Gnädige Frau, überlegen Sie es sich genau. Wenn Sie jetzt unterschrieben haben, dann besitzen Sie nichts mehr.« Sprach's, die alte Dame legte den Füller nieder, stand auf und verließ das Amtszimmer.

Oft sind Vorbehalte anders als in dem soeben geschilderten Beispiel sachlich gerechtfertigt. So hatte der Bundesgerichtshof über den Fall eines bedeutenden Automobilzulieferers zu entscheiden. Die beiden Senioren hatten schon sehr früh 80 Prozent ihrer Beteiligung an ihren jeweiligen Nachfolger übertragen, sich dabei aber ihre Stimmrechte vorbehalten. Jahrelang versuchte anschließend einer der beiden Begünstigten, seinen Vater aus dem Unternehmen herauszudrängen. Die Entscheidung des Bundesgerichtshofes schlug in Fachkreisen wie eine Bombe ein: Wegen »groben Undanks« musste der Streithahn nicht nur die Anteile, sondern auch alle zwischenzeitlich hierauf gezahlten Dividenden an den Senior zurückgewähren. Man mag sich angesichts dieses Urteils manche Gedanken über die vorweggenommene Erbfolge machen – nicht zu Unrecht. Fälle, in denen Ähnliches geschieht, häufen sich. Das liegt keinesfalls immer an einer Charakterschwäche der Junioren. Oft sind es Dritte, die aus Eigeninteresse negativen Einfluss ausüben. Umfangreiche Schenkungen unter Lebenden müssen daher stets unter drei Vorbehalten stehen: Als Erstes muss zum Zeitpunkt der Schenkung vereinbart werden, dass die Schenkung auf einen etwaigen Pflichtteil anzurechnen ist. Sonst kann der Begünstigte später seinen vollen Pflichtteil ohne Berücksichtigung der erfolgten Schenkung verlangen. Als Zweites muss sich der Schenker gegen groben Undank durch eine Widerrufsklausel absichern. Hierbei setzt die konkrete Formulierung naturgemäß große Erfahrung voraus. Schließlich muss geregelt sein, was mit dem schenkungsweise übertragenen Vermögen geschehen soll, falls der Beschenkte vor dem Schenker verstirbt oder handlungsunfähig wird.

Entschließt sich der Unternehmer zu einer Vermögensübertragung im Wege der vorweggenommenen Erbfolge, so will er in der Regel alle seine Kinder, auch die minderjährigen, gleich bedenken. Das jedoch setzt vorab die Klärung zivilrechtlicher und steuerlicher Fragestellungen voraus: Kann vorab der Minderjährige selbst tätig werden oder muss sein gesetzlicher

Vertreter für ihn handeln? Sofern Letzteres der Fall ist: Dürfen die Eltern den Minderjährigen vertreten oder muss das Vormundschaftsgericht einen Ergänzungspfleger bestellen? Und schließlich: Bedarf die Rechtshandlung einer Genehmigung durch das Vormundschafts- oder durch das Familiengericht? Was ist steuerlich zu beachten, damit die gewollte Wirkung eintritt? Fragen, deren Beantwortung präzise Rechtskenntnisse voraussetzt und die im nachstehenden Kapitel behandelt werden sollen.

Minderjährige und kranke Kinder

Es entspricht einer langen Tradition im Familienunternehmen, die Kinder sehr zeitig am elterlichen Betrieb zu beteiligen. Dies geschieht nicht nur im Hinblick auf die soeben dargestellten steuerlichen Vorteile der vorweggenommenen Erbfolge. Ein viel gewichtigeres Argument ist oft die frühe Einbindung der Kinder in die unternehmerische Tradition des Familienverbundes. Die Eltern dokumentieren damit ein erhebliches Maß an Vertrauen, und dies wiederum erzeugt bereits in jungen Jahren erste Wurzeln einer wachsenden Bindung an und einer Verpflichtung gegenüber dem Familienunternehmen. Zuden werden die derzeitigen Bestrebungen von Rot/Grün in Richtung einer kräftigen Anhebung der Erbschaftsteuer manchen Unternehmer zu der Prüfung veranlassen, ob nicht eine frühzeitige Beteiligung seiner minderjährigen Kinder noch vor dem befürchteten Erbschaftsteuerschock sinnvoll ist.

Die Aufnahme minderjähriger Kinder in den elterlichen Betrieb ist rechtlich schwierig. Es geht nämlich nicht alleine darum, den einmaligen Akt der Beteiligungsübernahme rechtwirksam zu gestalten. Es geht vor allem auch darum, die Handlungsfähigkeit etwa bei späteren Kapitalerhöhungen, Anteilsverkäufen, Liquidationen, Änderungen des Gesellschaftsvertrags etc. zu behalten. In der Praxis unterlaufen hierbei immer wieder schwerwiegende Fehler.

Deshalb – und weil es für den Rat suchenden Unternehmer fast unmöglich ist, im Schrifttum eine umfassende Antwort auf alle mit der Beteiligung minderjähriger Kinder zusammenhängenden Fragen zu finden – habe ich mich entschlossen, diesen Komplex an dieser Stelle umfassender darzustellen, als es eigentlich dem Sinn eines Lesebuchs entspricht. Den eiligen Leser

bitte ich, die folgenden Ausführungen einfach zu überschlagen, wenn sie
für ihn nicht von Interesse sind.

Allgemeine Bestimmungen des
Minderjährigenschutzes

Wenn ein Minderjähriger ein Handelsgeschäft eröffnet oder an einer bestehenden Gesellschaft beteiligt werden soll, stellen sich im Wesentlichen folgende Fragen:

Kann der Minderjährige selbst handeln oder muss sein gesetzlicher
Vertreter tätig werden? Wenn letzteres der Fall ist: Dürfen die Eltern den
Minderjährigen vertreten oder muss ein Ergänzungspfleger durch das Vor-
mundschaftsgericht bestellt werden? Und schließlich: Bedarf die Rechts-
handlung einer Genehmigung durch das Vormundschafts- bzw. durch das
Familiengericht?

Für alle Arten von Rechtsgeschäften gilt: Minderjährige unter sieben
Jahren können niemals selbst handeln. Für sie muss stets der gesetzliche
Vertreter auftreten. Minderjährige zwischen sieben und 18 Jahren sind beschränkt geschäftsfähig. Sie können selbständig solche Erklärungen abgeben und solche Verträge schließen, die ihnen lediglich einen rechtlichen
Vorteil bringen. Maßgeblich ist hierbei – für den Kaufmann ungewohnt –
allein eine rechtliche, nicht eine wirtschaftliche Betrachtungsweise. Sobald
der beschränkt Geschäftsfähige Pflichten übernimmt, für die er persönlich
haftet, ist das Rechtsgeschäft für ihn nicht mehr lediglich rechtlich vorteilhaft, mag es auch wirtschaftlich noch so gewinnbringend sein. Es muss
dann der gesetzliche Vertreter eingeschaltet werden. Zum Begriff »rechtlich
vorteilhaft« zwei Beispiele:

Ein 13-Jähriger kauft im Fahrradgeschäft ein Mountainbike zum Sonder-
preis von 300 Euro. Das Rad hat einen Wert von 600 Euro. Obwohl der
Minderjährige also wirtschaftlich einen Gewinn macht, ist das Geschäft für
ihn rechtlich nicht lediglich vorteilhaft. Denn ihn trifft die Pflicht zur Zahlung des Kaufpreises in Höhe von 300 Euro. Die Folge: Der Minderjährige
kann allein nicht rechtswirksam handeln.

Ein weiteres Beispiel: Ein Minderjähriger bekommt von seiner Tante ein
Grundstück geschenkt. Das Grundstück ist mit einer Grundschuld belastet.

Hier sind sowohl die Schenkung als auch die Übereignung des Grundstücks für den Minderjährigen lediglich rechtlich vorteilhaft, weil für die Grundschuld nur das Grundstück haftet, nicht aber der Minderjährige persönlich.

Nicht lediglich rechtlich vorteilhafte Geschäfte des beschränkt Geschäftsfähigen sind schwebend unwirksam, bis der gesetzliche Vertreter sie genehmigt. Gesetzlicher Vertreter sind grundsätzlich die Eltern des Minderjährigen. Ihnen steht die Vertretung gemeinschaftlich zu. Daher müssen im Regelfall beide Eltern gemeinsam für den Minderjährigen auftreten. Möglich ist aber, dass ein Elternteil den anderen bevollmächtigt, das Kind allein zu vertreten. Sobald Grundstücksgeschäfte, eine GmbH-Gründung oder Handelsregisteranmeldungen erfolgen sollen, muss diese Vollmacht allerdings notariell beglaubigt oder beurkundet werden. Ist das Sorgerecht z. B. bei Scheidung oder dauerndem Getrenntleben der Eltern einem Elternteil zugewiesen, vertritt dieser das Kind allein. Für Minderjährige, deren Eltern tot sind bzw. deren Eltern das Sorgerecht entzogen wurde, wird vom Vormundschaftsgericht ein Vormund zum gesetzlichen Vertreter bestellt.

Welche Folgen ergeben sich aus dem vorher Gesagten für den minderjährigen Einzelunternehmer bzw. für die Beteiligung von Minderjährigen am elterlichen Unternehmen?

Ermächtigung des Minderjährigen zum Betrieb eines Erwerbsgeschäftes

Der gesetzliche Vertreter kann den Minderjährigen zur Führung eines eigenen Geschäftes ermächtigen, wenn das Vormundschaftsgericht dem zustimmt. Der Minderjährige kann dann alle Rechtshandlungen vornehmen, die nach der Verkehrsanschauung zu dem Betrieb des Geschäftes gehören. Hierzu ein Beispiel aus der Praxis:

Der Eigentümer eines bedeutenden Papiergroßhandels hatte von seiner verstorbenen Frau ein Einzelhandelsgeschäft für Damenoberbekleidung geerbt, das er ihr früher einmal zum »Zeitvertreib« eingerichtet und finanziert hatte. Nachdem er zunächst versuchte, das Geschäft »so ganz nebenbei« selbst weiter zu betreiben, verlor er schnell die Lust hieran und entschloss sich, das Geschäft seiner siebzehnjährigen Tochter zu übergeben, die modisch besonders interessiert war und das »Hobby« der Mutter in Ehren halten wollte. Aber wie konnte das geschehen, und inwieweit war die Tochter im laufenden Geschäftsbetrieb dann tatsächlich handlungsfähig?

Nun, mit Zustimmung des Vormundschaftsgerichts können die Eltern auch Minderjährige zur Führung eines Geschäfts ermächtigen. So konnte in unserem Fall die Tochter nach Erteilung der Genehmigung zum Beispiel selbstständig Mitarbeiter einstellen, kündigen oder die erforderliche Ware einkaufen.

Die vollständige Übergabe eines Unternehmens an Minderjährige kommt in der Praxis indes kaum vor. Wichtiger ist deshalb die Frage der Beteiligung Minderjähriger am elterlichen Unternehmen.

Beteiligung an einer neu zu gründenden Personenhandelsgesellschaft

Zunächst zu den Personengesellschaften (OHG und KG). Der Abschluss des Gesellschaftsvertrags einer Personengesellschaft ist für den Minderjährigen niemals lediglich rechtlich vorteilhaft. Bei einer OHG versteht sich dies von selbst, haftet doch der Gesellschafter stets persönlich für alle Gesellschaftsschulden mit seinem gesamten Vermögen. Aber auch die Beteiligung als beschränkt haftender Kommanditist an einer KG ist im Rechtssinne niemals lediglich vorteilhaft: Bis zur Eintragung der KG im Handelsregister haftet der Minderjährige für die Schulden der Gesellschaft unbeschränkt mit seinem gesamten Vermögen; nach der Eintragung immerhin noch in Höhe der im Handelsregister verlautbarten Haftsumme, solange die Kommanditeinlage nicht vollständig geleistet worden ist. Für Minderjährige muss also bei der Gründung einer OHG oder einer KG stets der gesetzliche Vertreter handeln. Zusätzlich ist die Genehmigung des Familien- bzw. des Vormundschaftsgerichts erforderlich.

Ist der gesetzliche Vertreter selbst Gesellschafter der OHG oder KG, so kann er wegen des Verbots des Selbstkontrahierens für den Minderjährigen nicht rechtswirksam handeln. In diesem Fall muss eine dritte Person durch das Vormundschaftsgericht zum Ergänzungspfleger bestellt werden, die den Minderjährigen beim Abschluss des Gesellschaftsvertrages vertritt. Sollen mehrere Geschwister gleichzeitig Gesellschafter werden, muss für jedes Kind ein eigener Ergänzungspfleger bestellt werden, weil Mehrfachvertretung unzulässig ist. Gegen diesen Grundsatz wird in der Praxis oft verstoßen mit der Folge, dass die Beteiligung weder gesellschaftsrechtlich noch steuerlich zustande gekommen ist. Dies wird jedoch oft erst viele Jahre später – beispielsweise bei der nächsten Betriebsprüfung – erkannt.

Beitritt zu einer bereits bestehenden Gesellschaft

Der Beitritt eines Minderjährigen zu einer bereits bestehenden OHG, z. B. durch Erwerb eines Gesellschaftsanteils von einem ausscheidenden Gesellschafter, bedarf (wegen der unbeschränkten Haftung) stets der Mitwirkung eines gesetzlichen Vertreters und zusätzlich der Genehmigung des Vormundschaftsgerichts. Bei der KG sollen die Dinge nach einer in der juristischen Literatur vertretenen Auffassung anders liegen, wenn ein beschränkt Geschäftsfähiger einen Kommanditanteil unentgeltlich erwirbt, die Kommanditeinlage in voller Höhe eingezahlt ist und der Beitritt unter der aufschiebenden Bedingung der Eintragung im Handelsregister erfolgt, weil eine persönliche Haftung dann ausscheidet. Ein Vater könnte demzufolge seinem beschränkt geschäftsfähigen Sohn einen Kommanditanteil schenken, ohne dass ein Ergänzungspfleger hinzugezogen und eine familiengerichtliche Genehmigung eingeholt werden müsste. Weil die Dinge aber umstritten sind, empfiehlt es sich auch in dieser Konstellation, sicherheitshalber einen Pfleger zu bestellen und die Vereinbarung dem Familiengericht vorzulegen.

Beteiligung an einer GmbH

Beim Abschluss eines GmbH-Vertrages muss für den Minderjährigen stets der gesetzliche Vertreter handeln. Der beschränkt Geschäftsfähige kann einen GmbH-Vertrag nicht selbstständig abschließen. Das Rechtsgeschäft ist für ihn nämlich nicht lediglich rechtlich vorteilhaft: Selbst wenn eine Bargründung vorliegt, Stammeinlagen also lediglich in Geld zu leisten sind und das Stammkapital voll eingezahlt wird, hat der Gesellschafter nämlich gesetzlich dafür einzustehen, dass das Stammkapital im Zeitpunkt der Eintragung der GmbH im Handelsregister noch in voller Höhe vorhanden ist. Eine Differenz hat er auszugleichen. Diese Haftung trifft den Gesellschafter persönlich. Bei Sachgründungen haftet der Gesellschafter außerdem dafür, dass die von ihm erbrachte Sacheinlage (Auto, Maschinen, Grundstücke etc.) tatsächlich den im Gesellschaftsvertrag vereinbarten Wert erreicht. Eine etwaige Differenz muss er aus seinem eigenen Vermögen decken.

Für den Fall, dass der gesetzliche Vertreter selbst Gesellschafter der GmbH wird, greift wie bei OHG und KG das Verbot des Selbstkontrahierens. Es muss dann beim Abschluss des GmbH-Vertrages ein Ergänzungspfleger bestellt werden, und zwar bei mehreren Geschwistern für jedes Kind gesondert. Der Abschluss des GmbH-Vertrages bedarf zudem der familien- bzw. vormundschaftsgerichtlichen Genehmigung.

Erwerb bzw. Veräußerung von GmbH-Geschäftsanteilen

Der Erwerb und die Veräußerung von GmbH-Geschäftsanteilen durch Minderjährige bedürfen richtiger Ansicht nach dagegen grundsätzlich keiner Genehmigung durch das Familien- bzw. durch das Vormundschaftsgericht. Denn anders als OHG und KG ist die GmbH eine juristische Person, bei der nicht die Gesellschafter, sondern die Gesellschaft selbst das Erwerbsgeschäft betreibt. Die Rechtsprechung geht allerdings entgegen dem Gesetzeswortlaut bei einer »wirtschaftlich dem Unternehmensbesitz gleichkommenden wesentlichen Beteiligung« des Minderjährigen von einer Genehmigungsbedürftigkeit aus. Dies ist unrichtig und führt zu Rechtsunsicherheit. Um späteren Ärger zu vermeiden, sollte jedoch im Zweifel vorsorglich eine familien- oder vormundschaftsgerichtliche Genehmigung eingeholt werden. Die Genehmigungsbedürftigkeit des Erwerbs eines GmbH-Geschäftsanteils kann sich ferner noch aus einem anderen Grund ergeben. Sind die Stammeinlagen auf den erworbenen Geschäftsanteil noch nicht vollständig geleistet, haftet der Minderjährige der Gesellschaft gegenüber kraft Gesetzes auf Zahlung der rückständigen Leistung des Veräußerers. Sind Stammeinlagen anderer Gesellschafter noch nicht vollständig eingezahlt, trifft den minderjährigen Erwerber gegebenenfalls eine Ausfallhaftung. In beiden Fällen übernimmt der Minderjährige die Haftung für eine fremde Schuld, für die eigentlich ein anderer einzustehen hätte. Auch dies macht den Erwerb genehmigungspflichtig.

Ausübung der Gesellschafterrechte, Satzungsänderungen

Zur Verwaltung eines Geschäftsanteils, der einem Minderjährigen gehört, ist der gesetzliche Vertreter berufen. Eltern haben die Verwaltung einvernehmlich auszuüben. Können sie sich nicht einigen, muss gegebenenfalls das Familiengericht entscheiden. Auch wenn die Vertretung des Kindes grundsätzlich durch beide Eltern gemeinsam erfolgt, genügt die Abgabe von Erklärungen (z. B. Einladung zur Gesellschafterversammlung) gegenüber einem Elternteil. Der gesetzliche Vertreter darf alle mit dem Geschäftsanteil verbundenen Rechte ausüben (z. B. Stimmrecht). Das gilt grundsätzlich auch dann, wenn er bei Beschlüssen, die sich im Rahmen des Gesellschaftsvertrages halten, zugleich im eigenen Namen oder im Namen weiterer Kinder handelt. Das Verbot des Selbstkontrahierens bzw. der Mehrfachvertretung ist hier nicht einschlägig. Abweichend davon müssen bei satzungsändernden Beschlüssen in diesen Fällen jedoch ein bzw. bei mehreren Kindern mehrere Ergänzungspfleger bestellt werden, da es sich insoweit um eine Änderung des Gesellschaftsvertrags handelt.

Kriterien für die Entscheidung des Vormundschaftsgerichts

Das Vormundschaftsgericht hat die Entscheidung, ob die Führung eines Erwerbsgeschäfts bzw. der Erwerb oder die Veräußerung von Gesellschafts- oder Geschäftsanteilen bzw. der Abschluss eines Gesellschaftsvertrages zu genehmigen sind, unter Abwägung der wirtschaftlichen Vorteile und Risiken für den Minderjährigen zu treffen. Hier greift – anders als beim vorher Gesagten – die wirtschaftliche Betrachtungsweise ein. Allein der Umstand, dass den Minderjährigen eine persönliche Haftung trifft, ist noch kein Grund zur Ablehnung. Das Gericht hat außer der vertraglichen Stellung des Minderjährigen in der Gesellschaft die Vermögensverhältnisse der Mitgesellschafter sowie deren fachliche und charakterliche Eignung zur Führung eines Geschäfts zu berücksichtigen, denn die Wertentwicklung der Beteiligung des Minderjährigen hängt wesentlich vom Geschick der geschäftsführenden Gesellschafter ab.

Haftungsbeschränkung bei Eintritt der Volljährigkeit

Jeder Minderjährige hat von Verfassungs wegen das Recht, schuldenfrei in ein eigenverantwortliches Leben zu treten. Er kann deshalb seine Haftung wegen aller Verbindlichkeiten, die seine Eltern bzw. sein Vormund für ihn eingegangen sind, auf das am Tag seines 18. Geburtstages vorhandene Vermögen beschränken. Diese Rechtsfolge ist den meisten Unternehmern völlig unbekannt. Eltern können also für Rechnung ihres Kindes unter Umständen hohe Schulden machen, derer sich das Kind bei Eintritt der Volljährigkeit ohne weiteres entledigen kann. Dies sollten die Geschäftspartner eines Minderjährigen, namentlich die Mitgesellschafter, stets im Auge haben.

Kranke volljährige Kinder

Die Vorsorge aller verantwortungsbewussten Eltern gilt in besonderem Maße kranken Kindern. Ihre wirtschaftliche Absicherung erfolgt am besten über eine eigens für sie errichtete Familienstiftung (vgl. hierzu die Ausführungen zur Stiftung). Im Folgenden wird nur die rechtliche Handlungsfähigkeit kranker Kinder untersucht.

Kranke volljährige Kinder, die ihre Angelegenheiten nicht selbst regeln können, werden unter Betreuung gestellt: Sie erhalten vom Vormundschaftsgericht einen Betreuer. Das Vormundschaftsgericht wählt für diese Aufgabe in der Regel die Eltern aus. Die Anordnung der Betreuung führt nicht zu einer Entmündigung des Betreuten. Solange der Betreute nicht aufgrund seiner Gebrechen in einem die freie Willensbildung ausschließenden Zustand ist oder an einer Geisteskrankheit leidet, ist er voll geschäftsfähig und kann grundsätzlich selbstständig handeln. Bei einer Beeinträchtigung der geistigen Fähigkeiten wird jedoch in der Regel durch das Vormundschaftsgericht ein so genannter Einwilligungsvorbehalt angeordnet. Der Betreute steht dann einem beschränkt geschäftsfähigen Minderjährigen gleich. Rechtsgeschäfte, die für ihn nicht lediglich rechtlich vorteilhaft sind, werden nur mit Genehmigung des Betreuers wirksam.

Der Betreute wird vom Betreuer gerichtlich und außergerichtlich vertreten. Der Betreuer hat dabei – im Rahmen seines Aufgabenkreises, der auch nur einen bestimmten Bereich (z. B. Vermögenssorge) oder einzelne

Geschäfte (z. B. Verwaltung einer bestimmten Beteiligung) betreffen kann – im Wesentlichen dieselben Befugnisse wie ein Vormund. Die vorstehenden Ausführungen über minderjährige Kinder gelten daher für unter Betreuung stehende volljährige Kinder entsprechend.

Ohne Versorgung der Senioren geht es nicht

Für das Gelingen einer vorweggenommenen Erbfolgeregelung ist die Absicherung des Seniors von zentraler Bedeutung. In der Praxis haben sich hierfür mehrere Modelle herausgebildet. Die steuerliche Behandlung der einzelnen Möglichkeiten ist jedoch keinesfalls abschließend geklärt. Die nachfolgenden Ausführungen können daher nur als Leitfaden verstanden werden. Im Einzelfall muss eine verbindliche Abklärung der geplanten Gestaltung mit der Finanzverwaltung erfolgen.

Betriebliche Versorgungszusage

Die betriebliche Pensionszusage stellt eine Möglichkeit der Absicherung des Seniors dar. Doch hier ist Vorsicht geboten: Nicht immer fällt die Pensionszusage gegenüber dem Gesellschafter-Geschäftsführer einer Personengesellschaft oder einer Kapitalgesellschaft in den Anwendungsbereich des Gesetzes zur Verbesserung der betrieblichen Altersversorgung (BetrAVG) und somit unter die Insolvenzsicherung des Pensionssicherungsvereins. In bestimmten Konstellationen entfällt diese – auf einen monatlichen Maximalbetrag von rund 7 000 Euro begrenzte – Insolvenzsicherung. Wenn der Unternehmer aufgrund seiner Beteiligung und seiner Position im Unternehmen die Geschicke des Unternehmens allein oder zusammen mit anderen Geschäftsführern der Gesellschaft bestimmen kann, entfällt der Versicherungsschutz. Somit besteht für Ansprüche von allein oder mehrheitlich beteiligten Gesellschafter-Geschäftsführern einer Kapitalgesellschaft keine Insolvenzsicherung. Dasselbe gilt für Kommanditisten, die aufgrund ihrer Kapitalbeteiligung und ihrer Stellung als eigenverantwortliche Herren des Unternehmens anzusehen sind. In allen anderen Fällen kommt es maßgeblich auf die individuellen Gegebenheiten an.

Bei der bilanziellen Behandlung unterscheiden sich Versorgungszusagen einer Kapitalgesellschaft und einer Personengesellschaft. Die Kapitalgesellschaft kann in angemessener Höhe sowohl in der Handelsbilanz als auch in der Steuerbilanz Pensionsrückstellungen bilden. Bei der Personengesellschaft ist die Rückstellungsbildung zwar handelsrechtlich geboten, steuerrechtlich ist sie jedoch nicht zulässig. Rückstellungsbeträge erhöhen somit den steuerlichen Gewinn der Personengesellschaft im Jahr ihrer Bildung und sind zu versteuern. Hierdurch kommt es auch in der Zahlungsphase zu einer unterschiedlichen Besteuerung. Die von der Kapitalgesellschaft erhaltenen Zahlungen hat der Unternehmer voll zu versteuern. Die Zahlungen der Personengesellschaft hingegen werden durch die spiegelbildliche Reduzierung der Forderung des Unternehmers gegen die Gesellschaft neutralisiert.

Anteilsübertragung gegen Zahlung einer Leibrente

Wenn sich der Unternehmer aus dem Geschäft zurückziehen möchte, kommt die Übertragung von Gesellschaftsanteilen an die Kinder gegen Zahlung einer lebenslangen Rente in Betracht. Einer solchen Rentenzahlung steht häufig – anders als bei einem echten Verkauf von Anteilen innerhalb der Familie – nur teilweise ein Gegenwert gegenüber. Es handelt sich wirtschaftlich also um eine Mischung aus entgeltlicher und unentgeltlicher Übertragung. Ertragsteuerlich wird dies – eine richtige Gestaltung vorausgesetzt – insgesamt als unentgeltlicher Vorgang und nicht als Verkauf behandelt. Um dieses Ergebnis zu erreichen, bedarf es jedoch fachkundiger Beratung. Es existieren hierzu zahlreiche Entscheidungen des Bundesfinanzhofs sowie ein umfangreiches Schreiben des Bundesfinanzministeriums. Die monatlichen Rentenzahlungen an den ausgeschiedenen Senior sind – je nach dem, ob sie abänderbar sind oder nicht (z. B. Erhöhung der Rente im Krankheitsfall) – bei den Kindern als Sonderausgaben (vollständig oder teilweise) abzugsfähig. Beim Senior werden sie (vollständig oder nur teilweise) der Einkommensteuer unterworfen. Bei der Vereinbarung der Versorgungsleistung ist somit im Einzelfall sorgfältig zu prüfen, ob die Abänderbarkeit der Rente aus der Sicht der Gesamtfamilie zu einer Steuerersparnis führt oder nicht. Schenkungsteuerlich ist diese Form der Übertragung von Gesellschaftsanteilen gegen Rente in einen entgeltlichen und einen unentgeltlichen Teil zu zerlegen; der unentgeltliche Teil unterliegt dann der Schenkungsteuer.

Vermögensübertragung unter Nießbrauchsvorbehalt

Häufig will sich der Unternehmer in einem ersten Schritt wirtschaftlich nicht vollständig von den Anteilen an seinem Unternehmen trennen. Deshalb behält er sich im Zuge der schenkweisen Übertragung der Gesellschaftsanteile (oder von Immobilien) den Nießbrauch vor. Als Nießbraucher steht ihm nach wie vor der gesamte entnahmefähige (ausgeschüttete) Gewinn zu, den er natürlich auch zu versteuern hat. Durch die Möglichkeit des Quotennießbrauchs kann der Gewinnzufluss zwischen dem abgebenden Senior und dem übernehmenden Junior aufgeteilt werden – beispielsweise zu je 50 Prozent des entnahmefähigen Gewinns. Der Junior ist dabei allerdings – wenn nicht eine gesonderte Vereinbarung getroffen wird – in einer schwierigen Lage. Ihm wird nämlich der nicht entnahmefähige Gewinn steuerlich zugerechnet, obwohl ihm keinerlei Mittel zur Bezahlung der hierauf anfallenden Einkommensteuer zufließen. Daher müssen die übergebenden Senioren ihren Kindern fairer Weise zumindest ein zusätzliches Steuerentnahmerecht auf die im Betrieb stehen bleibenden Gewinne einräumen.

Erbschaftsteuerlich vorteilhaft ist die mit dem Nießbrauchsvorbehalt verbundene Trennung zwischen Substanz und Ertrag. Während dem Schenker die Nutzungen aus den übertragenen Vermögenswerten verbleiben, vollziehen sich Wertsteigerungen unmittelbar und somit erbschaftsteuerfrei beim Nachfolger selbst. Wird der Nießbrauch zugunsten des abgebenden Seniors oder seiner Ehefrau vorbehalten, so ist die Belastung des geschenkten Vermögensgegenstandes durch den Nießbrauch schenkungsteuerlich zwar nicht abziehbar, die auf den Nießbrauch entfallende Schenkungsteuer wird allerdings bis zum Tode des Berechtigten zinslos gestundet. Erst dann haben die Kinder die auf den Kapitalwert des Nießbrauchs entfallende Schenkungsteuer zu zahlen. Hierdurch eröffnen sich eine Reihe interessanter Gestaltungsmöglichkeiten.

Vermögensübertragung durch Verkauf innerhalb der Familie

In der Regel sind die Versorgungsoptionen von Nießbrauchsvorbehalt und Rente dadurch gekennzeichnet, dass bei ihnen die Sicherstellung der Versorgung von einem entsprechenden Geschäftsgang und somit auch vom Erfolg des Wirtschaftens der Übernehmer abhängig ist. Diese Abhängigkeit entfällt bei einem Verkauf des Unternehmens an den vorgesehenen Unternehmensnachfolger, beispielsweise die Kinder, da hier die Versorgung des Seniors über den Kaufpreis sichergestellt ist. Der Senior hat den Veräußerungsgewinn unter bestimmten Voraussetzungen nur mit einem ermäßigten Steuersatz zu versteuern. Schenkungsteuer wird durch den Veräußerungsvorgang nicht ausgelöst, da ein vollentgeltliches Geschäft vorliegt.

Die Verkaufslösung kann sich in Fällen anbieten, in denen die Eltern außer dem übertragenen Unternehmen kein hinreichendes Privatvermögen besitzen, sodass der Ausgleich unter den Kindern aus dem gezahlten Kaufpreis erfolgt.

Lang dauernde Handlungsunfähigkeit vor dem Tode

Für die Handlungsunfähigkeit vor dem Tode haben die wenigsten Familienunternehmer Vorsorge getroffen – ein Problem, das durch die Fortschritte in der Medizin von Tag zu Tag mehr an Bedeutung gewinnt. Mir selbst ist diese Problematik nachdrücklich durch das bedauernswerte Schicksal meines Freundes Wolfgang Adler bewusst worden. Der erste und sicherlich bedeutendste Modediscounter auf der grünen Wiese war ein sehr kreativer Mann. 1959 war er unter Zurücklassung eines großen Textilbetriebs aus dem erzgebirgischen Annaberg in den Westen geflüchtet. Hier baute er sein neues Textilimperium auf, wobei ihm gleich zu Beginn die glänzende Idee kam, den Einzelhändlern seine Kollektion als Kommissionsware zu überlassen und alles, was nicht abverkauft wurde, nach vier Wochen kostenlos zurückzunehmen. Ein weiterer Einfall machte ihn dann bundesweit bekannt. Wolfgang Adler eröffnete als erster ein Bekleidungsgeschäft im Frankfurter Flughafen, deklarierte sein Angebot als Reisebedarfsartikel und umging damit das Ladenschlussgesetz.

Sein Glück verließ ihn, nachdem er sein Unternehmen verkauft hatte und mit seiner Familie das Leben genießen wollte. In den Vereinigten Staaten erlitt er einen Gehirnschlag, wurde falsch operiert und fiel als Mann in den besten Jahren in ein zweijähriges Koma, aus dem er nicht mehr erwachte. Für seine Frau und die minderjährigen Kinder begann ein Martyrium. Zu der Sorge um den Vater kam die Tatsache, dass keinerlei Vorsorge für einen solchen Fall getroffen war: Es gab keine Vollmacht, keine Vermögensübersicht, keine Liquiditätsplanung. Vor allem aber gab es keinerlei Hinweis, ob die Familie in dieser gesundheitlich aussichtslosen Situation die künstliche Beatmung abschalten sollte oder nicht.

Gesetzlich vorgesehen: Der gerichtlich bestellte Betreuer

Jeder Unternehmer kann in eine solche Lage geraten. Private und geschäftliche Angelegenheiten nehmen andere wahr – auch die Entscheidung, ob der handlungsunfähig gewordene Unternehmenschef in einem Pflegeheim unterzubringen sei, oder ob und wann ein ärztlicher Eingriff erfolgen soll. Entgegen einer weit verbreiteten Meinung geht die Entscheidungsbefugnis in solchen Fällen nicht einfach auf die Angehörigen über. Wenn rechtlich verbindliche Erklärungen oder Entscheidungen gefordert sind, besitzen Ehegatte oder Kinder keine gesetzliche Vertretungsmacht.

Der Bundesrat hat Ende 2003 allerdings einen Gesetzentwurf beschlossen, der Ehegatten, Kindern und Eltern in bestimmten Fällen eine gegenständlich beschränkte Notvertretungsbefugnis einräumt. Abgesehen davon, dass die Angelegenheiten eines Familienunternehmens von dieser Notvertretungsbefugnis ohnehin nicht umfasst würden, war bei Redaktionsschluss noch unklar, ob der Bundestag dem Gesetzentwurf zustimmen wird oder nicht.

Ist keine anderweitige Vorsorge getroffen worden, so bestellt das Vormundschaftsgericht einen Betreuer, der für den Betroffenen die Entscheidungen trifft. Während betreuungsbedürftige Personen nach dem alten, bis zum 31. Dezember 1991 geltenden Recht »entmündigt« wurden, bleibt der Betroffene nach neuem Recht auch nach Anordnung einer Betreuung durchaus geschäftsfähig. In den meisten Fällen ordnet das Vormundschaftsgericht jedoch einen Einwilligungsvorbehalt an: Der Betreute kann Verträge dann grundsätzlich nur noch mit Zustimmung des Betreuers abschließen oder einseitige Erklärungen wie eine Kündigung abgeben. Rechtshandlungen, die er ohne Billigung des Betreuers vornimmt, werden erst wirksam, wenn der Betreuer sie genehmigt. Die Rechtslage entspricht jener eines Minderjährigen zwischen sieben und 18 Jahren.

Das Gericht hat bei der Auswahl des Betreuers einen weiten Ermessensspielraum, sofern der Betroffene keinen Vorschlag mehr unterbreiten kann. Zwar sind bei der Auswahl verwandtschaftliche und sonstige persönliche Bindungen zu berücksichtigen. Es ist jedoch keineswegs selbstverständlich, dass ein naher Angehöriger oder der Ehegatte zum Betreuer ernannt werden. Vielmehr hat das Vormundschaftsgericht auch die Gefahr möglicher Interessenkonflikte zu berücksichtigen. So hegen viele Richter eine Abneigung dagegen, Kinder zu Betreuern in Vermögensangelegenheiten zu bestellen: Es wird unterstellt, dass Kinder sich das Vermögen des betreuungsbedürftigen Elternteils vorzeitig »unter den Nagel reißen« wollen. Solche Richter neigen dann dazu, Rechtsanwälte oder Angestellte so genannter Betreuungsvereine zu bestellen.

Neben den – allerdings zu vernachlässigenden – Kosten bringt eine solche Berufsbetreuung Nachteile mit sich, die namentlich bei Familienunternehmen katastrophale Folgen haben können. Dazu der folgende Fall: Der geschäftsführende Mehrheitsgesellschafter eines Automobilzulieferers hatte einen Verkehrsunfall, bei dem seine Frau ums Leben kam und er selbst einen schweren Gehirnschaden erlitt. Das Krankenhaus, in das er kurz darauf eingeliefert wurde, informierte das Vormundschaftsgericht. Der zuständige Richter bestellte statt der beiden volljährigen Söhne des Unternehmers einen ortsansässigen Rechtsanwalt zum Betreuer, der sein zweites Staatsexamen mit der Note ausreichend abgeschlossen und sich bis dahin mit Berufsbetreuungen über Wasser gehalten hatte.

Die Söhne wollten den Vater in eine Klinik verlegen lassen, die auf die Behandlung von Gehirnschäden spezialisiert war. Da es sich jedoch um ein neu entwickeltes Verfahren handelte, war die Krankenversicherung nicht bereit, die Kosten für die Behandlung des Unternehmers zu übernehmen. Der Betreuer hielt das Verfahren für nicht hinreichend ausgereift und zudem die Spezialklinik für zu teuer und ordnete an, dass der Unternehmer im Kreiskrankenhaus verblieb. Auf einer wenig später einberufenen Gesellschafterversammlung bestellte der Rechtsanwalt gegen den Widerstand der anderen Familiengesellschafter einen befreundeten Steuerberater zum Geschäftsführer. Dieser hatte bei der Führung des Unternehmens keine glückliche Hand. Ein Jahr später musste die Gesellschaft Insolvenz anmelden. Als einer der Söhne 50 000 Euro für sein MBA-Studium in den Vereinigten Staaten verlangte, die ihm sein Vater in Aussicht gestellt hatte, verweigerte ihm der Rechtsanwalt die Auszahlung mit der Begründung, er sei zu Geschenken aus dem Vermögen des Betreuten nicht befugt.

Wie der Beispielsfall zeigt, hat der Betreuer eine sehr starke Stellung. Die Familie kann unter Umständen von heute auf morgen jeglichen Einfluss auf das Schicksal des Betreuten verlieren. Plötzlich bestimmen andere über die medizinische Behandlung und den Aufenthalt. Der Zugriff auf das Familienvermögen ist mit einem Mal blockiert, ebenso geplante Ausbildungs- oder Berufsvorhaben der Kinder. Demzufolge stehen diese – sofern sie keine Unterhaltsansprüche gegen den Betreuten mehr haben – bis zum Erbfall mittellos da. In der Zwischenzeit kann der Betreuer das Unternehmen an die Wand fahren. Vom Vormundschaftsgericht ist keine große Hilfe zu erwarten. Abgesehen davon, dass Richter und Rechtspfleger von wirtschaftlichen Vorgängen oftmals wenig verstehen, darf das Vormundschaftsgericht den Betreuer ohnehin nur beraten, wenn keiner der gesetzlich geregelten Fälle eines gerichtlichen Genehmigungserfordernisses vorliegt. Ein Weisungsrecht steht dem Gericht grundsätzlich nicht zu. Bis es zu einer Entlassung des Betreuers wegen mangelnder Eignung kommt, ist das Kind meist schon in den Brunnen gefallen.

Die Betreuungsverfügung

Dagegen sollte unbedingt Vorsorge getroffen werden. Nahe liegend erscheint zunächst die Abfassung einer Betreuungsverfügung. Der Gesetzgeber eröffnet jedem Bürger die Möglichkeit, für den Fall der Betreuungsbedürftigkeit eine oder mehrere Personen als Betreuer vorzuschlagen. Eine Betreuungsverfügung ist jedoch häufig keine gute Lösung, wie der Fall des Verlagsgroßhändlers zeigt, der mit einem Schlaganfall seine Schreib- und Sprechfähigkeit verlor: In seinen Unterlagen wurde eine schriftliche Erklärung gefunden, nach der die Ehefrau zur Betreuerin bestellt werden sollte.

Das Vormundschaftsgericht setzte also die Ehefrau als Betreuerin ein. Die Tochter, die Zahnmedizin studiert hatte, wollte das zum Betriebsareal gehörende Vorderhaus zu einem Ärztehaus umbauen lassen und dort eine Zahnarztpraxis eröffnen. Der Umbau erforderte erhebliche Investitionen. Sie wollte aber eigenes Geld nur investieren, falls sie Eigentümerin würde.

Die Mutter war zu einer unentgeltlichen Übertragung auf die Tochter bereit. Der Notar klärte beide jedoch darüber auf, dass der Betreuer den Betreuten bei Rechtsgeschäften mit Verwandten in gerader Linie nicht vertreten dürfte. Deshalb musste für die Übertragung des Vorderhauses vom Vater auf die Tochter ein Ergänzungsbetreuer bestellt werden. Außerdem war, da es sich um eine Grundstücksveräußerung handelte, die Genehmigung des Vormundschaftsgerichts erforderlich. Auch der zum Ergänzungsbetreuer bestellte Angestellte eines örtlichen Betreuungsvereins durfte das Vorderhaus jedoch nicht unentgeltlich auf die Tochter übertragen, weil dadurch das Vermögen des Betreuten geschmälert würde. Nach Beratung mit dem Notar einigten sich die Tochter und der Ergänzungsbetreuer darauf, dass die Tochter das Grundstück kaufen, der Kaufpreis aber gestundet würde. Die beim Vormundschaftsgericht zuständige Rechtspflegerin machte die Genehmigung des Vertrages jedoch davon abhängig, dass die gestundete Kaufpreisforderung durch eine erstrangige Grundschuld an dem Vorderhaus abgesichert wurde. Wegen dieser Belastung des Grundstücks konnte die Tochter das Vorderhaus nicht mehr wie vorgesehen als Beleihungsobjekt für die zum Umbau erforderlichen Bankkredite verwenden. Denn die Kreditinstitute akzeptieren bei zinsgünstigen Immobiliardarlehen grundsätzlich keine nachrangigen Sicherheiten.

Wie der Fall zeigt, unterliegt die Vertretungsmacht des Betreuers gesetzlichen Beschränkungen. Verträge mit seinem Ehegatten oder seinen Kindern kann er für den Betreuten nicht abschließen. Insbesondere, wenn Ehefrau, Söhne oder Töchter als Betreuer eingesetzt werden, ist zu Vermögensumschichtungen innerhalb der näheren Familie die Bestellung eines externen Dritten zum Ergänzungsbetreuer erforderlich. Wo man sonst im Familienkreis vertrauensvoll eine Regelung treffen würde, haben plötzlich Fremde ein entscheidendes Wort mitzureden. Zahlreiche Geschäfte, wie beispielsweise der Verkauf eines Unternehmens oder die Veräußerung von Grundstücken, bedürfen zudem der Genehmigung des Vormundschaftsgerichts. Oft sind langwierige Bemühungen erforderlich, um Richter oder Rechtspfleger vom Sinn der Maßnahme zu überzeugen. In jedem Fall kann dadurch viel Zeit verloren gehen. Hinzu kommt, dass der Betreuer grundsätzlich nicht zu unentgeltlichen Zuwendungen befugt ist. Eine Schenkung aus dem Vermögen des Betreuten an dessen Kinder oder eine Übertragung im Wege der vorweggenommenen Erbfolge sind ausgeschlossen.

Die Vorsorgevollmacht

Betreuungsverfügungen reichen also regelmäßig nicht aus. Es sollte vielmehr verhindert werden, dass überhaupt ein Betreuer bestellt wird. Dies läßt sich über eine sogenannte Vorsorgevollmacht erreichen. Die Vorsorgevollmacht ist eine umfassende Vollmacht, die der Vollmachtgeber einer oder mehreren Personen seines Vertrauens erteilt. Die Bevollmächtigten können den Vollmachtgeber dann – soweit gesetzlich zulässig – in allen Angelegenheiten vertreten, wenn dieser alters-, unfall- oder krankheitsbedingt dazu selbst nicht mehr fähig ist.

Die Vorsorgevollmacht weist gegenüber der gerichtlichen Bestellung eines Betreuers entscheidende Vorteile auf:

- Der Vollmachtgeber kann die Person, die er bevollmächtigen möchte, bestimmen.
- Ob und in welcher Höhe der Bevollmächtigte für seine Tätigkeit eine Vergütung erhält, kann der Vollmachtgeber selbst festlegen.
- Der Vollmachtgeber kann dem Bevollmächtigten gegebenenfalls detaillierte Anweisungen erteilen, wie er die Vollmacht zu gebrauchen hat.
- Der Bevollmächtigte unterliegt – sofern der Vollmachtgeber entsprechende Regelungen in der Vollmacht trifft – anders als der Betreuer keinen Beschränkungen. Er kann insbesondere auch Verträge für den Betreuten mit dessen eigenen Kindern oder mit dessen eigenem Ehepartner schließen. Auch wenn die Ehefrau oder die Kinder bevollmächtigt sind, können Vermögensgegenstände des Vollmachtgebers durch den Bevollmächtigten auf Familienangehörige übertragen werden, ohne dass es der Hinzuziehung eines Dritten bedarf. Außerdem ist der Bevollmächtigte – anders als der Betreuer – auch zu Schenkungen und sonstigen unentgeltlichen Verfügungen über das Vermögen des Betreuten befugt.

- Eine Genehmigung des Vormundschaftsgerichts ist bei Rechtsgeschäften, die der Bevollmächtigte für den Vollmachtgeber abschließt, nicht erforderlich.

Die Vorsorgevollmacht gibt dem Betroffenen also ein weit höheres Maß an Selbstbestimmung. Für Unternehmer ist es zudem wichtig, dass wirtschaftlich unerfahrene Richter oder Rechtspfleger aus dem Entscheidungsprozess herausgehalten werden. Die Übernahme der Entscheidungsgewalt durch einen externen Dritten wird vermieden. Die Familie behält die Kontrolle über das persönliche Schicksal des Betroffenen und über die Geschicke des Unternehmens. Um im Rechtsverkehr die volle gewünschte Wirkung entfalten zu können, sollte die Vorsorgevollmacht auf alle Fälle notariell beurkundet werden.

Gebräuchlich ist bei der Vorsorgevollmacht die Trennung zwischen persönlichen Angelegenheiten und Vermögensangelegenheiten. So kann es sich anbieten, dass ein Unternehmer seine persönlichen Angelegenheiten in die Hände seiner Frau legt, für die Vermögensangelegenheiten, die auch die Fortführung des Unternehmens umfassen, seinem bereits in der Firma mitarbeitenden Sohn oder einem befreundeten Unternehmer Vorsorgevollmacht erteilt. Möglich ist auch, für denselben Aufgabenkreis mehreren Personen gleichzeitig Vollmacht zu erteilen, die dann entweder jeweils alleine oder nur gemeinsam tätig werden können. Während eine Gesamtvertretung in Vermögensangelegenheiten unter Umständen durchaus Sinn machen kann, weil sich die Bevollmächtigten dann wechselseitig kontrollieren, ist davon in persönlichen Angelegenheiten in der Regel abzuraten: Die Entscheidung über eine lebensnotwendige medizinische Operation nach einem Unfall beispielsweise muss regelmäßig innerhalb weniger Minuten getroffen werden. Für eine Abstimmung unter den Bevollmächtigten bleibt in einer solchen Situation keine Zeit.

Vollmacht ist Vertrauenssache. Bei Unternehmen muss die Vollmacht im Kontext der Nachfolgeregelung gesehen werden. Der Bevollmächtigte muss in der Lage sein, das Unternehmen im Ernstfall für längere Zeit kompetent zu führen. Für den Fall, dass er diese Aufgabe nicht wahrnehmen kann, sollten Ersatzpersonen bestimmt werden, die nacheinander vertretungsberechtigt sind. Bei einer solchen Vollmachtserteilung im Stufenverhältnis sollte der Eintritt der Vertretungsberechtigung des Ersatzmannes in der Vollmacht allerdings möglichst klar festgelegt werden.

Die Vollmacht gilt im Zweifel schon von Gesetzes wegen über den Tod des Vollmachtgebers hinaus. Dies sollte dennoch auch in der Vollmachtsurkunde ausdrücklich festgehalten werden. Gerade bei Unternehmern oder Inhabern großer Vermögen ist es wichtig, dass die Vollmacht nicht einfach mit dem Tod des Vollmachtgebers erlischt. Denn bis den Erben vom Nachlassgericht ein Erbschein erteilt wird, der in vielen Fällen Voraussetzung für eine Verfügungsmöglichkeit über den Nachlass ist, können unter Umständen einige Wochen vergehen. In der Zwischenzeit müssen vielleicht wichtige Entscheidungen getroffen werden, die keinen Aufschub dulden. Hier kann der Vorsorgebevollmächtigte einspringen, der nach dem Tod des Vollmachtgebers die Erben vertritt. Er kann – solange die Vorsorgevollmacht von den Erben nicht widerrufen worden ist, wozu jeder einzelne Miterbe befugt ist – Verfügungen über den Nachlass mit Wirkung für und gegen die Erben treffen. Hat der Vollmachtgeber Testamentsvollstreckung angeordnet, lässt sich ein nahtloser Übergang erreichen, indem dieselbe Person zum Bevollmächtigten und zum Testamentsvollstrecker ernannt wird. Die Kontrolle des Vermögens des Vollmachtgebers befindet sich dann vom Eintritt der Betreuungsbedürftigkeit bis hin zur Auseinandersetzung des Nachlasses durchgängig in einer Hand.

Dem Missbrauch der Vorsorgevollmacht im Betreuungsfall kann durch die Erteilung einer speziellen Überwachungsvollmacht an eine dritte Vertrauensperson entgegengewirkt werden. Der Vorsorgebevollmächtigte ist dann dem Überwachungsbevollmächtigten Rechenschaft schuldig und muss diesem auf Verlangen Auskunft über seine Tätigkeit für den Vollmachtgeber erteilen. Die Ernennung eines Überwachungsbevollmächtigten kann außerdem aus folgendem Grund sinnvoll sein: Will der Vorsorgebevollmächtigte aus dem Vermögen des Vollmachtgebers unentgeltliche Zuwendungen leisten, kann unter Umständen der Verdacht aufkommen, dass der Vorsorgebevollmächtigte mit dem Zuwendungsempfänger zum Nachteil des Vollmachtgebers zusammenwirkt. Unter Berufung auf einen solchen Verdacht kann beispielsweise die Wirksamkeit der unentgeltlichen Übertragung eines Unternehmens, das dem betreuungsbedürftigen Großvater gehört, durch den bevollmächtigten Sohn auf den zum Nachfolger auserkorenen Enkel in Zweifel gezogen werden. Wenn die Beteiligten ein solches Geschäft dem Überwachungsbevollmächtigten zur Billigung vorlegen, lässt sich der Anschein einer Kungelei von vornherein vermeiden.

Die Patientenverfügung

Ergänzend zur Vorsorgevollmacht ist es empfehlenswert, eine Patienten-verfügung aufzusetzen. Sie wird auch Patiententestament genannt, ob-wohl es sich de facto nicht um ein Testament handelt. Die Patientenverfü-gung beinhaltet Anordnungen in Hinblick auf die in bestimmten Notfällen gewünschte medizinische Behandlung. Insbesondere kann der Betroffene in einer Patientenverfügung seine Wünsche für Maßnahmen zu seiner Rettung, Behandlung oder Pflege zum Ausdruck bringen, wie zum Beispiel Wiederbelebungsmaßnahmen, Umfang der künstlichen Aufrechterhaltung lebenswichtiger Funktionen und Besuchsrecht für die Angehörigen.

Eine Patientenverfügung ist für den Betreuer, den durch Vorsorgevoll-macht Bevollmächtigten und die behandelnden Ärzte verbindlich, solange der Verfügende keine aktive Sterbehilfe verlangt. Denn diese ist verboten und wird in Deutschland als Tötung auf Verlangen mit Gefängnis bestraft. Demgegenüber ist passive Sterbehilfe durch den Verzicht auf die Fortset-zung einer möglichen medizinischen Behandlung jedenfalls dann zulässig, wenn das Leiden des Patienten einen unumkehrbar tödlichen Verlauf ge-nommen hat, mag auch der Todeseintritt noch nicht unmittelbar bevorste-hen. Der Bundesgerichtshof hat in einer Grundsatzentscheidung im Jahr 2003 allerdings entschieden, dass immer dann, wenn der Betroffene nicht mehr selbst in den Abbruch der Behandlung einwilligen kann, eine Geneh-migung durch das Vormundschaftsgericht erforderlich ist. Dies ist allge-mein begrüßt worden. Denn die anhand der Patientenverfügung zu tref-fende Feststellung des Vormundschaftsgerichts, dass der Abbruch der Behandlung dem Willen des Patienten entspricht, schafft Rechtssicherheit und befreit Betreuer, Bevollmächtigte und behandelnde Ärzte vom Risiko einer strafrechtlichen Verfolgung.

Wichtig für die Beachtlichkeit einer Patientenverfügung ist, dass sie alle ein bis zwei Jahre aktualisiert wird. Je älter eine Patientenverfügung ist, desto größer sind die Zweifel, dass die darin getroffenen Anordnungen tat-sächlich noch dem aktuellen Willen des Betroffenen entsprechen.

Punkte, die man leicht vergisst

Abschließend seien zum Thema Vermögens- und Unternehmensnachfolge noch einmal einige Punkte aufgeführt, die nach meiner Erfahrung vom Erblasser häufig nicht berücksichtigt werden.

So wird häufig nicht daran gedacht,

- dass das Unternehmen, aus dem die Senioren ganz oder teilweise ihre Altersversorgung beziehen, verkauft werden, in Liquiditätsschwierigkeiten geraten oder gar in Insolvenz fallen kann;
- dass die Senioren einzeln oder beide längere Zeit vor ihrem Tod nicht mehr in der Lage sind, ihre persönlichen Angelegenheiten zu überblicken und zu regeln;
- dass Kinder, die als Erben vorgesehen sind, versterben, krank, handlungsunfähig oder vermögenslos werden;
- dass die Ehe eines oder mehrerer Kinder geschieden wird oder eine neue Partnerschaft begründet wird. Die Konsequenzen einer solchen Situation müssen für die Senioren, für die Kinder, für die Enkel und für das Unternehmen bedacht und im Voraus geregelt werden;
- dass der Unternehmensnachfolger plötzlich ausfällt, weil er stirbt, krank wird oder einfach keine Lust mehr hat;
- dass die Erben im Nachlass nicht deklarierte Vermögenswerte vorfinden und nicht wissen, wie sie damit umgehen sollen;
- dass die Erben bei der Verwaltung und/oder Aufteilung des Nachlasses dauerhaft in Streit geraten.

Kein noch so ausgefeiltes Nachfolgekonzept kann von sich behaupten, alle Unwägbarkeiten berücksichtigt zu haben. Das menschliche Leben ist zu vielfältig, um alle Eventualitäten erfassen zu können, und das ist gut so. Wie arm wären wir, wenn unsere Existenz in allen ihren Phasen kalkulierbar wäre.

Und doch kann ein erfahrener Berater die Realisierung des tatsächlichen

Erblasserwillens für die Zeit nach dessen Tod fast vollständig absichern. Dies geschieht, indem er trotz detailierter Niederschrift des letzten Willens Vorsorge für solche Veränderungen trifft, die erfahrungsgemäß häufig eintreten. Hierfür muss er in einer generalisierenden Klausel den allgemeinen Willen des Erblassers so umschreiben, dass er bei einer notwendigen Auslegung des Testaments als Leitlinie dienen kann.

Kapitel 5

Unternehmensfortführung durch Dritte

Die Geschäftsführung durch fremde Dritte

Familienunternehmen sind – um im bereits oben gewählten Bild zu bleiben – wie die Muster eines Kaleidoskops – nicht eines gleicht dem anderen. Das gilt auch für die Art der Führung. In der ersten Generation wird das Unternehmen meist noch vom Gründer allein geführt. In der zweiten Generation tauchen dann schon die ersten Fremdgeschäftsführer auf – entweder als alleinige Nachfolger des Seniors oder innerhalb einer »gemischten« Geschäftsführung als Partner des Juniors.

Doch stets geht es um dieselben Fragen: Ist der Senior denn überhaupt bereit, abzugeben? Kann er denn wirklich loslassen? Viel zu oft ist nur der »Geist willig, aber das Fleisch schwach«. Ich erinnere mich an ein Beispiel, bei dem es mehrere untaugliche Versuche des Seniors gab, sich aus der Geschäftsführung zurückzuziehen. Seine Mitgeschäftsführer tauschte er jedes Mal, kurz bevor es soweit war, wegen angeblicher Unfähigkeit aus und regierte dann wieder allein. In Zeiten, in denen er einen Geschäftsführer neben sich hatte, griff er ständig ins Tagesgeschehen ein und trieb so über kurz oder lang jeden wieder aus dem Hause.

Der Senior kennt sein Unternehmen bis ins letzte Detail. Er weiß dies sehr genau, hält sich daher immer noch für den Besten. Von dieser festen Überzeugung ist er auch durch wohlmeinende Dritte nicht abzubringen. Viele Senioren wünschen sich zwar nach außen hin einen fähigen und starken Nachfolger, aber sie handeln nicht danach. Sie halten sich stets ein Hintertürchen offen, um schnell wieder an die Macht zurückkehren zu können. So werden beispielsweise Kinder, die sich als unfähig erwiesen haben, entgegen früheren Bekundungen schließlich doch wieder ins Unternehmen aufgenommen, weil sie dem Senior nicht gefährlich sind.

Trotz alledem können Familienunternehmen für externe Manager sehr attraktiv sein. Die Herausforderungen sind besonders groß und die Möglichkeiten, ihnen gerecht zu werden – wenn die Chemie stimmt –, aussichtsreich. Oft entwickelt sich zwischen Eigentümern und Fremdgeschäftsführer ein enges Vertrauensverhältnis. In diesem Zusammenhang verweise ich immer auf meine Erfahrungen aus einem Unternehmen der Konsumgüterindustrie, wo Hauptgesellschafter und Fremdgeschäftsführer gleichberechtigt zusammen arbeiten: Beide vertrauen einander und ergänzen sich fachlich ideal. Der Fremdmanager erfüllt seine Aufgaben so, als wäre er in seinem eigenen Unternehmen tätig. Beide nehmen aufeinander Rücksicht. Der Fremdmanager stärkt den Gesellschafter in seiner Rolle als Repräsentant nach außen und kann dafür seine unternehmerischen Vorstellungen nach innen voll verwirklichen. Beide arbeiten ohne Ressortaufteilung und achten auf schnelle und vollständige Informationen untereinander. Der familienfremde Geschäftsführer ist die motorische Kraft im Unternehmen. Er treibt die Dinge voran, trifft aber strategische Entscheidungen stets nur in Abstimmung mit dem Gesellschafter. Dieser hält sich operativ bewusst zurück und lässt dem Familienfremden den Vortritt. Dadurch sind dessen Kompetenz und Akzeptanz bei den Mitarbeitern ständig gestiegen.

Aber ich kenne auch negative Beispiele: Die Geschäftsführung ist funktional in die Ressorts Technik, Verwaltung und Vertrieb gegliedert. Zwei der drei Geschäftsführer sind Familienfremde. Vorsitzender der Geschäftsführung ist der Hauptgesellschafter. Dieser respektiert keine Kompetenzabgrenzungen, er greift permanent in die Ressorts seiner Kollegen ein und setzt sich über die bestehende Geschäftsordnung hinweg. Er legt seine eigenen, persönlichen Vorstellungen als unverrückbare Richtschnur an die anderen Ressorts an, er lässt sich von Eitelkeiten und Empfindsamkeiten leiten und politisiert alle Entscheidungen. Dadurch sind die Fremdgeschäftsführer hochgradig frustriert und in ihrer Durchsetzungsfähigkeit eingeschränkt. Sie leben letztlich in der inneren Emigration.

Ein verbreitetes Hindernis für einen erfolgreichen »Quereinstieg« eines Fremden ist die misstrauische Grundhaltung vieler Eigentümer, durch die vielfach der Stil des gesamten Unternehmens negativ geprägt wird. Diese Einstellung erschwert jede für das Familienunternehmen notwendige »Blutzufuhr« durch qualifizierte Kräfte von außen. Leute aus dem eigenen Hause erhalten von misstrauischen Eigentümern stets und immer den Vorzug, selbst wenn ihre Qualifikation nicht die beste ist. Innerhalb der Geschäftsführung verlangt der Eigner Anpassungsfähigkeit in allen wichtigen Entscheidungsprozessen. Als Konsequenz können sich nur solche Führungskräfte im Unternehmen halten, die ein besonders schwaches Rückgrat haben.

Die häufigsten Gründe für die Einstellung eines Fremdmanagers sind das generelle Fehlen von Familienmitgliedern in der nachfolgenden Generation oder der plötzliche Ausfall des Eigentümer-Unternehmers infolge von Tod oder Krankheit, bevor die Kinder »soweit sind«. Eine solche Generationslücke kann nur mithilfe eines Fremdmanagers überbrückt werden. Die Heranführung des Juniors an seine späteren Aufgaben ist für einen Fremdmanager nicht selten eine besonders reizvolle Aufgabe. Zwangsläufig nimmt allerdings die Stellung des Fremdgeschäftsführers an Bedeutung in demselben Maße ab, in dem der »Junior« in seine neue Aufgabe hineinwächst – eine Situation, für die eine besondere Charakterstärke und Loyalität zur Familie notwendig ist.

Erwartungen an den Fremdgeschäftsführer

Der Eigentümer erwartet vom Fremdgeschäftsführer neben fachlicher Qualifikation vor allem Loyalität, Verlässlichkeit und vorbehaltlose Informationsbereitschaft. Aber auch Einfühlungsvermögen, Takt und diplomatisches Geschick sind nötig: Man sollte sich in die Mentalität eines Familienunternehmers hineinversetzen können. Ein gutes Händchen, gepaart mit Fingerspitzengefühl, Instinkt und Verständnis, ist unverzichtbar. Man darf dem Eigentümer nicht mit der Tür ins Haus fallen. Viel erfolgversprechender ist es, die eigenen Gedanken hin und wieder ganz beiläufig einzubringen und dann später noch einmal nachzufassen. »Wer das fertig bringt«, erzählte mir ein Altgedienter, »kann mit meinem Eigentümer Pferde stehlen. Ich versuche niemals, meinen Standpunkt durchzusetzen, indem ich meinen Eigentümer unvorbereitet mit meiner Auffassung konfrontiere, sondern, indem ich ihm meinen Entscheidungsvorschlag im richtigen Augenblick vorlege und dann auch die Argumente zur Hand habe, von denen ich weiß, dass sie ihn beeindrucken.«

Jeder Fremdmanager benötigt die Fähigkeit zum Kompromiss. Er darf nicht versuchen, mit dem Kopf durch die Wand zu gehen, er muss vielmehr den Konsens suchen und sollte nie den eigenen Willen auf Biegen und Brechen durchsetzen wollen. Der Familienfremde kann und muss zwar seinen Standpunkt verteidigen. Doch die Hoffnung ist unrealistisch, er könnte sich auf Dauer gegen den Eigentümer durchsetzen. Hier liegen ganz eindeutig die Grenzen des Fremdmanagers.

Andererseits wünscht sich der Eigner nicht die bis zur Selbstaufgabe angepasste Führungskraft, die unterwürfig ist und ihm nach dem Munde redet. Man darf nicht buckeln, sondern muss Rückgrat genug haben, sich Respekt zu verschaffen. Es gilt, den eigenen Standpunkt gegenüber dem Inhaber mit Nachdruck zu vertreten. Zugeständnisse sind notwendig, die wichtigsten Ziele darf der Fremdgeschäftsführer jedoch nicht aus den Augen verlieren. Von ihm wird eben auch Zivilcourage verlangt. Dauerhafte Unterordnung ist gefährlich, weil er dadurch Autorität und Achtung beim Eigentümer verliert. So gesehen, ist der Umgang mit dem Eigentümer ein ständiger Drahtseilakt.

Auf jeden Fall sollte sich der Fremdmanager vor Intrigen hüten. Diese werden ihm nie verziehen. Familienunternehmen sind nicht der Platz, um an irgendjemandes Stuhl zu sägen oder um hinterrücks Fäden zu ziehen. Wer Zwist zwischen einzelnen Familienstämmen säen will, scheitert. Innerhalb von Familien und Sippen wird zwar oft schmutzige Wäsche gewaschen, aber hierzu muss der Manager schweigen. Letztlich ist »Blut immer dicker als Wasser«. Höfliche Distanz zu allen Familienmitgliedern ist anzuraten. Der Manager darf auch nicht versuchen, sich unentbehrlich zu machen. Deshalb ist es wichtig, den eigenen Ehrgeiz zurückzustellen und persönliche Ambitionen zu zügeln. Die Familie ist oberste Instanz – ob man es nun will oder nicht.

Jeder Versuch, sich mit den Insignien der Familie zu schmücken, wird besonders übel genommen. Das Repräsentieren nach außen behält sich meist die Familie vor. Wenn das Unternehmen in der Öffentlichkeit traditionell zurückhaltend agiert, muss der fremde Geschäftsführer sich dementsprechend verhalten. Er darf dann keine öffentlichen Erklärungen abgeben oder in Presse oder Fernsehen auftreten. Andererseits muss er dem Eigentümer deutlich machen, dass er sich mit dem Unternehmen und mit der Familie identifiziert. Hierbei gilt es jedoch, dem Inhaber nicht zu nahe zu treten. Die unsichtbaren Schranken zwischen Eigentümer und Manager sollten nie überschritten werden.

Der Fremdgeschäftsführer ist klug beraten, die gesellschaftliche Sphäre der Eigentümerfamilie von der seinen zu trennen und zu akzeptieren, dass er gesellschaftlich nie völlige Gleichheit mit dem Eigentümer erreicht. Hierzu ein Beispiel: Der Inhaber einer Spezialfabrik für Kontakttechnologie suchte händeringend nach einem Partner, der seine überteuerte Produktion wieder zur Kostendisziplin zwingen sollte. Nach langer Suche fand er bei einem Großkonzern einen jungen, begabten Diplomingenieur. Dieser entwickelte sich äußert vorteilhaft. Als Techniker der heutigen Generation war er es gewohnt, in Kosten zu denken und kannte sich aus – nicht nur in der Fertigung, sondern auch im Vertrieb und in der kaufmännischen Verwaltung. Schon nach kurzer Zeit stieg der operative Gewinn beträchtlich, und jeder im Unternehmen wusste, wem dies zu verdanken war.

Zwischen dem Inhaber und »seinem« Geschäftsführer herrschte ein vertrauensvolles, fast freundschaftliches Verhältnis. Mit der Zeit jedoch begann dem Fremdgeschäftsführer sein offensichtlicher Erfolg zu Kopf zu steigen. Angestachelt durch seine Ehefrau, die sich gesellschaftlich nicht genügend hofiert fühlte, äußerte er sich immer häufiger kritisch über die Institution des Familienunternehmens als solche und über die soziale Rechtfertigung des Erbrechts. Hatte dies beim Inhaber bereits zu erheblichen Irritationen geführt, so kam der Anfang vom Ende, als die Ehefrau des Geschäftsführers sich um die Präsidentschaft im örtlichen Tennisclub bewarb, die zuvor die Seniorchefin innegehabt hatte. Von da an ging es steil bergab, und obwohl alles so hoffnungsvoll begonnen hatte, schied der Geschäftsführer nach vierjähriger Tätigkeit wieder aus. Er hinterließ eine Lücke, unter der das Unternehmen noch jahrelang zu leiden hatte.

Zur Zusammenarbeit mit einem Eigentümer gehört eine besondere Lebensklugheit. Der Fremde sollte ein besonderes Verständnis für die Gewohnheiten des Eigentümers entwickeln und auf dessen Eigenarten eingehen. Ein äußerst sparsamer Umgang mit Firmengeldern ist dringend zu empfehlen. Eigentümer leben in der ständigen Furcht, dass man mit ihrem Geld nicht sorgfältig genug umgeht. Aus dem sorglosen Umgang mit Kleinigkeiten schließen sie oft vorschnell auf fahrlässiges Ausgabenverhalten im »Großen«. Hat sich dieser Eindruck erst einmal verfestigt, so folgt ein genereller Verlust der Glaubwürdigkeit, und dies ist dann meist das Ende der Tätigkeit des Fremdgeschäftsführers im Unternehmen.

Erwartungen an den Eigentümer

Eine besondere Erwartungshaltung besteht natürlich nicht nur auf der Eig-
nerseite. Auch Fremdmanager bringen ihre eigenen Vorstellungen mit. Sie
wünschen sich als Eigentümer-Unternehmer eine starke Persönlichkeit, die
risikobereit und entscheidungsfreudig ist. Eigentümer dürfen durchaus
»knorrig« sein. Dann macht es sogar manchmal erst richtig Spaß, mit ihnen
um gemeinsame Lösungen zu ringen. Für die Motivation der Fremdmanager ist die Möglichkeit, selbstständig handeln zu können, von ausschlaggebender Bedeutung. Der Eigentümer muss daher darauf verzichten, sich
ständig ins Tagesgeschäft einzumischen. Nur wenn der Fremdmanager genügend Freiraum hat, vermag er auch zu zeigen, was er wirklich kann.

Häufig ist dieser Freiraum jedoch eingeschränkt. Der Inhaber mischt
sich ein, missachtet die Kompetenzen des Fremdmanagers und sieht in diesem Verhalten sein »gutes Recht«. Der häufig fallende Ausspruch »Es ist
schließlich mein Geld« passt jedoch nicht mehr in unsere Zeit. Ein Fremdmanager erwartet zu Recht Freiraum nicht nur im Tagesgeschäft, sondern –
allerdings nach vorheriger Abstimmung – auch für sein strategisches Handeln. Er will nicht ständig an der kurzen Leine geführt werden. Er will sich
nicht laufend rückversichern müssen. Er will keine ständige Kontrolle in
Details oder Kritik an seinem persönlichen Führungsstil. Der Eigentümer
sollte die notwendige Gelassenheit haben, dies zu respektieren.

Last but not least suchen auch Manager Anerkennung. Wie alle Menschen sind sie auf Erfolgserlebnisse angewiesen. Beifall für ihre Leistung
spornt sie an, macht ihnen Mut und beflügelt sie – insbesondere wenn das
Lob vom Eigentümer selbst kommt. Je geringer allerdings der unternehmerische Sachverstand der Familienmitglieder ist, umso weniger wird die aus-
gesprochene Bewunderung ernst genommen.

Die Suche nach einem Fremdgeschäftsführer

Viele Wege führen zu qualifizierten Spitzenkräften – doch längst nicht alle
sind auch tatsächlich empfehlenswert. Stets ist es vorteilhaft, wenn man den
Kreis der Geschäftsführer aus dem eigenen Unternehmen rekrutieren kann.
Wer schon lange im Betrieb tätig war, muss sich das Vertrauen der Familie

nicht erst erwerben. Seine Loyalität und Verlässlichkeit sind bekannt, ebenso die Qualifikation. Die Insiderkenntnisse über Gesellschafter und Mitarbeiter des Unternehmens, über die offiziellen und inoffiziellen Informationswege sind unschätzbare Vorteile, und das Risiko, dass ein solcher Kandidat scheitert, ist dementsprechend geringer. Häufig gerät ein Aspirant aus dem eigenen Unternehmen aber auch ins Hintertreffen, weil man zwar seine Schwächen und Fehler genauestens kennt, andererseits aber seine Vorzüge vergisst. Der externe Bewerber hat diesen Nachteil nicht – vor allem, wenn er ein Profi in der Selbstdarstellung ist. Er hat die Chance, im Bewerbungs- und Auswahlprozess überwiegend seine »Schokoladenseiten« präsentieren zu können, sodass Defizite und Schwächen häufig erst sichtbar werden, wenn er bereits eine Zeit lang im Unternehmen tätig ist.

Falls eine Berufung aus den eigenen Reihen nicht in Betracht kommt, ist der Familienunternehmer gut beraten, wenn er vorsichtig an die Neubesetzung herangeht. Idealerweise wird er den Kandidaten zunächst in der zweiten Führungsebene einsetzen, ihn dort genau beobachten und ihn erst dann in die Geschäftsführung berufen, wenn er sich seiner sicher ist. Allerdings ist dies für Familienunternehmen oft ein schwieriger Weg. Viele Kandidaten haben nämlich berechtigte Angst davor, ihre Karriere einer Eigentümerfamilie anzuvertrauen. Risiken und Chancen einer Tätigkeit im Familienunternehmen sind vielen von ihnen unbekannt. Sie befürchten, dass letzten Endes vielleicht doch der Verwandtschaftsgrad für die Beförderung wichtiger ist als die fachliche Qualifikation. Also treten sie erst gar nicht an.

Empfehlung durch Bekannte

Häufig werden dem Unternehmer von Freunden oder Bekannten Kandidaten »angedient«. Dieser Weg hat durchaus Vorteile. Der Empfehlende kennt das Unternehmen seit Jahren und weiß, wer gut zum Unternehmen und seinen Gesellschaftern passen könnte. Aber jeder, der einen Dritten empfiehlt, kennt diesen nur aus seinem aktuellen Umfeld und weiß nicht, ob er sich auch in einer neuen Aufgabe bewähren wird. In dieser Hinsicht habe ich häufig Überraschungen erlebt, die ich selbst nicht für möglich gehalten hätte. Ein Geschäftsführer, der bei seinen bisherigen Mitarbeitern äußerst beliebt war, ist in der neuen Position plötzlich verhasst. Jemand, der zuvor stets schnell entschieden hat, entpuppt sich plötzlich als Zauderer. Ein als besonders umsichtig bekannter Finanzgeschäftsführer agiert in der neuen Position plötzlich ohne das notwendige Risikobewusstsein.

Häufig gehen Empfehlungen von Bankern, Wirtschaftsprüfern, Rechtsanwälten oder Unternehmensberatern aus. Auch bei diesen Empfehlungen – so willkommen sie sein mögen – ist Vorsicht geboten. Hier spielen nicht selten eigene Interessen eine Rolle, etwa weil der Angepriesene sich in der Vergangenheit besondere Verdienste gegenüber seinem Förderer erworben hat. Empfehlungen durch Freunde und Bekannte sollte niemals ein höherer Stellenwert zugemessen werden, als ihn jede seriöse Referenz innerhalb eines umfassenden Such- und Auswahlprozesses beanspruchen kann. Es handelt sich um die positive Beurteilung eines von mehreren möglichen Kandidaten, und mehr auch nicht. Ich persönlich habe es mir nach mehrfachen schlechten Erfahrungen zum eisernen Prinzip gemacht, solche Kandidaten stets gleichwertig in die Schar sonstiger Bewerber einzureihen.

Eigene Stellenausschreibung

Stellenausschreibungen in der Zeitung sind per se unpersönlich und verlieren auch durch die Nennung des Unternehmens nur wenig von ihrem »hölzernen« Charakter. Meist will das Unternehmen anonym bleiben, sodass der Weg über eine Chiffreanzeige gewählt wird. Dies ist allerdings die am wenigsten geeignete Methode, um qualifizierte Kandidaten für sich zu interessieren. Besonders qualifizierte Kandidaten bewerben sich niemals aufgrund einer anonymen Anzeige. Sie wissen ja nicht, wie vertraulich ihre Bewerbung behandelt wird und ob diese nicht möglicherweise direkt oder auf Umwegen dem eigenen Unternehmen zu Ohren kommt. Auf Chiffreanzeigen bewerben sich nur Kandidaten, die nichts mehr zu verlieren haben.

Damit bleibt als möglicher Weg nur die selbst gestaltete Anzeige unter Angabe des vollen Firmennamens. Mit ihr räumt das Unternehmen allerdings öffentlich ein, dass man nicht in der Lage ist, die Geschäftsführerposition intern zu besetzen. Man signalisiert gleichzeitig nach innen, dass man den derzeitigen Stelleninhaber und/oder andere Mitarbeiter aus dem Unternehmen für nicht geeignet hält. Eine offene Anzeige setzt deshalb voraus, dass alle internen Kandidaten über die Ausschreibung informiert sind.

In den Fällen, in denen eine eigene Anzeige sinnvoll ist, sollte der Unternehmer zuvor einen Kostenvergleich anstellen. Eine eigene Anzeige führt – wenn sie in einer der großen Tageszeitungen erscheinen soll – zu einem Aufwand (Anzeige, Spesen, Kommunikationskosten) in Höhe von insgesamt rund 25 000 Euro. Dieser Betrag verdoppelt sich, wenn die erste Anzeige nicht den gewünschten Erfolg bringt. Sollte auch die zweite Anzeigenaktion misslingen, so ist das Geld endgültig verloren, denn von einer nochmaligen Wiederholung ist dringend abzuraten. Sie brächte das Unternehmen ins Gerede, sodass die Suche dann schließlich doch an einem Personalberater nicht vorbeiführt.

Suche über Personalberater

Für den Personalberater gibt es ebenfalls mehrere Wege, die »nach Rom führen«. So kann die Suche auch hier über eine Stellenanzeige erfolgen. Jetzt inseriert allerdings der Personalberater unter seinem Namen für ein ungenannt bleibendes Unternehmen. Hierbei kann der Bewerber sicher sein, dass seine Sperrvermerke beachtet werden, seine Bewerbung also nicht in unbefugte Hände gelangt. Anzeigenaktionen über Personalberater »locken« vor allem diejenigen Bewerber,

- die zurzeit ohne feste Position sind oder in einem gekündigten Anstellungsverhältnis stehen;
- deren gegenwärtige Position kurz- oder mittelfristig bedroht ist;
- die mit ihrer gegenwärtigen Position unzufrieden sind;
- die Geschäftsführer werden möchten, in ihrem Unternehmen jedoch keine Aufstiegschancen sehen.

Anzeigenaktionen über Personalberater führen dagegen nicht zu solchen Bewerbern, die gar nicht auf der Suche sind. Diese lesen die einschlägigen Stellenanzeigen in den überregionalen Tageszeitungen nämlich erst gar nicht. Selbst wenn ihnen eine solche Anzeige zufällig in die Hände fällt, machen sie sich selten die Mühe, eine vollständige Bewerbung einzureichen.

Das Honorar renommierter Personalberater, die über Anzeigen arbeiten, liegt bei rund 25 Prozent des voraussichtlichen Jahreseinkommens (Festgehalt und Tantieme) des gesuchten Geschäftsführers. Hinzu kommen die Kosten der Anzeige und die Reisekosten. Letztere sind in der Regel ebenso wie die Kommunikationskosten doppelt so hoch wie bei der direkten Suchmethode, da hier in der Vorauswahl sehr viel mehr Kontakte aufgenommen werden müssen.

Meistens geht der Personalberater mit einer direkten Suchmethode vor. In einer umfassenden Recherche ermittelt er Branchen und Betriebe, in denen er interessante Kandidaten vermutet. Diese werden dann direkt angesprochen. Bei positiver Reaktion folgt ein erstes Auswahlgespräch. Anders als bei einer Anzeigenaktion tritt dabei der Personalberater werbend für das suchende Unternehmen auf. Die angesprochene Führungskraft muss im Laufe des Gesprächs erst noch für eine Tätigkeit im Unternehmen gewonnen werden. Bei der »direkten Suchmethode« ist das Honorar des Personalberaters höher. Es beläuft sich etwa auf ein Drittel des voraussichtlichen Jahreseinkommens zuzüglich Reise- und Kommunikationskosten.

Unabhängig von den verschiedenen Suchmethoden ist der Auswahlprozess stets der gleiche. Er beginnt im Anschluss an eine erste Kontaktaufnahme zwischen Personalberater und Kandidaten mit einem offiziellen Vorstellungsgespräch, an dem der Unternehmer, der Bewerber und der Personalberater teilnehmen. Verläuft dieses positiv, wird der Bewerber dem Beirat und gegebenenfalls den Gesellschaftern vorgestellt.

Viele Unternehmer treffen bereits in diesem Stadium ihre endgültige Entscheidung und beginnen mit den konkreten Vertragsverhandlungen. Ein solches Tempo halte ich nicht für zweckmäßig. Eine Gesprächsdauer von nur wenigen Stunden reicht für eine so wichtige Weichenstellung nicht aus. Vielmehr sind weitere Gespräche zwischen dem Unternehmer und dem Endkandidaten unverzichtbar. Ich war immer wieder davon überrascht, in welchem Maße ein einmal gewonnener Eindruck sich von Unterhaltung zu Unterhaltung ändern kann.

Die Einholung von Recherchen und Referenzen darf niemals vergessen werden. Das klingt zwar nach überflüssiger Routine, ist es aber nicht. Meine eigene frühere Nachlässigkeit in der Einholung von Referenzen habe ich mehrfach büßen müssen. Heute mache ich hiervon niemals mehr eine Ausnahme. Bei verdeckt durchzuführenden Recherchen ist ein Personalberater unverzichtbar. Offizielle Referenzen kann das einstellende Unternehmen dagegen selbst einholen. Sie bringen in der Regel nicht viel, jedoch auf jeden Fall mehr als offizielle schriftliche Zeugnisse. Den höchsten Erkenntniswert hat ein persönliches Telefonat zwischen dem Eigentümer und dem bisherigen Vorgesetzten des Kandidaten. Auf ein solches Telefonat sollte man – wenn es nicht aus zwingenden Gründen unmöglich ist – niemals verzichten.

Wichtig sind auch geordnete persönliche Verhältnisse: Eine intakte Ehe und Familie oder eine seit Jahren bestehende feste Beziehung sprechen für den Kandidaten. Laufende Scheidungsverfahren oder bevorstehende Trennungen können ein Problem signalisieren. Der Unternehmer sollte sich daher nicht scheuen, sich frank und frei nach diesen intimen persönlichen Verhältnissen zu erkundigen.

Einzelheiten des Anstellungsvertrages

Vergütung

Wer sich über die Höhe angemessener Geschäftsführerbezüge orientieren will, hat es schwer. Informationshilfen gibt es kaum. Am bekanntesten ist die jährliche Kienbaum-Studie, die die durchschnittliche Ist-Situation wiedergibt. Gute Kandidaten sind aber immer teurer als der Durchschnitt. Außerdem kann ein Ist-Einkommen nur ein erster Indikator für das Einkommen sein, das man zahlen muss, um einen Kandidaten zu bekommen, der sich in einer festen und ungekündigten Position befindet. Ein solcher Kandidat erwartet bei einem Wechsel – außer einem guten Unternehmen und einer herausfordernden Position – auch einen Einkommenszuwachs. Dieser liegt bei einem Positionswechsel, der mit einer örtlichen Veränderung verbunden ist, bei mindestens 20 Prozent. Um dem Leser zumindest einen groben Anhaltspunkt zu geben, ist in Abbildung 11 der Vergütungsspiegel der Geschäftsleitung (erste und zweite Ebene) eines großen Familienunternehmens der chemischen Industrie dargestellt. Bei den genannten Zahlen handelt es sich um die Gesamtvergütung (fix + variabel) eines guten Geschäftsjahres.

Die große Mehrzahl der Geschäftsführer erhält neben dem Grundgehalt eine variable Vergütung. Die Grundvergütung wird meist auf freiwilliger

Vorsitzender der Geschäftsführung	400.000 €
stellvertretender Vorsitzender der Geschäftsführung	250.000 €
Geschäftsführer	200.000 €
stellvertretender Geschäftsführer	160.000 €
Prokuristen	125.000 €
Unternehmensleitung (Summe)	1.135.000 €

Abbildung 11: Vergütungsrichtwert für die Unternehmensleitung eines großen, ertragsstarken Familienunternehmens der Chemiebranche

Basis durch die Gesellschafterversammlung und/oder ein Kontrollgremium jährlich angepasst. Hierbei werden die Leistung des Geschäftsführers und die Entwicklung der Lebenshaltungskosten angemessen berücksichtigt.

Die variable Vergütung beläuft sich in der Regel auf 25 bis 35 Prozent der Gesamtbezüge. Sie wird entweder aufgrund einer vertraglich zwingenden Vereinbarung oder als Ermessenstantieme gewährt. Von der Ausgestaltung als Ermessenstantieme ist abzuraten. Sie ist aufgrund ihrer Unbestimmtheit kaum als optimaler Leistungsanreiz geeignet und wird häufig als willkürlich empfunden.

Auf die Ausgestaltung der variablen Vergütung sollte der Familienunternehmer viel Zeit verwenden. Die übliche Koppelung an den steuerlichen Gewinn ist sicherlich eine einfache, aber keine gute Lösung. Der steuerliche Gewinn ist – wie der Gewinn generell – leicht manipulierbar und steht oft in nur losem Zusammenhang mit der wirklichen Leistung des Geschäftsführers. Es gilt stattdessen, mehrere Kriterien auszuwählen, die in einer engen Beziehung zur Zielerreichung seitens des Geschäftsführers stehen. Welche Kriterien dies sein sollten, lässt sich nur anhand des Einzelfalls entscheiden. Es ist jedoch darauf zu achten, dass kurzfristige Ziele nicht zulasten des langfristigen Unternehmenserfolgs überbewertet werden. Um Ressortegoismus auszuschalten, darf die Erfolgsbeteiligung nicht auf Kriterien aus dem unmittelbaren Verantwortungsbereich des jeweiligen Geschäftsführers beschränkt werden. Sie muss stets auch eine gemeinsame Zielgröße für alle Geschäftsführer enthalten. Dies könnten zum Beispiel – je nach Unternehmenssituation – das Betriebsergebnis, der Cashflow oder die Summe der erzielten Deckungsbeiträge sein. Diese Größen sind weniger leicht manipulierbar als der (steuerpflichtige) Gewinn.

Kapitalbeteiligung

Ich war nie ein Freund einer breit gestreuten Kapitalbeteiligung der Mitarbeiter – in welcher Ausgestaltung sie auch immer anzutreffen ist. Nach meiner Erfahrung wird der mögliche Vorteil der mit einer Kapitalbeteiligung einhergehenden, zusätzlichen Motivation überschätzt. Das Risiko schlechter Stimmung bei flauem Geschäftsgang gleicht den Vorteil aus (vgl. hierzu S. 377 ff.). Anders steht es um die Einräumung einer Beteiligung an den Geschäftsführer, sofern sie auf die Zeit seiner Tätigkeit im Unternehmen beschränkt ist. Sie wird von vielen Geschäftsführern gewünscht, die darin nicht nur eine wirtschaftliche Anerkennung ihrer Leistung, sondern auch eine gesellschaftliche Aufwertung sehen.

Die Beteiligung sollte vom Geschäftsführer entgeltlich erworben werden und so ausgestaltet sein, dass sie eine Vergütung des von ihm in der Zeit seiner Tätigkeit erarbeiteten Mehrwerts ermöglicht. Hierfür muss bei Beginn wie bei Ende der Beteiligung eine Unternehmensbewertung nach einem einfachen, aber identischen Schema vorgenommen werden. Beispielsweise kann das Ergebnis der gewöhnlichen Geschäftstätigkeit zugrunde gelegt werden. Die Einräumung einer Beteiligung hat steuerliche Konsequenzen. Wird sie ausnahmsweise unentgeltlich gewährt, so entsteht beim Empfänger eine steuerpflichtige Vorteilszuwendung. Erfolgt sie entgeltlich, kann beim abgebenden Eigentümer ein Veräußerungsgewinn zu versteuern sein.

Wettbewerbsverbot

Während der Dauer seines Anstellungsverhältnisses ist dem Geschäftsführer jede Konkurrenztätigkeit verboten. Das ergibt sich aus seiner allgemeinen Treuepflicht, ohne dass eine gesonderte Regelung im Anstellungsvertrag erforderlich wäre. Wie aber sieht es für die Zeit nach Beendigung des Anstellungsverhältnisses aus? Grundsätzlich ist der Geschäftsführer dann frei und kann seine Erfahrungen ungeschmälert einem Konkurrenzunternehmen zur Verfügung stehen. Dies mag für den Bereich der Finanzen unproblematisch sein. Bei den Geschäftsführern für die Bereiche Vertrieb, Marketing, Entwicklung und Produktion kann das von Fall zu Fall ganz anders aussehen.

Erfahrungsgemäß schützen sich mehr als ein Fünftel aller größeren Familienunternehmen gegen dieses Risiko, indem von vornherein ein nachvertragliches Wettbewerbsverbot vereinbart wird – meist gegen die Zahlung einer Karenzentschädigung, die durchschnittlich 60 Prozent der letzten vertragsgemäßen Bezüge (Fixum und Tantieme) beträgt. Die Zahlung einer Karenzentschädigung ist beim Geschäftsführer gesetzlich nicht zwingend. Da jedoch die Rechtsprechung immer stärker dazu neigt, die strengen Vorschriften des Handelsgesetzbuches für einfache Angestellte auch auf Geschäftsführer auszudehnen, ist die Zahlung einer Karenzentschädigung empfehlenswert. Ansonsten läuft das Unternehmen Gefahr, dass die Gerichte von einer sittenwidrigen wirtschaftlichen Knebelung des Geschäftsführers ausgehen und zwingend eine Zahlung nach eigenem Ermessen anordnen.

Altersversorgung

Altersrente, Invaliditätsrente und Hinterbliebenenversorgung haben für den Geschäftsführer einen sehr hohen Stellenwert. Andererseits belasten sie das Unternehmen über Jahre hinaus in erheblichem Umfang. Bei einer Versorgungszusage ist also höchste Vorsicht geboten.

Man geht heute davon aus, dass ein Betrag von 60 Prozent der letzten Brutto-Gesamtbezüge dem pensionierten Geschäftsführer eine ausreichende Vollversorgung gewährt. Die angestrebte Vollversorgung wird in der Praxis durch drei Komponenten – die erreichbare Sozialversicherungsrente, die betriebliche Altersversorgung und einen Beitrag zur Eigenvorsorge – finanziert. Als zumutbare Eigenvorsorge wird bei Geschäftsführern von 15 Prozent der Gesamtbezüge ausgegangen. Die erreichbare Sozialversicherungsrente liegt bei circa 40 Prozent der Beitragsbemessungsgrenze, welche im Jahr 2002 54 000 Euro betrug. Damit ergibt sich eine von der betrieblichen Altersversorgung zu deckende Versorgungslücke, die in der Regel zwischen 25 und 40 Prozent der Geschäftsführerbezüge liegt.

Die betriebliche Altersversorgung befindet sich auf dem Rückzug, wenngleich der ganz überwiegenden Mehrzahl der Geschäftsführer – gerade in größeren Familienunternehmen – in der Vergangenheit eine entsprechende Zusage erteilt worden ist. Unter den möglichen Formen der betrieblichen Altersversorgung herrscht die betriebliche Versorgungszusage vor. Sie kann vom Unternehmen über Rückstellungen finanziert werden und bietet dem Geschäftsführer steuerliche Vorteile, weil er als Pensionsempfänger steuerlich erheblich niedriger belastet ist als während seiner aktiven Zeit. Häufig wird die Anwartschaft an die Gehaltsentwicklung und die gezahlte Pension an das allgemeine Gehaltsniveau oder das Preisniveau angepasst.

Die Hinterbliebenenversorgung beschränkt sich häufig auf die Witwe und beträgt in der Regel circa 60 Prozent der Mannesrente. Der Anspruch erlischt jedoch meist beim Eingehen einer neuen Ehe, oder wenn die Ehe bei Eintritt des Versorgungsfalles nicht seit mindestens zehn Jahren bestanden hat. Von Fall zu Fall wird die Witwenpension ausgeschlossen, wenn die Ehefrau mehr als 25 Jahre jünger ist. Wird neben der Witwenrente eine Waisenrente gewährt, so beträgt diese in der Praxis – für alle Kinder zusammen – 10 bis 15 Prozent der Mannesrente und läuft bis zur Beendigung der Berufsausbildung, längstens bis zur Vollendung des siebenundzwanzigsten Lebensjahres.

Nebenleistungen

Der übliche Katalog von Nebenleistungen umfasst die Gehaltsfortzahlung (Grundgehalt und variable Vergütungsteile) im Krankheitsfall bis zu sechs, zwölf oder 18 Monaten, die Weiterzahlung im Todesfall für den Sterbemonat und drei weitere Monate sowie eine Unfallversicherung mit doppelt so hohen Beträgen bei Invalidität wie bei Tod. Wird für Dienstreisen nicht der Firmenwagen benutzt, reist der Geschäftsführer mit der Bahn erster Klasse und im Flugzeug Business Class. Nur bei sehr anstrengenden Fernreisen mit großen Zeit- und Klimaunterschieden wird gelegentlich nach Abstimmung mit den Gesellschaftern auch die First Class eingeräumt.

Die Abrechnung von Übernachtungskosten erfolgt nach Anfall durch Rechnungsnachweis. Die Fünf-Sterne-Kategorie wird aus Repräsentationsgründen und als Treffpunkt für Geschäftsgespräche durchaus akzeptiert. Bei Bewirtungen empfiehlt sich äußerste Vorsicht und peinlich genaue Trennung zwischen Geschäfts- und Privatanlass. Verstöße hiergegen können zur sofortigen Kündigung aus wichtigem Grunde führen. Sie gefährden somit die berufliche Existenz und sind zudem über die Buchhaltung noch nach Jahren nachweisbar. In der Praxis wird häufig eine gesonderte Spesenprüfung dazu benutzt, um einen in Ungnade gefallenen Geschäftsführer »billig« loszuwerden.

Für Geschäftsführer gehört der Dienstwagen, der auch unbegrenzt privat genutzt werden darf, zur Normalausstattung. Sinnvollerweise setzt das Unternehmen ein Anschaffungsbudget fest, das der Geschäftsführer selbst beliebig aufstocken kann. Die Nutzung des Dienstwagens stellt für den Geschäftsführer einen Sachbezug dar, den er mit 1 Prozent des Kaufpreises (Listenpreis + Sonderausstattung + Mehrwertsteuer) monatlich versteuern muss.

Vertragsdauer und Kündigungsfrist

Geschäftsführerverträge sind statistisch betrachtet in ihrer Mehrzahl unbefristet. Die befristeten Verträge haben entweder eine Laufzeit von fünf oder von drei Jahren. Bei Fünfjahresverträgen wird häufig vereinbart, dass über eine Verlängerung spätestens ein Jahr vor Ablauf entschieden wird. Die Kündigungsfristen schwanken zwischen zwölf und sechs Monaten, meist zum Jahresende. Viele Unternehmer wünschen kürzere Kündigungsfristen. Diese bedeuten für den Geschäftsführer ein hohes persönliches Risiko – aber nicht nur für ihn. Auch das Unternehmen sollte sich vor kurzfristigen Vakanzen in der Geschäftsleitung hüten.

Abfindung

Die wachsende Zahl von Fusionen und Firmeneinkäufen hat für die Geschäftsführer das Risiko des Arbeitsplatzverlustes deutlich erhöht. Insbesondere Geschäftsführer, die von außen kommen, bestehen immer häufiger auf einer Abfindung, wenn der Dienstvertrag gekündigt wird. Die Abfindung wird meist als vorgezogenes Altersruhegeld gezahlt. Im Dienstvertrag wird dazu bestimmt, dass die Pensionszahlung auch bei Ausscheiden des Geschäftsführers infolge unverschuldeter Kündigung seitens der Gesellschaft oder bei Nichtverlängerung seines Anstellungsvertrages erfolgt. Regelmäßig wird in diesem Fall die Anrechnung von Einkünften aus neuen Dienstverhältnissen vereinbart – oft in der Variante, dass alle Einkünfte anzurechnen sind, die zusammen mit der Ruhegeldzahlung die Höhe der zuletzt gezahlten Gesamtbezüge übersteigen.

Zusammenfassend seien nochmals die wichtigsten Grundsätze der Ausgestaltung des Anstellungsvertrags mit dem Geschäftsführer genannt:

- Noch im Vorfeld des Vertragsschlusses sollten all die Punkte »abgeklopft« werden, die einer organschaftlichen Bestellung und damit auch einer dienstrechtlichen Anstellung (so zum Beispiel Geschäftsfähigkeit, Mitgliedschaft in anderen Organen/Organisationen, eventuelle Insolvenzdelikte oder behördliche/gerichtliche Berufsverbote) widersprechen.
- Besonderes Augenmerk verdienen die Fragen der Aufgaben und Pflichten des Geschäftsführers (allumfassende/eingeschränkte Geschäftsführung, Weisungsfreiheit/Weisungsgebundenheit bei bestimmten bedeutenden Geschäften) und seiner Vertretungsmacht (allein, nur gemeinsam mit einem Geschäftsführer). Die Regelungen in der Satzung und im Anstellungsvertrag müssen aufeinander abgestimmt sein.
- Gerade um einen Leistungsanreiz zu schaffen, bedarf die Ausgestaltung der Geschäftsführervergütung größter Sorgfalt und vielfach auch einer gesteigerten »Fantasie«. Durch die Kombination einzelner Bausteine, wie etwa Festgehaltskomponenten, Bonus-/Malusregelungen, Tantiemen und Gratifikationen, Inflationsausgleich oder periodische Gehaltserhöhungen kann eine optimale Leistungsmotivation erreicht werden.
- Auch die Bestimmungen zu Pensionen und Altersanwartschaften müssen mit großer Sorgfalt abgefasst werden, da diese für die Ge-

sellschaft nicht unerhebliche finanzielle Belastungen für die Zukunft (Rückstellungsverpflichtungen) mit sich bringen.

- Über sonstige »freiwillige« Leistungen der Gesellschaft (wie zum Beispiel Aufwandsentschädigungen, Dienstwagen, Handy, Versicherungsschutz) muss im Anstellungsvertrag eindeutig Klarheit geschaffen werden.

- Um dem während der Anstellung herrschenden, aus der allgemeinen Pflicht zu loyalem Verhalten und der Treuepflicht abgeleiteten Wettbewerbsverbot klarere Konturen zu verschaffen, bietet es sich an, genaueste Regelungen zu dessen Umfang und Geltungsdauer in den Anstellungsvertrag aufzunehmen.

- Gegenstand und Umfang weiterer Nebenpflichten – wie zum Beispiel die Erlaubnis/Versagung von Nebentätigkeiten, Tätigkeiten in Kontrollgremien von Drittfirmen oder die Verwertung und Abgeltung von beruflichen Erfindungen – müssen im Anstellungsvertrag geregelt werden.

- Abschließend sollte ganz besonderes Augenmerk auf die Kündigungsregelungen gelegt werden, da diese von ordentlicher bis außerordentlicher, fristgebundener bis fristloser Kündigung reichen können. Hier besteht im Einzelfall ein nicht unerheblicher Gestaltungsspielraum, der bei der Vertragsformulierung limitiert werden muss.

Risiken der Testamentsvollstreckung

Die Testamentsvollstreckung entspricht einem tief verankerten Bedürfnis jedes Menschen, auch nach dem Tod noch Einfluss darauf zu nehmen, was mit seinem Vermögen geschieht. Das ist ein auf den ersten Blick verständliches Motiv, auf den zweiten Blick tauchen jedoch Zweifel an seiner Berechtigung auf. Geht es dem Erblasser nur darum, Streitigkeiten bei der Aufteilung der einzelnen Vermögensgegenstände auszuschließen und deshalb das Auge eines objektiven Dritten auf diesem kurzfristig angelegten Verteilungsvorgang ruhen zu lassen, mag das richtig und sinnvoll sein. Ein Dritter oder auch ein allseits akzeptiertes Familienmitglied können Emotionen und oberflächlichen Streit bei der Verteilung am besten beseitigen.

Für diese Situation hat der Gesetzgeber die besondere Form der Abwicklungstestamentsvollstreckung geschaffen. Sie dient der einmaligen Verteilung des Nachlasses, ist also nach kurzer Zeit erledigt. Sehr viel problematischer ist die Verwaltungstestamentsvollstreckung, die über eine lange Zeit (Höchstdauer i. d. R. dreißig Jahre) den Erben praktisch jeden Einfluss auf den Nachlass nimmt und sie in die Abhängigkeit eines Dritten, meist eines Familienfremden, stürzt. Diese Art der Testamentsvollstreckung halte ich – abgesehen von einer Übergangszeit, etwa fünf Jahre erscheinen mir als Höchstes angebracht – und abgesehen von Sonderfällen für sehr fragwürdig.

Die großen Verwaltungstestamentsvollstreckungen der Nachkriegszeit (Krupp, Springer, Dornier) haben für eine erstklassige Dotierung der eingesetzten Testamentsvollstrecker gesorgt. Den betroffenen Familien haben sie Demütigungen, Streit und beachtliche Vermögensverluste eingebracht. Diese Art der Testamentsvollstreckung ist von vornherein mit einem schweren Makel behaftet. Der Erblasser signalisiert mit ihrer Anordnung einen demonstrativen Liebesentzug und zugleich ein nicht zu überbietendes Misstrauen in die Fähigkeiten seiner Erben. Dies wirkt sich psychologisch schlimmer aus, als wenn der Erblasser seine Nachfolger zu Lebzeiten kurzhält. Dazu würde ihm die Familie das moralische Recht zubilligen.

An so mancher Verwaltungstestamentsvollstreckung haben die zukünftigen Amtsinhaber selbst maßgeblich mitgestrickt – und das muss von vornherein schwerwiegende Interessenkonflikte in sich bergen. Meine Erfahrung weist auf drei Gefahren hin: Die erste liegt im persönlichen Bereich: Wie jeder Mensch unterliegt auch ein Testamentsvollstrecker den biologischen Gesetzen. Seine körperlichen und geistigen Fähigkeiten lassen mit der Zeit nach, sodass im Laufe einer dreißigjährigen Testamentsvollstreckung die Nachlassverwaltung beeinträchtigt wird. Die zweite Gefahr liegt im Bereich einer möglichen Interessenkollision. Wohl das abschreckendste Beispiel ist die im Jahr 2000 erfolgte Verurteilung eines bekannten Freiburger Anwalts zu einer zweijährigen Gefängnisstrafe, weil er als Testamentsvollstrecker ein Unternehmen bewusst unter Preis verkaufte und sich ohne Wissen der Erben unentgeltlich eine Rückbeteiligung hatte einräumen lassen. Nun soll durch diesen Einzelfall beileibe nicht die Seriosität der deutschen Testamentsvollstrecker infrage gestellt werden. Es gilt jedoch darauf hinzuweisen, dass der Testamentsvollstrecker nur einer schwachen Kontrolle unterliegt. Das dritte Risiko liegt in den Kosten einer Testamentsvollstreckung, die den meisten Erblassern ihrer Höhe und Berechnung nach gar nicht bekannt sind.

Bevor wir uns den Einzelheiten zuwenden, sei kurz auf zwei Alternativen zur Testamentsvollstreckung hingewiesen. Die erste ist die testamentarische Auflage. Sie verpflichtet die Erben zur Umsetzung einer vom Erblasser angeordneten Maßnahme, gibt aber dem Begünstigten selbst keinen eigenen Anspruch auf deren Durchführung. Unternehmerisch kommt beispielsweise die Erteilung von Vollmachten (Prokura), die Bestellung von Geschäftsführern, aber auch gesellschaftrechtliche Gestaltungen (»Ich mache meinen Erben zur Auflage, mein Unternehmen in eine GmbH umzuwandeln«) in Betracht. Die Schwäche der Auflage besteht darin, dass sich die Erben, falls sie sich einig sind, jederzeit über sie hinwegsetzen können.

Die zweite Alternative ist weitgehend unbekannt. Nur wenige wissen, dass die Familienstiftung oftmals ein sehr viel besseres Vehikel als die Dauertestamentsvollstreckung darstellt. Ihre Vorzüge liegen nicht nur in der besseren Kontrolle: Die Stiftungsorgane kontrollieren sich gegenseitig, sondern auch in der Möglichkeit, die Erbschaftsteuer zu verrenten, vor allem jedoch im psychologischen Bereich: Während die Testamentsvollstreckung das Misstrauen des Erblassers gegenüber den Erben geradezu in der Person des Vollstreckers subjektiviert, ist die Familienstiftung als Organisation sozusagen »entpersönlicht«. Der Erblasser gewährt das den Erben entzogene Vertrauen nicht einem anderen, sondern er überträgt sein Vermögen an eine von ihm gestaltete Organisation, die den Familieninteressen dient. Das ist etwas ganz anderes. Darüber hinaus bietet die Familienstiftung vielfältige Möglichkeiten, um die Familienmitglieder neben fremden Dritten in ihre Organe einzubinden.

Kommen wir zu einigen wichtigen Einzelheiten der Testamentsvollstreckung. Die häufigsten Motive für die Anordnung einer Testamentsvollstreckung sind:

- Nachlass und Vermögen der Erben sollen klar getrennt sein, um so zu verhindern, dass Gläubiger eines verschuldeten Erben auf den Nachlass zugreifen können.
- Eine Fürsorgefunktion erscheint notwendig, weil die Erben wegen geringen Alters, einer noch nicht abgeschlossenen Berufsausbildung oder

wegen fehlender beruflicher Erfahrung als (noch) nicht befähigt angesehen werden, die Unternehmerposition zu übernehmen.

- Nicht selten geht es auch darum, den gesetzlichen Vertreter eines noch minderjährigen Erben mangels unternehmerischer Qualifikation von der Verwaltung des Nachlasses auszuschließen. In solchen Fällen beschränkt sich die Stellung des gesetzlichen Vertreters durch die Einschaltung einer Familienstiftung auf die Verwaltung der ausgekehrten Erträge.

- Plant der Erblasser die Errichtung einer Familienstiftung von Todes wegen, so ist die kurzzeitige Einsetzung eines Testamentsvollstreckers nur zur Herbeiführung der Stiftungsgenehmigung sowie zur Überleitung des Vermögens auf die Stiftung sinnvoll.

Testamentsvollstreckungen, die der Verwaltung von Unternehmen oder Beteiligungen dienen, sind mit besonderen Problemstellungen behaftet, die jeder Unternehmer kennen sollte. Handelt es sich bei dem im Nachlass befindlichen Unternehmen um eine Einzelfirma, oder geht es um die Beteiligung eines voll Haftenden an einer Personengesellschaft, so scheidet eine Testamentsvollstreckung nach klassischem Verständnis von vornherein aus. Als Inhaber eines solchen Anteils kann der Testamentsvollstrecker die Erben nämlich nur auf den Nachlass beschränkt verpflichten. Damit steht die erbrechtliche Haftungslage jedoch im Widerspruch zu den Haftungsprinzipien des Handels- und Gesellschaftsrechts. Diese fordern im geschilderten Sachverhalt die volle persönliche Haftung des Unternehmensträgers für die Geschäftsschulden. Daher muss der Unternehmer hier auf die Testamentsvollstreckung verzichten und auf »Ersatzlösungen« zurückgreifen.

Die Rechtsstellung des Testamentsvollstreckers

Der Testamentsvollstrecker hat die Stellung eines Treuhänders über den Nachlass. Er ist weder Vertreter noch Beauftragter des Verstorbenen, sondern übt das Testamentsvollstreckeramt aus eigenem Recht selbstständig aus. Zwar ist der Erbe Eigentümer des Nachlasses, der Testamentsvollstrecker verwaltet jedoch im Rahmen seiner Befugnisse den Nachlass selbstständig. Die Handlungen des Testamentsvollstreckers treffen in ihren Wirkungen den oder die Erben als solche persönlich.

Von maßgeblicher Bedeutung ist zunächst die Auswahl der Person des Amtsinhabers. Er muss über entsprechende unternehmerische Erfahrungen verfügen und sollte im Idealfall von den Erben akzeptiert sein. Schon deshalb verbietet es sich, die Bestimmung des Testamentsvollstreckers dem Nachlassgericht oder einem Dritten zu überlassen. Die Auswahl des Testamentsvollstreckers ist vielmehr vom Erblasser im Testament selbst vorzunehmen, wobei für den Fall des Vorversterbens oder des Wegfalls des berufenen Amtsinhabers ein Ersatztestamentsvollstrecker zu benennen ist.

Angesichts der Omnipotenz, mit der das Gesetz den Testamentsvollstrecker ausgestattet hat, ist es von ausschlaggebender Bedeutung, dass der Erblasser für das richtige Machtgleichgewicht zwischen dem Testamentsvollstrecker und den übrigen Beteiligten am Nachlass, insbesondere also den Erben und Vermächtnisnehmern, sorgt. Dies kann etwa durch die Bildung eines Testamentsvollstrecker-Gremiums, es kann aber auch durch die Anordnung von Kontroll- und Mitspracherechten der Erben, die über das gesetzliche Maß hinausgehen, geschehen.

Zur Verbesserung der Rechtsposition der Erben sind auch klare Regelungen zur Ausschüttung der Erträge des Nachlasses vorzusehen. Ohne eine solche Vorgabe richtet sich die Teilnahme der Erben an den Erträgen des Nachlasses nach dem viel zu allgemeinen Maßstab »ordnungsgemäßer Nachlassverwaltung«, der letztlich dem Ermessen des Testamentsvollstreckers Tür und Tor offen lässt.

Honorar

In Ermangelung einer konkreten gesetzlichen Regelung ist die Höhe des dem Testamentsvollstrecker zustehenden Honorars eine Quelle häufigen Streits. Fehlt eine Honorarregelung im Testament, so wendet die Praxis die so genannte »Rheinische Tabelle« aus dem Jahr 1925 an, die inzwischen zur »Neuen Rheinischen Tabelle« weiterentwickelt wurde. Diese Tabelle geht vom Bruttowert des Nachlasses aus, das heißt, die Schulden dürfen nicht abgezogen werden, da sie ja mitzuverwalten sind. Geht es bei der Testamentsvollstreckung um einen besonders komplexen und schwierigen Nachlass, so können die Gebühren bis auf das Dreifache des in der Tabelle genannten Betrages steigen. Wird der Nachlass nicht nur abgewickelt, sondern dauerhaft verwaltet, so fällt eine zweite Gebühr an, die jährlich zwischen 0,33 bis 0,5 Prozent des jeweiligen Nachlassbruttowertes beträgt. Übernimmt der Testamentsvollstrecker darüber hinaus im Unternehmen weitere Aufgaben, etwa als Geschäftsführer oder als Aufsichtsrat, so sind diese – wie auch eine Beratungstätigkeit außerhalb der Testamentsvollstreckung, beispielsweise als Rechtsanwalt oder Wirtschaftsprüfer – branchenüblich zu vergüten. Es lässt sich leicht errechnen, welch hohe Gebühren entstehen, wenn zum Nachlass ein gut gehendes Unternehmen gehört.

Die Rheinische Tabelle birgt, soweit ein Unternehmen oder Anteile zum Nachlass gehören, für den Erblasser ein hohes Kostenrisiko. Sie führt aufgrund des Bewertungsspielraumes häufig zu unangemessen hohen Ansätzen. Das haben die Irrtümer des Neuen Marktes bei der Bewertung von Unternehmen hinreichend bewiesen.

Der Unternehmer muss daher in seinem Testament für klare Verhältnisse sorgen. Für richtig und angemessen halte ich eine Vergütung, die zum einen den Zeitaufwand und zum anderen das nicht geringe persönliche Haftungsrisiko des Testamentsvollstreckers abgilt. Der Zeitaufwand könnte quotal entsprechend den Gesamtbezügen des Vorsitzenden der Geschäftsführung vergütet werden. Der Haftungszuschlag sollte – je nach konkretem Risiko – zwischen 30 und 60 Prozent des vorgenannten Betrages liegen. Die Honorierung sollte vom Erblasser zu dessen Lebzeiten mit dem potenziellen Tes-

Nachlasswert brutto	Vergütung in % vom Nachlass
bis 250.000 €	4,0
bis 500.000 €	3,0
bis 2.500.000 €	2,5
bis 5.000.000 €	2,0
über 5.000.000 €	1,5

Abbildung 12: Testamentsvollstrecker-Vergütung (Grundbetrag) nach der »Neuen Rheinischen Tabelle«

tamentsvollstrecker abgestimmt werden. Die Regelung muss auch die Frage umfassen, ob in der Vergütung die Mehrwertsteuer enthalten ist oder nicht. Ebenso sollten Aussagen über die Fälligkeit der Vergütung getroffen werden, und es sollte klargestellt sein, ob und inwieweit durch Beratung (Rechtsberatung, Steuerberatung, Wirtschaftsprüfung, Unternehmensberatung), die der Testamentsvollstrecker für den Nachlass erbringt oder erbringen lässt, zusätzliche Honoraransprüche entstehen.

Testamentsvollstreckung im unternehmerischen Bereich

Die Durchführung einer Testamentsvollstreckung im unternehmerischen Bereich wirft mehr Fragen auf, als Antworten gegeben werden können. Darüber muss sich jeder Unternehmer, der dieses Instrument einsetzen will, ebenso im Klaren sein wie über das Risiko, dass sein letzter Wille auch nicht annähernd umgesetzt werden kann.

Im Bermudadreieck zwischen Testamentsvollstrecker, Unternehmen und Erben gibt es zu viele Unbekannte, als dass eine vorausschauende Regelung mit annähernder Wahrscheinlichkeit der zukünftigen Entwicklung gerecht werden kann. Das betrifft in erster Linie das Unternehmen selbst. Welche Herausforderungen stellen sich ihm in fünf, in zehn oder in fünfzehn Jahren? Niemand kann dies voraussagen und niemand kann daher den Testamentsvollstrecker in seiner Handlungsfreiheit, so wie es notwendig wäre, beschränken. Die zweite Unbekannte ist der Testamentsvollstrecker. Wie wird er sich persönlich, gesundheitlich und vermögensmäßig entwickeln? Ist er den sich stellenden unternehmerischen Problemen in aller Zukunft gewachsen? Bleibt die erforderliche materielle Unabhängigkeit erhalten oder gerät er wirtschaftlich in Abhängigkeit von seinem Amt? Die dritte Unbekannte sind die Erben. Akzeptieren die Erben die Testamentsvollstreckung und zugleich die Person des Testamentsvollstreckers oder lehnen sie sich dagegen auf? In einem Fall, in den ich involviert war, führten die Erben am Ende mehr als fünfzig Prozesse gegen den Testamentsvollstrecker. Sie verloren zwar die meisten, aber nach geraumer Zeit hatte die Prozesslawine das Unternehmen vernichtet. Der Leser erkennt: Fragen über Fragen, die sich jeder verantwortungsbewusste Unternehmer stellen muss.

Testamentsvollstreckung bei Einzelunternehmen

Wenn wir uns im Folgenden der Testamentsvollstreckung im Unternehmensbereich näher zuwenden, wollen wir uns auf die in der Praxis häufiger vorkommende Testamentsvollstreckung an Kommanditbeteiligungen und GmbH-Geschäftsanteilen konzentrieren. Eine über eine Kommanditbeteiligung angeordnete Dauer- oder Verwaltungstestamentsvollstreckung bedarf zunächst zwingend der Zustimmung aller Mitgesellschafter. Diese Zustimmung wird in der Regel bereits im Gesellschaftsvertrag erteilt. Sie kann auch ad hoc und ebenfalls nachträglich mit Rückwirkung erklärt werden.

Liegt die Zustimmung vor, so ist der Testamentsvollstrecker befugt, unter Ausschluss der Gesellschafter-Erben alle Rechte aus der hinterlassenen Kommanditbeteiligung wahrzunehmen. Er übt das Stimmrecht aus, nimmt an Gesellschafterversammlungen teil, kann fehlerhafte Gesellschafterbeschlüsse klageweise angreifen und ist zur Geltendmachung von Informations- und Kontrollrechten berechtigt.

Strittig ist die Frage, inwieweit der Macht des Testamentsvollstreckers generell Grenzen gesetzt sind. Kontrovers wird insbesondere darüber diskutiert, ob die in den Kernbereich eines Gesellschafters fallenden Rechte noch der Verwaltungsbefugnis des Testamentsvollstreckers unterliegen. Der Bundesgerichtshof hat diese Frage offen gelassen. Die wohl überwiegende Auffassung unterwirft den Testamentsvollstrecker bei besonders schwerwiegenden Maßnahmen (Änderung der Gewinnverteilung, Änderung der Höhe des Abfindungsguthabens, Auflösung der Gesellschaft) einem uneingeschränkten Zustimmungsgebot des Gesellschafter-Erben. Daraus ergeben sich erhebliche Beschränkungen für den Testamentsvollstrecker. Dementsprechend empfiehlt es sich für ihn, rein vorsorglich die Zustimmung der Gesellschafter-Erben zu allen Maßnahmen einzuholen, die über die Ausübung der laufenden Verwaltungsrechte hinausgehen. Der Erblasser muss diese Einschränkungen, wenn er einen Testamentsvollstrecker einsetzt, kennen und bedenken, da sie die Erreichung seiner Ziele erheblich gefährden können.

Die Bestellung eines Testamentsvollstreckers für GmbH-Geschäftsanteile bedarf nicht der Zustimmung der Mitgesellschafter. Eine Testamentsvollstreckung kommt vielmehr nur dann nicht in Betracht, wenn die Satzung dies ausdrücklich verbietet. Auch inhaltlich reicht die Machtstellung des Testamentsvollstreckers bei der GmbH weiter als bei der Personengesellschaft. Er allein – und nicht der Erbe – ist zur Mitwirkung bei Satzungsänderungen und zur Veräußerung des Geschäftsanteils befugt.

Will sich der Testamentsvollstrecker zum Geschäftsführer wählen lassen, so darf er sein Stimmrecht nur ausüben, wenn ihm dies vom Erblasser oder den Erben ausdrücklich gestattet wurde. Als Geschäftsführer oder als Aufsichtsratsmitglied der GmbH ist der Testamentsvollstrecker von der Ausübung des Stimmrechts ausgeschlossen, soweit es um seine eigene Entlastung oder die der anderen Mitglieder der Geschäftsführung oder des Aufsichtsrats geht. An seiner Stelle üben die Erben das Stimmrecht aus, weil ihr Vertreter (Testamentsvollstrecker) ja in Angelegenheiten, die ihn persönlich betreffen, rechtlich verhindert ist. Dies kann in der Praxis zu erheblichen Komplikationen führen, wenn die Erben sich bei dieser Gelegenheit an einem unliebsamen Testamentsvollstrecker rächen wollen. Es empfiehlt sich daher eine Regelung, wonach im Falle eines Stimmverbotes des Testamentsvollstreckers auch das Stimmrecht der Gesellschafter-Erben ruht.

Bei lang dauernden Testamentsvollstreckungen stellt sich häufiger die Frage, ob sich der Testamentsvollstrecker an der Erhöhung des Stammkapitals beteiligen darf. Hier ist folgendermaßen zu differenzieren: Aus einer Kapitalerhöhung aus Gesellschaftsmitteln resultieren keine Einzahlungspflichten der betroffenen Gesellschafter. Daraus folgt, dass Haftungsrisiken des Erben bei dieser Form der Kapitalerhöhung nicht bestehen. Es ist daher kein Grund ersichtlich, das Stimmrecht des Testamentsvollstreckers bei einer Beschlussfassung über eine Kapitalerhöhung aus Gesellschaftsmitteln zu beschränken. An einer Kapitalerhöhung gegen Einlagen darf sich der Testamentsvollstrecker ohne Zustimmung des Erben nur dann beteiligen, wenn der Einlagebetrag voll und sofort aus dem Nachlass bezahlt werden kann.

Ob sich der Testamentsvollstrecker an der Gründung von Kapitalgesellschaften oder an Unternehmensumstrukturierungen beteiligen darf, ist umstritten. Kommt eine persönliche Haftung der Erben nicht in Betracht, ist der Testamentsvollstrecker auch zur Neugründung einer Kapitalgesellschaft berechtigt, mit der Folge, dass eine Verletzung seiner Verwalterpflichten ausscheidet. Nach überwiegender Meinung ist eine Beteiligung des Testamentsvollstreckers an der Gründung einer Kapitalgesellschaft sowie an Umstrukturierungen nur möglich, wenn über den Nachlass hinausgehende persönliche Verpflichtungen des Erben nicht begründet werden.

Durch die genannten Einschränkungen werden dem Testamentsvollstrecker für die Unternehmenspraxis signifikante Grenzen gesetzt. Es ist daher jedem Erblasser anzuraten, die unternehmerischen Kompetenzen des Testamentsvollstreckers sowie die hiermit korrespondierenden Pflichten der Erben hinreichend exakt testamentarisch oder erbvertraglich festzulegen und auf diese Weise den gesetzlichen Regelungsrahmen zu ergänzen.

Zusammenfassung zur Testamentsvollstreckung

- Es ist zwischen der Abwicklungs- und der Verwaltungs-Testamentsvollstreckung zu unterscheiden. Beide können getrennt oder gemeinsam angeordnet werden. Für beide Bereiche fallen jeweils getrennt Gebühren an.
- Bei der Anordnung einer Testamentsvollstreckung ist zu bedenken, dass diese von den Erben häufig als Mangel an Vertrauen des Erblassers in seine Nachfolger verstanden wird.
- Es sollte gut überlegt werden, ob die Anordnung einer Verwaltungsvollstreckung erforderlich ist und ob nicht eine Abwicklungsvollstreckung ausreicht.
- Sowohl die Gebühren als auch die Kompetenzen des Testamentsvollstreckers sind vom Erblasser detailliert zu regeln. Bei der Verwaltungsvollstreckung müssen klare Richtlinien für die Verwaltung vorgegeben werden.
- Die gewünschte Rechtsstellung der Erben ist durch Zustimmungserfordernisse sowie im Unternehmensbereich durch klare Regelungen über die Ausschüttung der Gewinne abzusichern.
- Für eine wirksame Kontrolle des Testamentsvollstreckers ist wichtig, dass ein gewisses Machtgleichgewicht zwischen Erben und Testamentsvollstrecker hergestellt wird.
- Die bedeutsamste Alternative zur Testamentsvollstreckung ist die Familienstiftung.

Die Stiftung – eine realistische Gestaltungsalternative

Für einen Unternehmer, der trotz fehlender geeigneter Nachfolger sein Familienunternehmen nicht verkaufen will, kann die Stiftung eine interessante Alternative der Nachfolgegestaltung sein. Stiftungsgründungen erfreuen sich denn auch bei uns wachsender Beliebtheit. Noch im Jahr 1990 wurden lediglich 181 rechtsfähige Stiftungen des bürgerlichen Rechts errichtet. Im Jahr 2001 waren es schon 829. Insgesamt wurden im Jahr 2002 rund 11 000 rechtsfähige Stiftungen des bürgerlichen Rechts gezählt.

Dennoch ist das Wissen über die Stiftung erstaunlich gering. Während manche sie offenbar für ein Steuersparmodell halten, glauben andere, die Stiftung sei ein Allheilmittel für finanzschwache Firmengebilde oder wollen durch die Androhung einer Stiftungsgründung widerborstige Nachkommen als Nachfolger in ihr Unternehmen zwingen. Ebenso wie die Erwartungen und Hoffnungen beruhen auch die Befürchtungen oft mehr auf Gefühlen als auf Sachkenntnis. Viele Unternehmer lehnen die Stiftung von vornherein ab, weil sie im Geiste schon die Kirche oder die Caritas als Eigentümer ihres mühsam aufgebauten Lebenswerkes sehen. Eine Stiftung hat jedoch keinesfalls zwingend einen uneigennützigen Charakter.

Oft ist auch die Meinung zu hören, ein Unternehmen könne niemals als Stiftung geführt werden, da es der Stiftung an der erforderlichen Flexibilität mangele. Das ist jedoch mittlerweile reine Theorie, denn in Deutschland gibt es kein einziges Unternehmen mehr, das als Stiftung geführt wird. Das letzte – die Firma Zeiss – hat im Jahr 2003 diese Rechtsform aufgegeben und sich in eine Aktiengesellschaft umgewandelt. Ein anderes – die Maschinenfabrik Bruderhaus aus Reutlingen – ist schon vor Jahren durch Konkurs von der Bildfläche verschwunden.

Wenn heute von »Stiftungsunternehmen« gesprochen wird, dann geht es stets nur um solche Gebilde, bei denen sich die Anteile an einem oder mehreren Unternehmen im Stiftungsvermögen befinden. Die Stiftung ist also Eigentümerin von Gesellschaftsanteilen, so wie es jede natürliche oder juristische Person auch sein könnte, und hier wie dort ist die Flexibilität des Unternehmens dadurch in keiner Weise beeinträchtigt. Die Stiftung kann in einem solchen Fall – wie jeder sonstige Anteilseigner auch – mit ihrem Vermögen frei schalten und walten, es sei denn, der Stifter hat in der Stiftungssatzung bestimmte Beschränkungen vorgesehen.

Ein anderes, weit verbreitetes Vorurteil richtet sich gegen die Aufsicht, der eine jede Stiftung unterworfen ist. Die Befürchtung, dadurch könne der Staat jederzeit beliebig in das Unternehmen eingreifen, ist unbegründet. Die staatliche Stiftungsaufsicht ist nämlich lediglich eine Rechtsaufsicht, das heißt, die öffentliche Hand darf nur die Rechtmäßigkeit des Handelns der Stiftungsorgane überprüfen. Darauf zu achten, ob die Organe wirtschaftlich zweckmäßig oder unternehmerisch sinnvoll handeln, ist nicht Sache der Aufsichtsbehörden.

Der vermeintliche Nachteil der Stiftungsaufsicht ist damit sogar eine der wichtigsten Stärken von Stiftungskonstruktionen. Denn im Gegensatz zu allen sonstigen Möglichkeiten des Erbrechts wird der in der Satzung niedergelegte Stifterwille sozusagen mit Hilfe der Stiftungsaufsicht dauerhaft und dazu auch noch kostenfrei vom Staat geschützt. Aus diesem Grund hat sich die Stiftung zur wichtigsten Alternative der Testamentsvollstreckung entwickelt. Anders als diese ist sie in ihrer Laufzeit nicht beschränkt, sie ist stärker auf Familienkonsens ausgerichtet, da bei ihr die Mitwirkung einzelner Familienerben in den Stiftungsorganen möglich ist, und sie kann weniger leicht missbraucht werden, da die einzelnen Stiftungsorgane besser zu kontrollieren sind als ein einziger allmächtiger Testamentsvollstrecker.

Die verschiedenen Stiftungsarten

Nachfolgend sollen nur die privaten Stiftungen des bürgerlichen Rechts behandelt werden. Die öffentlich-rechtlichen Stiftungen, wie beispielsweise die Stiftung Preußischer Kulturbesitz, sind in diesem Zusammenhang ohne Belang. Eine Stiftung bürgerlichen Rechts verfügt über eine eigene Rechtspersönlichkeit. Sie hat jedoch weder Gesellschafter noch Mitglieder, sondern lediglich Begünstigte (Destinatäre). Sie besitzt ein eigenes Vermögen, das quasi sich selbst gehört. Die Errichtung der Stiftung setzt ein Stiftungsgeschäft voraus, in welchem die Zielsetzungen des Stifters, das einzubringende Stiftungsvermögen sowie die Stiftungsorganisation festgelegt und im Einzelnen geregelt werden. Die rechtliche Entstehung der Stiftung erfolgt durch einen staatlichen Genehmigungsakt, der seit der Reform des Stiftungsrechts im Jahr 2002 als »Anerkennung« bezeichnet und von den Stiftungsbehörden des jeweiligen Bundeslandes am Sitz der Stiftung vorgenommen wird.

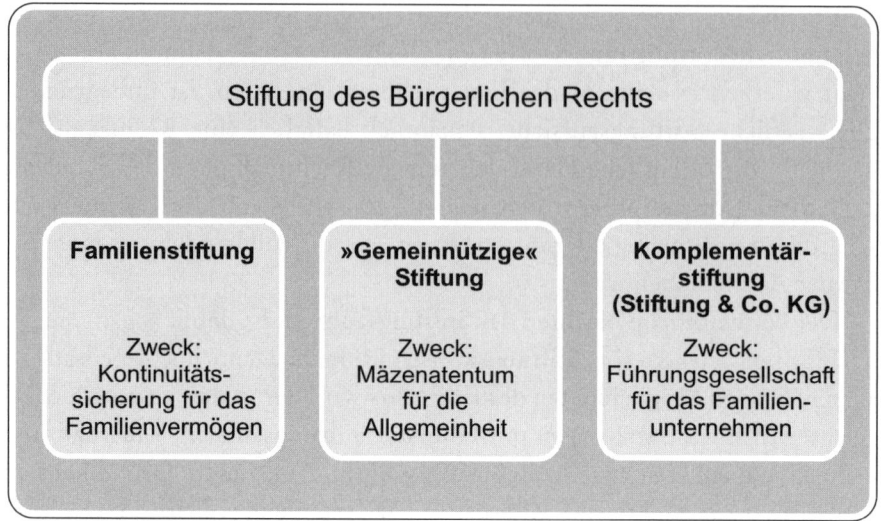

Abbildung 13: Stiftungstypen

Die Stiftung bürgerlichen Rechts tritt vor allem in drei unterschiedlichen, in Abbildung 13 dargestellten Typen auf, welche einleitend besprochen werden sollen.

Familienstiftung

Wenden wir uns zunächst einmal der Familienstiftung zu, deren wichtigster Zweck die Begünstigung der Stifterfamilie ist. Anders als in Österreich, der Schweiz oder Liechtenstein werden solche Stiftungen von der deutschen Öffentlichkeit nur selten wahrgenommen. Für das Familienunternehmen spielen sie jedoch zunehmend eine wichtige Rolle im Nachfolgeprozess. Prominentes Beispiel hierfür ist etwa die Nachfolgeregelung der Firma Würth. Von der Familie Würth wurden gleich vier Familienstiftungen (für jedes Kind eine eigene) gegründet, auf die die Beteiligungen an dem elterlichen Unternehmen aufgeteilt werden. Familienstiftungen werden bisweilen auch mit dem Ziel errichtet, geistig und körperlich behinderten oder lebensuntüchtigen Kindern nach dem Ableben der Eltern einen eigenen, unantastbaren Vermögensbereich zu gewähren.

Anders als gemeinnützige Stiftungen genießen Familienstiftungen keine steuerliche Privilegierung. Ihre laufenden Einkünfte unterliegen der regulären Körperschaftsteuer. Für die seitens der Stiftung an die Familie weitergereichten Erträge gilt das Halbeinkünfteverfahren, das heißt 50 Prozent der zugeflossenen Mittel sind mit dem individuellen Steuersatz des Empfängers zu versteuern. Bereits an dieser Stelle sei angemerkt, dass Ausschüttungen seitens einer gemeinnützigen Stiftung an die Familie des Stifters – soweit solche überhaupt zulässig sind – von den Empfängern – anders als bei der Familienstiftung – voll versteuert werden müssen.

Überträgt ein Stifter sein Vermögen ganz oder teilweise auf eine Familienstiftung, so entsteht Schenkung- oder Erbschaftsteuer. Deren Höhe bestimmt sich nach dem Verwandtschaftsverhältnis zwischen dem Stifter und den Begünstigten (Destinatären) sowie nach dem Umfang des zugewendeten Vermögens. Handelt es sich hierbei um unternehmerisches Betriebsvermögen (Anteile an Personengesellschaften stets; Anteile an Kapitalgesellschaften nur bei mehr als 25 %iger Beteiligung), so entfallen entgegen jeder Denklogik zwar die persönlichen Freibeträge, nicht jedoch der allgemeine Betriebsvermögensabschlag in Höhe von 35 Prozent.

Bis zur Neuregelung im Jahr 1974 war das in einer Familienstiftung befindliche Vermögen auf Dauer der Erbschaftsteuer entzogen. Das entsprach der Tatsache, dass eine Familienstiftung niemals sterben kann. Doch wer bei der Stiftungsgründung hierauf vertraut hatte, wurde durch die Kreativität des Gesetzgebers beim Aufspüren neuer Steuerquellen eines Besseren belehrt. Mit Wirkung zum 1. Januar 1984 führte der Gesetzgeber eine alle dreißig Jahre fällige fiktive Erbschaftsteuer ein, die sogenannte Erbersatzsteuer. Ob diese Regelung im Vergleich zum normalen Erbgang günstiger ist, hängt naturgemäß vom Zufall ab. Bereits die alten Römer wussten: »Mors certa, hora incerta« (Der Tod ist sicher, seine Stunde jedoch ungewiss). Auf jeden Fall hat die Erbersatzsteuer den Vorteil, dass der Zeitpunkt ihres Anfalls genau bestimmbar ist. Zudem kann ihre Zahlung auf dreißig Jahre gestreckt werden, sodass sie liquiditätsmäßig Vorteile bietet.

In der juristischen und politischen Diskussion war es lange Jahre umstritten, ob die Errichtung von Familienstiftungen rechtlich überhaupt zulässig ist. So sahen etwa die Stiftungsgesetze einzelner Bundesländer vor, dass die Gründung einer Familienstiftung grundsätzlich nicht genehmigungsfähig sei. Mit der Reform des Stiftungsrechts durch den Bundesgesetzgeber im Jahr 2002 hat sich diese Diskussion erledigt. Fest steht heute, dass in allen Bundesländern ein Rechtsanspruch auf die Gründung einer Familienstiftung besteht. Noch von diesem Grundsatz abweichende Landesstiftungsgesetze werden gegenwärtig novelliert. Es ist zu hoffen, dass damit die seit vielen Jahren bestehende Einteilung in stiftungsfreundliche und stiftungsfeindliche Bundesländer beendet sein wird. Bei der Errichtung von Stiftungen hat der Bundesgesetzgeber den Landesstiftungsbehörden nach neuem Recht keinen Ermessensspielraum mehr eingeräumt.

Gemeinnützige Stiftung

Der Zahl nach stellen gemeinnützige Stiftungen den Großteil (95 Prozent) aller deutschen Stiftungen dar. Bei der Einbringung eines Familienvermögens in eine gemeinnützige Stiftung gibt die Unternehmerfamilie ihr Vermögen unwiderruflich aus der Hand, um damit gemeinnützige, mildtätige oder kirchliche Zwecke zu verfolgen. Wegen dieser Zwecksetzung genießen gemeinnützige Stiftungen zu Recht (fast) vollständige Steuerfreiheit. Einschränkungen gibt es etwa bei der Grunderwerbsteuer und insoweit, als die Stiftung sich am allgemeinen wirtschaftlichen Geschäftsverkehr beteiligt (sogenannter wirtschaftlicher Geschäftsbetrieb).

Die Motive, die zur Errichtung einer gemeinnützigen Stiftung führen, sind naturgemäß grundverschieden von denen einer Familienstiftung. Diese Unterscheidung wird häufig verkannt. Während die Gründung von Familienstiftungen die Sicherung des Familienvermögens für den Unternehmer und seine Nachkommen zum Ziel hat, »verschenkt« der Gründer einer gemeinnützigen Stiftung das eingebrachte Vermögen an das Gemeinwohl. Der Stifter betätigt sich als Mäzen. Diese »Selbstenteignung« wird der Unternehmerfamilie allerdings durch die von der Finanzverwaltung großzügig interpretierte Möglichkeit »versüßt«, wonach die Einkünfte der Stiftung bis zu einem Drittel zur Sicherung des Lebensunterhalts der Stifterfamilie verwendet werden dürfen. Die in diesem Zusammenhang der Stifterfamilie zufließenden Beträge sind allerdings von den Empfängern – wie oben bereits dargelegt – anders als bei der Familienstiftung, für die das Halbeinkünfteverfahren gilt – voll nach dem individuellen Steuersatz zu versteuern.

Da die gemeinnützige Stiftung (fast) vollständige Steuerfreiheit genießt, wird sie häufig aus steuerlichen Motiven eingesetzt. Als Gestaltungsoption wird sie im Rahmen der Unternehmensnachfolge regelmäßig dann in Betracht gezogen, wenn die Erbschaftsteuerlast erdrückende Ausmaße anzunehmen droht. Dies gilt insbesondere für die Inhaber börsennotierter Familienunternehmen. Da sich in diesem Fall die erbschaftsteuerliche Bewertung nach dem Börsenkurs der Aktien am Übertragungsstichtag richtet, ist die Erbschaftsteuerlast häufig so hoch, dass sie von der Familie nur durch eine (Teil-) Liquidierung der von ihr gehaltenen Aktien bewältigt werden kann. So entsteht beispielsweise bei der Übertragung eines Aktienpaketes im Wert von 100 Millionen Euro auf eine Person der Steuerklasse I (Freibeträge einmal außer Acht gelassen) eine Erbschaftsteuer in Höhe von 19,5 Millionen Euro. Beträgt der Aktienanteil des Unternehmers lediglich 25 Prozent oder weniger, beläuft sich die Belastung sogar auf 30 Millionen Euro, da in diesem Falle der 35-prozentige Betriebsvermögensabschlag nicht Platz greift. Sicher auch aus diesem Grund haben Dietmar Hopp und Klaus Tschira, zwei der Gründer des erfolgreichsten deutschen Softwareunternehmens, der SAP AG in Walldorf, milliardenschwere Aktienpakete in gemeinnützige Stiftungen eingebracht.

Die Attraktivität gemeinnütziger Stiftungsmodelle ist durch das im Jahr 2000 verabschiedete Stiftungsförderungsgesetz deutlich größer geworden. Dies gilt insbesondere für die Fälle der Barstiftung. Diese Form der Stiftungsgründung hat sich denn auch in den letzten Jahren sprunghaft verbreitet. Bei kleineren Stiftungsgründungen kann heute nämlich ein Großteil der Zuwendung beim Stifter als Sonderausgabe einkommen-steuerlich geltend gemacht werden. Hierzu das folgende Beispiel:

Ein Unternehmer mit einem durchschnittlichen Jahreseinkommen von 500 000 Euro gründet eine Wissenschaftsstiftung und dotiert diese mit Barmitteln in Höhe von 1 000 000 Euro. Der Unternehmer kann die folgenden Beträge ertragsteuerlich absetzen:

- den jährlichen Spendenhöchstbetrag in Höhe von 10 Prozent der Einkünfte (hier: 50 000 Euro);
- den neu eingeführten Stiftungshöchstbetrag von jährlich 20 450 Euro;
- da in unserem Beispielsfall eine Großspende vorliegt (über 25 565 Euro) ist diese ein Jahr rück- und fünf Jahre vortragsfähig, wodurch sich die zuvor genannten abzugsfähigen Beträge auf 350 000 Euro beziehungsweise 143 150 Euro erhöhen;
- den Stiftungsgründungsfreibetrag in Höhe von 307 000 Euro.

Insgesamt ergibt sich damit ein zulässiger Sonderausgabenabzug von 800 150 Euro, was rund 80 Prozent der Gesamtdotation entspricht. Die Anerkennung der Gemeinnützigkeit ist jedoch nicht immer einfach erreichbar.

Zwischen der steuerlich anzuerkennenden Gemeinnützigkeit und der steuerschädlichen Verfolgung privater Vermögensinteressen besteht nämlich oft nur ein schmaler Grat. Ein unter diesem Aspekt besonders kritischer Fall ging vor kurzem ausführlich durch die Presse. Die Hertie-Erben hatten aus ihrer Familienstiftung ein Vermögen in Höhe von 1,6 Milliarden D-Mark in eine von ihnen errichtete gemeinnützige Stiftung eingebracht. Dieses Vermögen war damit ein für allemal der Erbschaftsteuer entzogen. Die Stiftungserträge blieben im Hinblick auf die Gemeinnützigkeit von jeglicher Ertragsteuerbelastung verschont. Anstoß erregte die genannte Gestaltung deshalb, weil die Familienstiftung seitens der gemeinnützigen Stiftung mit der Verwaltung des eingebrachten Vermögens beauftragt wurde. Es war vereinbart, dass sie als Gegenleistung für die Verwaltungstätigkeit alle Erträge aus der Vermögensanlage für sich behalten durfte. Ausgenommen hiervon war lediglich ein Betrag in Höhe von 0,5 Prozent jährlich (berechnet auf das eingebrachte Vermögen), der an die gemeinnützige Stiftung als Gegenleistung für die zeitweise Überlassung des Vermögens zu vergüten war. Die Kritik entzündete sich an der Höhe dieser Vergütung. Die Finanzverwaltung hielt sie für viel zu gering und unterstellte den Hertie-Erben die Absicht, den größten Teil des Vermögensertrags unter Ausnutzung der Gemeinnützigkeit auf ihre Seite schaufeln zu wollen. Da diese Gestaltung jedoch zuvor mit hohen Beamten des hessischen Finanzministeriums abgestimmt worden war, waren sich die Hertie-Erben keiner Schuld bewusst. Am Rande der einsetzenden Ermittlungen ereignete sich ein berichtenswertes Kuriosum: Die Staatsanwaltschaft veranlasste eine Hausdurchsuchung innerhalb des Finanzministeriums – eine bisher in Deutschland nicht für möglich gehaltene Ermittlungsaktion.

Probleme können dann auftreten, wenn einer gemeinnützigen Stiftung ein so maßgeblicher Einfluss auf ein Familienunternehmen zugebilligt wird, dass die wirtschaftliche Tätigkeit der Stiftung in den Vordergrund tritt. In diesem Fall wird im Bereich der Stiftung ein steuerschädlicher »wirtschaftlicher Geschäftsbetrieb« begründet. So ist etwa die Beteiligung einer gemeinnützigen Stiftung an einer Personenhandelsgesellschaft (GmbH & Co. KG, KG oder OHG) unabhängig von der Höhe der Beteiligung stets steuerschädlich und muss daher grundsätzlich vermieden werden. Dies geschieht in der Regel dadurch, dass zwischen die gemeinnützige Stiftung und die Personenhandelsgesellschaft eine GmbH zwischengeschaltet wird (vgl. hierzu Abbildung 14). Unschädlich ist nämlich das bloße Halten einer Beteiligung an einer Kapitalgesellschaft, so im Falle der gemeinnützigen Körber-Stiftung, die 100 Prozent der Aktien der Körber AG hält. Steuerschädlich ist weiterhin die aktive Einflussnahme der Stiftungsorgane auf das operative Geschäft, so z. B. die Erteilung von Einzelfallweisungen an die Geschäftsleitung. Strikt zu vermeiden ist deshalb eine Personalunion zwischen dem Vorstand der gemeinnützigen Stiftung und der Geschäftsleitung des Familienunternehmens. In der Praxis empfiehlt sich die Zwischenschaltung eines Aufsichtsorgans, welches mit der Bestellung und Überwachung der Geschäftsführung des Familienunternehmens betraut wird und mit anderen Personen zu besetzen ist als sie in den Stiftungsorganen vertreten sind. Alternativ kann auch ein »Minianteil«, der mit Mehrfachstimmrechten ausgestattet ist, außerhalb der gemeinnützigen Stiftung gehalten werden, sodass die Stimmen der Stiftung ohne Einfluss bleiben. Um Schwierigkeiten zu vermeiden, empfiehlt es sich, das Familienunternehmen in eine Aktiengesellschaft umzuwandeln. Durch die dreigliedrige Struktur der Aktiengesellschaft – Vorstand, Aufsichtsrat und Hauptversammlung – sowie durch die gesetzlich unterbundene Einflussnahme der Aktionäre auf die laufende Geschäftsführung ist sichergestellt, dass den Anforderungen des Gemeinnützigkeitsrechts Genüge getan wird.

Besondere Einschränkungen bestehen für gemeinnützige Stiftungen auch im Bereich der Verwendung der Einkünfte. Gemeinnützige Stiftungen müssen ihre Einkünfte ganz überwiegend »zeitnah« für die in der Satzung definierten gemeinnützigen Zwecke verwenden. Eine zeitnahe Mittelverwendung liegt dann vor, wenn die Erträge in dem auf den Zufluss folgenden Geschäftsjahr verwendet werden. Die Bildung von Rücklagen ist nur sehr eingeschränkt möglich: Lediglich ein Drittel der Einnahmenüberschüsse aus der Vermögensverwaltung sowie weitere 10 Prozent der Einkünfte aus anderen Bereichen (wirtschaftliche Geschäftsbetriebe, Zweckbetriebe, ideeller Bereich) dürfen einer Rücklage zugeführt werden. Darüber hinaus kann im Jahr der Errichtung einer Stiftung und in den darauf folgenden beiden Geschäftsjahren eine »Ansparrücklage« gebildet werden. Ob diese Grenzen eingehalten werden, wird von der Finanzverwaltung laufend überprüft. Eine über das Gesagte hinausgehende Zuführung des Gewinnes zu einer Rücklage ist höchst problematisch und führt schnell zum Verlust der Gemeinnützigkeit.

Stiftung & Co. KG

Einen Sonderfall der Stiftung stellt die Beteiligung einer Familienstiftung als Komplementärgesellschaft an einer Kommanditgesellschaft (Stiftung & Co. KG) dar. Beispiele hierfür sind zwar selten, aber im Einzelfall bei durchaus bekannten Unternehmen zu finden, so etwa bei der Schickedanz Holding Stiftung & Co. KG, der Vorwerk Elektrowerke Stiftung & Co. KG sowie der Moeller Stiftung & Co. KG (vormals Kloeckner-Moeller).

Die Stiftung & Co. KG als Rechtsform kommt insbesondere für größere Familienunternehmen in Betracht. Einer der Vorteile dieser Gestaltung liegt darin, dass die Stiftung als dem Familieneinfluss vorbehaltenes Führungsinstrument benutzt werden kann. Nur die von der Familie eingesetzten Stiftungsorgane entscheiden darüber, was im Unternehmen geschieht. Ein weiterer Vorzug besteht in der Vermeidung der paritätischen unternehmerischen Mitbestimmung. Offensichtlich hat der Gesetzgeber bei der Formulierung des Mitbestimmungsgesetzes die Stiftung & Co. übersehen. Auf diese Weise ist es möglich, auch Familienunternehmen mit mehr als 2 000 inländischen Mitarbeitern von der paritätischen Mitbestimmung freizuhalten.

Ein weiterer Vorteil der Stiftung & Co. KG im Bereich der Unternehmenspublizität ist dagegen zwischenzeitlich verloren gegangen. Vor der Umsetzung der GmbH & Co.-Richtlinie in deutsches Recht waren Gesellschaften in der Rechtsform der Stiftung & Co. KG (abgesehen von den Regelungen des Publizitätsgesetzes) nicht veröffentlichungspflichtig. Dieses »Versehen« hat der Gesetzgeber zwischenzeitlich korrigiert.

Das Modell der Doppelstiftung

Die Ausschaltung jeglicher Einflussnahme der Stiftungsorgane auf die Geschäftsführung des Familienunternehmens, wie sie das Gemeinnützigkeitsrecht erfordert, ist wirtschaftlich dann kaum zu verantworten, wenn neben der gemeinnützigen Stiftung keine anderen Gesellschafter vorhanden sind, welche die Geschäftsleitung kontrollieren und überwachen können. Hier drohen, insbesondere nach dem Tod des Gründers, gefährliche Kontrolldefizite. Gerade Familienunternehmen, die durch das Vorbild starker Unternehmerpersönlichkeiten geprägt sind, können schnell in ein erhebliches Führungs- und Steuerungsvakuum geraten. Dieses Manko wird durch die zusätzliche Einbindung einer Familienstiftung im Rahmen eines »Doppelstiftungsmodells« beseitigt. Abbildung 14 zeigt eine der möglichen Varianten einer solchen Doppelstiftung.

Wie aus dem Schaubild deutlich wird, lassen sich Stimmen- und Gewinnverteilung zwischen der gemeinnützigen Stiftung und der Familienstiftung (in gewissem Rahmen) abweichend von der Kapitalbeteiligung regeln. Man kann daher die Stimmenverteilung in der Gesellschafterversammlung der Holding so vornehmen, dass der gemeinnützigen Stiftung entweder überhaupt kein oder nur ein vergleichsweise geringer Stimmenanteil zufällt, während die Familienstiftung den überwiegenden Teil der Stimmen auf sich vereint. Damit ist erreicht, dass die Familienstiftung in der Holding das Sagen hat und ihr damit die operative Führung des Familienunternehmens zukommt.

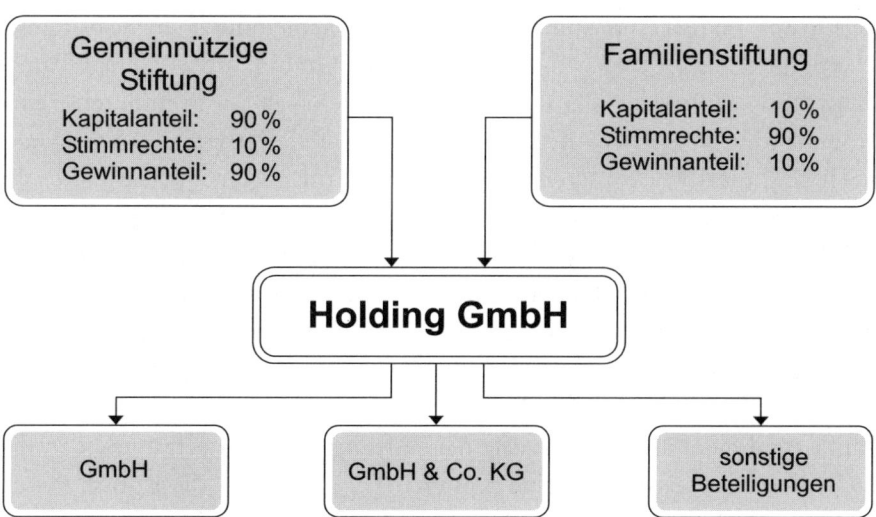

Abbildung 14: Modell einer Doppelstiftung

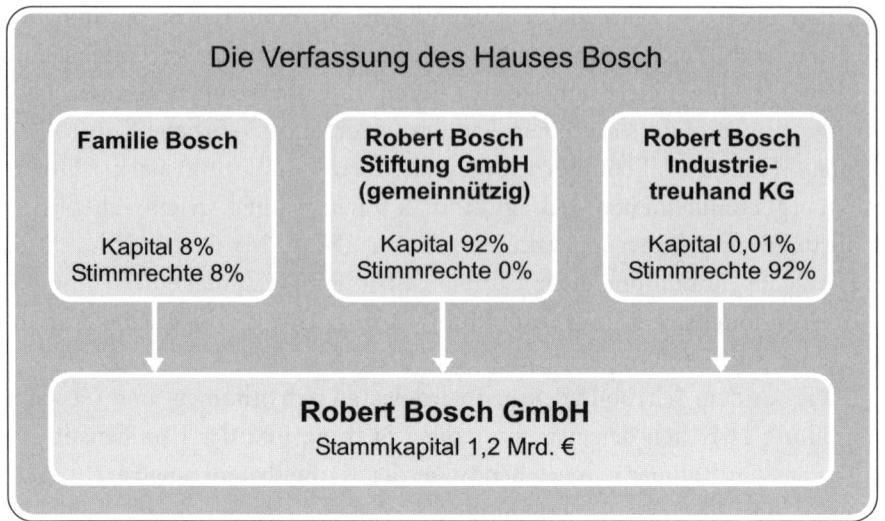

Abbildung 15: Die Verfassung des Hauses Bosch

Das berühmteste Doppelstiftungsmodell ist dasjenige des Hauses Bosch (siehe Abbildung 15). Da es in der Presse oft zitiert, meist jedoch nicht verstanden wird, soll es hier näher dargestellt werden.

Wie das Schaubild zeigt, handelt es sich bei Bosch nicht um eine Doppelstiftung im engeren Sinne. Anstelle einer gemeinnützigen Stiftung als Hauptanteilseigner steht eine gemeinnützige GmbH, anstelle einer Familienstiftung als Inhaber der überwiegenden Mehrheit der Stimmrechte eine Kommanditgesellschaft, die Robert Bosch Industrietreuhand KG. Dennoch sind die Überlegungen, die dieser Struktur zu Grunde liegen, exakt dieselben wie bei einer »klassischen« Doppelstiftung. Allerdings war man bei Bosch besonders vorsichtig: Da man Umfang und Intensität der noch in der Entwicklung befindlichen Stiftungsaufsicht misstraute, entschied man sich stattdessen für eine gemeinnützige GmbH, die von vornherein der Stiftungsaufsicht entzogen war.

Ebenfalls aus Angst vor der Stiftungsaufsicht – man befürchtete eine Einflussnahme auf die Besetzung der Stiftungsorgane – setzte man an die Stelle der Familienstiftung eine Kommanditgesellschaft, die Robert Bosch Industrietreuhand KG. Deren Gesellschafter bestehen aus den bedeutendsten und angesehensten Unternehmerpersönlichkeiten des Landes Baden-

Württemberg. Wenn einer von ihnen durch Alter, Krankheit oder Tod ausfällt, wird er durch Zuwahl seitens der verbleibenden Gesellschafter ersetzt. Dieser psychologisch äußerst kluge Schachzug von Robert Bosch sichert die qualitative Kontinuität. Denn welches hochrangige Gremium beschädigt schon die eigene Reputation, indem es ungeeignete Nachfolgerpersönlichkeiten in seinen Kreis aufnimmt?

Die Stiftungspraxis zeigt, dass große und dauerhafte Stiftungswerke nur möglich sind, wenn ertragsstarke Familienunternehmen als Dotationsquelle zur Verfügung stehen. Maßgeblich für den Erfolg unternehmensverbundener Stiftungen sind zwei Faktoren. Erstens müssen die Stiftungsorgane charakterlich und unternehmerisch zur Wahrnehmung ihrer Aufgaben geeignet sein. Stiftungsorgane, denen die entscheidenden Kontrollaufgaben zukommen, sollten mit erfahrenen Unternehmerpersönlichkeiten und sonstigen loyalen und vertrauenswürdigen Wegbegleitern besetzt werden. Der Hausanwalt und der Wirtschaftsprüfer sind hierzu grundsätzlich ungeeignet, da die Gefahr von Interessenkollisionen einfach zu groß ist. Als zweiter wichtiger Erfolgsfaktor muss die Stiftungssatzung flexibel und dabei doch konsequent ausgestaltet sein, was ein hohes Maß an Erfahrung voraussetzt. Eine Stiftungssatzung aus einem der vielen einschlägigen Handbücher abzuschreiben, ist leicht. Sie jedoch so auszutarieren, dass Stifterwille und Anpassungserfordernisse an die wirtschaftlichen Verhältnisse des konkreten Unternehmens übereinstimmen, erfordert meisterhafte Fähigkeiten.

Bei der Ausgestaltung der Stiftungssatzung ist auf die Wahrung der Unternehmenskontinuität, aber auch auf die Erhaltung der für ein jedes Familienunternehmen erforderlichen Flexibilität zu achten. Dabei ist das Veränderungsrisiko zu berücksichtigen. Hier lauert bei unternehmensverbundenen Stiftungen die größte Gefahr. Mangelnde Flexibilität ist für ein Familienunternehmen tödlich. Eine Stiftungssatzung muss daher nicht nur einen operativ erfahrenen Stiftungsvorstand, sondern auch ein Aufsichtsgremium vorsehen, das jedem Machtmissbrauch des Managements vorbeugt. Die Aufgabenverteilung unter den verschiedenen Stiftungsorganen sollte sich an der Organisationsstruktur einer Aktiengesellschaft ausrichten. Es empfiehlt sich, die Besetzung der Stiftungsorgane nur auf eine bestimmte Amtsdauer (maximal fünf Jahre) anzuordnen und für die Auswahl der Organmitglieder bestimmte Qualifikationen in der Satzung zu definieren. Änderungen der Satzung sollten mit hohen Hürden versehen werden.

Schließlich darf die konkrete Art und Form der Beteiligung der Stiftung am Familienunternehmen nicht auf ewig festgeschrieben werden. Auf allzu lange Sicht ist die Zukunft eines Familienunternehmens nicht prognostizierbar. Nur durch die in der Satzung vorgesehene Flexibilität waren etwa der Umbau bei Hertie oder die Verschmelzung von Thyssen und Krupp unter maßgeblicher Beteiligung gemeinnütziger Stiftungen möglich.

Mir selbst ist ein solcher Fall vor Jahren in der Automobilzulieferbranche begegnet. Der Stifter hatte festgelegt, dass das Unternehmen auf Dauer in der Hand seiner Familie verbleiben musste. Durch Zusammenschlüsse der wichtigsten Konkurrenten war das Unternehmen in seiner Überlebensfähigkeit ernsthaft bedroht. Als einer der Großen aus der Branche ein günstiges Kaufangebot abgab, tat sich der damalige Stiftungsratsvorsitzende, ein Vorstandsmitglied einer deutschen Großbank, schwer. Sollte er dem in der Satzung niedergelegten Stifterwillen buchstabengetreu gehorchen, obwohl der sich jetzt für die Familie als so nachteilig erwies, oder durfte er von dem mutmaßlichen Willen, den der Stifter bei Kenntnis der Situation wohl gehabt hätte, ausgehen? Eine ethisch nicht einfache Entscheidung, die aber schließlich mit Zustimmung von Familie und Stiftungsbehörde im letzteren Sinne getroffen wurde.

Zusammenfassung zur Stiftung

- Das Betreiben eines Unternehmens in der Rechtsform der Stiftung ist unzweckmäßig, da es dieser an der für ein Wirtschaftsunternehmen erforderlichen Flexibilität mangelt. In Deutschland existieren solche Modelle nach Umwandlung von Zeiss in eine AG nicht mehr.
- Unternehmensverbundene Stiftungen sind Stiftungen (gemeinnützige oder Familienstiftungen), die Anteile an einem oder mehreren Familienunternehmen halten. Diese begegnen keinerlei Bedenken im Hinblick auf die erforderliche Flexibilität.
- Die »Doppelstiftung« ist für die Unternehmensnachfolge von großem Interesse. Sie kombiniert die Möglichkeiten einer Familienstif-

tung als Führungsinstrument mit der Steuerfreiheit einer gemeinnützigen Stiftung.

- Schicksal und Wohlergehen einer jeden Stiftung werden von den individuellen Persönlichkeiten innerhalb der Stiftungsorgane bestimmt. Deshalb gehören eine erstklassige Besetzung der Stiftungsorgane und die Sicherung der personellen Kontinuität zu den wichtigsten Aufgaben des Stifters.
- Der Wille des Stifters ist ewig. Da jedoch niemand die Zukunft vorausplanen kann, muss die Stiftungssatzung Freiräume eröffnen, um eine Reaktion auf veränderte Verhältnisse zu ermöglichen.
- Die Angst vor der Stiftungsaufsicht ist unbegründet, denn diese ist eine reine Rechtsaufsicht. Sie stellt damit keine Gefahr, sondern im Gegenteil einen Schutz des Stifterwillens dar.
- In einer Familienstiftung wird – obwohl sie unsterblich ist – steuerlich ein Erbfall fingiert: Die Familienstiftung unterliegt alle dreißig Jahre der Erbersatzsteuer. Die Zahlung kann jedoch liquiditätsschonend in Raten vorgenommen werden.
- Die gemeinnützige Stiftung muss ihre Erträge unmittelbar und zeitnah für gemeinnützige Zwecke einsetzen. Es ist weitgehend unbekannt, dass sie bis zu einem Drittel ihrer Erträge zur Sicherung des Lebensunterhaltes des Stifters und seiner Familie verwenden darf.
- Die Einbringung von Vermögen in eine Stiftung ist unwiderruflich. Eine Rückabwicklung ist in der Regel aus steuerlichen Gründen nicht möglich.

Der Verkauf des Familienunternehmens

Der Verkauf des Unternehmens stellt wohl das einschneidendste Erlebnis im Verlauf eines jeden Unternehmerlebens dar. Oft ist das Unternehmen untrennbar mit dem Namen der Familie verbunden. Eine Tradition, die über mehrere Generationen hinweg gepflegt wurde, geht unwiderruflich zu Ende. Und wenn der Betrieb der einzige nennenswerte Arbeitgeber am Ort ist, wird auch das soziale Gewissen angesprochen. Keine Emotionen aufkommen zu lassen und alles nur durch die objektive Brille zu sehen, fällt sehr schwer. Im Laufe der Verkaufsverhandlungen kommt es erfahrungsgemäß immer wieder zu Situationen, in denen der eine oder andere Gesellschafter seine ursprüngliche Entscheidung bereut und wieder abspringen möchte – insbesondere, wenn der Druck von außen oder aus der eigenen Familie wächst.

Die Gründe für einen Verkauf sind höchst unterschiedlich: Krankheit oder Tod des Unternehmers, Engpässe bei der Wachstumsfinanzierung, Nachteile im Einkauf, mangelnde Nachfolge, Uneinigkeit unter den Gesellschaftern, strategische Gründe, die die Verschmelzung oder Fusion mit einem anderen Unternehmen angeraten sein lassen oder einfach der Wunsch, Substanz in Liquidität umzuwandeln.

Die Frage, ob ein Unternehmen ganz oder nur in Teilen verkauft werden soll, lässt sich nicht immer rational beantworten. Jeder Fall hat seine einzigartigen Besonderheiten. Nachfolgend wird der Verkauf des Unternehmens im Ganzen behandelt. Ein Verkauf von Unternehmensteilen kann aber beispielsweise in den folgenden Fällen in Betracht kommen:

- Einzelne Produktbereiche passen nicht mehr zum Kerngeschäft.
- Die finanzielle Situation erfordert »fresh money« für den Kernbereich.
- Einzelne Firmenbereiche arbeiten mit Verlusten, haben ein schlechtes Management oder führen zu Streit mit unliebsamen Gesellschaftern.
- Minibeteiligungen erfordern einen zu hohen Zeitaufwand.
- Wachstumspotenzial fehlt und/oder die Marktaussichten sind ungünstig.

Die Wahl des geeigneten Zeitpunkts ist von äußerster Wichtigkeit. Denn die Bewertung eines Unternehmens richtet sich nach einem Vielfachen des Unternehmensertrags. So gesehen gilt es, die Ertragskraft genau zum Zeitpunkt des Verkaufs auf den höchsten Punkt zu befördern. Da die Transaktionen häufig mit Garantien auch bezüglich der Zukunft verbunden sind, darf das Unternehmensergebnis allerdings auch nicht schon bald nach dem Verkauf wieder »abkippen«. Experten wissen, dass der beste Veräußerungszeitpunkt derjenige am Anfang des letzten Viertels einer Aufschwungphase ist. Solche Überlegungen sind jedoch müßig, wenn äußere Umstände den Zeitpunkt des Verkaufs bestimmen.

Die Vorbereitung eines Unternehmensverkaufs dauert zwei bis drei Jahre. In diesem Zeitraum gilt es, das Unternehmen auf den Verkauf hin zu

»trimmen«. Dies kann beispielsweise die Konsolidierung der Abschlüsse, die eventuelle Umstellung der Rechnungslegung auf US-GAAP (Generally Accepted Accounting Principles) oder IAS (International Accounting Standards), die Rückführung von Bankverbindlichkeiten oder die Veräußerung betrieblich nicht notwendiger Sachanlagen bedeuten. Für angelsächsisch geprägte Erwerber ist weniger die Substanz als der Mittelzufluss von Interesse. Auch steuerlich muss vorbeugend gedacht werden, etwa ob ein vorgezogener Verkauf von Immobilien oder deren Ausgründung in eine gesonderte Gesellschaft richtig ist. Es kann sich durchaus lohnen, nicht zum Kerngeschäft gehörende Verlustbringer vorzeitig auf eine Tochtergesellschaft auszugliedern oder an Dritte zu veräußern.

Der eigentliche Verkaufsprozess beginnt mit der Erarbeitung eines umfangreichen Unternehmensprofils, das detaillierte Ausführungen über Geschichte, Organisation, Produkte, Technik, Vertrieb, Mitarbeiter, Finanzlage und Strategie des Betriebes enthält. Zugleich muss eine mittelfristige Unternehmensplanung erstellt werden, aus der sich die vom Management erwarteten Entwicklungen des Marktes, des Wettbewerbs, der Produktionsmöglichkeiten und der Kosten ergeben. Diese Planung wird später entscheidenden Einfluss auf den Kaufpreis haben. Sie muss daher einer kritischen Prüfung standhalten können und sollte sowohl in einer pessimistischen als auch in einer optimistischen Variante ausgeführt werden. Der Zeitaufwand dafür ist groß, da die erforderlichen Informationen meist nicht in der notwendigen konsolidierten Form vorliegen. Den Planungsprozess muss der Unternehmer selbst überwachend in die Hand nehmen, wobei ihn ein M&A-Spezialist unterstützen sollte. Denn dieser kennt die Informationsbedürfnisse potenzieller Unternehmenskäufer am besten.

Spätestens jetzt muss die Gesellschafterversammlung den künftigen Verhandlungsführer bestimmen. Da fremde Manager naturgemäß bei der Unternehmensveräußerung schnell in eine Interessenkollision geraten können, sollte diese Aufgabe entweder vom Unternehmer selbst oder von einem Wirtschaftsanwalt wahrgenommen werden. Geradezu tödlich wirkt sich ein gemeinsames Kommando mehrerer gleichberechtigter Gesellschafter aus. Jeder versierte Käufer wird sehr bald den einen gegen den anderen ausgespielt haben.

Auswahl und Ansprache der potenziellen Käufer

Grundsätzlich sind Käufer aus den folgenden Gruppen denkbar:

• Finanzinvestoren,
• Wettbewerber,
• Kunden,
• Lieferanten,
• das eigene Management,
• vermögende Unternehmer oder Privatpersonen,
• diversifikationswillige Konzerne.

Aus dem Kreis der potenziellen Interessenten sollte man zunächst diejenigen ansprechen, die das beste Komplementär-Profil besitzen, denn nur bei
diesen besteht die Chance, ein etwaiges Synergiepotenzial bezahlt zu bekommen. Die Auswahl setzt eine genaue Kenntnis aller Konkurrenten –
auch im Ausland – voraus. An dieser Kenntnis fehlt es im Unternehmen
häufig. Daher muss der M&A-Berater diesen Part übernehmen.

Als Erstes wird den in Betracht kommenden Interessenten eine kurz ge-
fasste und anonymisierte Darstellung des Unternehmens übergeben, mit der
ihre Aufmerksamkeit geweckt werden soll. Für den Fall, dass nicht von
vornherein ein bestimmter Wunschpartner feststeht, präsentiert der M&A-
Berater den Gesellschaftern ausgewählte potenzielle Erwerber, die direkt
angesprochen werden. Es handelt sich hierbei um eine der heikelsten Phasen
des gesamten Verkaufsprozesses. Schließlich gilt es zu verhindern, dass die
Transaktion zu früh publik wird. So ist es hilfreich, wenn der M&A-Berater
die Entscheidungsträger, die hinter den möglichen Erwerberfirmen stehen,
persönlich kennt. Dies ist bei Finanzinvestoren häufig, bei strategischen Investoren eher selten der Fall. Es kann sinnvoll sein, den Wunschpartner persönlich aufzusuchen und dessen Interesse zu erkunden. Ist dieser bereit,
sehr früh auf die Preisvorstellungen der Gesellschafter einzugehen, so ist
viel Zeit gewonnen.

Interessenten erhalten nach Unterzeichnung einer Vertraulichkeitser-
klärung das Unternehmensprofil und eine Verfahrensbeschreibung. Aus
Letzterer geht der Ablauf des Verkaufsprozesses hervor, dem sich alle
Interessenten unterwerfen müssen. Dies ist sehr wichtig, da potenzielle
Käufer sich gern und häufig einem solchen Vorgehen zu entziehen versu-

chen, um entweder eine individuelle Beziehung zu den Verkäufern aufzubauen oder um bereits im Vorfeld an »kriegsentscheidende« Informationen
zu gelangen.

Auf der Grundlage des Unternehmensprofils werden die Interessenten
aufgefordert, eine Absichtserklärung abzugeben. Diese sollte bereits einen
konkreten Kaufpreis enthalten, der natürlich stets unter Vorbehalt zu verstehen ist. Gemeinsam mit den Gesellschaftern findet nun die Vorauswahl
statt. Hierbei weiß ein erfahrener M&A-Berater bereits abzuschätzen, welche Investoren anfangs generell höher bieten, um erst einmal in die engere
Auswahl zu kommen und dann anschließend zu versuchen, einen Abschlag
durchzusetzen. Er muss wissen, wer strategische Interessen hat, wer eventuell einen Goodwill gesondert abgelten wird oder wer mit eigenen Aktien
zahlen will. Der M&A-Berater muss die Angebote vergleichbar machen
und sie bewerten. Sinnvollerweise trifft man dann eine Vorauswahl und
geht mit nicht mehr als zwei oder drei Interessenten in die nächste Runde.

Kandidaten der Vorauswahl werden zur Präsentation eingeladen. Hierbei, und das ist insbesondere für Finanzinvestoren wichtig, stellen Geschäftsführer und Management das Unternehmen vor und beantworten anschließend Fragen. Diese Veranstaltung muss im Vorfeld »trocken« geübt
werden. Niemand kann erwarten, dass ein operatives Management in diesen Dingen Routine hat.

Nach der Präsentation und einer Betriebsbesichtigung bekräftigt der Investor sein Interesse oder er bricht die Verhandlungen ab. Letzteres ist
allerdings selten, da im Anschluss der »Datenraum« eröffnet wird. Im Datenraum werden dem potenziellen Käufer, seinen Beratern sowie den finan-
zierenden Banken alle unternehmensrelevanten Daten zur Verfügung gestellt, die ein Käufer erfahrungsgemäß kennen lernen will. Es handelt sich
hierbei übrigens um eine der letzten Chancen, auch nachteilige Informationen offenzulegen. Eine spätere »Beichte« wirkt sich stets nachteilig auf den
Verkaufspreis aus.

Im Rahmen einer Due Diligence wird sich der Interessent dann ein eigenes und abschließendes Bild vom Unternehmen zu machen versuchen.
Seine Untersuchungen erstrecken sich auf alle Bereiche des Unternehmens,
die rechtlichen, die steuerlichen, die betriebswirtschaftlichen und die technischen. Hierzu wird – meist vor Ort – mit Mitarbeitern, Lieferanten, Kunden, Wirtschaftsprüfern, Banken und Anwälten gesprochen.

Die Due Diligence stellt eine besonders kritische Phase dar. Nach innen müssen der Belegschaft gute Gründe dafür bekannt gegeben werden, warum plötzlich eine Gruppe von fremden Dritten im Unternehmen auftaucht. Die Weigerung der Eigner, zu diesem Zeitpunkt das Unternehmen – auch personell – zu öffnen, hat schon häufig zum Abbruch der Transaktion geführt. Jetzt zeigt sich, ob man auch tatsächlich bereit ist, zu verkaufen. Spätestens nach Abschluss der Due Diligence steigt die Unsicherheit innerhalb und außerhalb des Unternehmens auf den Siedepunkt. Deshalb darf man diese Phase nur mit wirklich ernsthaften und geeigneten Interessenten durchführen. Sie muss darüber hinaus in der kürzestmöglichen Zeit abgeschlossen werden.

Kaufpreisfindung und Bezahlungsformen

Es macht einen erheblichen Unterschied, ob es sich bei der geplanten Transaktion um einen Verkauf von Gesellschaftsanteilen oder um die Veräußerung von Einzelwirtschaftsgütern handelt. Üblicherweise möchte der verkaufswillige Unternehmer den Betrieb als Ganzes, also einschließlich aller Verpflichtungen und Risiken, abgeben. Der Erwerber hingegen will oft am liebsten nur die Aktiva, das Know-how oder einzelne ausgewählte Betriebsteile übernehmen. Die wirtschaftliche Verantwortung für unbekannte Risiken würde dann beim Verkäufer verbleiben. Darüber hinaus werden beide Varianten steuerlich sehr unterschiedlich behandelt. Beim Verkauf von Gesellschaftsanteilen bleibt der Veräußerungsgewinn steuerfrei, wenn die Anteile einer Kapitalgesellschaft gehören. Demgegenüber muss der Veräußerer Gewinne aus Anteilsverkäufen an einer Personengesellschaft grundsätzlich voll versteuern. Möglicherweise kann er einmalig einen ermäßigten Steuersatz geltend machen, wenn er zum Verkaufszeitpunkt 55 Jahre alt ist. Der ermäßigte Steuersatz beträgt nur 56 % des normalen Steuersatzes. Werden einzelne Aktiva verkauft, so ist in jedem Fall die volle Steuer fällig.

Wer glaubt, die Bestimmung des Wertes des zu verkaufenden Unternehmens erfolge auf einer exakten wissenschaftlichen Grundlage, der liegt falsch; ebenso derjenige, der glaubt, dass der so ermittelte Wert dann auch der Verkaufspreis ist. In der Praxis existiert eine Vielzahl verschiedener Bewertungsverfahren. Am häufigsten werden die folgenden Methoden angewandt:

Methoden der Unternehmensbewertung

* *Substanzwert:* Der Substanzwert berechnet sich aus der Summe der Vermögenswerte. Er beruht auf der Vorstellung einer Reproduktion des Unternehmens in seiner bestehenden bilanziellen Gestalt. Er errechnet sich aus der Summe der Vermögenswerte abzüglich der Schuldenbelastung. Das betriebsnotwendige Vermögen wird zu Wiederbeschaffungskosten, nicht betriebsnotwendiges Vermögen zu Veräußerungspreisen angesetzt.

* *Liquidationswert:* Der Liquidationswert entspricht dem potenziellen Marktpreis bei einer Unternehmenszerschlagung. Maßgebend sind die Werte, die sich im Zuge einer Unternehmensauflösung aus der Einzelveräußerung der Substanz ergeben. Aktiva sind dabei durch Abschläge und Passiva durch Zuschläge z. B. für nicht gebildete Rückstellungen zu korrigieren. Der Liquidationswert ist stets die absolute Wertuntergrenze bei einer Unternehmensveräußerung.

* *Stuttgarter Verfahren:* Das Stuttgarter Verfahren wurde von der Finanzverwaltung zum Zwecke der Bemessung der Vermögensteuer (als es diese noch gab) und der Erbschaftsteuer entwickelt. Es stellt eine Mischung aus Ertragswert und Substanzwert dar. Es findet immer dann Anwendung, wenn sich der Marktpreis weder aus zeitnahen Beteiligungsverkäufen noch aus einem Börsenkurs herleiten lässt. Für die Unternehmensbewertung im Verkaufsfalle ist es unbrauchbar. Leider ist das Stuttgarter Verfahren immer noch in vielen Gesellschaftsverträgen als Grundlage für das Abfindungsguthaben ausscheidender Gesellschafter zu finden.

* *Ertragswert:* Der Ertragswert wird auf der Grundlage der zukünftigen durchschnittlichen Erfolgswerte des Unternehmens pro Geschäftsjahr berechnet. Diese werden aus der mittelfristigen Unternehmensplanung

abgeleitet. Der Erfolgswert wird kapitalisiert und auf den Verkaufsstichtag abgezinst. Er bietet »Manipulationsmasse« über den angewendeten Zinsfaktor und über die konkrete Zukunftsplanung (Hockeyschlägereffekt). Er ist die am häufigsten gebrauchte Bewertungsmethode.

- *Multiples:* Bei diesem Verfahren ergibt sich der Unternehmenswert durch die Multiplikation einer bestimmten Bezugsgröße des Unternehmens mit der entsprechenden Verhältniszahl eines vergleichbaren Unternehmens. Gebräuchliche Bezugsgrößen sind beispielsweise der operative Gewinn, der Cash-Flow, die Summe der Deckungsbeiträge oder auch der Umsatz.

Der tatsächlich gezahlte Kaufpreis entspricht selten oder nie dem rechnerisch ermittelten Unternehmenswert, da sich der Kaufpreis im Wechselspiel von Angebot und Nachfrage ergibt. Hier zeigt sich die ganze Meisterschaft des M&A-Beraters, dem es gelingen muss, die Zahlungsbereitschaft des Wunschpartners in die Höhe zu treiben. Keinesfalls darf der Kaufinteressent zu früh den Eindruck gewinnen, er werde am Schluss als Sieger aus der Preisschlacht hervorgehen.

Der Unternehmensverkauf endet für den Verkäufer idealerweise mit einer Barzahlung des gesamten Kaufpreises bei Vertragsabschluss beziehungsweise beim Übergang des Eigentums an den erworbenen Anteilen.

Für die Zahlung des Kaufpreises kommen folgende weitere Modalitäten in Betracht:

- Bezahlung eines Teils des Kaufpreises in Aktien des Erwerbers. Hierzu wird meist der Stichtagskurs bei Vertragsabschluss oder der Durchschnittswert der letzten 30 Handelstage zugrunde gelegt. Letzterer hat den Vorteil, dass Tagesschwankungen ausgeschlossen werden. Der Veräußerer verpflichtet die Erwerber häufig, die Aktien für eine gewisse Sperrfrist zu halten oder nur dosiert abzugeben, um seinen Kurs zu schützen. Eine Bezahlung des Kaufpreises in Aktien kommt für den Verkäufer nur in Betracht, wenn das erwerbende Unternehmen börsennotiert ist, denn er wird schließlich Anteilseigner eines Unternehmens, dessen Wohlergehen er in keiner Weise beeinflussen kann. Umso wichtiger ist in diesem Falle eine vorherige genaue Analyse der Aktienentwicklung. Hierzu ist es gegebenenfalls notwendig, auch beim Erwerber eine (begrenzte) Due Diligence durchzuführen. Falls der Erwerber nicht bereit ist, einen Mindestkurs der übernommenen Aktien zu garantieren, muss eine feste Ausgleichszahlung für den Fall vereinbart werden, dass der Aktienkurs zu einem bestimmten Zeitpunkt eine bestimmte Schwelle nicht erreicht.

- Ist der Kaufpreis grundsätzlich in bar zu zahlen, so ist es durchaus nicht selten, bei Vertragsabschluss einen Teil des Kaufpreises zurückzuhalten. Dieser Teil wird zu einem späteren Zeitpunkt fällig, jedoch nur, wenn bestimmte Kriterien (Umsatz, Gewinn, Deckungsbeitrag) erfüllt sind. Diese Vorgehensweise ist beim Verkäufer naturgemäß nicht beliebt. Problematisch ist hierbei vor allem, dass sich das Unternehmen nach dem Verkauf sehr schnell verändern wird, sodass Vergleiche (»Wie hätte sich das Unternehmen entwickelt, wäre es nicht verkauft worden?«) schlecht möglich sind.

- Denkbar ist auch, dass der Erwerber den Veräußerer verpflichtet, einen Teil des Erlöses für eine gewisse Zeit lang als Darlehen im Unternehmen stehen zu lassen.

Da der gesamte Veräußerungserlös, unabhängig davon, wann der Kaufpreis tatsächlich fließt, sofort zu versteuern ist, muss der Verkäufer für entsprechende Liquidität vorsorgen.

Die gesamten verkaufsbegleitenden Kosten werden erfahrungsgemäß 3 Prozent des Kaufpreises kaum unterschreiten. Im Fall der Hinzuziehung eines M&A-Beraters kommen noch einmal 2 Prozent als dessen Honorar dazu. Hierbei muss der Verkäufer wissen, dass sich diese Prozentsätze häufig auf den Bruttowert der Transaktion beziehen. Der Erwerber bezahlt jedoch nur den Nettowert. Vom vereinbarten Bruttowert zieht er die Schulden des Unternehmens ab. Der Unternehmer sollte versuchen, die Beratervergütungen auf der Basis des Nettoverkaufspreises festzuschreiben.

Der Kaufvertrag

Nachdem eine grundsätzliche Einigung über den Kaufpreis und die wichtigsten Rahmenbedingungen erzielt worden ist, gilt es, die Einzelheiten des

Kaufvertrages auszuhandeln. In dieser Phase wechselt die Hauptlast vom M&A-Berater auf den Vertragsanwalt über. Ich rate dem Unternehmer dringend dazu, bei dem hierzu erforderlichen »Übergabegespräch« zwischen M&A-Berater und Vertragsanwalt persönlich anwesend zu sein. Zwischen den beiden wird eine Vielzahl von Informationen, Interpretationen und Einschätzungen ausgetauscht, die noch erhebliche Auswirkungen auf den definitiven Kaufpreis haben können. Der Anwalt hat die folgenden Leistungen zu erbringen:

- Er muss alle notwendigen Gesellschafterbeschlüsse vorbereiten.
- Er muss den endgültigen Kaufvertrag entwerfen. Während vieler Verhandlungsrunden werden jetzt sowohl die Punkte aufgegriffen, die in den Vorverhandlungen zunächst vertagt worden sind, als auch neue Erkenntnisse, die bei der Due Diligence zutage getreten sind. Den für den Verkäufer wichtigsten Teil des Vertrags stellen erfahrungsgemäß die Gewährleistungen dar. Um diesen Teil wird oft tagelang gerungen.
- Für den Fall, dass mehrere Verkäufer gemeinsam Aktien des Erwerbers übernehmen, muss ein Poolvertrag abgeschlossen werden. Dieser regelt Rechte und Pflichten der einzelnen Miteigentümer.
- Im Zuge des Unternehmensverkaufs wird häufig eine vorweggenommene Erbfolge durchgeführt. Oft wird auch eine gemeinsame Verwaltung des Verkaufserlöses geregelt.
- Es ist üblich, dass der Erwerber von dem Veräußerer für noch offene Risiken Sicherheiten verlangt. Das betrifft insbesondere den Bereich der Produkthaftung, laufende Prozesse oder Probleme des Umweltschutzes. Man einigt sich meist auf die Einrichtung eines Treuhandkontos, auf das ein Teil des Kaufpreises eingezahlt wird. Nach Ablauf einer bestimmten Zeit wird abschließend über die Höhe eines etwaigen Schadensersatzes verhandelt. Das Treuhandkonto wird nur freigegeben, wenn beide Parteien dem zustimmen.
- Häufig muss eine Anmeldung der Transaktion bei der Kartellbehörde erfolgen. Dabei macht es einen erheblichen Unterschied, ob der Verkaufsfall unter die europäische oder unter die nationale Fusionskontrolle fällt.

Die detaillierten Vertragsverhandlungen sind sehr zeitaufwändig. Um jede einzelne Formulierung wird regelmäßig hart gerungen, und falls der poten-

Hans Bauerfeind – Ärmel hochgekrempelt für den Aufbau Ost. Blühende Landschaften im Osten – es gibt sie wirklich, wenn auch nur als Inseln. Hans B. Bauerfeind hat mit dem Neuaufbau der Produktion und der Zurückverlegung der Zentrale an den Stammsitz in Thüringen eine solch blühende Insel geschaffen, unter Beibehaltung der westdeutschen Standorte in Kempen/Niederrhein und Remscheid. Die Bauerfeind AG ist führender Hersteller von medizinischen Hilfsmitteln, insbesondere im Bereich Orthopädie, Phlebologie und Prothetik. Weltweit aktiv, beschäftigt die Unternehmensgruppe mehr als 1 800 Mitarbeiter, allein am Standort Zeulenroda über 700.

Erwin Hymer – my car is my castle. Ein Unternehmer der ersten Stunde: In den fünfziger Jahren begann Erwin Hymer, Wohnwagen zu bauen und ermöglichte so Millionen Deutschen die lang ersehnte Reise in den eigenen vier Wänden. Heute liefert die Hymer-Gruppe – zu der mittlerweile weitere Markenhersteller wie Bürstner, Niessmann + Bischoff, Laika, Dethleffs, LMC Caravan und T.E.C Caravans gehören, jährlich mehr als 38 000 Caravans und Motorcaravans aus.

Robert Lindemann-Berk – Sand bildet das Fundament. Der Abbau von Sand war für die Quarzwerke in Frechen die Keimzelle des Erfolgs. Heute ist das Unternehmen in der Rohstoffgewinnung international diversifiziert. Neben anderen Industriemineralien wie Kaolin und Feldspat werden Hochleistungsfüllstoffe auf mineralischer Basis entwickelt.

Werner Schmidt-Weiss – nicht eingleisig fahren. Im Jahre 1900 im württembergischen Göppingen gegründet, hat Werner Schmidt-Weiss (vordere Reihe, 1. von rechts) die Firma Leonhard Weiss vom ursprünglich reinen Gleisbauunternehmen zum schlank organisierten Komplettanbieter zeitgerechter Bauleistungen fortentwickelt. Die Pflege der gewachsenen Werte des Familienunternehmens hat den weit über dem Branchendurchschnitt liegenden Erfolg ermöglicht.

Edwin Kohl – der Gesundheit zuliebe. Schon sehr früh kam Edwin Kohl (links) die geniale Idee, Original-Arzneimittel günstig im europäischen Ausland einzukaufen und zu reimportieren – eine logistische Herausforderung, wenn man bedenkt, dass jedes Medikament neu verpackt und zugelassen werden muss. Patienten und Krankenkassen profitieren von den realisierten Einsparungen.

Martin Moll – Möbel mit Rückgrat. Um die Gesundheit der Kunden ist auch Martin Moll bemüht – jedoch auf völlig anderem Gebiet. Gemeinsam mit seinem Vater entwickelte er den Schreibtisch, der »mitwächst« – insbesondere bei Kindern und Jugendlichen wird damit Haltungsfehlern und Rückenschäden frühzeitig vorgebeugt.

Axel und Philipp Bree – zwei Brüder stecken alles in die Tasche. Design im Taschenbereich ist ihre Stärke – die Brüder Axel (links) und Philipp Bree haben nach dem frühen Tod ihres Vaters die Nachfolge im traditionsreichen Familienunternehmen angetreten. Philipp ist für die Produktentwicklung zuständig, sein Bruder Axel kümmert sich um den Verkauf. Neueste Erfindung: Die folienbeleuchtete Damenhandtasche.

H. Werner Utz – alle stehen auf UZIN ... und zwar im wahrsten Sinne des Wortes. Denn der börsennotierte Hersteller von Bodenklebstoffen entwickelte sich zum führenden Systempartner für »Böden«. Dr. H. Werner Utz führt das Unternehmen in dritter Generation – das dreifache U: UZIN-Utz-Ulm verdeutlicht die Verbundenheit mit dem angestammten Firmensitz.

Dirk Pietzcker – ab nach Kassel. Innovativ und engagiert – so ist es Dirk Pietzcker gelungen, das 1978 erworbene, hoch verschuldete Unternehmen in der Nähe von Kassel zum Marktführer für Hochleistungswärmetauscher zu entwickeln. Heute beschäftigt die AKG-Gruppe an zehn Produktionsstandorten mehr als 2 000 Mitarbeiter. Dirk Pietzcker – aktiv in zahlreichen Institutionen und Vereinen Kassels und Nordhessens – übergibt nun die Führung stufenweise an seinen ältesten Sohn Hartwig und drei familienfremde Geschäftsführer.

Harald Marquardt liefert Schlüssel zum Erfolg. Dr. Harald Marquardt führt den gleichnamigen traditionsreichen Hersteller elektrotechnischer Artikel in Rietheim-Weilheim bei Tuttlingen. Das innovative Unternehmen überrascht immer wieder mit neuen Entwicklungen, wie z.B. dem elektronischen Schließsystem für die Personenwagen von Mercedes-Benz.

Konrad Hinsemann geht es um die Wurst. Mit einem ausgefeilten Logistik- und Vertriebskonzept ist es Konrad Hinsemann gelungen, aus einem eingesessenen Metzgereibetrieb eine industrielle Fertigung mit angegliedertem Filialbetrieb aufzubauen. Der »Wurst-Basar« mit fast 50 Filialen garantiert handwerkliche Qualität und Frische zu günstigen Preisen. Gemeinsam mit seiner Tochter Susanne führt Konrad Hinsemann das Unternehmen. Der jüngste Ableger – ein Imbiss in der Passage des neuen Hauptbahnhofs Hannover – erfreut jeden, der anspruchsvolle Verpflegung schätzt.

Ute Gebhardt – von der Palette zu innovativen Logistiklösungen.
1829 gegründet und seither in Familienbesitz, ist die Firma Gebhardt heute führend bei der Entwicklung von Systemen für die Verpackung und den Transport industrieller Produkte. 350 Mitarbeiter stellen unter der Führung von Ute Gebhardt die hohe Flexibilität und Qualität sicher, die für die innovativen Gebhardt-Lösungen kennzeichnend sind: Die Kunden können »einpacken«.

Reinhard und Christian Wolfs gläserne Wurstfabrik. Wie man die Krise nutzen kann, haben Reinhard (rechts) und Christian Wolf gezeigt: In Zeiten von BSE hat Wolf mit Qualität und Transparenz gepunktet: In der »gläsernen Wurstfabrik« kann der Kunde den Herstellungsprozess – handwerkliche Meisterarbeit im industriellen Format – bis ins Detail verfolgen. Der Erfolg hat die Firma in die Spitzengruppe der deutschen Fleisch- und Wurstwarenhersteller geführt.

Christof Engelke verbindet Tradition mit Fortschritt. Seit 1714 ist die »Große Mühle« in Hasede bei Hildesheim – heute der wohl modernste Mühlenbetrieb Europas – im Besitz der Familie. Die Vettern Christof und Joachim Engelke haben die Gruppe mit einer jährlichen Vermahlung von 750 000 t und einer Exportquote von 20 Prozent zur größten privaten Mühlengruppe in Deutschland ausgebaut. Unter Tradition verstehen sie eine wertorientierte Zukunftsstrategie – auf dass die Mühle auch in der 12. Generation weiterhin erfolgreich klappert.

Otmar Zwiebelhofer mischt sich ein. Der Inhaber von König Metall in Gaggenau setzt sich als Vorstandsvorsitzender des Verbands der Metall- und Elektroindustrie Baden-Württemberg e.V. (Südwestmetall) mit großem Erfolg für die Belange seiner Branche ein. Damit widerlegt er eindrucksvoll die These, dass der Unternehmer keine Zeit habe, sich gesellschaftlich zu engagieren. Doch damit nicht genug – Dr. Otmar Zwiebelhofer liebt und fördert Musik und Kunst und spielt selbst Cello.

Beate Beck-Deharde – eine Frau steht ihre Frau ... und das in der männerdominierten Maschinenbau-Branche: Beate Beck-Deharde führt das von ihrem Vater gegründete Unternehmen, das einstmals die ersten Folienverpackungsmaschinen entwickelt hat. Ihr besonderes Anliegen: die Förderung weiblicher Führungskräfte. Sie selbst ist stellvertretende Vorsitzende des Verbands deutscher Unternehmerinnen, Landesverband Baden-Württemberg.

Alfons Schneider – mehr als nur Fassade. Alfons Schneider (rechts) gibt sich mit dem Erfolg seines Fassadenbauunternehmens – unter anderem hat er das Gesicht des neuen Kanzleramts geformt – nicht zufrieden: Als engagierter Vertreter des europäischen Fenster-, Türen- und Fassadenherstellerverbandes knüpft er weltweit Kontakte – so wie auf dem Bild mit Chinas stellvertretendem Bauminister.

Carl-Heiner Schmid – der Maler-meister mit dem Doktortitel. Aus einem kleinen, vom Vater übernommenen Betrieb hat Dr. Carl-Heiner Schmid den weltweit größten Fachbetrieb mit mehr als 2 500 Malern aufgebaut. Qualität, Zuverlässigkeit und leistungsadäquate Preise bringen seine Handwerker in alle Teile der Welt.

Horst Brandstätter – »Kapitän« von Playmobil. Innerhalb von drei Jahrzehnten hat Horst Brandstätter mit seinen Playmobil-Figuren die Kinderherzen erobert. Heute ist Playmobil eine der bekanntesten Spielzeugmarken weltweit. Nicht nur das Piraten-schiff verführt jung und alt zum Träumen.

Mit Klaus Fischer in der Welt verankert. Ihren Anfang nahm die Erfolgsgeschichte mit dem fischerdübel. Dann begeisterte man Kinder mit dem Baukastensystem fischertechnik, und heute ist das Unternehmen auch einer der bedeutendsten Zulieferer der Automobilindustrie. Klaus Fischer, der die Gesamtverantwortung bereits mit 29 Jahren von Vater Artur übernahm, hat das Unternehmen strategisch und betriebswirtschaftlich sehr konsequent auf die Zukunft ausgerichtet: Das Unternehmen ist heute mit Tochtergesellschaften in 19 Ländern »verankert« und fischer-Produkte sind weltweit gefragt.

Metz – Electronic für zu Hause. Schon früh haben Paul und Helene Metz die Bedeutung der Unterhaltungs- und Fotoelektronik erkannt. Mit qualitativ hochwertigen Geräten ist das fränkische Unternehmen seit Jahrzehnten auf diesen Märkten erfolgreich. Helene Metz, die seit dem Tode ihres Mannes im Jahre 1993 als Alleininhaberin die Geschicke des Unternehmens mit mehr als 750 Beschäftigten lenkt, hat sich in den letzten Jahren auch verstärkt als Mäzenatin hervorgetan: Die gemeinnützige Paul und Helene Metz-Stiftung kümmert sich primär um die Förderung der technischen Wissenschaften und Erbringung von Mitteln für karitative Zwecke.

Stefan Berkes. Aus Hongkong kehrte Stefan Berkes im Alter von gerade einmal 26 Jahren mit eigenen Ideen in das traditionsreiche väterliche Handelsunternehmen in Hamburg zurück. Dort setzte der Junior auf Diversifizierung und erarbeitete sich ein völlig neues und eigenständiges Produktfeld – Fahrräder – während der Senior sich derweil um das klassische Geschäft kümmerte. Seine Strategie hat Erfolg: In wenigen Jahren hat Stefan Berkes BerGaMont zu einer führenden Marke für hochwertige Sportfahrräder gemacht und verkauft jährlich allein in Deutschland mehr als 60 000 Fahrräder. Seine Philosophie beschreibt er so: »Unsere Bikes überzeugen durch solide Ausstattung und anspruchsvolle Technik zu einem fairen Preis.«

zielle Erwerber aus den Vereinigten Staaten kommt, geschieht dies auch mitten in der Nacht. Der M&A-Berater nimmt an jeder Verhandlungsrunde teil. Seine Aufgabe ist es, dafür zu sorgen, dass der Prozess nicht an Dynamik verliert. Für ihn ist mit der Vertragsunterzeichnung die Arbeit beendet. Für den Rechtsanwalt gilt dies nicht. Er bleibt für alle Beteiligten weiterhin der maßgebliche Ansprechpartner, und zwar so lange, bis der Vertrag in allen Einzelheiten umgesetzt worden ist.

Oft liegen am Verkaufsstichtag noch nicht alle Vertragsunterlagen vor, etwa Genehmigungen seitens der Aufsichtsbehörden, Steuerbescheide oder Wirtschaftsprüfer-Testate. In diesem Fall werden die Verträge zwar unterschrieben, der tatsächliche Eigentumsübergang wird jedoch aufgeschoben. Diese Vorgehensweise kompliziert den weiteren Ablauf erheblich, da genaue Vorgaben entwickelt werden müssen, wie sich das Management bis zum Eigentumsübergang operativ zu verhalten hat.

Die Zeit unmittelbar vor dem Eigentumsübergang ist noch einmal von großer Hektik geprägt. So müssen bei einzelnen Gesellschaftern häufig noch neu aufgetauchte Zweifel beseitigt werden. Hier ist manchmal im letzten Moment noch viel Überzeugungsarbeit zu leisten. Die Erwerber benötigen eine offizielle Bestätigung ihrer Aufsichts- und Kontrollgremien für die Freigabe der Transaktion. Es wird eine Liste erstellt, die alle schadensrelevanten Vorfälle aufführt, die sich zwischen der Due Diligence und dem Eigentumsübergang ereignet haben. Sie wird Bestandteil des Vertrages. Es liegt im Interesse des Verkäufers, diese Liste so umfangreich wie möglich zu halten, da nur diejenigen Tatbestände, von denen der Käufer nachweislich bei Vertragsabschluss Kenntnis hatte, im Schadensfall nicht zu einer Kaufpreisanpassung führen.

Der Eigentumsübergang findet regelmäßig vor einem Notar, aus Kostengründen oft in der Schweiz, statt. Hierbei werden die Anteile »Zug um Zug« gegen Nachweis des Geldeingangs auf dem Konto des Veräußerers übertragen. Dies kann noch viel Zeit und Nerven kosten, vor allem, wenn ausländische Banken eingeschaltet sind, oder wenn ein Teil des Kaufpreises in Aktien des Erwerbers gezahlt wird.

Maßnahmen nach der Veräußerung

Nun ist der Kaufpreis geflossen und das Eigentum an den Anteilen übergegangen. Trotzdem ist die Transaktion noch nicht abgeschlossen. Eine nachträgliche Korrektur des Kaufpreises steht zur Debatte. So liegt beispielsweise der Jahresabschluss auf den Veräußerungszeitpunkt noch nicht vor. In diesem Fall basieren die getroffenen Vereinbarungen auf der letzten vor Vertragsabschluss erstellten Bilanz, und der Verkäufer muss eine Eigenkapital- oder Gewinngarantie abgeben oder eine Erhöhung des Verschuldungsgrades ausschließen. Stimmen die bei der Bilanzerstellung ermittelten Werte nicht mit denen überein, die dem Kaufvertrag zugrunde gelegt wurden, so entstehen Ansprüche auf Ausgleichszahlungen. Auf diese Weise gestaltet sich die Erstellung des letzten Jahresabschlusses noch einmal zum Krimi. Deshalb ist bei den vorhergehenden Bilanzen sehr darauf zu achten, dass so wenige Risiken wie möglich in die Zukunft gelegt werden. Bewertungsfragen müssen zeitnah besprochen und einvernehmlich festgelegt werden.

Falls ein Teil des Kaufpreises in Aktien gezahlt wird, müssen die Verkäufer sich frühzeitig Gedanken darüber machen, was mit den Aktien geschehen soll. Auf jeden Fall empfiehlt sich ein Monitoring des Aktienkurses während der Haltedauer.

Das Management ist ab dem Zeitpunkt der Veräußerung nur noch den Zielen des Erwerbers verpflichtet. Bei einem strategischen Investor werden in der Regel die Geschäftsführer ausgetauscht. Die Gläubiger müssen der Schuldübernahme durch den neuen Eigentümer zustimmen. Banken müssen die Gesellschafter von persönlichen Bürgschaften und Garantien freistellen. In vielen Fällen gründet der Käufer eine neue Gesellschaft, die die gekauften Gesellschaftsanteile übernimmt. Damit ist das Risiko auf das haftende Kapital der neuen Gesellschaft beschränkt. Die Muttergesellschaft wird durch die Risiken des übernommenen Unternehmens nicht mehr tangiert. Diese neue Gesellschaft ist häufig eine deutsche GmbH, die nur minimal mit haftenden Mitteln ausgestattet wird. Für die Schuldbefreiung der Veräußerer ist eine solche minimale Kapitalausstattung jedoch ungünstig, da sie den Banken als Sicherheit nicht ausreicht. Hier muss der Erwerber häufig zusätzliche Garantien übernehmen.

Der Verkauf von alteingesessenen Familienunternehmen kommt in Deutschland selten vor und wird den Inhaberfamilien von ihrem sozialen

Umfeld oft negativ angelastet. Insbesondere dann, wenn sich die Gesellschafter komplett aus dem Unternehmen zurückziehen, gibt es regelmäßig eine schlechte Presse. Daher ist es wichtig, Lieferanten, Abnehmer, Banken, Mitarbeiter und die Öffentlichkeit frühzeitig zu informieren. Gerüchte dürfen erst gar nicht entstehen. Hierzu verbleibt nicht viel Zeit. Mit den Kreditinstituten und den wichtigsten Kunden sind direkte Gespräche ohnehin unumgänglich.

Zusammenfassend ist beim Verkauf des Unternehmens Folgendes zu beachten:

- Wichtig ist die Wahl eines geeigneten Veräußerungszeitpunktes.
- Der Verkauf muss über mehrere Jahre hinweg »generalstabsmäßig« vorbereitet werden.
- Der zeitliche Aufwand und das emotionale Engagement sind enorm. Das Tagesgeschäft darf darunter nicht leiden.
- Die Entscheidung für einen Verkauf des Unternehmens muss schriftlich niedergelegt und von allen Gesellschaftern unterschrieben werden.
- Der Verkäufer muss im Verlauf des Verkaufsprozesses stets die Initiative behalten.
- Bis zur Unterzeichnung des Kaufvertrags muss der Unternehmer sich emotional auf eine Weiterführung des Betriebes einstellen; ein frühzeitiger »geistiger Ausstieg« verschlechtert seine Verhandlungsposition.
- Betriebliche Kennzahlen sollten in den letzten Jahren vor dem Verkauf zumindest konstant bleiben.
- Die frühzeitige Beauftragung eines M&A-Beraters, eines Vertragsanwalts und eines erfahrenen Wirtschaftsprüfers ist unumgänglich.
- Honorare sind so zu verhandeln, dass sie am Nettotransaktionspreis bemessen werden.
- Es ist besser, einen Preisabschlag zu akzeptieren, als auf unattraktiven Teilbereichen sitzen zu bleiben.
- Der Unternehmer sollte bei den Vertragsverhandlungen stets persönlich anwesend sein.

- Schwierige Fragen sind frühzeitig anzusprechen. Risiken sollten nicht in die Zukunft verschoben werden.
- Eine weitere Tätigkeit des Unternehmers nach dem Verkauf ist bereits zu Beginn der Vertragsverhandlungen anzusprechen.
- Den Interessenten gegenüber müssen alle Gesellschafter Einigkeit demonstrieren.
- Die Öffentlichkeit ist rechtzeitig von der Transaktion zu unterrichten.

Besonderheiten beim Verkauf an einen Finanzinvestor

Nationale und internationale Eigenkapitalfonds interessieren sich zunehmend für deutsche Familienunternehmen. Da Ziele und Vorgehen eines Finanzinvestors von denen eines strategischen Käufers stark abweichen, soll hierauf kurz eingegangen werden. In diesem Zusammenhang möchte ich dem Leser einen Fall aus dem Ende der neunziger Jahre schildern, der selbst für Experten ungeahnte Überraschungen enthielt.

Ein Lebensmittelproduzent war bei dem Versuch, sein Marken-Know-how auf Produkte im Nonfood-Bereich zu übertragen, gescheitert. Die von ihm gekaufte T-Shirt-Fabrik ließ sich trotz aller Mühen nicht in die Gewinnzone bringen. Billigimporte aus China machten die verfolgte Preispolitik zunichte. Man entschloss sich daher, die Fabrik wieder zu verkaufen und fand nach langer Suche einen ausländischen Finanzinvestor. Der Kaufvertrag wurde notariell abgeschlossen. Hierbei erklärte der Vertreter des Käufers so ganz nebenbei, dass es zur Rechtsgültigkeit des Vertrages nach seinem Heimatrecht noch der Genehmigung der Staatsbank bedürfe. Dies sei allerdings reine Formsache. Die Angelegenheit entwickelte sich dann aber völlig anders als vorgesehen. Nach vier Wochen Wartezeit teilte der Käufer mit, die Staatsbank habe – gegen alle Erwartung – die Genehmigung verweigert. Meine Nachforschungen ergaben, dass der Käufer bei Vertragsschluss eigenmächtig gehandelt hatte und nun in seinen Aufsichtsgremien auf Ablehnung gestoßen war. Um seine Haut zu retten, hatte er aktiv auf die Verweigerung der Genehmigung hingearbeitet. Juristisch war die Angelegenheit damit klar: Derjenige, der den Eintritt einer Bedingung böswillig verhindert, muss sich behandeln lassen, als ob die Bedingung eingetreten wäre. Doch wie sollte man das beweisen? Der Käufer jedenfalls beharrte auf seiner Position, der Verkäufer wiederum erklärte, die Anteile seien rechtswirksam verkauft worden und er habe daher mit dem Unternehmen nichts mehr zu tun.

Dass um das Eigentum an einem Unternehmen gestritten wird, hatte ich schon des Öfteren erlebt. Aber dass ein Unternehmen – wie jetzt – plötzlich quasi ohne Gesellschafter dasteht, war für mich eine völlig neue Erfahrung. Es war zugleich eine wirtschaftlich gefährliche Situation, denn die Banken wurden unruhig und drohten damit, augenblicklich ihre Kredite zurückzuziehen. Die Rettung kam buchstäblich in letzter Sekunde. Ein Verzicht auf einen erheblichen Teil des ohnehin nicht üppigen Kaufpreises brachte die Gremien des Finanzinvestors zum Einlenken. Man stand plötzlich wieder zu seiner »Tat«, und die Sache nahm für den Investor auch weiterhin einen glücklichen Verlauf. Er realisierte nach dreijähriger Wartefrist den gewünschten »exit« (Wiederausstieg) mit einem mehr als 100 %-igen Wertzuwachs, indem er das Unternehmen erfolgreich an eine ausländische Börse führte.

Wer mit einem Finanzinvestor verhandelt, der muss sich darüber im Klaren sein, dass dieser jeden Unternehmenskauf ausschließlich durch die Renditebrille betrachtet. Dabei sind die Verhaltensweisen einzelner Finanzinvestoren sehr unterschiedlich. Dies betrifft nicht nur die Renditeerwartung, sondern auch den Zeitpunkt, für den der Finanzinvestor seinen Wiederausstieg plant. Es betrifft weiterhin die Art und Weise des Wiederausstiegs (öffentlich über die Börse oder privat), und es betrifft die Art seines Umgangs mit dem erworbenen Unternehmen und mit dem bestehenden Management. Die Bandbreite reicht von einem schlichten Halten der Beteiligung über eine deutliche Einflussnahme bis hin zu einem völligen Umbau des Unternehmens, um dieses mit einem oder mehreren Konkurrenzbetrieben zu einem verkaufs- oder börsenfähigen Konglomerat zu verschweißen. Der exit kann von einer Veräußerung des Unternehmens im Ganzen über einen Verkauf in Einzelteilen bis hin zur Börseneinführung reichen.

Die geschilderte Variationsbreite sollte ausreichen, um dem Unternehmer zu zeigen, dass jede Verhandlung mit Finanzinvestoren bis ins letzte

Detail vorausgeplant sein muss. Nur die genaue Kenntnis ihrer individuellen Strategie, der Art und Weise ihres Vorgehens bei vergleichbaren Transaktionen in der Vergangenheit und des Psychogramms der handelnden Personen verschafft dem Unternehmer die notwendige Gewissheit, dass er seine Ziele mit dem von ihm ausgewählten Finanzpartner auch erreichen kann.

Ein weiterer Unterschied gegenüber einem strategischen Käufer ist besonders bedeutsam: Während dieser bei der Preisdiskussion auftretende Synergien berücksichtigen wird, spielen solche für den Finanzinvestor keine Rolle. Ihn interessieren lediglich die Finanzströme, die er während seiner Beteiligung am Unternehmen in die eigene Kasse lenken kann.

Dies alles klingt für Familienunternehmer wenig attraktiv. Es gibt jedoch – wie stets – auch bei dieser Gestaltung positive Seiten. Diese bestehen darin, dass sich mit einem Finanzinvestor eine Reihe von Zielen verwirklichen lässt, die mit einem strategischen Erwerber nicht zu erreichen sind. So ist es in meiner Beratungspraxis häufiger vorgekommen, dass der für den Verkauf an einen strategischen Investor vorgesehene Zeitrahmen zu eng war. Er reichte nicht aus, um einen interessierten Käufer zu finden. In einem solchen Fall kann nur mit einem Finanzinvestor die Zeit bis zur endgültigen Veräußerung überbrückt werden.

Um in eine optimale Verhandlungsposition zu gelangen, benötigt der Familienunternehmer immer mindestens zwei Bewerber. Auch hier bietet sich der Finanzinvestor an. Er wird durch ein solches Vorgehen auch nicht »missbraucht«, denn er erhält eine echte Chance. Ich habe des Öfteren erlebt, dass nicht der strategische Partner, sondern der Finanzinvestor schließlich den Zuschlag auf das Unternehmen erhielt.

Häufig kommen Finanzinvestoren zum Zuge, wenn die Familie das Unternehmen nicht voll verkaufen, sondern eine Mehrheit behalten will. Bei dieser Sachlage scheidet ein strategischer Partner aus, denn eine Minderheitsbeteiligung ermöglicht ihm weder die Realisierung von Synergien noch einen Strategiewechsel. Selbst wenn eine Minderheitsbeteiligung akzeptiert wird, ist Vorsicht angebracht. Der Familienunternehmer muss befürchten, dass der Erwerber plant, möglichst rasch eine bestimmende Mehrheit aufzubauen. Die Praxis beweist, dass dieses Kalkül in den meisten Fällen tatsächlich aufgeht.

Mit der Veräußerung an einen strategischen Erwerber fließt der Kaufpreis allein in die Kasse der Eigentümer. Das Unternehmen selbst hat hiervon nichts. Der Finanzinvestor strebt demgegenüber häufig eine Mischlösung an: Lediglich ein Teil des Kaufpreises fließt dem Veräußerer zu, der restliche Teil hingegen wird in das Unternehmen gelenkt.

Der Einstieg eines Finanzinvestors bietet die Chance,

- dass das Unternehmen operativ weiterhin durch die Familie geführt werden kann,
- dass das Unternehmen von besonders erfahrenen externen Experten strategisch begleitet wird und
- dass die Motivation der Führungskräfte steigt, weil diese durch den Finanzinvestor in der Regel maßgeblich am Unternehmen beteiligt werden.

Im Vergleich zum strategischen Investor hat die Aufnahme eines Finanzinvestors in der Regel die in Abbildung 16 zusammengefassten Konsequenzen.

	Finanzinvestor	Strategischer Käufer
Geschäftsführung	Management verbleibt im Unternehmen	Management wird ausgetauscht
Ziele	finanzielle Ziele	strategische Ziele
Familie	Familie bleibt beteiligt	Familie scheidet aus
Eigenständigkeit	Betriebsstätten bleiben erhalten	Unternehmen wird vollständig integriert
Exit	nach 3 - 5 Jahren	kein Exit
Investitionen	Investitionen werden hinausgeschoben	Investitionen nach konzernstrategischen Gesichtspunkten
Steuerstruktur	individueller Gestaltungsspielraum	Struktur des Übernehmers entscheidet
Erlös	geringerer Basispreis, dafür Beteiligung an Wertsteigerungen	höherer Basispreis, keine Beteiligung an Wertsteigerungen

Abbildung 16: Finanzinvestor und strategischer Käufer im Vergleich

Der Eintritt eines Finanzinvestors wird häufig mit einem so genannten »family buy out« und/oder einem »leveraged buy out« gekoppelt. Was verbirgt sich hinter diesen Anglizismen, die man kaum in deutsche Begriffe übersetzen kann? Dies soll an einem Beispiel gezeigt werden.

An einer Familien-GmbH sind der Senior zu 70 Prozent und seine drei Kinder mit jeweils 10 Prozent beteiligt. Der Unternehmenswert liegt bei 100 Millionen Euro. Die Familie hat den Wunsch, eine Minderheitsbeteiligung zu verkaufen. Gleichzeitig soll die Nachfolge auf die Kinder erfolgen. Der Finanzinvestor ist bereit, eine Beteiligung von 25 Prozent zu erwerben und den Kindern eine Dreiviertelmehrheit zu belassen.

Die Transaktion verläuft so, dass in einem ersten Schritt von Finanzinvestor und Familie gemeinsam eine neue Gesellschaft – eine so genannte NewCo – gegründet wird. Diese wird mit einem Grundkapital von 20 Millionen Euro ausgestattet. Hiervon zeichnen der Finanzinvestor und jedes der Kinder 25 Prozent. Die NewCo erwirbt nun sämtliche Anteile der Familie zum Preis von 100 Millionen Euro. Damit fließen dem Senior entsprechend seiner Beteiligung 70 Prozent und den Kindern 30 Prozent des Kaufpreises zu. Die NewCo finanziert die Kaufpreiszahlung mit ihrem Grundkapital von 20 Millionen Euro und einer Darlehensaufnahme (teilweise beim Finanzinvestor) in Höhe von 80 Millionen Euro.

Naturgemäß führt die Transaktion zu der Notwendigkeit, das aufgenommene Fremdkapital durch Zins- und Tilgungszahlungen zu bedienen. Die NewCo wird daher einen deutlichen Druck auf das operative Unternehmen ausüben, damit dieses die entsprechende Liquidität zur Verfügung stellt.

Im Ergebnis ist jetzt erreicht, dass der Senior seine 70-prozentige Beteiligung wunschgemäß zu einem Kaufpreis von 70 Millionen Euro und die drei Kinder ihre jeweils 10-prozentige Beteiligung zum Kaufpreis von jeweils 10 Millionen Euro verkaufen können. Den Veräußerungsgewinn müssen die Gesellschafter nach dem Halbeinkünfteverfahren versteuern. Jedes der Kinder stellt von dem Nettoveräußerungserlös einen Betrag in Höhe von 5 Millionen Euro zur Verfügung, um damit die Beteiligung von je 25 Prozent an der NewCo zeichnen zu können. Damit bleibt die Mehrheit am Unternehmen in der Hand der Familie. Allerdings hat sich die Finanzsituatalion des Betriebes drastisch verschlechtert. Abbildung 17 veranschaulicht das Ergebnis der beschriebenen Transaktion.

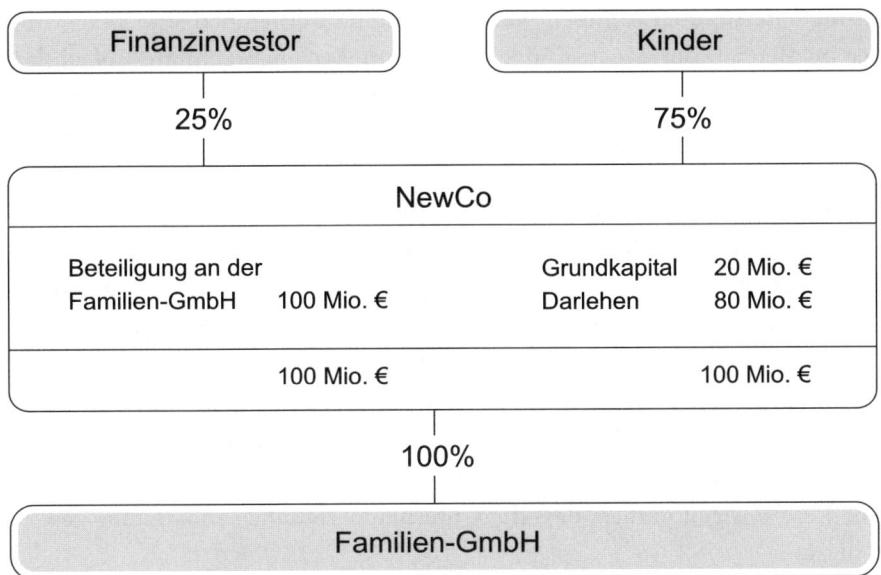

Abbildung 17: Beteiligungserwerb durch Finanzinvestor

Die skizzierte Gestaltung stellt lediglich das Grundmodell eines »leveraged buy out« dar, welches allerdings vielfältig abgewandelt werden kann.

Kartellrechtliche Gesichtspunkte

Beim Verkauf des Familienunternehmens wird viel zu spät – oft erst dann, wenn die Verhandlungen kurz vor dem Abschluss stehen – die kartellrechtliche Zulässigkeit der Transaktion erörtert. Auf diese Problematik habe ich bereits oben kurz hingewiesen. Die meisten Unternehmer wissen zwar, dass Unternehmenskaufverträge zivilrechtlich unwirksam sind und nicht vollzogen werden dürfen, wenn es an der erforderlichen Genehmigung des Kartellamts fehlt. Sie wissen aber nicht, wie viel Mühe und Sorgfalt notwendig sind, um kartellrechtliche Hürden zu beseitigen. Darauf zu vertrauen, man werde »mit dem Kartellamt schon zurechtkommen«, ist eine äußerst leichtsinnige Verhaltensweise.

Dies zeigt etwa der gescheiterte Verkauf der Firma Minol in Leinfelden-Echterdingen. Das Unternehmen sollte vom wichtigsten Wettbewerber, der

Firma Viterra, übernommen werden. Beide Unternehmen sind Marktführer im Bereich der Messtechnik und Wärmekostenabrechnung. Nachdem der Kaufvertrag abgeschlossen und der Verkauf der Öffentlichkeit im Oktober 2001 bekannt gegeben worden war, untersagte das Bundeskartellamt im Mai 2002 zur Überraschung der Beteiligten den Zusammenschluss. Nach einer mehr als sechsmonatigen »Hängepartie« entschied sich die Eignerfamilie schließlich dafür, das Familienunternehmen nun doch selbst fortzuführen. Eine solche Entwicklung bringt eine besonders gravierende Gefährdung des Unternehmens mit sich. Zum einen hat sich die Eignerfamilie im Verlauf der oft lang andauernden Kaufverhandlungen erfahrungsgemäß geistig bereits von ihrem Betrieb gelöst. Die Rückkehr in die Unternehmerrolle ist daher meist schwierig und gelingt nicht immer in überzeugender Weise. Zum andern haben alle Mitarbeiter, Kunden und Lieferanten offiziell zur Kenntnis genommen, dass die Unternehmerfamilie »amtsmüde« geworden ist.

Um solche Überraschungen von seiten des Kartellamts zu vermeiden, muss bereits sehr frühzeitig – am besten noch vor Beginn der eigentlichen Kaufverhandlungen – geklärt werden, ob eine kartellrechtliche Genehmigung erforderlich ist. Verfügt eines der beteiligten Unternehmen über hohe Marktanteile in den relevanten Wettbewerbsmärkten, so ist stets Vorsicht geboten. Es empfiehlt sich dann, sofort mit den zuständigen Wettbewerbsbehörden Kontakt aufzunehmen. In einem inoffiziellen »Vorverfahren« lässt sich die Beurteilung des künftigen Zusammenschlusses durch die Behörde vertraulich klären. Signalisiert das Kartellamt Bedenken, beginnt die eigentliche Sisyphusarbeit des Kartellrechtlers. Dieser muss auf zwei Wegen versuchen, die behördlichen Hürden auszuräumen: Zum einen wird er in das Verfahren fundierte Zahlen, Daten und Marktdefinitionen einführen, mit denen nachgewiesen werden kann, dass eine künftige Marktbeherrschung nicht zu erwarten ist. Zum anderen muss er – falls der erste Weg misslingt – mit dem Kartellamt eine Umgestaltung der vorgesehenen Transaktion erörtern, beispielsweise die Einstellung einzelner Produktbereiche oder den vorgängigen Verkauf einzelner Tochtergesellschaften an Dritte.

Zuständige Genehmigungsbehörde auf nationaler Ebene ist das Bundeskartellamt, auf europäischer Ebene die Generaldirektion Wettbewerb der Europäischen Kommission. Ein Unternehmensverkauf ist nach deutschem Recht anmeldepflichtig, wenn die beteiligten Unternehmen insgesamt weltweit Umsatzerlöse von mehr als 500 Millionen Euro erzielen und mindestens ein beteiligtes Unternehmen im Inland im letzten Geschäftsjahr mehr als 25 Millionen Euro Umsatz erwirtschaftet hat. Ist Käufer die Tochtergesellschaft eines international tätigen Konzerns, werden diese Schwellenwerte schnell erreicht. Eine Anmeldepflicht besteht jedoch dann nicht, wenn das zum Verkauf stehende Unternehmen im letzten Geschäftsjahr weniger als 10 Millionen Euro Umsatz erzielt hat oder in einem Markt tätig ist, der innerhalb der letzten fünf Jahre ein Umsatzvolumen von weniger als 15 Millionen Euro hatte. Diese Bagatellschwellen sind vergleichsweise niedrig. Daher bereitet der Verkauf eines Familienunternehmens insbesondere dann häufiger Probleme, wenn man in Nischenmärkten tätig ist, dort hohe Marktanteile hält und die Finanzkraft des neu entstehenden Gebildes durch den Einstieg des Erwerbers erheblich gestärkt wird.

Werden die genannten Schwellenwerte erreicht, so greift ein sogenanntes bußgeldbewehrtes Vollzugsverbot, das heißt, der Unternehmensverkauf darf vor der Freigabe durch die Wettbewerbsbehörde nicht vollzogen werden. Dies gilt auch dann, wenn die Freigabe eines Zusammenschlusses nicht in den Kompetenzbereich des Bundeskartellamtes, sondern in denjenigen der Europäischen Kommission fällt.

Die Schwellenwerte für die Anwendbarkeit der Europäischen Fusionskontrolle sind demgegenüber deutlich höher. Sie beginnen erst dann, wenn der weltweite Gesamtumsatz der beteiligten Unternehmen die Grenze von 2,5 Milliarden Euro übersteigt. Wird dieser Wert nicht erreicht und fällt die Genehmigung damit in den Zuständigkeitsbereich des Bundeskartellamts oder handelt es sich um einen Zusammenschluss unter Beteiligung außereuropäischer Unternehmen, so muss beachtet werden, dass der Zusammenschluss eventuell zusätzlich auch noch durch die ausländische Kartellbehörde im Sitzstaat des Erwerbers genehmigt werden muss.

Kapitel 6

Die Sicherung des Privatvermögens

Die Ausgangssituation

Große Vermögen zu sichern und, wenn möglich, zu mehren – und das über Generationen hinweg – ist eine schwierige Aufgabe. Sie erfordert viel strategisches Denken. Anders als in den Vereinigten Staaten oder in Fernost ist die Politik der meisten europäischen Regierungen – und das gilt in besonderem Maße für Deutschland – den vermögenden Familien keinesfalls freundlich gesonnen. Industriepolitik, Steuerrecht und Sozialgesetzgebung sind in Europa nicht auf Kontinuität, sondern auf Umverteilung angelegt. Für die wohlhabenden Familien gilt es, dieser Entwicklung auszuweichen und zugleich die zunehmende Komplexität einer großen Vermögensverwaltung zu beherrschen.

Große Vermögen sind heute nicht nur durch Umverteilung, sondern auch durch deflationäre Tendenzen bedroht. Ähnlich wie in Japan sinken in Europa die Preise. Andererseits steigt die Verschuldung der öffentlichen Haushalte. Mit anderen Worten: Wir leben seit Jahren über unsere Verhältnisse. Die Baisse an den Aktienmärkten mag, wie in Japan, nur ein Vorbote sein. Gerade Familienunternehmen werden zukünftig von der Deflation betroffen sein, weil sie nur in geringerem Umfang als die anonymen Konzerne ins Ausland ausweichen können. Daher ist es für die Familie umso wichtiger, Werte zu besitzen, die unabhängig vom Unternehmen frei von betrieblichen Risiken sind.

Ein Vermögen wird richtigerweise nach denselben Grundsätzen gemanagt wie ein Unternehmen. Die individuelle Zielsetzung des Vermögensinhabers steht an erster Stelle. Aufgabe eines effizienten Vermögensmanagements ist es, diese mit geringstem Risiko und minimalen Kosten zu erreichen. »Alles auf eine Karte zu setzen« ist für das Privatvermögen ebenso wie für das

Unternehmen die falsche Strategie. Eine systematische Optimierung von Risiko, Anlagerendite und Kosten führt zu erhöhter Kontinuität in der Anlagerendite. Mehr Kontinuität in der Anlagerendite sorgt für größere Planungssicherheit. Größere Planungssicherheit ist die wesentliche Voraussetzung für einen langfristigen Anlageerfolg.

Ein Vermögen muss professionell betreut werden. Der tägliche Blick in den Wirtschaftsteil der FAZ und das Gespräch mit Freunden aus dem Golfclub reichen hierzu nicht aus. Doch für eine effiziente Vermögensbetreuung mangelt es den meisten Unternehmern an Zeit und Unterstützung. Im Unternehmen werden sie in allen Finanzfragen durch ihre kaufmännische Abteilung beraten. Für das Privatvermögen dagegen klafft eine Lücke. Hier kann ein Family Office als externe Stabsstelle wesentliche Entlastung bringen. Allerdings muss die Letztkontrolle über das Vermögen immer beim Unternehmer bleiben. Gegen diesen ehernen Grundsatz zu verstoßen, ist fatal.

»Do it yourself« und »Alles unter einem Dach« sind risikoreiche Methoden. Die Vermögensverwaltung beginnt mit einer systematischen Vermögensplanung. Diese selbst professionell durchzuführen, setzt eine umfangreiche Infrastruktur, Zeit und Motivation voraus. Einem Finanzdienstleister, der alles unter einem Dach anbietet, sollte mit Vorsicht begegnet werden. Bei dieser Lösung gibt es zu viele intransparente Interessengegensätze zwischen Anleger und Verwalter, die den erwünschten Anlageerfolg gefährden.

Modernes Vermögensmanagement beinhaltet eine ganzheitliche Betrachtung von Firmen- und Privatvermögen unter Risiko-, Rendite-, steuerlichen und haftungsrechtlichen Aspekten. Es darf nicht bei Anlageformen, Anlagetipps oder Finanzmarktprognosen beginnen, sondern muss bei den persönlichen Zielsetzungen des Unternehmers ansetzen. Welche Liquidität benötigt die Familie heute und in Zukunft? Welche Vermögensteile können langfristig, welche können mittel- oder kurzfristig festgelegt werden? Mit welchem Anteil des Vermögens können erhöhte Risiken eingegangen werden, ohne die gesamte Struktur zu gefährden? Welche Liquiditätszuflüsse sind aus dem Unternehmen zukünftig zu erwarten? Müssen aus dem Privatvermögen gegebenenfalls Nachschüsse in den Betrieb geleistet werden? Fragen über Fragen. Da die richtige Antwort sich im Laufe der Zeit ändern kann, darf ein Anlagekonzept nicht statisch sein. Die Praxis wird diesen Anforderungen häufig nicht gerecht: Nicht selten führen »gut gemeinte Ratschläge« und »kostbare Anlagetipps« zu einer sehr einseitigen Ausrichtung der Vermögensstruktur. Viel zu oft wird der langfristige Anlageerfolg dem wichtigen, aber nicht »kriegsentscheidenden« Ziel einer steuerlich günstigen Lösung geopfert. Es ist geradezu abenteuerlich, in welchem Umfang miserable Vermögensprodukte allein aus steuerlichen Erwägungen den Familienunternehmern »unter die Weste gedrückt werden«. Schuld ist der Unternehmer selbst. Wer psychologische Schwachstellen bietet, muss wissen, dass diese von cleveren Anlageberatern ausgenutzt werden können. Die Ziele für das Gesamtvermögen bleiben häufig unklar. Damit hat sich die Zielerreichung einer exakten Kontrolle entzogen. Eine Gesamtstrategie existiert nicht oder wird gerade einmal im Jahr oberflächlich diskutiert. Interessengegensätze zwischen Vermögensinhabern und Vermögensverwaltern werden nicht erkannt. Eine kontinuierliche Überwachung fehlt.

Dies alles kann sich verheerend auswirken: Bei der Vermögensverwaltung stelle ich immer wieder zwei Kardinalfehler fest: Intransparenz bei Erfolgskriterien und Gebühren sowie den Mangel an laufender Überwachung. Im Herbst des Jahres 2002 hatte ich ein Gespräch mit einem Mandanten, der gerade die Hälfte seines Privatvermögens verloren hatte. Aus dem Börsengang seines Unternehmens, an dem er nach wie vor 80 Prozent hielt, hatte er Ende der neunziger Jahre eine stattliche Summe erzielt und zu ihrer Betreuung mehrere unabhängige Vermögensverwalter und Banken eingeschaltet. Um das Risiko niedrig zu halten, hatte er das Kapital in fünf gleich hohe Beträge aufgeteilt. Jeweils ein Fünftel gab er an zwei bankunabhängige Finanzdienstleister, darunter an einen Schulfreund, der einen guten Ruf genoss und, was dem Anleger besonders beeindruckend erschien, sogar regelmäßig in der Fernsehbörse auftrat. Ein Fünftel wurde durch eine alt eingesessene Privatbank verwaltet. Ein weiteres Fünftel ging an ein internationales Investmenthaus. Den Rest des Kapitals wollte er selbst verwalten.

Werterhaltung und Wachstum sollten – nach Absprache mit allen Verwaltern – gleichermaßen im Mittelpunkt der Vermögensanlage stehen. Damit glaubte der Eigentümer, die notwendige Voraussetzung einer Vergleichbarkeit ihrer Leistung sichergestellt zu haben.

Schon nach wenigen Monaten zeichnete sich ab, dass ausgerechnet das Investmenthaus mit seinen Ergebnissen deutlich abfiel, während der Schulfreund mit Abstand die beste Rendite erwirtschaftete. Der Unternehmer bat daraufhin seinen Sohn, der Betriebswirtschaft studierte, sich das von dem Investmenthaus verwaltete Depot einmal genauer anzuschauen. Das Ergebnis war ernüchternd: Im Portfolio befanden sich überwiegend Wertpapiere und Fonds, bei denen eigene Interessen im Spiel gewesen waren. Die einzelnen Transaktionen zeigten dies deutlich: Bei einem Vergleich mit der Datenbank der Universität war leicht festzustellen, dass praktisch alle abgerechneten Kurse unterhalb des volumengewichteten Tagesdurchschnitts lagen. Diese Verfahrensweise hatte allein im letzten Jahr 3 bis 4 (!) Prozent Rendite gekostet.

Das Mandat des Investmenthauses wurde daraufhin gekündigt. Die Gelder wurden an den Schulfreund überwiesen, weil dieser im Renditevergleich die »Nase vorn« hatte. Das Depot des zweiten unabhängigen Verwalters und dasjenige der Privatbank zeigten wenig Dynamik. Ein Kollege aus dem Golfclub erläuterte dem Vermögensinhaber nun, dass er mit der von ihm vereinbarten Pauschalgebühr einen Fehler gemacht habe. Diese erziehe zur »Faulheit«, weil sie ja unabhängig vom Erfolg und der Zahl der getätigten Transaktionen gezahlt werden müsse. Das erschien dem Vermögensinhaber als Erklärung ausreichend, um die Konditionen neu zu verhandeln. Er glaubte, dass er mit einer erfolgsabhängigen Vergütung besser fahren werde.

Zwischenzeitlich hatte er das eigenverwaltete Kapital in hochverzinslichen argentinischen Staatsanleihen angelegt. Argentinien hatte ja, wie ihm gegenüber argumentiert wurde, seit mehr als 150 Jahren seine Schulden immer bedient, somit könnte man an der Sicherheit der Anlage nicht zweifeln. Daneben hatte der Eigentümer vor allem in amerikanische Technologieaktien investiert. Doch alsbald verfielen die Argentinienanleihen wider Erwarten – und zwar um fast 80 Prozent. Die Technologieaktien befanden sich ebenfalls auf Talfahrt, obwohl der Anleger konsequent die »günstigen« Kurse zur weiteren »Verbilligung« seines Engagements genutzt hatte.

Anforderungen an die Vermögensverwaltung

Das Beispiel und das zugrunde liegende Handlungsmuster sind typisch. Ich werde auf die Fehler noch im Einzelnen zu sprechen kommen. Doch erst einmal zurück zum Grundsätzlichen:

Das Vermögensmanagement beginnt mit einer Analyse, also einer systematischen Erfassung und Bewertung des aktuellen Istzustandes des Vermögens. Von besonderer Bedeutung sind hierbei die Risiko- und Rendite-Einschätzung, eine Einnahme-/Ausgabe-Prognose, eine Cash-Flow-Analyse sowie eine Überprüfung der Qualität der einzelnen Anlagen. In einem nächsten Schritt werden die individuellen Zielsetzungen des Vermögensinhabers, insbesondere seine Liquiditäts- und Ertragsziele sowie seine persönlichen Ziele (Absicherung der Familie und der eigenen beruflichen Existenz, steuerlich begünstigte Weitergabe des Vermögens an die nächste Generation etc.) mit dem Istzustand verglichen. Ergänzt wird die Untersuchung durch rechtliche und steuerliche Expertisen. Das Ergebnis der Arbeit ist eine Art »Fahrplan«, der beschreibt, wie – ausgehend von der augenblicklichen Anlagesituation – die Ziele des Vermögensinhabers erreicht werden können. Eine wichtige Rolle spielt hierfür die Wahl einer steuerlich effizienten, haftungsrechtlich unbedenklichen und flexiblen Organisationsform für die einzelnen Vermögenswerte und für das Vermögen insgesamt (Holding, Trust, Stiftung etc.).

Hoch verzinsliche Anleihen zum Beispiel können »unverpackt« im Privatvermögen effizient kaum gehalten werden. Der Zins ist nämlich voll steuerpflichtig, während das Ausfallrisiko vom Steuerpflichtigen allein zu tragen ist. Genau für dieses Ausfallrisiko ist jedoch der hohe Zins eine Art Versicherungsprämie. Während der Vermögensinhaber nun also die halbe Prämie an den Fiskus abgeben muss, verbleibt das Risiko voll bei ihm – ein ungünstiges Geschäft. Ein effizientes Vermögensmanagement wird daher solche Anlagen – wenn überhaupt – nur in einem entsprechenden rechtlichen Konstrukt halten, welches im Falle einer Steuerpflicht der Erträge auch die Abzugsfähigkeit des Risikos garantiert.

Jedes Vermögen braucht Diversifikation. Eine erfolgreiche Diversifikation senkt das Risiko und ist damit die erste Voraussetzung für eine kontinuierliche Anlagerendite. Daher ist es falsch, die Anlagerendite kurzfristig zu maximieren und dafür höhere Risiken in Kauf zu nehmen. Es muss daher sowohl in sachlicher Hinsicht (unterschiedliche Anlageklasssen) wie in geografischer Hinsicht (unterschiedliche Regionen und Börsen) eine angemessene Diversifikation der Vermögensanlagen erfolgen. Wer nur ungarische und polnische Aktien kauft, nimmt am Aufschwung der Börse in Asien eben nicht teil, trägt aber ein beachtliches Klumpenrisiko.

Bleiben wir bei dem Beispiel und nehmen wir an, der Unternehmer und seine Frau verunglücken bei einem Autounfall tödlich. Obwohl die älteste Tochter und ein Fremdmanager im Vorstand des kotierten Familienunternehmens erfolgreich tätig sind, fußt die hohe Börsenbewertung zu einem guten Teil auf den von der Börse anerkannten unternehmerischen Fähigkeiten des Unternehmers. Der Börsenkurs wird daher erfahrungsgemäß mit seinem Tod deutlich fallen. Berechnungsgrundlage für die Erbschaftsteuer ist jedoch der Kurswert der Aktien zum Zeitpunkt seines Todes, also ein weitaus höherer Wert, als er zum Zeitpunkt der Steuerzahlung noch vorhanden ist. Da sich die privaten Reserven der Familie aufgrund der ungünstigen Vermögensstruktur stark reduziert haben, müssten die Aktien nun verkauft oder beliehen werden, um die Erbschaftsteuer bezahlen zu können. Der Kurs wird dadurch zusätzlich belastet.

Die Konsequenz wäre im günstigsten Fall wohl der Verlust der Unternehmenskontrolle durch die Familie und im ungünstigsten Fall ihre komplette ökonomische Vernichtung und damit die Vernichtung des Lebenswerks des Unternehmers.

Das Beispiel verdeutlicht, welch fatale Folgen eine falsch gewichtete Vermögensstruktur haben kann. Dies hatte der verunglückte Senior bei seiner Anlagepolitik nicht erkannt. Er hätte wissen müssen, dass sich neben dem Klumpenrisiko seiner argentinischen Anleihen in seinem Vermögen ohnehin schon – wie dies bei jeder unternehmerischen Beteiligung der Fall ist – ein hochgradig unsystematisches Einzelrisiko befindet: Nämlich die Aktien am eigenen Betrieb. Und nicht nur das: Er war auch in seinem Privatvermögen überwiegend in einige wenige risikoverwandte Einzelwerte investiert. Dies, obwohl Einzelwerte statistisch betrachtet ein dreimal höheres Risiko aufweisen als der breite Markt. Und der ist bekanntlich auch nicht ohne Risiken. Zu den systematischen Gefahren des Marktes wie Konjunktur oder Steuergesetzgebung treten im betrieblichen Bereich noch unsystematische Risiken wie Managementfehler, Produkthaftung und Ausfallrisiken bei einzelnen Kunden und Lieferanten hinzu.

Im Vermögen des verunglückten Unternehmers hätten Aktien und hochverzinsliche Anleihen von vornherein nichts zu suchen gehabt. Nicht jede Bank und nicht jeder Vermögensverwalter macht die Kunden auf eine solche Tatsache aufmerksam, weil vielleicht gerade aus diesen Produkten die jeweilige Existenzberechtigung und die maßgeblichen Erlöse hergeleitet werden. Hier kann nur eine wirklich unabhängige Instanz objektiv richtig beraten.

Allzu häufig werden beim Privatvermögen aggressive Strategien verfolgt, mit dem Ziel, schlechte Zeiten im Unternehmen durch eine hochrentierliche Anlage privater Mittel auszugleichen. Das führt dann dazu, dass das Sicherheitsnetz, das die liquiden Mittel und das sonstige Privatvermögen darstellen sollte, geradezu gewaltsam zerrissen wird. Risiken im Privat- und Firmenvermögen können dann schnell kumulieren und in Krisenzeiten zu unliebsamen Überraschungen führen. Gerade im Hinblick auf die mit Sicherheit irgendwann einmal eintretenden »schlechten Zeiten« sollte daher eine der goldenen Regeln der Vermögensverwaltung beachtet werden: ein Drittel des Wertes im Familienunternehmen, ein Drittel als freies, liquides Vermögen und ein Drittel in erstklassigen Immobilien. Bei einer solchen Strategie verbieten sich größere Investitionen in steuerbegünstigte Anlagen. Diese werden häufig – und das gilt insbesondere für steuergünstige Immobilien – zum »Klotz am Bein«. Das habe ich in meiner Praxis immer wieder erfahren müssen.

Die Grundlagen eines richtigen Vermögensaufbaus lassen sich idealtypisch an einem der ältesten Bauprinzipien der menschlichen Kulturgeschichte beschreiben: an der Pyramide. Das wichtigste Gesetz beim Aufbau der Vermögenspyramide lautet: »Je höher das Risiko, desto weniger Mittel im Verhältnis zum Gesamtvermögen dürfen in dieser Anlageform eingesetzt werden.« Dementsprechend läuft die Vermögenspyramide nach oben hin spitz zu. Mit zunehmender Höhe steigt einerseits das Risiko, aber auch die erwartete Anlagerendite. Die Vermögenspyramide gliedert sich sinnvoller Weise in drei Stufen: Den Sockel bilden Anlageformen, die gewählt werden, um kurzfristige Verbindlichkeiten jederzeit voll abdecken zu können wie Bankguthaben oder Versicherungen, die zur Vorsorge gegen typische Lebensrisiken abgeschlossen werden. Zielsetzung dieser Stufe ist es, den Lebensstandard auch in Krisenzeiten zu erhalten. Auf der zweiten Stufe finden sich jene Anlageformen, die dazu dienen, das Vermögen langfristig real zu erhalten. Auch auf dieser Stufe steht die Sicherheit des Vermögens an erster Stelle. Das Vermögen auf dieser Stufe muss so angelegt werden, dass alle langfristigen Verpflichtungen termingerecht erfüllt werden können. Ist beispielsweise eine Zukunftsinvestition, etwa der Bau eines Einfamilienhauses für die Kinder, auf einen fünf Jahre später liegenden Zeitpunkt geplant, muss sichergestellt sein, dass das Kapital zwar bis dahin gut angelegt ist, aber auch exakt zum benötigten Zeitpunkt in voller Höhe zur Verfügung steht. Die klassischen Anlageformen für diese Stufe sind Geldmarktanlagen, Obligationen, Wandelanleihen und in gewissem Umfang auch Aktien (blue chips) in der richtigen Sortierung.

Die dritte Stufe der Vermögenspyramide zeichnet sich dadurch aus, dass bewusst hohe Renditen gesucht und dafür hohe Risiken in Kauf genommen werden. Dies ist für die Familie ungefährlich, da bereits alle kurz- und langfristigen Verbindlichkeiten auf den beiden unteren Stufen abgedeckt sind. Bei dem auf dieser Stufe zu investierenden Kapital handelt es sich somit um die »freien Reserven« der Familie, die charakteristischer Weise kurzfristig stark schwanken können. Durch ein solches »Auf und Ab« dürfen Liquiditäts- und Finanzierungsziele des Gesamtvermögens nicht gefährdet werden. Der Vermögensinhaber nimmt Risiken in Kauf, da er zeitlich unbegrenzt warten kann, bis sich die Anlage für ihn bezahlt gemacht hat. Dadurch unterscheidet sich diese dritte Stufe ganz grundlegend von den ersten beiden. Auf den vorangegangenen Stufen steht fest, wann und in welcher Höhe Mittel benötigt werden, sodass der Anlagehorizont hierauf abgestimmt werden kann. Auf der dritten Stufe hingegen ist dies nicht möglich. Deshalb darf dieser Vermögensteil über bestimmte Zeitperioden hinweg durchaus auch einmal Verluste aufweisen, wie dies bei Unternehmensbeteiligungen oder anderen risikoreichen und wenig liquiden Beteiligungsformen immer wieder vorkommt. Auf lange Sicht sollte sich jedoch das hohe Risiko auszahlen, sodass gerade diese Stufe bei glücklichem Verlauf überproportional zum Wachstum des Gesamtvermögens beitragen kann.

Ein Gefühl für die Richtigkeit der Vermögensstruktur vermittelt am besten eine persönliche Vermögensbilanz, die jeder Anleger – vielleicht an einem ruhigen Wochenende – einmal für sich selbst erstellen sollte. In ihr werden den kurz-, mittel- und langfristigen Verpflichtungen und Eventualverbindlichkeiten – bis hin zu möglichen Steuernachzahlungen und einer eventuell anfallenden Erbschaftsteuer – die vorhandene Liquidität und die vorhandenen Vermögenswerte gegenüber gestellt. Am Ende der Aktivseite stehen die besonders risikoreichen Anlageformen. Durch eine solche Vermögensbilanz erhält der Vermögensinhaber eine klare Übersicht über seine augenblickliche Vermögensstruktur, aus der er dann die Notwendigkeit einer strategischen Neupositionierung der einzelnen Vermögensbestandteile leicht erkennen kann.

Die Banken als Vermögensverwalter

Grundsätzlich gibt es zwei sehr verschiedene Typen von Vermögensverwaltern: Die Banken und bankenunabhängige Finanzdienstleister.

Betrachten wir zunächst die Banken:

Anlageberatung und Vermögensverwaltung für wohlhabende Familien ist ein von allen Banken begehrtes Geschäft. Während dies früher in Deutschland die alleinige Domäne der bedeutenden Privatbankiers wie von Oppenheim, von Metzler, Hauck & Aufhäuser oder in Hamburg Berenberg-Gossler war, alles Häuser, die auch heute noch Spitzenplätze in der Vermögensverwaltung einnehmen, drängen seit einigen Jahren die Großbanken, insbesondere die Deutsche Bank, gezielt in diesen Bereich. Vorbild für die Deutsche Bank ist sicherlich die UBS. Diese verwaltet weltweit das größte Kundenvermögen und hat allein im ersten Quartal 2004 hieraus einen Ertrag in Höhe von fast 1 Mrd. Schweizer Franken erwirtschaftet. Die Initiative der deutschen Großbanken ist daher konsequent, denn sie verfügen über die notwendige Expertise und ein gutes Beziehungsgeflecht. Doch haben sie auch das nötige Gespür für Privatanleger? Hier müssen sie sicher noch lernen. Doch die Erfolgschancen sind, wie das Beispiel der UBS zeigt, gut. Denn während die eigentlichen Imageträger der Vermögensverwaltung in der Schweiz nach wie vor die alteingesessenen Privatbanken wie Vontobel, die führende Privatbank in Zürich oder Pictet und Lombard Odier aus der französischen Schweiz (Genf) sind, zeigt sich am Beispiel UBS, in welchem Maße auch Großbanken mit der richtigen Strategie in diese Phalanx eindringen können. Es ist klar, um beim Beispiel Schweiz zu bleiben, dass Depotgelder von insgesamt mehr als 3 000 Mrd. Schweizer Franken, davon drei Fünftel aus dem Ausland, die Begehrlichkeit einer jeden Großbank wecken.

Kehren wir nach Deutschland zurück: Der Bereich Vermögensverwaltung bedeutet für die deutschen Banken – ob groß oder klein – eine wichtige Herausforderung. Zunächst müssen sie jedoch ihren Aufwand in den Griff bekommen. Aus der Zeit des Neuen Marktes und der Boomphase der Börsen sind riesige Kostenblöcke zurückgeblieben, die es jetzt mühsam zu schleifen gilt. Dies wird jedoch – soweit es die Großbanken betrifft – nicht ausreichen, um die gewünschte Ertragsstärke in der Vermögensverwaltung dauerhaft zu sichern. Eine generelle Überprüfung der Geschäftsmodelle ist angesagt.

Manche Banken halten auch heute noch eisern an einem längst überholten Kundenbild fest. Die – zugegeben für sie überaus attraktiven – »Witwen- und Waisen-Depots«, bei denen die Inhaber sich einmal jährlich einen Kontenauszug zusenden lassen und stets kritiklos zur Kenntnis nehmen, was mit ihrem Geld passiert ist, stellen nicht die Zukunft dar. Immer mehr Kunden verstehen etwas von dem Geschäft und verlangen eine qualitativ hochwertige und unabhängige Beratung. Angesichts dieser wachsenden Zielgruppe ist es sehr gefährlich, wenn die Bank die Unkenntnis der Anleger ausnutzt, beispielsweise nicht von sich aus auf Interessenkonflikte bei Eigenprodukten oder auf ein Gebühren-Sharing mit fremden Anlageproduzenten hinweist.

Intransparanz – früher ohne Zweifel der wichtigste Deckungsbeiträger der Banken im Vermögensverwaltungsgeschäft – führt heute zu einem sofortigen Vertrauensverlust, wenn sie vom Anleger entdeckt wird. Dies gilt insbesondere für »neues Geld«. Die Loyalität dieser Mandanten ist begrenzt. Aber auch das »alte« Geld, dessen Betreuungsaufwand seitens der Banken sich bisher in engen Grenzen hielt und daher unter Ertragsaspekten besonders wichtig war, ist sensibler geworden.

Vor kurzem wurde mir die Verantwortung für ein Depot in zweistelliger Millionenhöhe übertragen, das eine alte Dame vor mehr als zwanzig Jahren nach dem Tod ihres Mannes errichtet hatte. Sie hatte ihrem Bankberater blind vertraut – doch diesem Vertrauen war die Bank nicht gerecht geworden. Bereits mit einem ersten flüchtigen Blick konnte ich erkennen, dass sich ausschließlich lang laufende niedrigverzinsliche Anleihen, minderwertige Aktien, die die Bank selbst an der Börse eingeführt hatte und eigene, schlecht gemanagte Fondsanteile im Depot befanden. Die Gebührenstruktur war abenteuerlich, die Performance erbärmlich. Jede Bank, die eine solche Depotverwaltung durch ihre Mitarbeiter zulässt, muss wissen, dass bei einer jederzeit möglichen Analyse durch einen Fachmann die Kundenbeziehung beendet ist. Sie muss auch wissen, was die hierdurch ausgelöste negative Mund-zu-Mund-Propaganda für Schaden anrichten kann. Gottlob sind Vorgänge wie der geschilderte nicht gerade an der Tagesordnung. Aber um absolute Einzelfälle handelt es sich eben auch nicht.

Einer ständigen Überprüfung seitens der Bank bedarf die Qualität ihrer Kundenberater. Je höher das verwaltete Vermögen ist, umso mehr werden beratungsintensive, auf die individuelle Situation des Anlegers abgestimmte

Dienstleistungen benötigt. Vermögensverwaltung ist stets langfristig angelegt und von einem besonderen Vertrauensverhältnis zwischen Kunden und Bankberater getragen. Häufig wechselnde Gesichter sind daher hier noch problematischer als im Firmenkreditgeschäft. Es hat daher überrascht, als die jüngste Untersuchung von IBM Business Consulting Services feststellte, dass im europäischen Vermögensverwaltungsgeschäft gerade die Schnittstelle zum Kunden entscheidende Schwächen aufweist. Die Berater kennen laut dieser Studie weder die Risikobereitschaft ihrer Anleger, noch ihre Risikofähigkeit; sie setzen den größten Teil ihrer Arbeitszeit immer noch für Administrationsaufgaben im eigenen Hause ein und gehen – was die Information betrifft – immer noch von einer Holschuld ihrer Kunden aus. Hier sind also noch viele, administrativ aufwändige Schularbeiten im eigenen Hause zu leisten.

Überdenkenswert sind die Vergütungsstrukturen der Banken. Viele der heutigen Preismodelle sind immer noch transaktionsbezogen. Je mehr umgeschichtet wird, desto höhere Kommissionserträge fallen an. Das ist heute für keine Bank mehr ein zukunftsfähiger Ansatz. Solche Preismodelle führen dazu, dass in schlechten Zeiten ein für den Kunden aufwändiger, jedoch völlig ineffizienter Aktivismus entfaltet wird. In Boomzeiten fällt dies nicht so sehr auf, weil die hierdurch aufgeblähten Gebühren durch eine gute Performance überdeckt werden. In Baisseperioden dagegen tritt das Problem umso deutlicher zu Tage. Die Banken müssen hier im eigenen Interesse umdenken, da sich ansonsten das von Natur aus stabile Geschäft der Vermögensverwaltung in ein zyklisches Geschäft mit stark schwankenden Erträgen umwandelt.

Bei der Höhe der Vergütung besteht noch ein erheblicher Spielraum nach unten. Die Bank muss ihre gesamte Wertschöpfungskette überprüfen und vor allem die Prozesse im Back Office effizienter und kostengünstiger gestalten als bisher. Alle internen Dienstleistungen, beginnend mit der Wertschriftabwicklung, weitergehend über den Zahlungsverkehr bis hin zur Produktentwicklung, müssen auf die Möglichkeit eines Outsourcing oder einer kostengünstigen Kooperation mit anderen Bankpartnern hin überprüft werden. Stetig steigende IT-Kosten werden für die kleinen und mittelgroßen Institute in Zukunft diesen Schritt ohnehin erzwingen, falls er nicht zuvor freiwillig vollzogen wird.

Die Kosten der Datenverarbeitung werfen zugleich die Frage nach der kritischen Größe im Private-Banking auf – eine Frage, die sich nicht generell beantworten lässt. Nischenanbieter, also leistungsstarke Privatbanken und / oder größere bankenunabhängige Finanzdienstleister einerseits sowie die Großbanken andererseits haben am ehesten die Voraussetzungen, dem Wettbewerbsdruck standzuhalten. Die einen, indem sie zu ihren Kunden ein sehr persönliches, geradezu familiäres Verhältnis pflegen und ihnen aus der großen Breite des Angebots eine enge spezialisierte Produktpalette unterbreiten, deren Qualität sie mit ihren begrenzten IT-Möglichkeiten dann auch selbst kontrollieren können. Die anderen, weil sie in allen Sparten des Bankgeschäfts weltweit tätig sind und damit für alle Anlageprodukte eigene Expertisen aufweisen können. Nur die Großbanken sind zudem finanziell in der Lage, sich neue Märkte durch Zukauf oder durch massive Verstärkung der Präsenz vor Ort erschließen zu können. Die kleineren und mittelgroßen Privatbanken müssen auf andere Stärken bauen: auf ihre besondere Nähe zu jedem einzelnen Kunden und eine Spezialisierung auf einzelne Marktsegmente.

Der bankenunabhängige Vermögensverwalter

Die Auswahl eines bankenunabhängigen Vermögensverwalters ist schwierig, tummeln sich doch auf diesem Gebiet viele gescheiterte Existenzen. Der Markt ist von Qualität und Gebühren her völlig intransparent. Das heißt jedoch nicht, dass es nicht auch hier qualifizierte Verwalter gibt. Nur als Beispiel sei hier die von einem bestens vernetzten österreichischen Bankier gegründete Berlin & Co. in Hamburg genannt, deren Inhaber zuvor Vorstand der Landesbank Baden-Württemberg und anschließend Partner eines Hamburger Privatbankhauses gewesen ist. Auch mein eigenes Haus ist auf diesem Gebiet tätig – allerdings nicht in der Vermögensverwaltung selbst, sondern ausschließlich in der Auswahl und Kontrolle dritter Vermögensverwalter.

Anleger, die nicht auf eine renommierte Bank zurückgreifen wollen, müssen besonders vorsichtig sein. Ein Fehlgriff ist schnell passiert und er hat fast immer fatale Folgen. Kürzlich ging der Fall Bircher durch die Schweizer Presse. Der Sohn des weltbekannten Erfinders des Bircher Müsli hatte innerhalb von nur sechs Monaten mehr als die Hälfte seines ansehnlichen Depots verloren, weil er an den Falschen geraten war. In jedem Fall empfiehlt es sich, über den ins Auge gefassten Verwalter eine Auskunft von dritter Seite einzuholen. Darüber hinaus sollte eine intensive Rückfrage bei den Depotbanken erfolgen, mit denen der Vermögensverwalter zusammen arbeitet. Der Anleger muss sich auch über den finanziellen Hintergrund seines Vermögensverwalters Gewissheit verschaffen. Dies kann sich für den Fall einer Schadensersatzpflicht als besonders wichtig erweisen.

Der Vermögensverwalter muss überregional bekannt sein. Aus seinem persönlichen Lebenslauf, den man immer einsehen sollte, müssen einschlägige Erfahrungen hervorgehen, beispielsweise als Analyst oder als Portfoliomanager.

Der Anleger muss sich auch genauestens darüber informieren, woher der in Aussicht genommene Verwalter sein »Research« bezieht.

Von besonderer Bedeutung ist die Kontrolle des Verwalters.

Die beste Kontrolle besteht in einem regelmäßigen Dialog. Hierbei kann sich der Anleger am ehesten über das Risikoverhalten seines Verwalters informieren. Ein solcher Dialog ist in vielen Fällen vom Verwalter wegen des Zeitaufwands nicht sonderlich gewünscht, doch der Anleger muss hierauf bestehen! Der Anleger muss unabhängig von der Information, die er vom Verwalter erhält, von der Depotbank regelmäßige monatliche Depotaufstellungen mit Einstandskursen verlangen. Insoweit muss er verlangen, dass ihm offen gelegt wird, ob und gegebenenfalls welche Gebührenvereinbarung zwischen der Bank und dem Vermögensverwalter besteht.

Der Anleger muss sich darüber im Klaren sein, dass viele Vermögensverwalter spekulativ tätig sind, weil sie von dem Wunsch getrieben sind, hinsichtlich ihrer Performance die Bankenkonkurrenz zu schlagen. Im Regelfall bildet sich der Vermögensverwalter seine Marktmeinung »isoliert«. Das heißt, ihm fehlt der tägliche und regelmäßige Umgang mit Kollegen, Händlern und Analysten. Ein angemessenes Reagieren auf Marktveränderungen kommt dann naturgemäß oft zu spät.

Vermögensverwalter suchen häufig Banken mit hohem Standing im Markt, um sich einen »Renommeetransfer« zu schaffen. Der Vermögensverwalter will Ansehen und Seriosität seiner Depotbank für sich persönlich nutzen. Hier ist Vorsicht geboten. Nur selten muss sich die Bank das Verhalten des Vermögensverwalters rechtlich zurechnen lassen. Eine ständige Überprüfung der Dispositionen des Vermögensverwalters durch die Bank erfolgt nicht. Die Rechtsprechung zu den Pflichten einer Depotbank im Hinblick auf den mit ihr kooperierenden Vermögensverwalter ist nicht eindeutig. Manche Stimmen in der Literatur gehen davon aus, dass die Bank stets eine Überwachungs- und Sorgfaltspflicht bezüglich des Vermögensverwalters habe, aber rechtlich gesichert ist dies nicht. Viele Vermögensverwalter setzen zudem alles daran, dass die Depotbank seine Mandanten erst gar nicht kennen lernt, damit die Gefahr des »Abwerbens« von vorneherein unterbunden wird.

Fünf wichtige Grundsätze des Vermögensmanagements

1. Ein Privatvermögen ist nach denselben Grundsätzen zu führen wie ein Unternehmen:
Ausgehend von einer Analyse des Istzustandes werden zunächst die individuellen Ziele des Vermögensinhabers festgelegt, anschließend werden die Strategien zur Erreichung dieser Ziele bestimmt. Am Schluss steht der Aufbau eines Kontrollinstrumentariums, das einen laufenden Überblick über die aktuelle Vermögenssituation und den Stand der Zielerreichung erlaubt.

2. Hohe Rendite ist nicht das erste Ziel:
Aufgabe des Vermögensmanagements ist es, die Zielsetzungen des Vermögensinhabers mit dem geringst möglichen Risiko und dem geringst möglichen Verwaltungsaufwand zu erreichen. »Alles auf eine Karte zu setzen«, ist im Privatvermögen ebenso wie im Unternehmen eine falsche Strategie.

3. Nur Kontinuität in der Vermögensstrategie bringt langfristig gesichertes Vermögenswachstum:
Wichtig ist die Konzentration auf Risiko, Erfolg und Kosten. Kontinuität führt zu mehr Sicherheit in der Planung. Mehr Sicherheit in der Planung sorgt eine kontinuierliche Anlagerendite.

4. »Do it Yourself« und »Alles unter einem Dach« sind risikoreich:

> Nur derjenige, der über eine umfangreiche Infrastruktur, über Zeit
> und über entsprechende Erfahrung verfügt, sollte seine Vermö-
> gensverwaltung vollständig in die eigenen Hände nehmen.
>
> 5. Bei der Einschaltung Dritter sollten Lösungen, bei denen der Ver-
>   mögensverwalter »Alles unter einem Dach« anbietet, mit Vorsicht
>   betrachtet werden. Denn niemand ist in allen Anlagesegmenten
>   gleichzeitig der Beste, und niemand darf sich selbst kontrollieren.

Das Family Office – ein neuer Weg

Der Begriff Family Office steht für eine wirtschaftlich – nicht unbedingt
rechtlich – selbstständige Einheit zur Verwaltung eines oder mehrerer bedeutender Familienvermögen. Begriff und Institution stammen aus den
Vereinigten Staaten. Bereits im 19. Jahrhundert gingen wohlhabende New
Yorker Familien dazu über, ihre Vermögen durch eigene Spezialisten planen, gestalten und verwalten zu lassen. Familien wie die Rockefellers, die
Bessemers und die Roosevelts nahmen die Verwaltung ihrer Großvermögen in die eigenen Hände. Diesem ersten Schritt folgte die Öffnung des Family Office für gleichgerichtete Interessenten. So schlossen sich beispielsweise dem von der Familie Morgan begründeten House of Morgan sehr
bald die Astors, die Guggenheims, die Du Ponts und die Vanderbilts an.
Das erste Family Office für mehrere Familien war geschaffen. Heute gibt es
in den Vereinigten Staaten mehr als 2 500 solcher Einrichtungen.

Die Herausbildung von Familiy Offices in Europa

In Europa verlief der Start zunächst zögerlich. Immerhin sind auch hier
schon frühzeitig – vor allem in Deutschland und der Schweiz – einzelne Family Offices entstanden. So gründete beispielsweise die Familie des 1967
bei einem Flugzeugabsturz tödlich verunglückten Harald Quandt nach
Vollzug der Vermögensauseinandersetzung mit der Familie des Bruders
Herbert Quandt im Jahre 1982 ein solches Family Office. Dieses besteht in

seinem Kern, der Harald Quandt Holding, als »closed shop«, ist jedoch im Bereich einzelner »Ableger« auch für Drittinvestoren zugänglich.

Erst in jüngster Zeit setzt sich die Institution Family Office auch in Kontinentaleuropa durch. Anders als jenseits des Atlantiks ging hier die Initiative nicht von den vermögenden Familien selbst aus, sondern von Banken und Finanzdienstleistern, die auf ihrer ständigen Suche nach neuen Produkten den enorm wachsenden Bedarf an einer ganzheitlichen Betreuung großer Familienvermögen erkannten. Die Zielgruppe, für die ein Family Office in Kontinentaleuropa in Frage kommt, wird auf 5 000 bis 8 000 Familien geschätzt.

Drei Entwicklungen haben den Erfolg dieser Einrichtung bei uns gefördert. Zum einen wächst die Zahl der Familien, für die es sich lohnt, ein eigenes Family Office einzurichten: Der Börsenboom Ende der neunziger und zu Anfang dieses Jahrhunderts hat – ungeachtet der derzeitigen Baisse – neue Großvermögen geschaffen. Zudem hat die Zunahme des M&A-Geschäfts im Bereich der Familienunternehmen erhebliche liquide Mittel in die Familienkassen gespült. Nach einer Untersuchung der Universität Witten/Herdecke betrafen mehr als 80 Prozent der im Jahr 1999 in Europa durchgeführten M&A-Transaktionen mittlere und kleine Familienunternehmen. Schließlich führt die anstehende Nachfolgeproblematik zu erheblichem strukturellem Regelungsbedarf in der Vermögensverwaltung wohlhabender Familien.

Die Verwaltung von Großvermögen wird – zweitens – immer komplexer und geht über reine Finanzfragen hinaus. Vielfach ist deshalb die einzelne Familie allein mit der Bewältigung dieser Aufgabe überfordert. Vermögensanalyse, strategisches und operatives Vermögensmanagement sowie Vermögenskontrolle setzen ebenso wie steuerliche, rechtliche und politische Überlegungen heutzutage nicht nur ein Team hochqualifizierter Spezialisten, sondern auch deren elektronische Vernetzung untereinander voraus.

Schließlich besteht, anders als in den Vereinigten Staaten, die in Betracht kommende Zielgruppe bei uns fast ausschließlich aus Unternehmerfamilien oder solchen Familien, die sich nach dem Verkauf ihres Unternehmens anschicken, den Übergang von der Unternehmerfamilie zur wohlhabenden Investorengemeinschaft zu bewältigen. Der ebenfalls sehr vermögende Hochadel scheidet in der Regel aus, da er zwar substanzstark, aber liquiditätsschwach ist und meist über eine eigene, traditionell land- und forstwirtschaftlich orientierte Vermögensverwaltung verfügt. Während sich nun das amerikanische Family Office typischerweise ausschließlich dem Vermögenswachstum verpflichtet fühlt und allenfalls noch einzelne Bereiche des Gemeinwohls subventioniert, spielen für die europäische Eignerfamilie spezifische Wert- und Zielvorstellungen eine entscheidende Rolle. Traditionelle Bindungen gegenüber den (früheren) Mitarbeitern oder gegenüber dem (früheren) Unternehmen gehören ebenso dazu wie Vorstellungen, die auf der lokalen Herkunft oder dem persönlichen kulturellen Standort des Vermögensinhabers beruhen. Dabei setzt der Zielkonflikt zwischen einer rein ökonomisch orientierten und einer an der Familienkultur ausgerichteten Verwaltung eine jahrzehntelange Erfahrung voraus. Anders als in den Vereinigten Staaten wird der reine Finanztechnokrat bei uns – bei aller Perfektion der Mittel – an der Vielfalt der vorgegebenen Ziele scheitern.

Die Mehrzahl der Anbieter eröffnet den Zugang zum Family Office erst oberhalb einer Vermögensgrenze von 50 Millionen Euro. Dabei handelt es sich um das investierbare Mindestvermögen. Auf Dauer fest angelegte Vermögensteile werden nicht mitgezählt. Die Grenze dürfte für Einrichtungen, die mehreren Familien dienen, in den nächsten Jahren bis auf etwa 20 Millionen Euro sinken. Der Leistungsumfang ist von Anbieter zu Anbieter verschieden, das Kernangebot jedoch ist gleich. Es besteht aus der strategischen Vermögensplanung, der Steuerung der Vermögensverwaltung und der Vermögenskontrolle durch ein Team von Experten, die ihrerseits den Einsatz interner und externer Berater bündeln.

Die sonstige Dienstleistungspalette ist breit gefächert. Sie reicht von der persönlichen Buchhaltung über Steuer- und Rechtsberatung, über die Testamentsvollstreckung und Stiftungsverwaltung bis hin zur Betreuung von Immobilien und Kunstgegenständen und einer ausbildungsorientierten Einbindung der Nachfolger in die Vermögensverwaltung. Für den Anleger jedoch ist Vorsicht geboten. Ein breites Angebot besagt noch nichts über dessen Qualität.

Varianten des Family Office

Man unterscheidet drei Arten von Family Offices:

- das eigene Family Office für eine Familie,
- das eigene Family Office für mehrere Familien,
- das Family Office einer Bank oder eines sonstigen Finanzdienstleisters.

Der Vorteil des eigenen Family Office besteht vor allem darin, die eigenen Wertvorstellungen, die kulturellen Standpunkte und das individuelle Image der Familie direkt und unmittelbar einbringen zu können. Der wesentliche Nachteil liegt auf der Kostenseite. Der Aufbau der Organisation, die Rekrutierung qualifizierter Mitarbeiter und die Schaffung eines weltweit funktionierenden Beziehungsgeflechts sind risikoreich und teuer. Man schätzt die vom Vermögen unabhängigen Gründungskosten auf rund 1 Million Euro. Damit kommt die Einrichtung eines eigenen Family Office nur für die großen Vermögen – etwa ab einer halben Milliarde Euro – in Betracht.

Der Vorteil eines unabhängigen Family Office für mehrere Familien ergibt sich aus der Fixkostendegression in der Anlauf- und in der Verwaltungsphase. Der Nachteil liegt in der Gefahr von Zielkonflikten oder gar von Streitigkeiten zwischen den beteiligten Familien.

Das Family Office einer Bank ermöglicht den Zugriff auf die vorhandenen Ressourcen, insbesondere auf das bestehende Netzwerk, auf ein erprobtes Risikomanagement und Überwachungssystem, auf eine umfassende Informationstechnologie sowie auf ein besonders großes, über einen langen Zeitraum entwickeltes Angebot an Dienstleistungen.

Diese Voraussetzungen finden sich nur bei Großbanken, bei bedeutenden Privatbanken und nur selten bei bankunabhängigen Finanzdienstleistern. Die Stärke der Privatbanken ist vor allem die persönliche Nähe zur Familie und die Diskretion – angesichts des ständig wachsenden Sicherheitsrisikos ein wichtiger Punkt. Großbanken ließen es früher an solcher Nähe fehlen. Inzwischen haben sie aufgeholt und bieten im Gegensatz zu den kleineren Privatbanken leistungsstarke IT-Systeme sowie eine große Palette zusätzlicher Dienstleistungen.

Die Honorare der Anbieter sind höchst unterschiedlich. Der Rahmen reicht vom individuell vereinbarten, klar abgegrenzten Beratungshonorar bis hin zu Pauschalansätzen, je nach Dimension und Struktur des betreuten Vermögens, auf die allerdings Drittprovisionen üblicherweise anzurechnen sind. Für den Anleger empfiehlt es sich stets, was Transparenz, Unabhängigkeit und Umfang der in Anspruch genommenen Dienstleistungen sowie die konkreten Transaktionskosten betrifft, Vergleiche anzustellen.

In welcher Weise das durch ein Family Office verwaltete Vermögen bei der jeweils betreuten Familie gebunden ist, entscheidet der individuelle

Fall. So gibt es Gestaltungen, bei denen das Family Office als Anlaufstelle für eine Vielzahl unabhängig nebeneinander agierender Mitglieder derselben Familie fungiert. Der familiäre Zusammenhalt erschöpft sich hier in der Inanspruchnahme eines einheitlichen Dienstleistungsangebots, wobei es bei bestimmten Investitionsformen, z. B. bei Immobilienanlagen, durchaus zu Zusammenschlüssen der einzelnen Familienmitglieder kommen kann. Das Gegenstück hierzu bildet das zentralisiert über eine Spitzeneinheit zusammengefasste und einer einheitlichen Willensbildung unterworfene Family Office. Die schwierigen Fragen der richtigen Organisationsform sind je nach der anzuwendenden Steuerrechtsordnung sehr verschieden (vgl. hierzu die Ausführungen zur Familiengesellschaft).

Kapitel 7

Führung und Beratung

Corporate Governance – was ist das eigentlich?

Die Deutschen haben den Amerikanern nacheifernd inzwischen einen Kodex hierzu verabschiedet. Danach soll Corporate Governance der Inbegriff einer guten und verantwortungsvollen Unternehmensführung sein. In den angelsächsischen Ländern wird die Diskussion über Corporate Governance bereits seit mehr als einem Jahrzehnt geführt. Verhindern konnte sie die großen Skandale nicht. Diese haben sich vielmehr bezeichnenderweise in den USA abgespielt, also gerade in einem Land, in dem Corporate Governance seit langem einen hohen Stellenwert hat. An Deutschland war die Diskussion über viele Jahre hinweg unbemerkt vorübergegangen. Noch die fünfte Auflage des renommierten Sammelwerks »Handwörterbuch der Betriebswirtschaft« aus dem Jahre 1993 kennt diesen Begriff überhaupt nicht. Das hat sich inzwischen grundlegend geändert. Bereits mit dem Gesetz zur Kontrolle und Transparenz im Unternehmensbereich (KonTraG) vom Mai 1998 wurde die Corporate Governance zum Liebling von Rot/Grün. Dieser Prozess hat sich in der Folge durch die Erstellung eigener OECD-Grundsätze im Mai 1999 und die Tätigkeit der Regierungskommission, der »Cromme-Kommission« – letztere ausgelöst durch das »Balkonerlebnis« des Bundeskanzlers bei der – marktwirtschaftlich unverantwortlichen – Rettungsaktion für die Holzmann AG – noch beschleunigt. Ende Februar 2002 hatte diese Kommission dann den »Deutschen Corporate Governance Kodex« vorgelegt. Corporate Governance soll danach das Vertrauen der Anleger, der Kunden, der Mitarbeiter und der Öffentlichkeit in die Leitung und Überwachung börsennotierter Aktiengesellschaften fördern. Sie richtet sich somit nicht an das Familienunternehmen, das ja nur selten an der Börse erscheint. Dennoch wird der Kodex seinem ausdrücklichen Wortlaut

nach von seinen Verfassern dem Familienunternehmen zur Beachtung emp-
fohlen. Dies, obwohl in den Personenkreis, der den Kodex erarbeitet hatte,
nicht ein einziger echter Familienunternehmer berufen worden war. Ungeachtet dessen stellt sich die Frage: Ist eine solche Empfehlung sinnvoll?
Passt der Kodex für das Familienunternehmen? Bevor diese Frage beantwortet wird, wollen wir zunächst einen Blick auf den Kodex selbst werfen.

Der Kodex

Der Kodex ist ein teils verbindliches, teils unverbindliches Regelwerk, das
die Unternehmensführung, die Unternehmensverwaltung und die Unternehmenskontrolle bestimmten Standards unterwirft. Dabei geht es letztlich
um einen Interessenausgleich zwischen Aktionären, Aufsichtsrat und Vorstand. Weitgehend wiederholt der Kodex lediglich geltendes Recht und insoweit ist er naturgemäß verbindlich. Ansonsten spricht er Empfehlungen
aus, von denen das Unternehmen – wenn es dies will – abweichen darf. Einzelne besonders gekennzeichnete Abweichungen von dem empfohlenen
Regelwerk (die so genannten »Soll«-Empfehlungen) müssen jährlich am
Kapitalmarkt offen gelegt werden.
    Wird der Kodex den an ihn gestellten Erwartungen gerecht? Zweifel
sind angebracht. Offensichtlich fehlt selbst der Bundesregierung das volle
Vertrauen. Jedenfalls hat sie auf einer Pressekonferenz im Mai 2003 einen
weiteren umfangreichen Maßnahmenkatalog »zur Stärkung des Anleger-
schutzes und des Vertrauens in die Aktienmärkte« vorgestellt, der den Kodex in weiten Teilen »links überholt«.
    Die Meinungen in der Wirtschaft sind geteilt. Die einen lehnen den Ko-
dex grundsätzlich ab, anderen geht er nicht weit genug. Erstere halten ihn
für destabilisierend und »sicherlich nicht systembildend«, so der politisch
einflussreiche Familienunternehmer Jürgen Heraeus. Die Diskussion in
Deutschland hat wohl niemand so treffend charakterisiert wie ein amerika-
nischer Geschäftsfreund. »Die Schaffung des Kodex«, so sein Kommentar,
»ist der klügste Schachzug, den die Deutschland AG seit Jahren gemacht
hat«. Mit dem Kodex werde der Besitzstand im Wesentlichen gewahrt, und
eine weitere Attacke hierauf sei für die nächsten zehn Jahre nicht mehr zu
befürchten. Ich selbst möchte die Verfasser ein wenig milder behandeln und

ihre Leistung nach dem berühmten Hexameter von Ovid beurteilen: »Ut desint vires, tamen est laudanda voluntas«, zu deutsch: »Mögen auch die Kräfte fehlen, so ist doch der Wille zu loben«. Zu dieser resignativen Einsicht mag wohl auch Christian Stenger – der auf diesem Gebiet wohl führender Experte in Deutschland – gelangt sein, wie jene kürzlich in der FAZ abgedruckte Stellungnahme zu den Vorgängen um DaimlerChrysler beweist.

Die Kräfte – oder auch der Mut – haben sicherlich gefehlt: Denn wichtige Regelungsbereiche sind erst gar nicht angesprochen worden, so beispielsweise die Mitbestimmung in unseren Aufsichtsräten. Wer über Corporate Governance spricht, darf diesen wichtigen Regelungsbereich nicht ausklammern, und erst recht nicht aus »Furcht vor den Fürstenthronen« seiner politischen Auftraggeber. Der mitbestimmte Aufsichtsrat ist bekanntermaßen das größte Investitionshemmnis unserer Wirtschaft. Kein ausländischer Kapitalgeber akzeptiert die Mitsprache der Arbeitnehmer im obersten Kontrollorgan eines von ihm finanzierten oder mitfinanzierten Unternehmens, es sei denn, er hätte zum Standort Deutschland keine Alternative.

Da hilft es auch nichts, wenn man im betrieblichen Tagesgeschäft zugegebenermaßen von dem »Hindernis Mitbestimmung« wenig spürt, weil die Vorstände permanent eine Strategie der Konfliktvermeidung verfolgen. Ausländische Investoren sehen sehr wohl, wie das süße Gift dieses zwangsweise auf Dauer angelegten Kompromisses die Kraft aus den Adern unserer großen Unternehmen saugt. Beeindruckend war für mich die ehrliche Äußerung eines der Prominenten unserer Wirtschaftsszene. Wenn er von Sitzungen eines mitbestimmten Aufsichtsrats nach Hause komme, sagte er mir, dann gehe er zuallererst einmal in seinen Fitnesskeller und schreie seine Wut einfach heraus.

Politiker sind von Natur aus ambivalent. Sie wollen sich Ärger mit den Gewerkschaften vom Hals halten, auch wenn diese sich in klarer Erkenntnis unseres gewaltigen Reformbedarfs auf persönlich motivierte Machtpoker konzentrieren. Die betroffenen Vorstände dagegen fürchten um die Effizienz ihrer Tagesarbeit, eine ebenfalls nicht besonders mutige Einstellung! Es stellt sich die Frage, ob es nicht für die Vorstands- und Aufsichtsratschefs der 30 DAX-Unternehmen einmal an der Zeit ist, die Öffentlichkeit über die tatsächlichen wirtschaftlichen Konsequenzen unseres verfehlten Mitbestimmungsmodells schonungslos aufzuklären und den Gewerkschaften Paroli zu bieten?

Ein weiterer Bereich, den der Kodex leider sehr vernachlässigt, ist die

deutsche Hauptversammlung. Sie ist eine gigantische Vergeudung von Zeit
und Geld. Die Hauptversammlung wird immer mehr zur bevorzugten
Bühne querulatorischer oder gar räuberischer Aktionäre. Auch wenn unsere Gesellschaftsrechtler aus juristisch eingeschränktem Blickwinkel und
die Aktionärsvertretungen aus wohl berechnetem Eigennutz heraus es
nicht wahrhaben wollen: Die deutsche Hauptversammlung ist längst tot.
Die Hauptversammlung bietet – im Gegensatz zu früher – keinerlei besonderen Informationswert mehr; ihr heutiger Ablauf widerspricht den histo-
rischen Wurzeln. Die Kommission hat dies zwar offensichtlich erkannt,
wenn sie eine Beschränkung des Auskunftsrechts der Aktionäre nach Zeit
und Umfang fordert. Entsprechende Konsequenzen hat sie jedoch nicht gezogen. Zumindest als erster Schritt auf dem Weg zu einer grundlegenden
Reform wäre eine Beschränkung der Anwesenheitspflicht bei der Hauptversammlung auf den Aufsichtsratsvorsitzenden, den Vorstandsvorsitzen-
den und den Finanzchef sinnvoll gewesen. Die Unternehmen könnten eine
Reformierung der Hauptversammlung dadurch unterstützen, dass sie als erstes einmal ab sofort die Bewirtung der Aktionäre auf das geringst mögliche
Maß beschränken und die großen Finanzinvestoren zu Redebeiträgen ermu-
tigen. An die Wirtschaftsjournalisten geht der dringende Appell, die Hauptversammlung sachkundiger zu begleiten und weniger markante Aussprüche
Einzelner zu referieren, als vielmehr den Ausblick des Unternehmenschefs
auf die Zukunft kritisch zu würdigen. Denn: Die Vergangenheit, also das ab-
gelaufene Geschäftsjahr – über das die Presse stets ausführlich berichtet – ist
doch am Markt längst abgehandelt und von der Börse verarbeitet.

Wünschenswert wäre es schließlich, die Informationspflichten von Vorstand und Aufsichtsrat, soweit es die wirklich relevanten Interessenskon-
flikte betrifft, zu verstärken. Dabei geht es nicht erstrangig um die Offenlegung der Vergütung einzelner Vorstandsmitglieder. Hierzu kann man in der
Tat verschiedener Meinung sein. Der Vertrauensbildung wäre es jedoch
dienlich, auch die mittelbaren Sachverhalte persönlicher Interessenshaltung
aufzuklären, so beispielsweise Umfang und Vergütung der Beratungstätigkeit seitens ehemaliger Vorstands- und Aufsichtsratsmitglieder, Anstel-
lungsverhältnisse zwischen der Gesellschaft und Familienmitgliedern von
Organen, wirtschaftliche Beziehungen zu Unternehmen, die Organmitgliedern und ehemaligen Organmitgliedern oder deren Verwandten gehören. In
den Kodex hätte – wenn man es ernst gemeint hätte – auch eine Empfehlung

dazu gehört, wie persönliche Beziehungen und Freundschaften zwischen den Organmitgliedern gehandhabt werden sollten, denn sie sind die häufigste Quelle von Kontrolldefiziten und Intransparenz. So genannte Männerfreundschaften haben in börsennotierten Unternehmen, auch wenn die Praxis eine andere Sprache spricht, nichts zu suchen.

Die Wirklichkeit

Der aktuelle Zustand unserer Corporate Governance gibt den Skeptikern Recht. Um die Corporate Governance steht es in unseren Großunternehmen nicht besonders gut. So wird das aktienrechtliche Verbot, Vorstandsverträge mehr als ein Jahr vor ihrem Ablauf zu verlängern, wenn es passt, einfach umgangen – so zuletzt bei DaimlerChrysler. Auch die Auflage, dass die Organmitglieder einen persönlichen Selbstbehalt bei Haftpflichtversicherungen, die von der Gesellschaft für sie abgeschlossen werden, zu tragen haben, wird nur zögernd umgesetzt. Nach wie vor übernehmen Vorstandschefs nach ihrer Pensionierung das Präsidium im Aufsichtsrat. Wenn gegen Letzteres beispielsweise vorgebracht wird, das Bankgeschäft sei so diffizil, dass nur jemand aus dem Bankensektor das Amt des Aufsichtsratsvorsitzenden übernehmen könne, und da komme wegen der Konkurrenzsituation nur jemand aus dem eigenen Hause in Betracht, so kann dies niemand nachvollziehen. Dass es auch anders geht, zeigt das Beispiel der ING, der drittgrößten Bank Europas. Sie hat in ihren Regularien zwingend vorgeschrieben, dass ehemalige Vorstandsmitglieder stets ein Jahr warten müssen, bevor sie in den Aufsichtsrat wechseln. Sie verlangt weiter, dass ausgeschiedene Vorstände niemals den Vorsitz oder den stellvertretenden Vorsitz im Aufsichtsrat übernehmen dürfen und dass sie einen Ausschuss frühestens vier Jahre nach der Niederlegung ihres Vorstandsamts leiten dürfen. Von solchen vorbildlichen Regelungen ist man bei uns noch weit entfernt.

Bewegung in Richtung Corporate Governance gibt es bei uns nur, wenn dies den in den Organen vertretenen individuellen Persönlichkeiten nicht besonders wehtut. Dafür hat die Hauptversammlung der Münchner Rückversicherung für das Geschäftsjahr 2003 ein beredtes Zeugnis abgelegt. Selbst die Kritik gewichtiger Fondsmanager an Vorstand und Aufsichtsrat hat in keiner Weise die längst fälligen Konsequenzen nach sich gezogen. Ob sich die hierfür Verantwortlichen, welche die mangelnde Aktienkultur in unserem Lande stets lauthals beklagen, wohl darüber im Klaren sind, dass Aktienkultur sich auf Vertrauen gründet, und dass dieses Vertrauen offensichtlich bei einer breiten Öffentlichkeit nicht vorhanden ist?

Corporate Governance für das Familienunternehmen

Zu Recht stehen die Familienunternehmen dem Begriff Corporate Governance skeptisch gegenüber. Zu groß ist das Misstrauen, dieser Begriff sei von der Beratungsbranche zur Ankurbelung ihrer Geschäfte erfunden worden, während es in Wahrheit lediglich um »alten Wein in neuen Schläuchen« geht.

In der Tat bringt die Corporate-Governance-Diskussion für das Familienunternehmen keinen grundsätzlich neuen Ansatz. Die Empfehlung der Kommission, den Kodex für das Familienunternehmen fruchtbar zu machen, ist weitgehend gegenstandslos. Sie beweist nur, dass hier keinerlei Kenntnisse über das Familienunternehmen vohanden sind. Die Empfehlung ist in keiner Weise durchdacht, denn alles, was im Kodex steht, betrifft das Familienunternehmen gar nicht. Der Kodex bezieht seine Berechtigung aus dem Interessenkonflikt zwischen Eigentümern und Organen. Diesen Konflikt gibt es im Familienunternehmen nicht bzw. Intransparenz der Kontrolle ist für die großen börsennotierten Gesellschaften sicherlich ein drängendes Problem, im Familienunternehmen jedoch funktioniert die Eignerkontrolle in aller Regel. Wo sie nicht funktioniert, liegt dies nicht, wie in Großkonzernen, an sich widerstreitenden Interessen, sondern an fehlenden betriebswirtschaftlichen Instrumentarien, oder – familienunternehmensspezifisch – an einer Blockade im Gesellschafterkreis. Damit reduziert sich die Problematik der Corporate Governance im Familienunternehmen auf die Frage der Unternehmenskultur, der Unternehmensverfassung und auf die Verbesserung des Handwerksinstrumentariums, mit dem gearbeitet wird.

Unternehmensführung

Unternehmenskultur ist im Grunde Kultur der Unternehmensführung. Führung ist ein vielgestaltiges, ein komplexes Phänomen. Wie kaum ein anderer Begriff wird er ständig neu interpretiert – dementsprechend ist die Literatur hierzu Legion. Letztlich geht es darum, die Führung und die Macht, die sie verkörpert, durch Einflussfaktoren im Sinne und zum Wohlergehen aller zu zügeln, wenn nicht gar zu begrenzen.

Ich habe die Persönlichkeit des Familienunternehmers bereits charakterisiert. Oft besitzen Unternehmer ein Charisma, das alles andere innerhalb des Betriebs gleichsam »überstrahlt« und damit die Emotionen und Werthaltungen der Mitarbeiter nachhaltig positiv beeinflusst. Aus Studien wissen wir, dass charismatische Führung gleichsam unmittelbarer und dynamischer erlebt wird, die Mitarbeiter sich damit wohler und selbstsicherer fühlen, als wenn sie ganz rational, an wirtschaftlichen Zielen ausgerichtet, gesteuert würden. Die Forschung hat unterschiedliche Führungsmodelle oder -theorien entwickelt. Doch will ich es mir ersparen, auf die vielfältigen Ansätze – von tiefenpsychologischen bis zu positionsorientierten – einzugehen.

Auf alle Fälle ist Macht ein notwendiges Merkmal der Führung. Sie will einwirken auf andere. Sie will diesen eine Richtung auf ein Ziel weisen und sie in Bewegung auf dieses Ziel halten. Für uns ist es heute selbstverständlich, dass Führung über eine ausreichende Legitimation verfügen muss. Führung kann auch nicht isoliert vom Zeitgeschehen und Zeitgefühl, von der gesellschaftlichen und wirtschaftlichen Entwicklung betrachtet werden. So prägen die Zeitläufe auch den Führungsstil.

Wie Führung verstanden und ausgeübt wird, ist jedoch auch innerhalb einer Generation höchst unterschiedlich, hängt von der Branche ab, manchmal auch von regionalen Ausprägungen, immer aber von der Größe des Unternehmens und eben auch davon, ob es von einem Eigentümer, also einem Familienunternehmer, gelenkt wird.

Die technischen Umwälzungen – nicht zuletzt durch den Siegeszug des Internets – haben gemeinsam mit neuen sozialpolitischen Auseinandersetzungen und den krisenhaften Tendenzen innerhalb der deutschen Volkswirtschaft Führung nicht gerade einfacher gemacht. Die Komplexität wächst, und die Globalisierung beginnt, selbst mittlere und kleinere Familienunternehmen zu erfassen. Reichen die Führungsinstrumente dafür noch aus? Schon vor mehr als zehn Jahren hatte der renommierte St. Gallener Ökonom Knut Bleicher die Ansicht vertreten, dass den evolutionären Kräften innerhalb einer Führung größerer Freiraum als bisher zustehen müsse. Statt Systeme und Strukturen immer weiter zu perfektionieren, so der Wissenschaftler, beginne man, sich für die »weichen« Faktoren des Managements zu interessieren. Dazu bedürfe es Persönlichkeiten, die sowohl die instrumentelle Seite der Führung beherrschten, zugleich aber auch über Fähigkeiten verfügten, Ungleichgewichte zu erkennen und zur Entwicklung künftiger Potenziale zu nutzen.

Nun haben Familienunternehmen solche Fähigkeiten schon immer in hohem Maße besessen und genutzt. Sie weisen daher oft eine ganz eigene, vielfach effizientere Unternehmenskultur auf als die Großunternehmen von heute. Jede Unternehmenskultur hat sich im Laufe der Jahrzehnte herausgebildet und zu charakteristischen Werthaltungen, Denkmustern und Verhaltensnormen geführt, die von den Mitarbeitern dann als gültige Formen des Wahrnehmens, Denkens und Verhaltens akzeptiert werden. Zur Kultur unserer Familienunternehmen zählt sicherlich der »lange Atem«, mit dem einmal getroffene Entscheidungen weiter verfolgt werden. Geschäftsführer, die von außen kommen, schätzen diese Art Gelassenheit, dieses »In-sich-Ruhen«, das sich wohltuend vom kurzatmigen Aktionismus börsennotierter Unternehmen abhebt. Zur Führung gehört – bei aller Konsequenz – auch Gelassenheit. Als nach einer der größten Niederlagen der Weltgeschichte, nach Cannae (216 vor Christus), der von den Karthagern geschlagene Konsul Varro nach Rom zurückkehrte, empfingen ihn die Senatoren an der Stadtmauer und dankten ihm, »daß er an der Rettung des Vaterlandes nicht verzweifelt sei«. Den Oberbefehl musste er freilich abgeben. Theodor Mommsen, der große Erforscher des Römischen Rechts, deutet diesen Vorgang als einen Akt besonderer Führungsstärke, nämlich als innere Festigung in großer Gefahr – und wie sich heute hinzufügen ließe, als Ausdruck der Bereitschaft, Verantwortung für Fehlschläge selbst zu übernehmen.

Unternehmensverfassung

Es ist gesicherte Erkenntnis, dass die Wahrnehmung der Eigentümerrechte und die operative Führung eines Familienunternehmens keinesfalls zwangsläufig immer in einer Hand liegen müssen. Dies kann bei Fehlen persönlich und fachlich geeigneter Nachfolger aus der Familie sogar dem Ziel der Sicherung und Optimierung des Familienvermögens zuwiderlaufen. Daher hat sich in der Mehrzahl der größeren Familienunternehmen ein dreistufiger Unternehmensaufbau (Gesellschafterversammlung – Kontrollgremium – Geschäftsführung) durchgesetzt. Die hiermit verbundene Aufteilung unternehmerischer Macht mag zwar an die Institution des gesetzlichen Aufsichtsrats im Aktienrecht erinnern. Es ist jedoch ein folgenschwerer Irrtum zu glauben, dass der gesetzliche Aufsichtsrat und der Beirat im Familienunternehmen identisch seien. Aufgabenstellung, Arbeitsweise und Qualitätsanforderungen an die Mitglieder beider Gremien sind sehr verschieden. Auch wenn die Institution des Beirats erst im nächsten Kapitel ausführlich behandelt wird, sollen hier schon die wichtigsten Gründe dargelegt werden, die die Familie veranlassen, ein solches Kontrollgremium zu installieren:

- Die Familie erhält ein Gremium, das die Zukunft des Unternehmens besser als unternehmerisch unerfahrene Familiengesellschafter absichern kann.
- Das Kontrollgremium kann bei anhaltenden Meinungsverschiedenheiten unter den Gesellschaftern die Handlungsfähigkeit des Unternehmens sicherstellen.
- Temporäre Probleme, zum Beispiel bei Testamentsvollstreckungen, beim Ausscheiden von Gesellschaftern oder bei der Wahrung der Rechte minderjähriger und/oder kranker Kinder können durch das Gremium objektiver gelöst werden als durch die Familie selbst.
- Das Kontrollgremium kann eine Brückenfunktion zwischen Fremdmanagement und Eigentümern bilden. Fremde Manager meiden das Familienunternehmen häufig nur deshalb, weil sie fürchten, in die Auseinandersetzung zwischen unterschiedlichen Gesellschafterinteressen hineingezogen zu werden.
- Unternehmerisch noch unerfahrene Nachfolger erhalten ein kompetentes Gremium, das den »Stabwechsel« vom Senior auf den Junior emotionslos und unabhängig begleitet.

Die vorgenannten Ausführungen zeigen dreierlei:

Erstens: Im Gegensatz zum gesetzlichen Aufsichtsrat bezieht die Aufgabenstellung eines Kontrollgremiums im Familienunternehmen das persönliche Verhältnis zwischen den Gesellschaftern in den Fokus ihres Regelungsbereichs mit ein.

Zweitens: Die Auswahl der Mitglieder des Gremiums darf demnach nicht ausschließlich unter fachlichen Qualitätsaspekten erfolgen; hinzukommen muss eine durch Loyalität geprägte Einstellung zur Eigentümerfamilie und zum Unternehmenstypus Familienunternehmen. Gerade der letzte Aspekt ist keinesfalls selbstverständlich. Mancher angestellte Manager hat bekanntlich Probleme mit dem Selbstverständnis des Familienunternehmers; solche Persönlichkeiten kommen für eine Mitgliedschaft im Kontrollorgan nicht in Betracht.

Drittens: Die Arbeitsweise des Kontrollgremiums im Familienunternehmen ist zwar grundsätzlich nicht anders als die eines Aufsichtsrats im Großunternehmen; sie ist jedoch aufgrund der meist geringeren Unternehmensgröße und geringerer Komplexität im Familienunternehmen »diminuiert«, das heißt, sie ist weniger detailliert, sondern eher konzeptionell und strukturell angelegt. Weitere Ausführungen zum Kontrollgremium siehe nachstehend S. 266 ff.

Eigentümerkontrolle

Auf die modernen Instrumente der Eigentümerkontrolle im Familienunternehmen habe ich bereits hingewiesen. Im Zusammenhang mit der Corporate Governance bedarf es jedoch eines Vergleichs mit den Großunternehmen.

Die Ziele der Eigentümerkontrolle sind im Familienunternehmen zwar im Grundsatz dieselben wie im anonymen Großunternehmen. Die Wege der Zielerreichung sind indes völlig andere. Die Problematik ist jedoch »entschärft«:

Im Familienunternehmen befindet sich der Eigentümer stets sehr viel näher am Unternehmen als jeder Aufsichtsrat einer anonymen Kapitalgesellschaft: In der Regel hat er das Unternehmen selbst mit aufgebaut und kennt die meisten Mitarbeiter. Er verfügt darüber hinaus - anders als viele Mitglieder gesetzlicher Aufsichtsräte - über das traditionell erhebliche Misstrauenspotential, das die meisten Eigentümer nun einmal aufgrund ihrer Lebenserfahrung gesammelt haben. Dank seiner langjährigen Erfahrungen mit jedem einzelnen Bereich seines Unternehmens sind ihm auch die diversen »Stellschrauben« zur Durchsetzung einer höheren Wertschöpfung im

Unternehmen selbst sehr genau bekannt. Das Problem liegt daher nicht in mangelnder Kenntnis des Unternehmensgeschehens und seiner Hintergründe, sondern in der organisatorischen Bewältigung der Eigentümerkontrolle, eine Schwierigkeit, die das Großunternehmen aufgrund seiner Organisationsstruktur kaum kennt.

Fassen wir zusammen:

»Corporate Governance« im Familienunternehmen heißt »Unternehmenskultur«. Der Wert der Corporate-Governance-Diskussion für das Familienunternehmen liegt meines Erachtens allein darin, dass der Unternehmer dazu angehalten wird, sich in einer Gesamtschau vor Augen zu führen, ob Unternehmensverfassung, Führung und Kontrollmechanismen ihm die selbst vorgegebene Zielerreichung ermöglichen oder nicht. Damit gleicht der Vorteil dem Verhalten eines Patienten, den es hier und dort zwickt und der sich deshalb entschließt, einen vollständigen Gesundheits-check-up durchzuführen, in dem einmal systematisch alle Körperfunktionen, also Kreislauf, Blutwerte, Herz und Bewegungsapparat abgeprüft werden.

Für nicht sinnvoll halte ich die Aufstellung eines speziellen Kodexes für Familienunternehmen, wie er von manchen gefordert wird. Ein solcher Kodex widerspricht Natur und Wesen des Familienunternehmens. Die Verhältnisse jedes einzelnen Familienunternehmens sind so individuell auf die jeweilige konkrete Eigentümerfamilie ausgerichtet, die Anforderungen ihrer Gesellschafter an Führung und Kontrolle sind so vielgestaltig, dass es wenig sinnvoll ist, in einer Art Einheitsmodell verbindliche Grundsätze einer Corporate Governance festzulegen. Im Gegensatz zum Kapitalmarkt gibt es für das Familienunternehmen keine vorgegebenen festen Normen, die für Führung und Kontrolle allgemein gültig sind. In dieser Vielfältigkeit zeigt sich gerade Kreativität und Stärke des Familienunternehmens. Ich bin daher davon überzeugt, dass ein Einheitskodex eher als lästige Fessel die verborgenen Kräfte, welche in jedem Familienunternehmen ruhen, an ihrer Entfaltung hindern würde. Die Vorstellung mancher Befürworter eines solchen Einheitskodexes, wonach die Befolgung der in ihm aufgestellten Grundsätze automatisch zu einer Hochstufung der Ratingnote bei den Kreditbanken führen werde, ist praxisfern. Keine Bank wird sich auf eine solche Automatik einlassen, zumal die Konkurrenz im Kreditgeschäft zukünftig nicht unmaßgeblich über das Rating ausgefochten werden wird.

»Corporate Governance« im Familienunternehmen heißt »Unternehmenskultur«

Streit
Eine »gute« Corporate Governance hilft mit, den Streit als größten Wertvernichter im Familienunternehmen zu bändigen.

Personal
Eine »gute« Corporate Governance bietet Transparenz »nach innen« und fördert damit die Rekrutierung qualifizierter Fremdmanager und junger Leistungsträger.

Team
Eine »gute« Corporate Governance verbessert die Teamarbeit und verkürzt damit Entscheidungsprozesse.

Transparenz der Nachfolge
Eine »gute« Corporate Governance hilft Nachfolgeprobleme zu meistern.

Kapitalkosten
Eine »gute« Corporate Governance reduziert die Kapitalkosten durch eine Verbesserung der Ratingnote.

Abbildung 18: Notwendigkeit einer »guten« Corporate Governance

Der Beirat als Beratungs- und Kontrollinstanz

Der Familienunternehmer ist ein einsamer Mann. Geschäftliche Sorgen muss er mit sich allein austragen. Mit leitenden Mitarbeitern kann und will er sich darüber nicht aussprechen, weil sie oft andere Interessen verfolgen. Er wird daher kaum mit ihnen darüber diskutieren, ob das Unternehmen im Besitz der Familie bleiben, ob er Partner aufnehmen oder bestimmte Führungskräfte entlassen soll. Auch in der Familie findet er für solche Probleme wohl nur selten ein offenes Ohr oder hört eine kompetente Meinung. Und im Kreise der Unternehmer-Kollegen scheut er sich, solche Fragen überhaupt zu stellen, getreu dem Motto »Nur keine Schwäche zeigen«.

So bleibt nur der Rat von Fremden. Doch die Vorbehalte gegen solchen Rat waren lange Zeit groß. Man fürchtete den Machtverlust, man argwöhnte, Informationen könnten in fremde Hände gelangen. Man war misstrauisch. Andere an der Macht teilhaben zu lassen, galt als Zeichen von Schwäche. In den letzten Jahrzehnten hat sich jedoch vieles geändert. Andere, vor allem Fremde, um Rat zu fragen und sie zugleich – wie im Falle eines Beirats – auch an der Macht im Unternehmen zu beteiligen, gilt immer weniger als Zeichen von Schwäche. Dieser Sinneswandel der Eigner liegt im enormen Zuwachs des zur Unternehmensführung erforderlichen Wissens begründet sowie in der Tatsache, dass die Zahl der mit dem Unternehmensgeschehen eng vertrauten Gesellschafter von Generation zu Generation sinkt.

Freilich sind die Vorurteile nicht gänzlich beseitigt. Wie eine Studie des Instituts für Demoskopie in Allensbach aus dem Frühjahr 2003 zeigt, bewerten zwar 81 Prozent der befragten Unternehmer die Institution eines Beirats grundsätzlich positiv, aber nur 60 Prozent von ihnen besitzen überhaupt ein solches Gremium. Dieser Anteil steigt allerdings bei größeren Familienunternehmen mit mehr als 1 000 Mitarbeitern auf gut 80 Prozent. Von den Unternehmen, die keinen Beirat besitzen, ist die Hälfte der Auffassung, ein Beirat bringe dem Unternehmen mehr Nachteile als Vorteile. Gefürchtet wird die zusätzliche zeitliche Belastung der geschäftsführenden Gesellschafter, gefürchtet werden der Verlust von unternehmerischem Einfluss und die Beeinträchtigung der Flexibilität. Auch angeblich hohe Kosten und mangelnde Geheimhaltung sind Hinderungsgründe.

Nach meiner Erfahrung wird der Widerstand vor allem durch die Angst bestimmt, das neue Gremium könnte die bisher uneingeschränkte Herrschaft im Unternehmen schwächen. Diese Angst ist nicht unberechtigt. Aber gerade darin liegen Sinn und Zweck des Beirats. Andererseits habe ich immer wieder erfahren, dass diese Befürchtungen, ist der Beirat erst einmal gegründet, sehr schnell schwinden. Darum gilt es, das anfängliche Misstrauen zu überwinden. Mir ist dies häufig mit einem einfachen psychologischen Kniff gelungen: Im Gespräch mit beratungsresistenten Senioren habe ich auf die positiven Auswirkungen bei einem sehr erfolgreichen Konkurrenten verwiesen. Das überzeugte, und damit war das Problem gelöst. Wer möchte schon gerne hinter einem Konkurrenten zurückbleiben?

Was den Beirat vom Aufsichtsrat unterscheidet

Allerdings arbeitet die überwiegende Mehrzahl der Beiräte nicht effizient genug. Bereits bei der Einrichtung des Beirats werden entscheidende Fehler gemacht. Es fehlt an fachkundiger Expertise – woher sollen Unternehmer, die sich erstmals mit diesem Thema befassen, diese denn auch nehmen? Als Vorbild des Beirats wird meist der gesetzliche Aufsichtsrat betrachtet. Laut Aktiengesetz hat er den Vorstand zu beraten und zu überwachen, wobei die Überwachungsfunktion in ihrer Bedeutung zunehmend die Beratung verdrängt. Die wichtigste »Waffe« des Aufsichtsrats ist seine Personalkompetenz: Er ernennt den Vorstand und kann ihn auch wieder abberufen.

Gesetzlicher Aufsichtsrat und Beirat weisen jedoch – wie schon gesagt – bei näherer Betrachtung weniger Gemeinsamkeiten auf, als man landläufig meint. Der gesetzliche Aufsichtsrat wird in seinem Erscheinungsbild durch den Großkonzern geprägt, bei dem die Interessen der Eigentümer und die des Managements häufig auseinander fallen. Hinzu kommen die aus der Mitbestimmung der Arbeitnehmer resultierenden Probleme. Die Orientierung an kurzfristigen Tendenzen des Kapitalmarktes, immer größerer Eigennutz der Manager, mangelnde Sensibilität gegenüber regionalen und personellen Bindungen, kurz, die Abkehr von traditionellen Werten des »guten und ordentlichen Kaufmannes« stehen im Gegensatz zum Selbstverständnis des Familienunternehmens. Daher muss im Großkonzern naturgemäß das Gewicht auf einem Mehr an Kontrolle liegen, während es im Familienunternehmen vor allem auf Beratung und Unterstützung ankommt.

Der Aufsichtsrat ist ein anonymes Gremium. Er nimmt zwar u. a. die Vermögensinteressen der Aktionäre wahr; seine Mitglieder stehen den Aktionären jedoch mit großer persönlicher Distanz gegenüber – ja, man kennt sich in aller Regel gar nicht und pflegt keinerlei Meinungsaustausch untereinander.

Das ist beim Beirat völlig anders. Dieser erfüllt – unabhängig von seiner Aufgabe für das Unternehmen – eine wichtige Brückenfunktion zwischen Familie und Unternehmen. Seine Hilfe wird gebraucht, um Spannungen innerhalb des Gesellschafterkreises zu lösen oder die Junioren bei ihrer Vorbereitung auf die Nachfolge zu unterstützen. Wer aus dem Gesellschafterkreis heraus sollte denn auch in der Lage sein, einen verdienten Senior zum Abschied aus dem Unternehmen aufzufordern oder einem widerspenstigen Junior die Grenzen aufzuzeigen? Das kann nur ein Dritter, der unabhängig ist.

Der Beirat bildet ein wichtiges Bindeglied zwischen den Eigentümern und einer fremden Geschäftsführung. Wie bereits erwähnt – manch qualifizierter Leistungsträger meidet das Familienunternehmen nur deshalb, weil er fürchtet, zwischen den Mühlsteinen streitender Gesellschafterstämme zermahlen zu werden. Ich habe immer wieder festgestellt, dass qualifizierte Dritte durch das Vorhandensein eines Beirats zum Verbleib oder zum Eintritt in das Familienunternehmen bewegt werden. Er macht das Unternehmen für Führungskräfte attraktiver, nicht zuletzt, weil er nicht selten zwischen der Rationalität des Konzerns und der Emotionalität im Familienunternehmen ausgleicht.

Ein Beirat wird meist aus einem ganz konkreten Anlass gegründet. Die Kontinuität der Führung soll gesichert werden. Man will Streitigkeiten unter den Gesellschaftern schlichten oder die Geschäftsführung einer stärkeren Kontrolle unterziehen. Auch die Gesellschafterversammlung kann auf ein solches Gremium drängen, um dadurch ein Mehr an Information zu gewinnen.

Zusammensetzung und Etablierung des Beirats

Doch wie kommt die Eignerfamilie zu einem Beirat? Häufig habe ich erlebt, dass der Familienunternehmer auf einige ihm geeignet erscheinende Kandidaten zugeht, ihnen eine Beiratsposition anbietet, ohne überhaupt klare Vorstellungen über die Rechte und Pflichten und über die Bezahlung des künftigen Beirats zu haben. In solchen Fällen habe ich dann oft einschreiten und unpassende Kandidaten zum Rückzug bewegen müssen – eine nicht nur sehr peinliche Angelegenheit, sondern zugleich auch ein Vorgang, der Ansehen und Autorität des Unternehmers schädigt.

So ist es oft besser, wenn die erste Ansprache über einen Dritten erfolgt, der gegebenenfalls auch ohne Gesichtsverlust wieder einen Rückzieher machen kann. Der geübte »Vermittler« wird bei einer ersten Ansprache darauf verweisen, dass sich der Unternehmer noch in ersten Überlegungen über das Ob und das Wie eines möglicherweise zu gründenden Beirats befindet, und es sich bei diesem ersten Kontakt nur um ein völlig unverbindliches

Sondierungsgespräch handele, das ohne Wissen des Unternehmers geführt werde.

In der Praxis sind unterschiedliche Namen für den Beirat geläufig. So heißt er in manchen Familienunternehmen »Verwaltungsrat« oder »Aufsichtsrat«, in wieder anderen »Gesellschafter-Beirat« oder eben einfach »Beirat«. Doch unabhängig davon, gilt es gleich eingangs zu entscheiden, welchen Typus von Beirat die Gesellschafter haben wollen. Die Variationsbreite ist groß. Sie reicht von einem Ad-hoc-Gremium, das nur zur Lösung von Sonderproblemen wie Nachfolge, Restrukturierung, Finanzierung oder Produktionsverlagerung gegründet wird, über einen »schlafenden Beirat«, der seine endgültige Wirkung erst mit dem Rückzug des Seniors aus der Geschäftsführung entfalten soll, bis zu dem im Folgenden näher beschriebenen Beirat, der als Organ im Gesellschaftsvertrag verankert wird und in seinen Kernbefugnissen – nicht aber in seinem Selbstverständnis – dem gesetzlichen Aufsichtsrat nahekommt.

Diese Kernbefugnisse liegen in dem Recht zur unbeschränkten Information über alle Geschäftsangelegenheiten, in dem Recht, einen Katalog von Maßnahmen zu erstellen, welche die Geschäftsführung dann nur mit Zustimmung des Beirats treffen darf, in dem Recht die lang-, kurz- und mittelfristige Unternehmensplanung zu genehmigen und letztlich – und dies ist für jeden Beirat entscheidend – in seiner Befugnis, die Geschäftsführer zu bestellen und zu entlassen. Mit anderen Worten: Der Beirat kann seine Aufgabe nur erfüllen, wenn seine Rechte und Pflichten im Gesellschaftsvertrag beziehungsweise der Satzung verankert sind, wenn er mehrheitlich mit Nichtgesellschaftern besetzt wird und wenn er die Personalkompetenz erhält, also Geschäftsführer berufen und entlassen kann. Eine Familie, der solche Rechte zu weit gehen, sollte sich mit einem reinen Team von Beratern zufrieden geben, das auf schuldrechtlicher Basis dauerhaft engagiert wird.

Selbstverständlich sind die Gesellschafter beim Beirat anders als beim gesetzlichen Aufsichtsrat in der Ausgestaltung der Rechte und Pflichten frei. Sie müssen allerdings wissen, dass man qualifizierte Beiratsmitglieder heute nur dann gewinnen kann, wenn sie auch tatsächlich über jene Instrumente verfügen, die sie brauchen, um ihrer Verantwortung gerecht zu werden. Ich selbst habe es jedenfalls stets abgelehnt, in lediglich beratende Beiräte ohne Personalkompetenz einzutreten. Eine Ausnahme habe ich nur insoweit gemacht, als die Abberufung von Geschäftsführern wegen im Gesellschaftervertrag festgeschriebener Sonderrechte für Gesellschafter ausgeschlossen war. Solche Regelungen halte ich zwar in der heutigen Zeit für überholt, sie sind jedoch leider bei vielen Familienunternehmen immer noch anzutreffen und häufig aufgrund der vorgegebenen Stimmenverhältnisse nicht leicht zu beseitigen.

Als Zweites müssen die Gesellschafter die Beiratssatzung beschließen. Bei diesem Schritt handelt es sich zwar vorwiegend um »Technik«, da die Beiratsregelungen en détail in der Regel einem recht ähnlichen Muster entsprechen. Dennoch ist dieser Schritt notwendig. Beiratskandidaten, die angesprochen werden, wollen nämlich erfahrungsgemäß zunächst die Beiratssatzung sehen, um zu wissen, worauf sie sich da einlassen. Es macht dann einen wenig professionellen Eindruck, wenn man zu diesem Zeitpunkt noch nichts vorzuweisen hat und auf eine spätere Beschlussfassung der Gesellschafterversammlung verweisen muss.

Ich empfehle, die Satzung sehr knapp zu halten. Im Wesentlichen sind die folgenden Punkte regelungsbedürftig: Wahl, Abberufung und Amtsdauer der Beiratsmitglieder, Rechte und Pflichten des Beirats als Organ, Beschlussfähigkeit und Vergütung der Beiratsmitglieder.

Der Beirat regelt seine innere Ordnung in Form einer Geschäftsordnung selbst. Auch hierfür sollte nicht zu viel Papier verschwendet werden. Regelungsbedürftig sind vorwiegend die Fragen der Sitzungshäufigkeit, der Art und Weise der Einberufung, der Beschlussfassung im schriftlichen Verfahren sowie der Protokollierung der Beschlüsse.

Ob ein Beirat einem Familienunternehmen etwas einbringt oder nicht, hängt ganz entscheidend von seiner personellen Besetzung ab – eigentlich eine Binsenweisheit, und doch wird bei der Auswahl immer wieder gegen eherne Grundsätze verstoßen. Natürlich ist auch ein »idealtypisch« zusammengesetzter Beirat keine Garantie dafür, dass dieser später harmonisch und effizient arbeitet. Sicher ist aber auch, dass ein professionelles Vorgehen bei der Auswahl das Risiko einer Fehlbesetzung entscheidend mindern kann. Fest steht, dass alle Mitglieder des Beirats der Institution »Familienunternehmen« loyal gegenüberstehen müssen und für emotionale Handlungsmotive innerhalb der Familie und deren Auswirkungen auf das Unternehmen Verständnis aufbringen. Für jedes Beiratsmitglied gilt der Grundsatz: »Ein Gramm Charakter ist mehr wert als ein Kilo Sachver-

stand.« Ich habe nicht selten erlebt, dass fachlich hoch qualifizierte Beiratsmitglieder, denen es an Loyalität mangelte, in Krisensituationen – bei Streit
unter den Gesellschaftern, bei Meinungsverschiedenheiten mit den Banken,
bei Auseinandersetzungen mit dem Fremdgeschäftsführer – die Stabilität
des Gesellschafterkreises aufs Spiel gesetzt und damit das Unternehmen gefährdet haben.

In den Beirat gehören nur Persönlichkeiten, die unternehmerisches For-
mat besitzen. Die Gefahr von Interessenkonflikten muss ausgeschlossen
sein. Deshalb scheiden der Hausanwalt, der Steuerberater und Vertreter der
Kredit gewährenden Banken als Mitglieder aus. Dasselbe gilt für Kunden,
Lieferanten und sonstige Geschäftspartner. Auch persönliche Freunde des
Unternehmers sind ungeeignet, da ihre Objektivität bei Streit unter den
Gesellschaftern leicht angezweifelt werden kann.

Die Mitgliedschaft des Wirtschaftsprüfers im Beirat ist schon standes-
rechtlich unzulässig. Der Wirtschaftsprüfer nimmt jedoch zwingend an der
Bilanzsitzung teil und soll auch sonst im Bedarfsfall, beispielsweise bei Be-
wertungs- oder bei Rückstellungsfragen, hinzugezogen werden. Die Bestellung des Wirtschaftsprüfers und die Honorarvereinbarung sollten durch
den Beirat erfolgen. Um jeden Verdacht, die Unabhängigkeit des Prüfers sei
nicht gewährleistet, von vorneherein auszuschließen, sollte der Prüfer jährlich dem Beirat gegenüber eine Erklärung abgeben, ob und gegebenenfalls
welche beruflichen Beziehungen zwischen ihm, dem Unternehmen und
dessen Gesellschaftern außerhalb der Prüftätigkeit noch bestehen.

Ich halte nichts davon, wenn Beiratsmitglieder jahrzehntelang im Gremium verbleiben. Denn ein Unternehmen »lebt«. Es hat seine Konjunktu-
ren, muss sich ständig auf veränderte Marktverhältnisse einstellen. So gesehen kann eine gesunde Mischung aus dem unternehmerischen Wagemut der
Jugend und der bewahrenden Vorsicht des Alters die Arbeit des Beirats nur
beflügeln, was letztlich auch dem Unternehmen zugute kommt. Ein
Durchschnittsalter des Beirats zwischen 50 und 65 Jahren ist sicherlich
heute noch selten, aber erstrebenswert, die Vereinbarung einer festen Al-
tersobergrenze von höchstens 70 Jahren sinnvoll. Ein ausscheidender Senior sollte nur im Ausnahmefall und auch erst nach einer gewissen Wartezeit den Vorsitz im Beirat übernehmen. Sonst treten leicht Zweifel am
tatsächlichen Vollzug der Unternehmensnachfolge auf. Der Senior gerät,
wenn die Strategie geändert wird, in »Verteidigungszwang«.

Jedes einzelne Mitglied des Beirats muss das Vertrauen der überwiegenden Mehrheit der Gesellschafter – Faustregel 70 Prozent der Anteile – besitzen. Deshalb ist ein Entsendungsrecht einzelner Beiratsmitglieder, besonders bei verfeindeten Gesellschaftergruppen, kontraproduktiv. Eine solche Gestaltung hebt die potenziellen Streitigkeiten lediglich auf eine höhere Ebene. Die Abberufung einzelner Beiratsmitglieder muss jederzeit möglich sein, wenn ein wichtiger Grund hierfür vorliegt. Ein solcher Grund ist zum Beispiel der Verlust des Vertrauens der Gesellschafter.

Ich weiß aus Gesprächen mit Familienunternehmern, dass sich mit Einrichtung eines Beirats die Atmosphäre innerhalb des Unternehmens schlagartig verbessern kann. In einem Fall hatten sich die Gesellschafter sogar darauf geeinigt, dass die Beiratsmitglieder bei ihrer erstmaligen Bestellung das Vertrauen aller Gesellschafter besitzen müssen. Damit war der Beirat in seinen Entscheidungen vom Wohlwollen Einzelner unabhängig. Und doch hatte man einen entscheidenden Fehler begangen, der die Existenz des Unternehmens beinahe vernichtet hätte: Man hatte eine feste Amtszeit für den Beirat vereinbart, und diese war gerade zu einem Zeitpunkt ausgelaufen, als es unter den Gesellschaftern wieder zu kriseln begann. Ich empfehle daher, den einmal gewählten Beirat nach Ablauf seiner Amtsperiode stets so lange noch im Amt zu belassen, bis der neue berufen ist. Zeitlich überlappende Amtsperioden der einzelnen Beiratsmitglieder sind sinnvoll, um die Kontinuität des Gremiums sicherzustellen. Von besonderer Bedeutung ist die Person des Vorsitzenden. Er benötigt Leitungserfahrung und Autorität, um eine Diskussion innerhalb seiner Kollegen wirklich effizient zu führen, dann aber auch, um zu verdeutlichen, dass der Beirat nicht lediglich eine Etikettenfunktion besitzt. Je sorgfältiger die Mitglieder des Beirats ausgewählt werden, desto effizienter wird das Gremium arbeiten, desto größer ist schließlich auch der Gewinn für das Unternehmen. So gewinnt es zusätzliches Wissen und Erfahrungen und damit einen nicht zu unterschätzenden Wettbewerbsvorteil.

Doch für diese Einsicht war bei den Familienunternehmern viel Überzeugungsarbeit notwendig. Nur so wird es auch verständlich, warum von einem traditionell besetzten Beirat – verkörpert durch Banker, Rechtsanwälte, Wirtschaftsprüfer, Freunde und Bekannte – ein gewisser Charme ausgeht: Sie sind dem Unternehmer bereits bekannt, sofort verfügbar, interessiert und »pflegeleicht«. Aber niemals bildet ein solcher Beirat ein wirkliches Gegengewicht zum Vorstand oder zur Geschäftsführung.

Die Auswahl eines effizienten Beirats überfordert die meisten Familienunternehmer. Ihre eigenen Kontakte sind zu beschränkt, um eine qualifizierte Zusammensetzung ihres Beirats sicherzustellen. Die Suche und Auswahl von Beiräten ist ein komplexer Prozess, vergleichbar mit der Rekrutierung externer Geschäftsführer. Dafür einen Personalberater einzuschalten, galt lange Zeit als »unschicklich«. Doch die Vorurteile gegen Personalberater schwinden allmählich. Dass sie sich ihre Bemühungen angemessen vergüten lassen, wird nun akzeptiert, und dass sie auf Anschlussaufträge hoffen, gilt als verständlich. Was sollte daran auch verwerflich sein? Immerhin sind und bleiben platzierte Geschäftsführer und Beiräte, wenn sie sich ihrerseits eines Personalberaters bedienen oder bei dessen Auswahl mitwirken, in ihrer Entscheidung frei.

Die Honorierung des Personalberaters bei der Beiratssuche folgt nicht dem Vergütungsschema, das bei der Suche eines Geschäftsführers – rund ein Drittel von dessen Jahreseinkommen – angewendet wird. Es orientiert sich vielmehr an der Bedeutung des zu suchenden Beirats für das Unternehmen und am Zeitaufwand des Beraters. Deshalb entspricht das Honorar häufig der Jahresvergütung für das gesuchte Beiratsmitglied, oder es wird eine Pauschale von beispielsweise 20 000 Euro für jedes Beiratsmitglied veranschlagt.

Beiratsvergütung

Doch wie soll die Tätigkeit des Beirats selbst abgegolten werden? Anders als für börsennotierte Gesellschaften bestehen für Familienunternehmen keine brauchbaren Vergleichszahlen. Faustregel ist: Der Beirat muss mehr einbringen als er kostet. Hierbei darf der Unternehmer jedoch nicht nur auf den Zeitaufwand schauen, er muss vielmehr die Erfahrung, das eingebrachte Beziehungsgeflecht sowie das persönliche Standing der Beiratsmitglieder berücksichtigen. Für ein mittelgroßes Produktionsunternehmen (100 bis 150 Millionen Euro Umsatz) ist neben dem obligatorischen Aufwandsersatz eine Vergütung in Höhe von 20 000 Euro angemessen. Der Vorsitzende erhält das Anderthalbfache oder das Doppelte dieses Betrags.

Noch sind erfolgsabhängige Vergütungen des Beirats selten. Sie nehmen jedoch zu. Ich empfehle derzeit eine gemischte Form der Vergütung, also einen fixen Betrag und daneben eine erfolgsabhängige Komponente. Letztere muss sie sich an einer Größe orientieren, die nicht willkürlich gestaltbar ist. Deshalb lehne ich eine Abhängigkeit vom Gewinn ebenso wie von der Dividendenhöhe ab. Der richtige Ansatz kann beispielsweise die Bezugnahme auf den operativen Deckungsbeitrag oder auf den operativen Cashflow sein. Zwischen fix und variabel empfehle ich das Verhältnis 40 (fix) zu 60 (variabel).

Die Beiratsvergütung muss vom Empfänger voll versteuert werden und ist zudem umsatzsteuerpflichtig. Für das Unternehmen stellt sie eine voll abzugsfähige Betriebsausgabe dar, sofern es sich nicht um eine Aktiengesellschaft oder eine GmbH handelt. Letztere können die gezahlten Vergütungen nur zur Hälfte absetzen – eine Regelung, die dem Streben der Bundesregierung nach mehr Corporate Governance völlig entgegenläuft und für die Familienunternehmen eine Diskriminierung darstellt. Denn: Für DaimlerChrysler ist die Relation zwischen Aufsichtsratsvergütung und Jahresüberschuss natürlich eine sehr viel geringere als für ein Familienunternehmen.

Daher werden häufig Beratungsverträge mit Beiratsmitgliedern abgeschlossen. Die hierauf gezahlten Vergütungen sind nämlich in jedem Fall steuerlich voll abzugsfähig. Bei der GmbH & Co. KG kommt es darauf an, wo der Beirat gebildet wird. Wird er bei der GmbH gebildet, greift die hälftige Abzugsregelung für Kapitalgesellschaften ein, und zwar auch dann, wenn der Vergütungsaufwand der Komplementär-GmbH durch die KG erstattet wird. Wird der Beirat dagegen bei der KG selbst gebildet, so handelt es sich um voll abzugsfähige Betriebsausgaben.

Rechtlich sind gesonderte Beratungsverträge mit einzelnen Beiratsmitgliedern zulässig und in der Praxis üblich, vorausgesetzt, es handelt sich nicht um einen gesetzlichen Aufsichtsrat. Verwiesen sei auf ein Urteil des BGH aus dem Jahre 1998. Dieses Urteil betraf zwar nicht den freiwilligen Beirat, sondern einen gesetzlichen Aufsichtsrat. In dem Fall ging es um Folgendes: Ein Stuttgarter Rechtsanwalt – Mitglied einer großen Sozietät – hatte eine Aktiengesellschaft beraten und diese Beratung fortgesetzt, nachdem er in den Aufsichtsrat gewählt worden war. Seiner Tätigkeit lag ein seit längerem abgeschlossener Vertrag zugrunde. Danach war Gegenstand der Tätigkeit die Unterstützung des Vorstands der Gesellschaft »in allen rechtlichen Angelegenheiten«, soweit sie nicht in den »gesetzlichen Aufgabenbereich des Aufsichtsratsmitglieds« fallen. Zur Vergütung war bestimmt, dass diese nach den »üblichen Stundensätzen« erfolgen solle. Der BGH sah den Vertrag als nichtig an und verurteilte den Betroffenen zur Rückzahlung der empfangenen Vergütung – es ging um immerhin mehr als eine Million D-Mark.

Der BGH betonte, dass die Unabhängigkeit des Aufsichtsrats Voraussetzung für die Erfüllung seiner Aufgabe sei. Diese Unabhängigkeit könne gefährdet sein, wenn ein Mitglied des Aufsichtsrats den Vorstand berate und hierfür neben der Aufsichtsratstantieme eine gesonderte Vergütung erhalte. Ein Aufsichtsratsmitglied dürfe nur in solchen Fragen entgeltlich beraten, die nicht zu seiner »gesetzlichen Kernaufgabe« gehören. Dies können Leistungen sein, die in einem speziellen Wissen begründet sind, wie etwa Architektenleistungen, die Erstellung von Steuererklärungen, nicht dagegen die Unterstützung der Geschäftsführung in allgemeinen Führungsaufgaben, etwa bei der strategischen Unternehmensausrichtung, der Organisation des Controlling oder bei der Unternehmensfinanzierung.

Ist eine entgeltliche Beratung erlaubt, so muss der zugrunde liegende Beratungsvertrag so abgefasst sein, dass sich der Tätigkeitsbereich eindeutig bestimmen lässt. Der Aufsichtsrat muss aus dem Vertragswortlaut heraus überprüfen können, ob der Umfang der Beratung außerhalb des Kernbereichs der Aufsichtsratstätigkeit angesiedelt ist. Die Beratungsvergütung muss im Vertrag so konkret geregelt sein, dass sich Außenstehende über deren Höhe und Angemessenheit ein Urteil bilden können. Der Vertrag muss vom Aufsichtsrat in Beschlussform genehmigt worden sein.

Der BGH sah im vorliegenden Fall den Vertrag als nichtig an. Bei der Tätigkeitsbeschreibung fehlte es an einer genaueren Umschreibung. Bei der Vergütungsregelung hätte der konkret anzuwendende Stundensatz benannt werden müssen.

Voraussetzungen für einen funktionierenden Beirat

Die Arbeit des Beirats kann nur wirkungsvoll sein, wenn er umfassend und schnell unterrichtet wird. Ein Beirat, der die aktuelle Lage des Unternehmens nicht kennt, der im Ungefähren gelassen wird, kann nicht effizient arbeiten. Hier werden viele Fehler gemacht. Meist erhält der Beirat Informationen aus dem vorhandenen Zahlenwerk. Dieses ist in aller Regel zu weit gefächert und überfordert damit den Beirat. Die aktuelle Lage des Unternehmens lässt sich jedoch stets mit wenigen Kennzahlen beschreiben. Entscheidend sind dabei weder die Bilanz noch die Gewinn- und Verlustrechnung – zumal beide sich bekanntlich in hohem Umfang gestalten lassen. Das ist beim tatsächlichen Mittelzufluss anders. Dies ist eine unbeeinflussbare Kerngröße: Sie besitzt für den Beirat daher eine entscheidende Kontrollfunktion. Ein plötzlicher Abfall signalisiert eine Störung, die im Bereich der Liquidität »Atemstillstand« auslösen kann.

Das auf den Beirat zugeschnittene Berichtswesen sollte daher jene Faktoren herausheben, auf denen der Erfolg beruht. In der Regel handelt es sich um einige wenige Kennzahlen. Dies sei am Beispiel einer Filialkette im Schuheinzelhandel dargestellt: Hier sind die Zahl der Kundenbesuche und die Höhe des Durchschnittsbons entscheidend. Daraus ergeben sich die Umsatzerlöse, und diese wiederum zeigen den Erfolg des Marketings. Darüber hinaus muss der Unternehmer bei sinkenden Erlösen erklären, wie es ihm gelingen wird, die Kosten rechtzeitig anzupassen und den notwendigen saisonalen Bestandsaufbau zu finanzieren. Der Beirat benötigt also nur folgende Informationen: Zahl der Kundenbesuche, Höhe des Durchschnittsbons, Umsatz je Filiale, Personalkosten, Mieten, sonstige Kosten, Stand der liquiden Mittel sowie die Höhe der Bestandsveränderungen. Schon diese acht Kennzahlen vermitteln ihm einen aktuellen Einblick in das Unternehmen. Diese Zahlen sollte der Beirat monatlich erhalten, versehen mit kurzen Berichten über die Situation der Branche, über den Wettbewerb, über den Stand des potenziellen Mietrisikos der Filialen und über Sonderentwicklungen. Er kann sich dann einmal im Monat intensiver mit dem Unternehmen befassen und wird schnell ein sicheres Gefühl dafür bekommen, wo das Unternehmen steht.

Gute Beiräte sind gefragt, ihre Zeit ist knapp bemessen. Der erforderliche Zeiteinsatz im Beirat ist von der Zahl der vorgesehenen Sitzungen, von der Qualität der vorhandenen Informationen oder auch von der eigenen, mehr oder weniger fundierten Kenntnis der speziellen Branche abhängig. Es gibt jedoch allgemein gültige Richtwerte: Befindet sich das Unternehmen im »Normalzustand«, handelt es sich also nicht um einen Umbau oder gar eine Sanierung, sollte eine jeweils halbtägige Vorbereitung auf jede Sitzung und monatlich eine zweistündige Aufarbeitung der laufenden Informationen ausreichen.

Jedes Beiratsmitglied muss wissen: Zeitliche Verfügbarkeit ist die unabdingbare Voraussetzung für eine qualifizierte Mitarbeit. Bei den Eigentümern wird zu Recht negativ vermerkt, wenn die Mitglieder nicht über Reserven verfügen, um auch einmal einen notwendigen Ersatztermin wahrzunehmen. Es macht auch keinen guten Eindruck, wenn einzelne Beiratsmitglieder die Sitzung durch einlaufende Faxe oder Telefonate unterbrechen oder sie sogar vorzeitig verlassen. Auch darüber wird sich jeder Eigentümer zu Recht ärgern.

Jedes Beiratsmitglied ist im Rahmen seiner Verschwiegenheitspflicht für den sorgfältigen Umgang mit Geschäftsunterlagen verantwortlich. Diese Verpflichtung dauert auch nach Beendigung des Mandats an. Geschäftsunterlagen sind dann an das Unternehmen zurückzugeben. Die Frage der Haftung von Aufsichtsräten – und dies betrifft auch die Beiräte – wurde durch ein Urteil des Landgerichts Bielefeld aus dem Jahr 1999 wieder aktuell. Das Gericht hatte einen führenden Mitarbeiter der Deutschen Bank wegen Verletzung der Sorgfaltspflicht im Aufsichtsrat der Firma Balsam zu einer persönlichen Schadenersatzleistung in Höhe von 5 Millionen D-Mark verurteilt.

Wir erinnern uns: Durch den finanziellen Zusammenbruch des Sportbodenherstellers Balsam in Steinhagen war ein Schaden in Höhe von 2,5 Milliarden D-Mark entstanden, damals eine Rekordmarke in der Nachkriegsgeschichte der deutschen Wirtschaft. Klaus Schlienkamp, der Finanzchef des Unternehmens, hatte eine Scheinwelt um sich herum errichtet. Um die Verluste des Unternehmens zu verschleiern, fälschte er alles, was ihm in die Hände kam: Aufträge, Rechnungen, Akkreditive, Kontoauszüge, Bilanzen und Geschäftskorrespondenz – und das über einen Zeitraum von mehr als zehn Jahren.

Doch zurück zu dem bedauernswerten Mitarbeiter der Deutschen Bank, der ohne jede böse Absicht gehandelt hatte. Das Gericht nahm ihn in Anspruch, weil er seine Sorgfaltspflicht als Aufsichtsratsmitglied gröblich vernachlässigt habe. Dabei ging es vor allem um drei Vorwürfe: Er habe zum einen Hinweise aus seinem eigenen Hause, die ihm vom Vorstandssprecher Rolf Breuer zugeleitet worden waren, nicht ernst genommen. Weiterhin habe er Devisentermingeschäfte nicht unterbunden, obwohl sie vom Geschäftszweck der Balsam AG nicht gedeckt gewesen seien. Schließlich habe er geduldet, dass Factoringgeschäfte in einer Größenordnung abgeschlossen wurden, die den Umsatz des Unternehmens um ein Mehrfaches überstiegen.

Welche Konsequenzen ergeben sich hieraus für die Mitglieder eines Beirats? Nun, auch dieser haftet – ebenso wie ein Mitglied des Aufsichtsrats – bei Verletzung seiner Sorgfaltspflicht persönlich mit seinem gesamten Vermögen. Dies bedeutet, dass kein Unternehmen künftig Mitglieder für seinen Beirat finden wird, wenn es diese Gefahr nicht auf ein erträgliches Maß reduziert. Dies ist entweder über eine Beschränkung der Haftpflicht auf grobe Fahrlässigkeit oder durch den Abschluss einer entsprechenden D & O (Directors & Officers)-Versicherung möglich.

Die rechtliche Bedeutung einer Entlastung des Beirats wird von vielen überschätzt. Entlastung bedeutet in erster Linie einen Vertrauensbeweis, nicht aber einen Verzicht auf Ersatzansprüche. Dies gilt für Aktiengesellschaften uneingeschränkt. Für sonstige Rechtsformen, inbesondere die GmbH, gilt Folgendes: Die Gesellschaft ist an der Geltendmachung solcher Ansprüche gehindert, die innerhalb des Entlastungszeitraums entstanden sind und deren Existenz bekannt ist oder bei sorgfältiger Prüfung erkennbar gewesen wäre. Für letzteres trägt die Gesellschaft die Beweislast. Soweit das Juristische. In der Praxis habe ich allerdings noch niemals erlebt, dass ein Familienunternehmen gegen seine Beiratsmitglieder rechtlich vorgegangen ist.

Für viele Unternehmer ist der Beirat ein Bestandteil der Nachfolgesicherung. Wie lässt sich der Bestand eines Beirats gegenüber den Erben absichern? Dies ist rechtlich möglich, beispielsweise über eine testamentarische Auflage. Sie ist jedoch nicht unbedenklich. Eine langfristige Bindung der Erben an einen bestehenden Beirat ist problematisch, weil mit der Zeit ein objektiver Änderungsbedarf entstehen kann, beispielsweise, wenn ein Beiratsmitglied dauerhaft erkrankt, oder wenn es das Mandat nicht weiterführen will. Für eine gewisse Übergangszeit kann jedoch eine Absicherung der bestehenden Beiratsverfassung sowie der einzelnen Beiratsmitglieder durchaus sinnvoll sein, um den Erben Zeit zu geben, Erfahrungen zu sammeln. Wer seinen Erben dauerhaft die Unternehmenskontrolle entziehen will, der sollte jedoch andere Wege gehen.

Die Einrichtung von gesonderten Ausschüssen innerhalb des Beirates (Präsidium, Personalausschuss, Audit-Committee), wie bei großen Aufsichtsräten, ist nicht sinnvoll. Da die Beiräte in aller Regel drei bis sechs

Mitglieder umfassen, erscheint dies überflüssig. Allenfalls die Bildung von Ad-hoc-Ausschüssen, so zur Begleitung von Sondermaßnahmen wie einer Restrukturierung oder einer Auslandsgründung, erscheint sinnvoll.

Der Beirat lebt von geliehener Macht. Es ist die Gesellschafterversammlung, die ihm diese Macht verleiht und sie ist es auch, die die Grenzen der Macht bestimmt, sei es im Gesellschaftsvertrag oder in einer gesonderten Beiratssatzung. Sind mit diesen vertraglichen Regelungen die Befugnisse des Beirats fest definiert? Auf den ersten Blick ist man geneigt, diese Frage zu bejahen. Der Jurist muss sie jedoch verneinen. Es existieren nämlich Bereiche, so genannte Kernkompetenzen der Gesellschafter, die rechtlich zwingend bei den Gesellschaftern verbleiben müssen. Im Einzelnen ist hierzu vieles streitig und zudem noch von Rechtsform zu Rechtsform verschieden. Fest steht jedoch, dass bei einer GmbH das generelle Recht zur Vertretung der Gesellschaft nicht auf den Beirat übergehen kann, sondern bei der Geschäftsführung verbleiben muss. Dasselbe gilt mutatis mutandis bei der Personengesellschaft. Die so genannte organschaftliche Vertretung bleibt grundsätzlich den Gesellschaftern vorbehalten.

Für die Kompetenzabgrenzung zwischen dem Beirat und der Gesellschafterversammlung gilt Ähnliches. Satzungsänderungen, Kapitalmaßnahmen, Umwandlung der Rechtsform, Auflösung der Gesellschaft, die Übertragung und die Beschränkung wesentlicher Gesellschafterrechte müssen zwingend bei den Gesellschaftern verbleiben. Insoweit kann dem Beirat lediglich durch Erteilung einer Spezialvollmacht seitens der Gesellschafter der Vollzug übertragen werden.

Auch das Recht zur Abberufung von Beiratsmitgliedern und Geschäftsführern aus wichtigem Grunde (letzteres streitig) bleibt zwingend der Gesellschafterversammlung vorbehalten. Dasselbe gilt für existenzielle Eingriffe in das Unternehmen, so für den Verkauf der wichtigsten Marke, für die Veräußerung wesentlicher Beteiligungen oder auch die grundlegende Änderung der Unternehmensstruktur. Auch wenn im Einzelfall vieles streitig ist, so sind in solchen Fällen die Grenzen der Macht für den Beirat erreicht. Dies muss er wissen, um nicht streitsüchtigen Gesellschaftern in die Falle zu gehen oder sich gegenüber Dritten schadensersatzpflichtig zu machen.

Fünf wichtige Erfolgsfaktoren für den Beirat

1. Vor der Gründung eines Beirats müssen die konkreten Zielsetzungen und Erwartungen der Gesellschafter an dieses Gremium genau – am besten schriftlich – definiert werden. Im Familienunternehmen gibt es (gottlob) kein allgemeines Muster eines Beirats.

2. Ebenso müssen die Erwartungen, der voraussichtliche Zeitaufwand, die Vergütung und die Kompetenzen mit jedem Beiratskandidaten erörtert werden.

3. Ein Beirat kann nur dann sinnvoll arbeiten, wenn ein auf seine Aufgabe zugeschnittenes eigenes Berichtswesen installiert wird. Hierbei kann die Einschaltung eines Dritten hilfreich sein, da ein von der Geschäftsführung erstelltes Berichtswesen nicht immer interessengerecht ist

4. Es reicht nicht aus, wenn der Beirat sich aus einzelnen Fachleuten zusammensetzt. Diese müssen ein Team bilden, mit einem Vorsitzenden an der Spitze, der Leitungserfahrung besitzt.

5. Die Bedürfnisse des Unternehmens ändern sich und mit ihnen die Anforderungen an den Beirat. Deshalb muss der Beirat bei der Berufung bereits darüber informiert werden, dass mit jeder neuen Amtsperiode »das Spiel neu beginnt«.

Die wichtigsten Berater des Unternehmers

Das Familienunternehmen ist heute mehr denn je auf qualifizierte Beratung angewiesen. Die Zeiten, in der der »Fabrikant« alter Schule neben dem Rechtsanwalt und dem Notar gerade noch den Steuerberater oder – wie es früher hieß – den Buchprüfer akzeptierte und ab und an seine Unternehmensentwicklung mit dem Hausbankier besprach, sind schon lange vorbei. Die Optimierung aller betrieblichen Funktionen kann das Familienunternehmen aus sich heraus heutzutage nicht mehr leisten. Es verfügt nur über knappe personelle Ressourcen und muss daher notwendiges Spezialwissen hinzukaufen. Diese Erkenntnis fällt dem traditionellen Familienunternehmer bisweilen schwer. Doch das Umdenken hat eingesetzt.

Der Unternehmer, besonders aus der älteren Generation, hat ein zwiespältiges Verhältnis zu Beratung und Beratern. Er ist es kaum gewohnt, mit einem unabhängigen »Sparringspartner« zusammen zu arbeiten und neigt dazu, sich solchen Beratern zuzuwenden, die ihm an Persönlichkeit oder Intellekt unterlegen sind. Fatal wirkt sich bei der Auswahl eines neuen Beraters auch allzu häufig die Mitsprache der bisherigen »Haus- und Hofberater« aus. Diese befürchten, ihren Einfluss zu verlieren. Zudem möchten sie verhindern, dass die Ergebnisse ihrer Beratung in Frage gestellt werden. Eine solche Haltung ist natürlich weder verantwortungsvoll noch klug. Zudem ist die Furcht um das eigene Mandat in aller Regel unbegründet: Ein qualifizierter Spezialist wird es niemals darauf anlegen, die Tagesberater zu verdrängen, sondern gerade auf eine gute Zusammenarbeit Wert legen. Wird er jedoch von ihnen abgeblockt, hat er keinen Anlass, größere Rücksicht zu nehmen. Er wird dann sein überlegenes Wissen voll ausspielen.

Der Unternehmer tut jedenfalls gut daran, sich des psychologischen Hintergrunds dieser Abwehrmechanismen, die im Übrigen nicht nur von den Tagesberatern, sondern ebenso oft auch von engen Mitarbeitern seiner persönlichen Umgebung ausgehen, bewusst zu werden. Der Eigner sollte auf jeden Fall bei Aussagen aus seiner Umgebung wie »Das können wir genauso gut« oder »Der ist viel zu teuer« oder »Für den sind wir doch eigentlich zu klein« die jeweilige Interessenlage der Kritiker genau berücksichtigen. Besonders problematisch, aber in der Praxis nicht selten ist es, wenn der Unternehmer in seiner Handlungsfreiheit durch enge persönliche Beziehungen oder gar Freundschaften zu Mitarbeiten oder Beratern eingeschränkt ist. Dankbarkeit für Aufbauhilfe in der Vergangenheit und verständliche, aus jahrzehntelangen Beziehungen gewachsene Loyalität dürfen nicht dazu führen, das unternehmerische Bedürfnis nach Spitzen-Knowhow hintanzustellen.

Andererseits lässt das heutige Beratungsangebot nur allzu häufig die notwendige Sensibilität für die Bedürfnisse eines eignergeführten Unternehmens vermissen. Das Familienunternehmen bedarf einer völlig anderen Beratung als der Konzern. Geht es im Konzern oft darum, eine vom Vorstand längst als notwendig und richtig erkannte Strategie mit Hilfe einer renommierten Beratungsgesellschaft gegenüber dem Aufsichtsrat durchzusetzen, entfällt dieser Gesichtspunkt im Familienunternehmen. Ebenso entfällt das, was ich stets als »Verantwortungs-Abschiebungsmechanismus«

bezeichne: Im Konzern mag der Vorstand besser dastehen, wenn von ihm getroffene Maßnahmen, die sich später als fehlerhaft erweisen, zuvor von einer Beratungsgesellschaft untermauert wurden. Im Familienunternehmen gilt das nicht. Hier entscheidet der Eigner stets in eigener Verantwortung und auf eigenes Risiko. Seine Situation wird bei Fehlmaßnahmen nicht dadurch verbessert, dass er zu bestimmten Maßnahmen durch einen Berater animiert wurde. Hieraus resultiert ein völlig anderes »Beraterbild« bei Familienunternehmen als bei Konzernen. Es sind Persönlichkeiten gefragt, die dem Unternehmer Rede und Antwort stehen.

Dadurch ergeben sich Chancen, aber auch Risiken. Der Auswahl, der Führung und der Kontrolle des Beraters kommt eine entscheidende Bedeutung zu. Ein Fehlgriff kostet den Unternehmer wesentlich mehr Geld als eine überhöhte Honorarvereinbarung. Der entscheidende Grundsatz jedoch, den man niemals ohne Schaden außer Acht lassen darf, lautet: »Beratung ist Chefsache – und zwar durchgängig.« Der Unternehmer muss sich bei der Auswahl, bei der Vertragsgestaltung, bei der Führung und der Kontrolle des Beraters permanent selbst davon überzeugen, dass das Beratungsziel erreicht wird.

Unternehmensberater – nur teuer oder auch gut?

Über dreißig Jahre lang hat die Unternehmensberatung in Deutschland geboomt – mit jährlich zweistelligen Zuwachsraten –, bis es um das Jahr 2000 zu einem massiven Einbruch kam. Noch ist die Krise der Beratungsbranche nicht überwunden, wenn sich auch Anfang 2004 die Anzeichen für einen Aufschwung mehren. Anfang ebendiesen Jahres machte die Affäre um Florian Gerster, den ehemaligen Chef der Bundesagentur für Arbeit, auf die Sensibilität dieses Themas erneut aufmerksam. Gerster hatte Beratungsaufträge in zweistelliger Millionenhöhe – zum Teil an den zuständigen Gremien vorbei – erteilt und sich damit dem Verdacht einer Interessenkollision ausgesetzt.

Das Aktiengesetz geht sehr restriktiv mit diesem Thema um. Aufsichtsräte dürfen, wenn überhaupt, nur in Spezialfragen und auch nur dann beraten, wenn das gesamte Gremium zuvor den Beratungsumfang und das Honorar genehmigt hat. Diese strenge Regelung brachte, wie schon dargestellt, einen jungen Stuttgarter Anwalt um Arbeit und Brot. Trotz solcher unerfreulicher Einzelschicksale ist die Strenge des Aktienrechts sinnvoll. Gerade in Großunternehmen greift es um sich, dass Beratern die Verantwortung für wichtige strategische Entscheidungen zugeschoben wird oder dass Mittel für eine Imageberatung der Gesellschaft eingesetzt werden, die in Wahrheit jedoch nicht dem Unternehmen, sondern dem persönlichen Image einzelner Vorstände dienen. Solche Missbräuche dürfen nicht geduldet werden.

Für das Familienunternehmen kommen die internationalen Großberatungen in ihrer heutigen Verfassung nicht in Betracht, und zwar aus drei Gründen:

- Ihre Kultur passt nicht zum Familienunternehmen. Sie ist voll und ganz auf die Großkonzerne und die dort tätigen Entscheidungsträger ausgerichtet.
- Es fehlt ihnen an Erfahrung mit mittelgroßen Betrieben. Das gilt sowohl für den Umgang mit deren Mitarbeitern als auch für die Erfahrung mit der Umsetzung des Beratungsergebnisses auf der Grundlage schmaler Finanzetats.
- Sie sind schlicht und einfach zu teuer. Tagessätze von 5 000 Euro und mehr liegen außerhalb der Vorstellungswelt des Familienunternehmers.

Allerdings: Die Großberater sind zunehmend dabei, das Geschäftsfeld »Familienunternehmen« für sich zu entdecken. Dies ist sehr zu begrüßen. Denn die weltweite Erfahrung in strategischen Fragen, der Zugriff auf makro- und mikroökonomische Daten in aller Welt, die sofortige Verfügbarkeit kleinerer und größerer Stäbe könnten sie zu einem geschätzten Partner unserer Familienunternehmen machen, sobald die genannten Schwachpunkte ausgeräumt sind.

Kommen wir zu den kleineren Beratungsgesellschaften: Familienunternehmen sind, hier gemessen an ihrem Beitrag zum Bruttosozialprodukt, als Kunden weit unterproportional vertreten. Auf den ersten Blick mag dies unverständlich erscheinen. Denn die Familienunternehmen verfügen kaum über eigene Stäbe oder Spezialisten und sind damit eigentlich stärker auf externe Beratung angewiesen. Doch es gibt zahlreiche Gründe, warum sich auch kleinere Unternehmensberater mit Familienunternehmen schwer tun. Beratungsgesellschaften neigen traditionell zur »Amerikanisierung«;

Sprache und Begriffe stammen von jenseits des Atlantiks. Viele traditionsreiche Familienunternehmen mögen diese Sprache nicht. So entstehen Misstrauen und Aversionen, die durch das oft sehr jugendliche Alter der eingesetzten Berater und ihr »schneidiges« Auftreten, das in krassem Gegensatz
zur noch geringen Lebens- und Branchenerfahrung steht, verstärkt werden.
Skepsis wird auch dadurch geweckt, dass es in vielen Beratungsgesellschaften Mode ist, Altbekanntes immer wieder in neue Formen zu verpacken
und dann als innovatives Premium-Produkt zu verkaufen. Schließlich haben auch die Honorare zu massiver Kritik geführt. Dies mag auch daran liegen, dass die Unternehmer Beratungsleistungen gedanklich als laufenden
Aufwand verstehen und nicht, wie es teilweise angebracht wäre, als eine
über mehrere Jahre hinweg zu verteilende Investition.

Die Zurückhaltung der Familienunternehmen ist, so verständlich und
nachvollziehbar sie auch sein mag, bedauerlich. Sie hat in vielen Fällen eine
erfolgreiche Entwicklung verhindert. In den meisten Unternehmen ergeben
sich in regelmäßigen Abständen Situationen, die sich durch spezialisierte
Berater schneller, besser, sicherer oder kostengünstiger meistern lassen als
im Hause selbst. Dabei denke ich nicht an die Strategieberatung. Diese ist
beim Unternehmer und seiner Mannschaft meist besser aufgehoben als beim
branchenfernen Berater. Ich denke jedoch an die Erfassung der für strategische Entscheidungen notwendigen Datenbasis oder an Beratungskomplexe,
die Spezialwissen erforderlich machen. So stellen die Vorbereitung auf den
Einstieg in neue Produkte oder Länder oder auf neue Vertriebswege oft nur
schwer lösbare Aufgaben dar, da es an Erfahrung aus vergleichbaren Vorgängen fehlt.

Es kommt aber auch zu Situationen, in denen es intern an Objektivität
oder an der Bereitschaft zu notwendigen Auseinandersetzungen mit operativ tätigen Gesellschaftern fehlt. Typisch hierfür sind Entscheidungen über
notwendige Umbau- oder Sanierungsmaßnahmen.

Entscheidend ist die richtige Auswahl des Beraters. Durch das Internet
und einschlägige Publikationen sowie durch die Befragung von Unterneh-
merkollegen lassen sich erste wichtige Informationen gewinnen. Besonders
bedeutende Kriterien bei der Vorauswahl sind ein makelloses Image, der Be-
kanntheitsgrad in der Branche und Erfahrung. Unerlässlich ist es, die Beratungsgesellschaften – es sollten immer mehrere zur Auswahl gestellt werden –
ausführlich persönlich zu befragen. Vorher ist eine Vertraulichkeitserklärung

einzuholen. Wenn das Angebot zusagt, wird unter Einbeziehung der Führungskräfte des Unternehmens eine Präsentation durchgeführt. Der Vergleich mehrerer Präsentationen gibt wertvollen Aufschluss über Eignung und Kostenbelastung.

Die Präsentation muss dazu beitragen, aus dem Verhalten des Beratungsteams Rückschlüsse auf Glaubwürdigkeit, Erfahrung und soziale Kompetenz der einzelnen im Beratungsteam tätigen Personen zu gewinnen. Das Unternehmen muss sich versichern, dass die bei der Angebotserstellung und Präsentation Anwesenden auch die spätere Projektarbeit leiten. An der Entscheidung für oder gegen einzelne Beratungsgesellschaften sollten stets die Führungskräfte mitwirken. Das ist für den Beratungserfolg von besonderer Bedeutung.

Wichtig ist es, das Honorar, die Zahlungsbedingungen und die Nebenkostenpauschale genau zu definieren. Es empfiehlt sich, immer Festpreise für genau definierte Leistungen zu vereinbaren. Bei der Beurteilung von Tagessätzen, die den Honorarkosten für die einzelnen Beratertage kalkulatorisch zugrunde liegen, sollte der Auftraggeber beachten, dass ein Vergleich mit den Vollkosten adäquater Mitarbeiter im eigenen Unternehmen nur bedingt gerechtfertigt ist: Die Berater können in der Regel nur mit verrechenbaren Arbeitszeiten in Höhe von rund 50 Prozent der Gesamtzeit kalkulieren, da für interne Kommunikationskosten, Weiterbildung und Akquisition erhebliche Anteile der Arbeitszeit verbraucht werden. Ebenso müssen durch die Tagessätze die Gemeinkosten sowie die Nebenkosten der Akquisition, darüber hinaus Qualitätssicherungsmaßnahmen und etwaige Kulanzleistungen des Beraters gedeckt werden.

Wichtig ist auch eine funktionierende Interaktion zwischen Unternehmen und Beratern. Bei Projektbeginn müssen Berater und Mitarbeiter eine identische Zielvorgabe erhalten. Bei größeren Projekten sind die den Beratern vorliegenden Informationen laufend auf ihre Aktualität hin zu überprüfen. Um Missverständnisse zu vermeiden empfiehlt es sich, alle Schlüsselkräfte, oft auch die gesamte Belegschaft, den Betriebsrat und manchmal auch externe Gruppen (Kunden oder Lieferanten) über das geplante Projekt zu unterrichten. Spekulationen um anstehende Entlassungswellen oder Verkaufsabsichten haben schon häufiger dazu geführt, dass wichtige Leistungsträger das Unternehmen verlassen haben.

Wichtige Erfolgsfaktoren sind die Zeitachse und die kritische Begleitung der Projektarbeit durch den Unternehmer selbst. Bei größeren Projekten wird meist auch formell ein »Leitungsausschuss« etabliert, der sich aus den Seniorberatern und Mitarbeitern des Unternehmens zusammensetzt. Wichtig ist auch, bei der Steuerung von Beratungsprojekten auf ein klar definiertes Ende des Beratungseinsatzes zu achten. Unvorhergesehene »Nachfolgeprojekte« oder wesentliche Erweiterungen des Projektinhalts sollten die absolute Ausnahme bleiben. Sie sind nur dann berechtigt, wenn sich die Lage des Unternehmens inzwischen verändert hat.

Das Beratungsprojekt muss ständig überwacht werden. So ist beispielsweise eine erfolgreiche Sanierung oder Restrukturierung sofort an den Liquiditätszahlen ablesbar. Wesentlich später wird der Nutzen der Einführung von Management-Informationssystemen oder Controllingsystemen augenfällig. Auch eine neue Strategie schlägt sich erst viel später in der Ertragsrechnung nieder. Bei genauem Hinsehen lässt sich jedoch immer erkennen, ob das Unternehmen von den Beratern profitiert. Erfahrungsgemäß können Beratungsprojekte im Familienunternehmen hohe Lern- und Motivationseffekte gerade bei überdurchschnittlich leistungsbereiten Mitarbeitern erzielen, was wiederum mittel- und langfristig zu weiteren Mitzieheffekten führen kann.

Durch die Tätigkeit von Beratern werden oft auch alte Verkrustungen aufgebrochen. Bisher tabuisierte Themen werden aufgegriffen, so beispielsweise die Frage, ob es noch sinnvoll ist, einen eigenen Fuhrpark zu betreiben, ob Statistiken und Kontrollen weiter geführt werden sollen, oder ob sie wirtschaftlich unsinnig geworden sind. Gar nicht so selten löst ein Beratungsprojekt geradezu einen »Ruck« innerhalb der gesamten Belegschaft aus. Angestoßen wird dieses Gefühl, dass »es wieder voran geht«, häufig durch solche Berater, denen ein besonderer Bonus an Glaubwürdigkeit und Objektivität eingeräumt wird.

In vielen Fällen besteht der Nutzen auch »nur« in einem höheren Maß an Sicherheit in der Erkenntnis, tatsächlich den richtigen Ansatz gewählt zu haben; gerade im Familienunternehmen kann die Moderation erfahrener Externer Unsicherheiten im Gesellschafter- und Geschäftsführerkreis beseitigen und Aufsichtsgremien zu effizienterer Arbeit verhelfen.

Aus meiner Erfahrung habe ich typische Probleme ausgemacht, die den Beratungserfolg beeinträchtigen können. Ich nenne die zehn wichtigsten:

- Der Berater ist falsch ausgewählt. Gerade in Familienunternehmen kommt es darauf an, dass der Berater über Einfühlungsvermögen und Loyalität verfügt. Zu häufig lässt sich der Unternehmer von großen Namen und hochtrabenden Visionen zu »Beratungs-Abenteuern« verführen. In der Praxis zeigt sich dann, dass die oft jungen und unerfahrenen Berater – bei allem Fleiß und aller Intelligenz – hoffnungslos überfordert waren. Loyalität ist besonders wichtig, wenn Banken eingeschaltet sind. Hier muss der Berater fest an der Seite des Unternehmers stehen. Die Bank misst naturgemäß dem Urteil eines objektiven Dritten hohes Gewicht bei.
- Es entsteht Streit über die Vergütung. Oft ist zu beobachten, dass sich der Controller schon nach wenigen Wochen der Zusammenarbeit über nicht gerechtfertigte Beraterrechnungen beschwert. Stein des Anstoßes sind meist verrechnete Beratertage, obwohl die Berater vor Ort nicht ausgemacht werden konnten, vermeintlich überhöhte Tagessätze für einzelne Mitarbeiter im Beraterteam oder nicht nachvollziehbare Nebenkosten. Oft sind hierfür Missverständnisse verantwortlich. In vielen Fällen ist es effizienter, wenn der Berater einen Teil seiner Projektarbeitszeit nicht »vor Ort« verbringt, sondern in seinem Büro, wo er sich mit Kollegen anderer Teams austauschen kann. In manchen Situationen können auch junge Spezialisten, denen ihre Qualifikation und Kompetenz auf den ersten Blick nicht anzusehen ist, wertvolle Beiträge zur Projektarbeit leisten. Bei Nebenkostenansätzen ist zu beachten, dass in vielen Fällen einzelne Positionen auf den ersten Blick nicht verständlich sind, so Kosten für Recherchen oder externe Expertisen. Da aber jede Art von Missverständnis die reibungslose Projektarbeit beeinträchtigt, muss bereits zu Beginn die notwendige Kostenakzeptanz innerhalb des Betriebes sichergestellt werden.
- Die Beratungsaufgabe ist falsch definiert. Viele Unternehmer neigen dazu, beim Auftreten von betrieblichen Störungen lediglich die Symptome zu sehen. Bei der Festlegung der Aufgabe des Beraters ist daher zunächst zu prüfen, ob die wirkliche Ursache des Problems überhaupt erkannt ist oder ob nicht zunächst die Ursachenforschung Gegenstand des Beratungsauftrags sein sollte.
- Es mangelt an den notwendigen Informationen. Bei kleinen Beratungsunternehmen fehlt nicht selten die detaillierte, qualitative Basis für die

notwendigen Entscheidungen. Anstatt die erforderlichen Details zu ermitteln und sich durch Recherchen Gewissheit zu verschaffen, weichen Berater aus Kostengründen oft auf grobe Schätzungen oder im Unternehmen gemeinsam erarbeitete Ergebnisse aus, die nicht ausreichend abgesichert sind. Dies kann gefährlich sein, besonders, wenn dadurch blinde Flecken im Unternehmen konserviert und Wissenslücken legitimiert werden.

- Die Zusammenarbeit funktioniert nicht. Eine umsichtige Begleitung der Berater im Unternehmen ist eine Aufgabe, die nur starke und anerkannte Führungskräfte aus der Spitze des Unternehmens leisten können. Wird diese Aufgabe nicht ausreichend wahrgenommen, kommt es zu Missverständnissen, Akzeptanzproblemen und Ausgrenzungen von Beratern, die schließlich zu Unfrieden innerhalb des Betriebs führen.
- Der Berater sucht Anschlussaufträge. Berater leben von Honoraren. Es ist daher verständlich, dass sie einen möglichst hohen Anteil ihrer freien Arbeitszeit an Kunden verkaufen wollen. Sie dürfen aber nicht der Versuchung erliegen, Leistungen zu verkaufen, die das Unternehmen selbst erbringen kann. Da eine solche »Dauerakquisition« oft zu beobachten ist, muss der Auftraggeber bei jedem Schritt genau überprüfen, inwieweit für künftige Arbeiten eigene Mitarbeiter eingesetzt werden sollten.
- Der Unternehmer gerät in Abhängigkeit vom Berater. Nicht selten habe ich beobachtet, dass der Auftraggeber die Zusammenarbeit nicht beendet, weil der Berater ihm nach dem Munde redet. Um dies zu vermeiden, ist bereits bei der Auftragsvergabe sorgfältig zu prüfen, ab wann die Umsetzung der Ergebnisse mit »Bordmitteln« möglich ist. Insbesondere der Einsatz einzelner Softwarepakete oder Datenbanken seitens des Beraters muss kritisch hinterfragt und bereits im Vorfeld auf mögliche Abhängigkeiten untersucht werden.
- Der Berater wird zum Freund. Manche Berater versuchen bereits in der Angebotsphase, auf Befindlichkeiten des Unternehmers oder des Managements einzugehen, anstatt den Tatbestand objektiv zu analysieren. Berichte lesen sich dann wie Gefälligkeitsgutachten. Um das zu vermeiden, tut der Auftraggeber gut daran, ab und an die Meinung eines zweiten Experten einzuholen.
- Die Nachhaltigkeit von Projektergebnissen ist nicht gewährleistet. Viele Berater erliegen der Versuchung, Beratungsergebnisse zu produzieren,

die zwar vordergründig und kurzfristig den Unternehmer beeindrucken, deren bleibender Wert jedoch fragwürdig ist. So lassen sich in Vertriebsorganisationen schnell Zeit- und Kosteneinsparungen erzielen. Wenn jedoch die Folgen für Servicequalität, Mitarbeitermotivation und Marktanteil nicht ausreichend bedacht wurden, kann der Schaden erheblich sein und die Einsparungen bei weitem übertreffen. Die Versuchung, kurzfristige (scheinbare) Projekterfolge zulasten der Unternehmenssicherheit zu generieren, ist naturgemäß bei Erfolgshonoraren besonders groß.

- Der Berater als »trojanisches Pferd«. Hierzu ein Beispiel aus meiner Praxis: Zwei zerstrittene Vettern konnten sich nicht darüber einigen, ob man im Vertrieb an den traditionellen freien Handelsvertretern festhalten oder zu angestellten Reisenden übergehen sollte. Das für den Vertrieb zuständige Familienmitglied zog, ohne seinen Vetter zu informieren, einen Berater hinzu und versuchte, diesen in sein Boot zu ziehen. Der Berater machte schließlich einen salomonischen, wenn auch wenig sinnvollen Vorschlag. Die eine Hälfte der freien Handelsvertreter sollte auf ihren Positionen verbleiben, die andere Hälfte sollte durch angestellte Reisende ersetzt werden.

Als kurzes Fazit bleibt festzuhalten: Unternehmensberatung gewinnt auch für Familienunternehmen immer stärker an Bedeutung. Der Erfolg hängt maßgeblich von der sorgfältigen Auswahl und Kontrolle des Beratungsunternehmens und der von diesem eingesetzten Personen sowie von deren intensiven Begleitung ab. Ohne ein vertrauensvolles und offenes Zusammenwirken zwischen dem Unternehmer, dem Management, den wichtigsten Leistungsträgern und dem Berater wird allerdings der Aufwand niemals in angemessenem Verhältnis zum Erfolg stehen.

Der Rechtsanwalt als »Schwierigkeitsjurist«

Rechtsanwälte besitzen für Familienunternehmen große Bedeutung. Oft haben sie viel Gutes getan, oft aber auch das Gegenteil bewirkt und so manchen Betrieb durch Prinzipienreiterei und Formalismus in höchste Gefahr gebracht. Derzeit befindet sich die Rechtsanwaltschaft im größten Umbruch ihrer Geschichte. Aus Rechtsanwälten werden Unternehmer, aus individuell geführten Sozietäten werden anonyme Großbetriebe. Diese Entwicklung zu kennen, ist für den Familienunternehmer unerlässlich, wenn er zukünftig bei der Auswahl seines Rechtsberaters Fehler vermeiden will.

Zunächst ein kurzer Rückblick auf die Geschichte. Diese beginnt Anfang des 18. Jahrhunderts, als König Friedrich Wilhelm I. in Preußen regierte. Der Soldatenkönig hatte eine derart schlechte Meinung von Rechtsanwälten, dass er sie zwang, in der Öffentlichkeit schwarze Berufstracht zu tragen, damit »die Bevölkerung die Halunken von weitem erkennen könne«. Sein Nachfolger, Friedrich der Große, entschied sich 1781 sogar dazu, den Beruf des Rechtsanwalts völlig abzuschaffen. Schon bald zeigte sich jedoch, dass der Justizbetrieb ohne Anwälte nicht funktionierte. Die Blütezeit des Anwaltsberufes begann 1878, als der Gesetzgeber die bis dahin vielerorts beamtenrechtlich ausgestaltete Stellung der Rechtsanwälte in einen freien Beruf umwandelte. Gleichzeitig erklärte jedoch schon 1883 das höchste anwaltliche Berufsgericht den Rechtsanwalt zum »Organ der Rechtspflege« und machte damit deutlich, dass jener besonderen Berufspflichten unterlag. So wies die Justiz dem Rechtsanwalt eine »auf Wahrheit und Gerechtigkeit verpflichtete amtsähnliche Stellung« zu. Der Anwalt übte nach herrschender Auffassung einen »geistigen« Beruf aus, der mit dem »schnöden« Gewinnstreben eines Gewerbebetriebes unvereinbar war und der ihn zu untadeliger Lebensführung verpflichtete. Das ging so weit, dass noch in den fünfziger Jahren des 20. Jahrhunderts der Ehebruch eines Anwalts ein Fall für das Ehrengericht war, der mit einem Bußgeld, in schweren Fällen mit dem Ausschluss aus der Anwaltschaft bestraft wurde.

Diese Zeiten sind vorbei. Der Beruf des Rechtsanwalts hat sich dem Typ eines auf Gewinn ausgerichteten Unternehmens angenähert. Gesetzgebung und Rechtsprechung haben dem Rechnung getragen.

Etwas anderes wäre angesichts von etwa 127 000 Anwälten, von denen sich viele in Existenznot befinden, unglaubwürdig (das Durchschnittseinkommen der westdeutschen Einzelanwälte betrug 1999 nur etwa 30 000 Euro). Nichts zeigt den Wandel im Berufsbild deutlicher als der Abstieg zahlreicher Juristen vom selbstständigen Anwalt mit eigener Kanzlei zum freien Mitarbeiter, der seine Beratungstätigkeit am Abend im Callcenter über Telefonhotlines mit 0190-Nummern ausüben muss.

Für den Familienunternehmer stellt sich die Anwaltswelt freilich völlig anders dar. Sie ist durch drei Entwicklungstendenzen gekennzeichnet. Erstens durch die Entstehung überörtlicher und internationaler Großsozietäten, bei denen auf einen Partner nicht selten vier oder fünf angestellte Anwälte kommen. Hier arbeiten viele hoch qualifizierte Spezialisten in einem konzernähnlichen Unternehmen zusammen, oder – besser gesagt – nebeneinander. Der Vorzug von Großsozietäten liegt in der Spezialisierung auf eng abgesteckte Problemfelder, in denen sie oft jahrelang ausschließlich tätig sind. Ein nicht zu übersehender Nachteil besteht in der mangelnden Beherrschbarkeit der Schnittstellenproblematik, also im fachlichen Überblick über den Gesamtkomplex. So sind etwa bei einer Nachfolgeregelung Familienrechtler, Gesellschaftsrechtler, Erbrechtler, Steuerrechtler und gegebenenfalls Kartellrechtler nebeneinander tätig.

Die zweite für das Familienunternehmen bedeutsame Entwicklungstendenz liegt im Europarecht begründet. Trotz abwehrender Haltung vieler europäischer Anwaltskammern hat die Europäische Union den Zugang zu den nationalen Rechtsberatungsmärkten immer weiter geöffnet. Seit Anfang 2000 hat jeder in einem Mitgliedstaat der EU zugelassene Anwalt das Recht, sich unter seiner heimatlichen Berufsbezeichnung auf Dauer in Deutschland niederzulassen und nach Ablauf von drei Jahren den Titel eines deutschen Rechtsanwalts zu führen. Diese Entwicklung kommt dem Interesse vieler deutscher Familienunternehmen sehr entgegen, können sie doch jetzt vor Ort internationale Fragestellungen mit einem bilateral erfahrenen Einzelanwalt oder einer kleinen, individuell arbeitenden Sozietät lösen.

Die dritte Entwicklungstendenz, die ich in unseren Familienunternehmen beobachte, ist eine zunehmende Hinwendung zum oder auch Rückbesinnung auf den klassischen Familienanwalt, also auf das, was die Italiener sehr zutreffend als »Consigliere« bezeichnen. Der Unternehmer, bei dem sich betriebliche und persönliche Belange so stark mischen, benötigt in der Tat beides, genaue Rechtskenntnisse in allen Fragen des Familienunternehmens sowie einen Berater, der persönliche Stärke und Integrität in sich vereint. Wenn es darum geht, einen gerechten Ausgleich zwischen divergierenden Interessen einzelner Familienmitglieder zu finden und zu vermitteln, dann reicht weder eine psychologische Beratung noch eine reine Rechtsberatung aus, dann muss vielmehr jemand verfügbar sein, dessen Wissen, Autorität und Überzeugungskraft so groß sind, dass er von allen Beteiligten als Persönlichkeit akzeptiert wird. Hierzu gehört vor allem Erfahrung: Ein zweiunddreißigjähriger Anwalt kann den Unternehmer wohl kaum bei der Auflösung seiner langjährigen Ehe sinnvoll beraten. Hierzu gehören aber auch eine dem Familienunternehmen vergleichbare Kultur im eigenen Anwaltsbüro und finanzielle sowie persönliche Unabhängigkeit des Beraters.

Auf die soeben beschriebene Aufgabe eines Familienanwalts sind unsere jungen Juristen denkbar schlecht vorbereitet. Zwar ist der in meiner anwaltlichen Frühzeit noch allenthalben feststellbar gewesene Mangel an betriebswirtschaftlichen und steuerlichen Kenntnissen heute weitgehend behoben. Heute fehlt es dagegen an etwas anderem: Der junge Jurist ist von der Ausbildung her ein »Schwierigkeitsjurist«. Er arbeitet streit- und hindernisorientiert. Er stellt stets die Warnfunktion in den Vordergrund. Beim Unternehmenskauf malt er dem Unternehmer in den schlimmsten Farben aus, was alles passieren kann, während er die wirtschaftlichen Chancen nicht bewerten kann. Bei der Nachfolgekonzeption sieht er nur die rechtlichen und steuerlichen Gefahren, jedoch nicht die menschlichen Schicksale und Nöte. Zu viele unserer Juristen entwickeln formale Lösungen, über die das wirkliche Leben dann hinweggeht.

Hierzu ein Beispiel: Es mag vertraglich zunächst durchsetzbar sein, die Entnahmen inaktiver Gesellschafter auf ein Minimum zu reduzieren, ihre Informationsrechte aufs Äußerste zu beschneiden und ihr Abfindungsguthaben zu minimieren. Wer jedoch glaubt, dass er damit den Bestand des Unternehmens für die Zukunft gesichert hat, der irrt. Jede inhaltlich unangemessene Lösung führt auf Dauer zu einem hoch explosiven Gemisch innerhalb des Gesellschafterkreises, das schon bald nicht mehr beherrschbar ist. Oder ein anderes Beispiel. Wir wissen alle: Dort, wo viele Gesellschafter mitreden, wird die Handlungsfähigkeit der Geschäftsführung gefährdet. Wer jedoch glaubt, dieses Problem dadurch lösen zu können, dass er die Familienmitglieder nicht als Gesellschafter integriert, sondern als Unterbeteiligte oder stille Gesellschafter aus der Gesellschafterversammlung heraushält, der übersieht, dass Unzufriedenheit sich stets ihren Weg bahnt.

Ein Dauerthema einer jeden Rechtsberatung ist die Höhe des Honorars. Wir, meine Partner und ich, arbeiten, anders als die heutigen Großkanzleien, nicht auf Basis von Stundenhonoraren. Wir halten es beidseitig für

fairer, dem Unternehmer einen Honorarrahmen zu benennen, der dann
nach getaner Arbeit in beiderseitigem Einvernehmen ausgefüllt wird. Nicht
selten werden Stundensätze dazu genutzt, Auslastungsprobleme innerhalb
der Kanzlei zu lösen. Wenn jedes Telefonat, jede Reiseverspätung, ja jede
Anlage einer Mandatsakte von der EDV erfasst und dann in Rechnung gestellt wird, so mag dies der Kultur von Großkonzernen entsprechen, zum
Familienunternehmer passt es nicht. Andererseits sollte es nach unserem
Berufsverständnis auch nicht darauf ankommen, ob die kreative Lösung für
den Unternehmer am Schreibtisch entwickelt wird, während der Sekun-
denzähler läuft, oder ob der zündende Gedanke für den Unternehmer beim
Jogging oder in einer nächtlichen wachen Stunde kommt.

Mein Büro feiert in diesem Jahr sein fünfundsiebzigjähriges Bestehen –
ein in Deutschland für Anwaltsbüros sicherlich seltenes Jubiläum. Ich bin
seit der Gründung der zweite Senior und ich glaube, jeder wird verstehen,
dass Zeitaufwand die gesammelte Erfahrung und juristische Kreativität niemals ersetzen kann und somit die falsche Bezugsgröße für eine angemessene Honorierung ist.

Der Notar und wie man Gebühren spart

Über sie wird kaum geredet, obwohl sie manchmal das Wohl und Wehe
eines Familienunternehmens entscheidend mitbestimmen können: die Notare. Sie kommen immer dann ins Spiel, wenn grundlegende Rechtsverhältnisse neu geordnet oder umgestaltet werden sollen oder wenn Anmeldungen zu einem öffentlichen Register vorzunehmen sind. Oft arbeitet der
Hausjurist eng mit dem Notar zusammen.

Notare sind unparteiisch. Sie arbeiten im Auftrag des Staats, sollen dem
Beurkundungsakt daher neutral gegenüberstehen. Beurkundungspflichtig
sind unter anderem Kaufverträge über Grundstücke, die Bestellung von
Grundpfandrechten, die Gründung von Kapitalgesellschaften, Satzungsänderungen bei einer AG oder GmbH, die Abtretung von Geschäftsanteilen
bei einer GmbH sowie die Verschmelzung oder Spaltung und der Form-
wandel bei Unternehmen jeglicher Rechtsform. Auch ein Unternehmens-
kaufvertrag ist beurkundungspflichtig, wenn zu dem Unternehmen Grundstücke gehören. Erbverträge, mit denen zwei oder mehr Personen ihre

Erbfolge verbindlich regeln, bedürfen ebenso der notariellen Beurkundung wie Eheverträge, mit denen ein Unternehmer von eherechtlichen Verfügungsbeschränkungen oder vom Zugewinnausgleich befreit werden soll.

Der Sinn und Zweck der notariellen Beurkundung liegt darin, dass der Notar die Parteien als neutraler Dritter unparteiisch beraten und über Tragweite und Risiken des abzuschließenden Rechtsgeschäfts belehren soll. Außerdem weisen notarielle Urkunden eine erhöhte Beweiskraft auf. Sie gelten als echt, solange nicht der Nachweis ihrer Fälschung geführt worden ist. Schließlich kann die notarielle Urkunde auch Vollstreckungstitel sein. Aus ihr kann der Gläubiger der beurkundeten Verbindlichkeit ohne gerichtliches Urteil gegen den Schuldner die Zwangsvollstreckung betreiben, wenn der Schuldner in der Urkunde eine entsprechende Unterwerfungserklärung abgegeben hat.

Bei der Beglaubigung von Registeranmeldungen beschränkt sich der Notar darauf, die Echtheit der unter einer Urkunde befindlichen, vor ihm anerkannten oder vollzogenen Unterschrift zu bestätigen. Staatliche Register wie das Grundbuch oder das Handelsregister genießen in Deutschland »öffentlichen Glauben«. Gutgläubige Teilnehmer am Rechtsverkehr können sich je nach Art des Registers in mehr oder weniger weit gehendem Umfang auf die Richtigkeit der dort eingetragen Rechtsverhältnisse berufen. Es muss deshalb gewährleistet sein, dass Anmeldungen zu den öffentlichen Registern nur von den dazu berechtigten Personen vorgenommen werden. Durch öffentliche Beglaubigung wird sichergestellt, dass die unter einer Registeranmeldung befindliche Unterschrift tatsächlich vom Berechtigten geleistet wurde.

Notare werden von der Justizverwaltung des jeweiligen Bundeslandes ernannt. Ihnen wird ein bestimmter räumlicher Bezirk als Amtsbereich zugewiesen. Außerhalb dieses Amtsbereiches darf der Notar grundsätzlich nicht beurkunden. Die Parteien sind dagegen in der Wahl des Notars völlig frei. So kann beispielsweise ein Kaufvertrag über ein Unternehmen in München vor einem Notar in Köln geschlossen werden. Für jeden Amtsbereich werden nur so viele Notare bestellt, wie es den Erfordernissen der geordneten Rechtspflege entspricht. Durch diese Bedürfnisprüfung soll sichergestellt werden, dass die Notare über ein ausreichendes Geschäftsaufkommen verfügen, um ihre wirtschaftliche Unabhängigkeit gegenüber den Mandanten zu sichern.

In Deutschland haben sich historisch bedingt drei verschiedene Notariatsformen herausgebildet. Im Bereich des »Nurnotariats« wird nur zum Notar bestellt, wer Volljurist ist und einen dreijährigen Anwärterdienst geleistet hat. Namentlich in Bayern, Hamburg und im Rheinland sind die Notare regelmäßig Spitzenjuristen, die zum obersten Prozent ihres Examensjahrgangs gehören. Im Bereich des Anwaltsnotariats wird die Notartätigkeit von Rechtsanwälten im Nebenberuf ausgeübt. Sowohl Nurnotare als auch Anwaltsnotare sind Selbstständige. Demgegenüber besteht in Baden-Württemberg ein staatliches Beamtennotariat: In Baden werden Richter zu Notaren bestellt, in Württemberg gibt es Bezirksnotare, die keine Juristen sind, sondern lediglich eine Fachhochschulausbildung besitzen. Daneben existieren noch einzelne Nurnotare und Anwaltsnotare.

Angesichts der unterschiedlichen Notariatsformen verwundert es nicht, dass die Qualität der notariellen Dienstleistungen erheblich variiert. Während die Nurnotare in der Regel einen guten Ruf genießen, wird manches staatliche Notariat aufgrund der schlechten personellen und sachlichen Ausstattung den Anforderungen einer modernen Dienstleistungsgesellschaft häufig nicht gerecht.

Notare erheben für ihre Tätigkeit Gebühren, deren Höhe in einer Gebührenordnung gesetzlich festgelegt ist. Die Gebühr richtet sich nicht nach dem Arbeitsaufwand des Notars, sondern ist nach dem Geschäftswert gestaffelt. So kostet beispielsweise die Abtretung eines GmbH-Geschäftsanteils mit einem Wert von 10 000 Euro 108 Euro (zuzüglich Auslagen und Mehrwertsteuer), während die Abtretung eines Geschäftsanteils im Wert von 100 000 Euro mit Gebühren in Höhe von 414 Euro zu Buche schlägt, auch wenn die Vorbereitung beider Verträge den gleichen Arbeitsaufwand erfordert. Abweichungen von der Gebührenordnung sind streng verboten. Anders als Rechtsanwälte dürfen Notare keine Gebührenvereinbarungen treffen. Auch eine Gebührenteilung, bei der der Notar einen Teil seiner Gebühren an einen von den Parteien beauftragten Rechtsanwalt, der vorbereitende Entwürfe erstellt hat abtritt, ist untersagt.

Bei kleinen Geschäftswerten ist der Notar häufig erheblich billiger als ein Rechtsanwalt und bietet – jedenfalls im Bereich des Nurnotariats – oft eine erheblich bessere Beratung als eine durchschnittliche Anwaltskanzlei. Die Hinzuziehung eines Rechtsanwalts ist hier nicht erforderlich und verursacht lediglich zusätzliche Kosten. Der Unternehmer sollte lieber gleich zum Notar gehen und gegebenenfalls noch einen Steuerberater konsultieren.

Anders sieht es bei größeren Geschäftswerten aus. Hier sind Notare gemessen an ihrer Leistung oft unverhältnismäßig teuer, auch wenn die Gebühren bei Zunahme des Geschäftswertes lediglich degressiv steigen. Im Übrigen ist der Notar als Einzelkämpfer und Generalist schon von seinen Ressourcen her häufig nicht in der Lage, komplexe Transaktionen oder Umstrukturierungen umfassend zu betreuen. Hier ist dem Unternehmer zu empfehlen, eine wirtschaftsberatende Anwaltskanzlei zu konsultieren, in der Rechtsanwälte und Steuerberater zusammengeschlossen sind und die ihm eine sachgerechte Beratung aus einer Hand bietet.

Der Gang zum Notar bleibt dem Unternehmer freilich auch dann nicht erspart. Er ist nämlich gesetzlich vorgeschrieben. Die Beurkundung wird in solchen Fällen von den Beteiligten häufig als lästige und vor allem kostenträchtige Formalie empfunden. Weil die Notargebühren namentlich in der Schweiz und in den Niederlanden bei hohen Geschäftswerten zum Teil erheblich niedriger sein können als in Deutschland, sind Anwaltskanzleien und Rechtsabteilungen größerer Unternehmen mittlerweile verstärkt dazu übergegangen, ihren Mandanten oder der Unternehmensleitung eine Beurkundung im Ausland anzuraten.

Grundsätzlich lässt das deutsche Gesetz beim Abschluss von Verträgen die Ortsform genügen. Danach reicht es aus, wenn ein Rechtsgeschäft den Formvorschriften des Rechts desjenigen Staates genügt, in dem es abgeschlossen wurde. Tatsächlich besteht weit gehende Einigkeit darüber, dass Kaufverträge über ein in Deutschland befindliches Grundstück oder die Abtretung von Geschäftsanteilen an einer deutschen GmbH unproblematisch von einem Notar in Basel beurkundet werden können.

In vielen Fällen verlangt der Regelungszweck einer Formvorschrift jedoch, dass jene unabhängig vom Ort des Vertragsschlusses zur Anwendung kommt, wenn der Vertrag ansonsten dem deutschen Recht unterliegt. In diese Kategorie fallen nach überwiegender Auffassung beispielsweise die Vorschriften über den Beurkundungszwang bei der Gründung einer GmbH oder bei der Verschmelzung von Unternehmen. Doch selbst bei Anwendbarkeit der deutschen Formvorschriften ist eine Auslandsbeurkundung nicht von vornherein ausgeschlossen. Vielmehr ist eine Beurkundung im Ausland auch hier immer dann zulässig, wenn sie derjenigen durch einen deutschen Notar gleichwertig ist. Wann Gleichwertigkeit vorliegt, lässt sich allerdings nicht generell sagen; dies hängt vielmehr vom Schutzzweck der jeweiligen Formvorschrift ab. Dabei ist zu beachten, dass notarielle Formvorschriften nicht nur dem Schutz der Beteiligten durch Beratung, Belehrung und Beweissicherung dienen. Vielmehr dienen sie auch der Entlastung der Gerichte: Der Notar soll durch eine Rechtmäßigkeitskontrolle der abzuschließenden Vereinbarung sicherstellen, dass deren Inhalt rechtlich unbedenklich ist, damit spätere Streitigkeiten vor Gericht vermieden werden. Der Notar hat aber auch die Aufgabe, durch korrekte Formulierung der Registeranträge deren reibungslosen Vollzug sicherzustellen. Ohne Vorschaltung der Notare müsste das Personal bei den Registergerichten vervielfacht werden.

Vor diesem Hintergrund besteht weit gehende Einigkeit darüber, dass bei der Beurkundung eines Grundstückskaufvertrags im Ausland die Beurkundung der Einigung über den Eigentumswechsel (Auflassung) vor einem deutschen Notar wiederholt werden muss. Je nachdem, welcher Gebührensatz auf die Auflassung nach der Rechtsprechung des örtlich zuständigen Oberlandesgerichts angewendet wird, ist die Auslandsbeurkundung für die Parteien im Ergebnis häufig teurer, als wenn sie die gesamte Transaktion in die Hände eines deutschen Notars gelegt hätten. Demgegenüber kann die Gründung einer GmbH nach verbreiteter Auffassung auch von einem schweizerischen Notar beurkundet werden, jedenfalls solange die Beglaubigung der Anmeldung zum Handelsregister seinem deutschen Kollegen vorbehalten bleibt. Ob Verschmelzungsverträge oder andere Umwandlungen der Unternehmensstruktur in der Schweiz beurkundet werden können, ist rechtlich umstritten. Einige Rechtslehrer halten hier für entscheidend, ob der ausländische Notar wie sein deutscher Kollege die unbegrenzte Haftung für Beratungsfehler übernimmt, weil nur dann mit einer vergleichbaren Sorgfalt bei der Vertragsgestaltung gerechnet werden könne.

Erhebliche Auswirkungen auf die Bewertungstätigkeit von Notaren im Gesellschaftsrecht hat die oben bereits zitierte Entscheidung des Europäischen Gerichtshofs im Fall »Überseering«. Bislang war es in Deutschland herrschende Meinung, dass eine Gesellschaft, deren Hauptverwaltung sich im Inland befindet, zwingend dem deutschen Recht unterliegt. Dies hatte zur Konsequenz, dass in einem anderen Mitgliedstaat der EU errichtete Gesellschaften bei einer Verlegung ihrer Hauptverwaltung nach Deutsch-

land nach deutschem Recht neu gegründet werden mussten. Diese Regelung hat der Europäische Gerichtshof nun als Verstoß gegen die Niederlassungsfreiheit nach dem EG-Vertrag angesehen und für unzulässig erklärt.
Künftig können deshalb wohl auch Gesellschaften, die ihren Verwaltungssitz von Anfang an in Deutschland haben, nach ausländischem Recht gegründet werden. Namentlich bei Kapitalgesellschaften besteht somit eine
gewisse Wahrscheinlichkeit, dass sich die Gesellschafter am Recht desjenigen Staates orientieren, der die geringsten Anforderungen an die Kapitalaufbringung und Kapitalerhöhung stellt, und in dem die Gründungskosten
am niedrigsten sind. Die deutsche GmbH könnte auf diese Weise mittelfristig durch die englische »Limited« verdrängt werden.

Auch sonst könnte das Berufsbild der deutschen Notare bald erhebliche
Änderungen erfahren. Die Europäische Kommission erkennt die in Kontinentaleuropa verbreitete Unterscheidung zwischen Gewerbetreibenden
und Freiberuflern nicht an. Sie möchte die Reglementierung der freien Be-
rufe weitgehend beseitigen, weil sie darin ein Hindernis für den europäischen Binnenmarkt sieht. Auch die in den meisten kontinentaleuropäischen
Ländern verbreitete Auffassung, dass es sich bei den Notaren um Träger eines öffentlichen Amtes handelt, lehnt die Kommission ab. Sie sieht die Notare als gewöhnliche Unternehmer an und wertet den Gebietsschutz und
die staatliche Gebührenordnung als Verstoß gegen die Niederlassungsfreiheit und das Kartellverbot nach dem EG-Vertrag. Sie will deshalb gegen die
Bundesrepublik Deutschland ein Vertragsverletzungsverfahren einleiten,
um nötigenfalls vor dem Europäischen Gerichtshof eine Öffnung der deutschen Notariatsstrukturen zu erzwingen.

Steuerberater – zu wenig kreativ?

Die Eigenkapital- und Liquiditätsenge zwingt jedes Familienunternehmen
dazu, Geldabflüsse für Steuern exakt zu planen und, soweit dies im Rahmen der Gesetze möglich ist, Steuerzahlungen generell zu vermeiden. Während es an der betrieblichen Steuerplanung häufig mangelt, ist der Wunsch
und Wille zur Steuervermeidung den meisten Unternehmern geradezu eine
Lust, der sie sich mit großem Eifer und großer Kreativität hingeben. Oft
beschweren sie sich, dass viele Steuerberater lediglich die tatsächlich ange-

fallenen Steuern erklären, ohne zu überlegen, wie Steuern vermieden oder reduziert werden könnten. Dies ist ein bekannter Missstand, der auch damit erklärt werden kann, dass häufig noch die Steuerberater der ersten Stunde tätig sind. Diese sind mit dem Unternehmen oft nicht »mitgewachsen«. Insbesondere fehlt es ihnen an der notwendigen Kenntnis des internationalen Steuerrechts. In solchen Fällen muss bei der Auswahl des Steuerberaters Qualität vor Kontinuität gehen. Hin und wieder spielt aber auch die Sorge mit, bei entsprechend »kreativen« Vorschlägen den Unternehmer später überhaupt nicht mehr »bremsen« zu können. Häufig wird der Steuerberater auch von der Furcht getrieben, er könne es sich bei zu forschem Vorgehen mit der örtlichen Finanzverwaltung verderben.

Tatsache ist und bleibt: Der Unternehmer braucht einen kompetenten Berater, wenn er seine Steuern optimieren will. Ob der Abschlussprüfer diese Funktion erfüllen kann, ist im Einzelfall kritisch zu hinterfragen. Aufgrund der Skandale der jüngsten Zeit, der in deren Folge verschärften Gesetzesvorschriften sowie der bestehenden berufsrechtlichen Standards hat der Abschlussprüfer sehr sorgfältig auf seine Unabhängigkeit zu achten. Seinen Beratungsaktivitäten sind enge Grenzen gesetzt, wobei die tägliche Steuerberatung – hierzu gehört die Erstellung von Steuererklärungen und die Erteilung laufender Auskünfte – im Regelfall als unproblematisch einzuordnen ist. Ich empfehle daher, sorgfältig abzuwägen, ob Prüfung und Beratung nicht in getrennte Hände zu legen sind.

Bei schwierigen Gestaltungsfragen sollte man Spezialisten hinzuziehen. Hierbei muss der Unternehmer diesen natürlich den Rücken freihalten, da jeder Veränderungsvorschlag in der Regel im eigenen Haus auf erheblichen Widerstand stößt. Ebenso sollte der Unternehmer bedenken, dass zwischen Finanzchef und Steuerberater über das notwendige Vertrauensverhältnis hinaus oft eine Allianz entsteht, die den eigenen Interessen nicht immer dienlich ist.

Was eine steuerlich optimale Gestaltung dem Unternehmen und seinen Gesellschaftern bringen kann, zeigt der Fall eines Maschinenbauunternehmens. Im Zuge des Börsengangs hatte es alle stillen Reserven aufgelöst und den hierbei anfallenden Gewinn ordnungsgemäß nach den Regeln des Umwandlungssteuergesetzes zum halben Steuersatz versteuert. Anschließend konnten alle Abschreibungen von den aufgestockten Buchwerten vorgenommen und vom voll steuerpflichtigen Gewinn abgezogen werden. Da das Unternehmen keinen eigenen Grundbesitz hatte und das Anlagevermögen zum überwiegenden Teil aus Maschinen bestand, die kurzfristig abgeschrieben werden konnten, war der Vorteil groß. Allerdings setzte dies voraus, dass die Firma liquide war. Die Steuern auf den Veräußerungsgewinn mussten nämlich sofort gezahlt werden, während die Steuerersparnis über die erhöhten Abschreibungen erst nach und nach zu Buche schlugen.

Das Beispiel sollte zeigen, wie sehr es sich lohnt, dem komplexen Thema Steuerrecht mehr Aufmerksamkeit zu schenken. Die Margen schrumpfen, die Steuerbelastung wird immer höher. Dem Chef ist daher zu empfehlen, persönlich an der Schlussbesprechung der Betriebsprüfung teilzunehmen. Das gibt den Argumenten des Unternehmens ein besonderes Gewicht. Zudem kann sich der Unternehmer selbst davon überzeugen, ob und in welchem Umfang die steuerlichen Potenziale ausgeschöpft werden.

Die steuerliche Optimierung darf jedoch nie zum Selbstzweck werden. Vorrang haben immer die gesellschaftsrechtliche Absicherung des Unternehmens sowie betriebswirtschaftliche Erfordernisse. Wer dies nicht beachtet, wird ein Vielfaches dessen, was er an steuerlichen Vorteilen erzielt hat, an anderer Stelle wieder einbüßen. Hierfür gibt es eindrucksvolle Beispiele, das Schicksal der Benteler AG beispielsweise, die durch eine allein steuerlich motivierte vorweggenommene Erbfolge in eine existenzielle Führungskrise geraten war, oder das Missgeschick Kurt Engelhorns, der nach Einbringung aller Anteile in steuerlich günstig gelegene Trusts bei Boehringer Mannheim ausgebootet werden konnte, weil die gesellschaftsrechtlichen Machtstrukturen und Entscheidungsabläufe infolge dieser Konstruktion von ihm nicht mehr zu lenken waren.

Wird aufgrund von steuerlichen Überlegungen das wirtschaftliche Ergebnis verfälscht, wirkt sich dies nachhaltig negativ für das gesamte Unternehmen aus. Auch hierzu ein Beispiel: Ein Unternehmen aus der Investitionsgüterindustrie hatte in einem niedrig besteuerten Billiglohnland eine Tochtergesellschaft errichtet, bei der die lohnintensiven Komponenten des Endproduktes hergestellt wurden. Der Firmenchef erreichte bei der Finanzverwaltung dank einer geschickten Verhandlungsführung die Anerkennung von Verrechnungspreisen, die der Tochtergesellschaft eine sehr hohe Rendite sicherten und naturgemäß den Gewinn der deutschen Muttergesellschaft nachhaltig belasteten. Nach geraumer Zeit traten bei der Muttergesellschaft zwei Probleme auf, mit denen zuvor niemand gerechnet hatte: So regte sich Widerstand bei den Mitarbeitern, denen intern und extern stets die Zahlen der wichtigsten Konkurrenten vorgehalten wurden. Diese Zahlen waren für sie jedoch wegen der hohen Einkaufspreise, die sie für die zugekauften Komponenten bei der eigenen Tochtergesellschaft zahlen mussten, trotz aller Anstrengungen nicht mehr zu erzielen. Zudem begannen die Banken Schwierigkeiten zu machen, da die Eigenkapitalbildung nur noch bei der Tochtergesellschaft stattfand, sodass schließlich die Geschäftsführung auf den aberwitzigen Vorschlag verfiel, die Tochtergesellschaft solle sich mit den thesaurierten Gewinnen an ihrer eigenen Muttergesellschaft beteiligen.

Die Lehre aus solchen Erfahrungen: Das Steuerrecht hat stets nur eine Hilfsfunktion. Erst dann, wenn gesellschaftsrechtlich, betriebswirtschaftlich und organisatorisch die optimale Gestaltung gefunden ist, kann die steuerliche Optimierung einsetzen. Wer jedoch der steuerlichen Gestaltung vor den betrieblichen Bedürfnissen den Vorrang einräumt, kompliziert – wie bei vielen Betriebsaufspaltungen – die Abläufe, die dann niemand mehr beherrschen kann. Dies führt dann zu Reibungsverlusten, die oftmals ein Vielfaches der erzielten Steuervorteile kosten.

Die Steuerberater in Deutschland haben eine tägliche Kärrnerarbeit zu leisten, die bei der ständig wachsenden Flut von Verordnungen, Richtlinien, Verwaltungsanweisungen und Urteilen immer schwieriger wird. Über diese Arbeit sollte die Steuergestaltung nicht zu kurz kommen, vorausgesetzt, der Unternehmer fordert sie ein und gibt hierzu Anstöße. Allerdings: Bei schwierigen Steuerfragen, die außerhalb der Tagespraxis entstehen, wie bei Umwandlungen, Unternehmensverkäufen oder internationalen Gestaltungen, ist der Unternehmer gut beraten, wenn er sich davon überzeugt, ob das hierfür erforderliche spezielle Wissen bei seinem Tagesberater vorhanden ist. Im Zweifelsfall ist es immer besser, einen Spezialisten hinzuzuziehen.

Wirkt der Steuerberater bei der Vermittlung von Vermögensanlagen und Versicherungen mit, ist darauf zu achten, dass er hierbei keinerlei persönliche Interessen verfolgt. Die Annahme von Provisionen oder von Vorteilen anderer Art ist grundsätzlich nicht mit der Pflicht zur unabhängigen Berufsausübung zu vereinbaren. Mehr noch als der Wirtschaftsprüfer muss der Steuerberater einen individuellen Beratungsservice leisten, der an den jeweiligen sachlichen und auch zeitlichen Bedürfnissen des Unternehmens und seiner Eigner ausgerichtet ist. Er muss den Mandanten vorbeugend auf Problemstellungen und Lösungsmöglichkeiten hinweisen. Das gilt insbesondere bei Änderungen der Gesetze und der höchstrichterlichen Rechtsprechung. Daher sollte seine Arbeit auch einer laufenden Qualitätskontrolle unterzogen werden.

Zudem gilt: Die Qualität der Beratung, nicht die Höhe des Honorars gibt den Ausschlag für die Zusammenarbeit. Und schließlich: Spätestens dann, wenn die Interessen mehrerer Gesellschafter voneinander abweichen, sollte jede Gesellschafterfamilie einen eigenen, vom Unternehmen und von den Mitgesellschaftern unabhängigen Steuerberater haben.

Der Wirtschaftsprüfer als staatlich bestellter Kontrolleur

Der Berufsstand der Wirtschaftsprüfer ist ins Gerede gekommen. Dies zeigen nicht erst die Skandale der letzten Jahre. Schon zuvor haben Fälle wie Beton- und Monierbau, Helaba, Esch oder Biber-Haus – die Wirtschaftsprüfungsgesellschaft Peat Marwick wurde hier zu 5 Millionen D-Mark Schadensersatz verurteilt – dem Bild dieses Berufsstandes erste Risse zugefügt. Seitdem ging es Schlag auf Schlag: KPMG musste in Sachen IFC Leasinggesellschaft 5,5 Millionen US-Dollar Schadenersatz hinblättern und zittert nun beim Banco Popular, wo es um 75 Millionen US-Dollar Wiedergutmachung geht. Price Waterhouse wurde im Fall Ferfin mit einer 100-Millionen-Dollar-Klage wegen grober Nachlässigkeit und mangelnder Professionalität bei der Bilanzierung überzogen. Ernst & Young musste wegen groben Fehlverhaltens bei der Prüfung einer irischen Versicherung (Insurance Corp. of Ireland) 110 Millionen US-Dollar überweisen.

Zuletzt sorgten Fälle wie Comroad, Flowtex, Enron und WorldCom für Schlagzeilen; mit dem Niedergang von Arthur Andersen führten sie sogar zu einem weiteren Konzentrationsprozess bei den international tätigen Wirtschaftsprüfungsgesellschaften. Den verantwortlichen Abschlussprüfern wurde vorgeworfen, nicht sorgfältig genug geprüft oder sich durch umfangreiche Beratungstätigkeiten in eine Abhängigkeit vom Unternehmen gebracht zu haben.

Es wird für die Wirtschaftsprüfer nur ein geringer Trost sein, dass gleichzeitig mit ihnen das Institut des Aufsichtsrats, dem sie eigentlich zu-

arbeiten sollen, in die Krise geraten ist. Dabei haben die Wirtschaftsprüfer –
wie auch die Aufsichtsräte – diese Misere nur zum geringen Teil selbst verschuldet. Verantwortlich für das Dilemma sind die Wirtschaftsprüfer allerdings insoweit, als sie dafür gesorgt haben, dass die früher so lupenreine
Interessenabgrenzung aufgeweicht wurde. Denn heute sind, weil Beratung
eben lukrativer als Prüfung ist, die Grenzen zwischen beiden Bereichen
verwischt. Unternehmensberatung sollte jedoch niemals mit Wirtschaftsprüfung gekoppelt werden, auch wenn dies mittels formalrechtlicher Ab-
grenzung über selbstständige Tochtergesellschaften geschieht. Jedermann
weiß, dass hier schwerwiegende Interessenkonflikte programmiert sind.

Zumindest kann die Öffentlichkeit von den Wirtschaftsprüfern erwarten, dass derartige Fragen offen diskutiert werden. Festzustellen ist, dass
diese Debatte im Jahr 2003 deutlich an Intensität gewann und in konkrete
Gesetze oder Gesetzesvorhaben Eingang fand. So wurde in den Vereinigten
Staaten mit dem Sarbanes-Oxley-Gesetz ein wesentlicher Schritt zu mehr
Unabhängigkeit der Abschlussprüfer getan. Die EU-Kommission plant
eine Verschärfung der aus dem Jahr 1984 stammenden Richtlinie über die
Wirtschaftsprüfer. Dadurch sollen unter anderem die Kontrollmechanismen verschärft werden und durch eine Rotation der Prüfer deren Unabhängigkeit gestärkt werden; zudem ist geplant, die gleichzeitige Erbringung
von Zusatzdienstleistungen, wie etwa Beratung und Rechnungslegung,
durch den Wirtschaftsprüfer weiter einzuschränken.

Die Aufstellung des Deutschen Corporate-Governance-Kodex für börsennotierte Unternehmen ist ebenfalls ein konkretes Ergebnis dieser Diskussion. Weitere gesetzliche Maßnahmen sind in Deutschland geplant.
Hierzu gehören:

- Ausweitung der Haftung,
- Offenlegung der Honorare für Beratung und Prüfung,
- Genehmigung von Beratungsaufträgen durch den Aufsichtsrat,
- Ausweitung des Katalogs der nicht mit der Abschlussprüfung
  kombinierbaren Beratungstätigkeiten.

Der Unternehmer sollte sich daher nicht scheuen, mit seinem Abschluss-
prüfer diese Fragen kritisch zu diskutieren und gemeinsam eine klare
Handlungsempfehlung entwickeln. Der Wirtschaftsprüfer wird dann im
Zweifelsfalle einen Auftrag wegen Gefährdung seiner Unabhängigkeit ab-

lehnen müssen. Umgekehrt muss der Unternehmer Verständnis zeigen, wenn der Prüfer künftig verstärkt auf die Einhaltung der heute diskutierten Richtlinien achtet und auch verschärfte Anforderungen an die Qualität der ihm vorgelegten Unterlagen stellt.

Immer wieder klagt die Unternehmerseite, dass Abschlussprüfer ständig mehr Informationen forderten und alle Vorgänge kritisch hinterfragten. Umgekehrt beklagen sich die Abschlussprüfer über die mangelnde Sensibilität der Mandanten, wenn es um die Anforderungen an eine ordnungsgemäße Rechnungslegung geht. Die Anforderungen an interne und externe Rechnungslegung sind jedoch gestiegen. So wird heute auch ein aussagekräftiger Lagebericht verlangt. Ohne die nötige Vorarbeit kann auch der Abschlussprüfer die gesetzlichen Standards nicht mehr erfüllen. Verbesserungen der Vorschriften zur Rechnungslegung liegen jedoch ebenso wie die Qualität der Abschlussprüfer im Interesse der gesamten Volkswirtschaft.

Die Ergebnisse der Jahresabschlussprüfung lassen sich schon dadurch verbessern, dass der Prüfer kontinuierlich in die Entwicklung des Unternehmens eingebunden wird, beispielsweise durch Quartalsgespräche und eine ausführliche Vorprüfung vor dem Jahresabschlussstichtag. Mit den Erkenntnissen aus dieser Vorprüfung haben Geschäftsführung und Aufsichtsrat/Beirat noch die Möglichkeit, steuernd auf mögliche Fehlentwicklungen einzuwirken. Die Jahresabschlussprüfung entwickelt sich damit von einer vom Stichtag abhängigen zu einer prozessbegleitenden Prüfung.

Natürlich gilt es aus Unternehmersicht auch kritisch zu hinterfragen, ob der Abschlussprüfer die qualitativen Veränderungen ausreichend berücksichtigt. Wenn der Abschlussprüfer mit der Größe und Komplexität des Unternehmens nicht mitgewachsen ist, empfiehlt sich ein Wechsel. Einen Eindruck vom Qualitätsbewusstsein des Abschlussprüfers gewinnt der Unternehmer am besten bei der laufenden Zusammenarbeit. Den Abschlussprüfer sollte man durchaus fragen, welche Maßnahmen er zur Qualitätssicherung ergriffen hat. Hat er sich mit »Peer Reviews« durch einen anderen Wirtschaftsprüfer prüfen lassen? Gibt es kanzleiinterne Standards, die möglicherweise auch zu einer Zertifizierung der Kanzlei geführt haben? Wie jeder Unternehmer muss auch der Abschlussprüfer oder die von ihm repräsentierte Kanzlei sich offensiv und strategisch auf die Anforderungen der Märkte ausrichten.

Die Größe der Kanzlei ist jedoch nicht entscheidend. Vielmehr kommt es darauf an, ob sie für die Belange des Mandanten die richtigen Antworten kennt. Gewinnt bei diesem beispielsweise das Auslandsgeschäft an Bedeutung, werden Tochtergesellschaften im Ausland gegründet, so muss der Prüfer über entsprechende Erfahrungen verfügen. Um ein Familienunternehmen angemessen zu prüfen, sollte der Wirtschaftsprüfer aber auch ein hohes Maß an interdisziplinärem Problembewusstsein für betriebswirtschaftliche, rechtliche und steuerliche Belange besitzen. Die Frage nach dem richtigen Honorar lässt sich dagegen nur von Fall zu Fall beantworten. Gar nicht so selten wird der Abschlussprüfer gewechselt, um deutlich an Honorar zu sparen. Dies kann, muss aber nicht sinnvoll sein. Gute Arbeit hat eben ihren Preis. Wichtig ist, dass die Arbeit des Prüfers intern effizient begleitet und vorbereitet wird. Wer so die Prüfungsabläufe optimiert, hat bereits erheblich an Kosten gespart.

Kapitel 8
Unternehmerische Risiken erkennen und bewältigen

Rechnungswesen und Bilanzierung als Grundlage der Risikoerkennung

Der Familienunternehmer orientiert sich von seinem Naturell her grundsätzlich an Chancen und nicht an Risiken, und das ist gut so. Manchen unserer führenden Betriebe gäbe es heutzutage gar nicht, wenn sein Eigentümer stets nur auf »Nummer sicher« gegangen wäre. Wo stünde beispielsweise die Firma Conrad Electronic heute, wenn Klaus Conrad im Zuge der starken Expansion im Versandhandel stets nur die goldenen Bilanzregeln als oberstes Gebot seines Handels vor Augen gehabt hätte? Wo stünde die Firma Maquardt in Rietheim-Weilheim, wenn Jakob und Ewald Maquardt bei der Entwicklung des elektronischen Schließsystems für die S-Klasse von DaimlerChrysler nicht besonders mutig gewesen wären?

Der Mut zum persönlichen Risiko ist eines der wesentlichen Merkmale, das den Eigentümerunternehmer vom angestellten Manager unterscheidet. Doch jetzt gilt es, das Erworbene zu bewahren, es gegenüber den anwachsenden internen und externen Unternehmensrisiken abzusichern. Im Folgenden soll dazu Grundsätzliches gesagt werden. In der Praxis beginnt die »Prozesskette« mit der strategischen Planung des Unternehmens: Mit welchen Produkten oder Dienstleistungen wollen wir welche Märkte erreichen und wie hoch sind die Mittel, die wir einsetzen müssen, um erfolgreich zu sein? Erst wenn diese Fragen beantwortet sind, setzt das zweite Glied der Prozesskette ein: die Unternehmensplanung.

Man unterscheidet in der Theorie zwischen der strategischen und der operativen Planung. Die strategische Planung soll sich mit dem Aufbau von künftigen Erfolgspotenzialen befassen, mit denen das langfristige Überleben des Unternehmens gesichert wird. Gegenstand der operativen Planung ist dagegen das Ausschöpfen vorhandener Erfolgspotenziale. Bei Lichte betrachtet, stellt diese Unterscheidung jedoch lediglich eine der vielen Spitzfindigkeiten der Betriebswirtschaft dar. Denn operative und strategische Planung sind lediglich zwei verschiedene Spielarten derselben Mechanik.

Die Unternehmensplanung wurde im Familienunternehmen lange Zeit stiefmütterlich behandelt. Wer wie der Unternehmer alter Schule instinktiv aus dem Bauch heraus handelt, kann mit Planung nicht viel anfangen. Sie behindert ihn mehr als sie ihm nützt. Aus dieser Zeit stammt auch das bekannte Vorurteil, wonach Planung nichts anderes bedeute, als den Zufall durch den Irrtum zu ersetzen. Doch diese Zeiten sind – auch im Verständnis der Familienunternehmer – längst vorbei. Das zeigt schon ein Blick auf die Bereiche Einkauf, Personal und Finanzierung. Wer hier nicht hinreichend exakt plant, der wird den Aufwand niemals auf das erforderliche Maß reduzieren können.

Die Unternehmensplanung gründet sich auf das betriebliche Rechnungswesen, womit wir beim dritten Glied der Prozesskette angelangt sind. Die Bedeutung des betrieblichen Rechnungswesens ist durch Basel II signifikant gewachsen, wenn auch den Banken vorzuhalten ist, dass sie nicht selten eine ihnen seit Jahren bekannte Schwäche lediglich dazu ausnutzen, um sich aus einem missliebig gewordenen (Kredit-)Engagement schnell zu verabschieden. Es fehlt aber vielfach auch einfach das Verständnis dafür, dass das Rechnungswesen eines mittelgroßen Familienunternehmens nicht dem eines Großkonzerns entsprechen kann. Das Problem des Familienunternehmens liegt meist nicht in zu wenigen, sondern in zu vielen Daten, für deren Vorliegen gar keine betriebliche Notwendigkeit besteht. Hier tut der Unternehmer gut daran, jedem EDV-Ausdruck mit der Frage zu begegnen: »Wozu brauchen wir das eigentlich?«

Kommen wir nun zum letzten Glied der Kette: zur Bilanz. Sie ist für den Familienunternehmer eigentlich von weit geringerer Bedeutung als vielfach angenommen wird. Wenn man in der Tagespraxis von Bilanz spricht, dann sind damit stets zwei Dinge gemeint: die Bilanz und die Gewinn- und Verlustrechnung. Beide zusammen sind die wichtigsten Bestandteile des Jahresabschlusses. Familienunternehmer, die sich in ihrem Unternehmen bestens auskennen, benötigen die Bilanz eigentlich kaum für sich, sondern nur für zwei fremde Adressaten. Diese – der Fiskus und die Banken – haben allerdings völlig andere Interessen als der Unternehmer selbst. Der Fiskus möchte möglichst hohe Steuern vereinnahmen, die Banken untersuchen die Bilanz auf Sicherheit für die von ihnen ausgeliehenen Gelder und finden dabei regelmäßig Ansatzpunkte für eine Forderung nach weiteren Sicherheiten und höheren Zinsen. Hieraus wird klar, dass es für den Familienunternehmer nicht auf die Aussagekraft der Bilanz nach innen, sondern vornehmlich auf ihre Wirkung nach außen ankommt. Damit rücken für den Unternehmer die Möglichkeiten, die Bilanz aktiv zu gestalten, in das Zentrum des Interesses. Dass hierbei die anerkannten Grundsätze ordnungsgemäßer Bilanzierung niemals außer Acht gelassen dürfen, versteht sich von selbst.

Angesichts der ständig steigenden Flut neuer EU-Aktivitäten in Richtung Bilanzierung muss jeder deutsche Familienunternehmer zwangsläufig aufs Höchste verunsichert werden. Darf er in Zukunft noch bei der gewohnten Bilanzierung nach dem HGB verbleiben und wie lange noch? Was unterscheidet den von den EU-Behörden favorisierten Abschluss nach IAS (International Accounting Standards, zukünftig IFRS) von der »alten« HGB-Bilanz? Welche konkreten Vorteile bietet dem deutschen Unternehmer eine Bilanzierung nach IAS? Fragen über Fragen, zu denen der Familienunternehmer zwar viel mit Zahlen und Daten gespicktes »Fachchinesisch«, aber kaum eine verständlich ausgedrückte Orientierung finden kann. Worum geht es eigentlich? Die bei uns übliche Bilanzierung nach dem HGB wird von zwei sehr klaren Zielsetzungen beherrscht. Zum einen soll sich der Kaufmann niemals reicher rechnen, als er in Wirklichkeit ist. Zum zweiten müssen die Gläubiger soweit nur irgend möglich dagegen geschützt werden, dass sie ihrer Ansprüche verlustig gehen.

Beiden Zielen dient der Grundsatz, dass Chancen und Risiken von Geschäftsvorfällen ungleich (imparitätisch) zu behandeln sind. Ein Gewinn darf bilanziell erst bei seiner endgültigen Verwirklichung ausgewiesen werden, selbst wenn er bereits zum größten Teil »erarbeitet« worden ist. Führt das Unternehmen beispielsweise einen langfristigen Auftrag aus, so kann ein Gewinn erst verbucht werden, wenn der Auftrag insgesamt abgeschlossen ist. Bei Risiken ist es umgekehrt. Ihnen muss durch Wertberichtigungen und Rückstellungen bereits dann Rechnung getragen werden, wenn ein Verlust auch nur einzutreten droht, etwa dann, wenn sich in einem Schadenersatzprozess eine Niederlage abzuzeichnen beginnt. Diese Bilanzierungsgrundsätze des HGB führen naturgemäß dazu, dass die Bilanz eher ein zu schlechtes als ein zu gutes Bild der Verhältnisse abgibt. Die Bildung stiller Reserven wird maßgeblich gefördert, das buchmäßige Eigenkapital dagegen eher stiefmütterlich behandelt. Wer Gewinne erst sehr spät ausweisen darf, Verluste dagegen bereits in ihrer Frühphase berücksichtigen muss, der schmälert zwangsläufig den Gewinn und damit das Eigenkapital. Hierin liegt übrigens der wesentliche Grund, aus dem heraus ich mich gegen das von vielen Seiten betriebene Schlechtreden der Eigenkapitalausstattung deutscher Familienunternehmen – mit der Konsequenz schlechten Bankenratings und einer maßgeblichen Kreditverteuerung – zur Wehr setze: Die stets herangezogenen internationalen Vergleichszahlen verfälschen das Bild völlig, weil die Bilanzierung nach den internationalen Standards – wie noch zu zeigen sein wird – in aller Regel automatisch zu einer wesentlich höheren Eigenkapitalquote führt. Insgesamt haben die deutschen Familienunternehmen mit der HGB-Bilanz gute Erfahrungen gemacht. Die Möglichkeit, in hohem Umfang stille Reserven bilden zu können, hat vielfach eine starke Finanzbasis geschaffen und das Vertrauen der Gläubiger in ihre Solidität gestärkt.

Hingegen gehen die nach den internationalen Rechnungslegungsstandards erstellten Jahresabschlüsse von einer völlig anderen Zielsetzung aus. Sie schützen in erster Linie die Eigenkapitalgeber. Sie wollen den Investoren alle nur denkbaren Informationen übermitteln, die diese in die Lage versetzen, eine Investitionsentscheidung für oder gegen das jeweilige Unternehmen zu treffen. Der Gläubigerschutz ist für die Eigenkapitalgeber nur von einem ausgesprochen nachrangigen Interesse. Die Bildung stiller Reserven ist sogar explizit unerwünscht, da der Investor volle Transparenz verlangt und aufgrund seines institutionell begründeten Misstrauens gegenüber der Geschäftsführung genau wissen will, wann, wofür und in welcher Höhe die Ressourcen des Unternehmens, an dem er beteiligt ist, eingesetzt werden. Dem Wesen des Familienunternehmers ist dies alles sehr fremd. Er fragt sich jedoch, ob und wie lange er sich noch gegen die Intention der EU-Behörde, die auf ein Zurückdrängen der HGB-Bilanz hinwirkt, zur Wehr setzen kann. Auf die Hilfe des deutschen Gesetzgebers darf er hierbei nicht vertrauen, denn dieser zieht – wie stets in der Vergangenheit – die Interessen der Finanzinvestoren und Kapitalmärkte denen des Familienunternehmers vor. Die EU hat bereits einen ersten entscheidenden Schritt getan: Ab 1. Januar 2005 müssen alle kapitalmarktorientierten Mutterunternehmen ihren Konzernabschluss nach IAS aufstellen. Die wesentlichen Unterscheidungsmerkmale zwischen der Bilanzierung nach HGB und nach IAS sind in der Abbildung 19 gegenübergestellt.

Vergleich der Bilanzierungsrichtlinien

Unterscheidungs-kriterien	HGB	IAS / IFRS
Rechtsgrundlage	Deutsches Handelsgesetzbuch	unverbindliche Richtlinien
Zweck der Rechnungslegung	Gläubigerschutz	Investorenschutz
Gewinn und Verlust	unrealisierte Gewinne dürfen nicht, drohende Verluste müssen berücksichtigt werden	unrealisierte Gewinne werden z.T. berücksichtigt, nur konkret bevorstehende Verluste sind zu passivieren
Stille Reserven	können in großen Umfang gebildet werden	Reservenbildung stark eingeschränkt
Immaterielle Vermögens-gegenstände	Aktivierungsverbot für selbst erstellte immaterielle Vermögenswerte.	z.T. Aktivierungspflicht für selbst erstellte immaterielle Vermögenswerte
Geschäfts- oder Firmenwert	Aktivierungswahlrecht bei übernommenem Firmenwert	Aktivierungspflicht bei übernommenem Firmenwert
Langfristige Aufträge	Gewinn wird erst bei Fertigstellung verbucht	periodengerechter Gewinnausweis möglich
Rückstellungen	Rückstellungen weitgehend möglich	Rückstellungen restriktiv geregelt

Abbildung 19: Bilanzierungsunterschiede HGB/IAS

Welche Argumente können nun im Familienunternehmen für und gegen die Umstellung des Jahresabschlusses auf IAS sprechen? Bei dieser Abwägung ist zu beachten, dass eine Rechnungslegung nach IAS keine rechtsform- und größenabhängigen Erleichterungen vorsieht, wie sie das HGB bereithält. Entscheidet sich ein Unternehmen für den Wechsel des Rechnungslegungssystems, so muss es – unabhängig von seiner Größe und Rechtsform – die Standards in vollem Umfang anwenden.

Im Zuge der Diskussion um Basel II ist häufig zu hören, dass sich vor allem für größere Familienunternehmen Ratingvorteile aus der Umstellung ihrer Rechnungslegung von HGB auf IAS ergeben, da nach IAS – wie bereits ausgeführt – tendenziell ein höheres Eigenkapital ausgewiesen wird. Letztlich ist aber der Vorteil einer Bilanzierung nach dieser Methode von Fall zu Fall verschieden zu beurteilen. Bislang liegen noch keine Anzeichen dafür vor, dass die Banken in größerem Umfang IAS-Abschlüsse verlangen oder bevorzugen. Bleibt zu bedenken, dass vor allem kleine und mittelgroße Familienunternehmen und ihre Banken mit dem Jahresabschluss nach HGB ein vertrautes und bewährtes Informations- und Rechnungslegungssystem besitzen.

Sollte sich der Familienunternehmer dafür entscheiden, zur Deckung seines Finanzbedarfs direkt auf den Kapitalmarkt zuzugreifen, empfiehlt es sich, die Rechnungslegung auf IAS umzustellen, um den erhöhten Anforderungen an die Transparenz zu entsprechen und einen international vergleichbaren Abschluss vorlegen zu können. Vorteile aus einer Umstellung ergeben sich auch für international tätige Unternehmen. Mit diesem Standard können ausländische Tochterunternehmen leichter in das Konzernrechnungswesen integriert werden. Ein weiteres Argument für die Umstellung sind die zunehmenden internationalen Handelsverflechtungen, mit denen auch das Interesse von Lieferanten und Abnehmern wächst, bei größeren Geschäften international anerkannte Jahresabschlüsse zu erhalten, auch wenn man selbst nach HGB bilanziert: Die Kenntnis der internationalen Rechnungslegungsnormen ist zur eigenen Risikoabsicherung im Geschäftsverkehr mit ausländischen Partnern vorteilhaft. Aufgrund der im Vergleich zum HGB stärkeren betriebswirtschaftlichen Orientierung kann eine Rechnungslegung nach IAS die interne Steuerung erleichtern, und helfen die eigene Kosten- und Leistungsrechnung sowie das Controlling zu verbessern.

Das Unternehmen hat also Wahlmöglichkeiten. Aber auch wenn die Wahl einmal getroffen wurde, bleibt großer Gestaltungsspielraum. Dieser wird in der Praxis intensiv genutzt – zu intensiv, wie Bilanzexperten mit dem Blick auf manche Bilanzen gerade unserer großen Konzerne zu Recht meinen. Die Kritik der Öffentlichkeit an der mangelnden Aussagekraft testierter Jahresabschlüsse hat zugenommen. Hieran trifft die Wirtschaftsprüfer entgegen vielfacher Meinung jedoch kaum Schuld. Die Höhe einer Rückstellung, die Teilwertabschreibung auf eine Beteiligung und die Auswirkungen plötzlich auftretender Liquiditätsengpässe lassen sich nun einmal nicht exakt vorhersehen. Auch die in schwierigen Zeiten zunehmenden Täuschungsmanöver seitens der im Unternehmen verantwortlichen Personen lassen sich im Nachhinein immer, im Vorhinein nur selten erkennen.

Das größte Problem des Wirtschaftsprüfers im Familienunternehmen ergibt sich aus einer »Erwartungslücke« seitens der Familiengesellschafter. Diese ist von den Wirtschaftsprüfern zum großen Teil selbst verschuldet worden, weil sie nicht für die notwendige Aufklärung ihrer eigenen Aufgabenstellung gesorgt haben. Noch immer ist die große Mehrzahl der Gesellschafter im Familienunternehmen der Meinung, der vom Wirtschaftsprüfer testierte Jahresabschluss weise den einzig möglichen Gewinn aus. Sie wissen nicht, dass es eine unübersehbar große Zahl von möglichen Gewinnfeststellungen gibt, die alle im Sinne des Handelsrechts als korrekt zu bezeichnen sind. Aufgabe des Wirtschaftsprüfers ist es nicht, unter diesen vielen Möglichkeiten diejenige auszuwählen, die für die Kontinuität und finanzielle Absicherung des Unternehmens am besten geeignet ist. Die Aufgabe des Wirtschaftsprüfers liegt vielmehr darin, den von der Geschäftsführung erstellten Jahresabschluss in der vorgelegten Form auf seine handelsrechtliche Zulässigkeit hin zu überprüfen. Dabei kann die Geschäftsführung sowohl durch Sachverhaltsgestaltungen vor dem Bilanzstichtag als auch durch Bilanzpolitik nach dem Abschlussstichtag die Höhe des festgestellten Gewinns und damit in aller Regel auch die Höhe der Ausschüttungen oder Entnahmen ganz maßgeblich beeinflussen.

Das ist ihr gutes Recht, und hiergegen ist auch nichts zu sagen. Die Gesellschafter müssen nur wissen, dass bei der Bilanzerstellung persönliche Interessen durchaus eine große Rolle spielen können. So wird sich ein in Pension gehender Geschäftsführer in der Regel mit einem besonders guten Ergebnis verabschieden wollen und hierbei gegebenenfalls (stille) Reserven zu lasten der Folgejahre auflösen. Umgekehrt wird ein neu eintretender Geschäftsführer versucht sein, seinen Start dadurch zu begünstigen, dass er bei der ersten Bilanzierung unter seiner Federführung die Vergangenheit möglichst schlecht darstellt und hierfür übermäßig hohe Rückstellungen bildet. Diese kann er dann in den Folgejahren zum Beweis der eigenen unternehmerischen Leistung wieder in Gewinn »verwandeln«. Ein privat vermögender Gesellschafter kann daran interessiert sein, den Gewinn niedrig zu halten, um Mitgesellschafter, die auf Ausschüttungen angewiesen sind, »auszuhungern«.

Ich möchte nicht missverstanden werden: Die Verfolgung persönlicher Interessen bei der Bilanzierung ist weder ungewöhnlich noch ist sie in der Regel unmoralisch. Die verschiedenen Interessenlagen müssen jedoch allen Gesellschaftern gegenüber offengelegt werden, damit diese aus ihrer Eigentümerposition heraus entscheiden können, ob ihre eigenen Interessen mit den der Bilanzierung zugrunde gelegten übereinstimmen. Wie oft habe ich bei Gesellschafterversammlungen, in denen es um die Feststellung der Jahresabschlüsse ging, den hilfesuchenden Blick des Wirtschaftsprüfers verspürt, der sehnsüchtig darauf wartete, dass ihm die Gesellschafter endlich die richtigen Fragen stellten. Diese Fragen – weg von der Rechtmäßigkeit und hin zur Zweckmäßigkeit der Bilanzierung – hätten ihn vor einem schwierigen Konflikt bewahren können. Denn soweit er den von der Geschäftsführung vorgelegten Jahresabschluss lediglich zu testieren hat, kann es nur zu leicht das Ende seines Mandats bedeuten, wenn er die Gesellschafter ungefragt auf weitere mögliche Bilanzierungsvarianten hinweist.

Um diesen in der Praxis häufigen schwerwiegenden Konflikt zu beseitigen, bin ich dazu übergegangen, im Gesellschaftsvertrag oder in einem gesonderten Gesellschafterbeschluss eine Verpflichtung des Wirtschaftsprüfers zu einer weitergehenden Berichterstattung festzulegen: Danach muss der Wirtschaftsprüfer automatisch – ohne dass die jeweilige Geschäftsführung diese Berichtspflicht beeinflussen kann – jährlich über konkret aufgeführte bilanzsensible Maßnahmen der Gesellschafterversammlung schriftlich berichten. Erst aufgrund eines solchen Berichts können die bilanziell meist unerfahrenen Gesellschafter feststellen, ob ihre individuellen Interessen im Jahresabschluss angemessen berücksichtigt worden sind. Ein solcher Katalog, der auf das jeweilige Unternehmen abgestellt sein muss, könnte beispielsweise im Bereich der Bilanzpolitik mittels Sachverhaltsgestaltung in einer Reihe von Fällen Aufklärung verlangen.

So kann die Wahl des Bilanzstichtags als Instrument der Bilanzpolitik eingesetzt werden, wenn beispielsweise als Bilanzstichtag ein Zeitpunkt mit geringer finanzieller Anspannung oder besonders hoher oder auch niedriger Lagerbestände gewählt wird. Als Beispiel sei hier eine Marzipanfabrik genannt, deren Läger nach Weihnachten und Ostern stets abgeräumt sind.

Bilanzpolitik kann erfolgen durch die Beschleunigung oder Verzögerung des Absatzes oder der Produktion vor dem Bilanzstichtag, durch beschleunigte oder verzögerte Anschaffung von (geringwertigen) Wirtschaftsgütern vor dem Bilanzstichtag oder durch Beschleunigung oder Verzögerung von Reparaturen vor dem Bilanzstichtag.

Umstrukturierungen gesellschaftsrechtlicher Natur stellen ebenfalls ein beliebtes Mittel der Bilanzpolitik dar. So führt die Einbringung eines selbst entwickelten Patents in eine eigens dafür gegründete Tochtergesellschaft zur Gewinnrealisierung. Dasselbe gilt, wenn Teilbetriebe des Unternehmens ausgelagert werden, was oft aus organisatorischen Gründen sinnvoll ist, aber eben mit einer Gewinnerhöhung verbunden sein kann. Das Bilanzbild kann auch durch die bloße Umschichtung einzelner Bilanzpositionen kurz vor dem Bilanzstichtag geschönt werden. Beispielsweise wenn Devisen vor dem Stichtag veräußert, Wertpapiere in Pension gegeben werden. Dasselbe gilt beispielsweise, wenn das Unternehmen Immobilienwerte an eine Leasinggesellschaft unter Aufdeckung stiller Reserven veräußert und diese zurückmietet.

Bei der Aufzählung der wichtigsten bilanzpolitischen Maßnahmen nach dem Abschlusstag ist zunächst die Trennung von Handelsbilanz und Steuerbilanz zu nennen. Durch diese Trennung wird im Unternehmen eine Vielzahl zusätzlicher bilanzpolitischer Möglichkeiten eröffnet. Da das Steuerrecht naturgemäß auf einem möglichst hohen Gewinnausweis besteht, führt die Ausnutzung dieser Spielräume regelmäßig zu einer Gewinnminderung in der Handelsbilanz.

Eine weitere Möglichkeit der Bilanzgestaltung besteht in der Ausübung bilanzieller Aktivierungswahlrechte. So darf beispielsweise ein entgeltlich erworbener Firmenwert aktiviert werden. Er kann aber auch unmittelbar als Aufwand verbucht werden, was naturgemäß zu deutlichen Ergebnisbelastungen führt. Aufwendungen für die Ingangsetzung und Erweiterung des Geschäftsbetriebs dürfen, müssen aber nicht aktiviert werden. Es besteht innerhalb eines gewissen Zeitraums das Recht, aber nicht die Pflicht der Geschäftsführung, hierfür eine Rückstellung zu bilden (Passivierungswahlrecht).

Auch aus der Auslegung unbestimmter Rechtsbegriffe ergeben sich nicht unerhebliche Ermessensspielräume, die die Geschäftsführung bei der Bilanzierung nutzen kann. Solche unbestimmten Rechtsbegriffe sind unter anderem »vernünftige kaufmännische Beurteilung«, »voraussichtliche Nutzungsdauer« oder »am Abschlussstichtag beizulegender Wert«. Konkret drückt sich dieser Ermessensspielraum in der Einschätzung der betrieblichen Nutzungsdauer für Gegenstände des Anlagevermögens, in der Verwendung eines Zinssatzes bei erforderlichen Abzinsungen, in der Bewertung von Rückstellungen und in der Beurteilung der Dauerhaftigkeit von Wertminderungen aus.

Als Weiteres sind in diesem Zusammenhang die Wahlrechte bei der Ermittlung der Herstellungskosten oder Anschaffungskosten zu nennen. Es liegt auf der Hand, welche Ergebnisveränderungen durch die handelsrechtlich mögliche, im Ermessen der Geschäftsführung liegende Einbeziehung von allgemeinen Verwaltungskosten oder aber Fremdkapitalzinsen, soweit sie zur Finanzierung der Herstellung oder Anschaffung dienen, erzielt werden können.

Ein weiteres Mittel, Bilanzpolitik zu betreiben, ergibt sich bei der Auswahl der konkreten Bewertungsmethoden. So kommen für die Abschreibung beweglicher Vermögensgegenstände des Anlagevermögens sowie von Gebäuden verschiedene Abschreibungsverfahren in Betracht. Erheblicher bilanzpolitischer Spielraum ergibt sich auch aus der Wahl der Bewertungsmethode für das Vorratsvermögen. Die Bildung von Festwerten kann zu erheblichen stillen Reserven führen. Bei der Auflösung von Rückstellungen für Pensionen besteht ein Wahlrecht zwischen der versicherungsmathematischen und der buchhalterischen Methode. Die Ausübung dieses Wahlrechts kann beachtliche Ergebnisverschiebungen zur Folge haben.

Auch die Nutzung der Spielräume bei der Bilanzgliederung ist eine Form der Bilanzpolitik. Spielräume bestehen beispielsweise bei der Zuordnung eines Vermögensgegenstandes zum Anlagevermögen oder zum Umlaufvermögen.

Halten wir als Fazit fest: Es gibt eine Vielzahl legaler Möglichkeiten, die Höhe des Gewinns durch bilanzpolitische Maßnahmen zu heben oder zu senken. Was soll also der Gesellschafter tun, um sein Interesse zu wahren? Hierzu empfehle ich die Beachtung der folgenden Regeln:

- Der Wirtschaftsprüfer hat ausschließlich den Jahresabschluss zu prüfen. Die Erstellung des Abschlusses fällt in den alleinigen Verantwortungsbereich der Geschäftsführung. Die steuerliche Beratung des Unternehmens hat durch einen vom Prüfer unabhängigen Dritten zu erfolgen. Die Festlegung der Bilanzstrategie erfolgt auf Vorschlag der Geschäftsführung, ist jedoch letztlich alleinige Sache der Gesellschafter und/oder des Beirats.
- Der Auftrag an den Wirtschaftsprüfer sollte von der Gesellschafterversammlung oder dem Beirat, nicht jedoch von der Geschäftsführung erteilt werden. Damit ist der Wirtschaftsprüfer vom Wohlwollen der Geschäftsführung weitgehend unabhängig. Ist der Wirtschaftsprüfer – gegen meine Empfehlung – zugleich beratend tätig, so muss die Gesellschafterversammlung und/oder der Beirat über die Beratungstätigkeit (Umfang und Honorarhöhe) umfassend informiert werden.
- Der Wirtschaftsprüfer muss während der Prüfung ständigen Kontakt zu der Gesellschafterversammlung und/oder zum Beirat halten. Fehlt der Gesellschafterversammlung hierfür die erforderliche Kompetenz, so ist ein von den Gesellschaftern bestimmter Vertreter oder ein Gesellschafterausschuss zu beauftragen.
- Ein Austausch des Wirtschaftsprüfers von Zeit zu Zeit kann durchaus sinnvoll sein. Dabei sollte der bisherige Prüfer jedoch kein Vorschlagsrecht für den neuen Prüfer erhalten. Ein Austausch bringt zwei Vorteile mit sich: Der bisherige Prüfer wird mit dem Blick auf den Folgeprüfer besonders sorgfältig arbeiten. Gleichzeitig wird die Prüfungsobjektivität gegenüber der Geschäftsführung erhöht, da das Prüfungsverhalten keine Auswirkung auf eine künftige Beauftragung hat.
- Der Prüfungsbericht ist allen Gesellschaftern auszuhändigen und

diesen vom Wirtschaftsprüfer persönlich zu erläutern. Die Gesellschafter sollten sich bei der Besprechung der Prüfungsergebnisse keinesfalls vor »dummen« Fragen fürchten; diese Fragen sind oft die wichtigsten und die besten.

- Die Prüfungsberichte müssen kurz und für jeden Gesellschafter verständlich sein. »Papierfriedhöfe« sind unbrauchbar. Ein unverständlicher Bericht zeugt nicht, wie manche meinen, von besonders hoher Qualifikation des Prüfers, eher vom Gegenteil. Intelligente Wirtschaftsprüfer können auch schwierige Sachverhalte einfach und verständlich ausdrücken.
- Ein Vertreter der Gesellschafterversammlung und/oder der Beiratsvorsitzende sollten im Rahmen der Erstellung des Jahresabschlusses an den wichtigsten Vorbesprechungen zwischen Geschäftsführer und Prüfer teilnehmen.
- Der so genannte »management letter« sollte allen Gesellschaftern und/oder den Beiratsmitgliedern automatisch zugesandt werden. Dieser Bericht, dessen Existenz vielen Gesellschaftern unbekannt ist, enthält Verbesserungsvorschläge des Wirtschaftsprüfers. Er gibt den Gesellschaftern Aufschluss darüber, ob und wo innerbetriebliche Schwachstellen vorhanden sind.
- Der Gesellschaftsvertrag sollte den Wirtschaftsprüfer verpflichten, den Gesellschaftern und/oder dem Beirat über eine von diesen erstellte Liste bilanzsensiblen Maßnahmen alljährlich schriftlich Bericht zu erstatten.
- Werden in der Bilanzbesprechung mit dem Gesellschafter oder dem Beirat offene Fragen nicht befriedigend beantwortet, sollten sich die Gesellschafterversammlung und/oder der Beirat nicht scheuen, zur Klärung einen selbst beauftragten Wirtschaftsprüfer hinzuzuziehen.

Controlling als Steuerungsinstrument

»Wenn ich auf meine fast vierzigjährige Erfahrung auf See zurückblicke, so muss ich sagen, die Zeit war überwiegend ereignislos. Ich hatte nie eine Havarie und sah nie ein Wrack.« Diese Worte stammen von E. J. Smith, dem Kapitän der Titanic. 1907 hatte er sie gegenüber einem Bekannten geäußert. Fünf Jahre später sank er mit der Titanic. Sein Schicksal hat sicherlich eines mit den Familienunternehmen heute gemeinsam: Bedrohungen entstehen oft urplötzlich, und Risiken werden erst wahrgenommen, wenn es bereits zu spät ist.

Es wird immer schwieriger, in ruhigen Gewässern zu fahren und den einmal eingeschlagenen Kurs beizubehalten. Die Abläufe in den Märkten sind so sehr miteinander verzahnt, dass die Auswirkungen einzelner unternehmerischer Maßnahmen nicht mehr exakt vorherzusagen sind. Als Beispiel hierfür möchte ich ein bedeutendes Unternehmen anführen, das auf dem Gebiet der medizinischen Hilfsmittel weltweit tätig ist. Fast monatlich muss sich dieses Unternehmen auf veränderte Erstattungsregelungen – in Deutschland ebenso wie weltweit –, auf neue Währungsrelationen und auf neue medizinische Fortschritte einstellen. Dass bei einer solchen Entwicklung der administrative Aufwand überproportional steigt, und die Familienunternehmen wegen ihrer geringeren Größe bei der Fixkostendegression benachteiligt sind, ist offensichtlich.

Gerade im Familienunternehmen kennt man oft nur das klassische Rechnungswesen. Dieses stößt hier jedoch an seine Grenzen. Es liefert nämlich ausschließlich vergangenheitsbezogene Informationen, die zudem oft erst dann verfügbar sind, wenn es für notwendige Reaktionen zu spät ist. So gesehen, kommen im Rechnungswesen Planung, Zukunftssicherung und die Analyse externer Einflussfaktoren zu kurz. Hier setzt das Controlling an. Es ersetzt nicht das betriebliche Rechnungswesen, sondern ergänzt es.

Controlling ist weit mehr als Kontrolle. Der Controller ist gleichsam ein Navigator. Im Gegensatz, oder besser in Ergänzung zum Rechnungswesen, bietet das Controlling die erforderlichen Erkenntnisse, um Engpässe frühzeitig zu erkennen und zum rechten Zeitpunkt Signale zum Gegensteuern zu liefern.

Dabei sind zwei Formen des Controlling zu unterscheiden: das operative und das strategische Controlling. Aufgabe des operativen Controlling ist es, »Soll« und »Ist« zu vergleichen, um Abweichungen zwischen Plan und Realität zu erkennen. Demgegenüber hat das strategische Controlling einen längeren Zeitraum im Visier. Es soll helfen, Strategien zur Sicherung der Zukunftsfähigkeit des Unternehmens zu entwickeln.

Controlling ist somit der Versuch, das rein vergangenheitsbezogene, allein auf die möglichst exakte Abbildung der Wirklichkeit ausgerichtete Rechnungswesen um eine vorausschauende Sicht zu ergänzen. Es orientiert sich dabei eng an den jeweiligen betrieblichen Gegebenheiten. Zur Erreichung der Unternehmensziele liefert es durch Kontrolle, Analyse und Information dem Unternehmer Entscheidungshilfen, um drohenden Fehlentwicklungen entgegenzuwirken.

Was ohne Controlling passieren kann, zeigt das Beispiel eines von mir betreuten Relais-Herstellers: Vom Firmengründer nach dem Zweiten Weltkrieg bis in die siebziger Jahre zum Weltmarktführer für mechanische Relais aufgebaut, hatte das Unternehmen in der Elektrotechnik eine einzigartige Marktstellung. Kaum ein Maschinenbauer, der ohne diese Relais arbeitete. Das Unternehmen erwirtschaftete in den späten siebziger Jahren Renditen von bis zu 25 Prozent vor Steuern. Der charismatische Chef hatte über Jahrzehnte hinweg häufig instinktiv die richtige Entscheidung gefällt. Dann aber begann die Konkurrenz, elektronische Relais zu bauen, die billiger, exakter und schneller waren. Der Firmeninhaber wollte an diese neue Technik jedoch nicht so recht glauben und engagierte sich nur halbherzig. Als dann das Unternehmen in die Hände der zweiten Generation überging, war der Niedergang nicht mehr aufzuhalten. Ende 2002 ging dieser einstige Diamant unter den deutschen Familienunternehmen in die Insolvenz.

Ein anderes Beispiel ist der Musikinstrumente-Hersteller Hohner. Einst weltberühmt, hat er die Entwicklung elektronischer Musikinstrumente einfach nicht zur Kenntnis nehmen wollen und ist infolge dessen aus einsamen Höhen endgültig und unwiderruflich abgestürzt. Und das alles innerhalb eines Zeitraums von knapp acht Jahren.

Warum werden aus Siegern mit der Zeit Verlierer? Das Beispiel des Relais-Herstellers und der Firma Hohner haben gezeigt, dass es gefährlich ist, sich zu sehr auf seine »Nase« zu verlassen und zu glauben, dass sich eine Erfolgssträhne endlos fortsetzen ließe. Doch wie erkennt man – um im Bild von der Schifffahrt zu bleiben – solche Klippen, die sich dem Unternehmensschiff gefährlich entgegenstellen können? Hierzu bedarf es eines Systems der Früherkennung. Nur damit vermag sich das Unternehmen auf die Unwägbarkeiten der Zukunft einzustellen. Was ein funktionierendes System der Früherkennung bewirken kann, beschreibt die folgende nette Geschichte:

Die Bauwirtschaft hatte schon zu Beginn der sechziger Jahre mit besonders heftigen Zyklen zu kämpfen. Dasjenige Unternehmen, das seine

Kapazitäten rechtzeitig ausgebaut hatte, war beim einsetzenden Auftragsboom der Konkurrenz weit überlegen. In der Branche hatte es sich herumgesprochen, dass ein Abteilungsleiter von Hoechst mit geradezu prophetischer Gabe den Beginn des Aufschwungs jeweils exakt vorherzusagen in der Lage war. So pilgerten denn alle in regelmäßigen Abständen in dessen Frankfurter Büro, um zu erkunden, wann es denn wieder losginge. Der Abteilungsleiter genoss diese Situation ganz offensichtlich. Er musterte zunächst seine Besucher, um dann mit verschleiertem Blick an der getäfelten Decke des Sitzungszimmers Halt zu machen, so als ob er auf eine Eingebung von oben wartete. Dann aber schoss er mit aufgerichtetem Zeigefinger auf seinen Gesprächspartner zu: »In drei Monaten geht es wieder los«, zischte er sein Gegenüber an. Und es stimmte immer, die Prognose war erstaunlich exakt.

Die Ursache seiner Weitsicht lag nicht in hellseherischen Fähigkeiten, die enthüllte er erst viele Jahre nach seiner Pensionierung. Dabei war des Rätsels Lösung relativ simpel. Die Firma Hoechst führte in ihrem Produktprogramm Ammoniak, der zur Beschichtung von Blaupausen benötigt wurde. Der »Clou« der Vorhersagen bestand nun darin, dass dieser Ammoniak nicht nur leicht entzündbar war, sondern auch sehr unangenehm roch. Aus diesem Grund kauften die Architekten Ammoniak immer erst dann ein, wenn sie größere Aufträge erhielten. Der Ammoniakabsatz stand damit in direkter Verbindung mit einer unmittelbar anziehenden Baukonjunktur.

Auch der Gesetzgeber hat der Notwendigkeit von Früherkennungssystemen Rechnung getragen und im KonTraG (Gesetz zur Kontrolle und Transparenz im Unternehmensbereich) verankert, dass Unternehmen Risikovorsorge betreiben und darüber berichten müssen. Früherkennungssysteme sind gerade in Zeiten der Globalisierung wichtig. Hierfür gibt es mehrere Gründe. Zunächst macht die Globalisierung die einzelnen Volkswirtschaften anfälliger für importierte Krisen. Zudem verkürzen sich durch den Einsatz moderner Informationstechniken die Reaktionszeiten. Ferner werden durch den Zusammenschluss großer Handelssysteme auch kleinere Unternehmen der internationalen Konkurrenz ausgesetzt. Und schließlich folgen die Innovationszyklen immer schneller aufeinander.

Frühwarnsysteme signalisieren dem Unternehmer mögliche Gefahren und Risiken mit einem ausreichenden zeitlichen Vorlauf. Eine besondere, an Bedeutung gewinnende Form der Frühaufklärung stellt das Kreditrating dar. Anders als vielfach angenommen wird, ist das Rating nicht dazu da, den Ist-Zustand des Unternehmens zu beurteilen. Das Rating soll einzig und allein darüber eine Aussage treffen, ob das Unternehmen die Fähigkeit besitzt, zukünftig die Zinsen und die vereinbarten Tilgungsraten zu zahlen. Die Eigenkapitalvorschriften gemäß Basel II verlangen daher nicht nur eine möglichst weitgehende Transparenz, sondern machen die Ratingnote entscheidend von der Qualität des Controlling und dem Vorhandensein von Frühaufklärungs- und Risikomanagementsystemen abhängig.

Nun liegen Risiko und Chance dicht beieinander. Risiken geht man ein, weil sie Erfolg versprechen. Wer gewinnen will, muss auch etwas riskieren. Geht ein Unternehmen keinerlei Risiken ein, müsste es theoretisch bewegungslos verharren. Genau das wäre dann aber das größtmögliche Risiko, nämlich durch Nichtstun alle Chancen zu verspielen.

So gesehen kann es beim Risikomanagement nicht um den Ausschluss jedweden Risikos gehen. Vielmehr sollen möglichst viele drohende Risiken ausgeschaltet oder minimiert werden. Auch der Niedergang unseres Relais-Herstellers hätte mit einem kalkulierbaren Risiko, nämlich der frühzeitigen Entwicklung elektronischer Relais, vermieden werden können.

Der kontrollierte Umgang mit Risken ist schon längere Zeit Gegenstand von Forschung und Praxis. Dabei gilt es drei Schritte zu bewältigen, nämlich erstens die Identifikation, zweitens die Bewertung und drittens die Steuerung der Risiken.

Risikomanagement ist ein kontinuierlicher Prozess. Betrachten wir hierzu einmal die Währungsrisiken für einen europäischen Maschinenhersteller. Durch die Einführung des Euro sind diese zwar deutlich gesunken. Doch das Geschäft außerhalb von Euroland ist immer noch risikoreich. Allein die Entwicklung der Euro-Dollar-Relation im Zeitraum Mai 2002 bis Mai 2003 hat die Exportwirtschaft stark belastet. Wenn beispielsweise ein Maschinenbaubetrieb im Mai 2002 eine Maschine für 100 000 Dollar verkauft hatte, entsprach das einem Betrag von 105 000 Euro. Ein Jahr später – im Mai 2003 – konnte er für die gleiche Maschine nur noch 83 000 Euro erlösen. Das Unternehmen hat nur drei Möglichkeiten:

1. Es verkauft die Maschine im Mai 2003 für 126 000 Dollar. Doch warum sollte der Kunde einer solchen Preiserhöhung zustimmen?

2. Es senkt die eigenen Kosten um über 20 Prozent – ebenfalls eine unrealistische Zielsetzung, wenn man an den ständigen Anstieg der Lohn- und Materialkosten denkt.
3. Es sichert sich frühzeitig gegen das Währungsrisiko ab.

Uns interessiert an dieser Stelle insbesondere die dritte Möglichkeit. Wer Risikomanagement betreibt, muss in einem ersten Schritt die jeweiligen Risiken identifizieren. Im Falle eines exportabhängigen Unternehmens, das nicht ausschließlich in Euro fakturiert, sind dies mögliche Verluste auf etwaige Devisenbestände, Verluste auf Fremdwährungsforderungen/-verbindlichkeiten, Verluste bei Aufträgen, die auf Fremdwährung lauten, allerdings kann umgekehrt eine Abwertung des Euro gegenüber Fremdwährungen positive Effekte haben. Wird im vorgenannten Beispiel der Euro schwächer, so kann der Maschinenpreis gesenkt werden; die Umsatzchancen steigen. Es gilt also wieder: kein Risiko ohne Chance.

Das Währungsrisiko lässt sich durch Devisentermingeschäfte, Währungsoptionen oder Währungsfutures begrenzen. Diese Instrumente werden eingesetzt, um zu einem späteren Zeitpunkt Devisen zu einem bereits heute feststehenden Preis zu kaufen oder zu verkaufen. Der entscheidende Vorteil: Die feststehende Laufzeit sichert eine stabile Kalkulationsbasis. Der Preis, den das Unternehmen für diese Sicherung zahlt, ist ebenfalls eine feste Größe. Allerdings lassen sich dann die Chancen aus einer überraschenden Aufwertung der Fremdwährung nicht mehr nutzen. Wer sein Risiko verringert, begrenzt naturgemäß auch seine Chancen.

Man kann das Risiko auch auf Dritte verlagern, beispielsweise durch Rechnungsstellung in eigener Währung, Währungsanpassungsklauseln oder Vorauszahlungen. Bei der Fakturierung in eigener Währung wird das Währungsrisiko komplett auf den Abnehmer verlagert. Anpassungsklauseln definieren Grenzwerte im Währungskurs, bei deren Über- oder Unterschreitung Mehr- oder Minderzahlungen fällig werden. Kurssicherungsmaßnahmen sind nicht mehr erforderlich. Teil- oder Vorauszahlungen reduzieren die Dauer der nötigen Kurssicherungsmaßnahmen bei sehr langfristigen Aufträgen. Je kürzer die Dauer, desto geringer ist aber auch der Preis der Maßnahme. Ob eine Verlagerung des Risikos jederzeit möglich ist, sei dahingestellt. Zumindest theoretisch besteht die Chance.

Eine Verlagerung der Fertigung in das Land, mit dem die Lieferbeziehung besteht, beendet jede Währungsumrechnung. Allerdings sind jetzt andere Faktoren, z. B. notwendige Investitionen, Höhe des Personalaufwands, Steuerbelastung und gesetzliche Hürden beim Gewinntransfer zu prüfen und zu gewichten. Eine Produktionsverlagerung ins Ausland nur aufgrund der Währungskursrisiken ist sicher nicht empfehlenswert.

Fassen wir also zusammen: Controlling ist mehr als Kontrolle. Nicht der Schuldige wird gesucht, sondern die Lösung für das Problem. Ein effizientes Risikomanagement benötigt ein stabiles Rechnungswesen. Das darauf aufbauende operative Controlling analysiert im Soll-Ist-Vergleich Abweichungen vom Plan und liefert Möglichkeiten der Gegensteuerung. Erst das strategische Controlling öffnet den Blick für die zu gestaltende Zukunft. Es muss organisatorisch direkt an der Unternehmensleitung angebunden sein, da hier die relevanten Informationen zusammenlaufen und über die Konsequenzen entschieden wird.

Die Versicherung betrieblicher und privater Risiken

Wer hat sich noch nicht über Versicherungen geärgert, über hohe Prämien beispielsweise oder über die Weigerung der Gesellschaft, einen Schaden zu übernehmen? Doch oft liegt die Schuld gar nicht bei der Versicherung, sondern vielmehr an mangelhaften Kenntnissen oder der Sorglosigkeit beim Umgang mit Risiken im eigenen Unternehmen.

Ich erinnere mich noch sehr genau an einen Großbrand bei einem süddeutschen Kunststoffverarbeiter, der fatale Folgen hatte. Der Betrieb lag am Ortsausgang und grenzte an ein neu entstandenes Wohngebiet. An einem Wochenende brannte die Produktionshalle ab. Die Feuerwehr hatte den Brand zwar rasch unter Kontrolle. Die Geruchsbelästigung war jedoch enorm und die Produktion nicht mehr zu retten. Die eingesetzten Löschmittel hatten zu einer Erodierung des gesamten Maschinenparks geführt. Der erste Kontakt mit dem Versicherungsvertreter war beruhigend. Man hatte Glück gehabt und erst vor kurzem auf den Hinweis eines Beiratsmitgliedes hin die Versicherungssummen erhöht und die Haftung von zwölf auf 18 Monate heraufgesetzt. Der Großschadenregulierer überwies dann auch schon nach einer Woche eine Abschlagszahlung von 50 Prozent des Sachschadens.

Gleich am Montag nach dem Brand hatte der Unternehmer mit dem

Bürgermeister gesprochen und auch formell die Wiederaufbaugenehmigung beantragt. Auch die eingeholten Angebote der Bauunternehmer und Maschinenhersteller zeigten schnell, dass die veranschlagten achtzehn Monate für die vollständige Herstellung der Produktion großzügig bemessen waren und ausreichten. Dann musste der Unternehmer allerdings erfahren, dass die Gemeinde an dieser Stelle keine Wiederaufbaugenehmigung erteilen werde, ihm vielmehr andere Grundstücke zum Kauf anbot, verbunden mit zahlreichen Auflagen, die erhebliche Mehrkosten verursachten. Dadurch verzögerte sich der Bau um zwei Monate bei Mehrkosten in Höhe von 20 %. Fünfzehn Monate später – also innerhalb der vereinbarten Haftzeit – war der Betrieb wieder funktionsfähig. Der Versicherer zahlte jedoch nur den Betriebsausfall für 13 Monate und zog auch die Mehrkosten für solche Sachaufwendungen ab, die durch behördliche Auflagen entstanden und in der aktuellen Police nicht mitversichert waren. Natürlich behauptete die Versicherung, den Einschluss einer entsprechenden Versicherungsklausel angeboten zu haben. Man konnte ihr schwerlich das Gegenteil nachweisen.

Risiken, mit denen man nicht gerechnet und die man daher auch nicht versichert hat, lauern allerorten. Eines Tages rief mich ein Bauunternehmer aus Niedersachsen an. Durch Zufall hatte er erfahren, dass die Umsatzsteuer seit sechs Monaten nicht abgeführt worden war. Die Recherchen ergaben, dass der dafür zuständige Mitarbeiter die Umsatzsteuer »versehentlich« auf sein Privatkonto überwiesen hatte. Das Geld war unwiederbringlich verloren, da der Mitarbeiter ein Spieler war. Dass Derartiges in seinem Betrieb vorkommen könnte, habe er nie für möglich gehalten, vertraute er mir an. Eine Vertrauensschadenversicherung hatte er nicht abgeschlossen. Diese war ihm auch gar nicht angeboten worden, weil seine Versicherungsgesellschaft solche Produkte nicht vertreibt.

Auf den ersten Blick handelt es sich um zwei vollkommen verschiedene Schäden. Beiden Beispielen gemeinsam ist jedoch, dass das innerbetriebliche Risikomanagement versagte und dass sich der Unternehmer auf die Beratung und das Angebot einer einzigen Versicherungsgesellschaft verlassen hatte – sicher auch in der Hoffnung, durch die Bündelung der Versicherungsverträge im Schadensfall Vorteile zu genießen.

Nur allzu oft werden jedoch Risiken sträflich vernachlässigt. Viel wird über die Höhe der Versicherungsprämien gesprochen, wenig aber über Risiken. Die Rationalisierungswelle der letzten Jahre hat zu deutlich geringeren

Kosten geführt – auch im Versicherungsbereich (niedrigere Versicherungssummen, weniger Mitarbeiter). Schlagworte wie »just in time« oder »Lean Management« machen schon lange die Runde. Aber der Abbau der Lagerbestände oder der Belegschaft haben die betriebswirtschaftlichen Systeme auch störanfälliger gemacht. Im Idealfall ist die gesamte Ware auf der Straße – aber wehe, wenn ein Lastwagen verunglückt und die Ladung unbrauchbar wird. Als Folge des Belegschaftsabbaus ist oft das Vier-Augen-Prinzip nicht mehr durchgängig gewährleistet. Aber: »Gelegenheit macht Diebe.« Gerade in Familienunternehmen wird dieser Punkt gern mit verklärtem Blick gesehen. »Meine Leute machen so etwas nicht!«, heißt es dann. Risikomanagement ist jedoch auch im Versicherungsbereich unerlässlich. Schließlich werden auch die Währungsrisiken abgesichert, und bevor man baut, werden mehrere Angebote eingeholt und es wird hierüber verhandelt.

Zunächst müssen die vorhandenen Risken ermittelt werden. Wie abhängig ist man von einem Lieferanten oder Kunden? Gibt es Liefer- oder Einkaufsengpässe? Ergeben sich aus den eigenen Produkten besondere Haftungsrisiken (Pharma, Chemie, Spielzeug, Kleidung)? Ist das Unternehmen geographisch kritisch gelegen (Hochwasser, angrenzende Betriebe, nahegelegene Wohngebiete)? Bestehen Gefahren für die Umwelt? Gibt es Mitarbeiter in Schlüsselpositionen, auf die man unter gar keinen Umständen verzichten kann? Nach der Feststellung folgt die Bewertung der Risiken. Üblicherweise werden sie in existenzbedrohende, ergebnisgefährdende und in kleinere Risiken eingeteilt, wobei letztere kaum wesentlichen Einfluss auf den Betriebsablauf oder das Ergebnis haben, sondern lediglich einen gewissen Lästigkeitswert aufweisen.

Bis hier können sicherlich die Mitarbeiter die auftauchenden Fragen abarbeiten. Schließlich kennen sie die Betriebsabläufe am besten und wissen auch, wo Gefahren schlummern. Doch jetzt sollte ein unabhängiger Berater hinzugezogen werden. Nur so wird verhindert, dass durch mangelnde Schadenerfahrung potenzielle Risiken übersehen oder falsch eingeschätzt werden. Sind Risiken erst einmal erkannt, liegt oft die Lösung auf der Hand. So ist es sicherlich nahe liegend, die Abhängigkeit von einem Lieferanten für ein bestimmtes Vorprodukt dadurch zu mindern, dass man sich eines zweiten Lieferanten bedient. Die wichtigsten Daten sollten auch außerhalb des Betriebsgeländes gelagert sein. Eine zusätzliche Brandtür oder -mauer kann ebenso wie ein Rauchmelder das Feuerrisiko erheblich

senken. Ein Sicherheitstraining für die Berufsfahrer wirkt oft Wunder bezüglich der Schäden im Fuhrpark. Vielfach hat die Änderung organisatori-
scher Abläufe und Kontrollmechanismen einen durchschlagenden Erfolg.
Viele Probleme können mit sehr geringen Investitionen ganz oder teilweise
beseitigt werden. Wer Risiken systematisch sucht und bewertet, der erreicht oft sogar eine Steigerung der Effizienz.

Doch welche Risiken soll das Unternehmen selbst tragen, welche soll es
auf Dritte abwälzen, und wie hoch sollte ein Selbstbehalt sein? Fragen, die
eigentlich erst am Ende der gesamten Kette des betrieblichen Risikoma-
nagements stehen. In der Praxis hat sich hier eine Dreiteilung bewährt:

- Muss-Versicherungen: Risiken, die unmittelbar den Fortbestand des
  Unternehmens gefährden, beispielsweise Haftungsrisiken, Feuerschä-
  den und Betriebsunterbrechungen durch Feuer oder andere Gefahren
  (Überschwemmung, Sturm etc.);
- Soll-Versicherungen: Risiken, die das Jahresergebnis gravierend belasten
  und das Unternehmen zwingen würden, dringende Investitionen oder
  andere Projekte zu verschieben oder ganz einzustellen: Beispiele dafür
  sind die Transport-, Vetrauensschaden- oder Elektronikversicherung;
- Kann-Versicherungen: Risiken, die das Unternehmen ebenso selbst tragen könnte und die keine außergewöhnliche Belastung darstellen; durch
  Selbstbehalte kann die Versicherungsprämie hier oft erheblich gesenkt
  werden.

Mit wem soll das Unternehmen im Versicherungsbereich zusammen arbeiten? Policen werden in der Regel über hauptberufliche Vertreter oder Versicherungsmakler verkauft. Die ersteren sind meist Angestellte oder freie
Mitarbeiter einer Versicherungsgesellschaft. Sie sind daher verpflichtet, nur
für dieses Unternehmen Policen zu verkaufen. Bezahlt wird ausschließlich
auf Erfolgs-, also auf Provisionsbasis. Versicherungsmakler dagegen arbeiten mit mehreren Gesellschaften zusammen. Auch deren Bezahlung erfolgt
ausschließlich nach Erfolg durch den Versicherer. Dennoch gibt es einen
entscheidenden Unterschied. Während der Versicherungsvertreter ausschließlich von seiner Gesellschaft beauftragt ist, so viele Versicherungen
wie möglich zu verkaufen, ist der Versicherungsmakler vertraglich dem
Auftraggeber verpflichtet. Er hat dessen Versicherungen mit der größten
Sorgfalt kostengünstig am Markt unterzubringen. Nicht das Unternehmen

holt sich Angebote ein und verhandelt mit den einzelnen Versicherern, sondern der Makler. Er führt den gesamten Schriftwechsel und bearbeitet die Versicherungsschäden. Er haftet also letztlich für Fehler seiner Beratung. Im Idealfall ersetzt der Makler die Versicherungsabteilung des Unternehmens. Im Ausland hat sich dieser Weg bereits durchgesetzt.

Der Unternehmer sollte darauf achten, dass der Versicherungsmakler wirtschaftlich vollkommen unabhängig ist. Nicht selten sind nämlich Versicherer an Maklergesellschaften beteiligt. Auch die Größe des Maklerunternehmens muss passen. Sicherlich ist es zu begrüßen, wenn ein Makler nicht als Einzelkämpfer arbeitet. Anderseits ist es unnötig, in jedem Fall eine internationale Maklergruppe an der Seite zu haben. Es kann durchaus vorteilhaft sein, der wichtigste Kunde bei einem mittelgroßen Makler zu sein. Dieser wird dann besonders schnell und flexibel auf die Wünsche seines Kunden eingehen. Der Unternehmer muss sich vergewissern, dass der Makler über Erfahrung und Spezialwissen verfügt. Er sollte sich nicht scheuen, einzelne Risiken auszuklammern und einem Spezialisten zu übergeben, beispielsweise die Kreditversicherung, das Factoring oder eine Bürgschaftsversicherung. Ein seriöser Versicherungsmakler wird dies sogar von sich aus vorschlagen. Bevor eine Zusammenarbeit aufgenommen wird, sollte sich der Unternehmer Referenzen geben lassen und diese auf jeden Fall überprüfen.

Und schließlich: »Vertrauen ist gut, Kontrolle ist besser.« Auch nach Vertragsabschluss sollte man wachsam sein und sich fragen, ob sich der neue Partner auch tatsächlich dauerhaft und intensiv mit dem Unternehmen beschäftigt. Macht er unaufgefordert Verbesserungsvorschläge (Konditionen, Prämien) oder nur dann, wenn die Marktlage höhere Prämien verlangt? Häufen sich während seiner Tätigkeit nicht gedeckte Versicherungsschäden? Wächst der Berater mit dem Unternehmen? So sollte er auch beraten können, wenn sich das Unternehmen ins Ausland begibt und dort eigene Fertigungen hochzieht.

Chancen und Risiken der Globalisierung

Die zunehmende Globalisierung ist nicht nur Chance, sondern zugleich Risiko. Nur lässt sich das Risiko nicht versichern. Dennoch gibt es Mittel und Wege, um es beherrschbar zu machen.

Nehmen wir ein Unternehmen der Elektronik-Zulieferindustrie. Der Wettbewerb hat sich hier in den letzten Jahren drastisch verschärft. Viele Anbieter sind vom Markt verschwunden. Zunehmend beziehen die Abnehmer ihre Produkte aus Fernost, vor allem aus China. Die Folge ist ein Preisverfall auf der ganzen Linie. Das Unternehmen kann in Deutschland nicht mehr rentabel fertigen. Entweder muss es die deutschen Standorte mit erheblichem Aufwand weiter automatisieren oder den größeren Teil der Fertigung nach Fernost, möglichst nach China verlagern.

Mit der Globalisierung hat sich auch ein Anbieter aus dem Bereich der Gesundheitspflege auseinanderzusetzen. Mit viel Geschick hatte der Betrieb in den neunziger Jahren ein attraktives Produktprogramm aufgebaut. In Deutschland ist man Marktführer, in wichtigen Ländern der EU immerhin gut positioniert. In letzter Zeit hat sich das Wachstum jedoch wesentlich verlangsamt, der deutsche Markt ist sogar leicht rückläufig. Nur der Export nach Mittel- und Osteuropa läuft gut. Hoffnungen setzt das Unternehmen auch auf Nordamerika, wo der Neffe des Inhabers den Vertrieb aufgebaut hat. Das Asiengeschäft schließlich wird durch einen Exporteur mehr schlecht als recht wahrgenommen. Mit dieser Lage will man sich nicht abfinden, überlegt vielmehr, entweder durch den Aufbau eines zweiten Standbeins für neues Wachstum in Europa zu sorgen oder Vertrieb und Fertigung in Nordamerika und Südostasien auszubauen. Hierzu hatte der Beirat letztlich geraten.

Beide Beispiele verdeutlichen, dass die internationale Expansion nichts Freiwilliges an sich hat, sondern vom Markt her erzwungen wird. Zwei Motive dominieren: Globalisierung als Wachstumsstrategie oder, wie im ersten Fall, als Verteidigungsstrategie, um damit die Präsenz auf dem Heimatmarkt abzusichern. Die Fertigung in China als kostengünstige Basis muss genutzt werden, um die Marktposition in Europa zu halten. Die Strategie ist kostengetrieben, was für alle Familienunternehmen zutrifft, die in der Zulieferindustrie tätig sind. Ihre Abnehmer sind bereits international aufgestellt und nicht nur weltweit auf den Absatzmärkten, sondern auch auf den Beschaffungsmärkten tätig.

Manche Familienunternehmen reagieren zu spät oder nicht mit den richtigen Mitteln auf die Globalisierung. Häufig gelingt es eben nicht, sich durch besondere Leistungen vom globalen Wettbewerb abzuheben oder mit einer Fertigung an Niedriglohnstandorten Kostenunterschiede auszugleichen. So hat die Firma Jungheinrich zwei ausländische Fertigungsstandorte wieder nach Deutschland zurückverlegt. Doch nicht nur dadurch kann die Globalisierung zur Gefahr werden. Darüber hinaus fehlen für die internationale Expansion oftmals die geeigneten Führungskräfte. Das gilt zwar auch für Konzerne. In aller Regel bedeutet der Schritt nach Übersee vom Finanzbedarf und vom Erfolgsrisiko her jedoch einen ungleich schärferen Einschnitt als beim Konzern. Der Familienunternehmer ist auch stärker von der Fähigkeit und Zuverlässigkeit seiner Führungskräfte im Ausland abhängig.

In gewissem Sinne ist auch der sonst so viel gelobte Führungsstil im Familienunternehmen ein Hindernis. Der Unternehmer führt sehr direkt und verfügt kaum über Stäbe, ist daher häufig in Niederlassungen im Ausland anzutreffen. Doch dieser Führungsstil lässt sich auf große Entfernungen – oft mehr als 10 000 Kilometer – kaum durchhalten. Schließlich ist auch die Andersartigkeit des Überseemarktes eine Hemmschwelle. Ein Konzern mit internationalen Verbindungen vermag solche Informationslücken viel leichter zu überwinden.

So verändert die Globalisierung Stil und Struktur des Familienunternehmens. Spätestens jetzt wird darüber nachgedacht, Familienfremde in die Geschäftsleitung aufzunehmen. Für den Einsatz im Ausland müssen nämlich die besten Führungskräfte aus dem Stammhaus eingesetzt werden, so schmerzlich der Verlust für die Gesamtorganisation auch sein mag. Je größer das Risiko, das sich mit der Auslandsexpansion verbindet, desto wichtiger ist die Risikobegrenzung durch gutes Management.

Der Erfolg eines Übersee-Engagements hängt stark von der gewählten Strategie ab. Üblicherweise beginnt die Marktbearbeitung durch Export. Dabei ist immer abzuwägen zwischen dem Vertrieb über einen Handelsmittler und dem Aufbau einer eigenen Vertriebsorganisation. Der Weg über den Handelsmittler ist zunächst der einfachere. Ein Einsatz von eigenen Mitarbeitern ist nicht erforderlich, die Anlaufkosten sind geringer, der Vertrieb kann schneller starten. Doch dies ist nicht immer der beste Weg. Auf lange Sicht empfiehlt sich daher der Aufbau einer eigenen Vertriebsorganisation in Übersee. Denn ist das Marktpotenzial groß genug, muss ohnehin der direkte Kontakt zum Kunden gesucht, muss in Markenpflege, Kundenkontakte, Vertriebsorganisation und Distribution investiert werden. Genau hier besteht der Interessenkonflikt mit dem Handelsmittler. Dieser ist margenorientiert, denkt also eher kurzfristig, das Familienunternehmen dagegen ist marktanteilsorientiert, denkt also längerfristig. Eine lokale Fertigung erlaubt es zudem, sich schnell an die Anforderungen des dortigen Marktes anzupassen, auch in qualitativer Hinsicht. Währungsrisiken werden vermieden. Im Zuliefergeschäft folgt man den Kunden an die Überseestandorte.

Die lokale Fertigung kann als Gemeinschaftsunternehmen mit einem Partner vor Ort oder völlig selbstständig aufgezogen werden. Die Vorzüge eines Zusammengehens liegen auf der Hand. Der Partner kennt sich im Markt aus, er verfügt über die notwendigen Behörden- und Regierungskontakte, die Fertigung kann unter Nutzung der industriellen Infrastruktur des Partners »angeflanscht« werden. Der Personalbedarf ist geringer, weil zumindest ein Teil der Fach- und Führungskräfte vom Partner gestellt wird. Unter Umständen lassen sich auch dessen Vertriebskanäle nutzen, kurz, der Aufwand wird begrenzt. Ob aber langfristig diese Vorteile überwiegen, hängt sehr stark von der Zuverlässigkeit des Partners ab. Die eigentliche Frage lautet also: Wiegen die kurzfristig den Aufwand und das Risiko begrenzenden Faktoren das längerfristige Risiko einer Zusammenarbeit auf?

Auf lange Sicht ist eine solche Partnerschaft immer dann problematisch, wenn der Partner wesentliche Teile der Wertschöpfung stellt. Hier ergibt sich in aller Regel ein Konflikt bei der Ertragspolitik. Der lokale Partner möchte auf jeden Fall seinen Teil der Wertschöpfung optimieren. Jahrelange Streitigkeiten über Verrechnungspreise können die Folge sein. Bald kehrt Ernüchterung ein: Der Partner erweist sich als doch nicht so leistungsstark wie erwartet. Sein Vertrieb lässt zu wünschen übrig, zudem arbeitet er offensichtlich »in die eigene Tasche«. Seine Führungskräfte sind nicht qualifiziert genug. Der Familienunternehmer muss zunehmend eigene Experten entsenden. Bei einem Gemeinschaftsunternehmen ist also durchaus Vorsicht geboten. Häufig müssen Startvorteile später sehr teuer bezahlt werden. Die erfolgreichsten »Globalisierer« unter den Familienunternehmen haben sehr schnell ihr Schicksal im Zielland in die eigene Hand genommen. Man hat viel Lehrgeld in der Aufbauphase zahlen müssen, ist dann aber Herr im eigenen Haus.

Relativ selten kaufen sich Familienunternehmen durch Übernahme lokaler Firmen in den Überseemarkt ein. Damit ist man zwar sofort im

Markt, der Finanzaufwand dafür ist aber hoch. Beim Aufbau einer eigenen Fertigung kann dieser dagegen gezielt gesteuert und dosiert werden. Ferner ist zu berücksichtigen, dass Kauf und Verkauf von Unternehmen im Leben des Familienunternehmens Ausnahmesituationen sind. Das hierfür notwendige Handwerkszeug von der Due Diligence bis zur Integrationsplanung und -umsetzung gehört nicht zum landläufigen Erfahrungsschatz des Familienunternehmers.

Viele Familienunternehmen sind finanziell nicht gerade üppig gepolstert. Jeder Schritt in die Internationalisierung bedeutet eine zusätzliche Belastung, vor allem für solche, die aus »Verteidigungsgründen« globalisieren. In diesen Fällen ist unbedingt eine klare Projektfinanzierung notwendig. Sie muss hinsichtlich Zins und Tilgung mit dem Mittelzufluss aus der Auslandsfertigung in Zeit und Höhe kongruent sein. Das ist unabdingbar.

Wer globalisiert, um zu wachsen, ist in der Regel finanziell besser ausgestattet. Die Entscheidung für eine Kreditaufnahme (wenn Kapitalmarktinstrumente nicht zur Verfügung stehen) kann unter reinen Kostengesichtspunkten getroffen werden, je nachdem, ob im Zielland oder zu Hause günstigere Konditionen zu erreichen sind. Hierbei sind gegebenenfalls die Kosten der Währungssicherung zu berücksichtigen.

Datensicherheit als Kernvoraussetzung der Zukunftsfähigkeit

Auch beim Einsatz von IT-Systemen entstehen Risiken – nicht selten existenzgefährdende. Die Abhängigkeit wächst, weil mit Intensivierung und Beschleunigung des Datenaustauschs auch die Erwartungshaltung bei Kunden und Lieferanten an das Reaktionsvermögen des Unternehmens steigt. Zudem wird das Unternehmen durch schnellen Datenabgleich transparenter – und das nicht nur für die Geschäftsführung, sondern auch für Dritte, was nicht immer beabsichtigt ist. Das Rad der Entwicklung lässt sich freilich nicht zurückdrehen. Deshalb muss das Unternehmen lernen, angemessen mit diesen Risiken umzugehen. Zu wenig Sicherheit ist fatal und kann existenzgefährdend sein. Zu viel Sicherheit kostet enorme Ressourcen und erstickt die unternehmerische Kreativität.

Patentrezepte gibt es dafür nicht. Grundsätzlich gilt es, Folgendes zu regeln: den Zugang zum Personalcomputer, die Passwortpolitik, das Viren-schutzkonzept, den Umgang mit privaten Daten, die Nutzung von Internet und E-Mail, den Umgang mit externen Speichermedien, die Installation und Nutzung von Software, Szenarien für Notfälle, Verantwortlichkeiten und Ansprechpartner. All das sollte in einem schlüssigen Konzept nieder-gelegt und anschließend umgesetzt werden. Hierbei sind selbstverständlich auch die geltenden gesetzlichen Bestimmungen zu berücksichtigen.

Jedes Unternehmen muss beispielsweise über ein Datensicherungskon-zept verfügen. Ist es schriftlich festgelegt? Wer kontrolliert die Datensiche-rung und wer trägt die Verantwortung? Nur allzu häufig kommt es noch vor, dass man beim Versuch, eine versehentlich gelöschte Datei mit Hilfe der Datensicherung wiederherzustellen, bemerkt, dass die Sicherung schon seit Wochen nicht richtig funktioniert. Und was nützt die aufwendigste Da-tensicherung, wenn die Bänder auf dem Server abgelegt werden und der Serverraum dann durch einen Kabelbrand zerstört wird?

Weiter sollte ein Notfallplan für den Ausfall der IT-Systeme bestehen. Es ist ratsam, dass sich die Geschäftsführung mindestens einmal jährlich damit beschäftigt und klärt, wie lange man im Problemfall auf IT-Kompo-nenten und Funktionalitäten verzichten könnte und welche Bereiche unter-nehmenskritisch von der IT-Infrastruktur abhängig sind. Erst dann können Gegenmaßnahmen wie beispielsweise die redundante Auslegung von Ser-vern oder das Auslagern von Teilsystemen ergriffen oder besondere Ver-träge mit Dienstleistern abgeschlossen werden.

Für den Schutz des Unternehmensnetzwerks beim Zugriff auf das Inter-net sind entsprechende Firewall-Systeme weit verbreitet, und auch der Ein-satz von Antivirus-Software ist mittlerweile Standard. Doch die Einmal-An-schaffung genügt nicht. Die Systeme müssen vielmehr ständig aktualisiert und überwacht werden. Zu spät – oft auch gar nicht – wird sonst bemerkt, wenn Externe sich über veraltete Systeme oder Sicherheitslücken Zugriff verschaffen. Den Mitarbeitern fällt dabei die entscheidende Rolle zu. Sie sind zugleich auch ein Sicherheitsrisiko. Die meisten Hacker sind Mitarbeiter und vielfach ist es nur die Neugier (was verdient der Kollege?), hin und wieder werden aber auch gezielt Firmendaten abgegriffen, beispielsweise beim Wechsel zu einem anderen Unternehmen. Schädlich sind solche Aktivitäten allemal.

Die Installation privater Software, das Herunterladen sensibler Daten aus dem Internet oder der Empfang von mit Viren behafteten privaten E-Mails sind nur einige Beispiele. Die private Nutzung von Internet und E-Mail durch Mitarbeiter ist nicht nur ein sicherheitsrelevantes Thema, wenn über diese Kanäle Viren eingeschleust oder Hackerattacken ausgelöst werden. Kritisch wird es auch, wenn über Mitarbeiter-Computer beispielsweise pornografische Inhalte abgerufen werden oder die Firmen-Mailadressen in einschlägigen Internetforen zu finden sind. Hier entsteht ein Risiko, das mit technischen Hilfsmitteln und innerbetrieblichen Regelungen zur privaten Nutzung der IT-Systeme eingegrenzt werden kann.

Ein weiteres Problem ist die Verwendung illegaler oder nicht lizenzierter Software. Das kann strafrechtliche Folgen haben. Deshalb sollte regelmäßig die installierte Software und die Frage, ob diese lizenziert ist, überprüft werden. Es kommt immer wieder vor, dass ausgeschiedene Mitarbeiter ihren ehemaligen Arbeitgeber wegen Verstoßes gegen Lizenzbestimmungen angezeigt haben.

Eine Schlüsselstellung innerhalb des Unternehmens nehmen die IT-Administratoren ein. Kraft ihrer Funktion haben sie Zugriff auf fast alle digitalisierten Vorgänge innerhalb des Unternehmens. Entsprechende Sicherheitsmaßnahmen sind daher unabdingbar, beispielsweise das verschlüsselte Speichern von Daten, die Einführung des Vier-Augen-Prinzips oder unterschiedliche Berechtigungen für verschiedene Administratoren. Die Verantwortung sollte – wenn möglich – geteilt werden.

Auf Sicherheitslücken in ihren Programmen weisen die Software-Hersteller selbst über E-Mail oder in Fachinformationen hin und stellen dafür auch die entsprechenden Instrumente zur Abhilfe im Internet bereit. Die Verantwortlichen im Unternehmen können damit sofort Gegenmaßnahmen einleiten. Doch die Personalressourcen der Familienunternehmen sind begrenzt. Wenn dann noch der einzige IT-Spezialist ausfällt, der jahrelang die Infrastruktur nach seinen Vorstellungen auf- und ausgebaut hat, wird es für das Unternehmen kritisch. Deshalb ist es für den Unternehmer wichtig, Kompetenzen und Wissen auf mehrere Personen zu verteilen und im Vorfeld klare Regelungen für die Stellvertretung zu treffen. Eine gut geführte Berechtigungs- und Systemdokumentation und eine partnerschaftliche Verbindung zu einem externen IT-Dienstleister begrenzen das Risiko.

Welcher Unternehmer verschickt seine Verträge per Post in Klarsichthüllen? Im E-Mail-Verkehr über das »öffentliche« Internet ist dies aber noch immer Praxis. Vertrauliche Informationen sollten beim Versand per E-Mail immer gegen Zugriffe von Dritten (Verschlüsselung der Daten) oder gegen Manipulation (Signierung der Daten) geschützt sein. Die heute gängigen Verschlüsselungsverfahren sind praxiserprobt, sicher, kostengünstig und leicht zu bedienen und zu verwalten.

Erneuerung der Ertragskraft durch Restrukturierung

Auch Familienunternehmen bleiben von Krisen nicht verschont. Auslöser waren in der Vergangenheit meist dramatische Veränderungen auf einzelnen Märkten, die selbst bisher ertragsstarke Unternehmen oft völlig unvorbereitet trafen. Bis dahin waren sie vor allem auf Wachstum ausgerichtet gewesen. Die Belegschaft wurde ständig aufgestockt. Der Führungsstil war stark emotional geprägt. Führungskräfte waren in der Regel langjährige Mitarbeiter, die den Aufstieg des Unternehmens mitgetragen hatten. Oft gab es keinen Beirat. Fremde Experten wurden nicht benötigt – die Erfolgskurve zeigte scheinbar unaufhaltsam nach oben. Die Finanzierung des Unternehmens stand auf festen Füßen, die Kontakte zu den Banken waren exzellent. Sicherheiten wurden kaum benötigt, da die Persönlichkeit des Unternehmers und seine Erfolge mehr zählten als beispielsweise eingetragene Grundschulden, kurz, die Lage befand sich im Gleichgewicht: sichere Umsätze, eine stabile Ertragslage, ein kontinuierlicher Mittelzufluss mit garantiertem Wachstumspotenzial und soliden Banken im Hintergrund.

Doch ein solches Gleichgewicht kann sich schnell zu einer Schieflage wandeln, wenn sich das Konsumklima ändert, sicher geglaubte Umsätze wegbrechen, notwendige Investitionen ausbleiben und das Vertrauen in die Wirtschaftspolitik der Regierung schwindet.

Zeichen einer Krise

Jeder sinnvollen Unternehmenssteuerung muss neben einer Planung über die verschiedenen Produktzyklen hinweg die traditionelle Unternehmensplanung vorausgehen. Hierzu muss das laufende und folgende Geschäftsjahr auf Bilanz-, GuV- sowie Cashflow-Ebene abgebildet werden. Eine mittelfristige Planung als Vorausschau über die darauffolgenden drei bis fünf Jahre ist sinnvoll. Oftmals entspricht eine solche Mittelfristplanung auch den Mindestanforderungen der Banken. Die Planung muss neueste Erkenntnisse ständig berücksichtigen. Für das laufende Jahr sollte der Planansatz allerdings fest belassen und quartalsweise durch eine Vorausschau ergänzt werden. Dabei sind gegebenenfalls Zusatzmaßnahmen zur Zielerreichung zu definieren.

Eine Krise zeichnet sich spätestens dann ab, wenn von den Kennzahlen abgewichen wird oder wenn einzelne Ereignisse wie der Verlust eines großen Auftrags Gefahr signalisieren. Die Führung muss solche Zeichen schnell erkennen. Die größte Gefahr liegt darin, dass solche Hinweise unterschätzt und dass Gegenmaßnahmen nur zögerlich ergriffen werden. Die folgenden Signale müssen sofort analysiert werden, wobei die nachgenannten Zahlen und Prozentsätze naturgemäß nach Größe und Art des Unternehmens differieren. Sie seien hier nur als Beispiel genannt.

- Dauerhaftes Annähern an die obere Grenze der Kreditlinien;
- Aufforderung der Banken, über die »Rating-Einstufung« zu sprechen;
- Unverhältnismäßigkeit der Fristigkeit der Kreditlinien (zu viele zu kurzfristig);
- Cashflow-Abweichungen um mehr als 5 Prozent vom Plan;
- Notwendigkeit eines kurzfristigen Verschiebens von Zahlungsläufen an Lieferanten;
- Erhöhung der Forderungslaufzeiten um 5 Prozent und mehr;
- Rückgang des Lagerumschlags um mehr als 5 Prozent;
- Umsatzabweichungen um mehr als 5 Prozent;
- Deckungsbeitragsabweichungen um mehr als 1 Prozent vom Umsatz;
- Erhebliche und nachhaltige Preisabschläge beim Verkauf;
- Kostenabweichungen um mehr als 5 Prozent;
- gravierender Rückgang der Auslastung;
- Einzelrisiken mit Ergebnisauswirkung etwa ab 2 % vom Umsatz;
- Gesetzliche Auflagen, die umsatzhemmend wirken werden;
- Nachhaltige Budgetabweichungen bei Investitionen.

Zu früh und zu nervös zu reagieren, kann sich zwar schädigend auswirken – zu lange zu warten und damit zu spät zu reagieren, führt dagegen in die Katastrophe. Besonders kritisch sind Signale, die sich auf die Liquidität beziehen.

Bedenklich wird es, wenn plötzlich Überziehungs- oder Darlehenslinien ausgeschöpft werden müssen, nachdem man vorher stets im Haben war.

Viele Finanzchefs rühmen sich wegen der geringen Margenaufschläge der vereinbarten Kredite im kurzfristigen Bereich. Solche Situationen können in der Krise problematisch werden. Denn kurzfristige Linien erlauben keine mittel- oder langfristige Strategie, ohne die Finanzierungssicherheit zu gefährden. Andererseits fallen Unternehmen in der Krise bei den Banken sofort durch das Raster der Basel-II-Bewertung und werden sehr schnell mit sofort wirkenden Risikozuschlägen auf bestehende variabel verzinsliche Darlehen mit variablen Zinssätzen belastet. Eine etwas teurere mittel- oder langfristige Finanzierungsform wäre immer vorteilhafter und sicherer gewesen. In jedem Fall müssen Liquiditäts- und Finanzierungssignale schnell erkannt und analysiert werden. Gespräche mit Banken sind aktiv zu führen, da Bankenvertreter oft aus fehlender Informationslage heraus Entscheidungen treffen, die anschließend sehr schwer zu revidieren sind.

Das gilt in noch stärkerem Maße für das Bezahlen von Lieferantenrechnungen. Vor der Empfehlung vieler Unternehmensberater ist zu warnen, sich bei »Krise in Sicht« sofort eine zusätzliche Finanzierung durch längere Kreditlinien bei Lieferanten zu schaffen. Hier wird die Rechnung ohne die Kreditversicherer gemacht. Kreditversicherer können dem Unternehmen in der Krise gefährlicher werden als die Banken. Werden die Rechnungen deutlich langsamer beglichen, sind die Lieferanten verpflichtet, dies dem Kreditversicherer zu melden. Dieser stuft dann die Linien für die von ihm versicherten Lieferungen zurück. Der Lieferant ist so gezwungen, umgehend eine Rückführung des Obligos oder alternativ dazu Sicherheiten zu verlangen und verhängt dann oft zur Durchsetzung seiner Forderung eine Liefersperre. Vielfach sind sich Unternehmer dieser Kettenreaktion, die innerhalb von Tagen ablaufen kann, überhaupt nicht bewusst.

So ist es auch falsch, bei beginnender Krise keine Informationen mehr an Auskunfteien zu geben. Viele Lieferanten nutzen auch deren Daten, und eine Herabstufung im Rating der Auskunftei kann verheerende Wirkungen haben.

Der Rückgang des Lagerumschlags wird ebenfalls unterschätzt. Einkäufer wollen volle Lager, weil sie den Vorwurf des Vertriebs fürchten, man sei nicht lieferbereit. Hier spielen Bequemlichkeit und Konfliktscheu eine verhängnisvolle Rolle. Solange ein Einkäufer kein festes Budget hat, wird er sich immer »auf die sichere Seite legen«. Damit erzeugt er nicht nur Überbestände, sondern vielfach auch so genannte »Nulldreher« für die Zukunft. Ich habe Unternehmen erlebt, die erst zwei oder sogar drei Jahre später erkannt haben, welche Artikel nicht mehr verkaufsfähig waren, nur weil es keine ständigen Reichweitenanalysen, keine monatlichen Lagerumschlagslisten und schon gar kein Einkaufsbudget gab. Ergebnis: Der Wertberichtigungsbedarf war bedeutend.

Hinzu kommen gravierende Abweichungen vom Umsatzplan. Ich greife einen Teilaspekt heraus: Bei Unternehmen mit mehreren Standorten oder großer Produktvielfalt ist zwar die Lage insgesamt befriedigend. Aber es gibt lokale Schwachstellen. Diese müssen sofort saniert werden, was konsequenterweise zur Schließung führt. Denn in guten Zeiten sind die dafür notwendigen Kosten eher zu verkraften als in Zeiten der Krise. »Tue das, wovor du Angst hast, und die Angst stirbt einen schnellen Tod!«

Gehen Roherträge oder Deckungsbeiträge nachhaltig zurück, hilft Jammern über den schlechten Markt überhaupt nicht. Das einzige Mittel heißt: Kostenführerschaft anstreben, um mit niedrigeren Margen auszukommen. Auch hier ist eine Durchhaltetaktik ohne Gegenmaßnahmen stark ergebnisschädigend. Jetzt dieses Thema auszuklammern, um den Blick einzig auf »neue Produkte« zu lenken, kann zur Folge haben, dass die Vertriebsmannschaft die neuen Produkte gar nicht so schnell absetzen kann, wie die Margen beim bisherigen Sortiment verfallen.

Bei den Kosten lassen sich frühe Signale durch Einführung von Kennzahlensystemen identifizieren. Es gibt hier aber auch viele negative Beispiele, die leider bei Familienunternehmen häufig anzutreffen sind. Häufig wird bei der Kennzahl »Umsatz je Mitarbeiter« oft völlig übersehen, welcher Preisdruck mittlerweile eingetreten ist. Wesentlich aussagekräftiger ist deshalb die Kennzahl »Rohertrag je Mitarbeiter«. Personalkosten im Verhältnis zum Umsatz sind eine wichtige Kenngröße gerade bei Handelsunternehmen. Unterschätzt wird fast immer die Reaktionszeit, beginnend mit dem Erkennen solcher Abweichungen bis zur Realisierung eines möglichen Personalabbaus: Nicht selten muss bei relativ einfachen Fällen mit drei bis sechs Monaten Kündigungszeit und einer Verhandlungs- oder Prozessdauer von etwa drei Monaten gerechnet werden. Das traditionelle Saniererprinzip, dass man im Zweifel später immer wieder einstellen kann, wenn man zu viele Mitarbeiter entlassen hat, ist fast immer zutreffend. Personalfixkosten lassen sich nicht schnell variabel gestalten. Also muss diese Frage sofort angepackt werden. Wer zu Beginn einer Krise noch keine variablen Außendienstgehälter mindestens im Verhältnis von 80 Prozent fixen zu 20 Prozent variablen Komponenten hat, wird sehr schnell merken, was das Wort »Personalfixkosten« bedeutet.

Extrem schwer zu beurteilen sind Signale, die die Auslastung betreffen. In diesem Bereich werden die erforderlichen Entscheidungen häufig entweder viel zu schnell oder viel zu langsam getroffen. Hier haben es Handelshäuser erheblich einfacher. Desto mehr muss gerade in Industriebetrieben der Schwerpunkt auf der Frage liegen: Selber machen oder zukaufen?

Signale aus dem Bereich von Risiken gesetzlicher oder prozessrechtlicher Art sind nicht zu unterschätzen. Eine sofort vorgenommene Rückstellung und damit die proaktive bilanzielle Behandlung eines solchen Themas schafft gerade bei Banken Vertrauen in das Risikomanagement. Gleichzeitig können zu diesem Zeitpunkt eventuell noch bilanzielle Reserven aufgelöst und damit das Risiko vermindert werden.

Die Erkenntnis, dass Investitionsvorhaben aus dem Ruder laufen, kann verheerende Folgen haben. Ist abzusehen, dass man sich verkalkuliert hat, hilft bei Beginn der Krise nur noch das Desinvestment. Vielleicht lässt sich ein Interessent finden. Mitten in der Krise ist dann meist nur noch der Notverkauf möglich. Dies gilt insbesondere für neu gegründete Gesellschaften oder Finanzbeteiligungen.

Oft spielen beim Umgang mit Risiken Fragen des Images oder des Ansehens des Chefs eine problematische Rolle. Sie können die Lage nur verschlimmern. Leichtfertig ausgestellte Bürgschaften, Patronatserklärungen oder Garantieübernahmen erweisen sich später als erhebliche Zusatzlasten. Signale gibt es zu Beginn einer Krise genügend! Sie werden oft verniedlicht oder ganz einfach inhaltlich oder zeitlich falsch eingeschätzt. Die Angst, nach einer jahrelang erfolgreichen Unternehmensphase plötzlich völlig andere Entscheidungen treffen zu müssen, kann das Unternehmen lähmen. Mitarbeiter, die sich in dieses »Jammertal« bewegen, sind unfähig, dem Unternehmen zu helfen. Vielmehr helfen in einer solchen frühen Phase nur Handeln, die richtige Kommunikations- und Informationspolitik, ein mit solchen Situationen vertrautes Management sowie ein Unternehmer mit viel Mut, Entschlossenheit und Zuversicht!

Maßnahmen einer Restrukturierung

Der Wille zum notwendigen Umbau muss zunächst von den Gesellschaftern ausgehen. Dabei ist zu fragen, ob das derzeitige Management überhaupt dafür geeignet ist. Beim leisesten Zweifel sollte an der Spitze neben dem bisherigen Geschäftsführer ein Fremd- oder ein Interimsmanager eingesetzt werden. Der Faktor Zeit spielt eine wichtige Rolle. Je schneller ein schlüssiges Konzept vorliegt, desto besser. Dabei ist allerdings zu beachten, dass unüberlegte Schnellschüsse erfahrungsgemäß sehr gefährlich sind. Banken und Kreditversicherer sind beim Ausbruch der Krise in hohem Maße verunsichert. Wenn in dieser Phase weiteres Vertrauen verloren geht, ist die Existenz des Unternehmens gefährdet. Unsicherheit, Zögern oder fachliche Bedenken zeigen nur, dass an der Spitze eben kein entschlossener Manager steht, der mit einem überzeugenden Konzept intern wie extern den Weg weist. So schmerzhaft es für die Gesellschafter auch sein mag: Es ist statistisch nachgewiesen, dass gerade ein emotional unbelasteter Fremdmanager die Sanierung schneller und gezielter anpackt als ein Geschäftsführer, der bereits seit vielen Jahren im Unternehmen ist. Ist sich ein Gesellschafter nicht sicher, sollte er zumindest dem bisherigen einen weiteren, in Sanierungsfragen erfahrenen Manager an die Seite stellen.

Sodann gilt es, das Controlling zu überprüfen. Schließlich wurde gerade hier zu Beginn der Krise nicht erfolgreich gegengesteuert. Das Argument, man habe die Krisenzeichen immer gesehen und angesprochen, ist zwar häufig zu hören, aber nicht stichhaltig. Kein Controller darf gegen die eigene Überzeugung im Unternehmen bleiben, wenn er gewahr wird, dass seine Vorschläge nicht umgesetzt werden. Er hätte längst Konsequenzen ziehen müssen. Solche Mitarbeiter sind für einen Sanierungsfall unbrauchbar und daher sofort auszutauschen. Übrigens signalisiert diese erste Personalmaßnahme den anderen Mitarbeitern, dass eine neue Zeit angebrochen ist.

In einem dritten Schritt sind auf Fachebene die Führungskräfte daraufhin zu überprüfen, ob sie solch harte Zeiten ohne Wenn und Aber engagiert durchstehen können. Bedenkenträger bremsen nur. Auswechselungen sind allerdings mit dem Blick auf die Innenwirkung sehr behutsam vorzunehmen. Zudem muss der Nachfolger bereits feststehen, um ein führungstechnisches Vakuum zu vermeiden. Die Frage, ob Fremde hinzugezogen werden sollen, ist schwer zu beantworten. Der Gesellschafter muss wissen, ob mit der bestehenden Mannschaft die Sanierung überhaupt zu bewältigen ist. Unternehmensberater einzuschalten, kann unter Umständen sinnvoll sein. Da der Verlauf der Sanierungsmaßnahmen oft auch den Banken vorzutragen ist, kann eine renommierte Unternehmensberatung, die mit »an Bord« ist, eine wichtige Rolle spielen. Im Zweifel würde ich trotz erheblicher Kosten immer empfehlen, einen Berater hinzuzuziehen, um einen schnellen und effektiven Umsetzungskatalog zu erstellen. Viele Maßnahmen sind oft nur mit Unterstützung eines externen Beraters durchzusetzen, da das bei einer qualifizierten Unternehmensberatung vorherrschende Prozessdenken oft das einzige Mittel ist, um einen fast immer vorhandenen Ressortegoismus schnell und wirksam einzudämmen.

Die Schaffung von Liquidität ist das wichtigste Ziel für eine erfolgreiche Restrukturierung. Das wird oft unterschätzt. Die notwendige Verringerung der Belegschaft verschlingt viel Geld. Auch der personelle Umbau bindet trotz schnell gekündigter Verträge noch lange Zeit hohe Fixkosten oder verlangt Abstandszahlungen. Die Liquidität hierfür muss umgehend und relativ genau – unter Berücksichtigung von Reserven – ermittelt werden. Bei den Gesprächen mit Banken sollte der Grundsatz gelten, nie zusätzliche Liquidität in Form von zusätzlichen Kreditlinien zu verlangen, wenn vorher nicht alle Möglichkeiten einer selbst finanzierten Sanierung geprüft wurden. Nichts kommt den Banken in dieser kritischen Phase weniger gelegen als der Wunsch nach »frischem Geld«. Es zeigt ihnen, dass das Unternehmen unfähig war, selbst eine Lösung zu finden. Ein Banker drückte dies einmal sehr drastisch aus: »Warum soll ich ein Karzinom finanzieren?« Der Vergleich ist zynisch. Dennoch hat er Recht: Solange die Ursache der Krise nicht bekämpft oder beseitigt ist, wird keine Bank frisches Geld geben. Die Aussage, man habe jahrelang an die Hausbank keine Ansprüche gestellt, nun sei die Bank gleichsam moralisch verpflichtet, zu helfen, mag der Sache nach zutreffen, begründet aber leider keinerlei Recht auf besondere Unterstützung in diesem Fall.

Die ersten und wichtigsten Maßnahmen zur eigenfinanzierten Restrukturierung sind daher die Überprüfung der Geldströme und die Verringerung des Umlaufvermögens. Zunächst gilt es, die Laufzeiten der Forderungen zu überprüfen. So betrug bei einem Bauunternehmen die durchschnittliche Laufzeit zu Beginn der Krise über 70 Tage, eine zu diesem Zeitpunkt bran-

chenübliche Größenordnung. Die Verantwortung für die Kundenforderungen lag beim Vertrieb. Die jährliche Wertberichtigungsquote auf Forderungen lag bei 4,5 Prozent vom Umsatz. In der Vergangenheit ließ sich eine solche Quote gut verkraften, da Wachstum auf neuen Märkten erzielt wurde.
Ein zentrales Forderungsmanagement gab es nicht. Üblicherweise wurden
Forderungen erst nach neun (!) Mahnstufen, die im Abstand von zwei Wochen lagen, an ein Inkassobüro übergeben. Der historische »Erfolg« des
Unternehmens lag offensichtlich in der Gewährung von Warenkrediten an
seine Kunden.

Innerhalb von sechs Wochen wurde ein zentrales Forderungsmanagement installiert. Ein Externer nahm sich dieser Aufgabe an. Nach zwölf
Wochen konnte dieser ein Viertel des gesamten Forderungsbestandes ein-
treiben. Zahlungsunwillige oder -fähige Kunden wurden nicht mehr beliefert und damit zum Fall für die Kreditversicherer.

Ein zweiter Externer installierte die elektronisch gesteuerte Kreditprü-
fung. Dafür erstellte er gemeinsam mit der internen Debitorenabteilung zunächst ein Handbuch mit klar definierten Regeln. Binnen weniger Wochen
wurde die Forderungslaufzeit von über 70 auf unter 40 Tage gesenkt, allerdings unter Verlust von Umsätzen und zum Ärger des Vertriebs. Als die
Geschäftsführung dann allerdings bestimmte, dass der Vertrieb den Forde-
rungsausfall künftig in Form von Lohnabzügen mit zu tragen hatte, änderte
sich die Einstellung schlagartig. Immerhin waren durch diese Maßnahmen
erst einmal Umsatzeinbußen von 30 Prozent hinzunehmen.

Ein weiterer Hebel, schnell Liquidität zu schaffen, liegt in der Verringerung der Vorratshaltung. Bis dahin verfolgte das Unternehmen die Philosophie, als Marktführer in allen Regionen Deutschlands Läger vorzuhalten.
Sie dienten nämlich auch als Abholstationen für Handwerksbetriebe. Welchen finanziellen Aufwand das erforderte, war bis dahin nie ermittelt worden. Man kam auf einen Wert von über 50 Euro je Position einer Abholung.
Ein neues Logistiksystem brachte im vorliegenden Fall die Lösung: Das gesamte dezentrale Lagersystem wurde auf Zentrallager und regionale Umschlagspunkte umgestellt. Fortan wurden Artikel nur noch zentral gelagert.
Durch den sofort realisierten Bestandsabbau wurde so schnell Liquidität
freigesetzt. Der Lagerumschlag erhöhte sich innerhalb kürzester Zeit erheblich. Die regionalen Umschlagspunkte banden nun überhaupt kein Kapital mehr, sondern wurden vom Vertragsspediteur gestellt. Diese Punkte

wurden von jetzt ab in festen Routen vom Zentrallager nachts angefahren, dort erfolgte der Umschlag auf regionale Zustellerfahrzeuge. Der Kunde erhielt am nächsten Tag seine Ware, ohne zu wissen, welchen Weg diese in der vergangenen Nacht genommen hatte.

Die Kosten sind ein wichtiges Thema. Sämtliche Kostenarten waren bis auf die Belegebene hinunter zu überprüfen. Nur zu Beginn der Krise ist es nämlich möglich, lieb gewordene Gewohnheiten abzustellen, die großzügige Dienstwagenregelung ebenso wie die kleinen Privilegien der Führungskräfte, die Weihnachtsgeschenke ebenso wie die Trennung der Telefonkosten in privat und geschäftlich verursachte. Konsequente Sparpolitik führt zudem auch zu mehr Kostendisziplin. Ein Beispiel dafür ist das sofortige Verbot, Büromaterial einzukaufen. Man kann nur staunen, wie viel Büromaterial in jedem einzelnen Schreibtisch gehortet wird, und wie lange diese »stillen Reserven« ausreichen.

Einen nicht unwesentlichen Kostenblock stellen die Frachtkosten dar. Erst einmal gilt es, mit den bestehenden Logistikpartnern zu sprechen. Ziel muss es sein, die Frachtbelastung in Prozent vom Umsatz um mindestens einen Prozentpunkt zu senken. Wenn das Unternehmen noch einen eigenen Fuhrpark besitzt, sollten mit den Logistik-Partnern Gespräche über dessen Ausgliederung geführt werden. Wichtig sind auch Maßnahmen in den Bereichen Einkauf und Produktmanagement.

Fast jedes Unternehmen leidet an Komplexitätskosten, weil viel zu viele Artikel bei viel zu vielen Lieferanten eingekauft wurden. Zur Einkaufsbündelung müssen sich Vertrieb, Produktmanagement und Einkauf schnellstens einigen. Im vorliegenden Fall wurde die Lieferantenanzahl innerhalb von sechs Monaten von fast 2 000 auf 600 reduziert. Die Artikelanzahl ging von 120 000 auf 80 000 zurück. In einem weiteren Schritt werden nur noch 400 Lieferanten rund 98 Prozent des Umsatzes abdecken. Damit wird das Unternehmen noch 40 000 Artikel führen. Bei den verbliebenen Lieferanten war es möglich, bessere Bedingungen auszuhandeln, weil durch Bündeln der Bestellungen größere Einkaufsvolumina entstanden. Abnahmepreise und umsatzabhängige Jahreskonditionen konnten sofort ergebnisfördernd beeinflusst werden.

Ein weiteres wichtiges Ziel ist die Stabilisierung des Umsatzes, wenn möglich sogar eine strukturelle Ertragsoptimierung durch Konzentration auf deckungsbeitragsstarke Artikel. Im Vertrieb müssen Außendienstmitar-

beiter und Verkaufsgebiete umgehend auf den Rohertrag oder Deckungsbeitrag ausgerichtet werden. Es sind klare organisatorische Hierarchien zu
bilden. Der Gesamtvertrieb ist in wirtschaftliche Teileinheiten aufzuteilen,
um sodann mit Hilfe einer mehrstufigen Deckungsbeitragsrechnung den
Erfolg oder Misserfolg auf jeder Stufe messen zu können. Unrentable
Standorte sind sofort zu schließen. Die Trennung von nicht erfolgreichen
Außendienstmitarbeitern ist auch aus disziplinarischen Gründen sofort
einzuleiten.

Das Controlling des Vertriebs ist drastisch zu verstärken. Aussagefähige
Monatsberichte, Potenzialanalysen auf Gebietsebene, Cross-Selling-Maß-
nahmen, die durch rohertragsstarke Artikel untermauert sind oder kunden-
bezogene Deckungsbeitragsanalysen sind Standards für eine zeitnahe Beurteilung des Vertriebs. Neben Sortimentsbereinigung und Effizienzsteigerung
im Verkauf sollten besonders rohertragswirksame Artikel oder Produktbereiche mit zusätzlichen Anreizen versehen sein. Weiterhin sind unrentable
Nebenkosten des Verkaufs, beispielsweise Kleinmengen-, Fracht- und Ver-
packungszuschläge, künftig an den Kunden in Rechnung zu stellen, um ihn
zu höheren Abnahmemengen zu bewegen.

Im Personalbereich müssen zu Beginn der Krise sofort alle freiwilligen
sozialen Leistungen aufgekündigt werden. Allerdings funktioniert dies oftmals nur bei neu eingestellten Mitarbeitern. Das Thema »Mitarbeiterbei-
trag« ist besonders sensibel, da Gehaltsverzichte, beispielsweise ein Verzicht
auf das dreizehnte Monatseinkommen, auf Weihnachts- oder Urlaubsgeld
oder auf übertarifliche Zusagen, für jeden Mitarbeiter die höchste Stufe der
Belastung darstellen. Daher sollte man behutsam vorgehen, um nicht gerade die guten Mitarbeiter zu demotivieren. Wird im Laufe der Krise ein
solcher Schritt unausweichlich, bleibt immer noch Zeit, sie davon zu überzeugen, dass auch sie einen Beitrag zur Erhaltung ihres Unternehmens leisten sollten. Schließlich wurden zu diesem Zeitpunkt von ihnen schon Erfahrungen mit der Krise gesammelt. Man ist daher eher bereit, Opfer zu
bringen.

Komplexität ist kostspielig. Auch hier muss angesetzt werden. Der Einsatz eines erfahrenen Prozessmanagers kann Wunder wirken. Besonders bei
restrukturierungsbedingten Änderungen in der Aufbau- oder Ablauforga-
nisation des Unternehmens muss es das Ziel sein, hohe Prozessgeschwindig-
keiten, minimale Rüstzeiten, eine exzellente Prozessqualität mit minimalen

Fehlerquoten sowie ein hohes Maß an Pünktlichkeit und Prozesszuverlässigkeit zu erzielen.

Generell ist anzustreben, das Kostengefüge variabler zu gestalten. Dies erreicht man gerade in der Krise durch Flexibilisierung von Arbeitszeiten, Verringerung der Fertigungstiefe, durch das Auslagern von Produktionsprozessen, die Bereitschaft von Lieferanten zur flexibleren Anlieferung und die Überlegung zur Auslagerung von Verwaltungsfunktionen.

Beim Finanzergebnis ist bereits zu Beginn der Restrukturierung mit erheblich höheren Zinsbelastungen zu rechnen. Eine Zinserhöhung um 1,5 bis 3 Prozentpunkte ist aufgrund einer schlechteren Rating-Einstufung durchaus realistisch. Dies wird von der Mehrzahl der betroffenen Unternehmen oft gar nicht budgetiert. Banken reagieren mittlerweile sehr schnell. Unternehmen mit hohem Fremdfinanzierungsanteil sind in diesem Punkt fast chancenlos. Der Wechsel zu einer anderen Bank ist dann nicht mehr möglich. Sollte sich auf Druck der Banken ein Sicherheitenpool des bisherigen Bankenkreises bilden, ist der Rat von Rechtsanwälten, Steuer- oder Unternehmensberatern angesagt.

Auf der Grundlage der Bilanz ist zu prüfen, inwiefern Möglichkeiten der sofortigen Rückführung von Anlagevermögen auf das absolut notwendige betriebswirtschaftliche Niveau bestehen. Zunächst muss der gesamte Anlagenbestand auf seinen Ausnutzungsgrad hin überprüft werden. Nach der dann üblichen Diskussion über »make or buy« ist vom Einsatz anderer Finanzierungsinstrumente bis zum kompletten Verkauf von Anlagenbeständen alles zu erwägen. Neben dem klassischen Verkauf von nicht betriebnotwendigen Immobilien – selbst zu schlechten Preisen – müssen Finanzierungskonzepte diskutiert werden. Ziel ist es, einerseits sofort Liquidität zu generieren, andererseits eine neue Bilanzstruktur mit dem Ziel eines besseren Ratings zu schaffen. Dazu gehört auch der Verkauf von Beteiligungen oder Produktsegmenten aus dem Portfolio des Unternehmens.

Investitionen müssen ab sofort von ganz oben genehmigt werden. Hier muss ein Optimum zwischen der nachfolgenden Liquiditätsbelastung, dem betriebswirtschaftlichen Zweck und der zwingenden Notwendigkeit zur Modernisierung des Betriebs geschaffen werden. Fast immer ist es möglich und anlagetechnisch verantwortbar, Investitionen zeitlich zu strecken.

Sanierung der Finanzen

Ein wichtiges Thema ist die Restrukturierung der Passivseite des Unternehmens. Allerdings setzt dies voraus, dass das Unternehmen im operativen Bereich nachhaltig profitabel ist (oder nach der Restrukturierung sein wird). Erst dann wird man Gesprächspartner finden, die über die Gestaltung der Kapitalstruktur beziehungsweise das Verhältnis von Eigen- zu Fremdkapital diskutieren.

Das operative Geschäft dauerhaft wieder in schwarze Zahlen zu bringen, bedeutet härteste Knochenarbeit. Der Erfolg hierbei ist jedoch unabdingbare Voraussetzung für den Erfolg einer endgültigen Sanierung der Bilanz. Diese ist für eine dauerhafte Zukunftssicherung des Unternehmens noch wichtiger, und sie ist zugleich sehr viel schwieriger. Dabei geht es jetzt nicht nur um Knochenarbeit, sondern um Kreativität und Überzeugungskraft, denn dieser Schritt läuft nicht ohne Mithilfe der Banken, von denen jede einzelne – vom größten Kreditgeber beginnend bis hin zur kleinsten Sparkasse – dem Konzept zustimmen muss. Jetzt geht es um Forderungsverzichte, um die Umwandlung von Forderungen in Eigenkapital und den Wechsel von kurzfristiger in langfristige Finanzierung.

»Grau ist alle Theorie«, sagt Dr. Faustus, und so möchte ich das Modell einer Bilanzsanierung dem Leser an einem eindrücklichen Beispiel aus der Unternehmerpraxis vor Augen führen:

Aktivseite in Mio. €		Passivseite in Mio. €	
Anlagevermögen:	80	Eigenkapital:	25
Umlaufvermögen:	146	Rückstellungen:	7
Verlustvortrag:	16	Bankverbindlichkeiten:	200
		sonst. Verbindlichkeiten:	10
Gesamt:	**242**	**Gesamt:**	**242**

Abbildung 20: Bilanz vor der Sanierung der Passivseite

Das Restrukturierungskonzept besteht aus vier Schritten:

1. Schritt: Das Eigenkapital wird zur Beseitigung des bilanziellen Verlustvortrags von 25 Millionen Euro auf 9 Millionen Euro herabgesetzt.

2. Schritt: Die Altgesellschafter führen dem Unternehmen in Form einer Barkapitalerhöhung in Höhe von 20 Millionen Euro neue Mittel zu. Sind die Altgesellschafter hierzu nicht in der Lage, muss ein Finanzinvestor eingeschaltet werden.

3. Schritt: Die neu zugeflossenen Mittel werden benutzt, um die ausstiegswilligen Banken zu befriedigen. Im konkreten Fall waren dies drei Banken, die ein Forderungsvolumen von insgesamt 60 Millionen Euro hielten. Nach einem Forderungsverzicht in Höhe von 40 Millioenen Euro schieden diese gegen sofortige Zahlung von 20 Millionen Euro aus dem Bankenpool aus.

4. Schritt: Die verbleibenden Bankverbindlichkeiten wurden im Wege einer Sachkapitalerhöhung in Höhe von 15 Millionen Euro in Eigenkapital und in Höhe von 50 Millionen Euro in Wandelgenussscheine umgewandelt. Die danach noch verbleibenden Bankverbindlichkeiten betragen 75 Millionen Euro. Die Wandelgenussscheine besitzen eine Laufzeit von zehn Jahren; sie sind während dieser Zeit zu verzinsen und nach Ablauf der Zehnjahresfrist vom Unternehmen zurückzuzahlen, falls die Banken nicht von ihrem Recht Gebrauch machen, statt einer Rückzahlung Aktien zu verlangen.

Nach Abschluss der Sanierung weist das Unternehmen ein völlig verändertes Bilanzbild auf (siehe Abbildung 21).

Das Unternehmen hat Folgendes erreicht:

- eine deutliche Reduzierung der Bankverbindlichkeiten,
- Potenzial für Wachstumsinvestitionen,
- eine Verringerung der Zinsbelastung,
- eine nachhaltige Stärkung der Eigenkapitalbasis.

Aktivseite in Mio. €		Passivseite in Mio. €	
Anlagevermögen:	80	Eigenkapital:	84
Umlaufvermögen:	146	Genussscheine:	50
		Rückstellungen:	7
		Bankverbindlichkeiten:	75
		sonst. Verbindlichkeiten:	10
Gesamt:	226	Gesamt:	226

Abbildung 21: Bilanz nach der Sanierung der Passivseite

Abschluss der Restrukturierung

Wann ist die Sanierung abgeschlossen? Meistens handelt es sich um einen fließenden Übergang vom Krisenmanagement zur prozessorientierten Organisation. Die Gesellschafter müssen entscheiden, ob sie einem qualifizierten und engagierten Fremdmanager jetzt ein attraktives Angebot zur längerfristigen Bindung unterbreiten. Die im Betrieb bis jetzt tätigen Unternehmensberater sind wieder durch ein internes Controlling abzulösen. Sinnvoll ist es, mit der Unternehmensberatung einen »Coaching«-Vertrag abzuschließen. Die Kosten hierfür sind vertretbar. Gegenüber den Kapitalgebern und Banken ist das regelmäßige monatliche Berichtswesen weiterzuführen. Gerade die beteiligten Banken sind über die Fortschritte der Restrukturierung positiv zu informieren. Schließlich geht es darum, bald wieder »normale« Zinsen zu zahlen. Darauf sollte man bestehen, selbst wenn die Banken argumentieren, man wolle erst einmal den nächsten Jahresabschluss abwarten. Schließlich zählt ein saniertes Unternehmen, das durch hohe Zinssätze belastet ist, zu den besten Kunden jeder Bank.

Modellrechnungen müssen aufzeigen, wie sich ein besseres Finanzergebnis auf die Cashflow-Situation, das Gesamtergebnis und die Bilanzstruktur auswirkt und welche positiven Effekte sich hierdurch dann für das Rating des Unternehmens und die damit verbundene Zinslast ergeben.

Den Erfolg der Sanierung sollte man nach außen mit Kundenbriefen, Mitarbeiterinformationen und Mitteilungen an große Lieferanten kommunizieren. Solche Maßnahmen werden zeitlich gesehen erst nach etwa sechs Monaten zunächst kleinere und dann später nachhaltige Wirkung zeigen. Daher muss mit diesen Kommunikationsmaßnahmen schon früh nach Erkennen der ersten positiven Trends begonnen werden.

Zehn goldene Regeln zur Restrukturierung

1. Eine solide Kapitalausstattung bietet heute nicht mehr ausreichend Schutz beim Ausbruch einer Krise. Hilfreich sind in jedem Fall Reserven, die in guten Zeiten geschaffen wurden.

2. Ohne eine rollierende Kurz- und Mittelfristplanung sind Krisen nur schwer rechtzeitig erkennbar.

3. Festgelegte Abweichungskriterien und damit Signale einer beginnenden Krise sind bei Erkennen sofort zu beachten und zu diskutieren.

4. Negativabweichungen von der betrieblichen Liquiditätsplanung sind hochgradig gefährlich und müssen daher sofort bereinigt werden.

5. Das Ziel der Kostenführerschaft ist in guten und erst recht in schlechten Zeiten anzustreben. Alle Kosten müssen so weit wie möglich variabel gehalten werden.

6. Unmittelbar beim Ausbruch einer Krise ist ein Sanierungsteam aufzustellen. Bestehen Zweifel an dessen Kompetenz, ist ein Fremdmanager hinzuzuziehen.

7. Sämtliche Möglichkeiten einer selbstfinanzierten Restrukturierung sind auszuschöpfen. Die Forderung nach frischem Geld muss die ultima ratio bleiben.

8. Komplexe Betriebsabläufe sind sofort zu überprüfen. Komplexitätskosten verursachen hohe Schäden.

9. Ratingbedingte Zusatzkosten im Finanzbereich sind einzukalkulieren und mit Zusatzmaßnahmen zu finanzieren, da Verhandlungen mit den Banken in dieser Phase chancenlos sind.

10. Der Restrukturierungsphase muss eine konsequente controlling- und damit zielorientierte Unternehmensführung folgen.

Die Insolvenz als Haftungsfalle für die Geschäftsführung

Mit den Fragen einer möglichen Insolvenz beschäftigt sich der Unternehmer verständlicherweise nur sehr ungern. Und doch muss er zumindest einen groben Überblick über dieses Rechtsgebiet haben, um sich und sein Unternehmen in einer solchen Situation zu schützen. Sehr schnell unterlaufen den Beteiligten folgenschwere Fehler, nicht nur, wenn das eigene Unternehmen in die Krise gerät, sondern häufig auch dann, wenn man in bester Absicht einem insolvenzgefährdeten Kunden oder Lieferanten helfen will. Denn die Haftungsrisiken sind groß: dies umso mehr, als wir seit dem 1. Januar 1999 ein neues Insolvenzrecht haben, mit dem viele Unternehmer sich noch nicht vertraut gemacht haben.

Die neue Insolvenzordnung erleichtert die Sanierung außerhalb des Insolvenzverfahrens. Bisher scheiterte die Übernahme des Aktivvermögens eines konkursreifen Unternehmens häufig daran, dass derjenige, der ein Vermögen als Ganzes übernahm, kraft Gesetzes für alle Verbindlichkeiten des bisherigen Vermögensträgers haftete. Die entsprechende Vorschrift wurde jedoch aufgehoben.

Ein weiterer Schwerpunkt der Insolvenzrechtsreform ist die Beseitigung der so genannten »Massearmut«. In der Vergangenheit wurden drei Viertel aller Verfahren »mangels Masse« erst gar nicht eröffnet, und weitere 10 Prozent vorzeitig wieder eingestellt. Soweit es überhaupt zum Verfahren kam, war das Vermögen des Schuldners schon weitgehend dezimiert. Die

Quote, zu der die Konkursgläubiger befriedigt wurden, betrug in der Regel lediglich 3 bis 5 Prozent des Forderungsbetrages. Der Kreis der aus der Insolvenzmasse vorrangig zu befriedigenden Gläubiger (Massegläubiger) wurde deshalb eingeschränkt, damit für die gewöhnlichen Gläubiger (Insolvenzgläubiger) mehr übrig bleibt.

Die neue Insolvenzordnung bringt auch eine Stärkung der Gläubiger mit sich. Im Einverständnis mit dem Schuldner und dem Insolvenzverwalter können die Gläubiger im Rahmen des sogenannten Insolvenzplanverfahrens von den Vorschriften der Insolvenzordnung abweichen, so zum Beispiel bei der Verwertung der Insolvenzmasse oder der Verteilung des Verwertungserlöses. Damit wird ein flexibler Rechtsrahmen geschaffen, der auf die Bedürfnisse des Einzelfalls zugeschnitten werden kann.

Einem anderen Ziel dient die neu eingeführte Möglichkeit der Eigenverwaltung, in deren Rahmen sich der besondere Sachverstand des Schuldners auch im Insolvenzverfahren nutzen lässt. Der Schuldner behält die Verfügungsbefugnis über sein Vermögen und wird lediglich von einem Sachwalter überwacht, der eine wesentlich geringere Vergütung als ein Insolvenzverwalter erhält. Eine solche »Eigenverwaltung« hat im Falle Leo Kirch eine gewisse Bekanntheit erlangt. Außerdem hat der Gesetzgeber Anreize für eine möglichst frühzeitige Beantragung des Insolvenzverfahrens geschaffen: Das Verfahren kann künftig auch schon bei drohender Zahlungsunfähigkeit eröffnet werden, wodurch sich die Sanierungschancen erhöhen. Natürliche Personen können, wenn sie sich »redlich« verhalten, unter gewissen Umständen Restschuldbefreiung nach sechs Jahren erlangen, also von den aus der Insolvenzmasse nicht zu befriedigenden Forderungen freigestellt werden, sodass der Aufbau einer neuen Existenz möglich wird.

Schließlich hat der Gesetzgeber eine Rückschlagsperre eingeführt. Pfändungen, die einzelne Gläubiger in der Krise, aber noch vor Eröffnung des Insolvenzverfahrens bewirkt haben, werden mit dem Beginn des Insolvenzverfahrens automatisch unwirksam und gewähren kein Recht mehr auf eine bevorzugte Befriedigung.

Im Vorfeld einer Insolvenz treffen den Unternehmer zahlreiche Pflichten. Deren Verletzung kann sehr schnell zu persönlichen Schadensersatzpflichten und zur Bestrafung führen. Schon mancher hat im Zuge einer Insolvenz nicht nur Haus und Hof, sondern dazu noch seine Ehre verloren. Die Beachtung der folgenden Grundsätze soll dem vorbeugen:

- Der Gesetzgeber hat mit dem KonTraG Vorschriften zur Krisenfrüher-kennung erlassen, die für das Insolvenzrecht entscheidende Wirkung entfalten. Diese Vorschriften gelten zwar zunächst nur für die Aktienge-sellschaft, laut Gesetzesbegründung strahlt diese Regelung jedoch auf GmbHs und GmbH & Co. KGs aus. Unterbleibt die Einführung eines Frühwarnsystems, haften die Organmitglieder für einen hierdurch ent-stehenden Schaden der Gesellschaft gegenüber als Gesamtschuldner. Gläubiger der Gesellschaft können diesen Schadensersatzanspruch pfänden lassen, der Insolvenzverwalter kann ihn gegen die betroffen Personen geltend machen.

- Aktiengesellschaften, GmbHs und GmbH & Co. KGs müssen grund-sätzlich einen Lagebericht aufstellen. Von dieser Pflicht ausgenommen sind lediglich kleine Gesellschaften. Unrichtige Angaben im Lagebericht können mit einer Gefängnisstrafe bis zu drei Jahren oder einer Geldstrafe geahndet werden. Außerdem machen sich die Mitglieder der Geschäfts-führung und der Aufsichtsorgane persönlich schadensersatzpflichtig.

- Versäumen die Geschäftsführer, den Verlust der Hälfte des Stammkapi-tals anzuzeigen, können sie mit Gefängnisstrafe bis zu drei Jahren oder mit Geldstrafe bestraft werden. Zusätzlich haften sie der Gesellschaft gegenüber auf Schadensersatz.

- Der Rechtsverkehr vertraut darauf, dass einer GmbH das im Handelsre-gister eingetragene Stammkapital tatsächlich zur Verfügung steht. Das GmbH-Gesetz bestimmt deshalb, dass keine Zahlungen an die Gesell-schafter erfolgen dürfen, durch die das Stammkapital angegriffen wird. Zahlungen, die entgegen dieser Bestimmung erfolgen, müssen zurücker-stattet werden.

  Häufig unterstützen die Gesellschafter ihre GmbH durch Darlehen, durch die Übernahme von Bürgschaften, durch die Mithaftung gegenü-ber Banken oder die leihweise Überlassung von einzelnen Wirtschafts-gütern. Solange die GmbH zahlungsfähig ist, gilt hier das allgemeine Vertragsrecht. Darlehen können von dem Gesellschafter gekündigt und leihweise überlassene Wirtschaftsgüter von ihm zurückverlangt werden. Gerät die GmbH aber in eine Krise, ist dem Gesellschafter dringend zu empfehlen, seine Darlehen umgehend abzuziehen. Unterläßt er dies, so ist die Rückzahlung bis zur Beendigung der Unternehmenskrise verboten. Diese Regelung muss jeder Familienunternehmer beachten, obgleich sie insofern unsinnig ist, als sie bereits vielen Unternehmen eine vorzeitige Insolvenz beschert hat.

- Die Geschäftsführung muss den Insolvenzantrag »ohne schuldhaftes Zögern, spätestens aber drei Wochen« nach Eintritt der Zahlungsunfähigkeit oder der Überschuldung stellen. Es besteht also grundsätzlich eine Bedenkzeit von maximal drei Wochen. Zeigt sich jedoch bereits vorher, dass die Sanierung aussichtslos ist, muss der Insolvenzantrag sofort gestellt werden.

  Vorsätzliche Insolvenzverschleppung wird mit Gefängnis bis zu drei Jahren oder mit Geldstrafe, fahrlässige Insolvenzverschleppung mit Gefängnisstrafe bis zu einem Jahr oder mit Geldstrafe geahndet. Zusätzlich machen sich die Geschäftsführer den Gläubigern gegenüber schadensersatzpflichtig.

- Dringend sei davor gewarnt, Vermögenswerte beiseite zu schaffen, um sie dem Zugriff des Insolvenzverwalters zu entziehen. Ein derartiges Vorgehen ist als »Bankrott« bei vorsätzlichem Handeln mit bis zu fünf Jahren, bei fahrlässigem Handeln mit bis zu zwei Jahren Gefängnis strafbar. Es führt außerdem zu einer Schadensersatzpflicht gegenüber den benachteiligten Gläubigern.

- Die Begünstigung einzelner Gläubiger bei einer drohenden oder bereits eingetretenen Insolvenz ist strafbar und löst Schadensersatzansprüche aus. So ist es beispielsweise verboten, einem einzelnen Gläubiger Darlehen vor Fälligkeit zurückzugewähren oder ihm Maschinen oder Waren zur Sicherheit zu übereignen, wenn hierauf kein Anspruch besteht.

- Wer trotz bevorstehender Zahlungsunfähigkeit noch Waren oder Dienstleistungen bei einem Dritten bestellt, täuscht dem Geschäftspartner damit schlüssig eine nicht mehr vorhandene Zahlungsbereitschaft vor und macht sich wegen Betrugs strafbar und schadensersatzpflichtig.

- Keinesfalls darf der Unternehmer für die Sozialversicherung einbehaltene Teile des Arbeitsentgelts seiner Angestellten zurückbehalten. Werden diese Beiträge nicht fristgerecht abgeführt, macht sich der Unternehmer wegen Veruntreuung von Arbeitsentgelt strafbar. Wie beim Betrug droht hier eine Gefängnisstrafe von bis zu fünf Jahren oder eine Geldstrafe. Der Unternehmer kann, wenn er zahlungsunfähig ist, die Strafbarkeit nur dadurch vermeiden, dass er dem zuständigen Versicherungsträger umgehend die Höhe der einbehaltenen Beträge mitteilt und darlegt, warum eine Zahlung nicht möglich ist, obwohl er sich ernsthaft darum bemüht.

- Selbst wenn der Täter mit einer Geldstrafe davonkommt, haben Insolvenzstraftaten für ihn gravierende persönliche Konsequenzen: Für die Dauer von fünf Jahren verliert er die Fähigkeit, Geschäftsführer einer GmbH oder Vorstand einer Aktiengesellschaft zu sein. Zwar werden häufig Umgehungslösungen praktiziert, indem die Ehefrau oder ein guter Freund als »Strohmann« auftreten. Solche Gestaltungen sind jedoch nicht zu empfehlen. Sobald es unter den Beteiligten Differenzen gibt, kommt es zum Eklat.

Kapitel 9

Die Finanzierung des Familienunter-
nehmens – eine Achillesferse

Liquidität und Kapital – bedrohliche Engpässe

Für das Familienunternehmen wird Geld immer knapper und teurer. Zwar ist weltweit genügend Geld vorhanden, doch dieses fließt meist mittelbar über die Kapitalmärkte oder auch unmittelbar von den großen institutionellen Investoren (Pensionskassen) direkt in die globalisierten Konzerne, sei es in Form von Eigenkapital (Aktien) oder als Fremdkapital. Das Familienunternehmen blieb bisher aus diesem Kreislauf ausgeklammert. Der Grund hierfür liegt darin, dass es wegen seiner kleinteiligen, häufig wenig transparenten Struktur für die Mehrzahl der großen Kapitalgeber als Partner ungeeignet ist. Risiken wie Renditechancen sind zu unübersichtlich und die Einrichtung von Kontrollmechanismen aufgrund der geringen Volumina und der jeweils sehr spezifischen Verhältnisse im Einzelfall zu teuer.

Andererseits ist das Familienunternehmen dringend auf Kapital angewiesen. Die Selbstfinanzierungskraft reicht nur selten aus, um seinen Bestand zu sichern und erst recht nicht, um zukunftsfähige Strategien im Unternehmen zu etablieren. Dabei ist der Mittelbedarf im Familienunternehmen strukturell höher als bei den großen Konzernen. Denn die im Familienunternehmen bei jedem Generationswechsel fällige Erbschaftsteuer, die zur Sicherung des Lebensunterhalts der Familienmitglieder auch in gewinnlosen Zeiten bestehenden Entnahmebedürfnisse sowie Abfindungszahlungen an ausscheidende Gesellschafter sind Belastungen, die der börsennotierte Konzern so nicht kennt. Damit ist die Liquiditätssicherung eine der wichtigsten Existenzfragen des Familienunternehmens schlechthin. Deren Bewältigung ist jedoch keinesfalls allein eine Frage der Bankenfinanzierung.

Liquiditätssicherung beginnt mit der Gestaltung der persönlichen Ver-

träge innerhalb der Familie. Das Unternehmen muss davor geschützt sein,
dass bei einer Veränderung der persönlichen Verhältnisse (Tod, Ehescheidung, Getrenntleben, Auswanderung) Ausgleichszahlungen, Pflichtteilsansprüche oder individuelle Steuerpflichten die betriebliche Liquidität über-
fordern. Liquiditätssicherung muss sich fortsetzen bei der Gestaltung des
Gesellschaftsvertrags, indem alle privaten und steuerlichen Entnahmen sowie Abfindungszahlungen liquiditätsschonend geregelt werden. Diesem
Bedürfnis wird durch die ganz überwiegende Mehrheit unserer Gesellschaftsverträge nicht ausreichend Rechnung getragen.

Der nächste Schritt zur Liquiditätssicherung liegt im strategischen betrieblichen Bereich. Hier muss der Unternehmer darauf achten, die Kapitalbindung im Unternehmen so gering wie möglich zu halten. Daher gehört
zunächst die Unternehmensstrategie auf den Prüfstand: Sind die strategischen Ziele genügend eingegrenzt? Muss ein Handelsunternehmen wirklich einen Produktionsbetrieb hinzuerwerben? Kann die Fertigungstiefe
ohne Qualitätseinbußen verringert werden? Ist der Übergang von der Tei-
lefertigung zum Systemlieferanten zwingend? Erfordert der Aufbau eines
flächendeckenden Vertriebsnetzes wirklich die Errichtung eigener Lager?
Dies alles sind Fragen, die der Unternehmer unter dem Aspekt der verfüg-
baren Liquidität beantworten muss.

Als Nächstes ist die Reduzierung der Kapitalbindung im operativen Bereich zu prüfen. Ist die Ausgliederung nicht betriebsnotwendiger Bereiche
wie beispielsweise des Fuhrparks, der Versandlogistik, des Kantinenwe-
sens, der Betriebsbewachung, der Reinigung und der handwerklichen
Nebenbetriebe angezeigt? Hinzu kommt striktes Forderungsmanagement
mit einer ständigen Kontrolle des Einkaufs bis hin zu einer Beschränkung
der Produktvielfalt und einer Verringerung der Lagerbestände, allerdings
ohne die Lieferfähigkeit zu beeinträchtigen. Wichtigstes Hilfsmittel sind
hierbei (trotz eingeschränkter Vergleichsfähigkeit) die von Mitbewerbern
innerhalb der Branche erreichten Werte (Benchmarks), die bei den Verbänden oder den Banken verfügbar sind.

Erst wenn der Unternehmer die genannten Fragen zufrieden stellend
beantwortet hat, gelangen wir in den eigentlichen Bereich der Finanzierung. Und hier ist zwischen der Selbstfinanzierung, der liquiditätsorientier-
ten Finanzierung, der Kreditfinanzierung und der kapitalmarktorientierten
Finanzierung zu unterscheiden.

Der Rahmen der Selbstfinanzierung ist im Familienunternehmen eng gesteckt. Selbstfinanzierung im Familienunternehmen erfolgt vor allem durch das Stehenlassen von Gewinnen und/oder in seltenen Fällen auch durch nachträgliche Kapitaleinlagen seitens der Gesellschafter. Beide Möglichkeiten bieten jedoch wenig Spielraum, da die Gesellschafter die Gewinne häufig in voller Höhe für ihren Lebensunterhalt benötigen und der mühsam durchgeführte Aufbau eines Privatvermögens zur Existenzsicherung der Familie keine Rückflüsse in das Unternehmen zulässt.

Unter liquiditätsorientierter Finanzierung werden Finanzierungstechniken wie Leasing, Factoring oder Forfaitierung (Verkauf von Exportforderungen an Kreditinstitute) verstanden. Sie werden von Beratern häufig zur Überbrückung von Engpässen, sozusagen als Kaninchen aus dem Hut gezaubert. Dem möglichen Finanzierungsvolumen dieser Alternativen sind jedoch durch die Beschaffenheit des Umlaufvermögens und des Anlagevermögens enge Grenzen gesetzt. Zudem darf man nicht vergessen: Auch hierbei handelt es sich um eine echte Fremdfinanzierung, welche die jeweiligen Kapitalgeber von Risiko, Struktur und Laufzeit her ebenso genau überprüfen wie die Kredit gewährenden Banken. Im Übrigen wird das Volumen möglicher Bankkredite infolge des mit solchen Finanzierungen verbundenen Fortfalls von Sicherheiten entsprechend eingeengt. Schließlich entsteht häufig unerwünschter zusätzlicher Aufwand, der das Bilanzbild verschlechtert, wie dies beispielsweise bei dem mit dem Factoring einhergehenden einmaligen Abschlag der Fall ist.

Der klassische Bankkredit als Auslaufmodell?

Die Banken

Der Bankkredit ist zur Liquiditätssicherung ebenso wie zur Finanzierung von Wachstum für die überwiegende Mehrzahl unserer Familienunternehmen unverzichtbar. Doch zunächst ein Blick auf das deutsche Bankensystem. Ein solcher Blick ist deshalb nützlich, weil die Familienunternehmer in Deutschland immer wieder den Fehler machen, sich bei der Wahl ihrer Banken auf einen oder zwei der Banksektoren zu beschränken. Dabei versäumen sie die Chance, sich die jeweils spezifische Ausrichtung der verschiedenen »Banksäulen« zunutze zu machen. Volksbanken handeln anders als Sparkassen oder als die großen Geschäftsbanken. Das Bankenportfolio eines Familienunternehmens sollte sich daher, um ein Beispiel zu nennen, nicht aus der Deutschen Bank, der Dresdner Bank und der Commerzbank zusammensetzen, sondern beispielsweise aus einer großen Geschäftsbank, einer öffentlichen Sparkasse, einer Volksbank und – für die Langfristfinanzierung – aus der Deutschen Industriebank.

Die deutsche Bankenlandschaft gliedert sich in drei Sektoren: den privatwirtschaftlichen, den genossenschaftlichen und den öffentlich-rechtlichen Bereich. Gemessen an der Bilanzsumme und den Mitarbeiterzahlen sind die drei Sektoren in etwa gleich groß. Gemeinsam sind allen eine hohe Fragmentierung und das Universalbankenprinzip.

Der privatwirtschaftliche Sektor ist durch vier namhafte Großbanken (Deutsche Bank, Dresdner Bank, HypoVereinsbank, Commerzbank) sowie eine Anzahl kleinerer, leistungsstarker Privatbanken charakterisiert, wobei sich letztere jedoch aus dem Kreditgeschäft fast vollständig zurückgezogen haben. Im europäischen Vergleich fallen die Großbanken – dies gilt mit Einschränkungen auch für den Branchenführer Deutsche Bank – dadurch auf, dass sie innerhalb der Gruppe vergleichbarer Banken hinsichtlich der erwarteten Ertragslage und der hieraus resultierenden Börsenbewertung weltweit das Schlusslicht bilden. Ihr Unvermögen, mit ihrem Eigenkapital genügend rentable Umsätze zu erwirtschaften, erscheint als ein Grundproblem. So liegt etwa die Marktkapitalisierung der Royal Bank of Scotland, die man noch vor wenigen Jahren in den Vorstandsetagen unserer großen Geschäftsbanken als Sparkasse belächelt hatte, heute mehrfach über derjenigen der einst so stolzen Deutschen Bank. Lediglich die Deutsche Industriebank mit ihrer herausragenden Expertise im Bereich der mittelgroßen Familienunternehmen war selbst im schwierigen Firmenkundengeschäft stets ertragsstark. Dabei hat sich der soeben in den Ruhestand verabschiedete Vorstandssprecher Alexander von Tippelskirch besonders um das deutsche Familienunternehmen verdient gemacht. Besser haben sich die Privatbanken geschlagen, zu deren führenden Vertretern heute Oppenheim, Metzler sowie Hauck & Aufhäuser zählen. Diese Häuser haben sich vornehmlich auf die Bankgeschäfte konzentriert, welche momentan in Deutschland noch profitabel sind, nämlich auf die Vermögensverwaltung und das Geschäft mit Fusionen und Übernahmen.

Der öffentlich-rechtliche Bankensektor in Deutschland wird durch die von der Europäischen Kommission beschlossene Abschaffung der Anstaltslast- und Gewährträgerhaftung im Jahr 2005 besonders getroffen. Da sich dadurch die Ratings verschlechtern werden, müssen die öffentlich-rechtlichen Banken mit drastisch höheren Refinanzierungskosten rechnen. Allein bei der Landesbank Baden-Württemberg rechnet man mit zusätzlichen Kosten in dreistelliger Millionenhöhe. Als Resultat wird die Ertragskraft sinken, was bankenintern zu einer Verschärfung der Vergaberichtlinien im Kreditgeschäft führen wird.

Der genossenschaftliche Sektor ist ebenfalls ein traditioneller Kreditpartner der mittelgroßen Familienunternehmen. Für viele Volks- und Raiffeisenbanken sowie für die genossenschaftlichen Spitzeninstitute, Deutsche Zentral-Genossenschaftsbank (DZ Bank) und Westdeutsche Genossenschafts-Zentralbank (WGZ-Bank), gelten grundsätzlich dieselben Rahmenbedingungen wie für die beiden anderen Sektoren. Ihre Refinanzierungsmöglichkeiten sind jedoch eingeschränkt, da lediglich die beiden namentlich genannten Institute sich Geld an den öffentlichen Fremdkapitalmärkten beschaffen können, derzeit allerdings ohne hierbei die Vorteile des öffentlich-rechtlichen Bankensektors zu genießen.

Die deutschen Banken befinden sich augenblicklich in sehr schwierigem Fahrwasser. Ulrich Cartellieri, der international renommierteste Stratege aus dem deutschen Bankbereich, hat sehr frühzeitig vor dieser Entwicklung gewarnt – vergeblich. Weder das von den Banken zur Begründung angeführte schwierige konjunkturelle Umfeld, noch die generelle Vertrauenskrise (Stichwort: Bilanzskandale, beispielsweise bei Enron, WorldCom, Kirch, Babcock, Parmalat), noch der Entzug erheblicher Mittel aus dem privatwirtschaftlichen Kreislauf infolge der Verschuldungssituation unserer öffentlichen Haushalte reichen aus, um das Ausmaß der jetzt eingetretenen Existenzkrise zu erklären. Die wirklichen Ursachen für die derzeitige Misere sind hausgemacht. Sie werden jedoch auch heute noch in vielen Vorstandsetagen weitgehend verdrängt. Ich will an dieser Stelle nur die wichtigsten nennen:

- Ausufernde Kosten für den IT-Bereich, der sich dazu noch in einer insbesondere für Banken ungewöhnlichen Weise jeder spezifisch fachorientierten Kontrolle entzogen hat. Der für IT verantwortliche Vorstand waltet nur zu häufig mit Milliardeninvestitionen im »freien Raum«, da es an der für ein effizientes Controlling des IT-Bereiches erforderlichen Sachkompetenz im eigenen Hause in der Regel fehlt.

- Mangelndes Augenmaß bei dem erforderlichen Personalabbau mit der Folge, dass bei der überhasteten und undifferenzierten »Generalamputation« stets die wenigen unverzichtbaren Leistungsträger das überfrachtete Schiff zuerst verlassen. Auf diese Weise ist die einst hoch stehende Unternehmenskultur in vielen Banken vernichtet oder zumindest stark beschädigt worden.

- Ungenügende Fähigkeit zur Nutzung des vorhandenen Kundenpotenzials. Manchen Auslandsbanken (wie Goldman Sachs, Merrill Lynch und JP Morgan) und vielen bankfremden Finanzdienstleistern ist dies wesentlich besser gelungen.

- Häufige Strategiewechsel, gerade auch im Bereich des Firmenkundengeschäfts, wobei ein Großteil des in Jahrzehnten mühsam aufgebauten Potenzials der loyalsten und solidesten Kunden innerhalb kürzester Zeit vergrault und die Bankmitarbeiter von ihren eigenen Häusern der Unglaubwürdigkeit preisgegeben werden. Unglücklicher kann man sich gegenüber einer derart wichtigen Zielgruppe gar nicht verhalten.

Es wäre unredlich, wollte man die Bankenkrise für die jetzt verstärkt praktizierte Limitierung und Verteuerung der Firmenkredite allein verantwortlich machen. Vielmehr haben die Familienunternehmen in der Vergangenheit unter dem Schutzdach einer bis vor wenigen Jahren befriedigenden bis guten Gesamtertragslage der deutschen Bankenindustrie eine besonders margenfreundliche »Schonkost« genossen. Das beweisen die internationalen Vergleichszahlen. Unternehmen in Spanien und Großbritannien hatten bisher ungleich höhere Kreditkosten aufzubringen. So waren die deutschen Familienunternehmen bisher besser gestellt als ihre internationale Konkurrenz. Während ein Unternehmen in den Vereinigten Staaten durchschnittlich 2 Prozent, in den Niederlanden 2,2 Prozent und in Italien sogar 2,3 Prozent des Jahresumsatzes für die Verzinsung seiner Bankkredite aufzuwenden hatte, musste der deutsche Unternehmer hierfür lediglich 1,1 Prozent des Jahresumsatzes bezahlen. Entsprechend negativ sieht die Ertragsbilanz des deutschen Bankgewerbes für das Kreditgeschäft aus. Und nachdem zugleich der Boom mit Börsengängen und im allgemeinen Investmentbanking abrupt ausgelaufen ist, verbleibt auch kein Spielraum mehr, um das Kreditgeschäft mit Erträgen aus anderen Bankgeschäften zu subventionieren. Allein im Jahr 2002 haben die fünf größten privaten Kreditinstitute unseres Landes Wertberichtigungen in Höhe von rund 11 Milliarden Euro auf ein Kreditportfolio in Höhe von zusammen genommen 965 Milliarden Euro hinnehmen müssen. Das entspricht 1,1 Prozent des Gesamtengagements, womit allein die bilanzielle Risikovorsorge die gesamte, durchschnittlich erzielte Kreditmarge aufgezehrt hat. Rein rechnerisch müsste ein deutsches Kreditinstitut heutzutage fast 100 Jahre warten, bis der Schaden eines einzigen Kreditausfalls durch den Zinsertrag eines gleich hohen Kredits wieder gutgemacht ist. Dass unsere Banken, unabhängig von Basel II, diese Situation ändern wollen und auch ändern müssen, wird daher jedem einleuchten.

Basel II

Wie jedes Unternehmen versuchen auch die Banken, ihre Eigenmittel in diejenigen Geschäfte zu lenken, von denen sie sich die höchste Rendite versprechen. Im Unterschied zur Industrie sind die Banken jedoch in ihrer Handlungsfreiheit beschränkt. Die nationalen und internationalen Aufsichtsbehörden geben ihnen verbindlich vor, mit wie viel Eigenkapital sie die einzelnen Geschäfte zu »unterlegen« haben. Diese »Unterlegung« bedeutet für das Kreditgeschäft – bildlich gesprochen – nichts anderes, als dass die Bank für jeden einzelnen von ihr gewährten Kredit eine bestimmte Summe ihres Eigenkapitals gleichsam in ihren Tresor legen muss, ohne dieses Geld für andere Geschäfte benutzen zu dürfen. Diese »Blockade« ist erst dann beendet, wenn der Kredit zurückgezahlt ist.

Basel II – die Bezeichnung folgt dem Standort der für die Eigenkapitalregulierung zuständigen Bank für internationalen Zahlungsausgleich (BIZ) in Basel – bestimmt nun, dass die Bank ihre Kreditgeschäfte künftig, anders als bisher, nicht mehr einheitlich mit 8 Prozent (bezogen auf die Höhe des jeweils gewährten Kredits) unterlegen muss, sondern dass sie vielmehr der spezifischen Fähigkeit des jeweiligen Schuldners zur Zins- und Tilgungszahlung Rechnung zu tragen hat. Dazu werden die Kredite unter Anwendung des Ratings unterschiedlichen Risikoklassen zugeteilt. Entsprechend der Einordnung eines Kredits in eine bestimmte Ratingklasse erhöht oder vermindert sich künftig die Höhe der Eigenmittel, die die Bank für diesen Kredit »blockieren« muss.

Technisch wird diese »risikoadjustierte« Verzinsung dadurch erreicht, dass die Größe, auf welche sich die 8-prozentige Hinterlegungspflicht bezieht, je nach der Bonität des Schuldners ermäßigt oder erhöht wird. Bei den sichersten Schuldnern beträgt sie 20 Prozent des Kreditvolumens, bei den schlechtesten Schuldnern wird sie bis auf 175 Prozent angehoben. Dasselbe Ziel wäre auch dadurch erreicht worden, dass man lediglich den Basisprozentsatz von 8 Prozent bei gleichbleibender Bezugsgröße risikoorientiert verändert hätte (beispielsweise bei »guten Schuldnern« 4 Prozent, bei »schlechten Schuldnern« 12 Prozent). Man hat sich indes für die dargestellte Regelung entschieden. Betrachten wir hierzu ein Rechenbeispiel:

Wird ein Kredit in Höhe von 1 Million Euro ausgegeben, muss die Bank hierfür – allerbeste Bonität des Schuldners unterstellt – 16 000 Euro, also 8 Prozent auf 20 Prozent der Kreditsumme, hinterlegen; bei einem sehr schlechten Schuldner beläuft sich die Hinterlegungspflicht dagegen auf die stolze Summe von 140 000 Euro, also 8 Prozent auf 175 Prozent der Kreditsumme. Versucht man auf der Grundlage dieses Beispiels den Zinssatz zu errechnen, den der Schuldner im konkreten Fall zahlen muss, so gelangt man zu Ergebnissen, die für bonitätsschwache Familienunternehmer wenig erfreulich sind. Erwartet die Bank beispielsweise einen generellen Gewinn auf ihr Eigenkapital in Höhe von 25 Prozent (so beispielsweise die Deutsche Bank), muss der bonitätsstarke Kunde in unserem Beispiel auf die Einstandskosten der Bank einen Aufschlag von 25 Prozent auf 16 000 Euro zahlen, das sind 0,4 Prozent des Kreditbetrags. Für das bonitätsschwache Unternehmen ergibt sich dagegen ein Aufschlag in Höhe von 35 000 Euro, also 3,5 Prozent.

Dies führt zu zwei wichtigen Erkenntnissen: Für den Familienunternehmer ist es von großer Bedeutung, ein erstklassiges Rating zu erlangen. Für die Bank kommt es darauf an, das konkrete Risiko richtig zu bewerten und gleichzeitig die internen Kosten im Lot zu halten. Die eigene Ertragssituation ist für die Bank hierbei enorm wichtig, weil auch die Bank selbst einem Rating unterliegt. Dieses wird naturgemäß durch ihre Ertragsstärke beeinflusst und hat damit seinerseits einen maßgeblichen Einfluss auf den Preis, den die Bank für das von ihr am allgemeinen Geld- bzw. Kapitalmarkt aufgenommene Geld zu bezahlen hat (Refinanzierungskosten der Bank).

Die Ratingnoten orientieren sich in der Regel an der Klassifizierung, die die drei international führenden Ratingagenturen Standard & Poor's, Fitch und Moody's vorgeben (siehe Abbildung 22).

AAA	Beste Qualität, geringes Ausfallrisiko, außergewöhnlich gute Bonität
AA	Hohe Qualität, sehr gute Bonität, aber etwas größeres Risiko als die Spitzengruppe
A	Gute Bonität, aber etwas anfälliger für negative Auswirkungen aufgrund von Veränderungen im Umfeld
BBB	Mittlere Qualität, aber mangelnder Schutz gegen die Einflüsse sich verändernder Wirtschaftsentwicklungen
BB	Spekulative Anlage, nur mäßige Deckung für Zins- und Tilgungsleistung
B	Sehr spekulativ, geringe Bonität, hohes Risiko eines Zahlungsausfalls
CCC CC C	Niedrigste Qualität, geringster Anlegerschutz, in Zahlungsverzug oder in direkter Gefahr des Verzugs

Abbildung 22: Bonitätsbeurteilung nach Standard & Poor's (verkürzt)

Das Rating durch eigenständige, bankunabhängige Ratingagenturen (externes Rating) findet man in Deutschland derzeit noch sehr selten. Während sich in den Vereinigten Staaten von insgesamt acht Millionen Unternehmen etwa 8 000 dieser Prozedur unterziehen, gibt es in Deutschland bei insgesamt 3,2 Millionen Unternehmen nur wenige Dutzend, die sich extern

»raten« lassen. Der Preis für ein Erstrating ist denn auch – mit durchschnittlich 40 000 Euro – dem Familienunternehmen in aller Regel zu hoch.

An die Stelle des externen Ratings tritt bei unseren Familienunternehmen überwiegend ein hauseigenes Prüfungsverfahren der Banken (internes Rating), das dem Kunden nicht unmittelbar in Rechnung gestellt wird, allerdings mittelbar über die Umlage der Kreditkosten undifferenziert an alle Kreditkunden weitergegeben wird. Die beim internen Rating angewandten Bewertungsgrundsätze sind zwar von Bank zu Bank verschieden, doch aufgrund der nationalen Genehmigungspflicht des Bewertungsgerüsts als solchem sind die Methoden der einzelnen Banken durchaus miteinander vergleichbar. Maßgeblich für externes wie internes Rating sind die Finanzzahlen des Unternehmens, basierend auf einer Analyse der letzten drei Jahresabschlüsse, der mittelfristigen Unternehmensplanung, der Bilanzpolitik (Ausnutzung von Ansatz- und Bewertungswahlrechten) sowie der jeweiligen Branchensituation (»harte« Faktoren). Als »weiche« Faktoren werden dagegen beispielsweise die Qualität des Managements, die strategische Flexibilität des Unternehmens und die Bewältigung der Unternehmensnachfolge herangezogen. Da diese »weichen« Faktoren stark von der subjektiven Einschätzung der Bank abhängen, hat der Familienunternehmer hier eine gute Chance, auf die Ratingnote maßgeblichen Einfluss zu nehmen.

Die Kunde-Bank-Beziehung

Der allenthalben spürbare Veränderungsdruck, der auf den Banken lastet, macht auch vor der Kunde-Bank-Beziehung nicht Halt. Die Kunden verlangen von ihrer Bank heute mehr als früher. Die »Einbahnstraße« des klassischen Kredits wird abgelöst durch »mehrspurige Autobahnen« innovativer Finanzprodukte. Gefragt sind heute maßgeschneiderte Modelle und zugleich eine Unterstützung in den schwierigen Fragen der Kapitalmarktorientierung, der Restrukturierung, des Strategie-Controllings sowie eine aktive Begleitung in der sensiblen Phase des Übergangs des Unternehmens auf den Nachfolger. Mit der zunehmenden Internationalisierung erwarten unsere Familienunternehmen von ihrer Bank zusätzliche Unterstützung ihrer Auslandsaktivitäten, weit über die traditionelle Exportfinanzierung hinaus. Hinzu kommen die Forderungen nach einer hohen Expertise hinsichtlich der Handhabung der steigenden Unternehmensrisiken, also insbesondere der Marktpreis-, Zins- und Währungsrisiken, aber auch nach generellen Hinweisen auf steuerliche und rechtliche Gestaltungsmöglichkeiten.

Ein solches Niveau des Anforderungsprofils von Firmenkunden an ihre Bank ist relativ neu. Nicht neu ist dagegen das Grundsatzprinzip der Kunde-Bank-Beziehung. Es beruht nach wie vor auf Partnerschaft und Vertrauen. Dieses Vertrauen muss seitens der Bank vornehmlich über den Firmenkundenbetreuer vermittelt werden. Selbst in transaktionsbezogenen Zeiten ist damit das zwischenzeitlich bisweilen zu Unrecht ins Abseits geratene »Relationshipbanking« unverzichtbar. Der Familienunternehmer orientiert sich nicht an »Institutionen«, sondern stets an »Persönlichkeiten«. Diese Einsicht haben zwischenzeitlich auch die großen Geschäftsbanken wieder neu entdeckt und damit eine Renaissance der Bedeutung des »Firmenkundenbetreuers« eingeleitet.

Wer das Vertrauen als Grundprinzip der Kunde-Bank-Beziehung gelten lässt, der wird leicht erkennen, welche Fehler von beiden Seiten in der Vergangenheit gemacht worden sind. Den Banken ist es in der Vergangenheit nicht gelungen, die nötige Beständigkeit bei der Betreuung zu gewährleisten. Mehrmals im Jahresrhythmus hatte es der Unternehmer mit wechselnden Gesichtern zu tun, und immer wieder sah er sich gezwungen, den »Neuen« in die Besonderheiten seines Unternehmens einzuführen und ihm seine Strategie, seine Ideen und Pläne vorzutragen. Darüber hinaus waren die Banken in den letzten Jahren zu sehr mit sich selbst beschäftigt. Interne Umstrukturierungsprozesse mit all ihren zeitraubenden Begleiterscheinungen ließen dem Kundenbetreuer nur wenig Zeit, sich seiner originären und wichtigsten Aufgabe, nämlich dem Kunden, zu widmen.

Ohne jedoch ausreichend Zeit für den persönlichen Dialog in eine Kundenbeziehung zu investieren, kann die Bank nicht erfolgreich sein. Sie muss das Unternehmen und den Unternehmer in- und auswendig kennen, muss Produkte und Abläufe verstehen und alle Entwicklungen im Unternehmen aktiv verfolgen. Die Bank darf nicht warten, bis der Kunde mit seinem Problem auf sie zukommt. Sie muss vielmehr lernen, vorbeugend zu überlegen, mit welchen Lösungen sie den Unternehmer in seinen Finanzfragen aktiv unterstützen kann.

Ein weiterer wichtiger Faktor in der Kunde-Bank-Beziehung ist das Branchen-Know-how des Kundenbetreuers. Ein Unternehmer wird schnell das Vertrauen in die Kompetenz seiner Bank verlieren, wenn er das Gefühl hat, diese kenne sich in seiner Branche gar nicht aus. Ein Fehler, dem die Banken immer wieder unterliegen – und das Rating trägt nicht unerheblich dazu bei – besteht darin, alle Unternehmen einer Branche über einen Kamm zu scheren. Hier fehlen häufig das nötige psychologische Fingerspitzengefühl und der Blick für die Details. Denn keinesfalls alle Unternehmen einer schwierigen Branche sind per se schlecht. Es gibt auch heute noch Bauunternehmen, Textilbetriebe und Möbelfabriken, denen es sehr gut geht, die sich also trotz einer schwierigen Branche in schwierigen Märkten bestens behaupten. Die Bank muss in der Lage sein, eine solche Stärke zu erkennen und zu honorieren, anstatt das Unternehmen lediglich aufgrund seiner Branchenzugehörigkeit durchs Raster fallen zu lassen.

Damit sie die oft verborgenen Stärken eines Unternehmens begreifen kann – und jetzt komme ich zu der Kritik, die die Banken häufig an Familienunternehmen üben –, muss die Bank allerdings auch aktuell und umfassend über das Unternehmensgeschehen informiert werden. Viele Unternehmer haben demgegenüber in der Vergangenheit die Banken nur zögerlich oder gar nicht über die aktuelle wirtschaftliche Entwicklung in ihrem Betrieb unterrichtet. Die Banken wollen sich jedoch, bevor sie einen Kredit gewähren, schon von ihrem Selbstverständnis her anhand einer rechtzeitigen Vorlage der Jahresabschlüsse, nachvollziehbarer Planungen und von Quartalsberichten ein umfassendes Bild über alle Risiken machen.

Andererseits machen sie nur allzu oft aus der Auswertung der ihnen zur Verfügung gestellten Informationen und aus dem sich daran anschließenden Kreditentscheidungsprozess ein »Geheimnis«, das für den Kunden undurchschaubar bleibt und damit als willkürlich empfunden wird. Dieses Verhalten trägt nicht zur Vertrauensbildung bei! Hier müssen die Banken – ebenso wie sie es selbst von den Unternehmern verlangen – mehr Offenheit an den Tag legen und ihre Prozesse transparent machen. Die Bank muss dem Kunden alle Stellschrauben, die das Rating beeinflussen, erläutern, und sie ist zugleich verpflichtet, ihm Wege aufzuzeigen, wie er sein Rating verbessern kann.

Und noch etwas ist in diesem Zusammenhang sehr wichtig: Geduld. Auch hier müssen die Banken umdenken. Man kann manche Dinge innerhalb eines Unternehmens nicht von heute auf morgen verändern, indem man einfach »den Schalter umlegt«. Die Banken müssen lernen, notwendigen Veränderungsprozessen (insbesondere im betrieblichen Rechnungswesen) eine angemessene Zeit zu geben und das Unternehmen in der Zeit dieser Veränderung aktiv und unterstützend zu begleiten.

Aber viele Unternehmen haben im Laufe der Jahre selbst damit begonnen, das heute so sehr zurückersehnte »Hausbankprinzip« aufzuweichen – ein Prinzip, bei dem der Unternehmer mit einer Bank seines Vertrauens alle wesentlichen Bankgeschäfte abwickelte und es der Bank so ermöglichte, das oft unrentable Kreditgeschäft durch andere lukrativere Geschäftszuweisungen – wie den Zahlungsverkehr oder Provisionsgeschäfte – auszugleichen. Zunehmend sind jedoch viele Unternehmer zu »Rosinenpickern« geworden, die den sich verschärfenden Wettbewerb unter den Banken genutzt haben, um sich für die einzelnen Bankgeschäfte bei einer Vielzahl von Anbietern Angebote einzuholen und dann letztendlich dem jeweils billigsten Anbieter den Zuschlag zu geben. Nur allzu gut erinnere ich mich an unendliche »Konditionspoker« gerade bei der Kreditvergabe, die nach meinem Gefühl oft weit über die Schmerzgrenze hinausgingen. Ein solches Verhalten ist weder fair, noch ist es in den meisten Fällen wirtschaftlich sinnvoll. Oft habe ich meinen Mandanten vorgerechnet, dass der durch eine Konditionsverbesserung verbleibende Vorteil nach Steuern so gering ist, dass man hierfür keinesfalls eine traditionsreiche und bewährte Beziehung aufgeben sollte. Partnerschaft bedeutet schließlich, dass beide Partner – Firmenkunde und Bank – ihren Nutzen aus dem Geschäft ziehen.

Wie also sollte die Zukunft der Kunde-Bank-Beziehung aussehen? Nun: Unternehmer und Banken müssen wieder enger zusammenrücken. Ein rein transaktionsbezogenes Banking wird es in Zukunft viel weniger geben als bisher. Die Beziehung der Bank zu jedem einzelnen Kunden wird wieder im Vordergrund stehen. Allerdings wird sich das Verhältnis zwischen Kunde und Bank zunehmend von der emotionalen auf die rationale Ebene verschieben. Dass nämlich Kredite in Zukunft nicht mehr per Handschlag mit einem tiefen Blick in die Augen, sondern nur gegen die Präsentation eines überzeugenden Konzepts und des hieraus folgenden betrieblichen Zahlenwerks vergeben werden, ist ein Zeichen der Professionalisierung in der Kreditbranche. Im Ergebnis profitieren beide Partner davon, wenn der Unternehmer sich darauf einstellt, dass jeder Fremdkapitalgeber Risikotransparenz verlangt – und wenn die Bank ihrer Verpflichtung zur Loyalität auch in schwierigeren Zeiten nachkommt.

Die Finanzierung über den Kapitalmarkt – Lösung oder Irrweg?

Im Verlauf der letzten Jahre ist eine Vielzahl von Alternativen zum Bankkredit entwickelt worden. Diese Entwicklung resultiert einerseits aus einem Mentalitätswandel der institutionellen Kapitalmarktinvestoren (Versicherungen, Pensionskassen, Vermögensverwalter und andere Kapitalsammelstellen), andererseits aus dem wachsenden Bedürfnis vieler Familienunternehmer nach mehr Liquidität. Umgekehrt ist auch die Intention der großen Anleger, ihre Mittel zukünftig stärker direkt in das Unternehmen zu investieren, in der Vergangenheit ständig gewachsen. Damit folgt der deutsche Markt Gepflogenheiten, die sich in den Vereinigten Staaten bereits seit langem durchgesetzt haben. Dies unterstreicht ein Blick in die Statistik: Während in den USA mehr als 35 Prozent der Bruttoinlandsverschuldung auf verbriefte Unternehmenskredite entfallen, sind dies in Deutschland weniger als 5 Prozent. Von der gesamten Fremdfinanzierung der deutschen Unternehmen entfielen kaum mehr als 3 Prozent auf Anleihen und Geldmarktpapiere, jedoch über 40 Prozent auf Bankkredite. Die Rolle der Banken verändert sich. Aus Kreditgebern werden Arrangeure, die, statt wie bisher, das benötigte Geld von den Investoren einzukaufen und an die Firmenkunden weiterzuleiten, den direkten Kapitalzufluss vermitteln.

Dies ist die Geburtsstunde der kapitalmarktbasierten Lösungen. Die »Zwischenhandelsstufen« der Kapitalbeschaffung werden übersprungen; der Konsument kauft sozusagen direkt beim Hersteller ein. Demgemäß schuldet der Konsument dem Kapitalgeber keine Handelsmargen und ist nicht auf die Eigenheiten eines ihm fremden Händlersystems angewiesen. Leider können jedoch die meisten Familienunternehmen aufgrund mangelnder Größe nicht selbst unmittelbar beim »Hersteller« einkaufen, sondern nur dann, wenn sie mit Gleichgesinnten und/oder gleich strukturierten Partnern eine »Sammelbestellung« aufgeben. Als Instrument einer solchen Sammelbestellung wird ein Emissionspool in Form einer Zweckgesellschaft (Special Purpose Vehicel, SPV) eingeschaltet. Ein SPV ist im Prinzip nichts anderes als eine für einen einzigen Finanzierungszweck errichtete »Bank«. Hierauf wird später noch einzugehen sein.

Liquiditätsbeschaffung kann grundsätzlich alternativ als Eigenkapital, als Fremdkapital oder als Mezzaninekapital erfolgen. Als Mezzaninekapital bezeichnet man Mittel, die auf der Grenze zwischen Eigen- und Fremdkapital stehen. Dies sind beispielsweise stille Beteiligungen, die oft eine Verlustbeteiligung beinhalten (atypische stille Beteiligung), oder auch Genussscheine. Die Forderungen aus den Genussrechten müssen hinter alle anderen Gläubigeransprüche zurücktreten; sie begründen im Fall der Auflösung der Gesellschaft keinen Anspruch auf Teilhabe am Liquidationserlös. Diesem von Fall zu Fall verschieden hohen Risiko steht als Prämie in der Regel eine weit über dem Kapitalmarktniveau liegende Verzinsung gegenüber. Wie problematisch Genussscheine sich jedoch entwickeln können, zeigt der Fall »Gerling«, bei dem nur 50 Prozent des Nominalwertes vom Unternehmen zurückgezahlt werden konnten.

Jede Liquiditätsbeschaffung – gleichgültig, ob es sich um Eigenkapital, um Fremdkapital oder um Mezzaninekapital handelt – erfolgt entweder über die Börse oder aber unmittelbar seitens der Investoren (private placement). Beim Weg über die Börse ist zu unterscheiden: Entweder »verkauft« das Unternehmen seine Aktien oder Anleihen direkt an die Investoren und diese werden dann Aktionäre oder Anleihegläubiger des Kapital suchenden Unternehmens. Oder eine Beteiligungsgesellschaft wird zwischengeschaltet, die ihrerseits Kapital aufnimmt und das so »eingeworbene« Kapital in die Unternehmen ihrer Wahl investiert.

Eine solche mittelbare Kapitalzuführung führt häufig zu der Forderung der zwischengeschalteten Beteiligungsgesellschaft nach eigenen Kontroll- und Mitspracherechten. Diese können von einer Vertretung im Kontrollorgan des Unternehmens (Aufsichtsrat, Beirat, Verwaltungsrat) über das Erfordernis zur Zustimmung bei wichtigen Geschäften bis hin zu einer Einflussnahme auf die Besetzung der Geschäftsführung reichen.

Direkt über die Börse platziertes Eigenkapital ist nichts anderes als der Börsengang, der jedoch für Familienunternehmen, so wie es derzeit aussieht, in den nächsten Jahren kaum noch in Betracht kommt. Privat platziertes Eigenkapital (private equity), also direkt vom Investor in das Unternehmen hereingegebene Mittel, ist meist für das traditionelle Familienunternehmen weniger interessant, weil es in der Regel die unternehmerische Freiheit des Unternehmens durch das Verlangen intensiver Mitspracherechte über Gebühr beeinträchtigt und zum anderen stets eine bindende Vereinbarung über Zeitpunkt und Vergütung des Ausstiegs der Investoren voraussetzt.

Die direkte Platzierung von Fremdkapital über die Börse erfolgt in der

Form von Anleihen, die jedoch aufgrund des geforderten Emissionsvolumens und des damit verbundenen Aufwands nur für die sehr großen Familienunternehmen (Anleihen von Würth, Haindl, Voith, Trumpf) in Betracht kommen. Für kleinere und mittelgroße Familienunternehmen ist dieser Weg, selbst wenn sie sehr ertragsstark sind, bisher verschlossen. Für sie bietet sich jedoch seit neuestem über die zuvor erwähnte Verbriefung in Form eines Emissionspools – also durch einen Zusammenschluss mehrerer Interessenten – die Möglichkeit, den öffentlichen Kapitalmarkt zu nutzen. Dieser attraktive Weg wird nachfolgend anhand eines Beispiels näher beschrieben.

Bei der Suche nach neuen, alternativen Finanzierungsformen kommt regelmäßig die Rede auf die verbrieften Sicherheiten (Asset-backed Securities, ABS). Während vielen Unternehmern, zumindest jedoch den jüngeren Firmenchefs, zumindest der Begriff »ABS« an sich geläufig ist, besteht über die genaue Struktur einer ABS-Transaktion vielfach Unklarheit. Wie also funktioniert ABS?

Die Grundidee liegt darin, den Forderungsbestand eines Unternehmens in Gestalt von Wertpapieren am Kapitalmarkt zu verkaufen. Dies geschieht, in dem die Forderungen zunächst an eine hierzu gegründete Zweckgesellschaft veräußert werden, welche dann ihrerseits diese Forderungen wertpapiermäßig verbrieft, sodass die begebenen Wertpapiere mit diesen Forderungen unterlegt sind. Bei den im Rahmen einer ABS-Transaktion ausgereichten Wertpapieren handelt es sich meist um kurzfristige Inhaberschuldverschreibungen oder um mittel- bis langfristige Anleihen.

Beim Übergang der Forderungen auf die Zweckgesellschaft fließt dem Unternehmen sofort Liquidität in Form des für die angekauften Forderungen zu zahlenden Preises zu. Der Kaufpreis entspricht hierbei dem Nominalwert der Forderungen nach Abzug eines gewissen Abschlags, welcher der Risikoabsicherung der Zweckgesellschaft dient und zwischen 5 und 15 Prozent liegt. Die konkrete Höhe des Abschlags wird anhand der Angaben über die Qualität der verkauften Forderungen bemessen, die das Unternehmen zu liefern hat. Bei besonders risikoreichem Forderungsbestand wird häufig eine Warenkreditversicherung in die Transaktion eingebunden.

Anders als beispielsweise beim Factoring erfolgen die Verwaltung und die Einziehung der verkauften Forderungen weiterhin durch das Unternehmen selbst. Somit braucht dieses weder seine Buchführung noch seine »Inkassopolitik« zu ändern. Die Forderungsabtretung wird dem Gläubiger gegenüber nicht offen gelegt, sodass das Vertrauensverhältnis des Unternehmens zu seinen Kunden unberührt bleibt.

Die Zweckgesellschaft refinanziert sich nun ihrerseits durch die Emission der Wertpapiere am Kapitalmarkt. Die Zahlungen zur Abgeltung der verkauften Forderungen, welche das Unternehmen an die Zweckgesellschaft abzuführen hat, verwendet diese, um die Ansprüche der Wertpapierinhaber (Zins und Rückzahlung) zu befriedigen. Typisch für ABS-Transaktionen ist hierbei ein revolvierendes Verfahren: Aus den seitens des Unternehmens fortlaufend abgetretenen Forderungen werden monatlich neue Wertpapiere emittiert, während sich die ABS-Finanzierung für das

	Kapitalkosten p.a. vor Steuern	Ein-malige Kosten	Laufzeit in Jahren	Min. Trans-aktions-summe	Bemerkungen
Selbst-finanzierung	15 - 25%	-	Permanent	-	Zusätzl. Steuern von 40%, welche vorfinanziert werden müssen
Börsengang	15 - 25%	4%	Permanent	5	Mindestens 20% der Anteile
Private Equity	20 - 30%	0,2-0,5 Mio. €	4-6	5	- Nur bei starkem Wachstum - Verkauf muss klar sein
Mezzanine	12% fix+3-6% variabel+ 30% des EBITDA	0,2-0,5 Mio. €	5-7	5	- Due diligence - Sitz in Auf-sichtsgremium
Anleihe	6,5-7,5%	1% 0,3 Mio. €	5-10	100	Öffentliches BBB-Rating
ABS	0,75-1,75% über EURIBOR	0,2-1 Mio. €	5-10	15-20	Ab BBB-Rating
PSP	7 - 9%	2% 0,1 Mio. €	5-10	5	Ab BBB-Rating

Abbildung 23: Alternativen zum Kredit (Stand 2004)

Unternehmen als eine auf mehre Jahre angelegte, ständige Bereitstellung von Liquidität darstellt.

Bisher rechneten sich ABS-Transaktionen aufgrund der Komplexität des Verfahrens erst ab einem zu verbriefenden Forderungsvolumen von rund 80 Millionen Euro. Familienunternehmen, die über einen geringeren Forderungsbestand verfügten, waren von dieser Gestaltungsmöglichkeit ausgeschlossen. An dieser Stelle setzt nun ein neues Finanzprodukt – das »ABS Kompakt« – an, welches im Jahr 2002 von meinem Büro gemeinsam mit der Landesbank Baden-Württemberg (LBBW) zur Marktreife entwickelt worden ist. Durch eine weitgehende Verschlankung der ABS-Transaktion (in der Strukturierungsphase, bei der EDV-Umsetzung und bei der rechtlichen Dokumentation) können jetzt schon Unternehmen mit einem verbriefungsfähigen Forderungsvolumen ab 15 bis 20 Millionen Euro dieses Finanzierungsinstrument zu einem attraktiven Preis nutzen, wobei die Vorbereitung einer solchen »ABS-Kompakt«-Transaktion etwa drei bis vier Monate dauert.

Börsengang und Abschied von der Börse

Die Börse kann als Beschaffungsquelle für alle Kapitalformen – Eigenkapital, Mezzanine- und Fremdkapital – in gleicher Weise genutzt werden. Dies geschieht entweder, indem das Familienunternehmen unmittelbar den Weg an die Börse beschreitet, oder aber mittelbar, indem sich Beteiligungsgesellschaften und Fonds Finanzmittel über die Börse beschaffen und diese dann an Familienunternehmen weiterreichen.

Aussichten für einen Börsengang

Uns interessiert im Folgenden nur die unmittelbare Kapitalbeschaffung, also das sogenannte Going public. Soweit es Mezzanine-Kapital betrifft, offeriert die Börse beispielsweise Genussscheine (Bertelsmann). Die Mezzanine-Börsenfinanzierung soll hier jedoch, da sie keine größere Bedeutung für das Familienunternehmen besitzt, außer Acht bleiben. Auch die direkte Einholung von Fremdkapital ist über die Börse möglich. Sie erfolgt durch die Platzierung von Industrieanleihen. Diese Möglichkeit kommt jedoch aufgrund des mit ihr verbundenen Aufwandes für das typische Familienunternehmen nicht in Betracht. Dies zeigt die Marktanforderung hinsichtlich des Emissionsvolumens: Institutionelle Investoren verlangen in der Regel einen mindestens dreistelligen Millionenbetrag. Zudem ist es erforderlich, ein externes Rating einzuholen – ein nicht zu unterschätzender Kostenfaktor, der erst ab einem gewissen Volumen zu rechtfertigen ist. Des Weiteren sieht sich eine große Zahl von Familienunternehmen nach einem externen Ratingprozess mit einem »schlechten« Rating konfrontiert, wodurch die Kosten einer solchen Finanzierung – insbesondere im Vergleich zu einem klassischen Bankkredit – nicht unwesentlich verteuert werden. Dabei ist zusätzlich zu berücksichtigen, dass ein schlechtes Rating sehr negative Auswirkungen auf das betreffende Unternehmen haben kann, beispielsweise einen Imageverlust auf den relevanten Beschaffungs-, Absatz-, Finanz- und Arbeitsmärkten. So haben dann auch nur sehr große und ertragsstarke Familienunternehmen diesen Weg beschritten. An dieser Situation wird sich aller Voraussicht nach in näherer Zukunft nichts ändern.

Damit verbleibt den mittelgroßen Familienunternehmen lediglich die Möglichkeit der Aktienemission, also einer Kapitalerhöhung, häufig verbunden mit einer so genannten Umverteilung, das heißt, mit einem teilweisen Verkauf der in den Händen der Familie befindlichen Anteile. Gerade Letzteres stieß bei vielen Anlegern jedoch ebenso auf Misstrauen wie die Ausgabe von Vorzugsaktien, welche den Aktionär vom Stimmrecht ausschließen. Viele Familien haben dennoch im Börsengang vorschnell und unkritisch ihr Heil gesehen. Angesichts der Möglichkeit, ihre Eigenkapitalquote zu erhöhen und sich zusätzlich Liquidität zu beschaffen, haben sie ihre Vorbehalte gegenüber der Rechtsform der AG und gegen die hiermit verbundene Ausweitung der Mitbestimmung ebenso vergessen wie die Tatsache, dass die Erbschaftsteuerbelastung sich durch den Börsengang in der Regel vervielfacht.

Wie groß die Enttäuschung schließlich ausgefallen ist, zeigt die Börsenstatistik. Von mehr als 400 Unternehmen, die seit 1997 an die Börse gebracht worden sind, bewegen sich heute nur etwa 8 % der Emissionen oberhalb des Ausgabekurses. Ein verheerendes Ergebnis für die Emissionsbanken, die schließlich als Experten den Unternehmenswert zu bestimmen hatten und verpflichtet gewesen wären, den Sekundärmarkt anzukurbeln. An der Börsenmisere war also nicht – wie ein Großbanker es ausgedrückt hat – die Raffgier der Aktionäre, sondern wohl eher das verantwortungslose Vorgehen der Emissionsbanken schuld. Die Zahl der Neuemissionen bewegt sich nach der großen Euphorie der Jahre unmittelbar vor der Jahrhundertwende derzeit auf der Nullebene. Lediglich zwei unbedeutende Börsengänge hat man bis Mitte 2004 zu Wege gebracht. Wie derzeit vieles in Deutschland befindet sich auch unser Kapitalmarkt in einer tiefen Krise – selbstverschuldet, wie das unglaubliche Desaster bei der Postbank beweist. Das hängt sicherlich mit dem Niedergang des Neuen Marktes zusammen. Hinzu kommt allerdings, dass die Familienunternehmer, ohne von ihren Banken vorgewarnt zu sein, lernen mussten, dass ihre Papiere von den großen Investoren erst gar nicht zur Kenntnis genommen werden, sodass die Kursentwicklung in illiquiden Märkten trotz guten Geschäftsgangs enttäuschend blieb. Derzeit jedenfalls kann die Börse ihre volkswirtschaftlich wichtigste Funktion der Kapitalbeschaffung auch für Familienunternehmen nicht erfüllen. Die Bundesregierung hat versucht, dem mit einer Neufassung des Börsenrechts und einer Zusammenfassung der Aufsichtsbehörden ebenso zu begegnen wie die Börse, welche den diskreditierten Neuen Markt im Jahr 2003 durch neue Segmentierungen ersetzte. Ob das ausreicht, um die Börse auch für Familienunternehmen attraktiv zu machen, wird die Zukunft weisen. Sicherlich ist das letzte Wort über den grundsätzlichen Sinn und Zweck sowie über Chancen und Risiken eines Börsengangs für Familienunternehmen noch nicht gesprochen.

Ich selbst bin jedenfalls bezüglich international tätiger Familienunternehmen, die eine langjährige positive Unternehmensentwicklung aufweisen und die fähig und bereit sind, den Kommunikationsanforderungen des Kapitalmarktes zu entsprechen, für die Zukunft eher optimistisch. Sobald es der Börse und der Finanzwirtschaft gelungen sein wird, das Vertrauen in den Kapitalmarkt voll wiederherzustellen – ich rechne mit einer Karenzzeit von mindestens drei Jahren – wird der Primärmarkt gerade für solche Unternehmen wieder aufnahmefähig sein.

Der Rückzug von der Börse

Wenden wir uns also von dem derzeit uninteressanten Thema »Going public« ab und dem sehr aktuellen Rückzug von der Börse zu. Die aufgrund der schlechten Kapitalmarktentwicklung oft weit unter den Ausgabekurs gesunkene Börsenbewertung ihres Unternehmens hat bei vielen Eigentümern zu der Überlegung geführt, die Börse wieder zu verlassen. Die einmalige Chance, die ausgegebenen Aktien zu einem Bruchteil des beim Börsengang ehemals eingestrichenen Emissionserlöses für die Familie zurück zu erwerben, hat denn auch einen unwiderstehlichen Charme. Vorgänge dieser Art hat es – außerhalb der Börse – in der Vergangenheit zwar nicht allzu häufig, aber doch immer wieder gegeben. Ob es nun Klaus-Michael Kühne gewesen ist, der seine verloren gegangene Mehrheit an Kühne & Nagel später preiswert zurück erwarb, ob es der Paderborner Marmeladenhersteller Stute war, der sich sein an Amerikaner verkauftes Imperium einige Jahre später für ein »Nasenwasser« wieder einverleibte, oder ob es Hans Gerling war, der mithilfe wohlhabender Freunde wieder in sein – nach dem Gerling-Debakel verlassenes – Chefbüro zurückkehren konnte, stets war es die verlockende Chance, das, was man bereits für viel Geld verkauft hatte, für einen Bruchteil des eingestrichenen Erlöses wieder zurückzuerwerben.

Das setzt natürlich bei den Alteigentümern den Willen voraus, sich wieder in das mühsame Unternehmerdasein einzuleben. Dass dies finanziell sehr lohnenswert sein kann, habe ich in meiner Praxis selbst erlebt. Die Mehrheit eines Herstellers elektronischer Steuerungen für Haushaltsgeräte war zu einem sehr guten Preis an die damals noch florierende AEG verkauft worden. Diese hatte seit dem Erwerb auf einer Nichtausschüttung der Gewinne bestanden, großzügig in neue Produktionsanlagen investiert und über Konzernlieferungen den Umsatz und zugleich den Gewinn kräftig gesteigert. Aber die Konzernmanager scheiterten an ihrer eigenen Arroganz. Sie hatten nämlich beim Abschluss des Kaufvertrages auf einer Klausel bestanden, wonach jeder der beiden Partner – sollte er einmal in Konkurs oder Vergleich fallen – verpflichtet war, seine Anteile zu Buchwerten an den anderen Partner zu übertragen. Hierauf beriefen sich nun die Alteigentümer, als bei der AEG die Krise eintrat, und sie machten ein glänzendes Geschäft, als sie sich einige Jahre später erneut, und diesmal vollständig, von ihrem Unternehmen trennten.

Dem Rückzug von der Börse liegen meist dieselben Motive zugrunde, wie sie für die oben geschilderten Fälle ausschlaggebend gewesen sind. Doch es sind nicht allein die Interessen der Eigentümer, die für einen Rückzug sprechen. Er kann auch aus der Sicht des Unternehmens selbst sinnvoll sein, wenn für dieses wegen einer zu geringen Marktkapitalisierung, einer schwachen Liquidität der Aktie und/oder mangels einer hinreichenden Analystenbasis (auch wenn die Analysten von den Banken meist maßlos überschätzt werden) eine Finanzierung über den Kapitalmarkt nicht mehr gesichert ist. Die Chance, sich ohne Druck seitens des Marktes auf die langfristige strategische Fortentwicklung des Geschäfts zu konzentrieren, kann ein weiterer Grund für den Rückzug sein. Insbesondere für Unternehmen, die vor der Herausforderung einer nachhaltigen Neustrukturierung stehen, kann es richtig sein, dies abseits aller öffentlichen Aufmerksamkeit zu tun und sich damit den schwer einschätzbaren Reaktionen des Kapitalmarkts zu entziehen.

Doch der Rückzug von der Börse ist technisch schwierig zu bewerkstelligen. Da sind einmal die außenstehenden Aktionäre, deren im Aktiengesetz verbriefte Einspruchs- und Mitwirkungsrechte zu beachten sind. Da ist zum anderen die Finanzierungsproblematik. Denn anders als beim Rückerwerb einer privaten Beteiligung kann zur Finanzierung weder auf die Liquidität der betroffenen Alteigentümer noch auf deren Betriebsvermögen als Sicherheit zurückgegriffen werden. Dennoch ist es einer Handvoll Familienunternehmen wie dem Möbelhersteller Rolf Benz, dem Gartenzubehör-Anbieter Gardena, dem Automobilzulieferer Kiekert, dem Leichtmetallverarbeiter Honsel und dem Armaturenhersteller Grohe gelungen, diese Probleme – meist unter Einschaltung von Eigenkapitalfonds – zu meistern.

Die Durchführung eines Going Private lässt sich im Rahmen der Einführung des Wertpapierübernahmegesetzes von Anfang 2002 idealtypisch wie folgt skizzieren: Mittels eines öffentlichen Übernahmeangebots sollte der Hauptaktionär seinen Anteil auf mindestens 95 Prozent des Grundkapitals erhöhen. Damit hat er die Möglichkeit, die Minderheitsaktionäre gegen Barabfindung zwangsweise auszuschließen (»squeeze out«). Das Gesetz erlaubt es dabei dem Hauptaktionär, die endgültige Annahme des Übernahmeangebots seinerseits unter die Bedingung des Erreichens dieser Schwelle zu stellen. Die hinausgedrängten Aktionäre können die Höhe der Abfindung nach neuem Recht nicht mehr anfechten, sodass das Damoklesschwert eines jahrelangen Rechtsstreits und damit einer lang andauernden Ungewissheit beseitigt ist. Die Aktionäre können lediglich ein Spruchstellenverfahren herbeiführen, das allerdings weder die Eintragung ins Handelsregister noch das Ausschlussverfahren gegen die Minderheitsaktionäre in ihrem Ablauf verzögert.

Mitarbeiterbeteiligung

Die wertvollste Ressource des Unternehmens sind gut ausgebildete und motivierte Mitarbeiter, die die Bereitschaft mitbringen, »lebenslang zu lernen«. Angesichts der hohen Arbeitskosten stellt dies einen zentralen Faktor im internationalen Standortwettbewerb dar. Mitarbeiterinnen und Mitarbeiter sind unser wichtigstes »Kapital«, so lautet denn auch die folgerichtige Ansicht vieler Unternehmer. Qualifizierte Mitarbeiter langfristig an das Unternehmen zu binden, ihr Integrationsgefühl zu stärken und ihr unternehmerisches Denken zu fördern heißt demnach, ökonomisch zu handeln.

Viele Unternehmer denken darüber nach, alle Mitarbeiter am Unternehmen zu beteiligen. Ich halte dies – wie schon gesagt – für einen Irrweg. Eine breit angelegte Beteiligung aller Mitarbeiter ist keinesfalls der beste Weg zur Steigerung von Motivation und »Wir-Gefühl« im Unternehmen. Trotz meiner grundsätzlich ablehnenden Haltung möchte ich für diejenigen meiner Leser, die dies anders sehen, die wichtigsten Ecksteine der Mitarbeiterbeteiligung kurz darlegen:

Unter »Mitarbeiter-Kapitalbeteiligung« versteht man die vertragliche, dauerhafte Beteiligung der Mitarbeiter am Kapital des arbeitgebenden Unternehmens. Davon zu unterscheiden sind Modelle zur Erfolgsbeteiligung. Hier erhalten die Mitarbeiter eine über das Arbeitsentgelt hinausgehende Zahlung, die vom Unternehmenserfolg abhängt. Kapitalbeteiligung und Erfolgsbeteiligung werden häufig kombiniert. So können beispielsweise Mittel aus der Erfolgsbeteiligung, statt sie in bar auszuzahlen, in Form einer Kapitalbeteiligung im Unternehmen angelegt und dann wiederum gewinnabhängig bedient werden.

Eine Beteiligung am Kapital erfolgt oft durch die Einräumung einer stillen Beteiligung. Der stille Gesellschafter ist grundsätzlich nicht an der Geschäftsführung beteiligt, ebenso wenig am Geschäftsvermögen. Nach den Regelungen des HGB hat er keine Mitspracherechte, dafür gewisse Kontrollrechte. In der Praxis wird dieses Recht zumeist auf einen Dritten, beispielsweise einen Gesellschafterausschuss oder einen Wirtschaftsprüfer übertragen.

Wird der stille Gesellschafter ausnahmsweise am Liquidationserlös oder an den stillen Reserven einschließlich des Firmenwertes beteiligt, oder werden ihm besondere Kontroll- und Mitspracherechte eingeräumt, liegt eine atypisch stille Beteiligung vor. Diese ist für die Beteiligung von Mitarbeitern grundsätzlich ungeeignet, da die »Gewinnausschüttungen« beim Arbeitnehmer steuertechnisch Einkünfte aus Gewerbebetrieb darstellen, also Gewerbesteuerpflicht auslösen und im Unternehmen nicht als Betriebsausgaben abzugsfähig sind. Die »Ausschüttungen« bei der typisch stillen Beteiligung führen dagegen beim stillen Gesellschafter zu Einkünften aus Kapitalvermögen und stellen für das Unternehmen Betriebsausgaben dar.

Zu nennen sind weiter Genussrechte. Bekanntes Beispiel hierfür ist Bertelsmann. Mit einem Genussrecht erwirbt der Arbeitnehmer Vermögensrechte an dem arbeitgebenden Unternehmen, die eine Beteiligung am Gewinn und teilweise – zumindest in Höhe der erbrachten Einlage – am Verlust des Unternehmens gewähren. Werden Genussrechte in Wertpapieren verbrieft, spricht man von Genussscheinen. Für die Ausgestaltung dieser Papiere besteht weitgehende Vertragsfreiheit. Genussrechte stellen ausschließlich Gläubigerrechte dar, ihre Inhaber sind keine Gesellschafter und besitzen daher keinerlei gesellschaftsrechtliche Kontroll- und Mitgliedschaftsrechte.

Die direkteste Form der Mitarbeiterbeteiligung ist die unmittelbare Beteiligung. Sie macht die Mitarbeiter in Höhe ihrer Beteiligungsquote zu gleichberechtigten Gesellschaftern. Oft ist dies jedoch nicht gewollt. In der Praxis häufen sich deswegen Modelle, bei denen die Mitarbeiter Gesellschafter einer eigens gegründeten Beteiligungs-GmbH werden, die ihrerseits Anteile am Unternehmen hält.

Eine solche Mitarbeiter-GmbH bietet neben der Beschränkung ihrer Haftung den Vorteil, dass ihre Beteiligung an dem arbeitgebenden Unternehmen, sofern ersteres die Rechtsform einer Kapitalgesellschaft besitzt, steuergünstig veräußert werden kann.

Die Verwaltung einer Mitarbeiter-GmbH bringt jedoch einen größeren administrativen Aufwand mit sich: Die Übertragung von Geschäftsanteilen bedarf stets notarieller Beurkundung. Die an die Mitarbeiter-GmbH ausgeschüttete Dividende unterliegt der Gewerbesteuer, sofern die Beteiligung der GmbH weniger als 10 Prozent beträgt.

Neuerdings findet man in der Praxis auch virtuelle Mitarbeiterbeteiligungen. Hierbei kommt es erst gar nicht zu einer definitiven Übertragung von Gesellschaftsanteilen, eine solche wird vielmehr lediglich »simuliert«. Der Mitarbeiter erhält dann zu einem festgelegten Termin die tatsächlich eingetretene Wertsteigerung ausbezahlt. Für das Unternehmen ist dieses Modell schnell und leicht umsetzbar, weil es hierzu keiner gesellschaftsrechtlichen Maßnahmen bedarf. So entfällt z. B. bei einer GmbH die formbedürftige Übertragung von Anteilen.

Soll nämlich der gewünschte Motivationseffekt voll eintreten, darf die Mitarbeiterbeteiligung nicht lediglich eine unter den vielen Formen der Geldanlage sein; sie muss sich vielmehr von Sparbuch oder Bundesanleihe deutlich unterscheiden, da sie mit einem weitaus größeren Risiko behaftet ist. Aus diesem Grund ist es dem Mitarbeiter nicht zumutbar, das Risiko einer Fehlinvestition zu tragen, ohne dass er maßgeblich steuernd auf die Beteiligung einwirken kann. Die Einräumung einer solchen Steuerungsmöglichkeit widerspricht jedoch dem Selbstverständnis des Familienunternehmers.

Eine breit angelegte Kapitalbeteiligung führt darüber hinaus bei einem größeren Personalabbau, wie er heutzutage immer häufiger droht, zu einem schmerzhaften Liquiditätsentzug. Dasselbe gilt bei einer Krise. Der mit einer breiten Kapitalbeteiligung erhoffte Effekt, die Eigenkapitalstruktur dauerhaft zu verbessern, kann sich dann ins Gegenteil verkehren: Statt zu einem Mittelzufluss kommt es zu einem Abfluss von Eigenkapital. Denn niemand kann es Mitarbeitern verübeln, wenn sie ihre Beteiligung in diesen Fällen kündigen, um ihr Kapital »zu retten«.

Kapitel 10

Das Familienunternehmen im Steuerrecht

Grundlagen zum Verständnis

Wunsch und Wille eines jeden Familienunternehmers, seine steuerlichen Belastungen sowohl im betrieblichen als auch im privaten Bereich auf das Geringstmögliche zu reduzieren, sind durchaus verständlich. Sie gehen auf die zu Recht als bisweilen enteignungsgleich empfundene Steuerlast in Deutschland zurück, mit der wir vor unseren wichtigsten Konkurrenten in der Europäischen Union und sogar weltweit mit an der Spitze liegen. Im Einzelfall wird selbst die vom Bundesverfassungsgericht aufgestellte äußerste Grenze oft überschritten, wonach der Staat in keinem Fall mehr als insgesamt 50 Prozent der Gesamterträge seiner Bürger für sich in Anspruch nehmen darf. Die Aussichten, diese Steuerbelastung auf ein erträgliches Normalmaß zu reduzieren, sind jedoch nicht günstig. Vielmehr wächst der Finanzbedarf des Staates ebenso rasch wie die Kreativität der Finanzverwaltung beim Aufspüren neuer Abschöpfungsquellen. Aus Abbildung 24 wird die unangemessen hohe steuerliche Belastung der deutschen Unternehmen im internationalen Vergleich ersichtlich.

So sehr Steuer sparende Gestaltungen für das Familienunternehmen nutzbar gemacht werden müssen, so sehr ist vor Übertreibungen zu warnen. Die nachhaltige Sicherung der Zukunftsfähigkeit des Unternehmens ist nicht erstrangig eine Frage der Steuerersparnis. Hierzu ein Beispiel aus der Beratungspraxis, das sich Anfang der siebziger Jahre abspielte: Ein sehr erfolgreicher norddeutscher Fleischwarenhersteller war über seine jährlichen Einkommensteuerbescheide so verärgert, dass er nur aus diesem Grund eine betriebliche Altersvorsorge einführte, die so bemessen war, dass die erforderlichen Rückstellungen den Gewinn für einen längeren Zeitraum auf Null hinunterdrückten. Der Unternehmer zahlte keine Einkommensteuer mehr,

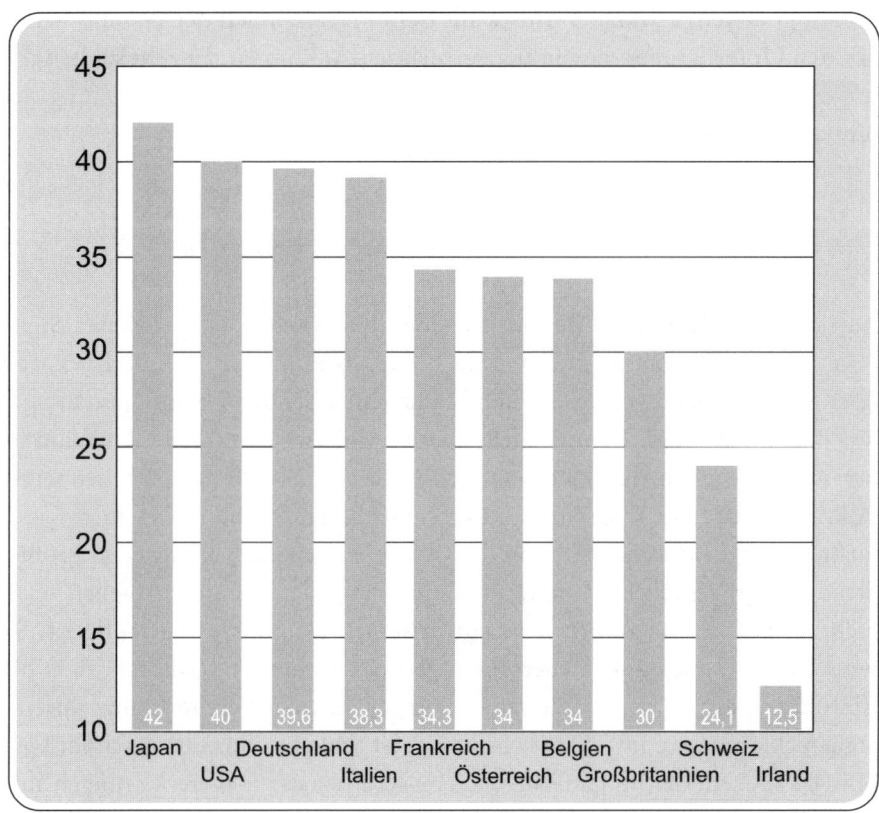

Abbildung 24: Unternehmensbesteuerung international (Angaben in %)

und der Betrieb »schwamm« in Liquidität. Doch nach einigen Jahren zeigte sich die Kehrseite dieses von seinen Unternehmerfreunden bewunderten »Steuerkonzepts«: Als plötzlich Arbeitsplätze abgebaut werden mussten und nachdem der Gesetzgeber festgelegt hatte, dass die Pensionsanwartschaften der Arbeitnehmer auch dann noch erhalten bleiben, wenn diese vor ihrer Pensionierung in einen anderen Betrieb gewechselt waren, schlug der jährliche Liquiditätszuwachs in das Gegenteil um. Die auszuzahlenden Rentenbeträge nahmen dem Unternehmen jede Kraft zu der erforderlichen weiteren Marktexpansion.

Steuergestaltung im Familienunternehmen umfasst verschiedene Aspekte. Es geht zum einen um die laufende Ertragsteuerbelastung, die von Rechtsform zu Rechtsform verschieden hoch ausfällt, es geht aber auch um die Möglichkeit, etwaige Verluste aus dem Privatbereich der Gesellschafter mit den Unternehmensgewinnen verrechnen zu können. Es geht schließlich um die Besteuerung der Unternehmensveräußerung und die Belastung der Unternehmerfamilie mit Erbschaftsteuer.

Die Besonderheiten der Personengesellschaft

Zunächst zur laufenden Besteuerung des Unternehmens: An dieser Stelle muss ich dem Leser eine kleine »Prise« Theorie zumuten. Dies deshalb, weil über den wichtigen systematischen Unterschied bei der Gewinnbesteuerung von Personen- und Kapitalgesellschaften eine weit verbreite Unkenntnis herrscht. Wie ich in Gesprächen immer wieder festgestellt habe, kennen selbst Politiker und viele Wirtschaftsjournalisten diesen Systemunterschied leider nicht. Es fragt sich aber, wie man der Öffentlichkeit die Vorteile einer großen Steuerreform schmackhaft machen kann, wenn den Verantwortlichen noch nicht einmal das derzeitige Konzept in seinen Grundzügen geläufig ist. So wird zum Beispiel dem Steuerpflichtigen der Eindruck vermittelt, dass die Einführung fester Steuersätze zu einer maßgeblichen Vereinfachung unserer Steuererklärungen führt. Dieser Eindruck ist schlicht und einfach falsch: Weit über 90 Prozent der im Unternehmen im Rahmen der Steuererklärungen aufgewendeten Zeit gilt nämlich nicht der Erklärung als solcher, sondern der steuerlichen Gewinnermittlung, und an dieser ändert sich mit der Einführung fester Steuersätze überhaupt nichts.

Vielen ist unbekannt, dass die Personengesellschaft – insbesondere die GmbH & Co. KG – nur handelsrechtlich, nicht jedoch einkommensteuerlich als quasi eigene Rechtspersönlichkeit existiert. Das Einkommensteuerrecht zerlegt im Widerspruch zu dem realen Lebenssachverhalt das Unternehmen der Personengesellschaft in fiktive, ihren jeweiligen Gesellschaftern (Steuerlich: Mitunternehmern) zuzurechnende Einzelbetriebe. Jeder Gesellschafter besitzt – vereinfacht ausgedrückt – steuerlich seinen eigenen Betrieb. Damit stellt die Steuerbilanz der Personengesellschaft eine Zusammenfassung der Einzelbilanzen ihrer Gesellschafter dar. Aus dieser lebensfremden Fiktion – früher plakativ, aber sehr verständlich als »Bilanzbündeltheorie« bezeichnet – ergeben sich erhebliche steuerliche Konsequenzen, von denen Kapitalgesellschaften unberührt bleiben. Erst wer diese Konsequenzen zumindest in ihren Umrissen kennt, kann ermessen, warum eine grundlegende Reform der Ertragsbesteuerung unserer Unternehmen so schwierig ist.

Beginnen wir mit der Erklärung beim Einzelunternehmer. Bei ihm ist für den außen stehenden Dritten nicht erkennbar, welche Gegenstände seines Vermögens dem Unternehmen und welche ausschließlich seinen privaten Zwecken dienen. Eine Unterscheidung ist handelsrechtlich auch nicht erforderlich, weil der Einzelkaufmann für die Geschäftsverbindlichkeiten mit seinem gesamten Vermögen – also sowohl mit dem Betriebs- als auch mit dem Privatvermögen – haftet. Zum Zweck der Besteuerung muss jedoch zwischen Privat- und Betriebsvermögen unterschieden werden. Denn auf Gegenstände des Betriebsvermögens können – anders als auf das Privatvermögen – Abschreibungen vorgenommen werden, ihr Verlust oder ihre Zerstörung führt zu einem steuerlich abzugsfähigen Verlust, ihre Veräußerung ist steuerpflichtig. Der Fiskus muss daher wissen, was privat und was betrieblich ist. Diese Unterscheidung ergibt sich beim Einzelunternehmer allein aus der Buchhaltung und der Bilanz seiner Firma.

Bei der Personengesellschaft ist der Sachverhalt komplexer. Ertrag und Aufwand, die wirtschaftlich mit der Beteiligung im Zusammenhang stehen, spielen sich häufig allein in der persönlichen Sphäre des Gesellschafters ab, stehen also außerhalb der Vermögenssphäre der Gesellschaft. So befindet sich oft das Betriebsgebäude im privaten Besitz eines Gesellschafters, oder ein Gesellschafter stellt dem Unternehmen ein ihm gehörendes Patent zur Verwertung zur Verfügung, oder aber ihm entsteht ein nur ihn persönlich treffender Aufwand, etwa aus der Finanzierung des Erwerbs seiner Beteiligung an der Gesellschaft. All diese Vorgänge müssen unabhängig von dem anteiligen Gewinn der Gesellschaft bei dem Gesellschafter, den sie betreffen, steuerlich erfasst werden. Dem dient die so genannte Sonderbilanz, die ergänzend neben die Handelsbilanz des Unternehmens tritt. Mittels der Sonderbilanz werden die sich für den Gesellschafter aus der Bilanz des Unternehmens ergebenden anteiligen Gewinne für steuerliche Zwecke korrigiert. Ihm persönlich zufließende Erträge, beispielsweise Mieterträge aus ihm gehörenden, an die Gesellschaft vermieteten Grundstücken, werden seinem anteiligen Unternehmensgewinn, wie er sich aus der Handelsbilanz ergibt, zugeschlagen. Ihn persönlich treffender Aufwand, wie etwa – um im gerade genannten Beispiel zu bleiben – Abschreibungen auf sein Grundstück, vermindern seinen Gewinn.

Einem der Sonderbilanz vergleichbaren Zweck dient die so genannte Ergänzungsbilanz. Eine Ergänzungsbilanz wird beispielsweise dann erforderlich, wenn die Beteiligung eines ausscheidenden Gesellschafters käuflich erworben worden ist. In der Regel zahlt der Erwerber hierfür einen über den Buchwerten des ausscheidenden Gesellschafters liegenden Preis. Die Differenz zwischen dem Buchwert der übernommenen Beteiligung und dem gezahlten Kaufpreis stellt für den Käufer zusätzliche Anschaffungskosten dar, die auf die einzelnen erworbenen Wirtschaftsgüter beziehungsweise auf den Firmenwert aufzuteilen und in der Ergänzungsbilanz zu erfassen sind. Sie führen zu zusätzlichen Abschreibungen, die die Mitgesellschafter nicht betreffen, die aber den aus der Personengesellschaft herrührenden Gewinnanteil in der Hand des Anteilserwerbers steuerlich entsprechend mindern, sodass er über die Abschreibungen zusätzliche (nicht zu versteuernde) Liquidität erhält, aus der er den gezahlten Kaufpreis teilweise finanzieren kann.

Hier liegt der entscheidende Unterschied zwischen dem Erwerb von Gesellschaftsanteilen an einer Personengesellschaft und solchen an einer Kapitalgesellschaft. Gesellschaftsanteile an Kapitalgesellschaften (GmbH-Anteile, Aktien) sind – anders als der Anteil an einer Personengesellschaft – steuerlich selbstständige Wirtschaftsgüter, auf die der Käufer keinerlei Abschreibungen vornehmen kann – es sei denn sie befinden sich ihrerseits in einem Betriebsvermögen, wie etwa die Anteile einer Muttergesellschaft an einem Tochterunternehmen. Nur im letzten Fall kann – und auch das nur bei dauerhaftem Wertverlust – eine Abschreibung (so genannte Teilwertabschreibung) vorgenommen werden.

Mithilfe der Bilanzbündeltheorie, selbst wenn sie wissenschaftlich zwischenzeitlich als überholt gilt, erklärt sich auch, warum die Forderung eines Gesellschafters gegen seine Gesellschaft, beispielsweise aus Mietrückständen, steuerlich als ihm persönlich zuzurechnendes Eigenkapital ausgewiesen wird: Niemand kann nämlich eine Forderung gegen sich selbst haben. Aus der Bilanzbündeltheorie erklärt sich auch, warum die Bezüge eines Gesellschafter-Geschäftsführers einer Personengesellschaft im Gegensatz beispielsweise zur GmbH steuerlich (wohl aber betriebswirtschaftlich) keinen Aufwand darstellen. Und hieraus erschließt sich auch, warum die Personengesellschaft für die zugesagte Pension eines Gesellschafters keine Rückstellung mit steuerlicher Wirkung bilden kann.

Welche wirtschaftliche Bedeutung die Frage haben kann, ob Betriebsvermögen vorliegt oder nicht, zeigt das folgende Beispiel aus der Praxis. Der Mitinhaber einer GmbH & Co. KG, die im Schuheinzelhandel tätig war, erwarb privat Aktien an einem börsennotierten Sportschuhhersteller. Als der Börsenkurs fiel und sich die Hoffnung des Unternehmers auf einen Spekulationsgewinn nicht erfüllte, versuchte er, den entstandenen Verlust steuerlich geltend zu machen. Das hätte jedoch vorausgesetzt, dass die erworbenen Aktien in der Hand des Gesellschafters Betriebsvermögen geworden wären, denn Verluste im Privatvermögen sind steuerlich grundsätzlich nicht abzugsfähig. Hierzu wäre es notwendig gewesen, dass der Gesellschafter das von ihm erworbene Aktienpaket als Betriebsvermögen in seiner Sonderbilanz ausgewiesen hätte. Sein Versuch, dies nachträglich zu tun, musste scheitern, und damit war und blieb der Wertverlust im Aktiendepot eine Angelegenheit seines Privatvermögens. Er konnte daher den erlittenen hohen Millionenverlust mit den Gewinnen aus der Beteiligung an der GmbH & Co. KG steuerlich nicht verrechnen.

Belastungsvergleich zwischen einer Personen- und einer Kapitalgesellschaft

Die Ermittlung des zu versteuernden Gewinns erfolgt für Personen- und Kapitalgesellschaften, abgesehen von dem eben gesagten und einigen sonstigen Ausnahmen, nach denselben Grundsätzen. Damit endet jedoch bereits die Gemeinsamkeit. Der Gewinn der Personengesellschaften wird – wie oben dargestellt – einkommensteuerlich nur bei deren Gesellschaftern unter Einbeziehung ihrer individuellen Verhältnisse erfasst. Ob die Gewinne im Unternehmen verbleiben oder entnommen werden, ist für die Einkommensteuer unerheblich. Der Gewinn der Kapitalgesellschaft wird – je nachdem, ob er in die Hände der Gesellschafter gelangt, oder ob er im Unternehmen verbleibt – unterschiedlich behandelt. Anders als bei der Personengesellschaft spricht man bei der Kapitalgesellschaft deshalb nicht von »entnommenen Gewinnen«, sondern von »Ausschüttung« beziehungsweise, falls die Gewinne im Unternehmen verbleiben, von »Thesaurierung«. Der im Unternehmen verbleibende (thesaurierte) Gewinn unterliegt abschließend einer Körperschaftsteuer in Höhe von 25 Prozent. Die ausgeschütteten Gewinne werden in der Hand der Gesellschafter als Einkünfte aus Kapitalvermögen nochmals von der Einkommensteuer erfasst. Um hierbei eine steuerliche Doppelbelastung – Versteuerung zunächst bei der Kapitalgesellschaft selbst, zum anderen im Falle der Ausschüttung erneut in der Hand der Gesellschafter – zu vermeiden, hat der Gesetzgeber das so genannte Halbeinkünfteverfahren eingeführt und in diesem Rahmen bestimmt, dass nur die Hälfte der ausgeschütteten Gewinne beim Gesellschafter erneut seiner persönlichen Einkommensteuer unterliegt.

Wie sich aus Abbildung 25 ergibt, ist die Besteuerung der in der Kapitalgesellschaft erzielten Gewinne niedriger als im Fall der Personengesellschaft, sofern die Gewinne thesauriert werden.

Rechtsform Gewinnverwendung Tarif	KapGes volle Thesaurierung 2004	KapGes volle Ausschüttung 2004	PersGes 2004
Gesellschaft:			
Gewinn vor Steuern	**100,00**	**100,00**	**100,00**
GewSt. 400	16,67	16,67	16,67
Gewinn nach GewSt	**83,33**	**83,33**	**83,33**
Kst 25	20,83	20,83	
SolZ 5,5	1,15	1,15	
Gewinn nach Steuern	**61,35**	**61,35**	**83,33**
Gesellschafter (ohne KiSt.):			
zvE (KapGes: Halbeinkünfteverfahren)		30,68	83,33
Est 45		13,80	37,50
		(45%)	(45%)
Steuerermäßigung (§ 35 EStG)			7,50
SolZ 5,5		0,76	1,65
Zufluss Gesellschafter		46,79	51,68
Gesamtbelastung	**38,65**	**53,21**	**48,32**
Differenz			
zur Voll - Thesaurierung			9,67
zur Voll - Ausschüttung			- 4,89

Abbildung 25: Unterschiede bei der Besteuerung von Kapital- und Personengesellschaften

Die Personengesellschaft erweist sich dann als steuerlich günstiger, wenn die Gewinne in die Hand der Gesellschafter gelangen sollen. Vorteilhaft ist die Rechtsform der Personengesellschaft auch bei den so genannten steuerfreien Einnahmen, zum Beispiel den Investitionszulagen. Bei der Personengesellschaft brauchen diese, auch wenn sie an die Gesellschafter weitergeleitet werden, nicht mehr versteuert zu werden. Anders verhält es sich bei Kapitalgesellschaften: Dort entfällt die Steuerfreiheit, wenn die entsprechenden Beträge an die Gesellschafter ausgeschüttet werden. In diesem Fall müssen die Gesellschafter sie wie eine normale Dividende nach dem Halbeinkünfteverfahren versteuern.

Veräußerungsgewinne

Auch wenn es um die Besteuerung von Gewinnen bei der Veräußerung von Gesellschaftsanteilen geht, bestehen zwischen der Personengesellschaft und der Kapitalgesellschaft erhebliche Unterschiede. Die Kapitalgesellschaft ist hier erheblich bevorzugt. Im Fall der Veräußerung von Anteilen an einer Kapitalgesellschaft ist der Veräußerungsgewinn des Gesellschafters, sofern dieser zu mehr als 1 Prozent beteiligt ist, nach dem Halbeinkünfteverfahren, das heißt zur Hälfte steuerpflichtig. Bei Beteiligung des Gesellschafters unterhalb der Ein-Prozent-Grenze – vor wenigen Jahren lag die Grenze der Steuerfreiheit noch bei 25 % – ist die Veräußerung, sofern es sich nicht um ein Spekulationsgeschäft handelt und sofern die Beteiligung im Privatvermögen gehalten wird, steuerfrei.

Für die Personengesellschaft gibt es eine solche generelle Vergünstigung leider nicht. Nur einmal in seinem Leben kann der Steuerpflichtige für einen Veräußerungsgewinn von bis zu 5 Millionen Euro einen begünstigten Steuersatz in Höhe von 56 Prozent seines durchschnittlichen persönlichen Steuersatzes für sich in Anspruch nehmen. Sowohl die Tatsache, dass diese Begünstigung nur einmal im Leben gewährt wird, als auch die Begrenzung des begünstigten Veräußerungsgewinns auf 5 Millionen Euro und der im Vergleich zum Halbeinkünfteverfahren höhere Steuersatz statt des hälftigen Steuersatzes stellen nicht zu rechtfertigende Diskriminierungen der Personengesellschaft dar.

Verrechnung von Verlusten

Bei Verlusten ist der Gesellschafter einer Personengesellschaft dagegen besser gestellt als der Inhaber von Anteilen an einer Kapitalgesellschaft. Der einem Gesellschafter einer Kommanditgesellschaft zugewiesene Verlustanteil kann im laufenden Jahr mit anderen positiven Einkünften aus sonstigen Einkunftsquellen bis zur Höhe seiner Kommanditeinlage (soweit sie noch nicht aufgezehrt ist) verrechnet werden. Eine solche Verrechnung auf Gesellschafterebene ist bei einer Kapitalgesellschaft nicht möglich. Hier kann die Kapitalgesellschaft einen erlittenen Verlust lediglich in bestimmten Grenzen mit eigenen Gewinnen verrechnen.

Die schwierigen Regelungen des Verlusvortrags bzw. -rücktrags im Detail dazustellen, möchte ich dem Leser mit der Bitte ersparen, sich eine gegebenenfalls erforderlich werdende Information bei seinem Steuerberater einzuholen.

Der Betriebsprüfer als staatlicher Kontrolleur

Alle Jahre wieder erreicht den Familienunternehmer die Mitteilung der Finanzverwaltung, dass eine Betriebsprüfung durchgeführt werden soll. Immer häufiger werden dabei inzwischen auch eine Überlassung von Daten in digitaler Form sowie ein Lesezugriff auf die Datenverarbeitungssysteme des Unternehmens gefordert.

Die Betriebsprüfung stellt einen massiven Eingriff in die betrieblichen und privaten Verhältnisse des Steuerpflichtigen dar. Für die Staatskasse sind solche Prüfungen besonders wichtig, weil sich in den meisten Fällen nicht unerhebliche Steuernachzahlungen ergeben. Konflikte, Einsprüche und gerichtliche Auseinandersetzungen sind deshalb vorprogrammiert. Ein gutes Ergebnis lässt sich nur erreichen, wenn man nicht von vornherein auf Konfrontation setzt, sondern dem Prüfer gut vorbereitet, ruhig und sachlich gegenübertritt.

Im Verlauf der Betriebsprüfung muss um eine steuerlich auskömmliche Zukunftsbasis für das Unternehmen auf das Härteste gerungen werden. Selbst wenn die Feststellungen der Betriebsprüfung keine rechtliche Bindungswirkung für die Zukunft haben, sind ihre tatsächlichen Auswirkungen dennoch sehr bedeutsam. Der Betriebsprüfer, der einmal eine erhöhte

Gewährleistungspflicht für neue Produkte akzeptiert hat, der einmal die Abschreibung für stark erosionsgefährdete Maschinen aus Unternehmersicht besonders vorteilhaft geregelt hat, setzt damit auch ohne rechtliche Bindung Signale, über die die Finanzverwaltung sich in Folgeprüfungen nur noch schwer hinwegsetzen kann.

Die Vorbereitung der Betriebsprüfung

Unternehmen unterliegen je nach Betriebsgröße unterschiedlich oft einer Betriebsprüfung. Großbetriebe werden lückenlos, Mittelbetriebe häufiger als Klein- und Kleinstbetriebe geprüft. Der Prüfungszeitraum erstreckt sich regelmäßig über mehrere Jahre. Bei den Mittelbetrieben und den Klein- und Kleinstbetrieben lässt sich eine bevorstehende Betriebsprüfung meist schon frühzeitig daran erkennen, dass zwei bis drei Jahre zuvor die Steuerbescheide unter dem »Vorbehalt der Nachprüfung« erlassen werden. Kündigt sich eine Betriebsprüfung an, sollte der Unternehmer besonders große Sorgfalt auf die Erstellung der Steuererklärung verwenden, um dem Prüfer keine Angriffsfläche zu bieten. Oft fördert auch ein intensives Gespräch mit dem Steuerberater Problemfelder zu Tage, die schon im Vorfeld der Prüfung bereinigt werden können.

Wird schließlich eine Prüfungsanordnung erlassen, so muss die verbleibende Zeit intensiv zur Vorbereitung genutzt werden. Insbesondere empfiehlt es sich, in Erfahrung zu bringen, ob es bestimmte steuerliche Sachverhaltsgestaltungen gibt, die die Finanzverwaltung dazu bewogen haben, die Prüfung anzuordnen. Dazu können Vorgespräche mit dem (in der Prüfungsanordnung namentlich benannten) Betriebsprüfer nützlich sein. In der Regel reicht es aber aus, mit dem Steuerberater oder Wirtschaftsprüfer die problematischen Punkte und Schwachstellen der letzten Jahre durchzugehen. Für solche Problempunkte müssen Argumente und Antworten gesammelt und die Rechtslage geprüft werden.

Der Austausch mit Externen ist für den Unternehmer deshalb ratsam, weil er oft betriebsblind ist und die Sachlage nicht objektiv genug einzuschätzen vermag. Leider kann man hin und wieder aber auch erleben, dass Berater, die an der Aufstellung der Jahresabschlüsse und an der Abgabe der Steuererklärungen beteiligt waren, blind darauf vertrauen, dass der Betriebsprüfer die kritischen Punkte übersehen werde. Eine solche Haltung ist grob fahrlässig. Sobald der Unternehmer einen entsprechenden Verdacht hegt, sollte er unbedingt einen weiteren Berater einschalten, schon deshalb, weil bei strafrechtlich relevanten Fehlern Straffreiheit durch eine Selbstanzeige nur dann erreicht werden kann, wenn die Betriebsprüfung noch nicht begonnen hat. Nicht selten ist es auch nützlich, bereits im Vorfeld der Prüfung Mentalität, Eigenarten und »Steckenpferde« des Prüfers zu erforschen.

Die digitale Betriebsprüfung

Seit dem 1. Januar 2002 hat die Finanzverwaltung das Recht, die mit Hilfe eines Datenverarbeitungssystems erstellte Buchführung des Steuerpflichtigen durch Datenzugriff zu prüfen. Diese neue Prüfungsmethode tritt neben die Möglichkeit der herkömmlichen Prüfung. Der Datenzugriff kann dabei unmittelbar durch einen reinen Lesezugriff auf das Netzwerk, mittelbar über vom Prüfer vorgegebene Auswertungen oder durch Datenträgerüberlassung erfolgen. Ein Online-Zugriff auf das betriebliche EDV-System ist hingegen ausdrücklich ausgeschlossen.

Das Recht auf Datenzugriff beschränkt sich ausschließlich auf steuerlich relevante Daten. Dazu gehören beispielsweise die Datenbestände der Finanzbuchhaltung, der Anlagenbuchhaltung und der Lohnbuchhaltung sowie gegebenenfalls auch steuerlich relevante Daten aus anderen Bereichen des DV-Systems. Einzelheiten regelt ein umfangreiches Schreiben des Bundesfinanzministeriums.

Die digitale Betriebsprüfung verfolgt das Ziel, durch eine strukturierte Analyse von Unternehmensdaten typische Steuerschlupflöcher zu finden und den Aufwand der Einzelbelegprüfung zu verringern. So können etwa bei der Rechnungskontrolle fehlende oder doppelte Rechnungsnummern schnell erkannt und dadurch nachträgliche Veränderungen an Rechnungen festgestellt werden. Widersetzt sich das Unternehmen dem Wunsch des Prüfers nach Zugriff auf die digitalen Daten, so stehen der Finanzverwaltung Sanktionsmöglichkeiten, etwa die Verhängung von Bußgeldern oder die Steuerschätzung, zur Verfügung.

Deshalb gilt der unbedingte Ratschlag, sich möglichst frühzeitig auf die digitale Betriebsprüfung vorzubereiten. Je eher sich ein Unternehmen mit

deren Anforderungen beschäftigt und seinen steuerlich relevanten Daten-
bestand aufbereitet, desto besser sind die Möglichkeiten, den Zugriff des
Betriebsprüfers, beispielsweise durch Bereitstellung eines gesonderten Da-
tenträgers, auf das Notwendigste zu beschränken. Eine weitere, in der Praxis noch zu wenig genutzte Vorbereitung besteht darin, einzelne Prüf-
schritte im Vorfeld der Betriebsprüfung zu simulieren. Voraussetzung dafür
ist, dass das Unternehmen oder sein Steuerberater die am Markt erhältliche
Prüfungssoftware besitzt und so zumindest die Standardprüfungshandlun-
gen auch tatsächlich »durchspielen« kann.

Der richtige Umgang mit dem Prüfer

Betriebsprüfer gehören nicht gerade zu den beliebtesten Berufsgruppen. Es
ist jedoch ebenso ungerecht wie zwecklos, die allgemeine Aversion gegen
den Fiskus auf einzelne Prüfer zu übertragen. Auch Prüfer sind – wie wir
alle – Menschen mit Stärken und Schwächen. Verständnis für ihre Sorgen
im dienstlichen und im außerdienstlichen Bereich kann deshalb das Ver-
handlungsklima durchaus verbessern.

Grundsätzlich sollte man dem Betriebsprüfer die gleiche Behandlung
zukommen lassen, die der Wirtschaftsprüfer und seine Mitarbeiter während
der Jahresabschlussprüfungen erfahren. Man sollte ihm einen ruhigen
Raum zur Verfügung stellen, den er allein nutzen kann, um die Steuerakten
vor Blicken Unbefugter sicher einsehen und Telefonate ungestört führen zu
können. Das gehört zu den selbstverständlichen Geboten der Höflichkeit.
Ebenso ist auf eine angemessene Versorgung beziehungsweise Betreuung
des Prüfers während seiner Tätigkeit im Unternehmen zu achten.

Auf keinen Fall jedoch darf der Eindruck erweckt werden, als ob man
den Prüfer »gnädig stimmen wolle«. Deshalb ist bei Einladungen zum Mit-
tagessen Zurückhaltung angebracht. Es genügt völlig, wenn eine solche
Einladung einmal im Verlauf der Prüfung ausgesprochen wird, und wenn
die Bewirtung dann – falls der Prüfer überhaupt einverstanden ist – in einem gutbürgerlichen Lokal in bescheidenem Rahmen stattfindet. Doch
auch bei einer solchen Einladung kann sich bisweilen »Unvorhergesehe-
nes« ereignen. So habe ich einmal erlebt, dass der Wirt, als er die Rechnung
präsentierte, sich vor aller Ohren mit der peinlichen Frage an den Unter-

nehmer wandte: »Und welchen Betrag darf ich einsetzen?« Eine höchst un-
angenehme Begebenheit, die seinerzeit allen Anwesenden die Freude an
dem zuvor erzielten guten Ergebnis der Schlussbesprechung verdarb.

Immer ist es empfehlenswert, dem Betriebsprüfer eine Person des Vertrauens als Auskunftsperson zu benennen. Der Betriebsprüfer darf dann
innerhalb des Unternehmens nur mit dieser Person kommunizieren. Gespräche mit dem Prüfer müssen stets sachlich geführt werden. Lässt der Prüfer seinerseits die gebotene Objektivität vermissen oder erhebt er überzogene Forderungen, so darf sich der Unternehmer nicht einschüchtern lassen.
Vorkommnisse dieser Art sind unbedingt in einer Aktennotiz festzuhalten;
im Rahmen der Schlussbesprechung können solche Vorgänge dann gegenüber dem Sachgebietsleiter zur Sprache gebracht und dadurch die Verhandlungsposition des Unternehmers gestärkt werden. In Extremfällen sollte der
Unternehmer nicht zögern, eine Dienstaufsichtsbeschwerde zu erheben und
die Ablösung des Prüfers zu beantragen.

Fragen des Prüfers sind stets sorgfältig zu beantworten. Ist dies aus dem
»Stegreif« heraus nicht möglich, so sollte eine Antwort erst nach interner
Abstimmung mit dem Berater oder den zuständigen Mitarbeitern gegeben
werden. Angeforderte Unterlagen sind zügig auszuhändigen. Allerdings
hat der Prüfer auf die Arbeitsbelastung der Mitarbeiter des Unternehmens
Rücksicht zu nehmen. Insbesondere in Zeiten, in denen die vom Unternehmer benannte Auskunftsperson beispielsweise durch die Arbeiten am Jahresabschluss stark belastet ist, muss der Prüfer für Verzögerungen Verständnis aufbringen. Man muss ihm diesen Umstand jedoch erklären, damit
er nicht den Eindruck gewinnt, man wolle seine Arbeit willkürlich verzö-
gern.

Laufende Gespräche über den aktuellen Stand sind in jedem Fall sinnvoll. Der Unternehmer hat einen Anspruch darauf, regelmäßig über die
Prüfungsfeststellungen informiert zu werden. Bei derartigen Gesprächen
wird der Prüfer häufig darauf drängen, einzelne Feststellungen isoliert abzuhandeln oder sich über das Vorliegen bestimmter Umstände zu verstän-
digen. Möglicherweise kann man sich hier bereits in strittigen Fragen einigen und auf diesem Wege die Schlussbesprechung entlasten. Im Regelfall ist
dies jedoch nicht zu empfehlen, da in einer umfassenden Schlussbesprechung meist die besseren Ergebnisse erzielt werden. Es sollten daher keinesfalls voreilige Kompromisse eingegangen werden: Denn nicht der Prü-

fer, sondern das Finanzamt hat das letzte Wort. Dieses entscheidet, ob es die Meinung des Prüfers akzeptiert oder nicht. Insbesondere dann, wenn im Vorfeld der Schlussbesprechung deutlich wird, dass der Sachgebietsleiter des Finanzamts dazu neigt, Entscheidungen des Prüfers zu korrigieren, erweisen sich voreilige Kompromisse als teuer.

Die Schlussbesprechung

Das Gesetz schreibt vor, dass über das Ergebnis der Betriebsprüfung eine Schlussbesprechung abzuhalten ist. Dies gilt nur dann nicht, wenn sich nach dem Ergebnis der Prüfung keine Änderung der Besteuerungsgrundlagen ergibt oder wenn der Steuerpflichtige auf die Schlussbesprechung verzichtet.

Die Schlussbesprechung dient insbesondere dazu, strittige Sachverhalte und strittige Verfahrensfragen sowie die rechtliche Beurteilung der tatsächlichen Prüfungsfeststellungen und ihre zahlenmäßigen Auswirkungen zu diskutieren. Ziel ist es, Missverständnisse und Meinungsverschiedenheiten auszuräumen, um zu einer weitgehenden Übereinstimmung oder doch zumindest zu einer Annäherung zu kommen. Dies kann allerdings nur erreicht werden, wenn jeder für Argumente der anderen Seite offen bleibt und nicht mit fest gefügten Standpunkten in die Schlussbesprechung eintritt. Ein Unternehmer, der vorschnell die Lösung einer bestimmten Einzelfrage in seinem Sinne zum Prinzip erklärt, ist deshalb schlecht beraten. Wirtschaftlich kommt es nämlich nicht auf die Entscheidung in einer Einzelfrage, sondern auf das Gesamtergebnis der Schlussbesprechung an.

In den oft wochenlangen Auseinandersetzungen einer Betriebsprüfung stellt die Schlussbesprechung die alles entscheidende »Schlacht« dar, und bei dieser Schlacht herrscht Waffengleichheit. Die Stärke der Finanzverwaltung liegt in der Vielzahl der möglicherweise anwendbaren gesetzlichen Regelungen, die Stärke des Unternehmers liegt in seiner der Finanzverwaltung stets überlegenen Sachverhalts- und Marktkenntnis und in seiner persönlichen Glaubwürdigkeit. Es liegt daher im eigenen Interesse, dass der Unternehmer während der gesamten Schlussbesprechung persönlich anwesend ist. Durch Zähigkeit und Unnachgiebigkeit wird er nicht nur ein gutes Ergebnis, sondern zugleich eine entsprechende Motivation bei seinen in der

Schlussbesprechung anwesenden Mitarbeitern erzielen. Zugleich kann er sich aus eigener Anschauung ein zutreffendes Urteil über die Qualität seiner steuerlichen Berater bilden.

Wie sehr die Gunst der Stunde das Ergebnis der Schlussbesprechung beeinflussen kann, zeigt der folgende Fall. Es ging hierbei um eine liechtensteinische Stiftung, die Immobilieninvestitionen in zweistelliger Millionenhöhe getätigt hatte, welche in einem Totalverlust und in einer Liquidation der Stiftung endeten. In der Schlussbesprechung gelang es, die Finanzverwaltung davon zu überzeugen, dass die liechtensteinische Stiftung aufgrund der konkreten Ausgestaltung ihrer Satzung einer GmbH deutschen Rechts entspreche, sodass der erlittene Verlust im Wege der Analogie zur so genannten wesentlichen Beteiligung voll abzugsfähig sei. Wenige Wochen später entschied der Bundesfinanzhof in einem gleich gelagerten Fall das exakte Gegenteil.

Der Prüfer darf den Steuerpflichtigen und seine Berater in der Schlussbesprechung nicht mit neuen Überlegungen überraschen. Deshalb müssen der Termin der Schlussbesprechung und die Besprechungspunkte dem Steuerpflichtigen mit angemessenem zeitlichen Vorlauf bekannt gegeben werden. Dies ermöglicht es dem Unternehmer, seine Argumente sehr gründlich vorzubereiten. Zugleich müssen die Verhandlungsstrategie und die Grenzen eines möglichen Kompromisses im Vorfeld festlegt werden. Mit ganz besonderer Sorgfalt ist die Sachverhaltsdarstellung des Prüfers zu analysieren. Gelingt es, einen vom Prüfer vorgetragenen Sachverhalt in der Schlussbesprechung als falsch zu »entlarven«, so bestehen gute Chancen, mit dem Sachgebietsleiter eine günstige Einigung zu erzielen.

Die Schlussbesprechung dient nicht einer Urteilsverkündung seitens »der Verwaltung«. Vielmehr wird von beiden Seiten nach einer einvernehmlichen Paketlösung gesucht, die den Fall möglichst endgültig abschließt. Man darf deshalb niemals einzelne Prüferstandpunkte vorschnell akzeptieren. Vielmehr ist es klug, im Laufe der Schlussbesprechung einzelne Streitpunkte zwar soweit wie möglich auszudiskutieren, die Entscheidung aber erst einmal auszuklammern. Gegen Ende der Beratung ziehen sich die Parteien dann meist zur internen Diskussion zurück und schnüren, ein jeder für sich, die angesprochene »Paketlösung«. Dabei erwartet jeder von dem anderen ein Nachgeben, für das sich ein gut beratener Unternehmer stets einen Spielraum freihält. Falls strafrechtlich relevante

Sachverhalte vorliegen, wird des Öfteren mit der Vorlage des Prüfungsberichtes an die Strafsachenstelle gedroht. In diesem Fall kann es sinnvoll sein, Kompromissbereitschaft zu signalisieren, um einen strafrechtlichen Vorbehalt zu vermeiden.

Das Verfahren nach Ende der Schlussbesprechung

Im Anschluss an die Schlussbesprechung wird das Ergebnis der Betriebsprüfung im Prüfungsbericht zusammengefasst. Ich empfehle dringend, diesen Bericht mit peinlicher Sorgfalt durchzusehen, denn auch Betriebsprüfer sind Menschen, denen immer wieder Rechen- oder Erinnerungsfehler unterlaufen. Daher ist es wichtig, dass seitens des Unternehmens die Ergebnisse der Schlussbesprechung genau dokumentiert werden, damit eine Kontrolle des Prüfungsberichtes, der häufig längere Zeit auf sich warten lässt, überhaupt möglich ist.

Sind gegen den Prüfungsbericht keine Einwände zu erheben, so wird das Finanzamt entsprechende Steuerbescheide erlassen. Nach Bekanntgabe der Steuerbescheide hat der Steuerpflichtige die Möglichkeit, durch seinen Einspruch gegen die Auffassung des Finanzamts vorzugehen. Diesen Weg wird er vor allem dann wählen, wenn man sich in der Schlussbesprechung nicht einig geworden ist. Hatte man sich jedoch mit der Finanzverwaltung verständigt und hat diese Verständigung ihren Niederschlag in den geänderten Steuerbescheiden gefunden, so sollte der gefundene Kompromiss grundsätzlich Gültigkeit besitzen. Ein Einspruch muss absoluten Ausnahmefällen vorbehalten bleiben, da ansonsten das Gesprächsklima mit der Finanzverwaltung und ihre Bereitschaft zu künftigen Kompromissen in erheblichem Maße gestört werden.

Die verbindliche Zusage – ein Weg zu mehr Sicherheit

Dafür, dass die Finanzverwaltung eine steuerlich strittige Frage auch bei einer Folgeprüfung noch ebenso beurteilen wird, spricht zwar eine gewisse Wahrscheinlichkeit, aber hierauf besteht kein Rechtsanspruch. Für den

Unternehmer ist es jedoch wichtig, klare Verhältnisse zu haben. Er muss
für seine Preiskalkulation beispielsweise wissen, welcher Mindestpreis für
die Lieferung von Komponenten der inländischen Muttergesellschaft an
ihre ausländischen Betriebsstätten steuerlich anerkannt wird, oder welche
Gängigkeitsabschläge er für sein Warenlager vornehmen darf. Diesem Bedürfnis nach Sicherheit ist der Gesetzgeber erfreulicherweise nachgekom-
men und hat die Finanzverwaltung verpflichtet, eine entsprechende Anfrage des Steuerpflichtigen im Anschluss an die Betriebsprüfung für die
Zukunft verbindlich zu beantworten.

Neben dieser gesetzlichen Verpflichtung erteilt die Finanzverwaltung
auf freiwilliger Basis verbindliche Zusagen, wenn der Steuerpflichtige dies
beantragt. Ein solcher Antrag ist in der Praxis dann üblich, wenn eine Gestaltung umgesetzt werden soll, deren steuerliche Konsequenzen nicht zu
übersehen sind.

Erfahrungsgemäß ist in der Regel mit einer schnellen Rückantwort der
Finanzverwaltung, häufig innerhalb von vier bis sechs Wochen, zu rechnen.
Dennoch ist der Antrag auf Erteilung einer verbindlichen Zusage nicht selten ein zweischneidiges Schwert. Beurteilt die Finanzverwaltung nämlich
die steuerlichen Rechtsfolgen einer vorgesehenen Gestaltung negativ, so ist
damit eine Hürde errichtet, die später kaum mehr überwindbar ist. Es kann
daher günstiger sein, zunächst Fakten zu schaffen und sich in der nachfolgenden Betriebsprüfung zur Wehr zu setzen, falls die Finanzverwaltung
eine abweichende Auffassung vertritt. Die Abwägung von Chance und Risiko eines Antrags auf verbindliche Zusage wird so häufig zu einer Gratwanderung. Bei der Antwort auf die Frage, ob eine solche Gratwanderung
unternommen werden soll, muss sich der Unternehmer letztendlich auf die
Empfehlung seiner Steuerexperten verlassen.

Selbstanzeige und Steueramnestie

Während der Außenprüfung und im Anschluss daran kommt es nicht selten zur Einleitung eines Straf- und Bußgeldverfahrens. Hierzu ist der Prüfer sogar verpflichtet, sobald er einen konkreten Tatverdacht hat. Bisweilen
unterbleibt dies jedoch selbst dann, wenn ganz offensichtlich eine Steuerhinterziehung vorliegt. Zu einer solchen Unterlassung bewegen den Prüfer

sehr eigennützige Motive. Er befürchtet, dass das Gesprächsklima negativ beeinträchtigt wird und dass infolge der Eröffnung eines Strafverfahrens das angestrebte steuerliche Mehrergebnis von ihm nicht mehr erzielt werden kann.

Als ein Unternehmer mir einen solchen Sachverhalt ebenso stolz wie erleichtert schilderte und mir erklärte, weil der Prüfer »alle Augen zugedrückt habe«, habe er erhebliche steuerliche Zugeständnisse gemacht und auf eine Schlussbesprechung verzichtet, musste ich ihm sagen, dass er damit einen großen Fehler begangen hatte. Denn es kam, wie es kommen musste. Nach der internen Vorlage des Betriebsprüferberichts leitete die Bußgeld- und Strafsachenstelle ihrerseits ein Strafverfahren ohne Mitwirkung des Prüfers ein. Der Unternehmer musste nun neben einer erheblichen Steuernachzahlung auch noch den Ärger eines Strafverfahrens verkraften.

Jeder Steuerpflichtige hat die Möglichkeit, Straffreiheit zu erlangen, wenn er durch eine Selbstanzeige bei der Finanzbehörde unrichtige oder unvollständige Angaben berichtigt oder unterlassene Angaben nachholt. Die Formulierung einer solchen Anzeige sollte unbedingt von einem einschlägig erfahrenden Fachmann vorgenommen werden, denn es gibt zahlreiche formale Klippen, die der steuerliche Laie unmöglich kennen kann und die die beabsichtigte Wirkung der Selbstanzeige zunichte machen. Ob eine solche Selbstanzeige im konkreten Fall die Strafbarkeit noch verhindern kann, ist nicht selten eine Frage von wenigen Tagen, oft sogar von einigen Stunden. Denn eine Strafbefreiung ist nicht mehr möglich, wenn der Betriebsprüfer im Unternehmen erscheint, oder wenn die Tat zum Zeitpunkt des Eingangs der Selbstanzeige bereits objektiv entdeckt war und der Steuerpflichtige dies wusste.

Seit dem 1. Januar 2004 wird Steuersündern durch das so genannte »Gesetz über die strafbefreiende Erklärung« das verlockende Angebot gemacht, ihr Schwarzgeld reinzuwaschen. Die Inanspruchnahme dieser Amnestie kann eine goldene Brücke sein, um zu vermeiden, dass aus einer Erbengemeinschaft der Kinder eine »Hinterziehergemeinschaft« wird, die bei Streit jedes einzelne von ihnen zum Schaden der Mitgesellschafter »platzen« lassen kann.

Anders als bei der Selbstanzeige fallen bei der Steueramnestie keine Hinterziehungszinsen an. Darüber hinaus wird ein pauschaler Abschlag auf die Einnahmen beziehungsweise auf das Vermögen gewährt. Der Einkommens- beziehungsweise Körperschaftsbesteuerung sind nur 60 Prozent der tatsächlichen Einnahmen zu unterwerfen, der Gewerbesteuer nur 10 Prozent, der Umsatzsteuer 30 Prozent der Gegenleistung und der Erbschaft- beziehungsweise Schenkungsteuer lediglich 20 Prozent des steuerpflichtigen Erwerbs. Allerdings können von den nachträglich zu erklärenden Einnahmen weder Werbungskosten noch Betriebsausgaben abgezogen werden.

Die Steueramnestie muss auch unter dem Aspekt der möglichen Entwicklung des Schweizer Bankgeheimnisses gewürdigt werden. Dieses hat ohnehin bereits einiges von seinem »Charme« verloren, seit die Schweizer Behörden zwischen Steuerhinterziehung und Steuerbetrug unterscheiden und nur bei der strafrechtlich weniger gravierenden Steuerhinterziehung Auskünfte gegenüber den deutschen Ermittlungsbehörden verweigern. Steuerhinterziehung liegt nach Schweizer Verständnis vor, wenn lediglich die Steuererklärung unrichtig ist. Sobald falsche Belege (Rechnungen, Bilanzen) im Spiel sind, handelt es sich um Steuerbetrug, für den es in der Schweiz keinen Geheimnisschutz gibt.

Unter Fachleuten ist man sich nicht sicher, inwieweit und wie lange das Schweizer Bankgeheimnis in der bisherigen Form aufrechterhalten werden kann. Einerseits mehren sich auch in der Schweiz selbst Stimmen, die Zweifel erheben. So hat kürzlich Hans Bär, der Senior der Bär-Bank, in einem Aufsehen erregenden Buch erklärt, das Bankgeheimnis mache die Schweiz »fett und impotent«. Andererseits gibt es in der Schweiz Bestrebungen, das Bankgeheimnis verfassungsrechtlich zu verankern.

Bei all dem spielt die EU-Zinsrichtlinie eine Schlüsselrolle. Die EU-Zinsrichtlinie ist noch nicht in geltendes Recht umgesetzt. Dies wird jedoch geschehen. Die Zinsrichtlinie sieht nach einem gewissen Zeitablauf die Möglichkeit einer Quellenbesteuerung der Zinserträge vor. Das bedeutet, dass alle Zinsen in der Schweiz mit bis zu 35 Prozent Quellensteuer belastet werden. Davon werden 75 Prozent anonym an den deutschen Fiskus überwiesen, soweit die Zinserträge aus deutschen festverzinslichen Papieren stammen. Nach einer gewissen Frist ist jedoch allerseits ein Informationsaustausch angedacht. Es ist nicht auszuschließen, dass auch die Schweiz sich an einem solchen Informationsaustausch beteiligen wird. Sollte sie diesen Weg gehen, so führt das unweigerlich zur Aufdeckung von unversteuertem Kapitalvermögen und damit zur Kenntnis der Steuerhinterziehung durch die deutschen Behörden.

Für die Ermittlung bei reinen Steuerhinterziehungssachverhalten gab es bisher keine Auskünfte von Schweizer Banken an die deutschen Ermittlungsbehörden. Im Zusammenhang mit anderen Straftaten jedoch sind Auskünfte durchaus üblich. Wenn beispielsweise ein Unternehmer seine Steuererklärung für 2002 bereits abgegeben hat und Steuerbescheide vorliegen, wird er für 2002 und, sofern er von der Möglichkeit der Amnestie nicht Gebrauch macht, gegebenenfalls auch für das Jahr 2000 und 2001 (Bescheide sind erst in 2002 festgesetzt und die Tat dann begangen worden) unter die Strafvorschrift der gewerbsmäßigen Steuerhinterziehung fallen. Ob Schweizer Behörden im Zusammenhang mit einer gewerbsmäßigen Steuerhinterziehung, die in Deutschland nicht nur ein Vergehen, sondern ein Verbrechen darstellt, Auskünfte erteilen, ist bisher noch nicht abschließend geklärt. Es spricht jedoch einiges dafür, dass in diesen Fällen die Schweizer Banken Auskünfte erteilen müssen.

Ein lehrreiches Vorkommnis aus dem Bereich des Bankgeheimnisses, das sich bereits im Jahre 1937 abspielte, zeigt zudem, dass man auch als Kunde der besonders verschwiegenen Schweizer Banken trotz aller organisatorischen Absicherung niemals vollständig vor Indiskretion geschützt ist. Was hatte sich ereignet? Ein ehemaliger leitender Angestellter einer Schweizer Großbank, den man entlassen hatte, versuchte, einen deutschen Familienunternehmer, der Vermögenswerte in die Schweiz »verschoben« hatte, zu erpressen. Dieser, offensichtlich mit den Usancen der Nazis bestens vertraut, packte sofort seine Koffer, verließ Deutschland endgültig, reiste in die Schweiz und verlangte dort von der Bank Ersatz des ihm entstandenen Schadens. Der Fall ging durch alle Instanzen und endete schließlich mit einer salomonischen Entscheidung des Schweizer Bundesgerichts: Die Bank – so das Urteil – müsse zwar Schadenersatz leisten, aber nur zur Hälfte. Schließlich treffe den Kunden ein gehöriges Mitverschulden, da er gegen die Gesetze seines Heimatlandes verstoßen habe, wofür die Bank keine Verantwortung trage.

Was tun, wenn die Steuerfahndung kommt?

Die Kontrollmöglichkeiten der Finanzverwaltung sind in der letzten Zeit stark ausgeweitet worden. Grenzaufgriffe, anonyme Anzeigen von Bankmitarbeitern oder aus dem Privatbereich können dazu führen, dass bei einem Anfangsverdacht auf Steuerhinterziehung die Steuerfahndung vor der Tür steht.

Die Fahndung beginnt meist im Morgengrauen mit einer Durchsuchung im Betrieb, in der Privatwohnung und auch in Zweit- und Ferienhäusern des Beschuldigten sowie in Geschäfts- oder Wohnräumen dritter Personen, wie beispielsweise des steuerlichen Beraters oder der Lebensgefährtin. Durchsucht werden alle Räume, in denen Beweismittel vermutet werden, vom Keller über Wohnzimmer, Schlafzimmer, Küche, Kinder- und Gästezimmer bis zum Speicher und zur Garage. Die Durchsuchung kann sich auch auf die Person des Beschuldigten und dessen Kleidung erstrecken. Das Gefährliche an der Steuerfahndung ist dabei nicht, dass sie das findet, wonach sie sucht. Viel häufiger ist, dass sie etwas findet, wonach sie gar nicht gesucht hat. Der Fachmann spricht von so genannten »Zufallsfunden«.

So wie ein verantwortungsvoller Unternehmer sich auf plötzliche Betriebsstörungen wie Feuer, Wasserschäden oder Chemieunfälle vorbereitet, so sollte er auch für den Fall der Steuerfahndung einen schriftlichen Handlungsleitfaden erstellen, der in seinem Sekretariat, an der Pforte und bei den Mitgliedern der Geschäftsführung hinterlegt ist. Da mit Fahndungsmaßnahmen aufgrund unberechtigter Anzeigen – wie die Erfahrung lehrt – jederzeit zu rechnen ist, hat dies nichts mit schlechtem Gewissen zu tun. Es ist vielmehr Bestandteil einer professionellen Unternehmensführung und schützt den Unternehmer und seine Mitarbeiter davor, dass sie in einem solchen Augenblick verständlicher Aufregung und Verwirrung den Kopf verlieren. Eine solche Handlungsanweisung enthält im Idealfall die folgenden Hinweise:

1. Es ist Vorsorge dafür zu treffen, dass im Fahndungsfall kurzfristig ein erfahrener Anwalt, der das Vertrauen des Inhabers genießt, hinzugezogen werden kann. Seine Anwesenheit übt eine neutralisierende und versachlichende Wirkung aus. Er kann etwaigen Übergriffen der Fahndungsbeamten nachhaltiger als der Unternehmer und/oder seine Mitarbeiter gegenübertreten. Die Fahnder sind allerdings nicht verpflichtet, seine Ankunft abzuwarten.

2. Im Rahmen einer an alle in Betracht kommenden Mitarbeiter gehenden Information sollte ein Ansprechpartner für die Steuerfahndung benannt werden, der bei deren Eintreffen sofort informiert wird und umgehend den Kontakt mit den Fahndern aufnimmt.

3. Die Mitarbeiter sollten vorbeugend aufgeklärt und darauf hingewiesen werden, dass sie bis auf Weiteres keine Angaben gegenüber den Fahndern machen sollen.

4. Der Durchsuchungsbeschluss sollte trotz aller Aufregung genauestens gelesen werden. Vor allem der aufgeführte Tatvorwurf und die genannten Beschuldigten sind festzustellen.

5. Es sollte möglichst zu Beginn der Fahndungsmaßnahme ein vorbereitendes Gespräch zwischen Fahndungsleiter, Ermittlungsbeamten, dem Ansprechpartner und/oder Familienunternehmer und dem Rechtsanwalt geführt werden. Hierbei ist die Vorgehensweise der Steuerfahnder zu klären. Wesentlich sind dabei vor allem eine möglichst geringe Beeinträchtigung des Geschäftsverkehrs, die Erklärung der Mitwirkungsbereitschaft und die Erforschung der inhaltlichen Ziele der Durchsuchung.

6. Die Fahndungsbeamten sind durch erfahrende Mitarbeiter zu begleiten, um sicherzustellen, dass die Durchsuchung auf die vom Beschlagnahmebeschluss erfassten Unterlagen beschränkt bleibt. Die Begleitung schützt häufig vor »Zufallsfunden«. Die Anfertigung von Notizen der Fahnder aus nicht durch den Beschluss erfassten Unterlagen sollte unterbunden werden.

7. Es sollten nur solche Unterlagen ohne Widerspruch herausgegeben werden, die vom Beschlagnahmebeschluss erfasst sind. Bei allen anderen Unterlagen sollte ein Widerspruch ausdrücklich zu Protokoll gegeben werden.

8. Der Familienunternehmer oder sein Beauftragter sollten veranlassen, dass die beschlagnahmten Unterlagen im Beschlagnahmeprotokoll konkret und umfassend bezeichnet werden. Für das Unternehmen wichtige Unterlagen sollten fotokopiert werden. Wenn die Durchsuchung hierdurch nicht wesentlich beeinträchtigt wird, sind die Fahnder gehalten, das Kopieren zu gestatten.

9. Um den weiteren zeitlichen Ablauf der Aktion abzustimmen, sollte am Ende der Durchsuchung oder jedenfalls kurz darauf ein »Abschlussgespräch« geführt werden, in dem dann auch Auswertungsprobleme angesprochen werden können.

10. Eine Vorladung zur Vernehmung auf der Dienststelle kann der Familienunternehmer ablehnen. Eine rechtliche Verpflichtung für ihn, einer solchen Vorladung zu folgen, besteht nicht. Sofern der Familienunternehmer dieser Aufforderung freiwillig nachkommt, was im Einzelfall sinnvoll sein kann, sollte er sich unbedingt von seinem Rechtsanwalt begleiten lassen. Nur dieser hat das Recht auf Akteneinsicht.

11. Die Mitarbeiter, die in die Untersuchung involviert waren, sollten anschließend ein möglichst exaktes Protokoll über den Ablauf und ihre Wahrnehmungen anfertigen.

12. Alle sich an die Fahndung anschließenden Gespräche sollten fortan nur durch oder über den Anwalt des Unternehmens geführt werden.

Die Verständigung im Strafprozess – wenig bekannt, aber zweckmäßig

Aufsehen erregende Wirtschaftsstrafverfahren sind heute an der Tagesordnung. Meist geht es hierbei neben Vermögensdelikten auch um Steuerhinterziehung. Die in der Öffentlichkeit genannten Schadenssummen sind enorm. Allein die hinterzogenen Steuern sollen jährlich hohe zweistellige Milliardenbeträge ausmachen. Die Tatsache, dass neben eindeutigen Straftätern zunehmend auch eine Vielzahl bisher angesehener und prominenter Persönlichkeiten vor Gericht erscheinen muss, verunsichert die Allgemeinheit. Sie fragt, wie es denn eigentlich heutzutage um Ethik und Moral im Wirtschaftsleben bestellt ist.

Bei der Beantwortung dieser Frage gilt es zwischen den offensichtlichen Strafdelikten und solchen Sachverhalten zu unterscheiden, bei denen aufgrund der schwierigen Materie unseres Wirtschaftsrechts für viele die

Grenze zwischen »gut« und »böse« nicht deutlich erkennbar ist. Dass of-
fensichtliche Delikte – und hierzu gehört ohne Zweifel auch die Steuerhinterziehung – nachdrücklich und mit Härte verfolgt werden müssen, liegt im
Interesse aller. Sauberkeit und Verlässlichkeit im Wirtschaftsleben sind ein
hohes und schützenswertes Gut. Vorschnelle Kritik an einem zu rigorosen
Vorgehen der Ermittlungsbehörden ist daher nicht angebracht. Die Staatsanwaltschaft befindet sich bei der Sachverhaltsaufklärung gegenüber den
Tätern stets in einem Nachteil, der nur durch den konsequenten Einsatz
staatlicher Zwangsmittel ausgeglichen werden kann.

Anders sind Sachverhalte zu beurteilen, die sich in einer strafrechtlichen
Grauzone abspielen. Auch hier besteht im Hinblick auf die notwendige
Fortentwicklung von Gesetz und Recht Handlungsbedarf. Doch lassen die
Ermittlungsbehörden in Fällen dieser Art oft das notwendige Fingerspitzengefühl vermissen. Das gilt beispielsweise für das völlig überzogene Vorgehen gegen den SAP-Gründer Dietmar Hopp, der über seine gemeinnützige Stiftung eine Bürgschaft für eine Privatperson abgegeben hatte. Das
war zwar steuerlich nicht unproblematisch, da jedoch Hopp verbindlich erklärt hatte, bei Ausfall der Bürgschaft privat einzuspringen, war die Durchsuchung seines Büros und seiner Privatwohnung in keiner Weise gerechtfertigt.

Jedes Wirtschaftsstrafverfahren bedeutet für den Betroffenen ein exis-
tenzielles Risiko, gesundheitlich und geschäftlich. Eine ganz entscheidende
Voraussetzung für einen glücklichen Ausgang liegt in der Auswahl des richtigen Verteidigers. Hierbei werden häufig schwerwiegende Fehler gemacht.
Der Typus des schneidig auftretenden Anwalts, der es »dem Staatsanwalt
einmal richtig zeigt«, mag manchem zunächst imponieren, doch solche Anwälte haben schon viele Beschuldigte ins Unglück gestürzt. Ein Verteidiger,
der seinen Beruf als Berufung versteht und allein das Wohl seines Mandanten im Auge hat – ein heute leider immer seltener anzutreffender Fall – wird
stets mit Augenmaß auch die Situation der Strafverfolgungsbehörden angemessen berücksichtigen. Nur dann kann er zugunsten seines Mandanten
auf eine Waffe zugreifen, die selbst bei schwierigster Beweislage niemals
stumpf wird: die Waffe der Prozessökonomie. Der kluge Verteidiger weiß,
dass die Staatsanwaltschaft im Wirtschaftsstrafverfahren neben dem Zweck
der Strafverfolgung immer auch die Belange eines wirtschaftlich noch ver-
tretbaren Aufwands im Auge haben muss.

Der Staatsanwalt ist daher bereit, mit dem Verteidiger Absprachen zu treffen, die auf der Grundlage beiderseitiger Zugeständnisse das Verfahren verkürzen. Wesentliche Voraussetzung einer solchen Absprache ist jedoch ein unbedingtes Vertrauen beider Seiten zueinander. Der Staatsanwalt wird nur mit einem solchen Verteidiger kooperieren, den er als zuverlässig einschätzt und der darüber hinaus seinen Mandanten »im Griff« hat. Ein qualifizierter Verteidiger wiederum wird nur dann einen »Deal« machen, wenn er weiß, dass der zuständige Staatsanwalt seine einmal getroffenen Zusagen auch einhält, und dass er diese im eigenen Hause auch durchsetzen kann.

Solche Absprachen sind für die Staatsanwaltschaft deshalb besonders heikel, weil der Bundesgerichtshof ihnen in seiner Rechtsprechung enge Grenzen gesetzt hat, mit denen die Praxis so jedoch nicht zu leben vermag. Diese Grenzen im erforderlichen Maße aufzuweichen, bedeutet für den Staatsanwalt ein hohes Risiko. So hat der Bundesgerichtshof festgelegt, dass das Gericht zwar für den Fall eines Geständnisses eine Strafobergrenze, nicht jedoch ein festes Strafmaß zusagen darf. Zudem ist die verbindliche Vereinbarung eines Rechtsmittelverzichts vor der Urteilsverkündung unzulässig. Auf dieser unsicheren Basis wird jedoch weder ein kluger Verteidiger noch ein Staatsanwalt irgendwelche Zugeständnisse machen. Deshalb setzt ein positives Ergebnis im Verständigungsverfahren ein weitestgehendes stillschweigendes Einverständnis über die beiderseitigen künftigen Verhaltensweisen voraus.

Für den Beschuldigten ergeben sich aus einem Verständigungsverfahren in der Regel erhebliche Vorteile, wie das folgende Beispiel eines Bauunternehmers aus einer norddeutschen Kleinstadt zeigt. Der Unternehmer, in dessen Einzugsgebiet sich mehrere Militärflugplätze und Kasernen befanden, hatte als wichtigsten Auftraggeber das Bundesverteidigungsministerium. Eines Tages ging bei der zuständigen Schwerpunktstaatsanwaltschaft eine anonyme Anzeige ein. Hierin wurde der Unternehmer beschuldigt, unrichtige und überhöhte Rechnungen ausgestellt, Beamte des zuständigen Staatsbauamts bestochen und in erheblichem Umfang Steuern hinterzogen zu haben. Veranlasst durch die offensichtlichen Detailkenntnisse des Anzeigenerstatters und eine der Anzeige beigefügte Rechnungskopie, bejahte die Staatsanwaltschaft einen Anfangsverdacht und beantragte entsprechende Durchsuchungsbeschlüsse. Die daraufhin unternommene Durchsuchung erwies sich aus der Sicht der Behörde als ein voller Erfolg. Unter anderem wurden auf dem Schreibtisch des Finanzprokuristen mehrere Rechungen sichergestellt, die eindeutig gefälscht waren. Diese Tatsache veranlasste den Staatsanwalt dazu, neben den Betriebsräumen sofort auch das Privathaus des Prokuristen zu durchsuchen. Dabei wurde im Keller eine Aktentasche mit zahlreichen weiteren gefälschten Rechnungen aus den beiden vorangegangenen Jahren gefunden, was zur sofortigen Festnahme des Prokuristen führte.

Der Unternehmer selbst zeigte sich trotz des sichergestellten, erdrückenden Beweismaterials zunächst wenig kooperationsbereit. Er glaubte vielmehr, als »Provinzfürst« mit seiner Bekanntschaft mit den maßgeblichen Landespolitikern auftrumpfen zu können. Er war auch nicht bereit, das sichergestellte umfangreiche Aktenmaterial mit Firmenfahrzeugen zwecks Auswertung zum zuständigen Finanzamt transportieren zu lassen. Da die örtliche Polizei nicht über genügend Transportfahrzeuge verfügte, wurden daraufhin Bundeswehrfahrzeuge eingesetzt, was in der Kleinstadt vor Ort zu einem erheblichen, für das Unternehmen sehr nachteiligen Aufsehen führte. All diese Vorgänge erregten den Unternehmer derart, dass er kurz nach Beendigung der Durchsuchungsaktion einen Herzinfarkt erlitt. Er wurde mit einem Rettungshubschrauber in eine Großstadtklinik transportiert und entging hierdurch der bereits angeordneten vorläufigen Festnahme.

Schon früh am nächsten Morgen meldete sich ein inzwischen vom Beschuldigten beauftragter Strafrechtsprofessor bei der Staatsanwaltschaft. Dieser bot seine Mithilfe bei der Aufklärung des Sachverhalts an. Da er als kompetenter, verlässlicher und vor allen Dingen auch einsichtiger Gesprächspartner bekannt war, wurde die angekündigte Zusammenarbeit gern angenommen. Dabei bemühte sich der Verteidiger verständlicherweise zunächst um die Frage, ob und wie eine Untersuchungshaft für seinen Mandanten vermieden und der weitere ungestörte Geschäftsablauf im Unternehmen gesichert werden konnte.

Die beschlagnahmten Firmenakten wurden im örtlichen Finanzamt in Regale eingeordnet und im »zweckentfremdeten« Sitzungssaal untergebracht, wo sie den Firmenmitarbeitern – allerdings nur unter Aufsicht – zur weiteren Bearbeitung zur Verfügung standen. Mit der Sichtung und Auswertung der Unterlagen waren in der Folgezeit zwei Kriminalbeamte, drei Steuerfahnder und zwei Beamte des Verteidigungsministeriums befasst. Nachdem diese Arbeitsgruppe in dreimonatiger intensiver Arbeit erst etwa ein Fünftel der Akten ausgewertet hatte, wurde zwischen der Staatsanwalt-

schaft und dem Verteidiger die Frage erörtert, ob und wie die zeitraubenden Ermittlungen abgekürzt werden könnten. Hieran waren sowohl die
Staatsanwaltschaft als auch der Verteidiger interessiert. Die Staatsanwaltschaft ließ sich dabei von Überlegungen der Prozessökonomie, der Verteidiger von der Sorge um die Gesundheit seines Mandanten und um die weitere Existenz des Unternehmens leiten.

Nach längeren Gesprächen einigte man sich darauf, für die Strafzumes-
sung lediglich das aus den bisher gesichteten Akten festgestellte Auswer-
tungsergebnis zugrunde zu legen. Danach war für den Unternehmer und seinen Prokuristen eine Gefängnisstrafe von jeweils zwei Jahren im Gespräch,
die jedoch zur Bewährung ausgesetzt werden sollte. Zusätzlich einigte man
sich als Bewährungsauflage auf einen Geldbetrag in Höhe des fünffachen Betrags des bisher von den Untersuchungsbeamten festgestellten Schadens.

Nunmehr suchten Staatsanwalt und Verteidiger den zuständigen Richter des Schöffengerichts auf und erörterten mit diesem den Sachverhalt. Da
der Richter mit der vorgeschlagenen Verfahrensweise einverstanden war
und Staatsanwalt wie Verteidiger erklärten, dass sie bei absprachegemäßer
Verurteilung auf Rechtsmittel verzichten wollten, beraumte er kurzfristig
die Hauptverhandlung an. Diese dauerte nur eine knappe Stunde und endete mit einem rechtskräftigen Urteil, das der zwischen Staatsanwalt und
Verteidiger erreichten Verständigung voll entsprach.

Dieses Ergebnis war für die beiden Beschuldigten durchaus vorteilhaft.
Die Bewährungsstrafe wog weniger schwer als die unbedingte Gefängnisstrafe, die ansonsten fällig geworden wäre. Zudem hatte der erfahrene Verteidiger im vorliegenden Fall nicht ohne Grund auf eine weitere Sichtung
der beschlagnahmten Firmenunterlagen verzichtet. Offensichtlich hatte er
genügend Anlass zu befürchten, dass bei der vollständigen Auswertung des
gesamten Aktenmaterials eine sehr viel höhere Schadenssumme festgestellt
worden wäre.

Die Verlegung von Vermögen und Betrieb in steuergünstige Länder

In Deutschland ist es für manche Politiker von Rot/Grün Usus geworden,
diejenigen Mitbürger, die aus steuerlichen Gründen ihren Wohnsitz ins

Ausland verlegen, mit dem Unterton der Entrüstung als »Steuerflücht-
linge« zu bezeichnen. Dies ist bei Lichte besehen ebenso unangemessen wie
scheinheilig, tragen doch gerade die Politiker die Verantwortung für diese
Entwicklung. Eine solche Äußerung ist zugleich in hohem Maße diskrimi-
nierend, da jedem deutschen Bürger das grundgesetzlich verbriefte Recht
zusteht, seinen Wohnsitz, aus welchen Motiven auch immer, frei zu wählen.

Wie die Älteren sich erinnern, knüpft die Bezeichnung »Steuerflucht«
an die Sprachregelung der Nationalsozialisten an, die bereits in den dreißi-
ger Jahren ein so genanntes »Reichsfluchtsteuergesetz« in Kraft setzten.
Danach musste jeder, der Deutschland verlassen wollte, also nicht etwa nur
die Juden, einen beträchtlichen Teil seines Vermögens als »Strafsteuer« an
den Staat entrichten.

Zu Recht beklagen die führenden Wirtschaftsinstitute die volkswirt-
schaftlichen Auswirkungen der seit geraumer Zeit verstärkten Abwanderung von privaten und betrieblichen Vermögen ins Ausland. In diesem Zusammenhang sind jedoch drei Fallgruppen zu unterscheiden, deren
Auswirkungen für unsere Volkswirtschaft sehr unterschiedlich sind.

In der ersten Fallgruppe geht es um den Umzug wohlhabender Privatpersonen, darunter vieler gut verdienender Sportler, in Steueroasen. Durch
die Wohnsitzverlegung gehen der deutschen Staatskasse Einkommensteu-
ern und in geringerem Umfang auch Erbschaftsteuern verloren. In geringerem Umfang deshalb, weil der Wegfall der Erbschaftsteuer nicht nur den
Umzug des Erblassers, sondern auch den aller Erben verlangt, wie es konsequenterweise der Molkereibesitzer Theo Müller praktizierte. Ein solcher
geschlossener »Familienauszug« ist jedoch sehr selten.

Die zweite Fallgruppe besteht in der Sitzverlegung der Firmenzentrale
ins Ausland, mit der Absicht, dort alle künftigen Erträge vor der deutschen
Besteuerung »abzuschotten«, wie es von der Firma Infineon angekündigt
wurde. Solche Aktionen sind, auch wenn die Öffentlichkeit dies anders
sieht, für die deutsche Finanzkasse kurzfristig weniger problematisch. Im
Verlauf des Umzugs müssen nämlich nach geltendem Recht sämtliche stillen Reserven im Betriebsvermögen der in Steueroasen abwandernden Firmen in Deutschland versteuert werden. Dazu ist heute kaum noch ein
Unternehmen in der Lage. Früher war dies einfacher. So liegen denn auch
die spektakulärsten Fälle dieser Gruppe wie Liebherr, Jacobs, Kühne &
Nagel oder auch der des weltweit größten Furnierholzherstellers Danzer

bereits Jahrzehnte zurück. Allerdings hat der Europäische Gerichtshof jüngst eine im Vergleich zum deutschen Recht weniger strenge französische Steuervorschrift zur Auflösung stiller Reserven bei einem Wegzug des Steuerpflichtigen als Verstoß gegen die Niederlassungsfreiheit verworfen. Dies gilt allerdings nur beim Umzug in EU-Länder und diese sind bisher noch keine Steueroasen. Es bleibt abzuwarten, wie der deutsche Gesetzgeber reagieren wird.

Die für die Volkswirtschaft bezüglich Umfang und Auswirkung gefährlichste Entwicklung ist jedoch die Verlagerung von Investitionen in neu gegründete oder bereits bestehende Betriebsstätten oder Tochtergesellschaften im Ausland unter Beibehaltung des Firmensitzes in Deutschland. Sie vollzieht sich weitgehend unbemerkt von der Öffentlichkeit, doch ihre mittel- und langfristige Konsequenz ist fatal. Sie lenkt nämlich nicht nur künftige Steuerquellen ins Ausland und vernichtet inländische Arbeitsplätze. Sie verhindert auch die Entstehung neuer Arbeitsplätze in der Zukunft und führt zu einem volkswirtschaftlich bedenklichen Export von lizenzpflichtigem Wissen und Know-how ins Ausland.

Diese Entwicklung ist bereits seit mehreren Jahren in erschreckend hohem Ausmaß im Gang. Da solche Verlagerungen bereits Jahre vorher geplant werden müssen, ist eine kurzfristige Umkehr dieses Trends nicht möglich, selbst wenn sich die Rahmenbedingungen ändern. Ähnlich wie bei einem Eisberg, sind die Dimensionen dieses Vorgangs und seine Auswirkungen auf die inländische Wirtschaftsstruktur nur für denjenigen erkennbar, der unter die Oberfläche blickt.

Vorab muss ich den Leser um Verzeihung bitten, wenn ich im Folgenden eine kleine Prise Theorie in Richtung »internationales Steuerrecht« vortrage. Doch es lohnt sich für jeden Unternehmer, einmal kurz in diese Materie einzusteigen, zumal das System des internationalen Steuerrechts in seinen Grundzügen sehr einfach zu verstehen ist, wenngleich die Details schwierig sind.

Jede natürliche Person, ob Deutscher oder Ausländer, die in Deutschland eine Wohnung oder ihren gewöhnlichen Aufenthalt hat (z. B. sich länger als 183 Tage jährlich im Inland aufhält), ist in Deutschland steuerpflichtig. Dieser Steuerpflicht unterliegt eine Person nicht nur mit ihren deutschen Einkünften, sondern mit allen Einkünften, egal an welchem Platz in der Welt diese bezogen werden (so genannte unbeschränkte Steuerpflicht). Wer also beispielsweise in Deutschland wohnt und arbeitet und in den Vereinigten Staaten ein vermietetes Ferienhaus besitzt, muss prinzipiell sowohl sein Arbeitseinkommen als auch die jenseits des Atlantiks erzielte Miete hier versteuern. Dieses Prinzip würde jedoch in allen Fällen mit Auslandsberührung zu einer Mehrfachbelastung führen. Da auch die jeweils anderen Länder ihr Besteuerungsrecht auf die bei ihnen belegenen Steuerquellen (im Beispiel die USA für dort belegenen Grundbesitz) geltend machen, müsste dieselbe Steuerquelle zweimal, nämlich in Deutschland und in den Vereinigten Staaten, versteuert werden. Um eine solche Doppelbesteuerung zu vermeiden, sind alle wichtigen Industriestaaten durch ein Netz internationaler Verträge (so genannte Doppelbesteuerungsabkommen) miteinander verbunden. Deren Zweck ist es, den anfallenden »Steuerkuchen« unter den beteiligten Ländern so aufzuteilen, dass der Steuerpflichtige insgesamt auf denselben Sachverhalt nur einmal Steuern zahlen muss. Die Aufteilung geschieht nach folgenen Grundsätzen:

Soweit der Steuerpflichtige die Möglichkeiten der Infrastruktur (Verkehr, Energieversorgung, Ausbildung) eines Landes in besonders intensiver Weise nutzt, ist für die Besteuerung dieser Einkünfte ausschließlich dieses Land (der so genannte Belegenheitsstaat) berechtigt und zuständig. Der Wohnsitzstaat muss auf die Besteuerung dieser Einkünfte verzichten, darf sie jedoch bei der Bemessung des Steuersatzes heranziehen (so genannter Progressionsvorbehalt). Das trifft insbesondere auf Ertragsquellen zu, die sich aus privatem Grundbesitz, aus Land- und Forstwirtschaft oder aus einem Gewerbebetrieb ergeben.

Eine Sonderbehandlung wird den aus dem Drittland fließenden Dividenden zuteil. Hierbei handelt es sich zwar um Finanzmittel, für die unmittelbar keine fremde Infrastruktur genutzt wird. Da jedoch die Kapitalgesellschaften, die die Dividende auszahlen, sich ihrerseits der Möglichkeiten des Belegenheitsstaates bedienen, wird das Dividendenbesteuerungsrecht zwischen dem Wohnsitzstaat des Dividendenempfängers und dem Sitzstaat der Kapitalgesellschaft aufgeteilt. Grundsätzlich unterliegt der Dividendenempfänger der Besteuerung im Wohnsitzstaat. Der Sitzstaat der ausschüttenden Kapitalgesellschaft hat jedoch das Recht, eine Quellensteuer, die der prozentualen Höhe nach begrenzt ist, zu erheben, die der Dividendenempfänger wiederum in Deutschland mit seiner deutschen Steuer verrechnen darf.

Ebenso, wie eine natürliche Person mit Wohnsitz oder gewöhnlichem

Aufenthalt in Deutschland generell mit allen Einkünften weltweit in Deutschland einkommensteuerpflichtig ist, ist auch jede Kapitalgesellschaft, die ihren Sitz oder ihre Geschäftsleitung in Deutschland hat, mit allen Einkünften grundsätzlich in Deutschland unbeschränkt körperschaftsteuerpflichtig.

Immer wieder bieten sich dem findigen Steuerbürger im sorgfältig gesponnenen Netz der Doppelbesteuerungsabkommen Schlupflöcher, die jedoch bei Bekanntwerden sofort geschlossen werden, sodass sie fortan nicht mehr genutzt werden können. Eine solche Lücke zu finden, gelang vor vielen Jahren Helmut Horten anlässlich seines Umzugs in die Schweiz. Nach dem damals gültigen Doppelbesteuerungsabkommen galt für Verkäufe von Geschäftsanteilen an einer deutschen GmbH unabhängig vom Wohnsitz stets das deutsche Besteuerungsrecht. Für eine Aktiengesellschaft war jedoch kurioserweise allein der Wohnsitzstaat, also im Falle Helmut Horten die Schweiz, steuerlich zuständig. Da die Schweiz von ihrem Besteuerungsrecht keinen Gebrauch machte, kam Helmut Horten auf den ebenso klugen wie simplen Gedanken, seine deutsche GmbH in eine Aktiengesellschaft umzuwandeln, denn dies war nach dem deutschen Umwandlungsrecht ohne jegliche Steuerbelastung möglich. Anschließend verkaufte er aus der Schweiz heraus seine Aktien entsprechend der Regelung des Doppelbesteuerungsabkommens steuerfrei und sparte dabei einen zweistelligen Millionenbetrag. Dieser Coup traf seinerzeit hierzulande auf große Kritik – doch zu Unrecht, empfiehlt doch sogar der Bundesfinanzhof, also unser höchstes Steuergericht, in vielen seiner Urteile dem Steuerbürger, vorhandene Möglichkeiten der Steuerersparnis aktiv für sich zu nutzen.

Da der deutsche Fiskus außerhalb des eigenen Hoheitsgebietes keinerlei Ermittlungen treffen darf, ist er bei der Feststellung der Besteuerungsgrundlagen in einer schwierigen Situation. Dem hat jedoch das deutsche Recht einen Riegel vorgeschoben, indem es den Steuerpflichtigen dazu verpflichtet, alle angeforderten Unterlagen, gleichgültig wo diese sich befinden, beizubringen. Weigert er sich, wird die Steuerschuld frei geschätzt. Der Versuch, diese erhöhte Mitwirkungspflicht bei Auslandssachverhalten dadurch zu umgehen, dass beispielsweise im Gesellschaftsvertrag eines ausländischen Unternehmens das Verbot einer Weitergabe jeglicher Unterlagen vereinbart wird, wird in Deutschland nicht akzeptiert. Erwähnenswert ist in diesem Zusammenhang – auch wenn es einen ausländischen Rechtskreis betrifft – der Fall des US-Amerikaners Marc Rich. Als dieser sich weigerte, seine Schweizer Bilanzen vorzulegen, verhängten die amerikanischen Behörden gegen ihn ein Bußgeld in Höhe von 50 000 US-Dollar für jeden einzelnen Tag (!!!) der Zuwiderhandlung. Zugleich ordneten sie aufgrund eines zwischen der Schweiz und den USA abgeschlossenen Auslieferungsabkommens seine Überstellung an US-amerikanische Behörden an. Doch Marc Rich zahlte keinen Cent, »erkaufte« sich quasi über Nacht die Staatsangehörigkeit eines Drittstaates, mit dem ein solches Auslieferungsabkommen nicht bestand, und entzog sich damit jeglicher Auslieferungsverpflichtung seitens der Schweiz. Inzwischen ist es Marc Rich gelungen, sich völlig aus den Fesseln des Fiskus zu befreien, denn Bill Clinton hat ihn unmittelbar vor Beendigung seiner Amtszeit aus unerfindlichen Gründen persönlich begnadigt.

Wie bereits ausgeführt, ist es für das Bestehen einer Steuerpflicht in Deutschland von entscheidender Bedeutung, ob die betreffende Person in Deutschland eine Wohnung hat oder nicht. Eine »Wohnung« im Sinne des Steuergesetzes sind Räumlichkeiten, die eine dauerhafte Bleibe ermöglichen. Ein Zimmer in einem Hotel oder in einem Sanatorium, eine Schlafstelle auf dem Firmengelände, die bei gelegentlichen, betrieblich bedingten Aufenthalten genutzt wird, reicht hierzu nicht aus, weil es an dem Tatbestandsmerkmal der »Dauerhaftigkeit« fehlt. Hinzukommen muss auch der Wille, diese Räumlichkeiten als Wohnung zu nutzen. Letzteres ist schwer nachzuweisen. Der Nachweis gilt jedoch – wie im Fall Boris Becker – dann als erbracht, wenn bei einer Hausdurchsuchung viele persönliche Gegenstände wie Toilettenartikel, Schlafanzug, persönliche Korrespondenz etc. aufgefunden werden.

In diesem Zusammenhang sei noch auf das Problem der »Entstrickung« hingewiesen. Dies besagt, dass derjenige, der durch Wohnsitzverlagerung eine maßgebliche Beteiligung an einer deutschen Kapitalgesellschaft der deutschen Besteuerung entzieht, zuvor alle in den Anteilen befindlichen stillen Reserven aufdecken und in Deutschland versteuern muss. Eine der ersten, die mit dem Grundsatz der Entstrickung schlechte Erfahrungen gemacht hat, war Liselotte Linsenhoff, damals noch Eigentümerin der VDO. Als sie aufgrund eines überstürzten und unüberlegten Entschlusses in die Schweiz umzog, hätte sie eigentlich alle in ihren VDO-Anteilen befindlichen stillen Reserven aufdecken und versteuern müssen. Dies hätte eine

Veräußerungssteuer von mehreren 100 Millionen D-Mark bedeutet. Daran hätte selbst die Tatsache nichts mehr ändern können, dass sie sofort, nachdem sie von der Steuerpflicht Kenntnis erhalten hatte, ihren Umzug rückgängig machte und nach Deutschland zurückkehrte. Denn grundsätzlich kann ein Tatbestand, wenn er einmal verwirklicht worden ist, steuerrechtlich nicht mehr rückgängig gemacht werden. Liselotte Linsenhoff stieß jedoch auf ein offenbar gnädiges hessisches Finanzgericht, das ihr im Wege der Interpretation des tatsächlichen Geschehensablaufs half. Das Gericht unterstellte zu ihren Gunsten, dass der ursprüngliche Wegzug aus Deutschland nicht ernst gemeint gewesen sei, sodass sie Deutschland im steuerlichen Sinne zu keinem Zeitpunkt verlassen habe. Damit war der Anwendung des Entstrickungsgrundsatzes der Boden entzogen. Eine Entscheidung, der es zukünftig, wenn sich die oben zitierte Auffassung des Europäischen Gerichtshofs durchsetzen sollte, bei einem Umzug innerhalb der EU nicht mehr bedarf.

Abschließend noch ein persönliches Wort zum Wegzug in steuergünstige Länder. Es ist niemandem zu empfehlen, aus rein steuerlichen Gründen ins Ausland zu gehen. Das Leben ist einfach zu kurz, um es an Orten zu verbringen, an denen man sich nicht wohl fühlt. Ein entscheidender Vorteil des erreichten wirtschaftlichen Wohlstandes besteht darin, dass man das Leben führen kann, das man führen will und dass gewährleistet ist, dass das eigene Vermögen für einen selbst und seine Familie den höchstmöglichen Beitrag zur allgemeinen Lebensqualität leistet. Wenn jemand sehr reich geworden ist und beschließt, Steuern zu sparen, indem er sich in eine Steueroase zurückzieht, um dort fernab von Freunden und sozialen Kontakten unter einer Palme zu sitzen und wenn er sich dort langweilt und elend fühlt – dann ist das keine erstrebenswerte Art und Weise, den erarbeiteten Wohlstand zu genießen.

Es gibt aber durchaus Situationen, in denen es der persönlichen Vorstellung entspricht, eine bestimmte Zeit außerhalb des Heimatlandes zu leben. Ist ein derartiger – aus persönlichen Gründen angestrebter – Aufenthalt mit bedeutenden Steuervorteilen verbunden, umso besser. Noch besser ist es, wenn derartige Steuervorteile in einem Land verfügbar sind, das viele kulturelle Attraktionen zu bieten hat und nur einen kurzen Flug weit von Deutschland entfernt ist.

Ein derartiges Land ist überraschender Weise Großbritannien. Großbritannien mag nicht unbedingt den Vorstellungen von einer Steueroase wie etwa den Bermudas oder Bahamas entsprechen – es ist nicht gerade bekannt für Palmen oder sonnige Strände. Aber Großbritannien bietet Ausländern, die dort zeitweise wohnen, bemerkenswerte Steuervorteile, welche den Menschen, die in Großbritannien geboren und aufgewachsen sind, verschlossen bleiben. Diese Vorteile beruhen auf der Anknüpfung des britischen Steuerrechts an die Begriffe »domicile« und »resident«. Danach kann ein Ausländer in Großbritannien wohnen (»resident« sein), ohne dort ein »domicile« zu besitzen. Er gilt damit trotz Wohnsitznahme nicht als unbeschränkt steuerpflichtiger Steuerinländer. Die Einzelheiten sind kompliziert und bedürfen einer genauen Beratung.

Steuervergünstigungen als Aphrodisiakum

Immer mehr europäische Länder versuchen, ihren Wirtschaftsstandort durch steuerlich motivierte Abwerbung zu stärken. Dieses Phänomen belegt die Neue Zürcher Zeitung mit einem Beitrag vom 22. März 2004 am Beispiel Österreich. Vom EU-Beitritt der zentraleuropäischen Reformstaaten scheint eine heilsame Schockwirkung auszugehen. Ein erstes, eher schüchternes Signal hatte Wiens Mitte-Rechts-Regierung an forschungsintensive Unternehmen gerichtet: Die jetzt folgende Erhöhung des Forschungsfreibetrages auf 25 Prozent und die Gewährung einer Forschungsprämie von acht Prozent zeigt schnelle Wirkung. So räumt man bei Infineon ein, dass es die verbesserte Forschungsförderung war, die den Ausschlag für die Verlagerung des Hauptquartiers für Auto- und Industrieelektronik von München nach Kärnten gegeben hat.

Der zweite Schritt in Richtung »Steueranreiz« war eine von der Slowakei und deren radikaler Steuersenkung erzwungene Maßnahme. Wien reduzierte die Körperschaftsteuer in einem Zug von 34 Prozent auf 25 Prozent (per 2005). Mit der Ablösung der komplizierten steuerlichen Regelung der Organschaft durch die Gruppenbesteuerung, welche besonders attraktive Verlustverrechnungsmöglichkeiten für in Österreich tätige Firmengruppen eröffnet, wird ein hoch dosiertes Signal nachgeschickt. Dieses richtet sich vorrangig an die westeuropäische Konkurrenz im Wettbewerb um den Sitz von Konzernzentralen.

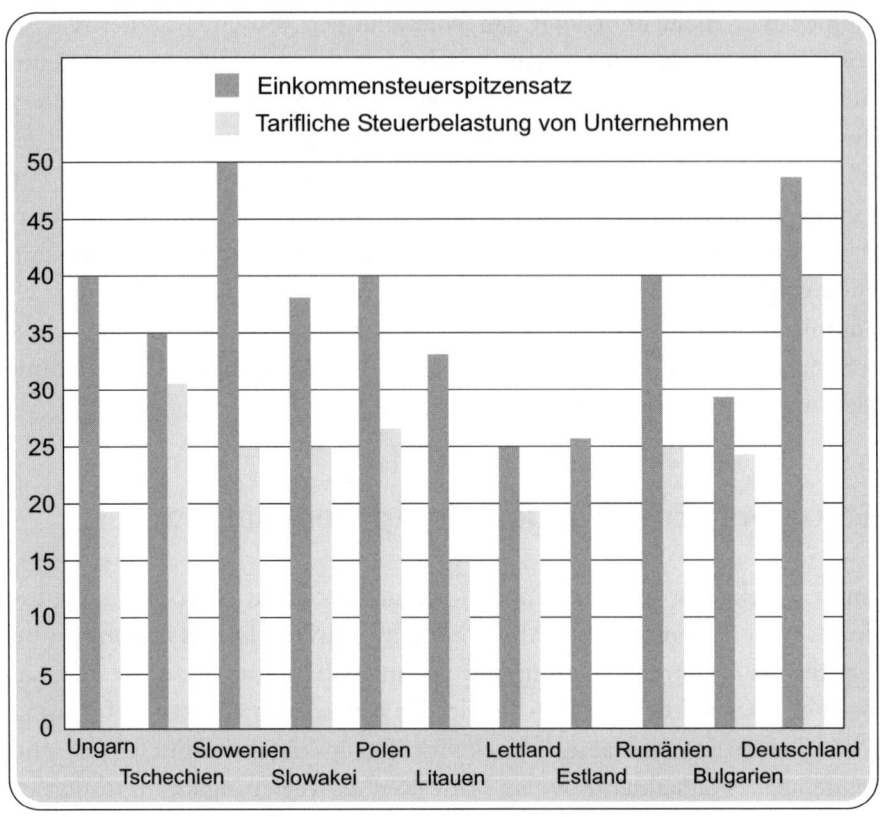

Abbildung 26: Steuersätze und tarifliche Steuerbelastung in osteuropäischen Ländern (in %)

Mit der Gruppenbesteuerung will die österreichische Regierung zugleich die abnehmende Attraktivität Österreichs als Sitz für die Osteuropa-Zentralen ausländischer Konzerne wieder steigern. Erste Reaktionen geben Wien Recht. Deutschland steht diesem innereuropäischen Steuerwettbewerb offensichtlich machtlos gegenüber. Einzige wenig überzeugende Gegenmaßnahme: Dem Vernehmen nach soll die Bayerische Staatskanzlei allen dem Freistaat nahe stehenden Zeitschriften verboten haben, Inserate mit österreichischer Standort-Werbung anzunehmen.

Kapitel 11

Der Auftritt in der Öffentlichkeit

Lobby tut Not

Familienunternehmen bilden das Rückgrat der Wirtschaft in Deutschland. Nirgendwo entstehen so viele durchschlagende Ideen, nirgendwo mehr Arbeits- und Ausbildungsplätze. Doch um ihre politische Vertretung, um ihr Ansehen in der Öffentlichkeit ist es nicht zum Besten bestellt. Großkonzerne bestimmen immer noch weitgehend das Bild, das sich die Bevölkerung von der Wirtschaft macht. Nicht Familienunternehmer, die für ihr Tun letztlich mit ihrer persönlichen Habe und dem Ruf ihrer Familie einstehen, vielmehr angestellte Manager, die nur allzu oft zuerst an sich selbst denken, geben den Ton an. Eine Analyse aller maßgeblichen Gesetze und Gesetzesvorhaben der letzten Jahre zeigt eindeutig, dass vorrangig den Interessen der Konzerne gedient wird. Schon vor Jahren habe ich diesen unhaltbaren Zustand kritisiert.

Wenn aber kleinere und mittlere Familienunternehmen der eigentliche Beschäftigungsmotor der deutschen Wirtschaft sind, dann müsste der unbefangene Beobachter eigentlich vermuten, dass ihnen das besondere Augenmerk des Gesetzgebers, der Verwaltung und der Rechtsprechung gilt, zumal Familienunternehmen in besonderer Weise von der Qualität des Standortes Deutschland und seiner Institutionen abhängig sind. Unstete und einseitige Wirtschafts-, Finanz- und Sozialpolitik gefährdet nämlich die Existenz kleiner und mittlerer Familienunternehmen viel stärker als die anonymer Großunternehmen, die ganz andere Möglichkeiten der Standortverlagerung ins Ausland haben.

Die Realität sieht indes gänzlich anders aus. Langjährige Forderungen, die besonders im Interesse der Familienunternehmen liegen, sind nicht umgesetzt worden: die Senkung der im internationalen Vergleich viel zu hohen

Lohnnebenkosten, der Rückzug des Staates aus der Wirtschaft und die Verringerung des Staatsanteils am Bruttosozialprodukt, die Verbesserung der Bedingungen für die Beschaffung von Wagniskapital und die Forderung nach Rückbesinnung der Tarifpolitik auf die Interessen des Gemeinwohls sind nur einige Forderungen, die seit Jahren – vielleicht Jahrzehnten – in der politischen Diskussion sind, deren Erfüllung jedoch nicht absehbar ist. Dazu kommt, dass neuere Gesetzesvorhaben sich nicht der speziellen Problematik der Familienunternehmen annehmen, sondern die Probleme häufig allein durch die Brille der Großunternehmen betrachten. Letztlich werden Familienunternehmen in bestimmten konkreten Situationen von Politik und Verwaltung benachteiligt, insbesondere wenn die Interessen der Großindustrie gefährdet erscheinen. Diese Benachteiligung lässt sich anhand beliebig vieler Fälle belegen.

Nehmen wir nur das Schicksal jenes Handelsunternehmens, das in Deutschland hergestellte und ins Ausland exportierte Arzneimittel reimportierte. Diese konnten damit in Deutschland zu einem besonders günstigen Preis angeboten werden. Da die Ärzte nach einer Vorschrift des Sozialrechts verpflichtet waren, stets das billigste Medikament zu verschreiben, war dem Reimporteur ein grandioser Markterfolg beschieden – sehr zum Leidwesen der Arzneimittelhersteller, die um ihre satten Margen fürchteten. Sie liefen daher gegen die Reimporte Sturm. Ein Verbot der Reimporte hätte jedoch gegen das Europäische Recht verstoßen. Deshalb drängten die Arzneimittelhersteller mit Hilfe ihrer vielfach erprobten und durchsetzungsstarken Lobby auf Abänderung. Und in der Tat: Mittlerweile ist diese Vorschrift trotz weiter steigender Kosten im Gesundheitsbereich aus dem Gesetz gestrichen worden. Der Absatz der reimportierten Produkte ist zwar nicht zusammengebrochen, aber naturgemäß durch diese allein im Interesse der Pharmaindustrie liegende Maßnahme beeinträchtigt worden.

Ein anderes Beispiel: Es gibt keinen vernünftigen Grund, Familienunternehmen, die ohnehin viele den Konzernen unbekannte Lasten zu tragen haben, bei der Unternehmensnachfolge mit Erbschaftsteuer zu belegen. Ich schlage vor, die Erbschaftsteuer in diesen Fällen bis zu einer etwaigen späteren Anteilsveräußerung zinslos zu stunden, und verweise dabei auf eine Modellrechnung, die der Unternehmer und langjährige ehemalige Präsident des Deutschen Industrie- und Handelstages, Hans Peter Stihl, schon vor einigen Jahren für sein eigenes Unternehmen aufgestellt hatte. Danach

hätten die Gesellschafter von Stihl selbst dann, wenn sie alle gesellschaftsvertraglich zugelassenen Privatentnahmen seit 1989 rückwirkend ansparen
würden, bei einem Erbfall im Jahr 2000 gerade die Hälfte der Mehrsteuer-
belastung tragen können, die aus der zwischenzeitlich eingetretenen Erhöhung des Betriebsvermögens resultierte.

Doch Skepsis ist angebracht. Auf keinen Fall kann der Unternehmer
darauf setzen, dass der Staat künftig in seinem Sinne die Erbschaftsbesteue-
rung ändert. Im Gegenteil. Durch das Haushaltsbegleitgesetz aus dem Jahr
2004 wurden der Betriebsvermögensfreibetrag von 256 000 Euro auf
225 000 Euro und der Abschlag für Betriebsvermögen von 40 auf 35 Prozent gekürzt. Innerhalb der rot-grünen Koalition gibt es zudem eine mäch-
tige Bewegung, die Erbschaftsteuer noch weiter zu verschärfen. Das zeigen
auch die Diskussionen um die Wiedereinführung der Vermögensteuer.

Die Beispiele für eine Benachteiligung der Familienunternehmen ließen
sich beliebig fortsetzen. Sie belegen, dass die Interessen speziell der Familienunternehmen nicht ausreichend berücksichtigt werden. Die »Stärkung
des Wirtschaftsstandortes Deutschland« ist aber eine Aufgabe, die ohne Sicherung der Familienunternehmen nicht lösbar ist. Beispielsweise sollten
unsere Politiker endlich das größte Hemmnis für aktienrechtlich effiziente
Strukturen, nämlich die gesellschaftspolitisch völlig verfehlte Mitbestimmung beseitigen. Es ist ein nicht zu überbietender Akt von Scheinheiligkeit,
die Interessenkonflikte insbesondere der Bankenvertreter in den Aufsichtsräten lauthals und öffentlichkeitswirksam zu beklagen, obwohl diese nur
ein ganz schwacher Abklatsch der Konflikte sind, denen die Arbeitnehmervertreter im Aufsichtsrat tagtäglich zu unser aller Schaden ausgesetzt sind.

Aber die Aussichten auf grundlegende Reformen sind nicht gut. Zu ein-
seitig ist die personelle Besetzung der gesetzgebenden Körperschaften: So
setzt sich fast die Hälfte der Mitglieder des Deutschen Bundestages aus Beamten, Richtern, Pfarrern und Angestellten des öffentlichen Dienstes zusammen, und nur jeder Zwanzigste zählt zur Gruppe der »Unternehmer,
selbstständigen Kaufleute sowie der unabhängigen Wirtschaftsvertreter«.
Bei der gegenwärtigen Struktur des Deutschen Bundestages sind kaum Änderungen in Sicht. Die Zahlen spiegeln das schon fast sprichwörtliche Stim-
mungstief im Verhältnis zwischen Wirtschaft und Politik eindrucksvoll
wider. Wechselseitige Vorwürfe bestimmen die Diskussion. In Deutschland
bezeichnet die überwältigende Mehrheit der Unternehmer die Steuer- und

Abgabenpolitik der Bundesregierung als »innovationsfeindlich und orientierungslos«, weniger als die Hälfte der Wirtschaftselite hält die »Sicherung des Sozialstaates« noch für ein erreichbares Ziel. Dass Produktionsverlagerungen oder gar der komplette Wegzug ins Ausland die notwendige Folge einer solchen Einstellung sind, kann nicht verwundern. Spektakulärstes Beispiel aus der jüngsten Zeit ist der Auszug des bayerischen Molkereiunternehmers Theo Müller. Ende 2003 verlegte dieser seinen Wohnsitz und Teile der Unternehmensführung der Müller-Gruppe in die Schweiz, um auf diese Weise die Erbschaftsteuer in Höhe von rund 200 Millionen Euro zu umgehen, die bei einer Nachfolge in Deutschland anfiele. Wer wollte ihm dies verdenken?

Ich habe für diese Haltung, die aus einer jahrzehntelangen Benachteiligung der Familienunternehmen entstanden ist, ein gewisses Verständnis. Aber wenn wir uns entscheiden, weiter in Deutschland zu leben, dann sollten wir nicht den Andersdenkenden das Feld überlassen, sondern selbst die Initiative ergreifen, auch wenn die Unternehmer einwenden werden, dass sie ihr Unternehmen führen müssen und keine Zeit haben, »tagelang in irgendwelchen Parlamenten, Ausschüssen oder Verbänden herumzusitzen«. Es braucht nicht gleich eine Position als Bundestagsabgeordneter, Verbandspräsident oder eine andere herausgehobene Position zu sein. Familienunternehmer sollten sich jedoch gegen unsinnige Vorschriften und die Gängelei durch Behörden und Ratspolitiker zur Wehr setzen, sie sollten Petitionsausschüsse einschalten, Interessengemeinschaften gründen und, was ich für besonders wirksam halte, sie sollten die Abgeordneten, Behördenvertreter und Politiker regelmäßig – am besten einmal jährlich – in ihre Betriebe einladen, diesen ihre Probleme schildern und die erforderliche Unterstützung direkt bei den Volksvertretern einfordern.

Dies erscheint umso wichtiger, als sich die Unternehmen durch die von ihnen selbst vor langer Zeit gegründeten Verbände schon längst nicht mehr wirksam vertreten fühlen. Doch nirgendwo sonst in der Welt stecken die Unternehmen in einem derart festgefügten Rahmen aus Wirtschafts- und Arbeitgeberverbänden, aus Industrie- und Handels-, Handwerks- und Landwirtschaftskammern. Es gibt 1 700 Verbände und Hunderte von Kammern, von den in Berlin ansässigen Spitzenverbänden bis hin zu kleinsten, oft sogar regional ausgerichteten Branchenverbänden. Kritiker beobachten mit Sorge die Erstarrung der deutschen Wirtschaft in dieser Art von »Korporatismus«. In den Kammern sind die Firmen zur Pflichtmitgliedschaft gezwungen, und von der Ausweitung der Mitbestimmung profitieren nicht nur die Gewerkschaften, sondern auch die Arbeitgeberverbände. In unzähligen Gremien, Ausschüssen und Arbeitskreisen wirken Verbandsvertreter mit. Gern bindet die Politik die Verbände in die Gesetzesarbeit ein. Anhörungen gehören heute zum festen Ritual der Gesetzgebung. Aber mitunter lähmt gerade diese institutionalisierte, parlamentarisch nicht einmal legitimierte Mitwirkung die Legislative, und manchmal bringt sie sogar innovative gesetzliche Neuregelungen zum Scheitern. Die Gesundheitspolitik ist dafür nur ein Beispiel.

Wem nützen die Verbände eigentlich? Das müssen sich vor allem Familienunternehmen fragen, die sich in deren Gremien ohnehin gegenüber den Konzernen unterrepräsentiert sehen. Schon vor einiger Zeit hatte der Wissenschaftliche Beirat beim Bundeswirtschaftsministerium bei den Verbänden eine Tendenz zur »Besitzstandswahrung« wahrgenommen, die zu Lasten des Wirtschaftswachstums und der Beschäftigung gehe. Das enge Miteinander von organisierten Interessen und Politik bremse die wirtschaftliche Dynamik eher, als dass sie diese fördere. Zumindest sollten die Familienunternehmer ihren Einfluss in den Spitzenverbänden stärker durchsetzen. Dies ist allerdings nur durch eine Bündelung ihrer Interessen möglich. Diese Bündelung kann durchaus auch auf privaten Interessengemeinschaften beruhen und – wenn nötig – durch Rücktrittsdrohungen gegenüber den Spitzenverbänden unterstrichen werden.

Größeren Familienunternehmen empfehle ich, sich einzeln oder gemeinsam mit anderen einen bezahlten Lobbyisten zu leisten, falls die Tagesarbeit im Betrieb das persönliche Engagement nicht zulässt. Nur wer die unterschiedlichen Gesetzesvorhaben bereits in ihrer Entstehung begleitet, hat eine Chance, die besonderen Interessen des Privatunternehmens durchzusetzen. Dies ist auch deshalb notwendig, weil sich die Lobbyarbeit nicht nur in Berlin, sondern zunehmend in Brüssel abspielt. Mehr als 3 000 Organisationen und ein Lobbyistenheer, das bereits gut und gern 15 000 Personen umfasst, sind bereits in der belgischen Hauptstadt tätig. Ihre wichtigsten Tätigkeitsfelder sind derzeit die Liberalisierung der Märkte und die Einhaltung des Wettbewerbsrechts.

Der Familienunternehmer muss sich stets bewusst sein, dass ohne breite gesellschaftliche Akzeptanz in der Öffentlichkeit der Bestand des

Familienunternehmens als besonderer Typus in Deutschland gefährdet
ist. Dieser Gefahr ist auf Dauer jedoch nur durch entsprechendes persönliches Engagement in Politik und Verbänden zu begegnen. Ein Blick auf
die Gesetzgebung zeigt, dass die bisher praktizierte Mitwirkung der
Unternehmer nicht ausreichend ist. Gesellschaftliche Akzeptanz setzt den
Mut und den Willen zur Transparenz voraus. Die Familienunternehmer
müssen im Unternehmen und nach außen ihre gesellschaftspolitischen
Forderungen häufiger und deutlicher artikulieren. Ein unverzichtbares
Mittel zur Durchsetzung der Interessen besteht im fortwährenden persönlichen Kontakt mit den Kommunal-, Landes- und Bundespolitikern.
Der Familienunternehmer sollte zudem den Umgang mit der regionalen
und überregionalen Presse nutzen, um die Öffentlichkeit vor Ort für seine
Probleme zu sensibilisieren. Nichts fürchten die meist öffentlichkeitshun-
grigen Politiker mehr als Presseschelte. Die von Familienunternehmern
nicht selten erhobene Drohung mit Sitzverlegung des Unternehmens und
persönlicher Abwanderung ins Ausland sollte jedoch unterbleiben. Sie
weist auf Resignation hin, nicht auf Stärke, und passt daher nicht in das
Persönlichkeitsbild eines verantwortungsbewussten Unternehmers. Ein
solcher muss sich mit seinen Problemen offensiv auseinandersetzen, nicht
aber vor ihnen fliehen.

Öffentlichkeitsarbeit ist kein Luxus

Der Senior nannte sie »Pressefritzen«. Von den Medien verstand er, um ehr-
lich zu sein, nicht viel. Sie kümmerten ihn auch herzlich wenig. Morgens
beim Frühstück las er das örtliche Blatt, im Büro die überregionale Tageszeitung. Zur Einweihung des Verwaltungsneubaus oder der neuen Anlage
war natürlich stets auch die Zeitung vor Ort geladen, die ausführlich berichtete. Und sollte sich im Laufe der Jahre in einen Bericht über sein
Unternehmen doch einmal ein unbotmäßiger Ton eingeschlichen haben –
ein kurzer Anruf beim Chefredakteur genügte, um alles wieder ins Lot zu
bringen. Auf die überregionale Presse oder gar das Fernsehen glaubte er
nicht angewiesen zu sein. Wohlwollende Anfragen hatte er stets abschlägig
beschieden. »Wozu brauchen wir Öffentlichkeitsarbeit, bringt sie uns
irgendetwas?«, lautete seine stereotype Antwort auf entsprechende Anre-

gungen aus dem Betrieb. In seiner heilen Welt hatten »Bedenkenträger«, die womöglich Probleme entdecken wollten, wo es doch gar keine gab, keinen Platz.

Doch eines Tages bekam er Probleme, und zwar handfeste. Auf einem Teil des Betriebsgeländes, das nicht mehr benötigt wurde und auf dem nun ein Supermarkt entstehen sollte, hatten Messungen eine unzulässig hohe Kontaminierung des Bodens ergeben. Umweltschützer begannen sich dafür zu interessieren und bald auch die Medien, die nun unnachgiebig recherchierten und auf Angebote des Seniors, sie über den »wahren Sachverhalt« aufzuklären, sehr distanziert reagierten. Dieser hatte plötzlich Zeit für die Journalisten und wunderte sich sehr, warum sein – wie er meinte – großherziges Angebot, mit ihnen zu sprechen, nicht gleich auf Begeisterung gestoßen war. Schroff hatte er stets alle Kontakte abgelehnt und die »Pressefritzen« seine Geringschätzung nur allzu deutlich spüren lassen. Wie konnte er nun auf einmal Gesprächsbereitschaft, geschweige denn ein offenes Ohr für seine Belange erwarten?

Warum Öffentlichkeitsarbeit?

Der Senior hatte den Kardinalfehler vieler Familienunternehmer begangen, die öffentliche Meinung zu vernachlässigen. Niemand hätte von ihm verlangt, sich betont freundlich oder gar anbiedernd gegenüber den Medien zu verhalten. So etwas wäre auch auf Misstrauen gestoßen. Kein Journalist möchte sich vereinnahmen lassen, weil er fürchten müsste, seine Unbefangenheit zu verlieren. Aber in einer Gesellschaft, in der scheinbar alles »Öffentlichkeit« ist, sind auch für Familienunternehmer Beziehungen zu den Medien wichtig. Sie sollten von wechselseitigem Respekt bestimmt sein. Der Journalist will seine Kritikfähigkeit nicht aufgeben. Aber damit er einigermaßen objektiv urteilen kann, muss er die Argumente der Gegenseite kennen.

Für den Familienunternehmer stellt dies sogar eine Bringschuld dar. Im eigenen Interesse sollte er rechtzeitig und vor allem glaubwürdig informieren. So wie es schon lange nicht mehr möglich ist, gegenüber Mitarbeitern oder Gewerkschaften den »Herr-im-Haus«-Standpunkt herauszukehren, wäre es auch verhängnisvoll, über Vorgänge im Unternehmen den Mantel

des Schweigens zu hüllen. Er lasse sich ungern »in die Karten sehen«, hatte
ein norddeutscher Baustoffproduzent seinem Bankier und Freund anver-
traut. In guten Zeiten hätte ihm ein solches Verhalten vielleicht nicht ge-
schadet. Doch in diesem Falle war der Unternehmer bald darauf sogar gezwungen, seine Karten offen zu legen, weil Informationen aus dem
Management und dem Betriebsrat über Zahlungsschwierigkeiten an die
Öffentlichkeit gelangt waren. Die Folgen einer solchen »Desinformations-
politik« ließen nicht auf sich warten, und die schlechte Presse wirkte sich
alles andere als motivierend auf seine Mitarbeiter aus. Auch die Kunden
waren verunsichert. Der Absatz begann zu stocken.

Wer das Heft auch in für das Unternehmen ungünstigen Situationen
in der Hand behalten will, sollte daher immer agieren, niemals reagieren.
Auch wenn die Lage noch so kritisch ist: Der Handelnde hat immer noch
die Chance, gegenzusteuern, durch rechtzeitige Unterrichtung der Öffentlichkeit den Schaden zu begrenzen oder dafür zu sorgen, dass ein solcher gar nicht eintritt. Der Tortenhersteller Coppenrath & Wiese war im
Jahr 2002 von den Behörden verdächtigt worden, den Einzelhandel mit
verdorbener Ware beliefert zu haben. Für zahllose Erkrankungen wurde
das Unternehmen verantwortlich gemacht. Die Vorwürfe sollten sich
schon bald als haltlos erweisen. Zuerst einmal drohte dem Hersteller indes existenzgefährdendes Ungemach. Doch das Unternehmen handelte
sofort, zeigte sich in jeder Hinsicht kooperativ und konnte damit das
Schlimmste abwenden. Durch aktive Informationspolitik war es vor Jahren einem Bekleidungsunternehmen aus Niedersachsen sogar gelungen,
eine für die Region an sich nicht günstige Entwicklung – Verlagerung von
Teilen der Produktion nach Osteuropa – für sich zum Positiven zu wenden. Über die erforderlichen Maßnahmen hatte man rechtzeitig und ausführlich berichtet, gleichzeitig aber darauf verwiesen, dass sie unabdingbar seien, um dem Unternehmen die Wettbewerbsfähigkeit zu erhalten.
Man räumte ein, Arbeitsplätze am heimischen Standort abbauen zu müssen, verwies gleichzeitig aber darauf, dass ohne Verlagerung auch die verbliebenen Arbeitsplätze gefährdet wären. In den Medien wurde diese Politik verständnisvoll kommentiert, man lobte sogar die Weitsicht des
Managements.

Glaubwürdigkeit ist unabdingbar

Gerade an diesen Beispielen zeigt sich, dass Öffentlichkeitsarbeit alles andere als eine Schönwetter-Veranstaltung ist. Wer nur die guten Zahlen ver-
breiten, die schlechten dagegen tunlichst verschweigen will, macht sich unglaubwürdig. In der Krise ist die Informationsbereitschaft besonders
wichtig, und das Beispiel aus Niedersachsen beweist zudem, dass geschickte Öffentlichkeitsarbeit auch Chancen eröffnet, das Image und damit
den Wert des Unternehmens zu steigern. Aus der Sicht der Medien sind
nämlich nicht nur Bilanzen wichtig, sondern auch Informationen über neue
Produkte, über strategische Allianzen, über den Ausbau des Auslandsnet-
zes, über Aus- und Weiterbildung oder andere soziale Einrichtungen innerhalb des Betriebs, kurz, über jene Fortschritte, die der Soziologe Karl
Mannheim schon lange vor dem Zweiten Weltkrieg unter dem Begriff der
»Sozialtechnik« zusammengefasst hatte.

Das setzt jedoch deutlich mehr Kontinuität in der Öffentlichkeitsarbeit
voraus, als sie bisher von Familienunternehmen praktiziert wird. Öffentlichkeitsarbeit darf auch nicht mit Werbung vermischt werden. Noch viel
zu häufig allerdings erschöpft sie sich in der Verbreitung von Produktinfor-
mationen. Übertreibungen, wie sie in der Werbung üblich sind, sollten tunlichst unterbleiben. Die Absicht, mit Public Relations teure Werbegelder zu
sparen, verstimmt und kann das Gegenteil bewirken.

Öffentlichkeitsarbeit ist vielmehr strategisch anzulegen, wie die Erschließung neuer Auslandsmärkte, die Einführung eines neuen Produkts
oder die Umstellung der Fertigung: Man muss ein Konzept, einen Plan haben. Dafür ist es notwendig, sich mit der Materie, wie sie funktioniert und
wie sie am effizientesten eingesetzt wird, vertraut zu machen. Man muss
wissen, welche Wege zur Öffentlichkeit führen – zu den Anwohnern rund
um den Betrieb beispielsweise, zu Behörden oder kulturellen Einrichtungen, zu Mitarbeitern und deren Angehörigen oder zu den Medien. Kenntnisse über die Arbeit von Zeitungs- oder Fernsehredaktionen sind dabei
unabdingbar.

Nun wird niemand verlangen, dass ein Familienunternehmen mit einigen hundert Mitarbeitern dafür eigens eine Stabsabteilung einrichtet. Aber
ein Mitarbeiter im Hause sollte dafür schon zuständig sein. Der erste Ansprechpartner für die Medien wird freilich der Familienunternehmer selbst

sein. Wer wäre auch berufener, der Öffentlichkeit ein Bild vom Unternehmen zu übermitteln als der Chef oder die Chefin in Person, zumal wenn er oder sie den Namen des Unternehmens trägt? Die Aufmerksamkeit der Medien ist viel größer, und Aufmerksamkeit ist im Zeitalter der Sinnesüberflutung nun einmal zu einer ganz knappen Ressource geworden. Zudem schätzen die Journalisten es, gleichsam »aus erster Hand« und ungefiltert informiert zu werden. Die Glaubwürdigkeit steigt, vor allem dann, wenn sich der Unternehmer mit seinem Gegenüber auf Augenhöhe unterhält und tunlichst alles unterlässt, was den Eindruck vermitteln könnte, man spreche mit Journalisten nur, weil es nun einmal nötig sei. Mit dem direkten Gespräch behält der Unternehmer zudem selbst die Kontrolle über die Informationen, die das Unternehmen verlassen.

Nun fühlen sich viele dieser Aufgabe nicht gewachsen. Sie verfügen zwar über die nötige Menschenkenntnis, um die richtigen Mitarbeiter auszuwählen und sie am richtigen Platz einzusetzen. Sie haben ein Gefühl für den Markt. Sie wissen, was technisch möglich und wirtschaftlich sinnvoll ist. Sie besitzen ein Händchen für Fragen der Finanzierung. Doch im Umgang mit den Medien befällt viele Inhaber oft eine seltsame Scheu. Ein erster Schritt, diese zu überwinden, ist die Einsicht, dass sich auch der Umgang mit der Öffentlichkeit erlernen lässt. Man kann sich helfen, man kann sich beraten lassen. Wird ein Mitarbeiter für das Thema Öffentlichkeit bestimmt oder eingestellt, sollte dieser allerdings bestimmte Qualifikationen aufweisen: eine gute Allgemeinbildung, wirtschaftliche und politische Kenntnisse, Kontaktfreudigkeit, psychologisches Gespür, die Fähigkeit zuzuhören, vor allem aber die Bereitschaft, sich als »Dienstleister« zu verstehen. So gesehen, wird sich innerhalb des Betriebs nicht immer der geeignete Mitarbeiter finden lassen. Völlig verfehlt wäre es, Mitarbeiter, die sich an anderer Stelle nicht so richtig bewährt haben, in diese Position abzuschieben.

Delegation von PR nach außen

Dann ist es allemal besser, sich von Externen helfen zu lassen. Dies muss nicht gleich in eine ständige Zusammenarbeit münden, obwohl Agenturen oder »Einzelkämpfer« gerne mit verbindlichen Verträgen arbeiten, die auf ein oder zwei Jahre befristet sind. Es empfiehlt sich das folgende Vorgehen: In einem ersten, unverbindlichen Gespräch sollten die inhaltlichen Vorhaben und die Form der Zusammenarbeit besprochen werden. Soll der Externe den Chef regelmäßig beraten, im persönlichen Gespräch oder vornehmlich telefonisch? Soll er ein vollständiges Konzept entwickeln? Soll er Kontakte zu den Medien herstellen? Wofür wird er oder die Agentur zuständig sein: für die Pressemitteilungen, für den Geschäftsbericht, für Pressekonferenzen, für Kunden- oder Mitarbeiterveranstaltungen oder sogar für die vom Unternehmen ausgerichteten Events mit kulturellen und gesellschaftspolitischen Inhalten?

Die Erfahrung lehrt, dass es zweckmäßig ist, mit mehreren Agenturen zu sprechen, bevor man sich entscheidet. Wichtig ist zudem, den Rahmen genau abzustecken und bei Agenturen darauf zu achten, dass die Person, mit der man verhandelt und für deren Präsentation man sich letztlich entschieden hatte, die Arbeit dann auch tatsächlich übernimmt. Agenturen neigen manchmal dazu, für die Präsentationen ihre besten Leute zu senden und nach erhaltenem Auftrag die Tagesarbeit dann weniger Qualifizierten zu überlassen. Der Erfolg einer Zusammenarbeit mit Externen hängt auch davon ab, wie angesehen diese in der Medienlandschaft sind und über welche Kontakte sie verfügen. Daher ist es empfehlenswert, Kundenlisten einzusehen und sich Dokumentationen erfolgreicher Kampagnen vorlegen zu lassen.

Eines sollte der Familienunternehmer allerdings bedenken: Der Umgang mit der Öffentlichkeit stellt immer ein Risiko dar. Der Chef selbst mag noch so kontaktfreudig sein. Er mag sich gegenüber den Medien richtig verhalten. Er mag schnell auf deren Wünsche reagieren. Seine internen und externen Mitarbeiter mögen noch so qualifiziert sein – die Informationsempfänger auf der anderen Seite sind keine Maschinen, die man steuern kann, sondern Menschen mit Emotionen, mit kleinen und großen Schwächen. Die Zahlen, die das Unternehmen herausgibt, mögen zwar eindeutig sein. Doch schon deren Interpretation ist es nicht mehr. Je komplizierter die Zusammenhänge sind, die vermittelt werden sollen, desto größer ist die Gefahr von Missverständnissen. Wahrnehmung ist immer ein Auswahlverfahren, und bei jeder Kommunikation spielen Vorwissen, Fachkenntnis, Voreingenommenheit und das Eigeninteresse des Angesprochenen eine nicht zu unterschätzende Rolle. Der Psychologe Alfred Adler hat einmal bemerkt, dass der Mensch nur wahrnehme, »was ihm in den Kram passt«.

Wie man Missverständnisse vermeidet

Oft haben mir Familienunternehmer eingestanden, »maßlos« enttäuscht vom Verhalten bestimmter Journalisten gewesen zu sein. Man sei offen auf sie zugegangen, habe alle gewünschten Informationen gegeben und auch während des Gesprächs den Eindruck gewonnen, diese seien »richtig angekommen«. Doch was sie dann in der Zeitung gelesen, im Rundfunk gehört oder im Fernsehen gesehen hätten, habe damit nicht mehr übereingestimmt. Wer der anderen Seite nicht gleich Voreingenommenheit oder gar Böswilligkeit unterstellen will, sollte bedenken, dass das Vorwissen der Journalisten eben sehr unterschiedlich ist und manchmal nicht ausreicht, um einen Vorgang richtig einzuordnen. Andererseits fehlt vielen Unternehmern auch die Gabe, sich klar und eindeutig auszudrücken.

Wer meint, der andere habe ihn nicht verstanden, sollte unbedingt nachfragen. Eine einfache und klare Sprache hilft zudem, Missverständnisse zu vermeiden. Manchmal reden beide Seiten – ohne es zu merken – aneinander vorbei. Vielleicht will der eine den anderen auch gar nicht verstehen, und manche Journalisten haben vorgefasste Meinungen, von denen sie kaum abzubringen sind. So werden Gespräche oder Pressekonferenzen auch dadurch beeinflusst, dass beide Seiten unterschiedliche Interessen verfolgen. Der Unternehmer will nicht alles sagen und kann es oft auch gar nicht, wenn er beispielsweise ein Grundstück günstig erwerben will oder über den Kauf eines Unternehmens verhandelt, von dem die Konkurrenz nichts erfahren darf. Der Journalist andererseits will nicht diskret bleiben, er sucht einen Wissensvorsprung, vor allem, wenn Kollegen anderer Blätter zum selben Thema recherchieren.

Der Konkurrenzdruck unter den Medien ist in letzter Zeit erheblich gestiegen. Das liegt sicherlich an der schweren Krise, in der sich die Medien zu Beginn des neuen Jahrtausends befinden. Doch der wirtschaftliche Druck ist nur eine Erklärung für eine – wie ich meine – ungute Entwicklung innerhalb des Wirtschaftsjournalismus. Nichts gegen investigativen Journalismus – wenn er auch tatsächlich ausgeübt wird. Doch oft werden nur Gerüchte, die von Konkurrenten, von Banken, aus der Belegschaft oder aus Gewerkschaftskreisen gestreut werden, aufgegriffen und manchmal sogar ungeprüft veröffentlicht. Dass Journalisten Gerüchten nachgehen, ist nicht nur ihr gutes Recht – es ist schließlich auch ihre Aufgabe. Aber in der Regel beschränkt sich die Recherche auf einige wenige Telefonate. Man holt die Meinung eines Analysten ein. Man fragt vielleicht noch einen Wettbewerber, wobei Ross und Reiter oft nicht genannt werden. Wie aus »Banken- und Branchenkreisen« oder »aus dem Unternehmen« zu hören ist, heißt es dann. Manchmal wird nicht einmal beim betroffenen Unternehmen nachgefragt oder das Dementi so gebracht, dass beim Leser in der Tat der Eindruck entstehen muss, das Unternehmen habe etwas zu verbergen.

Es scheint mir fast so, als ob Journalisten ständig auf der Suche nach dem Knüller wären, womit der Eindruck entstünde, es ginge ihnen weniger darum, dem Leser Hintergründe zu verdeutlichen, damit dieser die Zusammenhänge verstehe und die Nachrichten richtig einordne, sondern zuallererst darum, möglichst sensationelle Meldungen möglichst vor dem Mitbewerber zu veröffentlichen. Und um sich von diesem abzuheben, werden manchmal die gewagtesten Vermutungen veröffentlicht – und wenn sie auch nur ein winziges Körnchen Wahrheit enthalten und plausibel klingen. Ein Dementi des Unternehmens schreckt auch keineswegs ab, das Gerücht in veränderter Form einige Zeit später nochmals zu bringen. Ihm komme es vor, als ob »jede Woche eine neue Sau durchs Dorf getrieben« werde, hatte sich ein völlig genervter Günter Herz vor einiger Zeit beklagt. Dass er die aus dem Verkauf seiner Anteile an der Tchibo Holding AG gemeinsam mit seiner Schwester Daniela erlösten 4 Milliarden Euro nicht sofort in neue Beteiligungen investiert hatte, wollte einigen Medienvertretern keine Ruhe lassen, die übrigens auch dessen Versicherung, sich bei eventuellen Engagements Zeit zu lassen, keinen Glauben schenkten. Hinzu kommt der fatale Hang des Wirtschaftsjournalismus, alles und jedes zu personalisieren. Vorbild sind die Klatschblätter.

Ob der Leserschaft mit einer solchen Jagd auf Knüller wirklich gedient ist, muss bezweifelt werden. Unternehmen und Belegschaft, die von solchen Gerüchten betroffen sind, werden auf alle Fälle verunsichert, und wenn sich die Gerüchte über Monate, wenn nicht Jahre hinziehen – wie im Falle Beiersdorf –, kann durchaus Schaden entstehen. Daher kann ich nur dringend empfehlen, sich unbedingt vor dem Gespräch im Büro oder am Telefon kundig zu machen, mit wem man es zu tun hat. Von rechtlichen Auseinandersetzungen rate ich ab. Nur im äußersten Notfall, wenn hoher Schaden droht und die Schuld eindeutig der anderen Seite zuzuschreiben ist, sollte man rechtlich vorgehen und sich dann auch nicht scheuen, auf Schadensersatz zu klagen. Rechtsanwälte ohne Medienkenntnisse sind allerdings überfordert. Für den Fall des Falles sollte es ein erfahrener Medienrechtler sein.

So stellt auch der Umgang mit den Medien – wie jede Investitions- oder Personalentscheidung – ein nicht zu unterschätzendes Risiko dar. Öffentlichkeitsarbeit wird daher manchmal zu einer Gratwanderung. Ich kann nur empfehlen, der Weisheit Helmuth von Moltkes zu folgen. »Alles was man sagt, sollte wahr sein«, hatte der preußische Militärstratege – Zeitgenossen nannten ihn den »großen Schweiger« – geraten, zugleich aber eingeschränkt: »Man muss aber nicht alles sagen, was wahr ist.«

Aber längst nicht alles, was wahr ist und was der Unternehmer gern der Öffentlichkeit mitteilen will, gelangt in die Medien. Ich muss es noch einmal wiederholen: Die Aufmerksamkeit von Leserschaft, Hörerschaft und Publikum ist ein knappes Gut. Die Möglichkeiten, sich zu informieren, scheinen im Zeitalter des Internets schier unbegrenzt. Das »Zeitbudget« der Adressaten hingegen bleibt begrenzt. Studien haben ergeben, dass für die Lektüre von Geschäftsberichten, die manchmal 50 und noch mehr Seiten umfassen können und für die die Unternehmen viel Zeit und Geld investieren, in der Regel kaum mehr als fünf bis zehn Minuten aufgewendet werden. Die meisten Verlautbarungen aus Unternehmen landen ohnehin im Papierkorb oder im »elektronischen Müll« – und selbst wenn sie auf Interesse stoßen, wird nur ein Teil davon veröffentlicht.

Pressemitteilungen und Pressekonferenzen

Der einfachste Weg zu den Medien ist immer noch die Pressemitteilung. Hier gilt der Grundsatz: Weniger ist manchmal mehr. Das bezieht sich sowohl auf die Anzahl wie auch auf den Umfang der Meldungen. Wer jeden kleinen Auftrag kommuniziert, wird auf der Gegenseite kaum noch Interesse finden, wenn er dann tatsächlich einmal ein wichtiges Ereignis zu vermelden hat. Die Pressemeldung sollte auch nur bei ganz wichtigen Anlässen mehr als eine Seite betragen, wobei der Kern der Aussage am Anfang

stehen muss. Die Sätze sollten kurz sein nach dem Motto »ein Gedanke –
ein Satz«. Fachkauderwelsch oder das bei den deutschen Managern so be-
liebte »Denglisch« – die meisten Führungskräfte beherrschen das Englische
im Übrigen nur mangelhaft – ist unbedingt zu vermeiden. Der Text ist
schließlich für die breite Öffentlichkeit bestimmt und nicht für irgendwelche Branchenexperten. Als Übertragungsweg bietet sich Fax oder E-Mail
an, und wer auf den Redaktionsschluss der überregionalen Zeitungen
Rücksicht nehmen will, sollte seine Nachrichten am Vormittag verschicken,
damit noch Zeit für Rückfragen besteht.

Daher sollte am Ende der Pressemeldung tunlichst ein Ansprechpartner
genannt sein, der am Tag der Veröffentlichung auch erreichbar sein muss.
Dies sollte der Inhaber oder ein Mitglied der Geschäftsführung sein. Red-
akteure haben jedoch Verständnis dafür, wenn in ganz großen Familienunternehmen diese Aufgabe delegiert wird. Entscheidend sind jedoch die
Verfügbarkeit und die Kompetenz des Gesprächspartners. Kaum etwas
kann dem Ruf des Unternehmens abträglicher sein, als wenn bei Journalisten der Eindruck entsteht, man werde mit inkompetenten Gesprächspart-
nern abgespeist oder wolle sich gar vor Nachfragen drücken.

Sollen Familienunternehmen Pressekonferenzen abhalten? Für die lokale
Presse bieten sich sicherlich zahlreiche Anlässe an. Die überregionale Presse
oder das Fernsehen wird man nur zu besonderen Anlässen einladen, etwa
wenn eine Fusion ansteht, wenn ein Mitbewerber gekauft oder die Bilanz
vorgestellt wird. Wer darauf Wert legt, dass die Journalisten der Einladung
auch tatsächlich folgen, für den gilt es einige Formalitäten zu beachten: Bei
der Wahl von Termin und Ort hat sich der Familienunternehmer nach den
Vorstellungen der Journalisten zu richten. Das hat nichts mit der Überheb-
lichkeit der Medienvertreter zu tun, sondern einfach mit deren Zwang, angesichts einer Vielzahl von Terminen die Arbeitszeit effizient zu nutzen. Als
Ort bieten sich die großen Medienplätze wie Berlin, Frankfurt, München,
Düsseldorf, Hamburg oder Stuttgart an, wobei ein Hotel in der Innenstadt
gewählt werden sollte. Vom Arbeitsrhythmus der Medien ist der späte Vormittag der günstigste Zeitpunkt, und was den Termin angeht, so hat sich das
Unternehmen zu informieren, ob zu dem vorgesehenen Zeitpunkt nicht bereits andere Veranstaltungen in der Region stattfinden. Gegebenenfalls sollte
man auf veranstaltungsärmere Zeiträume, wie etwa die Sommermonate, ausweichen. Die günstigsten Wochentage sind Montag, Dienstag und Mitt-

woch. Am Donnerstag finden die meisten Pressekonferenzen statt. Der Freitag ist problematisch, weil einige Blätter nur börsentäglich erscheinen, daher von diesem Termin nicht aktuell berichten können.

Die Einladung zur Pressekonferenz sollte spätestens eine Woche zuvor beim Journalisten eingehen. Große Konzerne legen ihre Termine schon ein halbes oder sogar ein ganzes Jahr vorher fest. Dieser Praxis sollten Familienunternehmen nicht folgen. Die Gefahr ist zu groß, dass der Journalist dann nicht teilnehmen kann, weil inzwischen eingetretene wichtigere Ereignisse ihn daran hindern. Bei der Pressekonferenz sind die Unterlagen vor Beginn der Veranstaltung zu verteilen. Reden müssen in schriftlicher Form vorliegen. Den Seniorchef eines großen Metall verarbeitenden Betriebs, der nichts Schriftliches – und schon gar nicht vorher – verteilen wollte, weil die Journalisten »gefälligst aufpassen« sollten, musste ich erst einmal aufklären, dass Pressekonferenzen für Medienvertreter Arbeit bedeuten. Sie wollen keine Prüfung über den Grad ihrer Aufmerksamkeit ablegen. Die Redemanuskripte dienen vielmehr dazu, die Arbeit zu erleichtern, sich wichtige Passagen anzustreichen, wo sie anschließend in der Diskussion nachhaken wollen. Und was schwarz auf weiß vorliegt, trägt schließlich auch dazu bei, Missverständnisse zu verhindern.

Die Zeit für die Reden darf eine halbe Stunde nicht überschreiten. Volkswirtschaftliche oder gesellschaftspolitische Exkurse sind unbedingt zu vermeiden, nicht nur aus Zeitgründen, oder weil sie vom eigentlichen Thema ablenken, sondern weil Journalisten in der Regel besser informiert sind. Auf die anschließende Diskussion muss sich die Geschäftsführung gründlich vorbereiten. Es hinterlässt einen schlechten Eindruck, wenn auf Fragen ausweichend geantwortet wird oder wenn diese sogar gänzlich unbeantwortet bleiben. Kommen Themen zur Sprache, über die der Inhaber auf keinen Fall Auskunft geben will, sollte er dies klipp und klar sagen. Andernfalls besteht die Gefahr, sich das Wohlwollen der Medien gründlich zu verscherzen.

Einzelgespräche und Fernsehauftritte

Auch für Familienunternehmer kann es durchaus sinnvoll sein, den einen oder anderen Vertreter der überregionalen Presse zu Einzelgesprächen einzuladen. Solche Gespräche sollten über größere Zeiträume verteilt werden.

Der Medienvertreter erwartet nämlich, in diesem Gespräch auch etwas zu erfahren, was er bisher noch nirgendwo anders gelesen hat. Anlass könnte der Einstieg in ein neues Geschäftsfeld, eine Produktneuheit oder ein größeres Investitionsvorhaben sein. Allerdings sollte auch bedacht werden, dass sich ein Unternehmen eine Menge Sympathien verscherzen kann, wenn es Informationen nicht zeitgleich an alle Redaktionen herausgibt. Die Benachteiligten sind verärgert, was sich dann wiederum auf die künftige Berichterstattung auswirken könnte. Für die Öffentlichkeitsarbeit lautet der Grundsatz, alle Redaktionen zur selben Zeit mit denselben Informationen zu versorgen.

Für die Arbeitsweise von Hörfunk und Fernsehen gilt im Prinzip das Gleiche – nur, dass dort häufig sehr viel aktueller und schneller gearbeitet wird. Ein Anruf aus einer Hörfunkredaktion kann bedeuten, dass man um ein »Live-Statement« gebeten wird. Hörfunk und Fernsehen führen dabei häufig »Überraschungsangriffe« durch, um eine möglichst authentische Form der Berichterstattung zu gewinnen. So können Fernsehteams auch schon mal ohne Vorankündigung auf dem Betriebsgelände stehen, vor allem dann, wenn es um Betriebsstilllegungen und Entlassungen geht. Am ungünstigsten wirkt es sich dann für das Unternehmen aus, wenn der Inhaber zu keiner Stellungnahme bereit ist. Zumindest sollte er dem Fernsehteam eine schriftliche Stellungnahme überlassen. Auch der Hinweis auf eine noch einzuberufende Pressekonferenz und der Wunsch, doch allen Medien die gleiche Chance zu geben, an die Informationen zu gelangen, kann Wirkung zeigen. Dennoch lässt sich kaum verhindern, dass sich das Team von anderer Seite, beispielsweise vom Betriebsrat, von verunsicherten Mitarbeitern oder sogar von Anwohnern die gewünschten Live-Statements beschafft.

Soll sich der Familienunternehmer überhaupt dem Fernsehen stellen? Das Risiko ist nicht zu unterschätzen. Mehr als jedes andere Medium vermittelt gerade das Fernsehen Gefühle. Nur die Abertausende, manchmal Millionen Zuschauer entscheiden, ob sich der Inhaber oder sein Vertreter vorteilhaft präsentiert haben, ob sie glaubwürdig erscheinen oder nicht. Daher sollte er sich bereits im Vorfeld fragen, ob ein solcher Auftritt überhaupt in sein Medienkonzept passt, ob er die Fragen kompetent beantworten kann und schließlich: ob er sich dem Auftritt vor der Kamera auch gewachsen fühlt. Eine alte Fernsehweisheit lautet: »Am besten sieht im Fernsehen aus, wer vergisst, dass er im Fernsehen ist.«

Auf die geplante Sendung sollte man sich gründlich vorbereiten. Wer ist der Interviewer? Welche Familienunternehmer waren bereits in der Sendung? In welchem Programm und in welchem Umfang und zu welcher Uhrzeit soll die Sendung ausgestrahlt werden? Ich empfehle, zum Interview einen Mitarbeiter mitzunehmen, der das Gespräch mitschneidet. Dies speichert das Gesagte beweissicher und verhindert, dass Sachverhalte aus dem Zusammenhang gerissen werden. Der weitaus überwiegende Teil der Fernsehjournalisten ist fair, hält sich an Vereinbarungen. Ihnen mit offenem Misstrauen zu begegnen, wäre daher ein Fehler. Dennoch: Kontrolle geht auch hier vor Vertrauen.

Aber auch ein Familienunternehmen mit seinen begrenzten Ressourcen kann sich auf Auftritte im Fernsehen vorbereiten, und wenn es nur darum geht, dem Medium beispielsweise für Nachrichtenmeldungen eine gute Vorlage für das Firmenlogo oder ein neueres Bild vom Inhaber zur Verfügung zu stellen. Auch für Nachrichtenfilme kann das Unternehmen Bildmaterial zuliefern. Allerdings ist zu beachten, dass Nachrichten besondere Anforderungen an die Bildgestaltung stellen. Bilder, die in der Werbung gut ankommen, sind gänzlich ungeeignet. Nachrichtenfilme müssen weitgehend auch auf technische Trickeffekte verzichten. Diese sind unerwünscht, weil sie den Blick auf die Wirklichkeit verstellen. Ideal für Fernsehredaktionen sind Bänder mit rohgeschnittenem Material, also Bildsequenzen, die nur vorsortiert sind, beispielsweise vom Produktionsablauf, wobei Nahaufnahmen grundsätzlich besser ankommen. Auch auf historisches Filmmaterial greifen Redaktionen gerne zurück. Von selbst produzierten Interviews und Originaltönen – meist 30 Sekunden lange Miniinterviews, wie sie die Öffentlichkeitsabteilungen von Konzernen gerne anbieten, machen die Fernsehredaktionen dagegen in der Regel keinen Gebrauch.

Kapitel 12

Zum Ausklang

Max Müller kann geholfen werden

Kehren wir nun am Ende zu Max Müller zurück, der nach Jahrzehnten des erfolgreichen Aufbaus privat wie geschäftlich in eine schier aussichtslose Lage geraten ist. Die Lösung, die wir Max Müller empfehlen wollen, erfolgt in vier Schritten.

Im ersten Schritt zieht sich Max Müller aus der Geschäftsführung seines Unternehmens zurück. An seine Stelle treten die von ihm auf diese Aufgabe vorbereiteten drei Mitarbeiter. Sie erhalten einen Dreijahresvertrag. Im Unternehmen wird ein Beirat gegründet, dessen Vorsitzender für eine Übergangszeit von zwei Jahren Max Müller sein wird. In den Beirat treten neben Max Müller zwei gestandene Unternehmer ein. Der eine, 45 Jahre alt, verfügt als Finanzgeschäftsführer eines Baubeschlaghändlers über langjährige Kenntnisse in den Bereichen Restrukturierung und Sanierung. Der andere, ein ausgewiesener Vertriebsspezialist, hat viele Jahre den Vertrieb eines großen Fensterherstellers in Deutschland geleitet und ist heute Vertriebsvorstand in einem Unternehmen der Lack- und Farbenindustrie. Das Unternehmen wird auf diesen Zeitpunkt außerdem in eine GmbH umgewandelt. Die im Unternehmen thesaurierten Gewinne unterliegen damit zukünftig der Körperschaftsteuer (25 Prozent) und der Gewerbesteuer. Die Umwandlung selbst löst keinerlei Steuern aus.

Im zweiten Schritt errichtet Max Müller eine gemeinnützige Stiftung, in die er 75 Prozent seiner aus der Umwandlung entstandenen GmbH-Geschäftsanteile einbringt. Der Einbringungsvertrag löst keine Steuern aus. Überlebt Max Müller den Zeitraum von zehn Jahren nach Stiftungsgründung (was in seinem Alter wahrscheinlich ist), so haben seine Söhne keinerlei Pflichtteilsansprüche, soweit es die eingebrachten GmbH-Geschäftsanteile betrifft. Unabhängig davon, ob das Familienunternehmen seine Erträge thesauriert oder an die Stiftung ausschüttet, bleibt es bei einer definitiven Steuerbelastung von 25 Prozent Körperschaftsteuer plus Gewerbesteuer. Die gemeinnützige Stiftung selbst vereinnahmt die an sie ausgeschütteten Dividenden – von einer geringfügigen Ausnahme abgesehen – steuerfrei. Im Zuge ihrer Errichtung macht Max Müller der Stiftung zur Auflage, einen Teil der an sie ausgeschütteten Gewinne als niedrig verzinsliches Darlehen dem Unternehmen wiederum zur Verfügung zu stellen. Auf diese Weise werden die Eigenfinanzierungskraft des Unternehmens gestärkt und ein bankenunabhängiges Standbein der Unternehmensfinanzierung geschaffen.

Im dritten Schritt errichtet Max Müller eine Familienstiftung. Der Stiftungszweck liegt in der laufenden Unterstützung seiner Familie sowie der Führung des Unternehmens. In diese Familienstiftung bringt Max Müller die restlichen von ihm gehaltenen GmbH-Geschäftsanteile ein. Dieser Vorgang unterliegt der Schenkungsteuer nach der günstigsten Steuerklasse I. Max Müller kann hierbei jedoch den Betriebsvermögensfreibetrag sowie den Abschlag auf das Betriebsvermögen geltend machen. In der GmbH-Satzung des Familienunternehmens wird bestimmt, dass die gemeinnützige Stiftung nur über sehr geringe Stimmrechte verfügt. Demzufolge liegen die Mehrheit der Stimmrechte und damit die Führung des Unternehmens bei den Organen der Familienstiftung. Alle dreißig Jahre muss die Familienstiftung die so genannte Erbersatzsteuer entrichten. Die Zahlung dieser Steuer kann jedoch über den Zeitraum von dreißig Jahren verteilt werden. Damit ist der Liquiditätsabfluss, anders als sonst bei Erbgängen, planbar. Ausschüttungen des Familienunternehmens an die Familienstiftung bleiben fast vollständig steuerfrei. Zuwendungen der Familienstiftung an die bezugsberechtigten Familienmitglieder müssen von diesen nach dem Halbeinkünfteverfahren zur Hälfte versteuert werden.

Im vierten Schritt verfasst Max Müller ein neues Testament. Seine beiden Söhne werden je zur Hälfte als Erben eingesetzt. Im Nachlass befindet sich allerdings – nachdem die GmbH-Geschäftsanteile in die Stiftung eingebracht worden sind – nur noch das Privatvermögen. Für den Fall, dass Max Müller innerhalb eines Zeitraumes von zehn Jahren nach der Errichtung der beiden Stiftungen verstirbt, sieht das Testament eine Strafklausel für denjenigen Sohn vor, der Pflichtteilsansprüche geltend macht um damit auch am Wert der Geschäftsanteile zu partizieren. In diesem Fall sind die

Söhne von jeglichen Zuwendungen der Familienstiftung für die Zukunft
ausgeschlossen.

Im Ergebnis hat Max Müller mit dieser Regelung zwar drei Viertel seines Familienunternehmens an die Gemeinnützigkeit »verschenkt«. Sein
unternehmerisches Lebenswerk jedoch bleibt unabhängig von etwaigen
Forderungen seiner Kinder erhalten. Zwistigkeiten innerhalb der Familie
können zukünftig das Familienunternehmen nicht mehr beeinträchtigen.
Dasselbe gilt für private Schicksalsschläge wie Tod oder Scheidung. Über
die Besetzung der Geschäftsführung des Familienunternehmens entscheiden künftig die Organe der Familienstiftung. Für die Besetzung der Organe
muss Max Müller freilich in der Satzung der Familienstiftung genaueste
Vorsorge treffen.

Handlungsempfehlung für den mutigen Familienunternehmer

Das deutsche Familienunternehmen ist – wie in diesem Buch bereits häufiger betont – ein faszinierendes Gebilde, für dessen Fortbestand zu kämpfen
sich lohnt. Es hat manche Schwächen, wie wir im Verlauf der Ausführungen gesehen haben. Doch die Stärken überwiegen. Sie liegen in der Über-
sichtlichkeit, in der Flexibilität, mit der es auf Veränderungen der Märkte
reagieren kann, vor allem aber in der Persönlichkeit des Unternehmers oder
der Unternehmerin und der Familie, die hinter »ihm« oder – seit einigen
Jahren in immer größerer Zahl – hinter »ihr« steht. Hält die Familie zusammen, gibt es einen Grundkonsens, vermeidet sie Streit und werden rechtzeitig die Weichen für die Nachfolge gestellt, dann ist die Grundlage für ein
weiteres gedeihliches Arbeiten gegeben.

Tradition ist im Wirtschaftsleben kein Wert »an sich«. Vielmehr lässt sie
sich nur bewahren, wenn das Familienunternehmen ständig den Zeitläufen
und ihren Erfordernissen angepasst wird. Besonders treffend hat dies der
Chef des Hauses Castell-Castell zum Ausdruck gebracht, indem er sagte:
»Wir wollen nicht die Asche bewahren, sondern die Glut.«

Der Familienunternehmer heute ist freilich vor ganz andere Aufgaben
gestellt als die Väter- oder Großvätergeneration. In Deutschland herrscht
nicht gerade Aufbruchstimmung, was beileibe nicht an fehlenden Chancen

liegt. Vielmehr sind viele in eine eigenartige Starre verfallen. Versorgungs-
und »Vollkasko«-Mentalität sowie mangelnder Mut zum Risiko lähmen die
Gesellschaft, und das Verhalten des Staates, der möglichst alles und jedes in
ein engmaschiges Regelwerk zwängen möchte, befördert diese Haltung,
macht die Menschen zusätzlich mutlos.

Doch es ist gerade Mut, der den guten Familienunternehmer auszeich-
net. Mut, die von den Vorfahren geerbten Traditionen zu bewahren und
sich der eigenen Stärke bewusst zu werden: Immerhin sind es die Familienunternehmen, die die meisten Menschen beschäftigen, die den größten Beitrag zur Wertschöpfung liefern. Mut heißt aber auch, seine Entscheidungen
aus der klaren Einsicht in das Notwendige zu treffen – auch gegen Widerstand. Denn Entscheidungen sind immer dann nötig, wenn der Weg nicht
eindeutig vorgegeben ist. Sie bergen daher immer auch ein Risiko. Etymo-
logisch lässt sich dieses Wort nicht eindeutig nachweisen. Doch ob es sich
nun vom Spanischen »risco«, also der »Klippe«, herleitet, die es zu um-
schiffen gilt, oder vom Lateinischen »rixari«, das den unkalkulierbaren
Widerstand im Kampf bezeichnet – auf alle Fälle deutet Risiko auf Gefahr
hin.

Nun sind die Methoden heute Legion, mit denen versucht wird, Risiken
zu erforschen und die Ungewissheit möglichst eng zu begrenzen. Doch
selbst wenn alle Unwägbarkeiten bedacht wurden – immer noch muss ein
Einzelner oder ein Team die Entscheidung treffen. Dabei muss der Familienunternehmer auf alle Fälle mit seinem Ruf und seinem Vermögen haften,
nachdem seine Mittel zudem auch zu begrenzt sind, um sich vor seinen
Entscheidungen nach allen Seiten abzusichern. Konzerne, große Behörden
wie die Bundesagentur für Arbeit oder die Politiker können zur Risikoab-
wägung dagegen ganze Stäbe und ein Heer von Beratern einsetzen, und
selbst wenn sich die Entscheidung dann als falsch erweisen sollte – die Verantwortlichen haben für sich selbst meist schon rechtzeitig bestens vorgesorgt.

Denn das Risiko, das wissen sie nur zu gut, lässt sich nicht ausschalten,
auch mit noch so viel Beratung, mit noch so gewaltigen Datenmengen und
noch so ausgefeilten statistisch-mathematischen Methoden nicht. Gerade
diese sollen der Öffentlichkeit eine Objektivität vorgaukeln, die es in Wirklichkeit gar nicht gibt. Nehmen wir Basel II und den Versuch der europäischen Regierungen, mit scheinbar objektiven Kriterien die Schuldner zu

kategorisieren, um so das Kreditrisiko der Banken einzugrenzen. Nichts gegen Vorbeugung an sich. Aber die Kosten dafür können die Vorteile bei weitem übersteigen. Der Glaube an eine absolute Prävention ist ein Irrglaube. Er birgt sogar die Gefahr, die natürlichen Abwehrkräfte auszuschalten, weil er die Menschen in der Auffassung bestärkt, alle künftigen Krisen und Katastrophen seien durch Früherkennungssysteme beherrschbar.

So braucht der Familienunternehmer auch den »Mut zur Einfachheit«. Denn um Ordnung in das Chaos der Verflechtungen zu bringen, bedarf es zuallererst eines klaren Kopfes. Als Unternehmer sucht er nach Möglichkeiten, die Komplexität der Handlungsabläufe zu begrenzen, sie in gleicher Weise transparenter und verständlicher zu machen. In einer Welt, die scheinbar immer schwieriger wird, setzt er bewusst auf die einfache Lösung, schon weil seine Ressourcen begrenzt sind und weil es ohnehin vernünftig ist, menschlichem Handeln Grenzen zu setzen.

Daher sollte er auch den Mut aufbringen, sich mit aller Gewalt gegen die ausufernde Bürokratie, gegen die Regulierungswut, welche die Regierung in Deutschland und die Kommission in Brüssel immer stärker erfasst, zu stemmen. Mit dem Argument, die Risiken möglichst einzudämmen und Lebensbedingungen wie Lebensformen in Europa zu vereinheitlichen – warum eigentlich? – wird der Spielraum der Familienunternehmen zunehmend eingeengt. Totale Kontrolle jedoch lähmt jegliche Aktivität.

Schließlich wünsche ich dem Familienunternehmer künftig mehr Mut, sich in der Politik zu engagieren, sich einzumischen. Wenn Mut heißt, sich seiner eigenen Kraft bewusst zu werden, dann verpflichtet ihn zum politischen Tätigwerden geradezu sein Verantwortungsgefühl für Unternehmen, Familie, Mitarbeiter und die Region. Familienunternehmer dürfen nicht länger in der Zuschauerrolle verharren, um dann zu lamentieren, wenn die Politik eine Richtung einschlägt, die ihre Betriebe gefährdet. In keiner einzigen der wichtigen Kommissionen, die die Bundesregierung in letzter Zeit berufen hat, ist ein Familienunternehmer vertreten. Weder in der Hartz-Kommission, noch in der Corporate-Governance-Kommission, noch im Verwaltungsrat der Bundesagentur für Arbeit. Politiker, Verbandsfunktionäre und Konzernvertreter, kurz, die Vertreter der viel kritisierten Deutschland AG, sind wieder einmal unter sich geblieben. Man mag darüber klagen, doch ändern wird sich hierdurch kaum etwas. Wer nicht handelt, wird auch nichts bewegen. Und Familienunternehmer könnten einiges bewegen. Sie kennen die Probleme ihrer Mitarbeiter, ihrer Region, weil sie täglich damit konfrontiert werden. Sie verfügen damit über mehr Einfluss als jeder Konzernmanager, Verbandsfunktionär oder Politiker, die – fern vom tatsächlichen Geschehen – über Arbeitsbedingungen und Ausbildungsplätze, über Steuern und Abgaben und damit über Wohl und Wehe der Familienunternehmen befinden. Daher gilt für den Familienunternehmer heute mehr denn je das berühmte Wort Erich Kästners:

»Es gibt nichts Gutes, außer man tut es!«

Literaturempfehlungen

Achleitner, Ann-Kristin / Thoma, Georg (Hrsg.): Handbuch Corporate Finance. Konzepte, Strategien und Praxiswissen für das moderne Finanzmanagement, 2. Auflage, Köln, 2001.

Baus, Kirsten: Die Familienstrategie, Wiesbaden, 2003.

Hennerkes, Brun-Hagen / Schiffer, K. Jan: Stiftungsrecht, 3. Auflage, Frankfurt, 2001.

Kirchdörfer, Rainer / Lorz, Rainer: Familienvermögensgesellschaften als Organisationsmodell im Rahmen der Familienstrategie und der Planung der Vermögensnachfolge, Sonderbeilage Nr. 3/2004 zu »Der Betrieb«, Heft 21/2004.

Kormann, Hermut: Familienunternehmen: Grundfragen mit finanzwirtschaftlichem Bezug, Diskussionsbeiträge der Universität Leipzig, wirtschaftswissenschaftliche Fakultät, Nr. 39, Leipzig, 2003.

Lange, Knut Werner / Schiereck, Dirk (Hrsg.): Nachfolgefragen bei Familienunternehmen, Heidelberg, 2003.

Moos, André von: Familienunternehmen erfolgreich führen, Zürich, 2003.

Simon, Fritz B. (Hrsg.): Die Familie des Familienunternehmens, Heidelberg, 2002.

Wimmer, Rudolf / Domayer, Ernst / Oswald, Margit / Vater, Gudrun: Familienunternehmen – Auslaufmodell oder Erfolgstyp? Wiesbaden, 2003.

Wirtz, Bernd W.: Mergers & Aquisitions Management. Strategie und Organisation von Unternehmenszusammenschlüssen, Wiesbaden, 2003.

Danksagung

Ein Buch wie das vorliegende neben einer ausgefüllten Tagesarbeit zu schreiben, ist nur demjenigen möglich, der die Unterstützung einer Vielzahl qualifizierter Gesprächspartner in Anspruch nehmen darf.

Hierbei möchte ich insbesondere all jenen Persönlichkeiten aus den Familienunternehmen, den Banken, aus der Politik und aus der Wissenschaft danken, die mir als »Sparringspartner« zur Verfügung standen. Ohne den fruchtbaren Dialog mit ihnen wäre eine so breit angelegte Thematik nicht adäquat aufzubereiten gewesen. Besonders hervorheben möchte ich dabei meinen Partner Rainer Kirchdörfer sowie Herrn Dr. Jens Bormann, die mir mit vielfältigen Anregungen und wissenschaftlichem Weitblick eine wertvolle Hilfe waren.

Zu den aktuellen Sorgen der Familienunternehmen, aber auch zu ihren Erwartungen habe ich mich mit zahlreichen Familienunternehmern unterhalten. Besonders erwähnen möchte ich meine Freunde Dr. Bernt Schroer, Alfons Schneider, Andreas Schill, Robert Lindemann-Berk, Alexander Schaeff und Franz Gausepohl.

Wichtige Anregungen zum Thema »Familie« gaben mir Frau Kirsten Baus und Frau Dr. Anna Meyer.

Herrn Dr. Gerhard Jeuschede möchte ich sehr herzlich danken für den Gedankenaustausch über Fremdgeschäftsführer.

Bezüglich der Sicherung des Vermögens standen mir das Bankhaus von Metzler, Herr Dr. Gerhard Fischer, Herr Walter Temperli sowie aus meinem Hause Herr Hartmut Adler zur Seite. Über neue Ansätze in der Unternehmensführung hatte ich in Herrn Dr. Claus-Dieter Hoffmann, Herrn Jürgen Kassel und Herrn Dr. Christoph Weiß kompetente Gesprächspartner.

Für die Mithilfe bei der Darstellung der einzelnen Berater danke ich

Herrn Dr. Dieter Heuskel, Herrn Peter G. von Windau, Herrn Dr. Joachim Hägele und Herrn Dr. Bertram Layer.

Meine Ausführung zum Thema Versicherung wurden begleitet durch intensive Gespräche mit Herrn Sven Alexander Kado und Herrn Wolfgang Müller-Funke. Zur Datenverarbeitung habe ich auf den Rat von Herrn Klaus-Dieter Laidig und Herrn Prof. Dr. Hans-Jörg Bullinger zurückgreifen dürfen. Herr Frank Oschmann hat mir wichtige Informationen zum Thema IT-Sicherheit gegeben. Dr. Stefan Kröll hat mir seine Expertise für das Schiedsgerichtsverfahren zur Verfügung gestellt.

Zu den modernen Finanzierungsansätzen habe ich mich mit Herrn Dr. Thomas Duhnkrack, Herrn Wilhelm von Haller, Herrn Thomas Illemann, Herrn Uwe E. Flach, Herrn Dr. Reto Francioni, Herrn Ulrich Leistner, Herrn Peter Schalk und Herrn Lars Schmidt-Ott unterhalten.

Frau Saskia Bonenberger bin ich für ihre praktischen Hinweise aus dem Bereich der Steuerfahndung dankbar; meinem Bruder Jürgen Hennerkes für seine Erfahrungsberichte als Wirtschaftsstaatsanwalt.

Über die Anforderungen der heutigen Medien und der Öffentlichkeit an die Familienunternehmen habe ich mit Herrn Dr. Axel Schnorbus, Herrn Norbert Essing und Herrn Jürgen Seitz gesprochen.

Aus dem eigenen Hause danken möchte ich auch meinen Partnern Dr. Andreas Wiedemann und Dr. Rainer Kögel sowie meinem Mitarbeiter Herrn Thomas Hund, der mit Fleiß, Übersicht und hohem Engagement alle Fehlerquellen einzudämmen versucht hat.

Die Last der technischen Bearbeitung des Manuskripts, die in Zeiten des Computers eher noch anspruchsvoller geworden ist, hatte Frau Christine Ulshöfer zu tragen – ihr gilt ebenfalls mein besonderer Dank.

Um die Schaubilder hat sich Herr Marc Oschmann verdient gemacht.

Dem Campus Verlag gilt ebenso mein Dank, insbesondere Herrn Dr. Rainer Linnemann für die vertrauensvolle und gute Zusammenarbeit und seine Bereitschaft, zahlreiche Wünsche und Anregungen des Verfassers umzusetzen.

Schließlich möchte ich meiner Sekretärin Frau Gertrude Hohmann danken, die mir stets den Rücken frei gehalten hat. Der größte Dank geht jedoch an meine Familie, insbesondere an meine Frau – nicht nur für die Geduld, die sie angesichts meiner zeitintensiven »Nebentätigkeit« aufgebracht hat, sondern auch für vielerlei Anregungen, Gespräche und manche Aufmunterung.

Sachregister

Register der Personen- und Firmennamen